孔子語錄文篇
공자어록문편 ㊟

上海博物館藏戰國楚竹書
상해박물관장전국초죽서

孔子語錄文篇
공자어록문편 ⊥

마승원 馬承源 주편 · 최남규 崔南圭 역주

① ≪民之父母≫민지부모
② ≪子羔≫자고
③ ≪魯邦大旱≫노방대한
④ ≪從政(甲·乙)≫종정
⑤ ≪仲弓≫중궁

學古房

≪상해박물관장전국초죽서上海博物館藏戰國楚竹書≫(≪상박초간上博楚簡≫)의 '공자언록문孔子語錄文'이란 제 1권에서 9권 중 '공자왈孔子曰'·'자왈子曰'·'부자왈夫子曰'·'중니왈仲尼曰'의 문장 구조 형식으로 되어 있으며, 공자가 자신의 사상을 다른 사람에게 대답해주는 내용을 말한다. 모두 14편이 있다. 공자의 언행과 사상을 엿볼 수 있는 가장 초기적인 유학 자료이다. 전통적으로 공자 어록문은 ≪예기禮記≫·≪논어論語≫·≪공자가어孔子家語≫나 ≪공총자孔叢子≫ 등을 통해서 공자의 사상을 연구해 왔다. 그런데 20세기 후반에 들어서 정주한간定州漢簡·부양한간阜陽漢簡·≪곽점초간郭店楚簡≫과 ≪상박초간上博楚簡≫·≪청화대학장전국죽서淸華大學藏戰國竹書≫ 등 지하 출토 자료가 발견됨으로써 선진 사상 연구에 새로운 방향을 제시해 주었다. 그 중에서도 ≪상박초간上博楚簡≫의 풍부한 수량과 내용은 공자의 사상, 유가儒家의 도덕관과 인생관을 전면적으로 이해할 수 있는 중요한 자료라 할 수 있다.

≪상박초간上博楚簡≫의 공자언론문의 14편 중 ≪상박초간上博楚簡(一)≫의 ≪공자시론孔子詩論≫과 ≪치의紂衣≫는 소명출판사(최남규 역주, 2012)에서 이미 출간이 되었기 때문에, 이 두 편의 내용은 본 책 마지막 부분 '석문 및 우리말 해석'에서 석문과 우리말 해석만 첨부하기로 하고, 나머지 12편을 주석 정리하기로 한다.

≪上博楚簡(一)≫(2001):¹⁾ ❶≪孔子詩論≫(총29간, 마승원馬承源 정리), ❷≪치의紂衣≫(총24간, 진패분陳佩芬 정리)

≪上博楚簡(二)≫(2002, 上海古籍出版社): ①≪民之父母≫(총14간, 복모좌濮茅左 정리), ②≪子羔≫(총14간, 마승원馬承源 정리), ③≪魯邦大旱≫(총6간, 마승원馬承源 정리), ④≪從政(甲)(乙)≫(≪甲篇≫총19간 ≪乙篇≫총6간, 장광유張光裕 정리)

≪上博楚簡(三)≫(2003, 上海古籍出版社): ⑤≪仲弓≫(총28간, 이조원李朝遠 정리)

≪上博楚簡(四)≫(2004): ⑥≪相邦之道≫(총4간, 장광유張光裕 정리)

≪上博楚簡(五)≫(2005): ⑦≪季康子問於孔子≫(총23간, 복모좌濮茅左 정리), ⑧≪君子爲禮≫(총41간, 장광유張光裕 정리), ⑨≪弟子問≫(총25간, 장광유張光裕 정리)

---

1) '2001'은 馬承源 主編의 ≪上海博物館藏戰國楚竹書≫ 제1권 上海古籍出版社 출판연도를 가리킨다. '정리'는 해당하는 각 편의 책임 정리 주석한 학자를 가리킨다. 이하 같음.

≪上博楚簡(六)≫(2007): ⑩≪孔子見季桓子≫(총27간, 복모좌濮茅左 정리)

≪上博楚簡(八)≫(2009): ⑪≪顔淵問於孔子≫(총14간, 복모좌濮茅左 정리)

≪上博楚簡(九)≫(2012): ⑫≪史蒥問於夫子≫(총12간, 복모좌濮茅左 정리)

≪민지부모民之父母≫는 자하子夏가 공자孔子에게 「民之父母」와 관련된 다섯 가지 문제를 물어보는 내용으로 ≪예기禮記·공자한거孔子閒居≫, ≪공자가어孔子家語·논례論禮≫에 이와 관련된 내용이 보이나 다른 점도 있어 ≪민지부모≫를 통하여 그동안 전해 내려오는 판본과 그 변화들을 이해할 수 있다.

≪자고子羔≫는 자고가 공자에게 요堯·순舜·우禹·설契과 후직后稷에 대하여 묻는 내용이다. ≪노방대한魯邦大旱≫은 노魯 나라 애공哀公 15년에 심한 가뭄이 들자, 애공이 공자에게 가뭄을 극복할 수 있는 방법을 묻는 내용이다. 공자는 규벽圭璧과 폐백幣帛을 매장하는 제사는 물론, 더 중요한 것은 백성에게 형법刑法과 덕치德治로 다스려야 한다는 것을 강조하였다. 공자의 천재天災에 대한 사상을 이해할 수 있는 내용이다.

≪종정從政≫은 공자에게 들은 내용을 적은 것으로, '문지왈聞之曰'의 형식으로 되어 있으며, 《甲篇》과 《乙篇》으로 나누어져 있다. 종정從政과 도덕道德적 수양에 대한 공자의 사상을 이해할 수 있는 내용이다. 이외에도 '정교政敎'·'법치法治' 및 공손恭遜과 충경忠敬의 덕목에 대해서도 언급하고 있어, 선진 유가의 정치사상을 이해할 수 있는 중요한 자료이다.

≪중궁中弓≫은 중궁仲弓(염옹冉雍)이 계환자季桓子의 가신이 되자, 공자에게 정치는 무엇부터 해야 하는지를 자문하는 내용이다. 공자의 제자 중궁은 공자보다 약 29살 쯤 어리다.

≪상방지도相邦之道≫는 공자와 자공子貢이 나라를 보좌하여 다스리는 도리인 '상방지도相邦之道'에 대해서 서로 토론하는 내용이다. 선진시기 군주의 왕도王道 개념을 이해할 수 있는 내용이다.

≪계강자문어공자季康子問於孔子≫ 중의 계강자季康子(계경자季庚子, 환자桓子. ?-BC 477)는 춘추春秋시기 노魯나라 대부大夫이다. 계강자季康子가 공자에게 나라를 구하는 방법을 상의하자, 나라를 다스리는데 '인의 실천을 덕으로써 하라.(인지이덕仁之以德)'을 가장 먼저 실행하도록 권유하였다.

≪군지위례君子爲禮≫와 ≪제자문弟子問≫은 유사한 내용으로 공자와 제자 혹은 공문孔門 제자들이 서로 대화하는 문답 형식으로 되어 있다. 공자와 재아宰我 혹은 안회顔回의 대화, 안연顔淵과 자유子由, 자우子羽와 자공子貢의 대화 등 다양하다. ≪군자위례君子爲禮≫는 주로 예禮와 인仁의 관계, 혹은 '독지獨智'·'독귀獨貴'와 '독부獨富' 즉 '홀로 지식을 누리는 것'·'홀로 귀함을 누리는

것'·'홀로 부유함을 누리는 것'은 사람들이 싫어하는 것이라고 공자가 제자들을 가르치고 있다.

《공자견계환자孔子見季桓子》는 공자와 계환자가 「이도二道」와 노나라를 부흥시킬 방법에 대하여 논하는 내용이다. 시기는 대략 노魯나라 정공定公 5년(BC 505年)에서 정공定公 14년(BC 496년) 사이의 약 10년간의 기록이다. 계환자의 나라를 다스리는 개념을 이해할 수 있는 자료이다.

《안연문어공자顔淵問於孔子》는 안연顔淵이 공자에게 「내사內事(벼슬자리에 나아가는 길)」·「내교內敎(내적인 교양)」·「지명至明(지극히 밝음)」의 도道에 관하여 가르침을 청하는 내용이다.

《사류문어공자史䰞問於孔子》는 제齊나라 관리의 아들 사유史䰞가 나라를 다스리는 방법과 관련된 「세습世襲」·「팔八」·「경敬」 등에 관하여 공자에게 가르침을 구하는 내용이다.

이러한 내용은 전래본(현행본)의 공자의 어록에 보이지 않기 때문에 고대의 유가 경전 사상을 이해하고 보충할 수 중요한 자료이다. 또한 이러한 어록문은 문답체로 이루어져 있기 때문에 공자나 공자 후학자의 사상, 고대 산문散文의 형식과 내용, 고대 언어 현상을 이해할 수는 값진 자료임에 틀림없다.

본 책이 나오기까지 도와주신 분의 이름을 일일이 나열하지는 않지만, 이 자리를 빌어 감사의 말씀을 전한다. 아울러 미미점이 많을 것이다. 많은 지도편달 부탁드린다.

全州 訓詁樓에서
2018년 12월

- 【상박초간원주上博楚簡原註】란 ≪上海博物館藏戰國楚竹書(一)~(九)≫(馬承源主編, 上海古籍出版社, 2002-2012年, 이하 ≪上博楚簡≫으로 간칭함)의 각 편의 정리주해整理註解 중의 설명을 가리키며, 이를 '정리본'이라 칭하기로 한다. 【原註】의 '각주'는 정리본 설명 중의 일부이다.(예: 참고 문헌 등의 표기)

- 【역주譯註】는 본문의 역주를 가리킨다. '上博楚簡原註'는 '①'·'②' 등 원 부호를 사용하고, 본문의 역주는 '1'·'2' 등으로 표시하기로 한다.
  그러나 【譯註】의 분량이 많은 경우는 예를 들어, ≪從政≫ 등은 【上博楚簡原註】 아래 바로 번호 없이 역주를 붙이기로 한다.

- 간문簡文 중에 보이는 구두句讀와 중문重文 등의 부호는 원문에 따라 표시하며, 동시에 괄호 안에 직접 해당되는 문자로 표기하기로 한다.

- 통가자通假字나 고금자古今字는 ( )로 표시하며, 부가적 설명이 필요한 경우를 제외하고는 별도로 주석하지 않기로 한다.

- 내용 등을 고려하여 잘못 누락한 자는 보충할 수 있는 자는 [ ]로 표시한다.

- 다른 경서와 문맥 전후를 살펴 죽간문에 오자誤字가 있는 경우에는 〈 〉로 표시한다.

- 문맥을 고려하여 보충할 수 있는 경우의 자는 '□'이나 혹은 '……'로 표시한다. 초간楚簡 중 결문缺文된 문자의 수는 알 수 있으나, 해당하는 자를 모르는 경우에는 □로 표시하며, 문자의 흔적이 있어 추정할 수 있는 문자가 있을 경우에는 □ 안에 문자를 표기하며, 확실한 자수字數를 모르는 경우에는 '……'로 표시한다.

- 연문衍文(잘못 추가된 문자)은 { }로 표시한다.

- 죽간의 배열 순서에 대해서는 각 학자마다 의견이 분분하다. 죽간배열은 정리본整理本을 기본 순서로 하나, 학자의 주장을 참고하여 필요한 곳에서는 추가설명하기로 한다.

- 한자는 우리말 음을 표시하는 것을 원칙으로 하나, 한자 자체를 한자로 풀이하는 경우가 많기 때문에 이러한 경우엔 원 문장은 그대로 남겨 놓고 주해注解에서 우리말로 해석하기로 한다. 또한 서명이나 전문용어가 중복되는 경우엔 앞 부분에서 우리말 음으로 표기하고 뒤 부분에서는 한자를 그대로 쓰기로 한다. 또한 한문 원문과 우리말 번역을 함께 놓으면 번잡하기 때문에 이 중 하나를 선택하여 주해부

분에 위치하도록 한다. 주해 부분에 한문 원문을 넣을 것인가 혹은 우리말 해석을 놓을 것인가 문장 내용 상황에 따르기로 한다.

● 각종 문자 자형의 자료는 아래의 각종 임모본臨摹本 문자편文字編과 자전을 참고하기로 한다.

李守奎 編著, ≪楚文字編≫, 華東師範大學出版社, 2003年

_____, ≪上海博物館藏戰國楚竹書(一)-(五)文字編≫, 作家出版社, 2007年

張守中 選集, ≪郭店楚竹簡文字篇≫, 文物出版社, 2000年

_____, ≪包山楚竹簡文字篇≫, 文物出版社, 1996年

_____, ≪郭店楚竹簡文字篇≫, 文物出版社, 2000年

_____, ≪睡虎地秦竹簡文字篇≫, 文物出版社, 1994年

滕壬生 者, ≪楚系簡帛文字篇(增訂本)≫, 湖北敎育出版社, 2008年

湯餘惠 主編, ≪戰國文字編≫, 福建人民出版社, 2001年

陳松長 編著, ≪馬王堆簡帛文字篇≫, 文物出版社, 2001年

骈宇騫 編著, ≪銀雀山漢竹簡文字篇≫, 文物出版社, 2001年

陸錫興 編著, ≪漢代簡牘草字編≫, 上海書畵出版社, 1989年

容庚 編著, 張振林·馬國權 摹補, ≪金文編≫, 中華書局, 1985年

漢語大字典字形組 編, ≪秦漢魏晉篆隷字形表≫, 四川辭書出版社, 1985年

徐中舒 主編, ≪漢語古文字字形表≫, 四川人民出版社, 1981年

高明 編著, ≪古文字類編≫, 臺灣大通書局印行, 1986年

中國科學院考古硏究所 編輯, ≪甲骨文編≫, 中華書局, 1965年

漢語大字典編輯委員會, ≪漢語大字典≫, 四川辭書出版社, 1993年

湯可敬, ≪說文解字今釋≫, 岳麓書社, 2001.

● 컴퓨터 주요 참고 사이트는 아래와 같다.

殷周金文曁青銅器資料庫: http://app.sinica.edu.tw/bronze/qry_bronze.php

小學堂: 臺灣小學堂文字學資料庫, http://xiaoxue.iis.sinica.edu.tw/.

中國古代簡帛字形辭例數據庫, http://www.bsm-whu.org/zxcl/index.php.

簡帛硏究: 山東大學文史哲院, http//www.jianbo.org. http//www.bamboosilk.org

簡帛: 武學大學簡帛硏究中心, http//www.bsm.org.

孔子2000: 淸華大學簡帛硏究, http//http://www.confucius2000.com/

復旦大學出土文獻與古文字硏究中心: http://www.gwz.fudan.edu.cn/http://www.guweni.com/

● '부록: 공자 어록문 석문과 우리말 해석'은 본문이 이해하는 통가자, 죽간의 순서(편련), 우리말 해석 부분이다.

孔子語錄文篇
공자어록문편㊦

1

民 之 父 母

복모좌濮茅左 정리

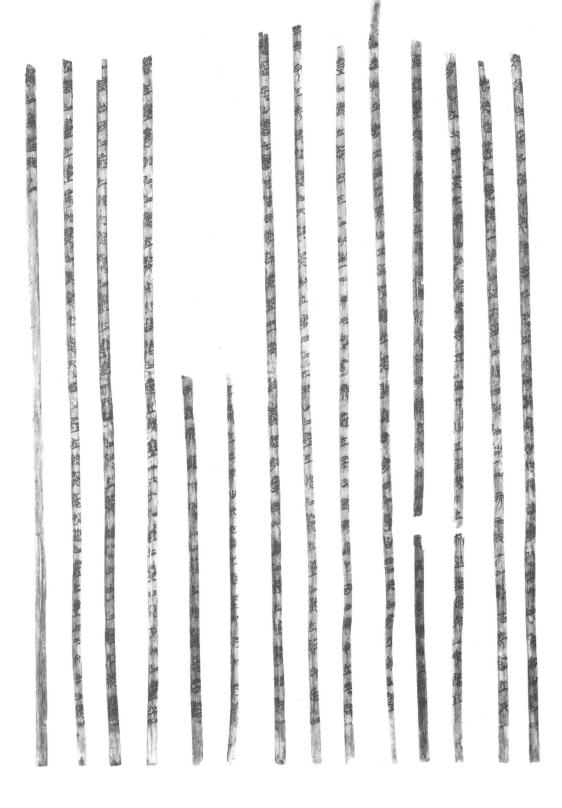

《民之父母》는 모두 14개의 죽간으로 되어 있어 있으며, 문자는 총 397자이다. 그 중 重文이 3자이고, 合文이 6자다.

현행본과 비교해 볼 때, 빠진 내용이 거의 없고 죽간의 상태 또한 상당히 양호한 편이다.

열 네 개의 죽간은 출토 될 당시 진흙 덩어리로 덮여 있었는데, 실험실에서 진흙을 벗겨 내었다. 진흙 윗부분과 곁 부분을 벗겨내는 과정에서 죽간의 윗부분이 약간 파손되었다.

이 중 두 개의 죽간은 반절 가량이 파손되기는 했으나. 열 네 개의 죽간을 내용에 따라 배열하는 데는 기본적으로 문제가 없었다. 문자가 파손된 경우는 현행본 등을 참고하여 보충할 수 있었다.

죽간은 상중하 세 곳에 묶은 선(편선編線)이 있고, 다섯 번째 죽간은 파손되지 않은 완전한 형태이며, 매 죽간마다 약 34자 정도의 문자가 있다.

완전한 죽간은 상단과 하단에 여백(천두天頭, 첫 번째 편선까지의 공간)과 지각地脚(마지막 편선에서 제일 아랫부분까지의 공간)이 있다. 제일 위 쪽에서 처음 편선까지는(天頭) 2.2 ㎝이고, 제일 아래에서 세 번째 편선까지는(地脚) 2.5㎝이다. 또한 처음 편선에서 두 번째 편선까지는 26.6㎝이며, 두 번째에서 세 번째 편선까지는 약 20.9㎝ 쯤 된다.

제일 마지막에는 검은 색 고리 부호(墨鉤)가 있고, 이 부호 아래에는 문자를 쓰지 않아 공백으로 남아있다. 일률적으로 죽황竹黃부분(대나무의 안 쪽)에는 문자를 쓰고, 竹靑부분(대나무의 바깥 쪽)은 공백 상태로 남겨 놓고 있다.

서체書體는 비교적 단정단아하고, 운필運筆은 상당히 독특한 특징을 지니고 있다고 할 수 있다. 횡획橫劃(가로획)은 일반적으로 노봉露鋒이고, 수豎(세로 획)·별撇(삐침)과 곡선의 첫 부분은 돈필頓筆(잠시 멈춰 붓을 꺽은 필획)로, 선이 일률적으로 균등한 전통적인 전서篆書 필법과는 사뭇 다르다.

본 편은 원래 편명 제목이 없고, 내용은 현행본 《예기禮記·공자한거孔子閒居》와 《공자가어孔子家語·논예論禮》 등에도 보인다. 현행본 《禮記·孔子閒居》는 제일 앞 구절「孔子閒居」를 제목으로 삼고 있으며, 《孔子家語·論禮》는 《禮記》 중 《중니연거仲尼燕居》와 《孔子

閒居≫의 내용을 포함하고 있는데, 시작 부분에 "孔子閒居, 子張·子貢·言游侍, 論及於禮"[1] 구절 중의 「論禮」를 제목으로 취하였다. 그러나 본 죽간은 「孔子閒居」라는 구절도 없고, ≪仲尼燕居≫의 내용 또한 보이지 않기 때문에, 구절 내용을 제목으로 취하기에 적절치 않아 가장 중요한 내용인 「民之父母」를 편명으로 취하기로 한다.

본 편에서는 자하子夏가 공자에게 「民之父母」와 관련된 다섯 가지 항목에 대하여 물어보고 있다.

먼저 첫 번째는 자하가 문을 열고 산을 보다가, ≪詩經·대아大雅·형작泂酌≫편의 "幾(凱)俤君子, 民之父母"[2]를 인용하여, 어떤 것이 「民之父母」인가에 대하여 물었다. 이 물음이 본 편의 핵심 내용이다. 이 내용을 공자가 대답하면 다시 이와 관련된 질문을 하고 답하는 형식을 취하고 있다.

두 번째와 세 번째는 자하가 「오지五至」와 「삼무三無」가 무엇인가에 대해 답을 구하는 내용이다.

네 번째는 자하가 문학을 좋아하고 ≪詩經≫에 많은 관심을 가지고 있기 때문에, 어떤 시詩가 「三無」와 관계가 있는지 물어 보고 있다.

다섯 번째 물음은 네 번째 답변 후에 아직도 완전히 이해하지 못하는 부분이 있어 공자에게 다시 가르침을 받는 내용이다.

공자의 답변은 매우 철학적이고 논리적이며, 매우 엄밀한 형식으로 되어 있다.

먼저, 공자는 「民之父母」에 대한 네 가지 원칙을 밝히고 있다.

첫째는 '達禮樂之原'[3]하고, 두 번째는 '致五至'[4]하고, 세 번째는 '行三無'[5]하고, 네 번째는 '橫於天下, 四方有敗, 必先知之.'[6]이다.

「오지五至」와 「삼무三無」는 본 편의 중요한 개념이며, 공자는 이에 대하여 하나하나 자세히 설명하였다. 또한 공자는 ≪주송周頌·호천유성명昊天有成命≫ 중의 "夙夜基命有密."[7]의 내용을 인용하여 「三無」를 보충 설명하고, 이어 「五起」에 대해서는 상세하게 설명한 후 문장을 마치

---

1) "공자가 한가히 있을 때였다. 자장·자공·언유가 모시고 있다가 예에 대한 말을 언급하게 되었다."
2) "점잖으신 군자는 백성들의 부모시네."
3) "예와 악의 근본을 통달하다."
4) "오지를 이루다."
5) "삼무를 행하다."
6) "널리 천하에 펴고, 사방에 재앙의 조짐이 있거든 반드시 먼저 이를 안다."
7) "편히 쉬지 않고, 아침부터 저녁까지 천명을 좇아서 백성에게 관대하게 대하고 편안한 생활을 하도록 힘썼네."

고 있다.

「五至」는 공자가 주장하고 하고 있는 인간의 아름다운 삶에 대한 이론이기도 한다. 「五至」란 「志至(뜻의 지극함)」·「詩至(시의 지극함)」·「禮至(예의 지극함)」·「樂至(악의 지극함)」·「哀至(애의 지극함)」을 가리킨다. 즉 마음에 뜻을 세워, 시로써 덕을 찬송하고, 선을 밝히고, 도리를 이루어, 덕을 노래하는 시를 부흥케 하고, 예의를 밝게 하며, 원칙과 질서를 세우며, 음악을 귀히 여기고, 평화롭고 화목하게 지내며, 다른 사람이 복을 누릴 수 있도록 돕고 백성에게 해가 되는 것은 없애주고, 백성의 생육을 기뻐하며, 죽음을 진심으로 애도하고, 군주와 백성이 서로 상부상조하고, 슬픔과 기쁨을 함께 하는 것이다. 이게 바로 공자가 추구하는 이상적인 도덕관道德觀이다.

「무無」는 비교적 특수한 철학적 개념임과 동시에 사상의 확대적 개념이다. 소위 말하는 「無」란 외적인 요소에서 내적인 요소로 전환하는 개념적 사상이다. 즉 외적으로는 눈으로 확인할 수 없는 「無」적인 형식이지만, 내적인 심리는 그 존재를 깨달을 수 있는 「유有」의 개념인 것이다. 즉 부모父母의 사랑이 온 세상 천지에 가득 넘치고 있는 것과 같다.

공자의 「三亡(無)」는 구체적으로 "無聲之樂, 無體之禮, 無服之喪."[8]을 말한다. 형태와 소리는 눈으로 확인할 수 없지만, 존재하고 있는 각각의 사물에 영향의 미쳐, 예악이 지극함에 이르게 한다. ≪列子·仲尼≫는 "無樂無知, 是眞樂眞知."[9]라 했다.

「亡(無)聖(聲)之樂」이란 진정한 소리는 마음속에서 이미 감화되고 감흥된 것이기 때문에 귀로써 듣는 것이 아니고, 마음으로 느끼고 깨달아 가슴에 와 닿는 것으로 외부로 나타나는 형식적인 것이 아니라 마음의 소리인 것이다.

「亡(無)膿(體)之豊(禮)」는 가장 절실하고 진정한 예절은 형식으로 보여주는 것이 아니라, 자연 물상과 같이 꾸밈없이 자연스럽고 적절하게 상황에 따라 임기응변하여야 만이 그 예의범절이 진심으로 그 사람에게 미치게 되는 것이라는 의미이다.

「亡(無)備(服)之槃(喪)」은 외형적인 의복을 챙겨 입는 것으로 출상을 준비하는 것이 아니라, 진심으로 애도하는 마음으로 상喪을 지러야한다는 것이다.

「三亡(無)」가 강조하고자 하는 것은 외적인 예의와 내적인 진심을 조율하여 인간의 변치 않는 영원한 사랑을 추구하고, 도의적道義的이고 평화로운 인간 세상을 도모하고자 하는데 있다. 공자는 ≪대대예기大戴禮記·주언主言≫에서 "至禮不讓而天下治."[10]·"至賞不費而天下之士說."[11]

---

8) "소리 없는 음악, 형체 없는 예, 상복 없는 초상."
9) "소리가 없는 음악과 앎이 없는 앎이 진정한 음악이요 진정한 지혜이다."
10) "지극한 예의는 사양하지 않고도 온 천하가 다스려진다."

·“至樂無聲而天下之民和.”[12]하고, 일반적이고 대중적인 도의를 중시하여, 호연지기浩然之氣가 온 세상에 충만한 이상 사회를 건설하고자 하였다.

≪民之父母≫는 또한 문장이 대부분 압운형식을 취하고 있다. 「五至」에서 세 곳이 모두 압운형식을 취하고 있다.

「五起」중 '위違'·'지遲'·'비悲'의 압운은 ≪소아小雅·사두四杜≫나 ≪소아小雅·채미采薇≫와 같고, '방方'·'장將'·'명明'의 압운은 ≪소아小雅·북산北山≫·≪주송周頌·집경執競≫이나 ≪초사楚辭·구변九辯≫과 같고, '자子'·'해海'·'모母'의 압운은 ≪소아小雅·면수沔水≫와 같고, '득得'·'익翼'·'국國'의 압운은 ≪위풍魏風·석서碩鼠≫나 ≪대아大雅·상무常武≫와 같고, '종從'·'동同'·'방邦'의 압운은 ≪소아小雅·채숙采菽≫이나 ≪노송魯頌·비궁閟宮≫의 형식과 같다.

≪民之父母≫와 현행본 ≪禮記·孔子閒居≫, ≪孔子家語·論禮≫와 몇 가지 다른 점이 있다.

첫째, 포함된 내용이 서로 다르다. ≪民之父母≫는 단독적으로 한 편을 이루고 있으나, ≪禮記·孔子閒居≫는 「民之父母」와 「三王之德」두 내용을 포함하고 있다. 모두 자하와 공자가 서로 문답하는 내용이다. ≪孔子家語·論禮≫는 ≪禮記·仲尼燕居≫ 중 공자가 자장子張·자공子貢·언유言游 등과 대화를 나누는 내용과 ≪禮記·孔子閒居≫ 중 공자가 자하와 「民之父母」·「三無私」등에 관하여 대화를 나누는 내용을 포함하고 있다. 그러나 ≪孔子家語≫의 내용은 실질적으로 ≪禮記≫의 내용보다 비교적 간단하다.

둘째, 「五起」에 대한 내용은 ≪民之父母≫와 ≪禮記·孔子閒居≫와 기본적으로 같지만, 전후 순서가 서로 다르다. 초죽서楚竹書의 출현으로 진秦나라 「분서焚書」이전 공자가 말한 「五起」의 원래 순서를 알 수 있게 되었다. ≪民之父母≫는 內(族內)에서 外(族外)와 같이 범위를 작은 것에서 큰 것으로 넓혀 나가고 있는 것이 원칙이다. 「內虐(恕)睯(孔)悲」→「屯(純)叟(德)同(孔)明」→「爲民父母」→「施及四國」→「以畜萬邦」의 전개와 같이 「近親」에서 「外族」으로, 「民父母」로, 「四國」으로, 다시 「萬邦」으로 그 덕망을 실행하는 범위를 점점 확대해 나가고 있다. ≪民之父母≫는 논리정연하게 그 범위를 전개하고 있으나, ≪禮記·孔子閒居≫는 ≪民之父母≫보다 논리적이거나 일사불란하지 못하다.

셋째, 「五起」의 내용이 ≪民之父母≫와 ≪孔子家語·論禮≫와 서로 다르다. 또한 ≪孔子家語

---

11) “정성스런 보상은 재물을 허비하지 않고서도 천하의 선비들을 즐겁게 한다.”
12) “지극한 음악은 소리가 없어도 온 천하의 백성들이 화락한다.”

·論禮≫의 "無聲之樂, 氣志不違. 無體之禮, 威儀遲遲. 無服之喪, 內恕孔悲."[13)] · "無聲之樂, 所願必從, 無體之禮, 上下和同, 無服之喪, 施及萬邦."[14)]과 "三無私."[15)] 즉 "天無私覆, 地無私載, 日月無私照."[16)] 內容은 ≪禮記·孔子閒居≫와 서로 다르다.

넷째, 사용하고 있는 문자와 단어가 서로 다르다. 문자가 다른 경우의 예는 아래와 같다.

竹書	룸	幾俤	丌	體	奚	見	睍	旣	亡	亯	又	述	相	敗	聿	同	異	燹	禾	逜
현행본	夏	豈弟(愷悌)	此	體	傾	視	得	氣	無	其(基)	有	就	將	美	盡	孔	翼	氣	和	近

사용하는 단어가 다른 경우는 아래와 같다.

竹書	四海	尸=	塞于	它迏孫	塞於四海	爲民父母	以畜
현행본	天地	逮逮	日聞	氣志旣起	施及四海	施於孫子	施及

이외에도 ≪民之父母≫ 자체 내에서 동일한 자를 다르게 읽는 경우(동자이독同字異讀)가 있다. 예를 들어, 「子룸(夏)曰: 五至旣寙(聞)之矣, 敢寙(問)可(何)胃(謂)三亡(無)?」(第 5 簡)[17)]와 같이 「寙」자가 앞에서는 「聞」의 의미로 사용되나, 뒤에서는 「問」의 의미로 사용되고 있다. 또한 "不可旻(得)而見也"(第 6-7 簡)[18)]와 「屯(純)旻(德)同(孔)明.」(第 12 簡)[19)]과 같이 '旻'자가 '得'과 '德'의 의미로 사용된다. 이외에도 문자를 잘못 쓴 경우도 있다. 예를 들어, 제 11간은 '亡服'을 '亡膧(體)'로 쓴다.

다섯 번째, ≪民之父母≫에 있는 중요한 내용 문구가 현행본에는 보이지 않는 경우가 있다. 예를 들어, "君子以正"(第 5 簡)[20)] · "君子以此皇於天下"(第 2 簡)[21)] · "善才(哉), 商也, 酒(將)可

---

13) "소리가 없는 음악은 기분과 의지가 서로 이르는 대로 하여 어김이 없고, 형체가 없는 예는 위엄 있고 의표가 매우 유연하고 느긋하니, 상복이 없는 초상은 속마음이 몹시 슬프게 되는 법이다."
14) 이를 더 확대해서 설명하자면, "소리 없는 음악은 소원이 제대로 이루어지며, 형체 없는 예는 위와 아래가 화목하게 되며, 복이 없는 초상은 덕화가 만방에 퍼지게 된다."
15) "세 가지 사사로운 마음이 없다."
16) "하늘은 만물을 덮어 주는데 사사로움이 없으며, 땅은 만물을 실어 주는데 사사로움이 없고, 일월은 만물을 비춰 주는데 사사로움이 없다."
17) "자하가 물었다. 五至(다섯 가지 지극함)에 대해서는 이미 들었습니다. 그렇다면 三無(세 가지 없음)란 무엇을 말하는 것입니까?"
18) "눈을 크게 뜨고 보아도 볼 수 없는 것이다."
19) "순수한 덕이 널리 밝아진다."
20) "군자가 바르게 하는 것이다."

孝(敎)時(詩)矣, 城(成)王不敢康"22)(第 8簡) 등의 문구가 보이지 않는다. 이외에도 문자나 낱말 등에서 서로 차이가 있기도 하다.

초죽서楚竹書 ≪民之父母≫는 그 동안 전해 내려오는 판본과 그 변화 등에 대한 상황들을 이해할 수 있는 매우 가치 있는 사료들임을 입증하고 있다. 이러한 자료는 ≪禮記≫의 권수卷數 와 합권合卷에 대한 문제와도 밀접한 관계가 있다. 내용 상, 초죽서≪民之父母≫에는 보이나, 현행본에는 이미 보이지 않는 내용을 통하여, 문맥의 이해는 물론 공자의 사상, 유가儒家의 도덕 관과 인생관을 전면적으로 이해할 수 있다는 중요한 의의를 지니고 있다. 또한 현행본과의 비교 를 통하여 초나라 문자를 이해하는데 중요한 근간이 된다.

---

21) "군자가 이것으로 천하에 널리 펼 수 있다."
22) "훌륭하도다! 자하여! 이제부터 너에게 ≪시경≫을 가르칠 수 있겠구나. 성왕은 편히 쉬지 않았다."

第 1 簡

慭寠於孔子詔曰幾佛君子民之父母敢寠可女而可胃民之父母孔臺會曰民

第 1 簡

≪民之父母≫[23]

田昂(夏)¹臿(問)²於孔子①:「≪誦(詩)³≫曰:『幾(凱)俤君子, 民之父母』②, 敢臿(問)可(何)女(如)而可胃(謂)民之父母?」③ 孔=(孔子)含(答)⁴曰④:「民

≪孔子閒居≫

孔子閒居, 子夏侍. 子夏曰:「敢問≪詩≫云:『凱弟君子, 民之父母』, 何如斯可謂民之父母矣?」孔子曰:「夫民

≪論禮≫

子夏侍坐於孔子曰:「敢問≪詩≫云:『愷悌君子, 民之父母』, 何如斯可謂民之父母?」孔子曰:「夫民

【해석】

자하가 공자에게 물었다.「감히 여쭙겠습니다. ≪시경·대아·형작泂酌≫편이 말하기를「『화락和樂하고 단정한 군자님은 백성의 부모로다』라 했는데, 어떠해야만 백성의 부모라 할 수 있겠습니까?」공자가 대답하였다.「백성의 부모란

【上博楚簡原註】

본 죽간의 길이는 42.5㎝로 상단 부분이 약간 파손되었으나, 하단은 편평한 모양의 완전한 형태다. 문자는 모두 31자로 그 중에 합문合文이 1 자이다.

제일 앞부분이 파손되어 문자가 보이지 않으나, 문맥상 '子'자를 보충할 수 있다.

① '田昂臿於孔子':「子」는 파손되어 보이지 않으나, 앞 뒤 문맥을 참고하여 보충할 수 있다.「昂」는 즉「자하子夏」를 가리킨다.「昂」자는 '日'과 '它'로 이루어져 있다. 이 자는 ≪說文解字≫에 보이지 않지만,「昵」자가 아닐까 한다. ≪玉篇·日部≫는 "昵'자는 앞의 '晲(해 기울 예, yǐ)'자

---

23) 정리본은 끝부분에서 ≪附錄: 〈民之父母〉·〈孔子閒居〉·〈論禮〉文字·用句比較表≫를 두어 상호 비교하고 있으나, 본문에서는 편의를 위하여 각 죽간 해당 부분에서 비교하기로 한다.

와 같은 자이다."24)라 하였다. 「하夏」나 「아雅」는 자부字部가 '它'나 '也'와 같은 운부韻部이기 때문에 서로 통한다. 갑골문에서 「虫」과 「它」자는 같은 의미로 쓰이며, 간문簡文 역시 마찬가지다. 「夏」자를 ≪上海博物館藏戰國楚竹書(一)·紂衣≫는 자부 '日'과 '它'인 「蚤」자로 쓴다. 즉 第18簡은 「大雅」를 「大蚤」로 써서 「雅」의 가차자로 쓰며, 본 간에서는 「夏」의 가차자로 쓴다. 자하는 위衛나라 사람으로 공자의 제자이며 사과십철四科十哲 중의 한 명이다. ≪논어·선진≫은 "덕행은 안연·민자건·염백우·중궁이었고, 언어는 재아와 자공이며, 정사政事는 염유와 계로이며, 문학에는 자유와 자하이다."라 하였고,25) ≪史記·仲尼弟子列傳≫은 "복상은 자가 자하이며, 공자보다 44세가 적다."26)·"자하는 서하西河에 살면서 학생들을 가르쳤는데, 위나라 문후의 스승을 지낸 적이 있다."27)라 하였다. 사서史書에 자하에 관한 기록이 상당히 많으며, 양한兩漢 시기의 문헌에도 자주 등장하는 인물이다. ≪여씨춘추·찰현≫은 "위나라 문후는 복자하를 스승으로 삼았다."28), ≪공양전·소공십이년≫에서 서언徐彦은 "공자가 ≪춘추≫ 일만 팔천 자를 구월에 완성하여 제자 자유와 자하에게 주었는데, 한 자도 수정을 가할 수 없었다."29)라고 주소注疏하고, ≪잠부론·실공≫은 "그들의 추천서에 의하면 덕행은 모두 안연·복상이나 염경과 같은 철인들이다. 그러나 그들의 실질적인 품행이나 재능은 일반 중등수준에도 미치지 못한다."30)라 하고, ≪한시외전≫(卷六)은 "≪시≫에서 '홀아비와 과부를 무시하지 말고, 강포한 자라고 해서 두려워하지도 말라.'했는데, 이는 복 선생을 두고 하는 말이다"라 하고,31) ≪공자가어·칠십이제자해≫는 "복상은 위나라 사람이다."32)라 하고, ≪설원·잡언≫은 "공자는 복상에 대해 '재물을 매우 아끼는 사람이다'라 했다."33)와 같이 자하를 각각 「복자하卜子夏」·「하夏」·「복卜」·「복선생卜先生」·「복상卜商」 혹은 「상商」 등으로 부른다. 당唐 현종玄宗 개원開元 27년(739)에 그를 「위후衛侯」로 봉封하였고, 송宋 진종眞宗 대중상부大中祥符 2年(1009)에는 「동아공東阿公」의 시호를 내렸으며, 송宋 도종度宗 함순咸淳 3년(1267)에는 그를 「위공衛公」으로

---

24) ≪說文解字≫: 「虵, 同上晥.」
25) ≪論語·先進≫: 「德行, 顏淵·閔子騫·冉伯牛·仲弓. 言語, 宰我·子貢. 政事, 冉有·季路. 文學, 子游·子夏.」
26) ≪史記·仲尼弟子列傳≫: 「卜商, 字子夏, 少孔子四十四歲.」
27) ≪史記·仲尼弟子列傳≫: 「子夏居西河教授, 爲魏文侯師.」
28) ≪呂氏春秋·察賢≫: 「魏文侯師卜子夏.」
29) ≪公羊傳·昭公十二年≫: 「孔子作≪春秋≫, 一萬八千字, 九月而書成, 以授游夏之徒, 游夏之徒不能改一字.」
30) ≪潛夫論·實貢≫: 「歷察其狀, 德侔顏淵卜冉, 最其行能, 多不及中.」
31) ≪漢詩外傳≫ (卷六): 「詩曰:『不侮矜寡, 不畏强禦.』卜先生也.」
32) ≪孔子家語·七十二弟子解≫: 「卜商, 衛人.」
33) ≪說苑·雜言≫: 「孔子曰:『商之爲人也, 甚短於財.』」

개칭하고, 명明 가정嘉靖 9년(1530)에는 「선현복자先賢卜子」로 바꾸어 불렀다.

「霤」는 'ㅗ'·'昏'과 '耳'로 이루어진 자로 「문문聞」자의 古文이다. 죽간에서 '聝'이나 '睧'으로 쓰기도 한다. ≪설문해자·이부≫는 "'聞'은 '소리를 알아듣다'의 의미. '耳'와 소리부 '門'으로 이루어진 형성자. 古文은 자부 '昏'을 써서 '睧'으로 쓴다."34)라 하였다. 「문문聞」은 또한 「문문問」의 가차자로 쓰인다.

「孔=」은 「孔子」의 합문合文이다.35)

② '≪詋≫曰: 「幾佛君子, 民之父母」': '詋'자는 '言'과 '少'로 이루어져 있으나, 다른 자서字書 에는 보이지 않는다. 이 자를 현행본이 「詩」자로 쓰는 것으로 보아 「詩」자의 이체자가 아닌가한 다. ≪시경·대서≫는 "시라는 것은 이른바 마음의 의지를 표현해 내는 것이다. 마음 속에 있으면 의지이고, 말로 표현해내면 시가 되는 것이다."36)라 했다. 「幾(凱)佛君子, 民之父母」는 ≪대아 ·형작≫의 첫 장 "저 멀리 흐르는 물을 떠서 이곳에 가져다 부으면 찐 밥 술밥 지을 수 있지. 화락和樂하고 단정한 군자님은 백성들의 부모시네."37) 구절에 해당된다. 이 시는 성왕成王이 향락을 즐기지 않고 백성의 부모가 되었다는 내용이다.

「기幾」는 「개豈」·「개愷」나 「개凱」자와 서로 통한다. ≪戰國策·楚策四≫의 "어찌 초나라가 이를 감당해 낼 수 있겠는가"38)구절 중 '豈'자를 ≪馬王堆漢墓帛書≫는 「幾」로 쓴다. ≪순자 ·대략≫의 "어찌 계책을 안다하겠는가?"39)를 양경楊倞은 "'幾'는 '豈'의 의미이다."40)라고, ≪禮 記·孔子閒居≫의 "凱佛君子" 구절에 대하여 정현鄭玄은 "'凱'자는 본래 '愷'로 쓰거나 혹은 '豈' 로 쓴다."41)라고, ≪說文解字·豈部≫는 "'豈'자는 전쟁에 승리하고 돌아온 군대의 사기를 진작해 주는 樂曲."42)이라고 각각 설명하였다. 「佛(용모 제, dì)」자는 ≪說文解字≫에 보이지 않으나, 「弟」의 의미이다. ≪包山楚簡≫(第二二七簡) 「軏佛無後者.」43) 구절 중의 「軏佛」는 「형제兄弟」의 의미다. ≪禮記·孔子閒居≫에서 정현鄭玄은 "'弟'자는 '悌'로도 쓴다."44)라 하였다. 「기제幾佛」

---

34) ≪說文解字·耳部≫: 「聞, 知聲也. 從耳, 門聲, 睧, 古文從昏.」

35) 본 구절에서는 合文으로 쓰지 않고 있다.

36) ≪詩·大序≫: 「詩者, 志之所之也. 在心爲志, 發言爲詩.」

37) ≪大雅·泂酌≫(제 1 장): 「泂酌彼行潦, 挹彼注茲, 可以餴饎. 豈弟君子, 民之父母.」

38) ≪戰國策·楚策四≫: 「則豈楚之任也哉.」

39) ≪荀子·大略≫: 「幾爲知計哉.」

40) 「幾, 讀爲豈.」

41) 「凱, 本又作愷, 又作豈.」

42) ≪說文解字·豈部≫: 「豈, 還師振旅樂也.」

43) "형제 중 후대가 없는 자."

는 「개제豈弟」·「개제凱弟」·「개제愷弟」나 「愷悌」 등과 같다. ≪詩經≫의 「豈弟」를 ≪左傳·僖公十二年≫은 ≪詩經≫을 인용하여 「愷悌」로 쓴다. 「凱」란 기쁨과 즐거움이 생겨나는 것이며, 「悌」는 순조로움과 예의가 생겨나는 것으로, 모두 君子의 덕성이다. 君子에 대하여 ≪大戴禮記·主言≫은 "군자는 몸소 忠과 信을 행하나, 다른 사람에게 忠信을 행하지 않음을 탓하지 않고, 仁義를 자기 자신에게서 구하나, 남을 해치지 않고 시기하지 않으며, 듣고 아는 것이 많지만 교만하지 않으며, 사려가 깊고 만사를 통달하고 있지만 남과 다투지 않는다. 군자는 유연하게 장차 어떤 것을 이룰 수 있지만, 마치 그것에 도달하지 못할 것 같은 겸손한 태도를 취하니 이를 가히 군자라 할 수 있는 것이다."[45]라 하였다.

또한 ≪孝經·廣至德≫은 "≪詩經≫은 『화락하고 단정한 군자님은 백성의 부모로세.』라 했다. 큰 덕을 갖추고 있지 않고서야 어찌 능히 백성에게 순종을 이와 같이 크게 이룰 수 있겠는가?"[46]라 하였다. 자하는 이 시구를 예로 들어 공자에게 백성의 부모가 될 수 있는 도리에 대하여 물어 보고 있다.

본 구문을 ≪禮記·孔子閒居≫는 「敢問≪詩≫云: 『凱弟君子, 民之父母』」로 쓰고 ≪孔子家語·論禮≫는 「「敢問≪詩≫云: 『愷悌君子, 民之父母』」로 쓴다.

③ '敢問可女而可胃民之父母': 「可女」는 「하여何如」의 의미다. 「胃」는 「위謂」와 통한다. ≪戰國策·楚策四≫「酒謂魏王曰.」[47]구절의 「謂」자를 ≪馬王堆漢墓帛書≫는 「胃」로 쓴다. 또한 ≪上海博物館藏戰國楚竹書(一)·性情論≫은 「凡見者之胃(謂)勿(物).」(第 8 簡)[48]과 같이 「胃」자를 「謂」로 쓴다.

≪禮記·孔子閒居≫·≪孔子家語·論禮≫와 ≪民之父母≫는 이 구절 다음에 공자가 「民之父母」(백성의 부모)가 되려면 어떤 조건들을 갖추어야 하는지에 대하여 설명한다. '예악禮樂'의 근본을 통달하며, '오지五至'를 이루고, '삼무三無'를 행하여 '德'에 이르러야 한다고 말한다. 孔子는 구체적으로 "백성의 부모란 반드시 예악의 근본에 통달해서 五至를 이루고 三無를 행하여 널리 천하에 펴고 사방에 재앙의 조짐이 있을 때는 반드시 먼저 이를 아는 것이다. 이러한

---

44) "弟, 本又作悌."
45) ≪大戴禮記·主言≫: 「所謂君子者, 躬行忠信, 其心不買, 仁義在己, 而不害不志, 聞志廣博, 而色不伐, 思慮明達, 而辭不爭, 君子猶然如將可及也, 而不可及也. 如此, 可謂君子矣.」
46) ≪孝經·廣至德≫: 「≪詩≫云: 『愷悌君子, 民之父母.』 非至德, 其孰能順民如此其大者乎?(≪詩經≫은 『愷悌君子, 民之父母.」
47) "魏王에게 말하다."
48) "이른바 세간에 나타내어지는 것은 물질이다."

자를 백성의 부모라 할 것이다."49)라 하였다. ≪韓詩外傳≫은 군자가 백성의 부모가 되기 위해서 구비해야할 내용을 더욱 구체적이고 상세하게 설명한다. "군자는 용모가 공손하고 행동은 정직하며, 그 자신은 검소하지만 널리 베푼다. 따라서 불초한 자는 그에 미칠 수 없다. 재물은 자기 것을 완전히 베풀어 남에게 이익이 되도록 한다. 그래서 사람들이 자신을 다 바쳐 그를 받드는 것이다. 또한 지극히 사랑하되 빼앗지 않으며, 후하게 베풀되 자랑하지 않는다. 남의 선행을 보면 매우 즐거워하고, 남의 잘못을 보면 불쌍히 여겨 그를 덮어주며 잘못이 있더라도 감싸준다. 옷을 벗어 주기를 아주 좋아하고, 자주 음식을 나누어 준다. 법령이 간단해 쉽게 따를 수 있도록 하며, 일이 적어 쉽게 해낼 수 있도록 한다. 이 때문에 한쪽으로 치우침이 없어 백성의 부모가 되는 것이다. 성을 쌓아 그 곳에 살게 하고, 밭을 나누어 먹고 살게 하며, 학교를 세워 가르침으로써 사람들이 어버이를 사랑하고 어른을 존경할 줄 알게 한다. 어버이를 사랑하고 어른을 존경하기 때문에 부친상을 당했을 때 삼년 동안 참최斬衰를 입으며, 임금을 위해서도 삼년 동안 참최를 입는 것은 그가 바로 백성의 부모임을 말하는 것이다."50)라 하였다. 즉 악한 것은 몰아내고 선한 것은 드러내며, 약한 자는 도와주고 강한 자를 막아주고, 덕과 은혜로운 가르침을 베풀어 주는 군자가 실로 백성의 부모라 할 수 있다.

본 구절을 ≪禮記·孔子閒居≫와 ≪孔子家語·論禮≫는 「敢問≪詩≫云:『凱弟君子, 民之父母』, 何如斯可謂民之父母矣?」로 쓴다.

④ '孔=畣曰': 「孔=」은 「孔子」의 合文이다.

「畣」자는 ≪集韻·去沓≫ 중 「會」자의 형태와 유사하나, 「답答」자와 같은 자다. ≪集韻·入合≫은 "'答'·'畣'과 '畗'은 反切이 '德合'이고 '대하다'의 의미이다. 古文은 '畣'·'畗'으로 쓰고, 일반적으로 '荅'으로 쓰기도 한다."51)라 설명한다. ≪爾雅·釋言≫은 "'兪'와 '畣'은 '그러하다'의 의미이다."52)라고 설명하고, 이에 대하여 곽박郭璞은 "≪禮記≫의 『男唯女兪』 구절 중 '兪'자는 '畣'자와 같은 의미로, '응하다' 혹은 '그러하다(然)'의 뜻이다."53)라고, 육덕명陸德明의 ≪音義≫는 "'畣'은 '答'자의 고문이다."54)라고, 형병邢昺 ≪疏≫는 "'畣'자는 '答'의 古文으로

---

49) 「夫民之父母乎, 必達於禮樂之原, 以致五至, 而行三無, 以橫於天下. 四方有敗, 必先知之. 此之謂民之父母矣.」

50) ≪韓詩外傳≫: 「君子者, 貌恭而行肆, 身儉而施博, 故不肖者不能逮也. 殖盡於己, 而區略於人, 故可盡身而事也. 篤愛而不奪, 厚施而不伐. 見人有善, 欣然樂之, 見人不善, 愓然掩之, 有其過而兼包之. 授衣以最, 授食以多. 法下易由, 事寡易爲. 是以中立而爲人父母也. 築城而居之, 別田而養之, 立學以教之. 使人知親尊. 親尊故父服斬縗三年, 爲民父母之謂也.」

51) 「答·畣·畗, 德合切, 當也. 古作畣·畗, 通作荅.」

52) ≪爾雅·釋言≫: 「兪·畣, 然也.」

53) 「≪禮記≫曰『男唯女兪』, 畣者, 應也, 亦爲然也.」

'응답하다'의 의미다."55)라 하였다. ≪玉篇·亼部≫는 "'亼'은 반절反切이 '都合'이고 '대하다(當)'·'對(상대하다)'·'然(그러하다)'의 의미다. 이 자를 지금은 '答'으로 쓴다."56)라 하였다. 이 자는 간문簡文에서 자주 보이며,「合」이나「會」로 쓰기도 한다.

　　본 구절을 ≪禮記·孔子閒居≫와 ≪孔子家語·論禮≫는 모두「孔子曰」로 쓴다.

【譯註】

　1. '昰(夏)': 간문簡文에서 '하夏'자는 '昃(昰)' 이외에도 '顕'·'頧'·'虽'나 '昗' 등 다양한 형태로 쓴다.57) 금문은 '夏'자를 '𤾩'·'𦥑'·'𩓣'·'𩖉' 등으로 쓴다.58) 자부字部 '女'는 '夊'의 형태가 변한 것이다. ≪孔子詩論≫은 '昰(顕)'로 쓰고(第 2 簡), ≪容成氏≫는 '頧(頧)'로 쓰고(第 22 簡), ≪緇衣≫는 '昗(虽)'(第 18 簡)로 쓴다.

　2. '𦖘(問)': '𦖘'은 '문聞'자의 이체자로 '문問'자와 음성이 유사하기 때문에 서로 통용된다. '聞'자를 죽간문은 '𦖘' 이외에도 '䎽'·'䁀'으로 쓴다. 예를 들어, ≪容成氏·甲≫은 '䎽(䎽)'(第 13簡)으로 쓰고, ≪緇衣≫는 '䁀(䁀)'(第19簡)으로 쓴다. 금문 중 ≪中山王䁑鼎≫ '䁀'자와 같다. 용경容庚은 ≪金文編≫에서 "≪說文解字≫는 고문을 '䁀'으로 쓰고, 古文 ≪尙書≫은 '䎽'으로 쓴다. 이 자는 '婚'자의 의미로도 쓰인다."라 하였다.59)

　3. '詩(詩)': '시詩'자를 ≪孔子詩論≫은 '䛷(䛷)'으로 쓰고, ≪緇衣≫는 '告(告)' 등으로 쓴다. ≪民之父母≫(第 8 簡)은 '詩'자를 본 죽간 '詩(詩)'자와 달리 '時(時)'으로 쓴다. ≪從政·甲≫도 이와 유사하게 '䛷'으로 쓴다. '詩(詩)'자는 '詩'의 변형이 아닌가 한다.

　4. '亼(答)': '亼(亼)'은 '답答'의 이체자이다. 죽간竹簡은 이 자 이외에도 '合', '亼'·'富'·'會'과 '會' 등으로 쓴다. ≪上海博物館藏戰國楚竹書文字編≫은 '會'자를 "간문簡文 중 '亼'자는 '會'자와 같다. 모두 문답問答이란 의미의 '答'자이다. ≪說文解字≫ 중에 보이는 '䜺'자와는 다르다."라 하였다.60) 또한 '合'자의 이체자로 '亼'·'會'과 '富'자를 수록하고, "이들 이체자는 모두 '회답回答하다'라는 의미의 '答'자이다. ≪說文解字≫에는 '答'字가 없다. 楚나라 문자 중 '會'자

---

54)　陸德明 ≪音義≫:「亼, 古答字.」
55)「亼, 古答字, 故爲應也.」
56)　≪玉篇·亼部≫:「亼, 都合切, 當也, 對也, 然也, 今作答.」
57)　李守奎, ≪上海博物館藏戰國楚竹書文字編(一)-(五)≫, 287-288 쪽 참고.
58)　容庚, ≪金文編≫, '0898 夏', 384 쪽 참고.
59)　容庚, ≪金文編≫, 772-773 쪽 참고.「說文古文作䁀, 古文尙書作䎽, 與婚通.」
60)　李守奎, ≪上海博物館藏戰國楚竹書(一)-(五)文字編≫, 124 쪽 참고.「簡文中與「會」字同, 皆爲問答之答. 與說文䜺字無涉.」

와 이 자의 변형체들은 모두가 '㗊'자이다. 簡文에서의 '㽥'자를 다른 고전적에서는 일반적으로 '對'로 쓴다."라 하였다.[61] ≪上海博物館藏戰國楚竹書文字編≫은 또한 ≪魯邦大旱≫의 '㜍(㽥)' 자를 "楚나라 문자의 중 '回答하다'의 '㗊'자다."라 하였다.[62]

---

61) 李守奎, 276 쪽 참고. 「皆讀爲回答之答, 說文無答字, 楚之㽥及其變形當是答之專字, 簡文之㽥, 典籍多作'對'.」
62) 李守奎, 194 쪽. 「楚之回答之答.」

第 2 簡

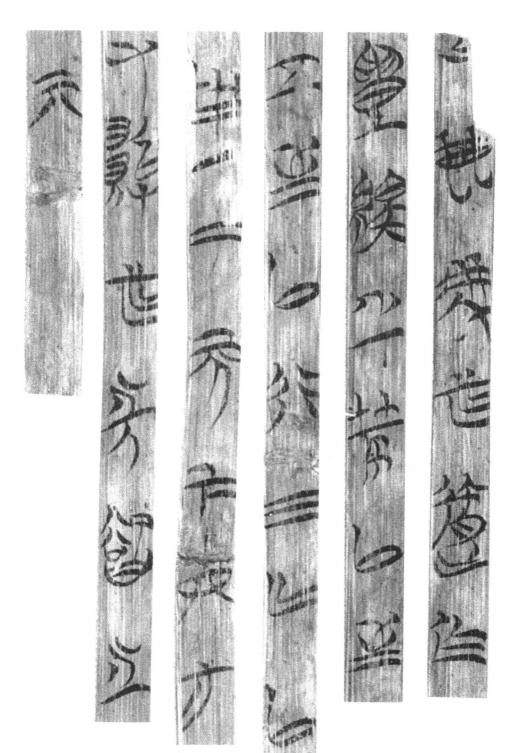

父母序必達於豊樂之苣曰至五至曰行三亡曰皇于天下四方又散必先督之亓

第 2 簡

≪民之父母≫

☑父母虖(乎)①¹, 必達²於豊(禮)樂之莟(泏)²³, 㠯至(致)『五至』㠯行『三亡(無)』③, 㠯皇(橫)于天下④. 四方又(有)敗(敗), 必先智(知)之⑤. 亓⑥

≪孔子閒居≫

之父母乎, 必達於禮樂之原, 以致五至, 而行三無, 以橫於天下. 四方有敗, 必先知之. 此

≪論禮≫

之父母, 必達於禮樂之源, 以致五至, 而行三無, 以橫於天下. 四方有敗, 必先知之. 此

【해석】

이른바 백성의 부모란 반드시 예악의 근본을 통달해서 「오지五至」를 이루고, 「삼무三無」를 행해야 천하에 널리 펼 수 있고, 사방에 재앙의 조짐이 있으면, 반드시 이것을 먼저 안다. 이것을

【上博楚簡原註】

본 죽간의 길이는 42㎝로 윗부분이 약간 파손되었고, 아랫부분은 편평하게 다듬어진 완전한 상태다. 문자는 모두 32자가 있다.

위 파손된 부분은 현행본을 참고하여 「之」자를 보충할 수 있다.

① '☑父母虖': 이 구절은 앞 죽간의 내용과 연결되어 「民☑父母虖(乎)」이다. 「虖」자는 「호虖」 자를 간략하게 쓴 형태가 아닌가 한다. 왜냐하면, 초간楚簡에서의 「虎」자 형태와 다르기 때문이다. 「乎」자와 통한다. ≪설문통훈정성≫은 "'虖'자는 '호乎'자의 가차자로 사용된다."⁶³라고, ≪集韻·平模≫는 "'乎'자를 고문자는 '虖'로 쓴다."⁶⁴라 하였다. 혹은 「虖」자를 「虎」자로 보고, 「乎」의 의미로 해석하기도 한다.

---

63) ≪說文通訓定聲≫: 「虖, ……假借爲乎.」
64) ≪集韻·平模≫: 「乎, 古作虖.」

본 구절을 ≪禮記·孔子閒居≫는 「夫民之父母乎」로, ≪孔子家語≫는 「夫民之父母」로 쓴다.

② '必達於豊樂之茝': ≪古文四聲韻≫은 「달達」자를 ≪古老子≫를 인용하여 본 죽간의 형태와 비슷한 「𧗾」로 쓴다. 초간에서는 「達」자를 보통 본 죽간처럼 쓴다. 의미는 '통달하다'·'사리를 잘 파악하다'이다.

≪說文解字≫는 「豊」자에 대하여 "예禮를 행하는 그릇이다. 자부 '豆'와 상형부분으로 이루어진 자이다. '禮'자의 음과 같다."[65]라 하였고, ≪六書正僞≫(卷三)는 "'豊'자는 '禮'자의 고문자이다.……후대 사람들이 '豊'자를 잘 모르기도 하고, 禮는 제사를 중시하기 때문에 '示'변을 추가하여 구별을 하고자 하였다."[66]라 하였다. ≪上海博物館藏戰國楚竹書(一)·性情論≫과 ≪郭店楚墓竹書·六德≫ 등은 모두 「禮」자를 「豊」으로 쓴다.

「茝」자는 '臣'와 '艸'로 이루어진 「茝」자로, 「汜(강 이름 사, sì)」의 의미가 아닌가한다. ≪설문해자·수부≫는 '사汜'자에 대해서는 "'汜', 강의 이름이다. 의미부가 '水'이고, 소리부가 '臣'인 형성자이다. ≪시경詩經≫은 '강물이 갈라졌다 다시 합쳐져 흐르네.'라고 했다."[67]라 하고, '氾'자는 "강물이 갈라졌다 다시 합쳐져 흐르다라는 의미이다. 혹은 막힌 수로의 의미로 풀이하기도 한다."[68]라 하였다. 서개徐鍇는 「氾」자에 대하여 "'汜(강 이름 사, sì)'자와 음과 뜻이 같다. 혹체或體가 아닌가 한다."[69]라 했다. ≪이아爾雅·석수釋水≫에서 형병邢昺은 "강물이 지류로 흐르다가 다시 원래의 강물들과 합쳐짐을 '氾'라 한다."[70]라 했다. ≪시경詩經·주남周南·강유사江有汜≫에 대하여 정현鄭玄은 "강물은 큰 물줄기가 있고, 사수汜水는 작은 지류이긴 하지만 여전히 흘러간다는 것을 비유한 것이다."[71]라 하였다. 강물의 큰 물줄기는 작은 지류가 있지만 그 근원은 동일한 것과 같이 누구나 차별 없이 천하의 백성을 두루 사랑하면 인심은 모두 믿고 따른다는 것을 비유하고 있다.

이 자를 혹은 「簹」이나 「簡」으로 해독하고, 「원原」의 의미로 이해하기도 한다.

현행본은 「原」과 「원源」으로 쓴다.

간문의 「禮樂之汜」는 「인仁」을 가리킨다. 「仁」은 유가 사상체계의 가장 핵심이 되는 것으로,

---

65) ≪說文解字≫: 「豊, 行禮之器也, 從豆象形……, 讀爲禮同.」
66) ≪六書正僞≫(卷三): 「豊……卽古禮字……後人以其疑於豊字, 禮重於祭, 故加示以別之.」
67) ≪說文解字·水部≫: 「汜, 水也. 從水, 臣聲. ≪詩≫曰: 『江有汜』.」
68) 「氾, 水別復入水也. 一曰氾, 窮瀆也.」
69) 「氾字音義同, 蓋或體也.」
70) 「凡水決之支流, 復還本水者曰氾.」
71) 「喩江水大, 氾水小然而並流.」

≪論語·顏淵≫은 "자기를 극복하고 예로 돌아가는 것을 '仁'이라 하고, 하루라도 자기를 극복하고 예로 돌아가면 천하가 인으로 돌아간다."[72]라 하였다. 공자는 「仁」을 도덕의 최고 경계로 보았다.

본 구절을 ≪禮記·孔子閒居≫는 「必達於禮樂之原」으로 쓰고, ≪孔子家語·論禮≫는 「原」자를 「源」자로 쓴다.

③ '㠯至五至㠯行三亡': 「㠯至」는 「이치以致」의 의미이다. 「지至」는 「치致」와 고대 문장에서 서로 통용된다. ≪예기禮記·예기禮器≫의 구절 「有放而不致也.」[73]에 대하여 육덕명陸德明 ≪석문釋文≫은 "'不致'는 혹은 '不至'로 쓰기도 한다."[74]라 하였다. 또한 ≪예기·대학≫의 구절 「致知在格物.」[75]에 대하여 정현鄭玄은 "이 '致'자는 혹은 '至'로 쓰기도 한다."[76]라 하였다.

「오지五至」는 아래 문자에서 공자가 설명하고 있는 내용 "뜻(志)이 이르는 곳에 시詩도 또한 이른다. 시가 이르는 곳에 예절禮節도 또한 이른다. 예절이 이르는 곳에 즐거움(樂)도 또한 이른다. 즐거움이 이르는 곳에 슬픔(哀) 또한 이른다."[77]를 가리킨다.

「亡」은 「무無」와 통한다. 「三亡」은 「三無」의 의미이다. 상세한 내용은 제 5, 6 간의 주석을 참고할 수 있다.

본 구절을 ≪禮記·孔子閒居≫와 ≪孔子家語·論禮≫ 모두 「以致五至而行三無」로 쓴다.

④ '㠯皇于天下': 「𡊨」은 즉 「황皇」자이다. 금문金文 ≪난서부欒書缶≫는 「以祭我皇祖.」[78] 중의 「皇」자를 간문과 같은 형태인 「𡊨」으로 쓴다. 본 구절에서는 「횡橫」의 의미다. 「皇」과 「橫(가로 횡, héng,hèng)」은 모두 고운古韻 「陽」部에 속하여, 음성이 서로 비슷하기 때문에 통용된다. ≪예기禮記·공자한거孔子閒居≫의 「橫」자를 정현鄭玄은 「橫, 充也.」[79]라 하였다. 「橫於天下」는 '도의道義가 천하에 두루 행해져서, 천하에 선善이 양성되어 지는 것'을 말한다. 「橫於天下」[80]는 「塞於天地」[81]와 같은 의미다. 이 구절은 제 6간에도 보인다.

---

72) ≪論語·顏淵≫: 「克己復禮爲仁, 一日克己復禮, 天下歸仁焉.」
73) "옛 법을 모방하되 극치極致에 이르지 못하다."
74) 육덕명陸德明 ≪釋文≫: 「不致本或作不至.」
75) ≪禮記·大學≫: 「致知在格物.」(자기의 앎을 다하고자 하는 것은 사물에 이르러 그 사물의 이치를 궁구한다는 것이다.) 이는 朱子의 해석을 따른 것이다. 주자는 '格物致知'를 「言欲盡吾之知 , 在即物而窮其理也.」라 하였다.
76) 「此致或爲至.」
77) 「勿(志)之所至者, 志(詩)亦至焉, 志(詩)之所至者, 豊(禮)亦至焉. 豊(禮)之所至者, 樂亦至焉. 樂之所至者, 㦼(哀) 亦至焉.」
78) "선조에게 제사 드리다."
79) "'횡橫'은 '충만하다'의 의미이다."

본 구절을 ≪禮記·孔子閒居≫와 ≪孔子家語·論禮≫ 모두 「以橫於天下」로 쓴다.

⑤ '四方又敗, 必先䙿之': 「敗」자는 '貝', 일부를 생략한 '貝'와 '攴'으로 이루어진 자로 「敗」와 같은 자다. 간문은 일반적으로 이러한 형태로 쓴다. 예를 들어, ≪곽점초묘죽간郭店楚墓竹簡≫은 「䩿」(≪老子甲本≫第 11 簡)·「䡤」(≪語叢四≫第 16 簡)로 쓰고, ≪包山楚簡≫과 ≪曾侯乙墓≫(竹簡) 등도 모두 본 죽간의 형태와 같다. ≪설문해자·복부≫는 "'敗'자의 주문은 자부 '賏(자개를 이어 꿴 목걸이 영, yīng,yíng)'를 써서 '䙿'로 쓴다."82)라고, ≪옥편·복부≫는 "'敗'자는……'전복되다'·'무너지다'·'파괴되다'의 의미이다.……주문은 '䙿'로 쓴다."83)라 하였다.

「䙿」는 「智(슬기 지, zhì)」자와 같은 자이며, 「智」자의 이체자로 보인다. 이 자는 초간에 자주 상용되는 자로 「知」와 서로 통한다. ≪예기禮記·상복사제喪服四制≫의 「知者可以觀其理焉.」84) 구절에 대하여 육덕명은 ≪석문≫에서 "'知'자의 음은 '智'이다. 혹은 본래 '智'자로 쓰기도 한다."85)라 하였다. ≪上海博物館藏戰國楚竹書(一)·性情論≫의 「智情者能出之. 智義者能入㞢.」86)(第 2 簡)·「智(知)道者.」87)(第 24 簡) 구절 등에서는 모두 「智」자를 「知」자로 쓴다. 「四方有敗, 必先知之.」88)의 개념은 ≪예기禮記·중용中庸≫에서 말하는 「至誠.」89)과 서로 일치한다. 「達於禮樂之原.」90)라 하고 「至誠之道.」91)를 통달하는 자만이 능히 만물의 필연적인 발전 규칙과 그 인과관계를 명확하게 이해할 수 있으며, 미래를 예측할 수 있고, 그 결과를 명확하게 판단할 수 있는 것이다. ≪禮記·中庸≫은 "지극한 정성의 도는 일이 닥치기 전에 예상하여 알 수 있다. 국가가 장차 흥하려면 반드시 상서로운 조짐이 있다. 국가가 장차 망하려면 반드시 요사스러운 일이 있다. 시초점과 거북점에 나타나며 사체가 움직인다. 화와 복이 장차 발생하려 할 때, 그 올바른 것을 반드시 알며, 올바르지 못한 것을 반드시 먼저 알기 때문에 지성한 자는 마치 신과 같은

---

80) "천하에 널리 펴다."
81) "세상에 충만하다."
82) ≪說文解字·攴部≫:「敗, 籒文敗, 從賏.」
83) ≪玉篇·攴部≫:「敗……覆也, 壞也, 破也……䙿, 籒文.」
84) "지자만이 그것을 통하여 그 도리를 관찰할 수 있다."
85) 陸德明 ≪釋文≫: "知音智, 本或作智."
86) "인정人情을 통달한 자만이 능히 인정人情을 발흥시킬 수 있는 것이며, 사람의 '의義'를 통달한 자만이 곧 능히 인정을 거둬드릴 수 있다."
87) "도를 아는 자."
88) "사방에 재앙의 조짐이 있으면, 반드시 이것을 먼저 안다."
89) "지극히 정성스럽게 하다."
90) "반드시 예악의 근본을 통달하다."
91) "지성의 도."

것이다."92)라 하였다.

본 구절을 ≪禮記·孔子閒居≫와 ≪孔子家語·論禮≫는 모두 「四方有敗, 必先知之.」로 쓴다.

⑥ '丌': ≪說文解字·丌部≫는 '丌'자에 대하여 "물체의 아랫부분을 묘사한 물건을 놓는 기물을 상형화한 것이다."93)라고 설명하고, ≪集韻·平止≫는 "'其'자를 고문은 '丌' 혹은 '丌'자로 쓴다."94)라 하였다.

「丌」자를 현행본은 모두 「此」자로 쓴다.

【譯註】

1. '虖': 복모좌濮茅左는 정리본에서 이 자는 「호虖」자를 간략하게 쓴 형태이거나 혹은 「호虎」자이며, 「호乎」의 의미로 해석하기도 한다라 하였다. ≪上博楚簡≫에서 '乎'의 의미로 쓰이는 자는 다양한 형태로 쓴다. 첫 째는 「」(≪民之父母≫)·「」(≪采風曲目≫, 第 4簡)·「」(≪魯邦大旱≫第 4簡)와 같이 아랫부분에 한 획을 추가한 형태, 둘째는 「」(≪孔子詩論≫第1簡)·「」(≪容成氏≫第 44簡)·「」(≪郭店楚墓竹簡·老子甲≫第 8簡)와 같이 '口'를 추가한 형태, 셋째는 「」(≪孔子詩論≫第 13簡)·「」(≪曹沫之陳≫第 50簡)와 같이 '示'를 추가한 형태 등이 있다. 모두가 소리부 '虎'를 쓰고 있기 때문에 「乎」자와 음이 통한다. ≪上博楚簡≫에서 「虎」자는 「」(≪周易≫第 25簡)나 「」(≪逸詩一≫第 2 簡)으로 쓴다. 「」·「」와 「」자는 「虎」자와 구별하기 위하여 아랫부분에 다른 자부를 추가한 것으로 보인다.

2. '達': '달達()'자를 ≪孔子詩論≫은 「」(第 19簡)로, ≪性情論≫은 「」(第24簡)로 쓴다. ≪郭店楚簡≫은 「」(≪老子甲≫第 8簡)·「」(≪五行≫第 43簡)·「」(≪窮達以時≫第 11簡)·「」·「」(≪語叢一≫第 60簡) 등으로 쓴다.95)

3. '茝(湔)': 복모좌濮茅左 정리본은 「」자를 '茝'으로 예정하고 '사湔'의 의미, 혹은 「篪」이나 「簡」으로 예정하고, 「원原」의 의미라 하였다. 하림의何琳儀는 〈제이비호간선석第二批滬簡選釋〉에서 "이 자는 '竹'·'厂'과 '泉'으로 이루어진 자이다. '厂'과 '泉'자가 서로 필획을 차용借用하고 있어, '茝'자로 오해하기 쉽다. ≪金文篇≫ '1621彙'字의 자부 '泉'과 ≪包山楚簡≫86簡의 '泉'자 등을 참고할 수 있다. ≪禮記·孔子閒居≫는 "必達於禮樂之原"으로 쓰고, ≪孔子家語

---

92) ≪禮記·中庸≫:「至誠之道可以前知. 國家將興, 必有禎祥, 國家將亡, 必有妖孽. 見乎蓍龜, 動乎四體. 禍福將至, 善必先知之, 不善, 必先知之. 故至誠如神.」

93) ≪說文解字·丌部≫:「丌, 下基也, 薦物之丌, 象形.」

94) ≪集韻·平止≫:「其, 古作丌·丌.」

95) ≪楚系簡帛文字編(增訂本)≫, 161 쪽.

·論禮≫는 이 구절 중의 '원原'자를 '源'으로 쓴다. 간문과 서로 비교해 볼 때, 이 자는 "原"이나 "源"자의 변형이라는 것을 알 수 있다."라 했다.96)

≪郭店楚簡·成之聞之≫은 '溒'자를 '溒'(제 11간)로 쓰고, '涑'자를 「涑」(제 14간)으로 쓴다. 모두 '源'의 의미이다.97) 자부 '泉'이 '涑'자의 자부 '泉'과 유사하다. 따라서 이 자를 '籗'이나 '籗'으로 예정할 수 있다.98)

---

96) ≪上博館藏戰國楚竹書硏究續編≫, 444 쪽.「此字從竹從厂從泉, 厂與泉借用一筆, 所以容易誤釋爲茝. 泉旁參見≪金文篇≫1621 "彙"字所從, 包山楚簡86 "泉"等. ≪禮記·孔子閒居≫作 "必達於禮樂之原", ≪孔子家語·論禮≫ "原"作 "源". 與簡文相較, 可知此字與 "原"·"源"均爲一字之變.」
97) ≪楚系簡帛文字編≫, 949 쪽.
98) 李守奎 ≪上海博物館藏戰國楚竹書(一-五)文字編≫, 234 쪽.

第 3 簡

胃民之父母矣子㫺曰敢㝎可胃五至孔三曰五至虖勿之所至者志亦至安志之

第 3 簡

≪民之父母≫

☒胃(謂)民之父母矣.」① 子㔷(夏)曰:「敢𩕳(問)可(何)女(如)而可胃(謂)『五至』②?」孔=(孔子)曰:「『五至』虖(乎)③, 勿(志)¹之所至者, 志(詩)²亦至安(焉)④. 志(詩)之⑤

≪孔子閒居≫

之謂民之父母矣.」子夏曰:「民之父母, 旣得而聞之矣, 敢問何謂『五至』?」孔子曰:「志之所至, 詩亦至焉. 詩之

≪論禮≫

之謂民之父母.」子夏曰:「敢問何謂五至?」孔子曰:「志之所至, 詩亦至焉, 詩之

【해석】

백성의 부모라고 하는 것이다. 자하가 「감히 묻자옵건대, 무엇을 오지五至라고 합니까?」 라고 물었다. 공자는 「오지란 만물이 있는 곳이면 마음의 심지心志가 미치고, 심지가 있으면……

【上博楚簡原註】

본 죽간은 두 개를 짝 맞추기 한 것이다. 위의 것은 28.6㎝로 아래 것은 13.9㎝로 전체 길이는 42.5㎝이다. 제일 앞 상단은 파손되었으나, 아랫부분은 완전한 형태다. 문자는 모두 32 자이고, 그 중 합문이 한 자다.

제일 앞부분은 파손되어 보이지 않으나, 현행본을 참고하여 「之」자를 보충할 수 있다.

① '☒胃民之父母矣': 「之」자는 죽간이 파손되어 보이지 않으나, 현행본을 참고하여 보충한 것이다. 「亓☒胃(謂)民之父母矣」의 구절을 ≪孔子家語·論禮≫는 「此之謂民之父母」로 쓴다.
② '敢𩕳可女而可胃五至': 공영달孔穎達은 ≪禮記·孔子閒居≫의 「至」자에 대하여 "'至'란 이른바 경전에서 말하는 다섯 가지 일이 미친다는 것이다. 백성에게 미친다는 것은 군자가 다섯 가지 일을 행함에 백성에게 지극히 두루 그 혜택이 미친다는 것이다."[99]라고 설명하였다.

본 구절을 ≪禮記·孔子閒居≫는 「民之父母, 既得而聞之矣, 敢問何謂『五至』.」[100]로 쓰고, ≪孔子家語·論禮≫는 簡文과 같다.

③ '孔=曰: 五至虖': 「孔=」은 「孔子」의 합문이다. ≪禮記·孔子閒居≫와 ≪孔子家語·論禮≫ 모두 「五至虖」 구절은 없다.

④ '勿之所至者, 志亦至安': 「勿」자는 「志」자를 잘못 쓴 것이 아닌가 한다. 그러나 「勿」은 「물物」과 통하기 때문에 「物」의 의미로 쓰일 가능성도 있다.

「志」는 '호의를 베푸는 것(恩意)'의 의미이다. ≪說文解字·心部≫는 "'志'는 '마음의 의지'라는 의미이다. 의미부는 '心'이고, 소리부는 '之'인 형성자이다."[101]라 하였다. ≪석명釋名·석전예釋典藝≫는 "시詩로 표현해 낸다는 것은 곧 마음이 이른바 미쳐 이를 표현해 내는 것이다."[102]라 하였다.

「志亦至」 중의 「志」는 곧 「詩」의 의미이다. 「志(호의)」적인 마음이 「五至」의 가장 중요한 핵심이다. 정현鄭玄은 ≪禮記·孔子閒居≫에서 "이른바 미치다(至)는 것은 그 호의가 백성에게 미친다는 것이다. '志'란 백성에 대한 호의이다. 군주가 백성에게 호의를 베풀면 그 즐거운 마음을 시가詩歌로 표현해 내는 것이다. 시詩는 기쁨과 슬픔을 표현하는 감정이다."[103]라 설명하고, 공영달孔穎達은 "자하의 『五至』의 물음을 통하여, 공자는 『五至』의 의리를 밝히고 있다. 『志之所至, 詩亦至焉(뜻이 미치면 시 또한 미치게 된다.)』 중의 『志』는 군주의 호의가 베풀어지는 것이고, 『所志』란 그 은혜로운 호의가 백성에게 지극히 미침을 말한다. '시'는 기쁜 마음을 노래로 표현해 내는 것을 말한다. 군주의 은혜가 백성에게 미치면 백성들은 당연히 그 기쁜 마음을 시로써 표현해 내는 것이다."[104]라고 설명하였다. 백성에게 호의를 보이면 백성 또한 기뻐서 노래를 부른다는 것이 본 구절의 가장 근본적인 의미이다.

「勿(志)之所至者, 志(詩)亦至」의 주된 개념은 ≪上海博物館藏戰國楚竹書(一)·孔子詩論≫에서 말한 「詩亡(無)隱(離)志.」[105](第一簡)와 동일하다.

---

99) "凡言至者, 謂經中五事至者也. 云至於民也者, 君行五事至極於民."
100) "백성의 부모에 대해서는 이미 알아들었습니다. 감히 묻자옵건대, 무엇을 五至라고 합니까?"
101) ≪說文解字·心部≫:「志, 意也, 從心, 之聲.」
102) ≪釋名·釋典藝≫:「詩之也志之所之也.」
103) 「凡言至者, 至於民也. 志, 謂恩意也. 言君恩意至於民, 則其詩亦至也. 詩, 謂好惡之情也.」
104) 「此經子夏問『五至』之事, 孔子爲說『五至』之理.『志之所至, 詩亦至焉』者,『志』謂君之恩意之至,『所志』謂恩意至極於民, 詩者, 歌詠歡樂也. 君之恩意既至於民, 故詩之歡樂, 亦至極於民.」
105) "시가詩歌는 사람의 의지를 드러내는 것이다."

본 구절을 ≪禮記·孔子閒居≫와 ≪孔子家語·論禮≫는 모두 「志之所至, 詩亦至焉」으로 쓴다.

⑤ ‘志之’: 第 4簡의 주석 참고.

【譯註】

　1. ‘勿’: 죽간의 ‘勿’자에 대하여 정리본은 “「물勿」자는 「지志」자를 잘못 쓴 것이 아닌가 한다. 그러나 「勿」은 「物」과 통하기 때문에 「物」의 의미로 쓰일 가능성도 있다”라 하였다. 문자의 형태로 보아 ‘志’자의 가능성은 적어 보인다. 정리본의 이와 같은 해석은 ≪孔子閒居≫와 ≪論禮≫가 「오지五至」를 「지志-시詩-예禮-악樂-애哀」로 쓰고 있기 때문에, 이에 맞추어 해석한 것이다. 그러나 죽간의 「五至」는 현행본과 달리 「물物-지志-예禮-악樂-애哀」이다.[106)]

　2. ‘志’: ‘志’자를 정리본은 ‘志’의 소리부가 ‘시詩’자의 기본 소리부분 ‘之’와 같고, ≪孔子閒居≫와 ≪論禮≫가 모두 ‘詩’자로 쓰기 때문에 ‘詩’로 해석하고 있다. 그러나 죽간의 「五至」는 현행본과 달리 「物-志-禮-樂-哀」이다. 본 죽간을 통하여 현행본이 잘못 된 것을 알 수 있다. 정현鄭玄과 공영달孔穎達은 ‘詩’를 「詩之歡樂亦至極於民」이라 설명하고 있는데, 이러한 설명은 뒤의 ‘樂至’와 차별성이 없다. 따라서 본 죽간의 ‘志’자는 ‘詩’의 의미가 아니라, 문자 그대로 ‘志’의 의미로 해석해야 옳다.[107)]

---

106) ≪上海博物館藏戰國楚竹書(二)讀本≫, 7 쪽 참고.
107) ≪上海博物館藏戰國楚竹書(二)讀本≫, 8 쪽 참고.

第4簡

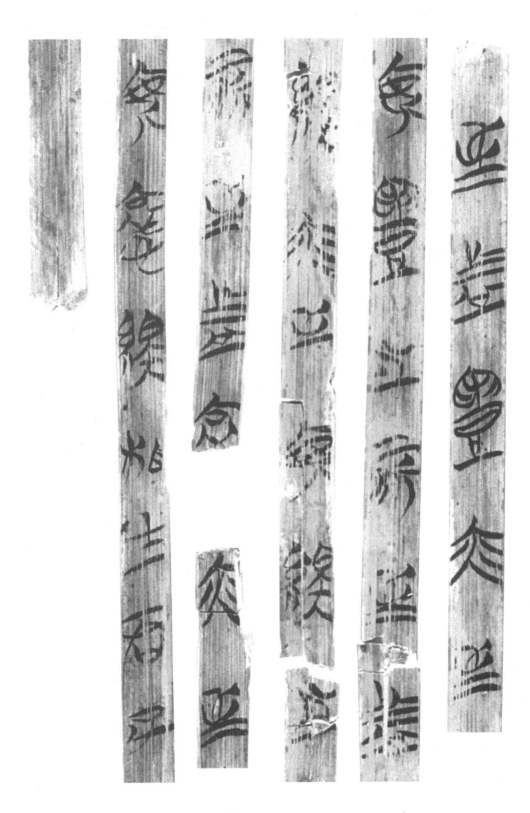

至者豊亦至安豊之所至者樂亦至安樂之所至者悳亦至安悳樂相生君子

第 4 簡

≪民之父母≫

団至者[1], 豊(禮)亦至安(焉)[2①]. 豊(禮)之所至者, 樂[3]亦至安(焉)[②]. 樂之所至者, 悆(哀)亦至安(焉)[③]. 悆(哀)樂相生[④]. 君子[⑤]

≪孔子閒居≫

所至, 禮亦至焉. 禮之所至, 樂亦至焉. 樂之所至, 哀亦至焉. 哀樂相生.

≪論禮≫

所至, 禮亦至焉, 禮之所至, 樂亦至焉, 樂之所至, 哀亦至焉 . 詩禮相成, 哀樂相生.

【해석】

심지가 닿는 곳에 예의가 또한 생기며, 예의가 생기는 곳에 즐거움 또한 있게 된다. 즐거움이 있는 곳에 슬픔이 또한 생기게 된다. 그런 까닭에 슬픔과 즐거움이 서로 생기게 된다. 군자는

【上博楚簡原註】

본 죽간은 세 개를 짝 맞추기 한 것이다. 제일 윗부분은 22.9㎝로 중간 부분은 5.8㎝로 제일 아랫부분은 13.6㎝로 총 길이는 42.3㎝이다. 앞부분은 약간 파손되었으나, 아랫부분은 완전한 형태이다. 문자는 모두 30 자이다.

앞부분은 파손되어 문자가 보이지 않으나, 현행본을 참고하여 「所」자를 보충할 수 있다.

① '志団至者, 豊亦至安': 「志(詩)之」의 구절은 앞 죽간 내용에 속한다. 「所」자는 원래 죽간이 파손되어 보이지 않지만, 현행본을 참고하여 보충할 수 있다. ≪禮記·孔子閒居≫의 내용에 대하여 공영달孔穎達은 "'詩之所至, 禮亦至焉'이라는 것은 군자가 능히 지극히 백성에게 즐거움을 미치게 한다면 예의로써 이를 받아들이기 때문에, 이 예의 또한 백성에게 지극히 미치게 되는 것이다."[108]라고 설명하였고, ≪진씨예기집설보정陳氏禮記集說補正≫은 "'심지가 이르는 곳에 시詩 또한 이른다'라고 했는데 이는, 시는 능히 찬송하기도 하고 풍자하기도 하는 특징을 가지고

있기에 선함을 좋아하고 나쁜 것을 싫어할 수 있다. 그래서 시에 대한 감응이 일어나면 반드시 예의가 생겨나는 것이다. 고로 '시가 이르는 곳에 예 또한 이르게 된다'라 하였다."109)라 하였다.

　본 구절을 ≪禮記·孔子閒居≫와 ≪孔子家語·論禮≫는 모두「詩之所至, 禮亦至焉」으로 쓴다.

　② '豊之所至者, 樂亦至安': ≪진씨예기집설보정陳氏禮記集說補正≫은 "예의禮儀란 질서를 중요시해야 하고, 음악이란 화합을 중요시해야 한다. 질서가 있으면 화합이 되는데, 질서가 없으면 화합이 되지 않는 것이다. 그런 까닭에 예의가 있는 곳에 즐거움 또한 이르게 된다했다."110)라 했다.

　음악과 예의는 매우 밀접한 관계가 있다. 즉 하나가 외적인 요소라면 하나는 내적인 것이고, 혹은 쉽거나 간단하며, 하나가 정精적인 것이라면 하나는 문文적인 것이고, 하나가 동일한 것이라면 하나는 이질적인 것이고, 음악이 천성적인 것이라면, 예의는 땅 위에서 만들어지는 것이다. 예의는 질서를 귀히 여기기 때문에 백성의 마음을 조절할 수 있고, 성실한 마음을 가지게 하고 위선僞善을 없애게 한다. 음악은 화합을 이루게 하기 때문에 백성의 소리를 화합해 낼 수 있고, 궁극에 닿을 수 있게도 하고 그 변화를 알 수 있게도 한다.

　이러한 내용은 ≪禮記·樂記≫가 음악과 예의관계에 대하여 자세하게 설명하고 있어 참고할 수 있다.

　≪禮記·孔子閒居≫와 ≪孔子家語·論禮≫는 모두「禮之所至, 樂亦至焉」으로 쓴다.

　③ '樂之所至者, 悳亦至安':「悳」자 중 아래「心」이 파손되었음을 아래 '悳'를 통하여 알 수 있다. 이 구절의 논리 전개는 ≪上海博物館藏戰國楚竹書(一)·性情論≫의 "기쁨(樂)이 극에 달하면 반드시 슬픔이 생겨나는 것이고, 우는 것(哭) 또한 슬픔에서 비롯된 것으로 이 기쁨과 슬픔 모두는 그 감정이 극치를 이룬 결과인 것이다. 哀와 樂은 인간의 본성이기 때문에 哀樂이 발현되는 마음은 유사하다. 곡(哭)이 발동되면 점점 슬픈 마음이 극에 달하게 되고, 그러한 마음이 계속 이어지다가, 애절하고 슬픈 마음은 결국 끝난다. 기쁨(樂)의 마음이 발동되어 그 기쁜 마음이 점점 극에 달하면, 오히려 슬픈 마음이 생겨나게 되어 사람을 울적하게 하여 즐거움이 끝나게 된다."(第18-19簡)111) 구절의 내용과 같다.

---

108)「『詩之所至, 禮亦至焉』者, 君旣能歡樂至極於民, 則以禮接下, 故禮亦至極於民焉.」
109) ≪陳氏禮記集說補正≫:「志之所至, 詩亦至焉, 詩有美刺, 可以興起好善, 惡惡之心, 興於詩者, 必能立於禮, 故曰:『詩之所至, 禮亦至焉.』」
110) ≪陳氏禮記集說補正≫:「禮貴於序, 樂貴於和, 有其序則有其和, 無其序則無其和, 故曰禮之所至, 樂亦至焉.」
111) ≪上海博物館藏戰國楚竹書(一)·性情論≫:「凡甬(用)必悲, 哭亦悲, 皆至丌(其)情也. 哀·樂, 丌(其)性相近也, 是古(故)其心不遠. 哭之敫(動)心也, 浸焊, 丌(其)㼱(拔)繖=(累累)女(如)也, 戚(戚)狀(然)㠯(以)冬(終). 樂之蓮(動)

「憂」자는 '心'과 '哀'로 이루어진 자로, 혹은 「愾」로 쓰기도 한다. ≪설문통훈정성說文通訓定聲≫은 "'哀'자는 '근심하다'의 의미이다. 의미부가 '口'이고 소리부가 '衣'이다. '愾'로 쓰기도 한다."112)라 하였다. ≪上海博物館藏戰國楚竹書(一)·性情論≫의 「憙(喜)惹(怒)哀悲之気(氣).」(第一簡)113) 구절 중의 「哀」자를 ≪郭店楚墓竹簡·性自命出≫은 「悆」으로 쓴다. ≪설문해자說文解字≫는 "'悆'자는 '마음이 아파서 내는 소리'의 의미이다. 자부 '心'과 소리부 '衣'로 이루어진 형성자이다. ≪효경≫은 '울어도 소리를 내지 않다.'라고 했다."114)라 하였다. ≪집운集韻≫은 "'依'자의 의미는 애통哀痛하는 소리. 혹은 '愾'로 쓰기도 한다."115)라 하였다. 「依」와 「哀」자는 서로 통용된다. ≪노자老子≫ 「以哀悲之泣」116)(三十一章) 구절 중의 「哀」자를 ≪馬王堆漢墓帛書≫(甲本)는 「依」자로 쓴다. ≪회남자淮南子·설림說林≫의 「各哀其所生.」117) 구절 중의 「哀」자를 ≪문자文子·상덕上德≫은 「依」자로 쓴다. 따라서 「憂」·「悆」와 「依」자는 서로 통한다.

공영달孔穎達은 "예의를 백성에게 지극히 베풀면 백성 또한 즐겁게 되는 것이다. 그런 고로 즐거움이 있게 되며, 백성에게 지극히 베풀어지게 되는 것이다. '즐거움이 있게 되면 슬픔 또한 이르게 된다'라는 것은 군자는 백성과 함께 동고동락하는 것이니, 만약에 백성이 화해禍害가 있게 되면 능히 슬퍼하고 근심하며 동정을 하게 되는 마음이 백성에게 미치게 되는 것이다. 그런 고로 '슬픔 또한 미치게 된다'라고 했다."118)라고, ≪禮記·孔子閒居≫의 구절을 설명하였다.

본 구절을 ≪禮記·孔子閒居≫와 ≪孔子家語·論禮≫는 모두 「樂之所至, 哀亦至焉」으로 쓴다.

④ '哀樂相生': 공영달孔穎達은 "'슬픔과 즐거움은 서로 상생한다'라는 것은 슬픔은 즐거움이 다하면 생겨나기 때문에 앞 구절에서 『즐거움이 있으면, 슬픔 또한 있게 되는 것이다』라 했다. 이른바 모든 만물은 소생하고 난 후에 반드시 죽음이라는 것이 있게 마련이다. 그래서 먼저 즐거움이 있은 후에 슬픔이 있는 것이다. 슬픔이 극에 달하면 즐거움이 생기듯이 즐거움 또한 슬픔에서 생겨나는 것이다. 그런 까닭에 '슬픔과 즐거움은 서로 상생한다.'라고 했다. 또한 슬픔과 즐거움, 심지心志와 시가詩歌와 예의 등 다섯 가지 항목 모두는 백성과 함께 공유하는 것을 말하고

心也, 濬深瞀(鬱)悩, 丌(其)杲(果)濸(流)女(如)也以悲, 攸狀(然)㠯(以)思(息).」

112) ≪說文通訓定聲·履部≫:「哀, 閔也. 從口, 衣聲. 字亦作愾.」
113) "희노애비喜怒哀悲의 기氣."
114) ≪說文解字·心部≫:「悆, 痛聲也. 從心, 衣聲. ≪孝經≫曰:『哭不悆.』」
115) ≪集韻·平齣≫:「依, 哀痛聲, 或作愾.」
116) "슬프고 애통스러운 마음으로 울다."
117) "각각 그 태어남을 슬퍼하다."
118) 「旣禮能至極於民, 必爲民之所樂, 故樂亦至. 極於民焉.『樂之所至, 哀亦至焉』者, 君旣與民同其歡樂, 若民有禍害, 則能悲哀憂恤, 至極於下, 故云『哀亦至焉』.」

있다."119)라고 ≪禮記·孔子閒居≫의 구절을 설명하였다. 만물은 탄생해서 연변하고 이어 죽음에 이르게 된다는 규칙을 「애낙상생哀樂相生」의 관계로 설명하였다.

본 구절을 ≪禮記·孔子閒居≫는 「哀樂相生」으로 쓰고, ≪孔子家語·論禮≫는 「詩禮相成, 哀樂相生(시詩와 예禮가 서로 이루어지고, 슬픔과 즐거움이 서로 상생한다.)」로 쓴다.

⑤ '君子': 다음 제 5간의 주석을 참고.

【譯註】

1. '者': '자者'자는 일반적으로 '㫳'으로 쓴다. 그러나 두 번 째 '者'자는 가운데 두 횡획이 서로 일직선을 이루지 않고 '㫳'로 쓴다. 부서진 죽간을 짜깁기 할 때 잘못 맞춘 것이다. ≪上博楚簡≫은 '者'자를 '㫳'(≪容成氏≫, 第30簡)·'㫳'(≪彭祖≫, 第7簡)·'㫳'(≪仲弓≫, 第6簡)·'㫳'(≪孔子詩論≫, 第1簡)·'㫳'(≪性情論≫, 第38簡)·'㫳'(≪緇衣≫, 第1簡) 등 다양한 형태로 쓴다.

2. '安': '안安'자는 ≪上博楚簡≫에서 '㫳'으로 쓰기도 하지만, '宀'을 생략하여 '㫳'(≪孔子詩論≫, 제2간)·'㫳'(≪容成氏≫제10간)·'㫳'(≪恒先≫, 제8간) 등으로 쓰기도 한다.

3. '樂': '악樂'자는 '絲'를 생략하여 '㫳'으로 쓰기도 하지만, 생략하지 않고 '㫳'(容成氏, 30간)으로 쓰기도 한다. 또한 아래 '木'을 써서 '㫳'(≪性情論≫제12간)으로 쓰기도 하고, '矢'로 변하여 '㫳'(≪曹沫之陳≫, 第11簡)으로 쓰기도 하고, '火'로 변하여 '㫳'(≪孔子詩論≫제1간)으로 쓰기도 하고, 혹은 '止'로 변형되어 '㫳'(≪內豊≫, 第6簡) 등으로 쓴다.

---

119) 「『哀樂相生』者, 言哀生於樂, 故上云, 『樂之所至, 哀亦至焉』. 凡物先生以後死, 故先樂以後哀, 哀極則生於樂, 是亦樂生於哀, 故云『哀樂相生』, 此言哀之與樂及志與詩禮, 凡此五者皆與民共之.」

第 5 簡

第 5 簡

≪民之父母≫

弖正^①, 此之胃(謂)『五至』^②.」子昬(夏)曰:「『五至』既窅(聞)²之矣^③, 敢窅(問)可(何)胃(謂)『三亡(無)』^④?」孔=(孔子)曰:「三亡(無)虖^⑤, 亡(無)聖(聲)之樂^⑥, 亡(無)體(體)^{⑦③}

≪孔子閒居≫

[是故, 正明目而視之, 不可得而見也, 傾耳而聽之, 不可得而聞也, 志氣塞乎天地,] 此之謂五至.」子夏曰:「五至既得而聞之矣, 敢問何謂三無?」孔子曰:「無聲之樂, 無體

≪論禮≫

[是以正明目而視之, 不可得而見, 傾耳而聽之, 不可得而聞, 志氣塞于天地, 行之充於四海,] 此之謂五至矣.」子夏曰:「敢問何謂三無?」孔子曰:「無聲之樂, 無體

【해석】

[그러면 아무리 눈을 밝히고 보더라도 볼 수가 없고 아무리 귀를 기울이고 듣더라도 들을 수 없으며 뜻과 기운은 천지에 차게 되고 덕과 행실은 사해에 차게 되는 것이다.] 군자가 이것으로 바르게 하는 것이다. 이것을 오지五至(다섯 가지 지극함)라고 한다.」 자하가 물었다:「오지(다섯 가지 지극함)에 대해서는 이미 들었습니다. 그렇다면 삼무三無(세가지 없음)란 무엇을 말하는 것입니까?」 공자가 말하였다. 삼무라는 것은 소리 없는 음악과 형용 없는 예의,

【上博楚簡原註】

본 죽간은 길이가 45.8cm로 파손되지 않은 완전한 상태이다. 죽간의 상단 부분과 하단 부분이 편평하게 다듬어진 완전한 죽간이다.¹²⁰⁾ 문자는 모두 34자이고 그 중에 한 자는 合文이다.

① '君子弖正':「君子」는 제 4 간의 마지막 끝 두 자이다. 죽간에서 소위 말하는 「君子以正」¹²¹⁾

---

120) 죽간의 상하단은 편평한 모양이 아니라, 타원형으로 다듬어진 모양이다.
121) "군자는 이것으로써 바르게 한다."

는 군자가 「五至」를 근거로 해서 마음을 바르게 하고(正心), 심신을 수양하고(修身), 임무를 성실히 실행하는(務實) 것이다. ≪禮記·緇衣≫의 「子曰:『有君子能好其正, 小人毒其正.』」[122]라는 구절 내용과 유사하다.

본 구절은 현행본에 보이지 않는다.

② '此之胃五至': 본 구절을 ≪禮記·孔子閒居≫는 「此之謂五至」로 쓰고, ≪孔子家語·論禮≫는 「此之謂五至矣」로 쓴다.

③ '子昬曰: 五至既窗之矣': 본 구절을 ≪禮記·孔子閒居≫는 「子貢曰: 五至既得而聞之矣」로 쓰고, ≪孔子家語·論禮≫은 「子夏曰」로 쓴다.

④ '敢窗可胃三亡': 「三亡」은 「삼무三無」의 의미이다. 즉 「三無」는 「無聲之樂, 無體之禮, 無服之喪」[123]을 가리킨다. 위식衛湜 ≪예기집설禮記集說≫(卷120)은 여람전呂藍田의 "옛날 유학자들은 이 세 가지 행위들은 마음으로 하지 외적으로 나타내지 않기 때문에 '無'라 한 것이다."[124]와 주연평周延平의 "소리는 없으나 그 곳에 이 즐거움이 있는 것이면 이는 즐거움의 극치이며, 형용은 없으나 존경하는 마음만이 있으면 이는 존경의 극치이며, 상복은 입지 않았으나 진정으로 슬퍼하는 마음이 있으면 이는 슬픔의 극치인 것이다. 즐거움의 극치는 기분과 심지에서 생기는 것이므로 마음에서 우러나면 이미 이는 즐거움의 극치에 이른 것이며, 존경의 극치는 위엄 있는 태도이기 때문에 세상에 이러한 마음을 베풀면 이미 존경의 극치에 이른 것이며, 지극한 슬픔은 마음으로 동정하는 것이기 때문에 이를 후세대까지 미치게 한다면 이미 슬픔의 극치에 이른 것이다."[125]라는 구절을 인용하였다.

≪孔子家語≫ 중에 「三無」에 대한 부가설명이 있다. 「三無」의 내용 순서는 죽간과는 달리 ≪孔子家語·六本≫은 "공자가 말하였다. 형용이 없는 예가 진정한 존경이고, 상복 없는 상례가 진정한 슬픔이며, 소리 없는 즐거움이 진정한 기쁨이다. 말을 하지 않아도 믿음이 있어야 하고, 움직이지 않아도 위엄이 있고, 물건을 남에게 베풀지 않아도 어진 마음이 있어야 한다. 무릇 그 종소리에는 사람의 의지가 담겨 있다. 노怒해서 치면 그 소리가 웅장하고, 걱정이 있는 사람이 치면 그 소리가 슬프게 들리는 법이다. 그런 까닭에 사람의 뜻이 변하는 대로 종소리도 이에

---

122) "공자가 말하였다. 오직 군자만이 능히 그 바른 것을 좋아하고, 소인은 그 바른 것을 배척한다."
123) "소리 없는 풍류, 형용 없는 예의, 상복 없는 초상."
124) 「先儒謂此三者皆行之在心, 外無形狀, 故稱無也.」
125) 「無聲之中, 獨有樂焉, 至樂也, 無體之中, 獨有敬焉, 至敬也, 無喪之中, 獨有哀焉, 至哀也. 至樂不離乎氣志, 而氣志旣起者, 至樂之終也, 至敬不離乎威儀, 而施及四海者, 至敬之終也, 至哀不離乎內恕, 而施於孫子者, 至哀之終也.」

따라 변하게 되므로 자기의 뜻이 진실로 확고하면 저 종소리도 변하는 것이다. 그런데 하물며 사람에 있어서야!"126)로 쓴다. 즉 ≪공자가어≫는 「무체지예無體之禮」, 「무복지상無服之喪」, 「무성지악無聲之樂」의 순서로 설명하였다.

　　본 구절을 ≪禮記·孔子閒居≫와 ≪孔子家語·論禮≫ 모두는 「敢問何謂三無」로 쓴다.

　　⑤ '孔=曰: 三亡虖': 본 구절 중 「三亡虖」 세 자는 현행본에 보이지 않는다.

　　⑥ '亡聖之樂': 「亡聖」은 「無聲」의 의미이다. '無'는 본 의미 이외에 철학적으로 특별한 개념을 지닌다. ≪열자列子·중니仲尼≫에서는 "즐거움이 없는 것과 앎이 없는 것이 진정한 즐거움이고 진정한 앎이다."127)라고 하였으며, ≪시경詩經·대아大雅·문왕文王≫에서는 하늘을 '無聲'으로 표현하여 "하늘의 일은 소리도 없고 냄새도 없다."128)라 했는데, 이는 하늘은 소리도 냄새도 없기에 소리 없이 백성에게 덕을 베풀고 맑고 조용함이 마치 신과 같은 것이다. 위식衛湜 ≪예기집설禮記集說≫(卷120)은 여람전呂藍田의 "무릇 음악이란 필히 소리가 있음인데, 그 소리가 없다는 것은 악기의 음악이 아닌 음악의 도道를 말하는 것이다."129)·"소리 없는 음악이란 화합의 극치를 말하는 것이다."130)는 구절을 인용하였다. 소리 없는 지극한 음악이 백성들을 화락하게 함을 ≪大戴禮記·主言≫은 "공자가 말하였다. 지극한 예의는 사양하지 않고도 온 천하가 다스려지며, 정성스런 보상은 재물을 허비하지 않고서도 천하의 선비들을 즐겁게 하며, 지극한 음악은 소리가 없어도 온 천하의 백성들이 화락하는 것이다. 현명한 군주는 이 세 가지 지극한 것을 독실히 행하는 까닭에 천하 군주들과 모두 교제할 수 있고, 천하의 선비들을 신하로 삼을 수 있으며, 천하의 백성들을 이용할 수 있는 것이다."131)라 하였다. 이와 같은 내용은 ≪공자가어孔子家語·왕언해王言解≫에도 보인다. ≪예기禮記·곡례상曲禮上≫의 "소리 없음에도 듣는 것 같이 하고, 형체가 없음에도 보는 것 같이 하다."132) 구절에 대하여 정현鄭玄은 "항상 직접 친히 가르침을 받고 있는 것 같이 하여 먼저 시행하도록 하다."133)라고, 공영달孔穎達은 "'청어무성

126) 「孔子曰: 無體之禮, 敬也, 無服之喪, 哀也, 無聲之樂, 歡也. 不言而信, 不動而威, 不施而仁. 志夫鐘之音, 怒而擊之則武, 憂而擊之則悲, 其志變者, 聲亦隨之. 故志誠感之, 通於金石, 而況人乎!」

127) ≪列子·仲尼≫: 「無樂無知, 是眞樂眞知.」

128) ≪詩·大雅·文王≫: 「上天之載, 無聲無臭.」

129) 「蓋樂必有聲, 其無聲者, 非樂之器, 乃樂之道也.」

130) 「無聲之樂, 和之至者也.」

131) ≪大戴禮記·主言≫: 「孔子曰: 至禮不讓而天下治, 至賞不費而天下之士說, 至樂無聲而天下之民和. 明主篤行三至, 故天下之君可得而知也, 天下之士可得而臣也, 天下之民可得而用也.」

132) ≪禮記·曲禮上≫: 「聽於無聲, 視於無形.」

133) 「恒若親之, 將有敎使然.」

聽於無聲'이란 부모님의 말씀이 들리지 않아도 가르침을 실천하는 것은 명백한 자식의 도리라는 것이며, '시어무형視於無形'이란 부모님을 직접 뵙지 않아도 부모님을 직접 뵙는 것처럼 가르침을 본받는 것을 말한다. 비록 직접 소리를 듣고 형상을 볼 수는 없지만 항상 마음속에 함께 하는 것처럼 하여 마치 직접 대면하는 것처럼 행하는 것은 부모님의 가르침이 이미 있는 것처럼 하여 이를 실천하는 것이다."134)고 하였다.

본 구절을 ≪禮記·孔子閒居≫와 ≪孔子家語·論禮≫는 모두 「無聲之樂」으로 쓴다.

⑦ '亡體之禮' : 「之禮」 두 자는 다음 죽간에 해당되는 자이다. '禮'란 '仁'과 '恭敬'의 반영인 것이다.

≪모시이황집해毛詩李黃集解≫(卷34)에서 황춘黃櫄은 "형용이 없는 예의가 가장 큰 예의이고, 꾸밈이 없는 경의敬義는 지극한 경의인 것이다."135)라 하였다. 형용이 없는 예의는 최고 경지인 자연스런 본래의 상태에 이른 것을 말한다. 이른바 유가에서 "신은 일정한 장소에 있는 것이 아니고, 역은 눈에 보이는 형체가 있는 것이 아니다."136)(≪주역周易·계사繫辭≫)와 같은 것으로, 능히 온 천지와 조화를 이루어 임기응변臨機應變하는 일정한 형체가 없는 자연 상태를 말한다. 또한 "지극히 장중한 음악은 소리가 작으며"137)이나 "지극한 정성은 예의가 간결하다"138)와 같은 개념과 같다. 위식衛湜은 ≪예기집설禮記集說≫(卷120)에서 여람전呂藍田의 말을 인용하여 "예의란 일반적으로 몸으로 표현하는 것이나, 형용이 없다는 것은 꾸밈이 없는 예의인 예의의 근본을 말하는 것이다."139)라 하였다. 예절이란 인의仁義의 양상이지 가식적으로 표현해 내는 것이 아니며, 예의에서 중요한 것은 마음에서 우러나는 진실됨이며, 외부의 표현도 내재된 마음의 표출인 것이다.

본 구절은 ≪禮記·孔子閒居≫와 ≪孔子家語·論禮≫에는 모두 「無體之禮」로 쓴다.

【譯註】

1. '昌正' : ≪上博楚簡≫의 「昌正」과 「此之胃(謂)五至」 구절 사이에 ≪孔子閒居≫는 「是故,

---

134) 「『聽於無聲』者, 謂聽而不聞父母之聲, 此明人子常禮也. 『視於無形』者, 謂視而不見父母之形. 雖無聲無形, 恒常於心想像, 似見形聞聲, 謂父母將有敎, 使已然也.」

135) ≪毛詩李黃集解≫(卷34) : 「無體之禮, 禮之大也, 無文之敬, 敬之至也.」

136) ≪繫辭≫ : 「神無方, 易無體.」

137) 「大樂希音.」

138) 「至誠簡禮.」

139) 「禮必有體, 其無體者, 非禮之文, 乃禮之本也.」

正明目而視之, 不可得而見也, 傾耳而聽之, 不可得而聞也, 志氣塞乎天地」140), ≪論禮≫는「是以正明目而視之, 不可得而見, 傾耳而聽之, 不可得而聞, 志氣塞于天地, 行之克於四海」의 구절이 있다. 그러나 이 구절을 ≪上博楚簡≫은 第6, 7 簡의 '三亡(無)'의 내용으로 보고 있다. 즉「是故, 正明目而視之, 不可得而見也, 傾耳而聽之, 不可得而聞也, 志氣塞乎天地」는 '五至'의 내용이 아니라 '三無'이다. 현행본이 순서 짝 맞추기를 잘못 해서, '五至'와 관련성 없는 내용이 삽입되어 그동안 억지스러운 해석을 하였다. ≪上博楚簡≫의 '言正'이 ≪孔子閒居≫ '是故, 正'과 ≪論禮≫의 '是以正'으로 변화한 것이다.141)

2. '䎽(聞)': '聞(들을 문, wén)'자를 ≪上博楚簡≫에서는 '䎽()'(≪從政≫第13簡)·'聁()'(≪弟子問≫第16簡)·'䎽()'(≪民之父母≫第5簡) 등으로 쓴다. ≪說文解字≫는 '聞'자의 古文에 대하여 "'聞'자의 고문은 자부 '昏'을 사용하여 '䎽'으로 쓴다."142)라 하였다.

3 '體(體)': '體()'자는 '體'의 異體字이다. '肉'과 '骨'은 의미가 비슷하기 때문에 편방으로 통용된다. 예를 들어, '肌(살 기, jī)'를 '骹'로 쓰고, '脾(지라 비, pí)'를 '髀'로 쓴다. ≪民之父母≫ 중의 '體()'는 의미부 '肉'이 위부분에 놓이거나, 아랫부분에 놓아 의 형태로 쓰기도 한다.

≪上博楚簡≫에서 '체體'자의 이체자는 '體' 이외에 의미부 '人'을 써서 '(儥)'(≪緇衣≫)로 쓰기도 한다.

고명高明 ≪중국고문자통론中國古文字通論≫은 '의미가 비슷한 편방은 서로 통용됨'143)이라는 항목에서 '人'과 '女'를 비롯하여 32개의 통용의 예를 제시하고 있다. 그 중 '肉'과 '骨'도 예문을 제시하고 있으나, 의미부 '人'과 '骨' 혹은 '肉'이 통용되는 예를 제시하지 않았다.144)

---

140) "그런 까닭에 눈을 바르게 하고 밝게 보아도 볼 수 없고, 귀를 기울여서 들어도 들을 수 없으며, 뜻과 기운이 천지 사이에 가득 차는 것을 말한다."
141) 陳劍, 〈上博簡≪民之父母≫"而得旣塞於四海矣"句解釋〉, ≪上博館藏戰國楚竹書研究續編≫, 251-255 쪽 참고.
142) ≪說文解字≫:「䎽, 古文從昏.」
143) '意義相近的形旁互爲通用'
144) 高明 ≪中國古文字通論≫〈第三章 漢字的古形〉, 北京大學出版社, 129-159 쪽 참고.

第6簡

豊亡備之糪君子呂此皇于天下奚耳而聖之不可旻而廔也明日而見之不可

第 6 簡

≪民之父母≫

☐豊(禮), 亡(無)備(服)之䘮(喪)①. 君子㠯此皇(橫)天下②, 奚(繫)²耳而聖(聽)之, 不可㝵(得)而䎽(聞)也③, 明目而見之, 不可④

≪孔子閒居≫

之禮, 無服之喪, 此之謂三無. 是故正傾耳而聽之, 不可得而聞也, 明目而視之, 不可

≪論禮≫

之禮, 無服之喪, 此之謂三無. 是以正傾耳而聽之, 不可得而聞, 明目而視之, 不可

【해석】

형식적인 상복이 없는 상례喪禮, 이건은 삼무三無를 가리킨다. 군자는 이를 천하에 널리 행하나, 귀를 기울여 들어도 들을 수 없고, 눈을 크게 뜨고 보아도 볼 수 없는 것이지만,

【上博楚簡原註】

본 죽간은 43㎝로 상단은 약간 파손되었으나, 하단은 편평한 모양의 완전한 형태다. 문자는 모두 31자이다.

① '亡軆☐豊, 亡備之䘮': '亡軆' 두자는 앞 죽간에 속한다. 상단은 약간 파손되었으나, 문맥상 「之」자를 보충할 수 있다.

'비備'자와 「복服」자는 고음이 서로 통한다. 예를 들어, ≪상해박물관장전국초죽서上海博物館藏戰國楚竹書(一)·치의紂衣≫는 「衣服」을 「衣備」로 쓴다.

「䘮」자는 네 개의 '口'나 혹은 '㸚(놀랄 악, è)'의 일부를 생략한 자부와 소리부 '桑'으로 이루어진 자이며, 「상喪」의 이체자이다. ≪의예儀禮·사상례士喪禮≫「괄계용상䰄笄用桑」145) 구절에

---

145) "머리비녀는 뽕나무로 만들다."

대하여 정현鄭玄은 "'桑'은 곧 '喪'를 의미한다."146)라 하였다. 이에 대하여 가공언賈公彦은 "'상桑'자가 '喪'을 뜻하는 것은 '桑'은 '喪'을 당했을 때 사용하는 물건으로 두 글자가 서로 음이 같기 때문이다."147)라 설명하였다.

갑골문은 「상喪」자를 본 죽간의 형태와 유사하게 ''(≪殷墟書契前編≫2.41.3)·''(≪殷墟書契前編≫2.37.1)·''(≪殷墟書契前編≫6.5.3) 등으로 쓴다. ≪說文解字≫는 "'喪'은 '상실하다(亡)'의 의미이다. '哭'과 '亡'으로 이루어진 회의자이다."148)라 하였다. ≪상박초간上博楚簡·주역周易≫은 「喪」자를 자부 '九'('桑'의 생략형)와 '死'를 쓴 '葬'인 '()'(제9간)과 같이 쓰기도 하며, 혹은 자부 '桑'의 생략형('亡'과 겹쳐 쓰고 있음)과 '死'를 쓴 '()'(제13간)으로 쓰기도 한다.

≪공자가어孔子家語·육본六本≫은 "상복이 없는 초상은 즉 애도의 표현이다."149)라고 하였고, ≪일강예기해의日講禮記解義≫(卷54)는 "≪패풍邶風·곡풍谷風≫ 중에 남의 집이 상을 당하면 급히 달려가 힘껏 도와준다는 구절이 있는데, 이는 반드시 상복을 입어야만 되는 것이 아닌 상복喪服을 입지 않아도 초상의 슬픔을 표현해 낼 수 있다는 것이다."150)라 하였다. 그런고로 ≪공자한거孔子閒居≫는 거듭해서 "백성에게 초상이 있으면 달려가서 도와주는 것이 상복喪服이 없는 초상이다."·"상복이 없는 초상은 남의 마음을 헤아려 크게 슬퍼하는 것이다."·"상복이 없는 초상은 사랑하는 마음이 온 천하까지 미치는 것이다."·"상복이 없는 초상은 만방의 백성들이 모두 은혜를 입게 되는 것이다."·"상복이 없는 초상은 그 덕이 순수해지고 더욱 현명해지는 것이다."·"상복이 없는 초상은 그 은혜가 자손에 까지 영원히 베풀어지는 것이다."151)라 하였다. 이 내용은 아래 죽간의 내용을 참고할 수 있다.

본 구절을 ≪禮記·孔子閒居≫·≪孔子家語·論禮≫는 모두 「無服之喪」으로 쓴다.

② '君子曰此皇天下': 본 구절은 현행본에 보이지 않는다. 본 죽간의 두 번째 죽간의 〈주석〉 참고.

③ '奚耳而坣之, 不可旻而窗也': 「奚(어찌 해, xī)」자는 ≪包山楚簡≫에도 보이며(第179簡),

146) 「桑之謂言喪也.」

147) 「桑之謂言喪也者, 爲喪所用, 故用桑以聲名之.」

148) ≪說文解字·口部≫: 「喪, 亡也, 從哭, 從亡.」

149) ≪孔子家語·六本≫: 「無服之喪, 哀也.」

150) ≪日講禮記解義≫(卷54): 「≪邶風·谷風≫之篇言, 凡民有死喪之禍, 卽急遽以助之, 此哀不必見於服, 無服之喪也.」

151) ≪孔子閒居≫ 「凡民有喪, 匍匐救之, 無服之喪也.」·「無服之喪, 內恕孔悲.」·「無服之喪, 施及四國.」·「無服之喪, 以畜萬邦.」·「無服之喪, 純德孔明.」·「無服之喪, 施于孫子.」

「繫(맬 계, xì,jì)」의 의미로 쓰인다. 「奚(繫)耳而聖(聽)之」의 뜻은 ≪한서漢書·가산전賈山傳≫의 「使天下之人戴目而視, 傾耳而聽」152), ≪한서漢書·왕포전王褒傳≫의 「不單頃耳而聽已聰」153), ≪후한서後漢書·노식전盧植傳≫의 「天下聚目而視, 攢耳而聽」154) 중의 「경이이청傾耳而聽」·「경이이청頃耳而聽」·「찬이이청攢耳而聽」의 의미와 같다. 이는 항상 부모님의 은혜를 마음 깊이 담아 두고, 군자가 갖추어야 할 덕목에 항상 귀 기울이면, 비록 소리로는 들려오지 않지만 항상 정신을 집중하기 때문에 마음 속 깊이 간직할 수 있게 된다는 것이다. ≪장자莊子·인간세人間世≫는 "그대의 뜻을 귀로 듣지 말고 마음으로 듣도록 해야 한다. 다음에는 마음으로도 듣지 말고 기氣로 듣도록 하여야한다. 귀란 듣기만 할 뿐이고, 마음이란 느낌을 받아들일 뿐이지만, 기氣란 텅 빈 채 사물에 응대하는 것이다. 도道란 텅 빈 곳에 모이게 마련이다. 텅 비게 하는 것이 마음의 재계인 것이다."155)라고 하여, 마음(心)과 정신(精神)과 의식(意)으로 듣고 가슴으로 실천해야지 형식적인 「소리(聲)」로만 듣는 것이 아니라는 것이다. 진정한 소리(들음)는 마음으로 듣는 것이지 귀를 기울여 들어도 들을 수 없는 것이다.

본 구절을 ≪禮記·孔子閒居≫는 「傾耳而聽之, 不可得而聞也」로 쓰고, ≪孔子家語·論禮≫는 「傾耳而聽之, 不可得而聞」으로 쓴다. 또한 현행본은 「是故正名目而視之」의 구절이 「傾耳而聽之」구절 앞에 있다.

④ '明目而見之, 不可昆而見也': 「昆而見也」의 구절은 다음 죽간에 속하는 구절이다. 「명목이견明目而見」은 「대목이견戴目而見」나 「취목이시聚目而視」의 의미와 같다. 비록 맑고 밝은 눈으로도 볼 수 없지만, 그 내용을 이미 마음속에 깊이 간직했음을 말한다. ≪순자荀子·군도君道≫는 "천자는 보지 않아도 보는 것 같고, 듣지 않아도 듣는 것 같으며 생각하지 않아도 알게 되고, 움직이지 않아도 공적이 쌓여 우뚝이 홀로 앉아 있어도 온 천하가 그를 따라 한 몸처럼 또는 자기의 사지처럼 자신의 마음을 따르게 될 것이다. 이것을 두고 대형이라고 하는 것이다."156)라 하고, 공영달孔穎達은 ≪예기禮記·공자한거孔子閒居≫의 〈주소注疏〉에서 "천자와 백성 모두가 마음 속으로 공감하고 있어, 외부적으로 어떤 형식이나 소리를 낼 필요가 없기 때문에 눈으로

---

152) "천하 사람들로 하여금 눈을 크게 뜨고 보고, 귀를 기울여 듣게 하다."
153) "또한 귀를 기울여 들어 이미 총명하다."
154) "눈을 크게 보고, 귀를 모아 듣다."
155) ≪莊子·人間世≫: 「無聽之以耳而聽之以心, 無聽之以心而聽之以氣. 聽止於耳, 心止於符. 氣也者, 虛而待物者也. 唯道集虛. 虛者, 心齋也.」
156) ≪荀子·君道≫: 「天子不視而見, 不聽而聰, 不慮而知, 不動而功, 塊然獨坐而天下從之如一體, 如四肢之從心: 夫是之謂大形.」

보아도 보이지 않고, 귀를 기울여도 들을 수 없는 것이다. ……뜻과 기운이 천지 사이에 가득 차는 것을 '五至'라 한다."[157]라 하였다. 눈으로는 그 형태를 확인할 수 없지만, '지도대형至道大 形(도道에 이른 큰 형태)'를 느낄 수 있음을 말한다.

본 구절을 ≪禮記·孔子閒居≫는 「是故明目而視之, 不可得而見也」로 쓰고, ≪孔子家語·論 禮≫는 「是故明目而視之, 不可得而見」으로 쓴다.

【譯註】

1. '棄(喪)': '喪'자를 ≪上博楚簡≫은 세 가지 형태로 쓴다. 첫째, 자부를 '桒'('桑'의 생략형)과 '亡'을 써서 ''(≪周易≫제44간)이나 ''('屮'는 '桑'의 생략형. ≪周易≫, 제32간)으로 쓰고, 둘째는 첫째 형태에 자부 '歹'을 추가하여 ''(≪昭王毀室≫제1간)으로 쓰고, 셋째는 '桒'(혹은 '桑'의 생략형)과 '死'를 써서 ''(≪民之父母≫제9간)·''(≪民之父母≫제14간)이나 ''(≪中 弓≫제23간)으로 쓴다.[158] ≪郭店楚簡≫은 '桒'과 '死'를 ''(≪老子·丙≫제8간)으로 쓰고, '亡' 을 써서 ''(≪語叢一≫제98간)으로 쓴다.

2. '奚(繫)': ''자를 정리본은 '해奚'로 예정하고 '계繫'의 의미로 풀이하고 있다. 그러나 유낙 현劉樂賢은 현행본現行本의 '傾(기울 경, qīng)'자의 의미로 해석하여 "안컨대, 이 자는 현행본 처럼 '傾'자의 의미로 파악하는 것이 옳다. '奚'자의 고음古音은 운모韻母가 '지支'부部이고 성모 聲母가 '갑匣'뉴紐이며, '傾'자의 고음은 운모가 '경耕'부部 성모가 '계溪'뉴紐이기 때문에 두 자는 서로 음성이 근접하여 통가자의 용법으로 쓰일 가능성이 있다."라 하였다.[159] 따라서 굳이 '繫'의 의미로 파악할 필요는 없겠다.

157) 孔穎達, ≪禮記·孔子閒居≫〈注疏〉: 「君與民上下同有感之在於胸心, 外無形·聲, 故目不得見, 耳不得而聞…… 人君志氣塞滿天地, 此之謂五至者.」
158) 李守奎, ≪文字編≫, 66 쪽 참고.
159) 劉樂賢, 〈讀上博簡≪民之父母≫等三篇札記〉, 簡帛研究사이트, 2003-1-10. 「案, 該字仍當以案傳世本讀'傾'爲 佳. 奚字古音是支部匣紐, 傾字古音是耕部溪紐, 二字讀音接近, 存在通假的可能.」

第7簡

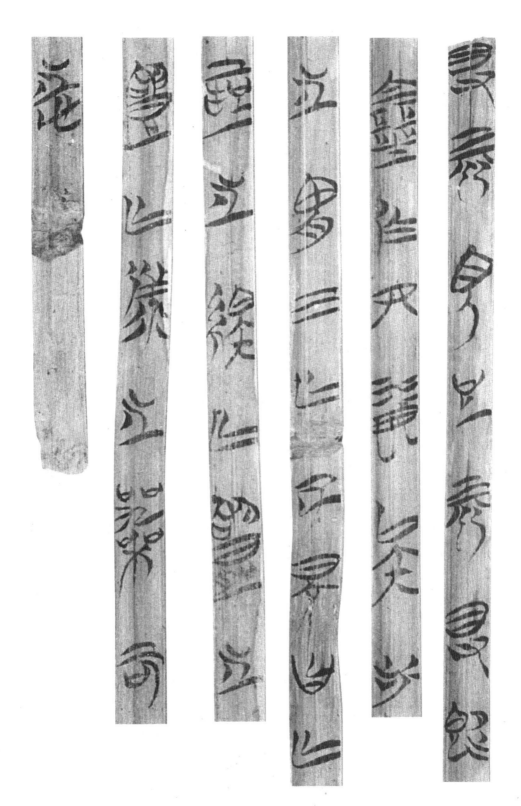

旻而見也而旻既塞於四海矣此之胃三亡子㞴日亡聖之樂亡體之豊亡備之䂊可志

第 7 簡

≪民之父母≫

　旻(得)而見也^①, 而旻(得)¹旣(氣)塞於四洍(海)矣^②, 此之胃(謂)三亡(無). 子旻(夏)曰: 亡(無)聖(聲)之樂, 亡(無)體(體)之豊(禮), 亡(無)備(服)之藥(喪)^③, 可(何)志(詩)^④

≪孔子閒居≫

　得而見也, 志氣塞乎天地, 此之謂『五至』. 子夏曰: 「『三無』旣得略而聞之矣, 敢問, 何詩

≪論禮≫

　得而見, 志氣塞於天地, 行之充于四海, 此之謂『五至』矣. 子夏曰: 「敢問『三無』, 何詩

【해석】

　(볼 수 없는 것이지만), 그 기운은 능히 천지에 가득 차게 되는데, 이를 삼무三無라 한다. 자하가 말하기를 소리 없는 즐거움과 형용 없는 예의, 형식적인 상복이 없는 상례는 ≪시경≫ 중에 어떤 시詩가 이에 해당되는 것입니까?

【上博楚簡原註】

　본 죽간의 길이는 43.5㎝로 상단 부분이 약간 파손되었으나, 하단 부분은 평편한 형태의 완전한 모양이다. 문자는 모두 34자가 있다.

　① '旻而見也': 제 6간 주석 참고.
　② '而旻旣塞於四洍矣': 「旻」자를 현행본은 「지志」자로 쓴다.
　≪집운集韻·거말去末≫은 「氣(기운 기, qì)」자를 또한 「旣(이미 기, jì)」자로 쓴다. 초죽서는 「氣」자를 자부 '旣'와 '火'자를 써서 「𤒅」로 쓴다. 이러한 형태는 비문碑文이나 ≪고문사성운古文四聲韻≫에도 보인다.
　「塞(변방 새, sāi,sài,sè)」자는 '가득차다(充滿)'의 의미이다. ≪옥편玉篇≫은 "'塞'는 '가득차다(實)', '넉넉하다(滿)'의 의미이다."¹⁶⁰⁾라 하였다. ≪이아爾雅≫는 「사해四海(海)」에 대하여 "구이

·팔적·칠융과 육만을 모두 합하여 사해라 한다."161)라 하였다. 정초鄭樵는 "이 네 민족은 바다를 경계를 하고 있기 때문에 사해라 한다."162)라 하였다. 여기에서의 「四海」는 광의적인 의미로 온 천하를 가리킨다. ≪맹자孟子·공손추상公孫丑上≫은 "이른바 '지志'는 '기氣'를 다스리는 장수이고, '지志'가 있으면 '기氣'가 몸에 가득 차게 된다. 무릇 '지志'는 지상至上이고 '기氣'는 그 다음이다. '기氣'의 양상은 지극히 크고 지극히 굳세니, 바르게 길러져 해가 없으면 하늘과 땅 사이에 꽉 차게 되는 것이다."163)라 하였다. 이기理氣를 갖춘 마음으로 만사를 대하고, 그 마음이 또한 심지를 가지게 된다면 호연지기浩然之氣는 온 천지에 가득 차게 된다는 것이다.

본 구절을 ≪禮記·孔子閒居≫는 「志氣塞乎天地」로 쓰고, ≪孔子家語·論禮≫는 「志氣塞於天地, 行之充于四海」로 쓴다.

③ '亡聖之樂, 亡體之豊, 亡備之喪': 이 내용은 이전 죽간의 내용을 참고할 수 있다.

본 구절을 ≪禮記·孔子閒居≫는 「三無旣得略而聞之矣」로 쓰나, ≪孔子家語·論禮≫는 보이지 않는다.

④ '可志是汇': 「是汇」는 다음 죽간에 속하는 자이다. 「可」자는 「何」자의 의미이다. 「志」자는 「詩」의 의미이다. 「汇」자는 「迡(가까울 니{이}, nì)」자의 의미이다. ≪집운集韻≫은 "'迡'자는 '가깝다(近)'의 의미이다."164)라 하였다. 현행본은 「近」자로 쓴다. 이 자를 ≪곽점초묘죽간郭店楚墓竹簡·존덕의尊德義≫의 제17간은 「汇」으로 쓴다. ≪상해박물관장전국초죽서上海博物館藏戰國楚竹書·종정從政≫은 「迡」자를 자부 '尸'를 추가하여 「𡰥(𡰥)」로 쓴다. 또한 「중니仲尼」의 「尼」자는 「𡰥」로 쓰는데, 이 자도 같은 자부를 사용하고 있다. 「汇」자는 '辵'과 '匸'로 이루어진 자이며, 이 중에서 '匸'가 소리부이다. 이 자는 다른 자서에 보이지 않는다. 「匸」는 「匸」이나 「匸」로 쓰는데, 이 중 검은 점은 지사指事를 표시한다. ≪說文解字≫는 "'匸'자는 옆구리에 물건을 끼고 비슷하게 서있는 모습이다. 'ㄴ' 위에 '一'이 덮고 있다. '혜傒'와 음이 같다."165)라 하였다. 「尼」자와 「迡」자는 음이 서로 통하기 때문에 통가자로 사용된다. 혹은 「汇」자는 「𡰥」자의 생략형이라고 보기두 한다.

본 구절을 ≪禮記·孔子閒居≫는 「敢問何詩近之」로 쓰고, ≪孔子家語·論禮≫는 「敢問三無

---

160) ≪玉篇·土部≫: 「塞, 實也, 滿也.」
161) ≪爾雅·釋之≫: 「九夷·八狄·七戎·六蠻謂之四海.」
162) 「此四夷皆際海, 故謂之四海.」
163) ≪孟子·公孫丑上≫: 「夫志, 氣之帥也; 氣, 體之充也. 夫志至焉, 氣次焉.」
164) ≪集韻·去霽≫: 「迡, 近也.」
165) ≪說文解字·匸部≫: 「匸, 衺傒, 有小夾藏也, 從ㄴ, 上有一覆之, 讀與傒同.」

何詩近之」로 쓴다.

【譯註】

1. '旻旣': '旻(旻)'자를 현행본은 '지志'자로 쓰며, '旣(旣)'자를 현행본은 '기氣'자로 쓴다. 그러나 '氣'자를 제 10간에서는 '旣'자로 쓰고 있는 것으로 보아 '旣(旣)'자와 구분하여 쓰는 것으로 보인다. '덕기旻旣'를 '지기志氣'·'덕기德氣'·'덕기德旣'나 혹은 문자 그대로 '得旣'로 해석하기도 한다. '志'자는 본 ≪民之父母≫ 제 3·7·10·13간 등에서는 '志'으로 쓰며 '덕德'자 또한 상용戰國전국 문자이기 때문에 '지志'나 '덕德'으로 해석하지 않고, 문자 그대로 '득기得旣'로 해석하기도 한다. ≪上海博物館藏戰國楚竹書(二)讀本≫은 문자 그대로 '能夠已經(능히 이미)'으로 해석하였다.166)

---

166) ≪上海博物館藏戰國楚竹書(二)讀本≫, 12 쪽 참고.

第 8 簡

是迣孔=曰善才商也牲可季時矣城王不敢康迴夜嗇命又奢亡聖之樂褪我㠯=

第 8 簡

≪民之父母≫

是汇(遅)^①?」孔=(孔子)曰:「善才(哉)! 商也^②, 牆(將)可孕時(詩)矣^{③②}, 『城(成)王不敢康, 迺(夙)夜言(基)命又(有)窨(密)^{④③}」, 亡(無)聖(聲)之樂^⑤, 『禔(威)我(儀)尸=(遅遅)^{⑥④},

≪孔子閒居≫

近之?『夙夜基命宥密』, 無聲之樂也,『威儀遅遅,

≪論禮≫

近之?『夙夜基命宥密』, 無聲之樂也,『威儀遅遅,

【해석】

≪시경≫ 중에 어떤 시가 이에 해당되는 것입니까? 「훌륭하도다! 자하여! 이제부터 너에게 ≪시경≫을 가르칠 수 있겠구나. 『성왕은 편히 쉬지 않고, 아침부터 저녁까지 천명을 좇아서 백성에게 관대하게 대하고 편안한 생활을 하도록 힘썼네.』는 곧 소리 없는 음악이요, 『의젓한 그의 용모는 넘쳐 나

【上博楚簡原註】

죽간의 길이는 43.8 ㎝이고, 상단은 약간 파손되었으나, 하단은 편평하게 다듬어진 완전한 형태다. 문자는 모두 33자이고, 그 중에 合文이 2자 있다.¹⁶⁷⁾

① '是汇': '是汇'에 관한 내용은 제 7긴 주식 참고.

② '孔=曰: 善才! 商也':「재才」자는「哉(어조사 재, zāi)」의 가차자이다. ≪이아爾雅·석고상釋詁上≫은 "'哉'는 시작(始)이란 의미다."¹⁶⁸⁾라고 하고, 형병邢昺은 ≪이아소爾雅疏≫에서 "'哉' 자를 고문에서는 '才'로 쓴다. ≪說文解字≫는 '才'자에 대하여 '초목이 막 처음 나오기 시작하는 형상'이라 하였다. '哉'와 '才'자는 음성이 근접하기 때문에 가차자로 사용된다."¹⁶⁹⁾라 하였다.

---

167) 合文 '孔='자 한 자와 重文 '尸=' 한 자가 있다.
168) ≪爾雅·釋詁上≫:「哉, 始也.」

「🔣(商)」자는 ≪경반庚盤≫의 「🔣」자와 비슷하다. 「상商」은 즉 '복상卜商'인 '자하子夏'이다. 상세한 내용은 제 1간 참고.

본 구절의 내용은 ≪禮記·孔子閒居≫와 ≪孔子家語·論禮≫에 모두 보이지 않는다.

③ '🔣可🔣時矣': 서개徐鍇 ≪설문계전說文繫傳≫은 「🔣」자에 대하여 "고문은 '醬(젓갈 장, jiàng)'으로 쓴다."170)라 하였고, ≪고문사성운古文四聲韻≫과 ≪옥편玉篇≫도 같다. '將(장차 장, jiāng,jiàng)'의 의미다.

「🔣」자는 '爻'와 '子'로 이루어진 자이다. ≪說文解字≫는 "'🔣'는 '모방하다'의 의미."171)라 하였다. 이에 대하여 ≪설문해자주說文解字注≫는 "'🔣'자를 '모방하다'라고 설명한 것은 '따르고 의지하다'라는 뜻이다. 현재는 '모방하여 습득하다'의 의미로만 쓰인다."172)라 하였다. ≪上海博物館藏戰國楚竹書(一)·性情論≫은 '교敎'에 대하여 "심지心志가 서로 다름은 교육이 그렇게 만든 것이다."·"그런 연후에 다시금 백성을 교화한다."·"교화는 백성으로 하여금 마음속에서 덕德과 선善한 심지心志가 생겨나도록 하는 것이다."라 하였다.173) ≪說文解字≫는 "'敎'는 '윗 사람이 교육을 실시하면 아래 사람이 모방하여 습득하다'의 뜻이다. 이 자는 '攴'과 '🔣(孝)'로 이루어진 자이다."174)라 하였다. '🔣'와 '敎'의 의미는 비슷하다.

「時」자는 「시詩」의 의미다. 공자가 자하의 ≪시경≫의 도리를 터득했음을 칭찬하는 내용은 ≪한시외전≫에도 "자하가 ≪시경≫ 읽기를 다 마치자 공자가 물었다. ……그러자 공자는 갑자기 얼굴을 바꾸면서 이렇게 말했다. '아! 네가 비로소 시를 말할 수 있게 되었구나. 그러나 너는 그 겉만 보았지 속은 아직 보지 못하고 있다.'"175)라는 구절이 있다. 공자는 자하가 ≪시경≫에 대한 천부적인 재능을 지니고 있음을 발견하자 「갑자기 얼굴색을 바꾸었고」, 비록 아직은 자하가 「겉만 보았지 속은 아직 보지 못하고」 있으나, 그래도 공자는 자하와 ≪시경≫을 논할 수 있게 되었다. 본 내용은 공자가 자하의 ≪시경≫에 대한 이해를 한층 더 높이 평가한 내용이다. ≪한시외전≫과 본 죽간의 내용을 서로 비교하면, 「갑자기 얼굴색이 변하다」176)에서 「훌륭하도

---

169) ≪爾雅疏≫:「哉者, 古文作才, ≪說文解字≫云:『才, 草木之初也.』以聲近借爲哉.」

170) 徐鍇 ≪說文繫傳≫:「古文醬如此.」

171) ≪說文解字·子部≫:「🔣, 放也.」

172) ≪說文解字注≫:「🔣訓放者, 爲隨之依之也. 今人則專用仿矣.」

173) ≪上海博物館藏戰國楚竹書(一)·性情論≫:「其用心各異, 🔣(敎)使然也.」·「然後復以🔣(敎).」·「🔣(敎)所以生德於中者也.」

174) ≪說文解字·敎部≫:「敎, 上所施, 下所效也. 從攴·🔣.」

175) ≪漢詩外傳≫:「子夏讀書已畢. ……夫子造然變容曰:『嘻!吾子殆可以言書已矣. 然子見其表, 未見其裏.」

176) 「造然變容.」

다. 자하여!」[177]의 공자의 태도, 「始(시작할 수 있다)」에서 「可.(할 수 있다)」의 자하에 대한 평가, 「≪시경≫을 말하다」[178]에서 「≪시경≫을 가르키다」[179]의 자하의 수준 등등을 한층 더 높이 평가하고 있음을 알 수 있다. 이와 같이 몇몇 구절의 차이로 인하여 자하에 대한 태도·평가와 ≪시경≫을 논할 수 있는 수준의 차이들이 다르게 표현되고 있다. 공자는 학생 각 개개인이 가지고 있는 장점이 무엇인가를 잘 간파하고, 동시에 학생이 조금이라도 나아지는 점이 있으면, 그에 맞는 칭찬들을 아끼지 않았다. 이런 점에 있어서 본 죽간의 내용은 중국 교육사상, 또 다른 하나의 공자의 교육철학을 엿볼 수 있다.

본 구절의 내용은 ≪禮記·孔子閒居≫와 ≪孔子家語≫에 모두 보이지 않는다.

④ '城王不敢康, 迺夜萻命又簪': 「城」자는 「成」의 의미이다. ≪좌전·문공십일년≫ "제나라 왕자인 성보成父가 분여樊如의 아우 영여를 잡아 죽이다."[180]의 구절 중의 「成」자를 ≪사기史記·노주공세가魯周公世家≫는 「城」으로 쓴다.

「迺」자는 「辵」과 「丙」으로 이루어진 자이며, 「夙(일찍 숙, sù)」의 의미다. ≪說文解字≫는 「夙(殂)」의 古文을 「佤」이나 「個」 으로 쓰고, "'이른 아침에 일에 몰두하다'의 의미. '丮'과 '夕'으로 이루어진 자. '저녁에도 늦게 까지 일을 하였으나, 아침 일찍부터 일에 몰두하다'라는 의미이다."[181]라 하였다.[182] 「迺(夙)夜」는 「朝夕」의 뜻이다.

「萻」는 「諅(꺼릴 기, jì)」와 같은 자이다. ≪說文解字≫는 "'諅'는 '꺼려하다(忌)'의 의미. '言'과 소리부 '其'로 이루어진 형성자. ≪서경書經·다방多方≫은 '그대들은 흉악한 행동을 미워하라'라 하였다."[183], ≪集韻≫은 "'諅'는 '꾀하다(謀)'의 의미이다."[184]라 하고, ≪강희자전≫은 출처 설명 없이 "'諅'자의 고문은 '萻'로 쓴다."[185]라 하였다. 이 자는 또한 ≪강릉천성관일호묘江陵天星觀一號墓≫에도 보인다. ≪禮記·孔子閒居≫는 「其」자로 쓰고, ≪孔子家語·論禮≫는 「基」자로 쓴다. 「諅」·「基」와 「其」자는 음성이 통한다.

「又」는 「宥(용서할 유, yòu)」자와 통한다. ≪禮記·王制≫의 「王三又然後制刑.」[186]라는 구절

177) 「善才! 商也.」
178) 「言詩.」
179) 「孝詩.」
180) ≪左傳·文公十一年≫: 「齊王子成父獲其弟榮如.」
181) ≪說文≫: 「早敬也. 從丮·夕, 持事雖夕不休, 早敬者也.」
182) 譯註: '夕'과 '丮'으로 이루어진 자는 '殂'이다. 이 자는 隸書에서 '夙'으로 쓴다.
183) ≪說文解字·言部≫: 「諅, 忌也. 從言, 其聲. ≪周書≫曰: 『上不諅於凶德.』」
184) ≪集韻·平齿≫: 「諅, 謀也.」
185) ≪康熙字典·言部≫: 「諅, 古文萻.」

에 대하여 鄭玄은 "'又'자는 '宥'자로 써야한다. '宥'는 '관대하다'의 의미."187)라 하였다. ≪孔子家語·刑政≫은 또한 「又」자를 「宥」로 쓴다.

「窓」자는 「密(빽빽할 밀, mì)」의 의미이다. ≪포산초간包山楚簡≫은 「🖼」(第225簡)로 쓴다. 혹은 이 자를 「宓(성 복, mì)」으로 해석하기도 한다.188) 이 시는 ≪주송周頌·호천유성명昊天有成命≫이다. 현행본의 「成王不敢康, 夙夜基命宥密.」189) 구절에 대하여 ≪모전毛傳≫은 "'基'는 '시작하다(始)', '命'은 '믿음(信)', '宥'는 '관대하다(寬)', '密'은 '안녕(寧)의 의미이다."190)라고, 정현鄭玄 ≪전전箋≫은 "문왕과 무왕은 이룩해 놓은 왕업을 이어받아 도덕적인 정치를 실행하고 왕업을 이룩하기 위해서는 안일하게 대처할 수 없었다. 따라서 아침저녁으로 천명에 따라 관대하고 인자하며 편안하고 안정된 정치를 베풀기 위하여 게을리 하지 않았다. 그렇게 하여 천하를 평정하였고, 관대하고 인자함으로 대하자 가혹함이 없어졌고, 편안하고 안정되자 폭력이 사라졌다."191)라 하였다.

이 구절은 ≪禮記·孔子閒居≫·≪孔子家語·論禮≫는 모두 「夙夜其命宥密.」로 쓴다.

⑤ '亡聖之樂': 이 구절에 대한 내용은 앞 간簡의 주석 참고.

⑥ '視我尸=': 「視」는 '示'와 '鬼'로 이루어진 자이다. ≪說文解字≫는 '귀鬼'자에 대하여 "'鬼'자의 고문은 자부 '示'를 써서 '視'로 쓴다."192)라고 설명하였고, 이 자는 갑골문·금문과 ≪신양초간信陽楚簡≫에도 보인다. 「威(위엄 위, wēi)」의 의미로 쓰이고 있다.

「我」는 「儀(거동 의, yí)」와 음성音聲이 통한다.

「尸」자 아래 중문重文부호가 있다. 「遲遲」의 의미로 쓰이고 있다. ≪說文解字≫에서는 "'遲(늦을지, chí)'는 '천천히 간다'의 의미이다. '辵'과 소리부 '犀'로 이루어진 형성자이다. ≪시경·패풍·곡풍≫은 '가는 길 차마 발 길이 안 떨어져 더디게 가네.'"193)라고 설명하고, 또한 "'遲'자는 혹은 자부 '尸'을 써서 '迡'으로 쓴다."194)라 하였다. ≪古文四聲韻≫은 ≪古尙書≫를 인용하

---

186) "왕은 세 번 관대하게 죄과를 물은 연후에 형벌을 단행하다."

187) 鄭玄:「又, 當作宥. 宥, 寬也.」

188) ≪戰國古文字典≫, 1102 쪽.

189) "成王은 편히 쉬지 않고, 아침부터 저녁까지 천명을 좇아서 백성에게 관대하게 대하고 편안한 생활을 하도록 힘썼네."

190) ≪毛傳≫:「基, 始, 命, 信, 宥, 寬, 密, 寧也.」

191) 鄭玄≪箋≫:「文王武王受其業, 施行道德, 成此王功, 不敢自安逸, 早夜始順天命, 不敢解倦, 行寬仁安寧之政, 以定天下. 寬仁所以止苛刻也, 安寧所以息暴亂也.」

192) ≪說文解字·鬼部≫:「鬼. 視, 古文從示.」

193) ≪說文解字·辵部≫:「遲, 徐行也. 從辵, 犀聲. ≪詩≫曰:『行道遲遲.』」

여 자부가 '辵'과 '𡰥'인 「 」로 쓴다. ≪이아·석훈≫은 "'遲遲'는 '서행하다'의 의미이다."195)에 대하여 곽박郭璞은 "천천히 편안하게 걸어가는 모양"196)이라 하였다. 상대방에 편안하게 예를 행하는 모양이나 혹은 유유자적하는 모양으로 의미가 확대되어 사용된다. 「遲遲」를 혹은 「체체棣棣」로 쓴다. ≪詩經·邶風·柏舟≫는 『威儀棣棣, 不可選也.』로 쓰고, ≪禮記·孔子閒居≫와 ≪孔子家語·論禮≫는 모두 「체체逮逮」로 쓴다. ≪禮記·孔子閒居≫에 대하여 정현鄭玄은 "'棣棣'는 편안하고 화목한 모양. 이는 군자의 위엄은 매우 편안하고 화목하니, 백성이 이를 본받고 따른다. 위압감을 주거나 득실을 논하는 억지스런 예의와는 그 모습이 다르다."197)라 하였다. 「遲」·「棣」와 「逮」자는 모두 음이 통한다.

≪禮記·孔子閒居≫와 ≪孔子家語·論禮≫는 모두 「威儀逮逮」로 쓴다.

【譯註】

1. '可(何)志(詩)是𨑒(邇)': 복모좌濮茅左는 정리본에서 '可志是𨑒'를 '何詩是邇'로 해석하고 있고, ≪孔子閒居≫와 ≪論禮≫는 모두 '何詩是近'으로 쓴다. ' '자는 '心'과 소리부 '止(㞢)'로 이루어져 있으며, 정리본은 '詩'의 의미로 해석하였다. 그러나 공자가 자하를 칭찬하는 다음 내용 '牆(將)可孝時(詩)矣' 중에는 '詩'자를 ' '로 쓴다. 즉 '口'와 소리부 '寺'로 된 '詩'자의 이체자이다. '時'자는 ≪上博楚簡≫에서 '詩'의 의미 이외에, '時'·'待'·'侍'와 '持'의 의미로 쓰인다.198) 이외에도 '詩'자를 ≪孔子詩論≫은 ' (㞢)'로 쓰고, ≪緇衣≫는 ' (旹)' 등으로 쓴다. ≪民之父母≫는 또한 '詩'자를 본 죽간의 ' (時)'와는 달리 제1간에서 ' (詒)'로 쓴다. ≪從政·甲≫도 이와 유사하게 ' '로 쓴다. ' (詒)'(≪民之父母≫)자는 '詩'자의 또 다른 변형이 아닌가 한다. 본 구절 중의 ' '(志)와는 다르다. ≪孔子詩論≫ 「㞢(詩)亡隱(離)志.」199) 구절 중의 '詩'자는 ' '로 '志'자는 ' '로 확실히 구분하여 쓴다. 따라서 본 구절 중의 '志'자는 '詩'의 의미가 아니라 다른 의미로 쓰이는 것으로 추측하기도 한다. ≪上海博物館藏戰國楚竹書(二)讀本≫은 '전적기재典籍記載'로 풀이하고 있다.200) 참고할 만하지만, 전후문맥이나 내용으로 보아

194) 「遲或從𡰥.」
195) ≪爾雅·釋訓≫: 「遲遲, 徐也.」
196) 「皆安徐.」
197) 「棣棣, 安和之貌也. 言君之威儀安和逮逮然, 則民傚之, 此非有升降揖讓之禮也.」
198) 李守奎, ≪上海博物館藏戰國楚竹書(一)~(五)文字編≫, 62쪽 참고.
199) "詩歌는 사람의 의지를 드러내는 것이다."
200) ≪上海博物館藏戰國楚竹書(二)讀本≫, 12쪽 참고.

'志'자 역시 '詩'의 의미로 쓰였음이 확실하다. ≪孔子閒居≫와 ≪論禮≫ 모두 '詩'의 의미로 쓰고, '志'와 '詩'는 음성이 통하며, 이 물음 바로 뒤에 공자는 "이제 너에게 ≪시≫를 가르칠 수 있겠구나"라고 직접적으로 ≪시경≫을 언급하고 있는 등의 내용으로 보아 '詩'의 의미다. 자하가 ≪시경≫을 언급했기때문에, 공자가 ≪시경≫을 언급한 것이다.

'⿺⿰尼'자를 복모좌濮茅左는 '迅'로 예정하고 '迡(가까울 니(이), ni)'의 의미로 풀이하였다. ≪上海博物館藏戰國楚竹書(二)讀本≫은 이 자를 '迮'로 예정하고 '邇'와 같은 자라 하였다.201) 장광유張光裕는 ≪上博楚簡(二)≫≪從政甲篇≫ 第 13 簡의 '⿺尼'자를 '遐'로 예정하고 '迡'자와 같은 자라 하였다. '遐(⿺尼)'자는 '⿰尼'와 '辵'으로 이루어져 있으며, '迡'와 같은 자이다. ≪郭店楚簡·尊德義≫(第 17簡)에 '⿺尼'가 보이는데, '⿺尼'자와 같다. 이 자 중 '巳'와 '⿰巳'는 '⿰亻尼'(尼)(≪中弓≫)의 우측부분과 같다. '耳'자를 금문은 '⿰', '⿰', '⿰'이나 '⿰'로 쓰고,202) 초간에서 변형되어 '⿰'이나 '⿰' 등으로 쓴다. '⿺尼'·'⿺尼'·'⿺尼'나 '⿰亻尼'(尼) 중의 '⿰'나 혹은 '⿰'의 형태는 자부 '耳'이다. 따라서 이들의 문자는 각각 '遐'·'迮'와 '屌'로 예정할 수 있다. 이들의 자는 음성이 서로 통하기 때문에 '迡'·'昵'·'邇' 등의 의미로 쓰인다. ≪容成氏≫ 제 19 간 '⿺尼'자에 대하여 이령李零은 '迩(?)'자로 예정하고 "아래 문장 중의 '遠'자와 상대적인 개념으로 쓰이고, 문맥으로 보아 '近'의 의미인 것으로 보인다. 그러나 소리부분은 '近'이나 '迩'와는 다르다."203)라 하였다. 그러나 이 자 역시 '⿺尼'와 같은 자로 소리부분은 '耳'의 변형이다. ≪上海博物館藏戰國楚竹書(一)~(五)文字編≫도 이미 이 자를 '迡'자 아래에 수록하였다.

2. '善才商也, 酒可孨時矣': 공자가 제자들의 ≪시경≫ 실력에 대해 칭찬을 한 경우는 자하 이외에도 자공子貢이 있다. ≪논어≫는 "자공子貢이 '가난하나 아첨함이 없으며, 부자면서 교만하지 않으면 어떠합니까?'라고 묻자, 공자는 '괜찮으나 가난하여도 즐거워하고 넉넉하면서 예禮를 좋아하는 것만 못하다.'라 했다. 자공子貢이 '≪시경≫에 '자르는 듯하고, 미는 듯하며, 쪼는 듯하고, 가는 듯하도다'라고 했는데, 이를 말하는 것입니까?'라고 하자, 공자는 '사賜(자공)는 비로소 더불어 ≪시경≫을 말할 만하구나. 지나간 것을 말하면 말해주지 않은 것을 안다'라 했다."204)라 했다.

3. '酒夜言命又睿': ≪說文解字≫는 「夙(⿰)」의 고문古文을 「佀」이나 「佀」으로 쓴다. 「佀」과

<hr/>

201) ≪上海博物館藏戰國楚竹書(二)讀本≫, 12 쪽 참고.
202) ≪金文編≫ '1921 耳', 771 쪽, 참고
203) 「與下文'遠'字相對, 從文意看, 似是'近'之意, 但其聲旁與'近'·'迩'都不一樣.」
204) ≪論語≫: 「子貢曰: 『貧而無諂, 富而無驕, 何如?』子曰: 『可也, 未若貧而樂, 富而好禮者也.』子貢曰: 『詩云如切如磋, 如琢如磨, 其斯之謂與?』子曰: 『賜也, 始可與言詩已矣, 告諸往而知來者.』」

「佰」은 '宿(묵을 숙, sù,xiǔ,xiù)'자의 고문자 형태이다. 갑골문은 '宿'자를 '𗞍'・'𗞍'・'𗞍'・'𗞍' ・'𗞍'・'𗞍'으로 쓰고, 금문은 '𗞍'・'𗞍'・'𗞍' 등으로 쓴다. 사람이 자리에 앉아있거나 누워있는 형상이다. '𗞍'자는 '辵'과 「佰」(佰・宿)의 생략형이 소리부인 형성자이다. '𗞍'과 '宿'은 음성이 서로 통한다. '𗞍(夜)'자는 '夕'과 소리부 '亦'으로 이루어져 있다. ≪說文解字≫는 소전小篆 '𗞍'을 참고하여, "'夕'과 '亦'자의 일부를 생략한 형태가 음성인 형성자이다."205)라 하였다. 금 문 역시 '𗞍' 등으로 쓴다. 그러나 본 '𗞍'자는 윗부분의 점이 생략되지 않은 '亦'자가 소리부이 고, 아랫부분은 '夕'은 의미부이다.

'𗞍(𧪜)'자는 '言'과 소리부 '丌'로 이루어져 있다. '丌' 혹은 '𠀠'는 '箕(其)'의 생략형이다. 따라 서 '𗞍'자는 '諆(속일 기, jī)'로 예정할 수 있다. '基'나 '其'와 음성이 통한다.

≪주송周頌・청묘지십淸廟之什・호천유성명昊天有成命≫의 전체 내용은 "위대하신 하늘로부 터 천명을 문왕과 무왕은 받으셨네. 성왕은 편히 쉬지 않고, 아침부터 저녁까지 천명을 좇아서 백성에게 관대하게 대하고 편안한 생활을 하도록 힘썼네. 아아! 계승하고 이어받아 마음을 독실 히 하시니 마침내 세상이 편안하게 되었네."206)이다.

4. '禔我尸=': '𗞍'자는 '示'와 '鬼'로 이루어진 자로 '鬼(귀신 귀, guǐ)'와 같은 자이다.207) 자부 '示'의 오른쪽 획을 길게 쓴다. '𗞍'(≪上博楚簡(五)・鬼神之明≫, 第4簡)와 같이 오른쪽 획을 길게 쓰지 않기도 하고, 윗부분을 '目'과 같이 써서 '𗞍'(≪上博楚簡(五)・季庚子問於孔子≫, 第4 簡)로 쓰기도 한다. '禔'는 ≪上博楚簡≫에서 '鬼'나 '威(위엄 위, wēi)'의 의미로 쓰인다. 본 구절 에서는 '威'의 의미다.

'𗞍(尸)'는 '尸(주검 시, shī)'와 같은 자이다. '𗞍(尸)' 이외에 '𗞍'는 의미없는 장식부호이다.208) 금문에서 '尸'자는 '夷(오랑캐 이, yí)'의 의미로 쓰인다. 예를 들어, ≪소신래궤小臣謎簋≫는 '東 夷'를 '東尸'로 쓰고, ≪대우정大盂鼎≫은 '夷司'를 '尸𧶛'로 쓴다. ≪금문편金文編≫은 '尸'에 대하여 "무릎을 꿇고 있는 모양으로 동쪽 사람들의 모습이 이와 같다는 뜻이다. 후에 '夷'자로 '尸'자를 내신하여 사용하자 '尸'자의 의미가 모호해졌다."라 하였다.209) '夷'의 음성은 '이지절 以脂切'로 '유뉴지부喻紐脂部'에 속하며, '尸'자는 '식지절式脂切'로 '심뉴지부審紐脂部'에 속하

---

205) ≪說文解字≫:「從夕, 亦省聲.」
206) ≪周頌・淸廟之什・昊天有成命≫:「昊天有成命, 二后受之. 成王不敢康, 夙夜基命宥密. 於緝熙, 單厥心, 肆其靖 之.」
207) ≪楚系簡帛文字編(增訂本)≫, 816 쪽.
208) 何琳儀, ≪戰國古文字字典≫, 1228 쪽 참고.
209) 容庚, ≪金文編≫, 602 쪽 참고.「象屈膝之形, 意東方之人其狀如此. 後假夷爲尸, 而尸之意晦.」

기 때문에 운부韻部는 같고, 성뉴聲紐는 모두 설두음舌頭音으로 서로 통한다. '逮(미칠 체, dǎi,dài)'·'遲(늦을지, chí)'·'棣(산앵두나무 체, dì,duì)'와 '尸'의 성뉴聲紐는 비슷하고, 운부韻部는 같기 때문에 서로 통한다.

≪패풍邶風·백주柏舟≫의 내용은 아래와 같다.

> 汎彼柏舟, 亦汎其流. 耿耿不寐, 如有隱憂. 微我無酒, 以敖以遊.
> 我心匪鑒, 不可以茹. 亦有兄弟, 不可以據. 薄言往愬, 逢彼之怒.
> 我心匪石, 不可轉也. 我心匪席, 不可卷也. 威儀棣棣, 不可選也.
> 憂心悄悄, 慍於群小. 覯閔旣多, 受侮不少. 靜言思之, 寤辟有摽.
> 日居月諸, 胡迭而微? 心之憂矣, 如匪澣衣. 靜言思之, 不能奮飛.
>
> 둥실둥실 잣 나무배는 하염없이 떠내려가는데. 밤새도록 잠 못 이룸은 뼈저린 시름 때문이지. 술이나 마시면서 나가 노닐지 못할 것도 아니네.
> 내 마음 거울 아니니 남이 알아 줄 리 없고, 형제도 있다하나 믿을 수 없네. 가서 하소연해 봤자 그의 노여움만 살 것이고.
> 내 마음이 돌이 아니니 굴릴 수 없고, 내 마음 돗자리 아니니 말 수도 없네. 의젓한 그의 용모는 한량이 없네.
> 시름은 그지없어 뭇 것들의 미움만 사고, 근심걱정 많이 하고 보니 수모도 적지 않네. 가만히 생각하니 가슴만 두드리게 되고.
> 해야 달아 어째서 번갈아 이지러워지느냐? 마음의 시름은 빨지 않은 옷 입은 듯, 가만히 생각하니 훨훨 날고만 싶네.

≪모시서毛詩序≫는 "어질면서도 등용되지 못함을 노래한 시이다. 위나라 경공 때 어진 자가 등용되지 못하고 소인배가 군주의 측근에 있는 것을 노래한 것이다."[210]라 하고, ≪집전集傳≫은 이 시는 부인이 그의 남편에게서 소박을 맞고 자기를 잣나무 배에 비유하여 노래한 것이라 하고, "威儀棣棣, 不可選也"에 대해서는 "위엄있는 용모가 하나도 나쁜 것이 없으며, 선택하고 취사하고 말 것이 없다. 이는 모두 스스로 돌이켜 보아도 잘못이 없다는 뜻이다."[211]라 하였다. ≪모전毛傳≫은 "군자를 바라보면 그 모습은 위엄이 있어 가까이 하기에 두렵다. 예절의식과 그의 행동거지는 항상 위엄이 있는 모습이다. '체체棣棣'는 너그럽고 한가한 모습이다. 가지고

---

210) ≪毛詩序≫:「言仁而不遇也. 衛頃公之時, 仁而不遇, 小人在側.」
211) ≪毛詩集傳≫:「威儀無一不善, 又不可得而簡擇取捨, 皆自反而無闕之意.」

있는 양이 풍부하여 그 양을 헤아릴 수 없다."212)라 하였다. 본 구절의 내용은 ≪모전≫의 설명과 유사하다. '위의威儀'에 관한 내용은 ≪좌전·양공30년≫ 중에 잘 설명되어 있다.

≪시경詩經·대아大雅·억抑≫이 말하기를 위의威儀를 공경스럽게 여기고 삼가야 만이 백성들이 모범으로 삼겠네라 했다. 영윤令尹에게는 진실한 위의威儀가 없어 백성들이 본받을 것이 없었다. 백성들이 본받지 못할 사람이면서 백성들의 위에 있으면 반드시 유종의 미를 거둘 수 없는 것이다. 위나라 군주가 물었다. '옳은 말이다. 그런데 무엇이 위의威儀인가?' '위엄성이 있어서 두려워 할 수 있음을 위威라하고, 거동에 법도가 있어서 모범이 될 수가 있음을 의儀라 한다. 군주가 군주로서의 위의威儀를 지니면 그의 신하들은 두려워하면서 좋아하고, 모범으로 삼고자 한다. 그러므로 나라를 잘 보유할 수 있고, 좋은 평판을 후세에 오랫동안 남기게 된다. 신하가 신하로서의 위의威儀를 지니면 그 밑의 사람들이 두려워하고 좋아하게 된다. 그러므로 그의 관직을 지킬 수가 있다. 또한 그의 일족一族을 지탱하고 그의 집을 잘 이끌 수 있다. 이에 그 밑의 사람들도 다 이같이 된다. 그래서 상하의 사이가 서로 군건하게 되는 것이다. ≪패풍·백주≫는 의젓한 용모 헤아릴 수 없어 끝이 없다네라 했다. 이것은 군신·상하·부자·형제·내외·크고 작은 사람들이 다 위의威儀가 있음을 말하는 것이다. ≪대아大雅·기취旣醉≫는 벗들이 서로 바르게 해줌도 모두 위의威儀와 예의를 갖추었네라 했다. 이는 벗을 사귀는 도道는 반드시 위의威儀로써 서로 교훈함을 말하는 것이다. ≪주서周書≫는 문왕의 덕은 큰 나라는 문왕의 힘을 두려워하고 작은 나라는 문왕의 덕을 친밀히 여긴 것이다라 했다. 이것은 두려워하고 사랑한 것을 말한 것이다. ≪시경≫은 모르는 사이에 천제天帝의 법을 따르네라 했다. 이것은 모범으로 삼아 본받음을 말한 것이다. 은나라의 주왕紂王이 문왕을 잡아 칠년간을 가두었을 때, 제후들이 다 문왕을 따라서 잡히려 했다. 그러자 은나라 주왕은 이를 두려워하여 문왕을 석방하여 돌려보냈다. 이는 제후들이 文王을 좋아했기 때문이다. 문왕이 숭崇나라를 정벌할 때, 처음에는 항복하지 않아 두 번째로 군사를 출동하자 항복하여 신하가 되었고, 사방의 만이족蠻夷族들은 서로 설득하여 복종하였으니, 이는 문왕을 두려워했기 때문이다. 문왕의 功勞는 천하 사람들이 외어 노래 부르고 춤추며 찬양하였으니, 이것은 문왕을 본받은 것이라고 말할 수 있고, 문왕의 행위는 오늘에 이르도록 사람들의 법도가 되고 있다. 이것은 본받음이고, 또한 문왕이 위의威儀가 있어서다. 그러므로 군자는 자기 위치에서 위엄이 있어 남을 두려워하게 하고, 은혜의 배품은 사랑이 있게 하고, 진퇴에는 준칙이 있어야 하고, 남을 대접할 때 법도가 있어야 하고, 몸가짐은 보기 좋고, 법도에 알맞게 일을 하고, 덕행을 본받게 하고, 소리를 들어 즐겁게 하고, 동작에는 우아함이 있고, 언어는 아름다워야 만이, 그 아래 사람들은 위 사람이 위의威儀가 있다한다.

---

212) ≪毛傳≫: 「君子望之儼然可畏, 禮容俯仰各有威儀耳. 棣棣, 富而閑習也. 物有其容, 不可數也.」

第9簡

之夶也子思曰亓才誃也敗矣厷矣大矣書

第9簡

≪民之父母≫

不可選也」, 無體之禮也[1]. 『凡民有喪, 匍匐救之』[2], 無服之喪(喪)也[1][3].」子昆(夏)曰:「元才詻(?)也[2][4], 敗(快)[5]矣! 玄(宏)矣! 聿(盡)[3][5]

≪孔子閒居≫

不可選也」, 無體之禮也. 『凡民有喪, 匍匐救之』, 無服之喪也.」子夏曰:「言則大矣! 美矣! 盛矣! 言盡

≪論禮≫

不可選也」, 無體之禮也. 『凡民有喪, 扶伏救之』, 無服之喪也.」子夏曰:「言則美矣! 大矣! 言盡

【해석】

[헤아릴 수 없네.」라는 것을 형용 없는 예의라 하며, 『모든 백성이 초상이 있을 때 엉금엉금 기어가서라도 구제한다.」는 것이 형식적인 상복이 없는] 상례를 가리킨 것이다.」 자하가 말하였다.「선생님의 말씀은 수긍이 가니 정말 아름답고 위대하십니다. 그럼 이것만으로 다하는 것입니까?」

【上博楚簡原註】

본 죽간의 길이는 23.4㎝이다. 상단은 일부가 파손되었으나, 하단은 편평한 모양의 완전한 상태이다.

현행본을 참고하여 파손된 부분에「不可選也, 無體之禮也. 凡民有喪, 匍匐救之, 無服」등 19자를 보충할 수 있다.

① '之喪(喪)也':「喪」자는「葬(장사지낼 장, zàng)」의 이체자가 아닌가 한다. 이 자는 일부가 생략된 '桼'(혹은「茻」)과 '死'로 이루어져 있으며,「상喪」의 의미다. ≪說文解字≫는 "'葬'은 '수장하다(藏)'의 뜻이다. '死(屍)'가 풀 속에 묻혀 있는 형상이다."[213]이라 하였다. 자부 '茻'와 일부

의 형태를 생략한 '죷'(혹은 '艸')의 의미는 모두 초목草木을 뜻한다.

≪禮記·孔子閒居≫와 ≪孔子家語·論禮≫는 모두 「喪」로 쓴다.

본 구절을 ≪禮記·孔子閒居≫는 「不可選也, 無體之禮也. 凡民有喪, 匍匐救之, 無服之喪也」로, ≪孔子家語·論禮≫는 「不可選也, 無體之禮也. 凡民有喪, 扶伏救之, 無服之喪也」로 쓴다.

② '子曰: 亓才誃也': ≪說文解字≫는 「才」자를 "초목이 막 처음 나오는 모양."214)이라 하고, 단옥재段玉裁는 "시작이라는 의미로 확대되어 쓰인다."215)라 하였다.

「誃」는 「허許」의 번체자가 아닌가 한다. ≪說文解字≫는 '許'자를 "'許'는 '말을 듣고 따르다'의 의미이다. '言'과 소리부 '午'로 이루어진 형성자."216)라고 설명하고, ≪설문통훈정성≫는 "'許'자는 '御'나……또는 '處'의 가차자로 사용된다."217)라 하였다.

본 구절 앞에서 언급된 「三無」의 내용들은 모두 수긍할 만한 주장이다. 혹은 이 자를 「設(베풀 설, shè)」의 의미로 해석하기도 한다. ≪說文解字≫는 "'設'은 '나열하다'의 의미이다."218)라고 설명하고 있는데, 이 의미 역시 본 구절과 관련이 있다.

본 구절 「亓才誃也」는 ≪禮記·孔子閒居≫와 ≪孔子家語·論禮≫에는 보이지 않는다.

③ '敗矣! 厷矣! 聿': '敗'는 '快(쾌할 쾌, kuài)'의 의미이다. ≪玉篇≫은 「快, 可也, 喜也.('快'는 '가능하다(可)', '즐겁다(喜)'의 의미)」219)라고도 설명하였다. 혹은 「散」자를 잘못 쓴 것이 아닌가 한다. ≪說文繫傳≫(十五卷)은 「散」자에 대하여 "'미묘하다'의 의미. '人'·'攵'과 '豈'의 생략형이 소리부인 형성자이다. 서개徐鍇가 안어案語按하다. ≪상서尙書·대우모大禹謨≫에 '사람의 마음은 도를 지키려해도 자칫하면 도에 어긋나게 되기 때문에 위험하며, 도를 지키려는 마음은 매우 미묘한 것이다'라고 했듯이, 사물이 섬세하고 적고 미묘함을 말한다. 사람이 능히 도를 크게 이루려 하면, 사람이 기계를 다루듯이 마음을 가꾸고 다듬고 조절하여야 한다. 사람이 지니고 있는 능력인 재질才質을 가꾸고 조절하면, 능히 세밀한 것까지 미칠 수 있다. 즉 이것을 정밀하고 섬세하다고 하는 것이다."220)라 하였다. 「媺(아름다울 미, měi)」나 「美(아름다울 미, měi)」

---

213) ≪說文解字·艸部≫:「葬, 藏也. 從死在艸中.」
214) ≪說文解字·才部≫:「才, 草木之初也.」
215) 「引申爲凡始之偁.」
216) ≪說文解字≫:「許, 聽也. 從言, 午聲.」
217) ≪說文通訓定聲·豫部≫:「許, 假借御……又爲處.」
218) ≪說文解字·言部≫:「設, 施陳也.」
219) ≪玉篇≫:「快, 可也, 喜也.」
220) ≪說文繫傳≫(十五卷):「妙也, 從人, 攵, 豈省聲. 臣鍇按: ≪尙書≫曰『人心惟危, 道心惟微』, 物精則少也. 人能宏道, 故必從人攴所操也, 猶器用也. 才亦人之器用也, 故能入於微, 此精微也.」

의 의미로 쓰였다. 「燉」와 「美」는 동의어이다.

≪집운≫은 「玄」에 대하여 "'玄'은 '大通하다'의 의미로 일반적으로 '宏'으로 쓴다."221)라 했고, ≪이아·석고≫는 "'宏'은 '크다(大)'의 의미이다."222)라 했다. 위식衛湜 ≪예기집설禮記集說≫(120卷)은 엄릉방嚴陵方의 말을 인용하여 "큰 말은 밖으로 광채를 내며, 아름다운 말은 마음을 가득 채워주고, 성대한 말은 더 이상 보탤 것이 없으며, 진심을 다한 말은 더 이상 여운이 없는 것이다. 반면에 일으키는 말은 보탤 것만 있어 그칠 날이 없는 것을 말한다."223)라 하였다.

「聿」자 다음 제 10간에 속하는 「于此而已乎」 다섯 자가 파손되어 보이지 않는다. 「聿」자는 「진盡」의 의미다. ≪광운≫은 "'盡'은 '다하다(竭)'나, '마치다(終)'의 의미다."224)라고, ≪집운≫은 "'盡'은 또한 '모두 마치다'의 의미다."225)라 하였다. ≪禮記·孔子閒居≫에 대하여 정현鄭玄은 "그러면 이것만으로 다하는 것입니까라는 의미는 할 말이 아직 끝나지 않았다는 것이다."226)라고, 공영달孔穎達은 "자하는 이미 '삼무三無'에 대하여 들었으나, 전달하고자 하는 뜻이 아직 다하지 않았기 때문에, 공자는 이어서 '삼무三無'를 구체적으로 행하는 군자의 '오기五起'에 대하여 설명해 준다."227)라 하고, 위식衛湜은 ≪예기집설禮記集說≫(120卷)에서 자호양씨慈湖陽氏의 말을 인용하여 "자하는 '三無'의 논지를 듣고 '말씀이 참 위대하고 아름답고 성대하십니다. 그러면 이것으로 다하는 것입니까?'라 했다. 이는 자하가 아직 성인의 의지를 깨닫지 못했기 때문이다. 성인의 의지는 말이 아름답거나 성대하다라는 것만으로 표현되어지는 것이 아니고, 또한 들었다 해도 이미 거기서 완전히 끝나는 것이 아니다. 그래서 공자는 계속해서 '군자가 행해야 할 것은 아직도 '五起'가 있다'라고 한 것이다."228)라 하였다.

「聿」자 다음은 파손되어 문자가 없다.

≪禮記·孔子閒居≫는 「言則大矣·美矣·盛矣, 言盡於此而已乎」로 쓰고, ≪孔子家語·論禮≫는 「言則美矣·大矣, 言盡於此而已」로 쓴다.

---

221) ≪集韻·平耕≫: 「玄, 大通也, 通作宏.」
222) ≪爾雅·釋詁上≫: 「宏, 大也.」
223) ≪禮記集說≫(120卷): 「大言光輝於外, 美言充實于內, 盛言無以有加, 盡言無有餘蘊, 起言有加而無已.」
224) ≪廣韻·上軫≫: 「盡, 竭也, 終也.」
225) ≪集韻·上準≫: 「盡……一曰悉也.」
226) 「言盡於此乎? 意以爲說未盡也.」
227) 「子夏旣聞三無, 意以說義未盡, 故孔子更爲說三種之無, 猶有五種起發之事.」
228) 「子夏聞三無之論曰:『言則大矣, 美矣, 盛矣, 言盡於此而已乎?』是子夏未穎吾聖人之旨也. 聖人之旨, 非美盛所可得而言也, 亦非言所可得而盡也, 故孔子又啓之曰:『君子之服之也, 又有五起言.』」

【譯註】

1. '無體之禮囿': 복모좌濮茅左 정리본은 파손된 부분에 모두 19자를 보충하고 있다. 그러나 앞 죽간의 '亡(無)聖(聲)之樂' 구절 후에 '也'자가 없고, 만약에 19자를 보충하면 모두 36자가 되어 다른 죽간에 비하여 문자의 수가 많다. 따라서 '禮'자 다음에 '囿'자는 보충하지 않는 것이 옳겠다.229)

2. '凡民有喪匍匐救之': '凡民有喪匍匐救之'는 ≪패풍邶風·곡풍谷風≫의 구절이다.

習習谷風, 以陰以雨. 黽勉同心, 不宜有怒. 采葑采菲, 無以下體. 德音莫違, 及爾同死.
行道遲遲, 中心有違. 不遠伊邇, 薄送我畿. 誰謂荼苦? 其甘如薺. 宴爾新昏, 如兄如弟.
涇以渭濁, 湜湜其沚. 宴爾新昏, 不我屑以. 毋逝我梁, 毋發我笱. 我躬不閱, 遑恤我後.
就其深矣, 方之舟之. 就其淺矣, 泳之游之. 何有何亡? 黽勉求之. 凡民有喪, 匍匐救之.
不我能慉, 反以我爲讎. 既阻我德, 賈用不售. 昔育恐育鞫, 及爾顚覆. 既生既育, 比予于毒.
我有旨蓄, 亦以御冬. 宴爾新昏, 以我御窮. 有洸有潰, 既詒我肄. 不念昔者, 伊餘來墍.

살랑살랑 곡풍에 흐렸다 비가 왔다. 한마음으로 힘써 살아왔으니 성내서는 안되죠.
순무나 무를 캐는 것은 뿌리를 위한 것이 아니네. 언약을 어기지 않고 그대와 죽도록 함께 하려 했네.
가는 길 차마 발걸음 안 떨어지는 것은 마음의 원한 때문, 당신은 멀리 나오기는커녕 나를 문안에서 내쫓았지요.
누가 씀바귀를 쓰다 했나요. 내 처지엔 냉이보다도 달지요. 그대는 신혼 재미에 형제처럼 그녀와 즐기겠지요.
경수 때문에 위수가 흐려진다 해도 파랗게 맑을 때가 있거늘, 그대는 신혼 재미에 나를 거들 떠보지도 않네요.
내가 놓은 어살에는 가지 마오. 내 통발도 치지 마오. 내 몸도 용납되지 않거늘 뒷걱정 겨를이야 있겠는가?
깊은 물에 닥치면 뗏목이나 배타고 건너고, 얕은 물에 닥치면 자맥질이나 헤엄쳐 건너지요.
부한지 가난인지 모르며 그저 애써 장만했었지요. 남의 집에 큰일 생기면 힘을 다해 도와주고요.
그런데도 나를 좋아하지 않고 오히려 나를 원수로 삼는구려. 내 좋은 점은 거절당하고 팔리지 않은 물건 같은 팔자.
옛날 살림할 때엔 궁해질까 애태우며 그대와 함께 고생했더니, 살림살이 할 만하니깐 나를 독벌레처럼 여기는구려.
우리가 맛있는 마른 나물 장만함은 겨울 철 막기 위한 것이라네. 이제 그대는 신혼 재미 보고 나는 궁할 때나 필요한가.
우악스럽고 퉁명스럽게 내게 고생만을 시키고도, 옛날에 날 사랑했던 날 잊었는가!

---

229) 季旭昇 主編, ≪上海博物館藏戰國楚竹書讀本(二)≫, 17쪽 참고.

「凡民有喪, 匍匐救之」는 남의 집에 상이 있을 때 온 힘을 다해 도와준다는 의미이다.

3. '死(喪)': '死(喪)'자는 ≪民之父母≫의 제6·7간과 제13·14간에도 보이는데, 6·7간은 '死'· '死'으로 쓰고, 13·14간은 '死'· '死'으로 쓴다. 전자는 '桑'자이고, 후자는 '死'와 '桑'자의 생략형으로 되어 있다. ≪(一)·性情論≫도 '死'으로 쓰고, ≪郭店楚簡·性自命出≫은 '死'으로 쓴다. 혹은 '桑'을 더욱 생략하여 '亡'과 '屮(桑)'을 써서 '死'(≪(五)·弟子問≫)이나 '死'(≪(三)·周易≫)· '死'(≪(三)·周易≫)으로 쓰거나, '少'을 추가하여 '死'(≪(四)·昭王毀室≫)으로 쓰기도 한다. 금문은 '亡'과 '桑'을 써서 '死'· '死'· '死'으로 쓰거나, '走'를 추가하여 '死'· '死'으로 쓴다. ≪說文解字≫는 "'喪'은 '상실하다(亡)'의 의미이다. '哭'과 '亡'으로 이루어진 회의자이며, '亡'은 또한 음성을 표시한다."[230]라 하였다. 고문자 자료로 보아 ≪說文解字≫가 언급한 자부 '哭'은 자부 '桑'을 잘못 쓴 것이다.(제 6 간의 【역주설명譯註說明】 참고)

4. '亓才誃(?)也': 정리본의 '亓才誃(?)也'를 이수규李守奎가 주편한 ≪文字編≫은 '其才辯也'로, ≪上博楚簡硏究續編≫에서 임소청林素淸은 '其在詩也'로, 유심방劉信芳은 ≪上博藏竹書試讀≫에서 '其在語也'로, 혹은 황석전黃錫全은 ≪上博楚簡硏究續編≫에서 '其在許也' 등으로 각각 설명하였다. 계욱승季旭昇의 ≪(二)讀本≫은 유신방의 견해에 따라 '其在語也'로 해석하고 있다. '誃'자는 자부 '又'와 '許'로 되어 있다. '許'자를 ≪(三)·恒先≫은 '許'으로 쓰고, ≪(四)·柬大王泊旱≫은 '許'으로 쓴다. '誃'자는 '許(허락할 허, xǔ)'자의 번체繁體가 아닌가 한다. 본 구절에 해당되는 ≪孔子閒居≫와 ≪論禮≫의 구절은 「言則」이고, 음성상 '許'와 '語'가 통하기 때문에, 유신방 등의 견해에 따라 '語(말씀 어, yǔ,yù)'의 의미로 해석하기로 한다.

5. '敗(快)': 하림의何琳儀는 ≪上博楚簡硏究續編≫에서 "'敗'자는 '美'로 읽을 수 있다. 두 자는 음성이 쌍성雙聲관계이기 때문에 서로 통한다."라 하였다.[231] 그러나 음성상 차이가 너무 크다. 복모좌濮茅左는 정리본에서 '敗'자에 대하여 "'散'자를 잘못 쓴 것으로 보인다."[232]라고 했는데, ≪上博楚簡≫에서 '散'자를 '散'(≪容成氏≫)· '散'(≪周易≫)· '散'(≪季庚子問於孔子≫) 등으로 쓰는 것으로 보아 매우 설득력이 있다.

6. '聿(盡)': '聿(盡)'자는 '盡(盡)'자를 간략하게 쓴 형태이다. ≪上博楚簡≫은 '聿'(≪從政甲≫)· '聿'(≪容成氏≫) 등으로 쓴다.

---

230) ≪說文解字≫:「喪, 亡也. 從哭從亡, 會意, 亡亦聲.」

231) 何琳儀, ≪上博楚簡硏究續編≫, 445 쪽 참고.「敗可讀美, 二字雙聲可通.」

232)「或疑「散」之誤寫.」

第10簡

可見而䛼异孔ㄷ亡聖之樂愇志不愳

第 10 簡

≪民之父母≫

於此而已乎?」孔子曰:「何爲其然! 猶有五起焉.」子夏曰:「□可昃(得)而 寷(聞)㦯(歟)[①]?」孔=(孔子)㔾(曰)[1]:「亡(無)聖(聲)之樂, 燹(氣)志不意(違)[②]

≪孔子閒居≫

於此而已乎?」孔子曰:「何爲其然也! 君子之服之也, 猶有五起焉.」子夏曰:「何如?」孔子曰:「無聲之樂, 氣志不違,

≪論禮≫

於此而已乎?」孔子曰:「何謂其然? 吾語汝, 其義猶有五起焉.」子夏曰:「何如?」孔子曰:「無聲之樂, 氣至不違,

【해석】

그럼 이것만으로 다하는 것입니까?」 공자가 이에 대답했다:「어찌 그렇겠는가? 군자의 행동은 아직도 오기五起가 있다.」 자하가 물었다:「가르침을 얻을 수 있겠습니까?」 공자가 대답했다.「소리 없는 음악은 기운과 뜻이 어긋나지 않고,

【上博楚簡原註】

본 죽간은 길이가 23.3㎝이고, 상단 부분은 약간 파손되었으나, 하단은 편평한 모양의 완전한 상태다.

파손된 부분은 ≪禮記·孔子閒居≫를 참고하여 「『於此而已乎?』 孔子曰:『何爲其然也! 君子之服之也, 猶有五起焉.』 子夏曰」 등 27자를 보충할 수 있고, ≪孔子家語·論禮≫를 참고하여 「『於此而已乎?』 孔子曰:『何謂其然? 吾語汝, 其義猶有五起焉.』 子夏」 등 25자를 보충할 수 있다.

본 죽간의 파손된 부분의 문자는 16자이다. 만약에 ≪孔子閒居≫와 ≪論禮≫에 있는 자들을 본 죽간에 보충해 넣는다면, 문자는 모두 40자 이상이 된다. 이는 다른 죽간의 문자수文字數에 비하여 월등히 많다. 따라서 죽간은 다른 두 판본에 비하여 비교적 간결하게 쓴 것이라는 것을

알 수 있다. 본 죽간과 인접해 있는 다른 죽간의 문자수는 일반적으로 35자가 된다. 두 판본이 각기 다르게 증가한 문자들을 제외시키고, 파손된 길이를 고려해 볼 때, 「可」 앞에 「曰」자 이외에 다른 한 자가 더 있다. ≪孔子閒居≫와 ≪論禮≫의 두 판본을 비교 판단해 볼 때, 파손된 문자는 「『於此而已乎?』孔子曰: 『何爲其然! 猶有五起焉.』子夏曰: □」이다.

1. '□可昇而寤昇': 「昇」는 「與」자로 「여歟」의 의미이다. ≪說文解字≫는 「與」자에 대하여 "'與'는 '뜻을 같이 하는 집단'의 의미이다. '昇'와 '与'로 이루어진 회의자이다. '與'자의 古文은 '昇'이다."233)라 하고 「歟」자에 대해서는 "'歟'는 '완곡한 어감'의 의미다."234)라 하였다. 이에 대하여 ≪설문해자주說文解字注≫는 "지금은 문미文尾어기조사로 사용되며, 완곡한 어감을 표시한다. 일반적으로 '與'로 쓴다."235)라 하였다.

공자는 「五至」와 「三無」를 먼저 언급하고 난 다음에 계속해서 「五起」를 설명하였다. 이 구절은 공자가 "어찌 그렇겠는가? 아직도 오기가 있다."236)라고 하자, 子夏가 계속해서 「五起」에 대한 구체적인 내용을 알고 싶어하는 말이다.

전체 문장을 통하여 「五起」의 내용은 아래와 같다.

一. 亡(無)聖(聲)之樂, 旣(氣)志不遠(違), □(無)膿(體)之豊(禮), 祝(威)我(儀)尼=(逮逮), 亡(無)備(服)之粟(喪), 內虐(恕)阻悲.
　　소리 없는 음악은 기분과 뜻이 서로 어긋나지 않으며,
　　형용 없는 예의는 위의威儀가 유유자적 한가롭고,
　　형식적인 상복이 없는 상례는 내 입장에서 생각하며 몹시 슬픈 것이다.

二. 亡(無)聖(聲)之樂, 塞於四方, 亡(無)膿(體)之豊(禮), 日逑(就)月相(將), 亡(無)膿(服)之霜, 屯(純)昇(德)同明.
　　소리 없는 음악은 날로 사방에 울려 퍼지며,
　　형용 없는 예의는 나날이 진보하고 다달이 발전되며,
　　형식적인 상복이 없는 상례는 순수한 덕이 매우 밝아진다.

三. 亡(無)聖(聲)之樂, 它(施)迢(及)孫=(孫子), 亡(無)膿(體)之豊(禮), 塞於四涾(海), 亡(無)備

---

233) ≪說文解字·曰部≫: 「與, 黨與也. 從昇, 從与. 昇, 古文與.」
234) ≪說文解字≫: 「歟, 安氣也.」
235) ≪說文解字注≫: 「今用爲語末之辭, 亦取安舒之意. 通作與.」
236) 「何爲其然! 猶有五起焉.」

(服)之羍(喪), 爲民父母.

소리 없는 음악은 자손에 까지 울려 퍼지고,
형용 없는 예의는 온 천하에 미치고,
형식적인 상복이 없는 상례는 백성의 부모가 되는 것이다.

四. 亡(無)聖(聲)之樂, 㲹(氣)恴既旻(得), 亡(無)膿(體)之豊(禮), 䰠(威)我(儀)異=(翼翼), 亡(無)備(服)羍(喪), 它(施)返(及)四國.

소리 없는 음악은 기운과 의지가 이미 얻어지고,
형용 없는 예의는 위의威儀가 엄숙하고,
형식적인 상복이 없는 상례는 만방에 미치게 된다.

五. 亡(無)聖(聲)之樂, 㲹(氣)志既從, 亡(無)膿(體)之豊(禮), 上下禾(和)同, 亡(無)備(服)之羍(喪), 以畜萬邦.

소리 없는 음악은 기운과 뜻이 원하는 대로 따르게 되고,
형용 없는 예의는 위와 아래가 화목하게 되며,
형식적인 상복이 없는 상례는 덕화德化가 만방에 쌓이게 된다.

위의 내용과 ≪禮記·孔子閒居≫를 서로 비교해 볼 때, 「五起」 중 첫 번째를 제외하고 기타 다른 항목은 그 순서가 다르다. 초죽서의 순서를 기본 항목으로 했을 때, ≪禮記·孔子閒居≫의 순서는 1-4-5-3-2이다. ≪孔子家語·論禮≫는 「五起」 중 1과 3 항목만 언급하고, 「三無」의 「天無私覆, 地無私載, 日月無私照」237)를 「五起」로 간주하고 있다. 「五起」는 「三無」에 대한 해석이다. 「五起」에 대한 내용은 본 죽간을 포함하여 다섯 매枚의 죽간이 이어지고 있어, 그 내용과 순서는 신뢰성이 높다.

본 구절 ≪禮記·孔子閒居≫와 ≪孔子家語·論禮≫는 모두 「何如」로 쓴다.

② '孔⿰: 亡聖志樂, 㲹志不㥁': '⿰'자는 문맥으로 보아 「曰」자이다. 혹은 의미가 같은 동의자同義字로 보이며, 형태가 매우 특이하다.

「㲹」자의 윗부분 '㤅'('愛(사랑 애, ài)'자의 고문古文이거나 혹은 '慨(분개할 개, kǎi)'자인 자와 아랫부분 '火'로 되어 있다. 「氣(기운 기, qì)」의 이체자가 아닌가 한다.

「기지㲹志」는 '정신精神'과 '의지意志'를 나타낸다. 황도주黃道周는 ≪역상정易象正≫에서 "바른 자는 그 의지를 얻고, 응대하는 자는 그 정신을 얻게 되니, 정신과 의지가 모두 따르고,

237) "하늘은 덮어 주는데 사사로움이 없고, 땅은 실어 주는데 사사로움이 없으며, 해와 달은 비쳐주는데 사사로움이 없다."

친구들이 찾아와서 뜻을 같이 한다. 그래서 먹는 것도 근심도 잃고, 싫증도 나지 않고, 지치는 것도 모르게 되는 것이다. 이러함이 공자의 배움이다."238)라 했다.

「慧」는 「惲(옳을 위, wěi)」와 같은 자이다. ≪문선文選·유통부幽通賦≫의 「違世業之可懷.」239) 구절에 대하여 이선李善은 조대가曹大家의 말을 인용하여 "'違'자를 혹은 '惲'으로 쓴다. '원망하다(恨)'의 의미이다"240)라 했고, ≪禮記·孔子閒居≫의 구절에 대하여 정현鄭玄은 "'不違'란 백성이 군자의 氣志에 어긋나지 않는 것."241)이라 했다. 즉 내적으로 서로 어긋남이 없음을 말한다.

본 구절을 ≪禮記·孔子閒居≫는 「孔子曰:『無聲之樂, 氣志不違.』」로 쓰고, ≪孔子家語·論禮≫는 「志」를 「至」로 쓴다.

【譯註】

1. '(曰)': ''자를 복모좌濮茅左 정리본은 '曰'자로 해석하고, 황석전黃錫全은 ≪상박관장전국초죽서연구속편上博館藏戰國楚竹書研究續編≫에서 "이 자는 '于'자다. 제 11간의 '于'자와 대조해 보면 바로 알 수 있다. 차이점은 아래로 그은 'ㅣ'이 없을 뿐이다. '曰'자는 음성이 '갑모월부匣母月部'이고, '于'는 '갑모어부匣母魚部'이다. 그러나 '于'자를 '曰'자로 쓴 경우를 전적에서 찾아 볼 수가 없다. 고전적古典籍은 일반적으로 '曰'자나 혹은 '粵'자로 쓴다."라 하였다.242)

제 11간은 '于'자를 ''로 쓴다. 황석전이 말한 대로 ''와 매우 유사하다. 그러나 ≪上博楚簡(四)·相邦之道≫제 4간에 ''와 ''자가 있고, ≪上博楚簡·(五)弟子問≫제 8 간에 ''가 있는데, 모두 '자공子貢'과 '공자孔子' 다음에 '曰'자로 쓰인다. 따라서 본 죽간의 ''자임이 분명하다. ≪上博楚簡·(四)相邦之道≫제 2간은 ''으로 쓴다. ≪上博楚簡≫에서 '曰'자는 세 가지 형태로 쓴다. 가장 일반적인 형태는 ''이나 ''이고, 두 번째는 ''이고, 세 번째는 ''이다.

---

238) ≪易象正≫: 「正者得其志, 應者得其氣, 氣志旣從, 朋來乃同, 故忘食忘憂, 不厭不卷, 仲尼之學也.」
239) "기운 가세家世로 깊은 시름에 빠지다."
240) 「違或作惲, 惲亦恨也.」
241) 「不違者, 民不爲君之氣志也.」
242) ≪上博館藏戰國楚竹書研究續編≫, 457 쪽 참고. 「此字是"于"字, 對照後面的第十一"于"就淸楚了, 只是下部竪ㅣ墨跡脫落. 曰, 匣母月部, 於, 匣母魚部. 以"于"爲"曰", 典籍似未見. 此當類似於典籍"曰"或作"粵".」

第11簡

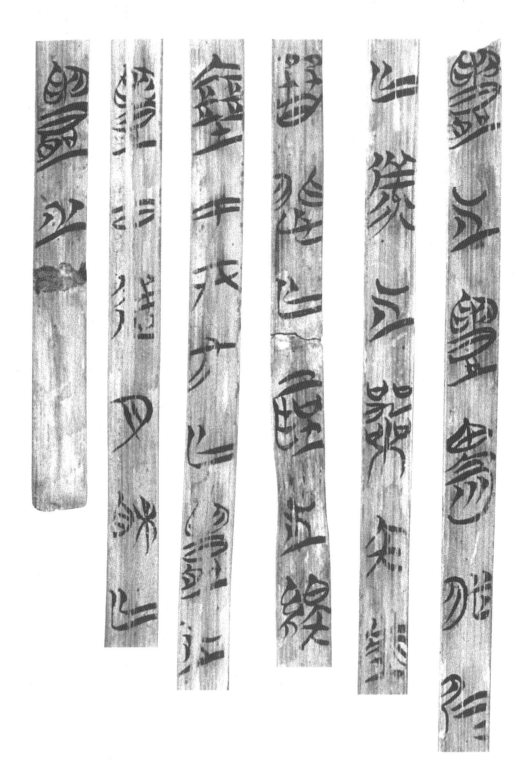

體之豊魄我巳亡備之綝內虞瞽悲亡聖之樂塞于四方亡體之豊日逑月相亡體之

第 11 簡

≪民之父母≫

□(無)體(體)之豐(禮), 禔(威)我(儀)尸=(逮逮)①, 亡(無)備(服)之獉(喪), 內虗(恕)^[](巽)悲②. 亡(無)聖(聲)之樂, 塞於四方③, 亡(無)體(體)之豐(禮), 日述(就)月相(將)④, 亡(無)體(體〈服〉)之⑤

≪孔子閒居≫

無體之禮, 威儀遲遲, 無服之喪, 內恕孔悲. 無聲之樂, 日聞四方, 無體之禮, 日就月將, 無服之

≪論禮≫

無體之禮, 威儀遲遲, 無服之喪, 內恕孔哀.

【해석】

(소리 없는 음악은 기분과 뜻이 서로 어긋나지 않으며,) 형용 없는 예의는 위의威儀가 유유자적 한가롭고, 형식적인 상복이 없는 상례는 내 입장에서 생각하며 몹시 슬픈 것이며, 소리 없는 음악은 사방에 울려 퍼져들리고, 형용 없는 예의는 일취월장하게 되며, 형식적인 상복이 없는 상례는

【上博楚簡原註】

본 죽간은 42.5㎝이고, 상단이 약간 파손되었으며, 하단은 편평한 모양인 완전한 상태. 문자는 모두 34자이고, 그 중 한 자가 合文(譯註: 合文이 아니고 重文.)이다.

상단은 「亡(無)」자가 파손되었다. 현행본을 참고하여 보충할 수 있다.

① '□體之豐, 禔我尸=': 「尸」는 중문重文으로 「체체逮逮」의 의미이다. 제 8 간 주석 참고. 본 구절을 ≪禮記·孔子閒居≫와 ≪孔子家語·論禮≫는 모두 「無體之禮, 威儀遲遲」으로 쓴다.

② '亡(無)備(服)之獉(喪), 內虗(恕)^[](巽)悲': 「虗」는 「恕(용서할 서, shù)」의 의미이다. 이 자는 ≪上海博物館藏戰國楚竹書(一)·孔子詩論≫(第16簡)의 「虗(吾)」자, ≪郭店楚墓竹簡·老子甲≫(第21簡)에서 「虗(吾)强爲之名曰大.」243), ≪信陽楚簡≫(1.1012)에서 「虗(吾)聞周公.」244)와 같이

모두 「吾」의 뜻으로 쓰인다. 「虞」자는 '壬'과 소리부 '虍'로 이루어진 형성자다. 이들 세 자('虞'·'壬'·'虍')는 모두 운부韻部가 '어魚'이기 때문에 「虞」자는 「吾(나 오, wú)」와 「恕(용서할 서, shù)」의 가차자로 쓰인다. ≪論語·衛靈公≫은 "자공이 물었다. 한 마디 말로써 종신토록 행할 만한 것이 있나요? 공자가 말했다. 그것은 용서(恕)이다. 자기가 하기 싫은 일을 남에게 시키지 않는 것이다."245)라 했다. 공영달孔穎達은 ≪禮記·孔子閒居≫「無體之禮, 威儀遲遲, 無服之喪, 內恕孔悲.」에 대하여 "'내서공비內恕孔悲'란 첫째로 가까이는 친척들이 진심으로 그 집안을 걱정하고 슬퍼하는 것이며, 둘째는 멀리 만방에 미치게 된다.(시급사국施及四國). 셋째는 덕화德化가 만방에 쌓이게 되어 효자가 되게 하며(이축만방以畜萬邦), 넷째는 순수한 덕이 크게 밝아져 그 이득이 더욱 커지며(순덕공명純德孔明), 다섯 번째는 그 은덕이 자손에까지 미쳐 대대손손 후세에 까지 미치게 되는 것이다.(시우손자施于孫子)"246)라 했다.

「
𦦜
」자는 두 개의 「卩」와 「曰」로 된 「巽(공손할, xùn)」자가 아닌가한다. ≪설문해자說文解字≫는 "'巽'은 '갖추어져 있다(具)'의 의미. '丌'와 소리부 '㠜'으로 이루어진 형성자."247)라 했다. 이에 대하여 서현徐鉉은 "만물이 모두 갖추어져 있다는 뜻이며, '丌'는 받쳐 들고 있는 형상이다."248)라 했다. ≪說文解字≫은 「巽」의 古文을 「
𢁉
」으로 쓰며, 전문篆文은 아랫부분에 '丌'를 추가하여 「𢁀」으로 쓴다. 죽간문에서는 '曰'을 추가하고 있으나, 역시 「巽」의 이체자인 것 같다.

본 구절을 ≪禮記·孔子閒居≫는 「無服之喪, 內恕孔悲」로 쓰고, ≪孔子家語·論禮≫는 「悲」자를 「哀」자로 쓴다.

③ '亡(無)聖(聲)之樂, 塞於四方': 「塞(변방 새, sāi,sài,sè)」는 '가득차다'의 의미로, 이 자에 대한 해석은 제 7간을 참고할 수 있다. 「四方」은 곧 「온 천하」이다. ≪회남자淮南子·원도훈原道訓≫은 「泰古二皇, 得道之柄, 立於中央, 神與化游, 以撫四方.」249)라 했고, 고유高誘는 "'四方'이란 '天下'를 말한다."250)라 했다. ≪군경음변羣經音辨≫(第六卷)이 "사방四方 광대한 것을 '하夏'라

---

243) "만약에 내가 억지로 이름을 붙인다면 '大'라 한다."
244) "나는 주공에 대하여 들었다."
245) ≪論語·衛靈公≫:「子貢問曰:『有一言而可以終身行之者乎?』子曰:『其恕乎! 己所不欲, 勿施於人.』」
246) 「內恕孔悲者, 初則親族之內悲哀其處, 近也, 二則施及四國所被, 遠也, 三則以畜萬邦, 皆爲孝也. 四則純德孔明, 益甚也. 五則施于孫子, 垂後世也.」
247) ≪說文解字·丌部≫:「巽, 具也. 從丌, 㠜聲.」
248) 「庶物皆具, 丌以薦之.」
249) "태고太古에 복희伏羲와 신농神農은 도道를 근본으로 하여, 천지 중앙中央에 서서, 정신과 조화를 이루어 도와 함께 했으며, 이로써 천하를 다스렸다."
250) 「四方, 謂之天下也.」

한다."251)라 했듯이, 「하토夏土」라고도 하고, 천지지간天地之間의 의미로도 쓰인다.

　성심성의껏 대하고 진심으로 덕행을 베풀면 곧 지성이면 감천이라, 온 천하가 즐겁고 화합되지 않는 것이 없게 된다는 뜻이다. 즉 정성을 다하는 속 마음은 자연히 밖으로 드러나, 화기和氣가 온 천하에 충만하게 되는 것이다. ≪禮記·孔子閒居≫의 「無聲之樂, 日聞四方」에 대하여, 공영달孔穎達은 "'日聞四方'252)는 '멀리까지 울려 퍼진다'의 의미이다."253)라 했다. 위식衛湜은 ≪예기집설禮記集說≫(卷一)에서 경원보慶源輔씨의 말을 인용하여 "'일문사방日聞四方'이란 온 천지에 가득 참을 가리킨다."254)라 했다.

　≪禮記·孔子閒居≫는 「無聲之樂, 日聞四方」으로 쓰고, ≪孔子家語·論禮≫는 이 구절이 없다.

　④ '亡體之豊, 日逑月相': ≪說文解字≫는 「逑(짝 구, qiú)」자에 대하여 "'逑'는 '원하는 것을 거둬들이다(聚斂)'의 의미이다."255)라 하고, ≪옥편≫은 "'逑'는 '배필(匹)' 혹은 '합치다(合)'의 의미이다."256)라 하였다. ≪說文解字≫는 「相」자에 대하여 "'相'은 '자세히 살펴보다(省視)'의 의미이다."257), ≪이아·석고하≫는 "'相'은 '서로 이끌다(導)'의 의미이다."258), ≪군경음변≫은 "'相'은 '함께 하다(共)'의 의미. '서로 도와주다(共助)'를 '相'이라 한다."259)라 하였다. 현행본은 「相」을 「將」으로 쓴다. '日聚月扶(나날이 모아지게 되고 다달이 상부상조하게 된다)'의 뜻이다. 현행본은 「日就月將」으로 쓴다. 「日就月將」은 ≪주송周頌·경지敬之≫의 「日就月將, 學有緝熙于光明.」260)의 구절이다. 따라서 혹은 「日逑月相」은 「日就月將」의 의미다.

　≪禮記·孔子閒居≫는 「無體之禮, 日聞四方」으로 쓰고, ≪孔子家語·論禮≫는 이 구절에 해당되는 내용이 없다.

　⑤ '亡體之': 본 구절에 관한 내용은 다음 죽간의 주석 참고.

---

251) 「四方廣人曰夏.」
252) "매일 매일 음악이 사방에서 들리다."
253) 「日聞四方, 及於遠也.」
254) 「日聞四方, 則塞於天地之間矣.」
255) ≪說文解字·辵部≫: 「逑, 聚斂也.」
256) ≪玉篇·辵部≫: 「逑, 匹也. 合也.」
257) ≪說文解字·目部≫: 「相, 省視也.」
258) ≪爾雅·釋詁下≫: 「相, 導也.」
259) ≪羣經音辨≫: 「相, 共也. 共助曰相.」
260) "나날이 이루고 다달이 나아가 빛나고 밝기까지 계속하여 배우다."

第12簡

屯旻同明亡聖之樂它返孫三亡體之豊塞于四海亡備之粲爲民父母亡聖之樂燹

第 12 簡

≪民之父母≫

畾, 屯(純)㥁(德)同明①. 亡(無)聖(聲)之樂, 它(施)込(及)孫=(孫子)②, 亡(無)𦡊(體)之豊(禮), 塞於四淮(海)③, 亡(無)備(服)之㡀(喪), 爲民父母④. 亡(無)聖(聲)之樂, 㤅(氣)⑤

≪孔子閒居≫

喪, 純德孔明. 無聲之樂, 氣志既起, 無體之禮, 施及四海, 無服之喪, 施于孫子. 無聲之樂, 氣

≪論禮≫

없음

【해석】

≪民之父母≫

형식적인 상복이 없는 상례는 순수한 덕이 널리 밝혀진다. 소리 없는 음악은 자손에 까지 울려 퍼지고, 형용 없는 예의는 온 천하에 미치고, 형식적인 상복이 없는 상례는 백성의 부모가 되는 것이다. 소리 없는 음악은 기운과

≪孔子閒居≫

형식적인 상복이 없는 상례는 순수한 덕이 매우 밝아진다. 소리 없는 음악은 기운과 의지가 이미 울려 퍼지고, 형용 없는 예의는 온 천하에 미치고, 형식적인 상복이 없는 상례는 자손에 까지 미치게 되고, 소리 없는 음악은 기운과 의지

【上博楚簡原註】

본 죽간은 42.3cm이고, 상단이 약간 파손되었으며, 하단은 편평한 모양의 완전한 상태다. 문자는 모두 33자로 그 중의 합문合文이 한 자다.

상단의 파손된 부분은 현행본을 참고하여 「喪」자를 보충할 수 있다.

① '亡𦡊之畾, 屯㥁同明':「亡𦡊之」세 자는 앞 죽간에 해당된다. 「𦡊」자는 문맥이나 내용

혹은 현행본을 참고하면 「服(옷 복, fú)」자를 잘못 쓴 것을 알 수 있다. 「喪」자는 파손되어 보이지 않고, 「屯(진 칠 둔, tún,zhūn)」은 「純(생사 순, chún)」의 의미다. 「屯」자와 「純」자는 서로 통용된다. ≪소남召南·야유사균野有死麕≫「白茅純束.」261)의 구절에 대하여 정현鄭玄은 "'純'은 '屯(묶을 둔, tún,zhūn)'의 의미이다."262)라 했다.

「㫗」은 「德(덕 덕, dé)」의 의미다. ≪馬王堆漢墓帛書≫는 「德」자를 「得」자로 쓴다. 「순덕純德」은 '순수한 미덕'으로 ≪주송周頌·청묘淸廟≫는 "순수한 문왕의 덕이여!"라 했다.263) 즉 '때묻지 않은 순진무구한 덕망'을 말한다.

「동명同明」은 순순한 덕이 하늘의 일월日月과 같이 밝다는 뜻이다. 「同」은 「공孔」의 의미로 쓰인다. 현행본은 「孔明」으로 쓴다. 「순덕동명純德同明」과 「순덕공명純德孔明」은 모두 덕을 외부로 발양하여 그 은덕이 후세에 까지 풍족하게 미치게 된다는 뜻이다.

본 구절을 ≪禮記·孔子閒居≫는 「無服之喪, 純德孔明」으로 쓰고, ≪孔子家語·論禮≫에는 이 구절에 해당되는 내용이 없다.

② '亡聖之樂, 它迻孫=': 「它」는 「시施」와 음성이 통하며, 통가자로 쓰인다. 「급迻」은 '辵'과 '及'으로 이루어진 자이며, 「及」의 의미이다. 금문 ≪부조수鼻弔盨≫「鼻弔其萬年永迻(及)中姬寶用.」264) 구절 중 「迻」자의 의미와 같다.

「孫=」은 합문合文 「손자孫子」이다. ≪大雅·皇矣≫는 「旣受帝祉, 施於孫子.」265)라 했다. 공영달孔穎達은 ≪예기의소禮記義疏≫(卷五二)에서 "음악을 듣게 하여 덕을 베풂이 자손子孫에까지 이르고 후세에까지 그 영향을 끼치게 되면, 그 종족의 어른이나 아이들은 모두 덕망을 함께 할 수 있어 화목하지 않은 것이 없게 된다. 또한 한 집안의 부자나 형제 모두가 덕망을 입게 되어 모두가 화목하게 되는데, 이가 곧 장유유서長幼有序인 것이다."266)라 했다. 소리 없는 음악이 자손에까지 영향이 미치면, 그 자손은 큰 복을 받게 되고, 이러한 복은 후세 만년대대로까지 미치게 된다.

본 구절을 ≪禮記·孔子閒居≫는 「無聲之樂, 氣志旣起」로 쓰고, ≪孔子家語·論禮≫는 이 구

---

261) "흰 띠 풀로 묶다."
262) 「純, 讀如屯.」
263) ≪周頌·維天之命≫: 「文王之德之純.」 정리본은 ≪詩經≫의 〈淸廟〉의 구절이라 하고 있으나, 사실상 〈維天之命〉의 구절이다.
264) "부조鼻弔는 장수를 기원하고 중희仲姬와 함께 영원히 소중하게 사용하기 바란다."
265) "이미 받은 하느님의 복이 자손들까지도 미치게 됐네."
266) 禮記義疏≫(卷五二): 「聞樂知德, 施於子孫, 是示後世. 又宗族長幼同德之, 莫不和順, 閨門之內父子兄弟同德之, 莫不和親. 是長幼之序也.」

절에 해당되는 내용이 없다.

　③ '亡體之豊, 塞於四海': 본 구절에 대한 설명은 第 7簡 참고.

　본 구절을 ≪禮記·孔子閒居≫는 「無體之禮, 施及四海」로 쓰고, ≪孔子家語·論禮≫는 이 구절에 해당되는 내용이 없다.

　④ '亡備之㯱, 爲民父母': 第 2簡 참고.

　본 구절을 ≪禮記·孔子閒居≫는 「無服之喪, 施于孫子」로 쓰고, ≪孔子家語·論禮≫는 이 구절에 해당되는 내용이 없다.

　⑤ '亡聖之樂, 㷋': 이 구절에 대한 설명은 제 13간 참고.

【譯註】

　1. '屯(純)旲(德)同明': 유신방劉信芳은 ≪상박장죽서시독上博藏竹書試讀≫에서 "'同'자의 고음은 '동부정뉴東部定紐'이고, '孔'자의 고음은 '동부계뉴東部溪紐'이기 때문에 성모가 근접하지 않다. '同'자와 '孔'자는 의미가 서로 다르고, 전해 내려오는 판본이 서로 다르기 때문에 달리 쓴 것이다. 본 문장의 '同'자를 '孔'의 통가자로 해석하는 것은 옳지 않은 것 같다. '同明'은 도달하고자하는 어떤 개념적 색채를 지니고 있는 반면에 '孔明'은 찬미하는 의미를 지니고 있다."[267]라 하여, 복모좌濮茅左의 '同'자는 '孔'자의 통가자라는 주장을 반대하고 있다.[268] 이외에도 이천홍李天虹은 "'同'자와 '孔'자의 고음 운부는 서로 같으나, 성모가 각각 설음舌音과 아음牙音이기 때문에 음성이 근접하지 않는다. 황덕관黃德寬은 음성상 '同'자는 '通'자의 통가자라고 주장하고 있다. 본 구절의 '同'은 洞(골 동, dòng)'의 의미로, '洞'·'通'과 '孔'은 동의사同義詞이다. ≪집운≫은 '洞은 通의 의미다'라 했다. ≪孔子閒居≫의 '孔'자를 ≪注≫나 ≪疏≫가 '매우 심하다(甚)'라 설명하고 있는데, ≪民之父母≫의 '同'자로 보아 '孔'자를 '甚'의 의미로 해석하는 것은 잘못된 것이다."라고 주장하였다.[269] '同'과 '孔'은 동의어이다. 본 구절에서는 '通(통할 통, tōng,tǒng)'의 의미인 '두루 미치다'의 뜻으로 쓰인다.

---

267) ≪上博藏竹書試讀≫: 「按'同'古音在東部定紐, '孔'古音在東部溪紐, 聲紐不近. '同'·'孔'之異, 乃傳本不同, 此處似不宜看作通假. '同明'帶有理想色彩, 而'孔明'則是贊美用語.」

268) 劉信芳, 〈學術界〉, 2003年01期 참고.

269) 李天虹, 〈上博館藏竹書 (二) 雜識〉, 簡帛研究사이트, 2003-9-17 「今按, 古音同·孔均屬東部, 但一爲舌音, 一爲牙音, 聲母較難通轉. 黃說可從(黃德寬以音近讀'同'爲'通'). 但這裏的'同', 亦可讀作'洞', 洞與通·孔也是同義詞, ≪集韵≫送韵: 『洞, 通也.』≪閑居≫之'孔', 注·疏皆謂『甚也』, 根据≪民之父母≫的用字, 注·疏謂'孔'爲'甚'義可能有誤.」

第13簡

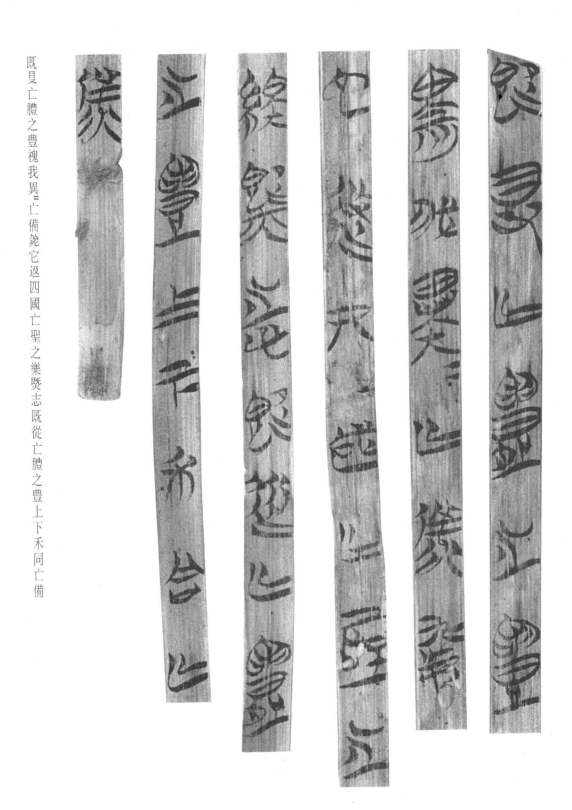

既旻亡體之豊槐我異二亡備㲱它返四國亡聖之樂㑒志既從亡體之豊上下禾同亡備

第 13 簡

≪民之父母≫

志既㝵(得)①, 亡(無)體(體)之豊(禮), 禔(威)我(儀)異=(翼翼)②, 亡(無)備(服)妝(喪), 它(施)迖(及)四國③. 亡(無)聖(聲)之樂, 燹(氣)志既從④, 亡(無)體(體)之豊(禮), 上下禾(和)同⑤, 亡(無)備(服)⑥

≪孔子閒居≫

志既得, 無體之禮, 威儀翼翼, 無服之喪, 施及四國. 無聲之樂, 氣志既從, 無體之禮, 上下和同, 無服

≪論禮≫

無聲之樂, 所願必從, 無體之禮, 上下和同, 無服

【해석】

기운과 의지가 이미 얻어지고, 형용 없는 예의는 위의威儀가 신중엄숙하고, 형식적인 상복이 없는 상례는 만방에 미치게 된다. 소리 없는 음악은 기운과 뜻이 원하는 대로 따르게 되고, 형용 없는 예의는 위와 아래가 화목하게 되며, 형식적인 상복이 없는 상례는

【上博楚簡原註】

본 죽간의 길이는 42.3㎝로 상단 부분이 파손되었으나, 하단부분은 편평한 모양의 완전한 상태다. 현행본을 참고하여 제일 윗부분에 「志」자를 보충할 수 있다.

① '亡聖之樂, 燹志既㝵': 「亡聖之樂, 燹」 다섯 자는 앞 죽간竹簡의 내용이다. ≪禮記·孔子閒居≫에서 孔穎達은 「志氣既得者, 言君之志氣得於下.270)」라 했다. 제 10 간 참고.
   본 구절을 ≪禮記·孔子閒居≫는 「無聲之樂, 氣志既得」으로 쓰고, ≪孔子家語·論禮≫에는 이 구절에 해당되는 내용이 없다.

---

270) '志氣既得'이란 군주의 의지와 기운이 이미 천하에서 얻어졌다는 말이다.

② '亡體之豊, 視我異=': 「視我」는 「위의威儀」이다. 제 8 간 주석 참고. 「我(나 아, wǒ)」와 「儀(거동 의, yí)」는 고운古韻이 '歌' 부부로 서로 통한다. 「異=」는 「異異」로 중문重文부호가 있다. ≪古文四聲韻≫은 ≪天臺經幢≫을 인용하여 「㒸」으로 쓰며, 형태가 죽간과 비슷하다. ≪대아大雅·대명大明≫의 「惟此文王, 小心翼翼」[271]에 대하여, 정현鄭玄은 "'소심익익小心翼翼'은 '공손하고 신중한 태도'"[272]라 했다. ≪이아·석훈≫은 "'익익翼翼'은 공손하다의 의미."[273]라 했다. 공손하고 신중한 위엄이 진실해 괴리가 없음을 말한다.

본 구절을 ≪禮記·孔子閒居≫는 「無體之禮, 威儀翼翼」으로 쓰고, ≪孔子家語·論禮≫는 이 구절에 해당되는 내용이 없다.

③ '亡備発, 它迖四國': 「它迖」은 제 12 간 참고. 「사국四國」은 「四海」나 「四方」의 의미다. ≪대아大雅·숭고崧高≫의 「揉此萬邦, 聞于四國.」[274]에 대하여 ≪모전毛傳≫은 "'四國'은 '四方'과 같은 의미다."[275]라고, ≪대아大雅·황의皇矣≫의 「維彼四國.」[276] 구절에 대해서는 "'四國'은 '四方의 나라'"[277]라 했다.

앞 뒤 문장의 형식으로 보아 「亡備発」은 「亡備之発」으로 써야 한다. 「之」자가 누락되었다.

본 구절을 ≪禮記·孔子閒居≫는 「無服之喪, 施及四國」으로 쓰고, ≪孔子家語·論禮≫는 이 구절에 해당되는 내용이 없다.

④ '亡聖之樂, 巽志既從': '巽志既從'은 '기운과 뜻이 이미 얻어져 원하는 대로 따르게 되고 계승되어진다'는 뜻이다.

본 구절을 ≪禮記·孔子閒居≫는 「無聲之樂, 氣志既從」으로, ≪孔子家語·論禮≫에는 「無聲之樂, 所願必從.」으로 쓴다.

⑤ '亡體之豊, 上下禾同': 「禾(벼 화, hé)」는 「和(화할 화, hé,huó,huò)」의 의미로, 「禾」와 「和」는 고문에서 서로 통용된다. ≪장자莊子·산목山木≫의 「以和爲量.」[278] 구절 중 「和」자를 ≪여씨춘추呂氏春秋·필기必己≫는 「禾」자로 쓴다. ≪장자莊子·서무귀徐無鬼≫의 「田和一睹我, 而

---

271) "文王은 공손하고 신중하시어."
272) 「小心翼翼, 恭愼貌.」
273) ≪爾雅·釋訓≫: 「翼翼, 恭也.」
274) "온 세상 바로 잡으시고, 모든 나라에 명성을 떨쳤네."
275) ≪毛傳≫: 「四國, 猶言四方也.」
276) "사방의 나라."
277) 「四國, 四方之國也.」
278) "조화로써 도량을 삼다."

齊國之衆三賀之.」279) 구절 중의 「和」자를 ≪북당서초北堂書鈔≫(卷158)는 「禾」로 쓴다. 「화동和同」이란 「화목하고 마음을 같이 하다.(화목동심和睦同心)」의 뜻이다. ≪법언法言·문신問神≫은 「和同天人之際, 使之無間者也.」280), ≪염철론鹽鐵論·세무世務≫는 「方此之時, 天下和同, 君臣一德, 外內相信, 上下輯睦.」281)라 했다. 즉 「天人和同, 上下交泰」282)하고, 「天人之際, 和同無間, 可謂太平之極.」283)하는 것이다. 형용 없는 예의는 예의 극치이며, 상하가 서로 화목하고 마음이 하나가 되며, 또한 이는 악樂의 극치이기도 한다.

　본 구절을 ≪禮記·孔子閒居≫와 ≪孔子家語·論禮≫는 모두 「無體之禮, 上下和同.」으로 쓴다.

　⑥ '亡備': '亡備'에 대한 내용은 제 14 간 주 참고.

---

279) "제나라 임금 전화가 한번 나를 만나러 오자, 제나라 백성들은 그 일을 세 번이나 축하했다."
280) "하늘과 인간이 모두 화목하여 서로 간격이 없다."
281) "이 때에 천하가 모두 화목하고 군신君臣이 덕을 같이 하고, 내외가 모두 믿고, 상하가 화목하였다."
282) "하늘과 인간이 화목하고 하나가 되면, 위아래가 모두 서로 편안해지며."
283) "하늘과 인간이 서로 화목하고 하나가 되어 거리가 없으면, 이는 최고의 태평인 것."

第14簡

堯曰畜萬邦レ

第 14 簡

≪民之父母≫

［亡備］㐬(喪), 弖畜萬邦¹. ㇄①

≪孔子閒居≫

之喪, 以畜萬邦.

≪論禮≫

之喪, 施及萬邦.

既然, 以又奉之以三無私, 而勞天下, 此之謂五起.

【해석】

≪民之父母≫

형식적인 상복이 없는 상례는 덕화가 만방에 퍼지게 된다.

≪論禮≫

이렇게 되고, 또한 이를 받들어 실행하고, 사사로운 마음을 없애면, 온 천하가 위로를 받게 되는데, 이를 五起라 한다.

【上博楚簡原註】

본 죽간은 42㎝이고, 상단은 파손되었고, 하단은 편평한 모양의 완전한 상태다. 문자는 모두 5자이다.

① '亡備㐬㐬, 弖畜萬邦㇄': 「亡備」두 자는 앞 13간의 내용이다. 「之」자는 현행본을 참고하여 보충할 수 있다. 정현鄭玄은 ≪禮記·孔子閒居≫의 본 구절에 대하여 "'축畜'은 '효도'로, 만 백성이 앞 다투어 효도를 하는 것이다."284)라고, 공영달孔穎達은 "'이축만방以畜萬邦'은 모두가 효도를 하는 것이다."285)라 했다. ≪소아小雅·절남산節南山≫의 「式訛爾心, 以畜萬邦.」286) 구

절에 대하여, ≪시경세본고의詩經世本古意≫(20卷)은 "'축만방畜萬邦'은 제후의 나라들을 회유懷柔하고 반란을 다스려 상하가 서로 안정되며, 위험을 잘 지켜내 크고 작은 나라가 상호간에 서로 도와주는 것이다. 정치를 잘하여 잘 살도록 하는 일이다."287)라 했다.

墨鉤(흑점 고리) 「乚」는 문장의 최종 마침표다.

본 구절을 ≪禮記·孔子閒居≫는 「無服之喪, 以畜萬邦.」으로 ≪孔子家語·論禮≫는 「無服之喪, 施及萬邦.」으로 쓴다.

【譯註】

1. '以畜萬邦': 「이축만방以畜萬邦」은 안락하고 평안하게 잘 다스려 온 천하가 기쁘게 된다는 뜻이다. ≪맹자孟子·양혜왕하梁惠王下≫는 「『畜君何尤?』 畜君者, 好君也.」288)라 했다. 즉 '畜'은 '喜愛(좋아하다)'의 뜻이다. ≪소아小雅·요아蓼芽≫의 「父兮生我, 母兮鞠我. 拊我畜我, 長我育我.」289) 구절에 대하여 마서진馬瑞辰은 ≪모시전전통석毛詩傳箋通釋≫에서 "'畜'과 '好'는 고음이 같다. ≪맹자≫는 '축군畜君'은 즉 '호군好君'이다라 했다. ≪광아≫는 '嬌(아첨할 축)'은 '즐거워하다(喜)'이다라 했다. '慉'·'嬌'와 '畜'은 근의어近義語이다."290)라 하였다.

≪民之父母≫·≪孔子閒居≫와 ≪論禮≫의 「五起」에 대한 내용을 비교하면 아래와 같다.

無聲之樂	一起	二起	三起	四起	五起
≪民之父母≫	氣志不違	塞于四方	施及孫子	氣志旣得	氣志旣從
≪孔子閒居≫	氣志不違	氣志旣得	氣志旣從	日聞四方	氣志旣起
≪論禮≫	氣志不違		所願必從		

---

284) 「畜, 孝也, 使萬邦之民競爲孝也.」
285) 「以畜萬邦, 皆爲孝也.」
286) "그대들 마음을 고치어 세상을 바로 이끌기를"
287) ≪詩經世本古意≫(20卷):「畜萬邦, 猶云懷諸侯. 治其亂, 使上下相安, 持其危, 使大小相恤. 皆畜養之事也.」
288) "임금을 따르니 무슨 허물이 있겠는가? '축군畜君'은 '임금을 좋아한다'는 것이다."
289) "아버지 날 낳으시고, 어머니 날 기르시고, 쓰다듬어 주시고 사랑해 주시고 키워주시고 감싸 주시네."
290) ≪毛詩傳箋通釋≫:「古畜與好同聲, 孟子:『畜君者, 好君也.』 廣雅:『嬌, 喜也.』 慉·嬌·畜義並相近.」 中華書局, 中卷, 670 쪽.

無體之禮	一起	二起	三起	四起	五起
《民之父母》	威儀遲遲	日逑月相	塞于四海	威儀翼翼	上下和同
《孔子閒居》	威儀遲遲	威儀翼翼	上下和同	日就月將	施及四海
《論禮》	威儀遲遲		上下和同		

無服之喪	一起	二起	三起	四起	五起
《民之父母》	內虐閭悲	純得同明	爲民父母	施及四國	以畜萬邦
《孔子閒居》	內恕孔悲	施及四國	以畜萬邦	純德孔明	施于孫子
《論禮》	內恕孔悲		施及萬邦		

≪民之父母≫ 主要參考文獻

何琳儀 著, ≪戰國古文字典≫上下冊, 中華書局, 1998年9月.

何琳儀 著, ≪戰國文字通論≫上下冊, 江蘇敎育出版社, 2003年1月.

荊門市博物館 編著, ≪郭店楚墓竹簡≫, 文物出版社, 1998年.

馬承源 主編, ≪上海博物館藏戰國楚竹書(一)~(七)≫, 上海古籍出版社, 2001年~2008년.

淸華大學思想文化硏究所 編, ≪上博館藏戰國楚竹書硏究≫, 上海書籍出版社, 2002年3月.

淸華大學思想文化硏究所 編, ≪ 上博館藏戰國楚竹書硏究續編≫, 上海書籍出版社, 2004年7月.

商承祚 編著, ≪戰國楚竹書匯編≫, 齊魯書社, 1995年11月.

饒宗頤 等人, ≪楚帛書硏究≫, 中華書局, 1985年 9月.

李零 著, ≪郭店楚簡校讀記≫, 北京大學出版社, 2002年3月.

湖北省荊沙鐵路考古隊, ≪包山楚簡≫, 文物出版社, 1991年10月.

李守奎 編著, ≪楚文字編≫, 華東師範大學出版社, 2003年12月.

李守奎 編著, ≪上海博物館藏戰國楚竹書文字編≫, 作家出版社, 2007年 12月.

季旭昇 主編, ≪上海博物館藏戰國楚竹書(一)-(四) 讀本, 萬卷樓, 2004-2007년.

張守中 選集, ≪郭店楚簡文字篇≫, 文物出版社, 2000年5月.

張守中 選集, ≪睡虎地秦簡文字篇≫, 文物出版社, 1994年2月.

張守中 選集, ≪包山楚簡文字篇≫, 文物出版社, 1996年8月.

陸錫興 編著, ≪漢代簡牘草字編≫, 上海書畵出版社, 1989年12月.

滕壬生 者, ≪楚系簡帛文字篇≫, 湖北敎育出版社, 1995年 7月.

駢宇騫 編著, ≪銀雀山漢簡文字篇≫, 文物出版社, 2001年7月.

陳松長 編著, ≪馬王堆簡帛文字篇≫, 文物出版社, 2001年6月.

湯餘惠 主編, ≪戰國文字編≫, 福建人民出版社, 2001年12月.

陳建貢 等編著, ≪簡牘帛書字典≫, 上海書畵出版社, 1991年12月.

李正光 等編著, ≪楚漢簡帛書典≫, 湖南美術出版社, 1998年1月.

中國哲學編輯部, ≪郭店楚簡與儒學硏究≫(≪中國哲學≫第二十一輯), 遼寧敎育出版社, 2001年1月.

中國哲學編輯部, ≪郭店楚簡硏究≫(≪中國哲學≫第二十輯), 遼寧敎育出版社, 2000년1月.

李天虹 著, ≪郭店竹簡〈性自命出〉硏究, 湖北敎育出版社, 2003年1月.

陳偉 著, ≪郭店竹書別釋≫, 湖北敎育出版社, 2003年1月.

崔永東 著, ≪簡帛文獻與古代法文化≫, 湖北敎育出版社, 2003年1月.

馬今洪 著, ≪簡帛發現與硏究≫, 上海書店出版社, 2002年12月.

李學勤 著, ≪簡帛佚籍與學術史≫, 江西敎育出版社, 2001년9月.

駢宇騫·段書安 ≪本世紀以來出土簡帛槪述≫(資料篇·論著目錄篇), 臺灣萬卷樓圖書有限公司, 1999年.

朱淵淸主編, ≪上海博物館藏楚竹書硏究≫, 上海書店出版社, 2002年3月.

朱淵淸主編, ≪上海博物館藏楚竹書硏究續編≫, 上海書店出版社, 2004年7月.

劉釗 著, ≪郭店楚簡校釋≫, 福建人民出版社, 2003年12月.

李零 著, ≪郭店楚簡校讀記≫, 北京大學出版社, 2002年3月.

丁四新 主編, ≪楚地出土簡帛文獻思想硏究(一)·前言≫ (湖北敎育出版社, 2002年12月.

丁四新 著, ≪郭店楚墓竹簡思想硏究≫, 東方出版社, 2000年10月.

吳辛丑 著, ≪簡帛異文的類型及其價値≫, 華南師范大學學報, 第3期.

吳白匋 著, ≪從出土簡帛書看秦漢早期隸書≫, ≪文物≫, 1978年2期.

張飛鶯 著, ≪論錯金鄂君啓節的文物內涵及書法意義≫, ≪書法叢刊≫, 2003年3期.

鍾鳴天·左德承 著, ≪從雲夢秦簡看秦隸≫, ≪書法≫, 1983年第3期.

高明 著, ≪中國古文字學通論≫, 北京大學出版社, 1996年.

최남규, ≪中國古代 金文의 이해-은상양주 청동기 금문 100선 해설≫, 신아사, 2009년.

최남규, ≪郭店楚墓竹簡-임서와 고석≫, 신성출판사, 2005년 8월.

최남규, 〈楚竹書의 異體字 중 異寫字 연구〉, ≪中國人文科學≫, 제37집, 2007년12월.

최남규, 〈上博楚簡·孔子詩論編聯再考〉, ≪中國人文科學≫, 제39집, 2008년8월.

최남규, 〈上博郭店楚簡·緇衣篇 逐字 비교를 통한 異體字 중 異構字 硏究〉, ≪中國學報≫, 제58집, 2008
년 12월.

최남규, 〈西周 同靑銅器 중 蓋銘器銘 異文 硏究〉, ≪中國人文科學≫, 제42집, 2009년 8월

劉信芳, 〈上博藏竹書試讀〉, ≪學術界≫, 2003年01期 참고.

劉樂賢, 〈讀上博簡≪民之父母≫等三篇札記〉, 簡帛硏究사이트, 2003-1-10.

李天虹, 〈上博館藏竹書 (二) 雜識〉, 簡帛硏究사이트, 2003-9-17

湯可敬, ≪說文解字今釋≫, 岳麓書社, 2001.

簡帛硏究中心網站(http:www.jianbo.org)에서 간백서연구논문 참고.

子羔

마승원馬承源 정리整理

상해박물관장 전국초죽서 공자어록문편

【설명】 (마승원馬承源)

≪자고子羔≫는 모두 14개의 죽간으로 되어 있다. 그 중 완전한 형태는 하나도 없다. 문자는 모두 395자이며, 합문合文이 6자가 있고, 중문重文이 1자 있다. 제5간 뒷면에 ≪자고子羔≫라는 편명篇名 2자가 있다.

내용은 요堯·순夋(俊·舜)·우禹·설窩(契)과 후직后稷에 대하여 자고가 묻자, 공자가 답하는 내용이다. 내용은 전체적으로 크게 둘로 나눌 수 있다. 첫째 단락은 요堯와 순夋(俊·舜)에 관한 내용이고, 둘째는 우禹·설窩(契)과 후직后稷 등 삼왕三王에 관한 내용이다. 첫째 단락과 둘째 단락 사이에 서로 연결되는 내용이 있을 듯하나, 죽간이 파손되어 보이지 않는다. 문자의 필체는 한 사람이 처음부터 끝까지 쓴 것으로 ≪노방대한魯邦大旱≫·≪공자시론孔子詩論≫의 필체와 같다.

제일 마지막 부분은 「삼천자參天子」의 내용으로 흑절墨節(검은색 마디)부호 「▬」가 있으며, 부호 뒤로 약 13-14자 가량을 쓸 수 있는 공간이 있다. 이는 요순堯舜에 관한 내용이 앞부분에 위치하며, 뒷부분은 「삼왕參王(우禹·설契과 후직后稷)」에 관한 내용이라는 것을 알 수 있다. 「▬」은 문장 마침표이다.

「자고子羔」의 편제篇題는 제5간의 뒷면에 쓰여져 있다. 혹은 ≪노방대한≫·≪공자시론≫이 모두 이 ≪자고≫ 편에 속하는 한 편이었는지도 모른다.

≪자고≫는 전통적인 요堯·순夋(俊·舜)·우禹·설窩(契)과 후직后稷의 순서에 따라 배열하기로 한다.

요순의 성덕盛德과 선양禪讓에 관한 신화는 전국戰國시대의 제자諸子 전적典籍에서 각종 사례와 평설評述들이 수록되어 있지만 비교적 분산되어 있다. ≪대대예기大戴禮記·오제덕五帝德≫에는 재아宰我가 공자에게 황제皇帝·전욱顓頊·요순堯舜과 우禹에 대하여 묻는 내용이 기록되어 있는데, 이는 ≪사기史記·오제본기五帝本紀≫의 내용을 다소 수정한 것이다.

≪자고≫에서 공자가 요堯·순夋(俊·舜)과 삼왕參王 등 다섯 명의 상고上古 제왕帝王에 관해 언급한 내용은 동주東周 시기의 전적典籍에는 보이지 않는다.

第 1 簡

呂又吳是之樂正宮弁之子也子羔曰可古呂尋爲帝孔三曰昔者而弗煠也善與善相受也古能給天下
坪萬邦吏亡又少大㲋㲋吏䧹

第 1 簡

㠯(以)又(有)吳(虞)是(氏)①之樂正古②, 夋③之子也¹. 子羔²曰: 可(何)古(故)㠯(以)³昃(得)⁴爲帝④? 孔=(孔子)曰: 昔者而弗(敚)殜(世)⁵也, 善與善相受也, 古能給(治)⁶天下, 坪(平)⁷萬邦⑤, 吏(使)⁸亡(無)·又(有)·少·大·悳(肥)·毳(磽)⁹, 吏(使) 膚(皆)⑥

【해석】

순舜은 ……유우씨有虞氏는 음악音樂 관장官長인 질질은 기夔의 아들이다. 자고가 「순은 어떻게 황제가 될 수 있었습니까?」라고 묻자, 공자는 「옛날에는 제위의 전수傳受를 세습하지 않고, 현자가 현자에게 물려주었다. 그래서 천하를 다스리고, 만방을 평정하여, 왕래가 없든지 있든지, 크던 작든, 비옥하든지 메마르든지 간에, 상관없이 모든 나라 백성들이 모두 받들었다.

【上博楚簡原註】

본 죽간은 54.2㎝로 상단이 약간 파손되었고, 하단 부분은 타원형의 완전한 형태다. 문자는 모두 53자로 그 중 합문合文이 한 자있다.

　① '又吳是': 다른 문헌에서는 일반적으로 「유우씨有虞氏」로 쓴다. 「吳(나라 이름 오, wú)」와 「虞(헤아릴 우, yú)」는 서로 통가자로 쓰인다. ≪공양전公羊傳·정공사년定公四年≫「晉士鞅·衛禮圉帥師伐鮮虞.」¹⁾ 구절에 대하여, 육덕명陸德明은 ≪석문≫에서 "'虞'는 혹은 '吳'로 쓴다."²⁾라 하였다. ≪사기史記·효무본기孝武本紀≫「不虞不驚.」³⁾에 대하여 ≪색은索隱≫은 "이 '虞'자는 '吳'자와 음성이 비슷하기 때문에 가차자假借字로 쓰인다."⁴⁾라 했다.
　「是(옳을 시, shì)」는 「氏(각시 씨, shì,zhī)」와 통한다. ≪의례儀禮·근례觀禮≫의 「史是右」에 대하여 정현鄭玄은 "고문에서 '是'는 '氏'로 쓰인다."⁵⁾라 했다. ≪사기·오제본기≫는 "황제에서 순舜과 우禹는 모두 같은 성씨이나 나라의 명칭을 각각 달리하였고, 각기 밝은 덕을 밝히셨다.

---

1) "진나라 사상과 위나라 예어가 군사를 이끌고 선우를 정벌했다."
2) ≪釋文≫:「虞本或作吳.」
3) "떠들지도 않고 오만하지도 않다."
4) 「此作虞者, 與吳聲相近, 故假借也.」
5) 「古文是爲氏也.」

그런 고로 황제黃帝의 호는 유웅有熊, 전욱제顓頊帝의 호는 고양高陽, 곡제嚳帝의 호는 고신高辛, 효제堯帝의 호는 도당陶唐, 순제舜帝의 호는 유우有虞라 했다."6)라고 했고, 채옹蔡邕 ≪독단獨斷≫에서 "복희伏牺는 태호씨太昊氏, 염제炎帝는 신농씨神農氏, 황제黃帝는 헌원씨軒轅氏, 소호少昊는 김천씨金天氏, 전욱顓頊은 고양씨高陽氏, 곡제嚳帝는 고신씨高辛氏, 요제堯帝는 도당씨陶唐氏, 순제舜帝는 유우씨有虞氏, 하우夏禹는 하후씨夏后氏, 탕湯은 은상씨殷商氏이다."7)라 했다. ≪상박초간上博楚簡·용성씨容成氏≫에서 서술한 제왕세기帝王世紀는 또 다른 판본 중의 하나이다.

② '樂正古': '악정樂正'은 옛날 음악을 관장하는 관장長官이다. ≪의례儀禮·향음주례鄕飮酒禮≫「樂正先升.」8) 구절에 대하여 정현鄭玄은 "'正'은 '長'의 의미이다."9)라 했다. 요堯가 설치한 악관樂官의 명칭이 「질古」이다. ≪대대예기大戴禮記·오제덕五帝德≫에서 재아宰我가 공자에게 순舜에 관하여 묻자, "기夔가 음악을 만들어, 피리를 불며 춤을 추고, 종과 북으로 장단을 맞추었다."10)라 했다. ≪순자荀子·성상成相≫은 "기夔를 악정樂正에 임명하자 새와 짐승도 따르게 됐네."11)라 했고, ≪사기史記·오제본기五帝本紀≫는 악정樂正을 순舜이 설치했으며, "순이 말하였다. '그렇다. 기夔를 전악관典樂官으로 임명하여 후세대를 가르치도록 합시다'. ……기夔가 말했다. '아! 내가 석경石磬을 두드리자 백수百獸가 감동하여 따라 춤추었다.'"12)라 했다. ≪여씨춘추呂氏春秋·고악古樂≫은 고제古帝 갈천씨葛天氏·도당씨陶唐氏·황제黃帝·전욱顓頊과 곡嚳은 모두 악관樂官을 설치하였다하였고, "요堯가 즉위하고 난 다음 질質에게 음악을 만들도록 하였다. 질質은 산림과 계곡과 같은 자연의 음을 모방하여 음악을 만들어 노래하고, 토고土鼓에 맞추어 연주하고 석경石磬을 두드리자 마치 왕제가 만든 옥경玉磬의 소리와 같아 백수百獸가 감동하여 따라 춤추었다."13)라 하고, "순舜은 또한 질質에게 ≪구초≫·≪육례≫·≪육영≫을 편곡하여 황제의 덕망을 밝히도록 하였다."14)라 했다. 문장의 내용으로 보아 '질質'

---

6) ≪史記·五帝本紀≫:「自黃帝至舜·禹, 皆同姓而異其國號, 以章明德. 故黃帝爲有熊, 帝顓頊爲高陽, 帝嚳爲高辛, 帝堯爲陶唐, 帝舜爲有虞.」

7) ≪獨斷≫(卷下):「伏牺爲太昊氏, 炎帝爲神農氏, 黃帝爲軒轅氏, 少昊爲金天氏, 顓頊爲高陽氏, 帝嚳爲高辛氏, 帝堯爲陶唐氏, 帝舜爲有虞氏, 夏禹爲夏后氏, 湯爲殷商氏.」

8) "악정이 먼저 오르다."

9) 「正, 長也.」

10) 「夔作樂, 以歌籥舞, 和以鐘鼓.」

11) ≪荀子·成相≫:「夔爲樂正, 鳥獸服.」

12) 「舜曰: 然. 以夔爲典樂, 敎稺子……夔曰: 於! 予擊石拊石, 百獸率舞.」

13) 「帝堯立, 乃命質爲樂. 質乃效山林谿谷之音以歌, 乃以麋輅置缶而鼓之, 乃拊石擊石, 以象上帝玉磬之音, 以致舞百獸.」

은 효제堯帝 때 이미 악정樂正이었고, 순제舜帝 때도 여전히 이 지위를 계승하였다. 고유高誘는 "'질質'자는 '기虁'자로 써야 한다."15)라 하였다.

「岾」자는 소리부가 「占(차지할 점, zhān,zhàn)」이다. 「質」과 「占」의 성모는 모두 '단端'뉴紐이고, 운부가 서로 통하기 때문에 통가자로 사용된다. 「虁」자와는 음성이 전환관계이다(일음지전一音之轉).

③ '卉': '卉'는 「岾」의 부친이다. 그러나 아직 고전적에는 보이지 않기 때문에 고증할 만한 새로운 자료가 필요하다.

④ '可古目叟爲帝': '可古目叟爲帝'는 「何故以得爲帝.」16)의 의미이다. 이 물음에 공자는 요제堯帝의 덕망과 천하를 다스리는 것, 만방萬邦을 평정한 것, 크거나 작고, 비옥하거나 메마르던 간에 상관없이 온 나라 백성들이 모두 순제舜帝를 받들었다는 존경하는 태도에 대하여 답변한 것이다. 그러나 유감스럽게도 순제舜帝에 대한 공자의 많은 평가들이 죽간에서는 파손되어 확인할 수 없다.

⑤ '坪萬邦': 「坪萬邦」 중의 「坪(평평할 평, píng)」자는 ≪孔子詩論≫「평덕坪德」 중의 「坪」자의 형태와 완전히 같다. 따라서 「坪」으로 예정할 수 있고, 「平」의 의미이다.

「만방萬邦」이란 단어는 ≪용성씨容成氏≫의 "요堯는 천하를 현자賢者에게 선양하였지만, 천하의 현자들은 감히 받을 수 없었다. 만방萬邦(모든 나라)의 국군國君들은 모두 만방을 현자에게 선양하였다."17)(제10간) 구절에도 보인다.

⑥ '吏亡又少大思竂吏虜': '吏亡又少大思竂吏虜'는 즉 「使無·有·少·大·肥·脆, 使皆」이다. '무無'·'유有'·'소少'·'대大'·'肥(살찔 비, féi)'와 '脆(가벼울 취, cuì)'는 서로 상대적 의미로 쓰인 단어들이다. 모든 나라가 서로 왕래의 유무有無, 크기의 대소大小, 산물의 풍부함과 모자람에 관계없이 무엇을 하고자 하나, 뒤의 죽간이 파손되어 알 수 없다. ≪용성씨容成氏≫(제5간)에 "진귀한 짐승과 어별魚鼈을 조공하고, 상호간에 서로 왕래를 통하여 십구 년 동안 천하를 다스려 마침내 천하의 왕이 되었다."18)라는 구절이 있다.

「思竂」는 「비취肥脆」이다. 「竂」자는 소리부가 「毳(솜털 취, cuì, chuì)」로 상고음上古音이 「礒

---

14) 「帝舜乃令質修九招·六列·六英, 以明帝德.」
15) 「質當作虁.」
16) "어떻게 皇帝가 될 수 있었습니까?"
17) ≪容成氏≫: 「堯㠯(以)天下壤(讓)於殴(賢)者, 天下殴(賢)者寞之能受也. 萬邦之君皆㠯(以)其邦壤(讓)於殴(賢)者.」
18) ≪容成氏≫(第5簡): 「肹(禽)獸朝, 魚蟲(鼈)獻, 又(有)㕥(無)逈(通), 㞷(国)天下之正(政)十又(有)九年而王天下.」

(메마른 땅 교, qiāo)」와 통한다. ≪맹자孟子‧고자상告子上≫은 「雖有不同, 則地有肥磽, 雨露之養, 人事之不齊也.」19)라 했고, ≪荀子‧王制≫는 「相高下, 視肥磽, 序五種.」20)라 했다. 후에 「礉」자를 사용하지 않고, 「脆」자로 대체되었다.

「曆」자는 소리부가 「皆(다 개, jiē)」로, 의미도 이 소리부와 관계가 있다.

【譯註】

구석규裘錫圭는 〈담담상박간자고편적간서談談上博簡≪子羔≫篇的簡序〉 중에서 진검陳劍이나 진위陳偉 등의 주장을 참고하여, 죽간의 순서를 마승원馬承源의 정리본과는 달리, 앞 단락은 【9】→【11上段】→【10】→【11下段】→【중문대학장간中文大學藏簡】→【12】→【13】의 순서로, 뒤 단락의 내용을 【1】→【6】→【2】→【3】→【4】→【5】→【8】→【7】→【14】로 보고, 전체의 문장을 아래와 같이 안배하였다.21)

子羔問於孔子曰: 三王者之作也, 皆人子也, 而其父賤而不足偁也與? 毆(抑)亦成天子也與?
孔子曰: 善, 而問之也. 久矣, 其莫⊠【9】[禹之母……之女]也. 觀於伊而得之, 窒(娠)三【11上段】
心(年)而畵(?)於背而生, 生而能言, 是禹也. 契之母, 有娀氏之女【10】也, 遊於央台之上, 有燕銜
卵而槽諸其前, 取而吞之, 窒(娠)【11下段】三心(年)而畵(?)於膺(膺), 生乃乎曰【中文大學藏簡】
『欽(?)!』是契也. 后稷之母, 有邰氏之女也, 遊於串(?)咎之內, 冬見芺攺而薦之, 乃見人武, 履以
祈禱曰: 帝之武, 尚使【12】⊠是后稷之母也. 三王者之作也如是. 子羔曰: 然則三王者孰爲⊠【13】

……曰: 以有虞氏之樂正古宵(瞽瞍?)之子也. 子羔曰: 「何故以得爲帝?」 孔子曰: 「昔者而弗世
也, 善與善相受也, 故能治天下, 平萬邦, 使無有小大忌礉, 使皆【1】得其社稷百姓而奉守之. 堯
見舜之德賢, 故讓之. 子羔曰: 堯之得舜也, 舜之德則誠善【6】與? 抑堯之德則甚明與? 孔子曰:
均也, 舜稽於童土之田, 則【2】……之童土之黎民也.」 孔子: □【3】……吾聞夫舜其幼也, 每
以學寺(詩?), 其言【4】……或(?)以文而遠. 堯之取舜也, 從諸草茅之中, 與之言禮, 說尃(博)【5】……
□而和, 故夫舜之德其誠賢矣, 由諸畎畝之中而使君天下而稱. 子羔曰: 如舜在今之世則何若?
孔子曰:【8】亦紀(己?)先王之遊(由?)道, 不逢明王, 則亦不大淲(使?). 孔子曰: 舜其可謂受命之民
矣. 舜, 人子也,【7】而參天子事之.【14】

---

19) "오직 다름이 있는 것도 땅의 비옥함과 척박함이 있는 것이며, 우로雨露의 기름과 사람의 가꾸는 일이 같지 않기 때문이다."
20) "높고 낮은 땅을 살피고, 땅이 기름진지 메마른지 보며, 오곡을 분별하여 심는다."
21) ≪上博館藏戰國楚竹書研究續篇≫(2004), 1-11 쪽 참고.

그러나 이학근李學勤은 〈초간자고연구楚簡≪子羔≫研究〉에서 정리본과 같이 제14간이 아니라, 결간缺簡을 포함하여 모두 열두 죽간이고, 「⑴九, ⑵十一上段+十+十一下段, ⑶중문대학장간中文大學藏簡三+十二, ⑷十三, ⑸七, ⑹一, ⑺六+二, ⑻ 결缺, ⑼三+四, ⑽五, ⑾八, ⑿十四」의 순서라 하였다. 그 내용은 아래와 같다.22)

　　子羔問於孔子曰:『三王者之作也, 皆人子也, 而其父賤而不足偁也與? 殹亦誠天子也與? 孔子曰: 善, 爾問之也. 舊矣, 其莫……⑴ 女也. 觀於伊而得之, 裏三年而畫於背而生, 生而能言, 是禹也. 高之母, 有娀氏之女也, 遊於央台之上, 有燕銜卵而楷諸其前, 取而吞之, 裏 ⑵ 三年而畫於膺, 生乃乎曰'欽', 是高也. 后稷之母, 有邰氏之女也, 遊於玄咎之內, 冬見芺, 攼而薦之, 乃見人武, 履以祈禱, 曰: 帝之武, 尚使……⑶ ……是后稷之母也. 三王者之作也如是.』子羔曰:『然則三王者孰爲…… ⑷ 亦紀先王之遊道不逢, 盟王則, 亦不大汰.』孔子曰:『舜其可謂受命之民矣. 舜, 人子也, ……⑸ □有虞氏之樂正瞽叟之子也.』子羔曰:『何故以得爲帝?』孔子曰:『昔者而弗世也, 善與善相授也, 故能治天下, 平萬邦, 使無有小大忌蟘, 使皆⑹ 得其社稷百姓而奉守之. 堯見舜之德賢, 故讓之.』子羔曰:『堯之得舜也, 舜之德則誠善與? 伊堯之德則甚明與?』孔子曰:『鈞也, 舜穡於童土之田, 則…… ⑺ ……之童土之黎民也?』」孔子曰:『吾聞夫舜其幼也, 每以□寺, 其言……⑼……或以文而遠. 堯之取舜也, 從諸卉茅之中, 與之言禮, 悅……⑽……而和, 故夫舜之德其誠賢矣, 采諸畎畝之中而使君天下而稱.』子羔曰:『如舜在今之世, 則何若?』孔子曰:『……而參天子事之.』⑿

구석규裘錫圭와 다른 점은 제7간을 제13간 다음으로 놓는 것이다. 그러나 임지붕林志鵬은 ≪전국초죽서자고편복원언추의戰國楚竹書子羔篇復原芻議≫에서 【11上段】→【10】→【11下段】→【중문대학장간】→【12】→【13】→【9】→【7】→【1】→【6】→【2】→【3】→【4】→【5】→【8】→【14】의 순으로 보고 있다.23)

　　⊠[禹之母, 有莘之女]也. 觀於伊而得之, 娠三【11上段】年而劃於背而生, 生而能言, 是禹也. 契之母, 有娀氏之女【10】也, 遊於瑤台之上, 有燕銜卵而楷諸其前, 取而吞之, 娠【11下段】三年而劃於膺, 生乃乎曰【中文大學藏簡】『吟!』是契也. 后稷之母, 有邰氏之女也, 遊於玄官之內, 冬見芺, 搴而薦之, 乃見人武, 履以忻, 禱曰:『帝之武, 尚使【12】⊠是后稷之母也. 三王者之作也如是.』子羔曰:『然則三王者孰爲⊠【13】子羔問於孔子曰:『三王者之作也, 皆人子也, 而其父賤而不足稱也歟? 抑亦成天子也歟?』孔子曰:『善, 爾問之也. 久矣, 其莫⊠【9】亦紀先王之遊道, 不逢明王, 則亦不大使.』孔子曰:『舜其可謂受命之民矣. 舜, 人子也, ⊠【7】[孔子]曰:『有虞氏之

---

22) ≪上博館藏戰國楚竹書研究續篇≫, 12-17쪽 참고.
23) ≪上博館藏戰國楚竹書研究續篇≫, 53-84 쪽 참고.

樂正瞽瞍之子也.」子羔曰:『何故以得爲帝?』孔子曰:『昔者而弗世也, 善與善相受〈也〉, 故能治天下, 平萬邦, 使無有小大·肥瘠 , 使皆【1】得其社稷百姓而奉守之. 堯見舜之德賢, 故讓之.』子羔曰:『堯之得舜也, 舜之德則誠善【6】歟? 抑堯之德則甚明歟?』孔子曰:『均也 , 舜穡於童土之田, 則【2】⊠之童土之黎民也.』孔子曰:『⊠【3】吾聞夫舜其幼也 , 敏以學詩, 其言【4】或以文而遠. 堯之取舜也, 從諸草茅之中, 與之言禮, 說博[以不逆], ⊠【5】而和. 故夫舜之德其誠賢矣, 由諸畎畝之中而使君天下而稱.』子羔曰:『如舜在今之世則何若? 孔子曰: ⊠【8】而參天子事之.【14】

그 중에서도 제9간과 제7간에 대한 변화가 비교적 크다. 이수규李守奎는 ≪(1)-(5)文字編≫에서 학자들의 의견을 참고하여 그 순서를 「9, 11上+10+11下+中文藏簡3+12-13, 1→6+2,3,4-5-8→7+14」로 보고 있다.

죽간의 전체 순서는 구석규裵錫圭의 주장을 참고하기로 한다.

1. '舌卉之子也': '舌(舌)'와 '卉(卉)'자에 대한 의견이 매우 분분하다. 마승원馬承源의 정리본은 '舌'자와 '卉'자를 두 사람의 이름, 즉 '卉'자는 '舌'의 부친으로 해석하였다. 그러나 조건국曹建國은 〈독상박간자고찰기讀上博簡≪子羔≫札記〉에서 「舌卉」두 자를 「占卉」로 예정하고, '占卉'는 즉 순舜의 부친인 '질기質夔'이고, '질기質夔'는 바로 '고수瞽叟'라고 주장하였다. 임지붕林志鵬은 '舌'자는 '宀'과 '貴'의 생략형이 소리부로 이루어진 자로 '고瞽'자의 통가자이며, '卉'자는 '宀'·'火'·'又'로 이루어진 전서篆書의 '叟(늙은이 수, sǒu)'자로 예정할 수 있다고 주장하였다.[24] ≪說文解字≫는 '叜(叟, 𡨎)'자에 대하여 "'叜'는 나이 든 남자. '又'와 '𤆎'로 이루어진 자. '𤆎'의 의미는 근거할 만한 자료가 없다. 주문籀文은 자부 '寸'을 써서 '𡩡(𡩡)'로 쓰고, 叜자의 혹제或體는 '人'을 써서 '俊(傁)'로 쓴다."[25]라 하였다.

'점占'의 고음은 성모가 '장章'이고 운모가 '침侵'이고, '질質'은 성모가 '章'이고 운모가 '質'부이기 때문에 쌍성雙聲관계이다. '卉(풀 훼, hui)'의 고음은 성모가 '효曉'이고 운모가 '미微'部이고 '夔(조심할 기, kuí)'는 성모가 '群'이고 운모가 '微'부이기 때문에 두 자는 성모聲母가 비슷하고 운모는 첩운疊韻이다. 따라서 '占卉'는 '질기質夔'의 통가자로 사용될 수 있다. '質(바탕 질, zhi)'은 요제堯帝 때의 악정樂正을 말한다. '기夔'는 원래 신화 속의 신령스러운 짐승이었는데, 이 가죽으로 북을 만들면 신통한 소리를 냈기 때문에 '기夔'가 후에 악정樂正이라 통칭되었다.

---

24) 曹建國, 〈讀上博簡≪子羔≫札記〉, 簡帛硏究사이트, 2003-01-10, 75 쪽 참고.

25) ≪說文解字≫:「老也. 從又, 從𤆎. 闕. 𡩡, 籀文從寸. 叜或從人, 傁.」

따라서 '질質'을 '기夒'라고 칭할 수 있기 때문에, 이를 합하여 '질기質夒'라고 불렀다. ≪周禮·春官·大師≫에 의하면 고대에는 맹인 중 음악에 재능이 있는 사람을 악사樂師로 편성했던 내용으로 보아, 순舜의 부친 '질기質夒'는 악사樂師이기 때문에 또한 '고수瞽叟' 즉 '고수瞽瞍'라고 칭한 것으로 보인다. 순舜의 부친 고수瞽叟는 악사樂師임에도 매우 악독한 인물로써 묘사된다. ≪孔子家語≫(卷六) 중 〈논예論禮〉는 "자공이 공자에게 물었다. '그렇다면 기夒는 예를 잘 몰랐다고 할 수 있나요?' 공자가 대답하였다. '아무리 옛날 사람도 예에만 통달하고 악에 통달하지 못한다면 너무나 질박할 뿐이고, 악에만 통달하지 예를 통달하지 못하면 너무나 편벽된 사람이 될 뿐이다. 기夒는 음악은 통달했으나, 예禮는 통달하지 못했다. 그래서 옛날 이름만 전해 내려오는 것이다.'"26)라 했고, ≪상서·요전≫은 "장님의 자식으로 아비는 완고하고 어리석었으며, 어미는 간사하고, 아우인 상은 오만하였다."27)라 했다. '고瞽'자는 고음이 성모가 '見'이고 운모는 '魚'부部이고, '기夒'자의 고음은 성모가 '群'이고 '微'부로 통할 수 있다. 따라서 '고자瞽子'는 즉 '기자夒子'라고 할 수 있다. '기夒'는 상고 때의 악정樂正의 통칭이고, 순의 악정은 연정(延)이다. 요堯의 악정을 질質이라고 하였고, 그 중의 '질기質夒'는 순의 부친 '고수瞽叟'를 가리킨다. 혹은 악정樂正 '질기'는 후에 후처의 꾐에 빠져 순을 죽이려 했기 때문에 눈은 실제로 멀지 않았으나, 사리를 분별하지 못하는 사람이라 해서 '고수'라고 불렀다고 주장하기도 한다. '고수'는 악사이면서 또한 눈 먼 사람처럼 사리분별을 하지 못한다는 의미를 동시에 지니고 있는 것으로 보인다.28)

2. '子羔': '자고子羔', 공자의 제자 중 한 사람이다. ≪사기史記·중니열전仲尼列傳≫은 "고시高柴는 자가 자고子羔이다. 공자보다 30세가 어리다. 키가 오척이 되지 못했다. 공자에게서 수업을 받는데, 공자는 영리한 사람이 아니라고 생각했다."29)라 한다. ≪예기禮記·단궁상檀弓上≫ "고자고高子皐가 친상을 당하여 삼년 동안 피 눈물을 흘리며 소리 없이 울고, 일찍이 웃어서 이를 드러낸 일이 없으니, 군자가 그렇게 하기 어렵다고 했다."30) 중의 고자고高子皐는 성이 고高이고 이름이 시柴인 자고子羔이다.

3. '㠯(以)': '㠯(以)'는 본 구절에서는 접속사 '而'의 의미다. ≪서경書經·금등金縢≫「天大雷

---

26) ≪孔子家語·論禮≫(卷六):「子貢作而問孔子:『然則夒其窮與?』子曰:『古之人與! 上古之人也, 達于禮而不達于樂, 謂之素, 達于樂而不達于禮, 謂之偏. 夫夒達于樂而不達于禮 , 是以傳于此也.』」

27) ≪尚書·堯典≫:「瞽子, 父頑, 母嚚, 象傲.」

28) 曹建國, 〈讀上博簡≪子羔≫札記〉, 簡帛硏究사이트, 2003-01-10, 참고.

29) ≪史記·仲尼列傳≫:「高柴, 字子羔, 少孔子三十歲. 子羔長不盈五尺, 受業孔子, 孔子以爲愚.」

30) ≪禮記·檀弓上≫:「高子皐之執親之喪也, 泣血三年, 未嘗見齒, 君子以爲難.」

電以風.」31)과 ≪대대예기大戴禮記·증자제언曾子制言≫「富以苟, 不如貧以譽, 生以辱, 不如死以榮, 辱可避, 避之而已矣. 及其不可避也, 君子視死若歸.」32) 중의 '以'의 용법과 같다.33)

4. '旻': ≪설문해자說文解字≫는 '得(得)'자를 "길에서 얻다의 의미. '彳'과 '旻'으로 이루어진 형성자. 고문은 '彳'을 생략하여 '旻(㝵)'으로 쓴다."34)라고 설명하였다. '旻(旻)'자는 '貝'의 변형인 와 '又'로 이루어진 자이다. ≪說文解字≫가 '得(얻을 득, dé, děi)'자의 고문은 자부 '見'을 쓴다하였는데, 이는 자부 '貝'를 잘 못 말한 것이다. ≪치의緇衣≫는 '得'자를 (第10簡)로 쓴다.

5. '弗殜': '弗殜'을 정리본은 '몰엽歿殜'의 의미로 해석하고 있으나, '불엽弗殜'은 '불세不世'로 '세습하지 않다'의 의미다. ≪옥편≫은 "'세世'는 부자父子가 서로 계속 지속되는 것이다."35)라고, ≪주례周禮·추관秋官·대행인大行人≫「世相朝也.」36)에 대하여 정현鄭玄은 "부친이 죽고 자식이 지위를 계승하는 것을 '世'라 한다."37)라 했다. ≪여씨춘추呂氏春秋·환도圜道≫의 「今世之人主, 皆欲世勿失矣.」38)에 대하여 고유高誘는 "부친이 죽고 자식이 지위를 계승하는 것을 '世'라 한다."39)라고 주석하였다.40)

6. '紿': 자는 간문에서 주로 「다스리다(治理)」의 「治(다스릴 치, zhi)」자의 가차자로 쓰인다.

7. '坪': ≪孔子詩論≫ 중 '坪(平)悳(德)'이라는 구절이 있다. 금문은 자부 '平'을 '乎'·'乑'·'乑'·'爭'·'乑'으로 쓰고, '旁(두루 방, páng)'은 '旁'·'旁'·'旁' 등으로 쓴다. '坪(圉)'자 중 '土'을 제외한 부분이 금문의 자부 '旁'과 유사하다하여41) '旁'자로 해석하고, '방덕旁德' 즉 '큰 덕망'으로 풀이하기도 한다. 그러나 본 구절 「坪(平)萬邦」 중의 '平'자와 같기 때문에 ≪공자시론孔子詩論≫「訟坪(平)悳(德)也.」(제2간)42) 구절 중의 '平'자 역시 같은 의미로 보는 것이 옳겠다.

---

31) "하늘에서는 우뢰와 번개가 치면서 바람이 불었다."
32) "부자이면서 군색하게 구는 것보다 가난하면서도 명예로운 것이 낫다. 살면서 욕을 먹는 것보다 죽어도 영광스러운 것이 낫다. 만약에 욕됨을 피할 수 있으면 피하고, 그렇지 않고 피하지 못할 경우에는 군자는 죽음으로 돌아가는 것처럼 여긴다."
33) 季旭昇 主編, 〈≪上海博物館藏戰國楚竹書(二)≫讀本〉, 29 쪽 참고.
34) ≪說文解字≫:「行有所得也. 從彳, 得聲. 㝵, 古文省彳.」
35) ≪玉篇·世部≫:「世, 父子相繼也.」
36) "세습 후에 대국이 서로 상견례인 조견을 한다."
37) 「父死子立曰世.」
38) "작금의 군주들은 모두 세습하고자 하는데 실수가 없기를 바란다."
39) 「父死子繼曰世.」
40) 陳英杰, ≪讀上博簡 (二) 札記五則≫, 簡帛研究, 2005.02.15.
41) 張桂光, 〈戰國楚竹書·孔子詩論文字考釋〉, ≪上博館藏戰國楚竹書研究篇≫(2002), 337쪽 참고.

8. '吏': '[吏]'자를 '叟'자로 예정하기도 하고, 초죽서에서 '사使'나 '사事'의 의미로 쓰인다. 아래 「吏(使) 膚(皆)」 중의 「吏(使)」는 '[吏]'로 쓴다. '[吏]'자와 비하여 양 옆으로 한 획씩이 더 있으나, 같은 자이다. 이 자를 '弁(고깔 변, biàn)'으로 예정하고 '辨(분별할 변, biàn)'의 뜻으로 풀이하기도 한다.[43] 초간에서는 '吏(史)'와 '弁'을 구별없이 쓴다. ≪說文解字≫는 '[覍](覍)'자를 "'모자'의 뜻이다. 주周 나라는 '覍(고깔 변)', 은殷 나라는 '吁(탄식할 우, xū,yū,yù), 하夏 나라는 '收(거둘 수, shōu)'라 한다. '兒'는 모자의 형상이다. '覍'자의 주문은 '[주문]'으로 쓰는데, 모자의 형상인 윗부분과 '廾'으로 이루어진 자이다. 혹은 '覍'자를 '弁([弁])'로 쓴다."[44]라 하였다. 초간에서는 '覍'자를 '吏'와 구별없이 '[吏](叟)'이나 '[吏](叟)'으로 쓰며, ≪上博楚簡(五)·季康子問於孔子≫(제14간)에서만 관명으로 쓰이는 것 이외에는 모두 '使'의 의미로 쓴다.[45] 본 구절 역시 '吏(使)'의 의미로 쓰인다.

9. '亡又少大思嵳': '使無有少大肥磽'는 '使無有·少大·肥磽'[46]의 의미다. 정리본은 「思嵳」는 「비취肥脆」이고, 「嵳」자는 소리부가 「毳(솜털 취, cuì,chuì)」로 상고음上古音이 「磽(메마른 땅 교, qiāo)」와 통한다했다. 하림의 何琳儀는 「肥脆」는 「肥磽」가 아니라 「비척肥瘠」이라 하였다.[47] ≪서경書經·우공禹貢≫의 「厥田維中中.」[48]에 대하여 ≪전傳≫은 「田之高下肥瘠.」[49]라 하고, ≪관자管子·문문≫은 「時簡稽帥馬牛之肥瘠, 其老而死者皆擧之.」[50]라고 했는데, 이 중의 '肥瘠'과 같다.

10. '膚': '[膚](膚)'자는 '皆'자의 초기 형태이다. 전서篆書 '[篆]'자는 ≪甲骨文編≫에 의하면 '[갑]'·'[갑]'·'[갑]'로 쓴다.[51] ≪진조판秦詔版≫은 '[판]'로 쓰고, 금문金文 ≪중산왕석정中山王[石]鼎≫은 '[금]'로 쓰며 갑골문의 형태와 같다. 초간에서 '皆'자는 '[膚](膚)' 이외에도 윗부분 '虎'를 생략하고 '[皆](皆)'(≪孔子詩論≫第8簡)로 쓰기도 한다.

42) "≪頌≫시의 특징은 큰 덕에 있다."
43) 李鋭, 〈讀上博簡 (二) ≪子羔≫札記〉, 簡帛研究사이트, 2003.01.01.
44) ≪說文解字≫: 「冕也, 周曰覍, 殷曰吁, 夏曰收. 從兒, 象形, [주문]籀文覍, 從廾, 上象形. [弁]或覍字.」
45) 李守奎, ≪上海博物館藏戰國楚竹書(一)-(五)文字編≫, 420 쪽 참고.
46) "왕래가 없든지 있든지, 크던 작든, 비옥하든지 메마르든지 간에 상관없다."
47) 何琳儀, 〈第二批滬簡選釋〉, ≪上海博物館藏戰國楚竹書研究續篇≫(2004), 445 쪽 참고.
48) "밭은 5등 정도이다."
49) "밭은 상등과 하등, 비옥하고 척박한 구분이 있다."
50) "군의 통솔자들은 때때로 군대의 말과 소의 그 상태의 좋고 나쁨을 관찰하고, 늙고 병들어 죽는 숫자를 파악했다."
51) ≪甲骨文編≫, 382 쪽 참고.

第 2 簡

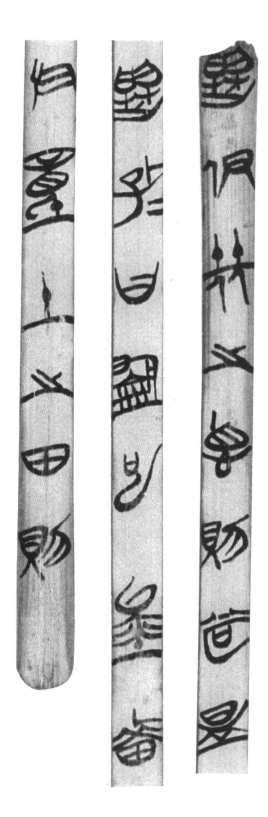

毀伊堯之懇則甚昆毀孔二曰鈴也坓審於童土之田則

第 2 簡

戠? 伊堯①之㥁(德)則甚昷②戠²? 孔=(孔子)曰: 䤵³也③, 㚟(夋·俊·舜)䰠(來)於童土之田④④, 則

【해석】

(순의 재덕은 확실히 훌륭합니까?) 이요伊堯가 매우 훌륭하고 밝은 재덕才德을 지니고 있어서 입니까?」 공자가 대답하였다. 시柴(자고)야. 순舜은 황량한 토지를 가서 경작하였으며,

【上博楚簡原註】

본 죽간은 22.9㎝로 상단은 파손되었으나, 하단은 타원형의 완전한 형태다. 문자는 모두 22자로, 그 중 합문이 1자이다. 본 죽간은 중간 부분에서 부러져 반절만 남은 상태로 전체 길이의 $\frac{1}{2}$ 만이 있다. 문장의 내용으로 보아 이 죽간 앞에 한 죽간 정도가 없어졌다.

① '伊堯': '이요伊堯'라는 칭호가 처음 출현하고 있다. 「伊」는 순제舜帝 모친의 성씨이다. 서진西晉 황보밀皇甫謐(215-282) "요제堯帝 도당씨陶唐氏는 성이 기祁이다. 모친 경도慶都는 14 개월 동안 임신을 하고, 그는 단릉丹陵에서 태어났다. 요堯의 이름은 방훈放勳이고, 그의 모친의 성을 따라 기씨伊[祁]氏라 했다."52)라고,53) ≪대대예기大戴禮記·오제덕五帝德≫은 "재아가 '요제堯帝는 어떤 분이십니까'라고 묻자 공자는 '고신高辛의 아들이며, 이름은 방훈放勳이다. 그 인자함이 하늘과 같고, 지혜는 신과 같으며, 백성들은 요제堯帝를 해바라기가 해를 보는 것 같이 하고, 하늘의 구름 보듯 우러러 보았다'라고 했다."54)라 했으며, ≪사기史記·오제본기五帝本紀≫의 ≪색은索隱≫은 "'요堯'는 시호諡號이다. 이름은 방훈放勛이고, 제곡帝嚳의 아들이며, 성은 이기씨伊祁氏이다. 황보밀皇甫謐은 요堯가 출생할 때, 그의 모친이 산이三阿 시방의 남쪽 이장유伊長孺의 집에 기탁하였기 때문에 모친이 거주한 곳의 성을 따랐다고 하였다."55)라

---

52) ≪帝王世紀≫:「帝堯陶唐氏, 祁姓也. 母曰慶都. 孕十四月而生堯于丹陵, 名曰放勳. 或從母姓伊氏.」
53) '이씨伊氏'는 '이기씨伊祁氏'로 쓴다.
54) ≪大戴禮記·五帝德≫:「宰我曰: 請問帝堯. 孔子曰: 高辛之子也, 曰放勳. 其仁如天, 其知如神, 就之如日, 望之如雲.」
55) ≪史記索隱≫:「堯, 諡也. 放勛, 名. 帝嚳之子, 姓伊祁氏. 案: 皇甫謐云, 堯初生時, 其母在三阿之南, 寄於伊長孺之家, 故從母所居爲姓也.」

고 했다.

② '悳則甚昷': '悳'은 '덕德'의 의미다. '堯'의 은택恩澤을 가리킨다. '昷'은 '溫(따뜻할 온, wēn,yūn)'의 의미다. '요堯'의 은혜가 매우 후덕함을 말한다. 이 구절은 자고가 공자에게 요제堯帝의 재덕才德에 관해 묻는 말이다.

③ '鈐也': 「鈐(비녀장 검, qián)」은 자고의 이름이다. ≪史記·仲尼弟子列傳≫은 "고시高柴의 자는 자고子羔이다."[56]라 했는데, 자고子羔를 자고子高·자고子皐 혹은 계고季皐라고도 한다. 자고는 춘추말기春秋末期 위衛나라 사람이다. 고문헌들의 내용들과 비교해 볼 때, 「鈐」자는 자고의 이름이 아닌가한다. 본 초간楚簡에서 공자와 대화하는 상대는 자고 한 사람 뿐이다. 「鈐」자는 의미부가 '今'이고 소리부가 '今'인 형성자이다. 고문자 중 소리부 '今'은 적지 않은 변화가 있었다. '검鈐'자는 「柴(섶 시, chái)」자의 음과 유사하고, 「岑(봉우리 잠, cén)」의 음으로 읽어야 하는 것이 아닌가 한다. 「岑」자는 소리부가 '今'이고, 「讒(참소할 참, chán)」자의 통가자로 쓰인다. ≪左傳·소공삼년昭公三年≫「讒鼎之銘.」[57] 중의 '참정讒鼎'을 ≪呂氏春秋·審己≫와 ≪新序·節士≫은 모두 「岑鼎」으로 쓴다. 「鈐」과 「柴」는 모두 성모는 '從'뉴紐로 쌍성관계이며, 음성이 비슷하기 때문에 가차자로 쓰인다. 그리고 초간은 후세에 전해 내려오는 현행본보다 이른 판본이기 때문에 혹은 자고의 이름이 「鈐」이었는지도 모른다.

「也」는 다른 사람이나 자신의 이름을 언급하는 어기조사語氣助詞이다. ≪공자가어孔子家語·곡례공서적문曲禮公西赤問≫의 "자로子路가 자고子羔와 함께 위衛나라에서 벼슬을 할 때, 위나라에 괴외蒯聵의 난리가 있었다. 이 때 공자는 노魯나라에 있었다. 공자는 이 소문을 듣고 '고시高柴는 돌아오겠지만, 증유(由)는 필연 죽을 것이다'라 했다."[58]와 ≪제자행弟子行≫의 "자공은 문자文子에게 말한 대로 공자에게 보고했다. 공자는 듣고 나서 웃으면서 말했다. '자공(賜)아! 네가 잘 알아서 얘기했구나'. 자공은 말했다. '제가(賜也) 어떻게 사람을 잘 안다고 할 수 있겠습니까? 다만 제가 본 대로 말했을 뿐입니다.'"[59] 중의 '也'의 용법과 같다.[60]

④ '崃於童土之田': 「崃」자는 의미부가 '田'이고, 소리부가 '來'이다. ≪설문해자說文解字≫에는 이 자가 없다. 혹은 소리부 「來」자에 따라 「徠(올 래, lái,lài)」의 의미가 아닌가 한다. ≪광운≫은

---

56) ≪史記·仲尼弟子列傳≫:「高柴, 字子羔.」
57) "참 땅에 있는 큰 솥의 명문."
58) ≪孔子家語·曲禮公西赤問≫:「子路與子羔仕於衛, 衛有蒯聵之難. 孔子在魯, 聞之曰:『柴也其來, 由也死矣.』」
59) ≪弟子行≫:「子貢以其辭狀告孔子. 子聞而笑曰:『賜, 汝次爲人矣.』子貢對曰:『賜也何敢知人, 此以賜之所睹也.』」
60) ≪孔子家語·曲禮公西赤問≫은 ≪孔子家語·曲禮子夏問≫이다.

"'徠'는 노동하다의 의미."[61]라고 설명하고, ≪집운集韻≫은 '來'·'徠'·'逨'와 '趚' 모두를 "'오고 가다'의 뜻인 '來'의 의미이다."[62]로 해석하였다. 혹은 「番」자는 ≪집운≫이 말한 「來」의 의미로 쓴 것으로 보인다.

「동토童土」는 황무지의 땅이다. ≪장자莊子·서무귀徐無鬼≫의 「堯聞舜之賢, 舉之童土之地, 曰, 冀得其來之澤. 舜舉乎童土之地, 年齒長矣, 聰明衰矣, 而不得休歸. 所謂卷婁者也.」[63]라는 구절에 대하여, 성현영成玄英은 "나무와 풀이 없는 땅을 동토童土라 한다."[64]라 했다. 육덕명陸德明의 ≪석문釋文≫은 향수向秀의 말을 인용하여 "'동토童土'란 초목이 없는 땅을 말한다."[65]라 했다.

【譯註】

앞에서 이미 살펴보았듯이 구석규裴錫圭 등은 제 2간이 제 6간 뒤에 연결되는 것으로 보고 있다.

1. '伊堯': ≪잠부론潛夫論·오덕지五德志≫는 "경도慶都와 용龍이 결혼하여 이요伊堯를 낳았다."[66]라 했다. 그래서 정리본은 요堯의 성이 '이伊'이기 때문에 이요伊堯라 하였다. 그러나 구석규裴錫圭·진검陳劍 등은 '伊'자를 접속사인 '억抑(yi)'의 의미로 풀이하였다. 문장 내용은 둘 중 하나를 택일하는 것이기 때문에, '또는'·'혹은'이란 의미인 허사虛詞 '抑'으로 해석하기로 한다.

「堯(堯)」자에 대하여 ≪說文解字≫는 "'매우 높다'의 뜻이다. '垚'가 '兀' 위에 있는 회의자이다. '兀'은 '매우 높다'라는 의미. '堯'자의 고문은 '𡘧'로 쓴다."[67]라 하였다. '𡘧'와 ≪說文解字≫의 고문 '𡘧'와 같은 형태다.

---

61) ≪廣韻·去代≫:「徠, 勞也.」
62)「行來之來.」
63) "요제堯帝는 순舜이 현명하다는 얘기를 듣고서 그를 등용하여 불모의 땅을 맡기면서 '바라건대 이 땅에 가서 은택을 베풀어 주십시오'라 했다. 순舜은 불모의 땅을 맡은 다음 늙고 귀와 눈도 어두워졌으나 돌아가 쉬지 못했다. 그래서 이들은 곱추같다는 뜻으로 권루卷婁라 했다."
64)「地無草木曰童土.」
65)「童土, 地無草木也.」
66) ≪潛夫論·五德志≫:「慶都與龍合婚生伊堯.」
67) ≪說文解字≫:「高也, 從垚在兀上, 高遠也. 𡘧, 古文堯.」

2. '𥁰𥁾': '𥁰'자를 정리본은 '溫'으로 해석하고 있으나, '盟(맹세할 맹, méng,míng)'자의 이체자이다. ≪說文解字≫는 '明(明)'자에 대하여 "'朙'자는 '囧'과 '月'로 이루어진 회의자이다. 朙자의 고문은 '日'을 써서 '明'으로 쓴다."[68]라 하였다. 갑골문은 '明'자를 '𝌆'이나 '𝌆'으로 쓴다. 따라서 '囧'과 '日'은 같은 뜻으로 쓰인다는 것을 알 수 있다. ≪說文解字≫는 또한 '盟(盟)'자에 대하여 "'盟(盟)'자는 '囧'와 '血'로 이루어진 회의자이다. 전문篆文은 '明'을 써서 𥁰으로 쓰고, 고문古文은 '明'을 써서 '𥁾(盟)'으로 쓴다."[69]라 했다. '𥁰(盟)'자는 '盟'의 이체자이다. 「𥁾(𥁾)」자는 의문어기조사 「歟」의 의미다.

3. '鈞': '鈞'자를 정리본은 '鈐(비녀장 검, qián)'자로 예정하고 자고子羔의 이름으로 해석하였다. 서재국徐在國은 〈上博竹書≪子羔≫瑣記〉에서 「鈞(서른 근 균, jūn)」으로 예정하고, 정리본과 같이 자고의 이름으로 보고, "정리본은 이 자를 子羔의 이름으로 해석하고 있는데, 이는 옳다. '鈞'은 '柴(섶 시, chái)'의 음으로 읽어야할 것 같다."[70]라 하였다.[71] 그러나 구석규裘錫圭는 「均(고를 균, jūn,jùn,yùn)」으로 해석하고,[72] 진검陳劍은 "'鈞'자를 정리본은 '欽'으로 잘못 해석하고, '薔'자는 자부가 '來'와 '田'으로 이루어진 회의자라고 잘못 해석하였다. '鈞'은 '균일하다(等)'의 뜻으로 고전적에서는 일반적으로 '均'으로 쓴다. 이 구절은 순제舜帝의 깊은 덕德과 요제堯帝의 밝은 덕은 다 같이 모두 동일하게 훌륭하다의 뜻이다."[73]라 하였다.[74] 문자의 형태로 보아 '鈞'자로 예정함이 옳다. 그러나 '鈞'과 '柴'자의 음성적 차이가 크기 때문에 본 구절에서는 '均'의 의미로 풀이하기로 한다.

4. '𡐦畬於童土之田': '𡐦'자는 '允'·'火'와 '土'로 이루어진 자이다. ≪說文解字≫ 중의 '𡑞畯'자와 같은 자가 아닌가 한다. '𡑞畯'과 '舜舜'은 음성이 서로 통한다. '舜'자에 대하여 ≪說文解字≫는 "'舜(舜)'은 풀의 이름. 초楚나라에서는 '葍(메꽃 복, fú)'이라 하고, 진秦나라에서는 '藑(메 경, qióng)'이라 한다. '舛(어그러질 천, chuǎn)'은 꽃이 땅에 가득 줄지어 피어 있는 모양을 상형한 것이며, '舛'은 또한 음성을 나타내기도 한다. ……舜舜자의 고문은 '𦱷'으로 쓴다."[75]라 하였다.

---

68) ≪說文解字≫: 「從月, 從囧, 𣇆古文朙從日.」

69) ≪說文解字≫: 「盟, 從囧, 從血, 𥁰篆文從明, 𥁾古文從明.」

70) 「整理者認爲是子羔之名, 這是正確的, 鈞似應讀爲柴.」

71) ≪上海博物館藏戰國楚竹書硏究續篇≫(2004), 42쪽 참고.

72) 裘錫圭, 〈談談上博簡≪子羔≫篇的簡序〉, ≪上博館藏戰國楚竹書硏究續篇≫(2004), 1쪽.

73) 「'鈞'原誤釋爲'欽', '薔'原誤釋爲从來从田. 鈞, 等也, 古書多作'均'. 此言舜德之善與堯德之明二者均等.」

74) 陳劍, 〈上博簡≪子羔≫·≪從政≫篇的拼合與編連問題小議〉, 簡帛硏究사이트, 2003.01.08.

75) ≪說文解字≫는 「舜, 草也, 楚謂之葍, 秦謂之藑. 蔓地連華. 象形, 從舛, 舛亦聲. ……𦱷古文舜.」

≪郭店楚墓竹簡≫은 '舜'자를 [그림]'자의 형태와 같은 '[그림]'으로 쓰거나, 혹은 '[그림]'·'[그림]' 등으로 쓴다. ≪說文解字≫의 고문 '[그림]'자와 유사하다.

'[그림]'자에 대하여 정리본은 "혹은 소리부 「來」이기 때문에 「徠」의 의미가 아닌가 한다."라 하였다. 그러나 전후문맥으로 보아 '개간하다'라는 '嗇(아낄 색, sè)'자로 읽어야하는 것이 아닌가한다. ≪說文解字≫는 「嗇」자에 대하여 "[그림](嗇)은 '아끼다'의 의미. '來'와 '㐭'으로 이루어진 회의자. '보리(來)'를 수확하여 창고 안에 보관하는 것이다. 그래서 '농부'를 '嗇夫'라 한다. 고문古文은 '田'을 써서 '[그림](嗇)'으로 쓴다."76)라 하였다. 고문 '[그림]' 중의 '田'은 '㐭(곳집 름)'이 변형된 것으로 '농작물을 거둬들이다' 즉 '개간하다'의 의미이다. ≪곽점초간·노자을≫(제1간)은 '嗇'자를 '[그림]'으로 쓴다.77)

---

76) ≪說文解字≫: 「[그림], 愛濇也. 從來從㐭. 來者, 㐭而藏之. 故田夫謂之嗇夫. [그림], 古文嗇從田.」
77) ≪楚系簡帛文字編 (增訂本) ≫, 524 쪽.

第3簡

之童土之莉民也孔=曰

第 3 簡

之童土之莉(黎)¹民①也. 孔=(孔子)曰

【해석】

황무지에 거주하는 백성이다. 공자가 말하였다.

【上博楚簡原註】

　본 죽간은 9.6㎝로 상하단이 모두 파손되었다. 문자는 모두 10자이고, 그 중 한 자는 합문合文이다.

　① '童土之莉民': '동토童土'는 앞 죽간과 연결되는 내용이다. ≪한서漢書·흉노전하匈奴傳下≫의 「莉庶亡干戈之役」78) 구절에 대하여 안사고顔師古는 "'莉(말리 리, lì)'의 '黎(검을 여, lí)'의 고자古字이다."79)라 하고, ≪집운≫은 "'黎'자는 혹은 '莉'로 쓴다."80)라 하였다. 「莉民」은 곧 「여민黎民」으로 고문에서는 서로 호용한다. ≪사기史記·혜경간후자년표惠景間侯者年表≫의 「利倉」을 ≪한서漢書·한혜고후문공신표高惠高后文功臣表≫는 「黎朱蒼」으로 쓴다. 「莉」와 「黎」자는 모두 소리부가 '利'이기 때문에 서로 통한다.

　본 죽간은 파손되어 전체의 내용을 파악하기에는 문자의 양이 적지만, 제1간과 관련이 있기 때문에 제 2간 뒤에 놓는다.

【譯註】

　1. '莉': '莉(莉)'자는 소리부가 '利'이다. ≪說文解字≫는 '黎'자에 대하여 "'黎(黎)'자는 '黍'와 '称'의 생략형이 소리부로 이루어진 형성자이다. '称'자는 '利'의 고문이다."81)라 하였다.

---

78) "백성들은 전쟁 노역으로 망하다."
79) 「莉, 古黎字.」
80) ≪集韻≫:「黎, 或作莉.」
81) ≪說文解字≫:「黎, ……從黍, 称省聲, 称古文利字.」

第4簡

虐昏夫奎亓幼也每呂□寺亓言

第 4 簡

虐(吾)昏(聞)夫夌(夋·俊·舜)丌(其)幼^①也, 每弖(以)□寺丌(其)言¹

【해석】

「나는 순제舜帝가 어렸을 때 항상 ……하다라는 말을 들었다. ……

【上博楚簡原註】

본 죽간은 길이가 13.6㎝이다. 상단은 타원형의 완전한 상태이나 아랫부분은 파손되었다.[82] 문자는 모두 13자이다.

① '夌丌幼': 「夌」자의 자형은 《說文解字》 중의 「준舜」자의 고문古文과 비슷하다. 단지 윗부분만 약간 다르다. 이 자는 「준夋」자로 소리부가 '允'이다. 이 자는 죽간에서 모두 윗부분 「厶」, 중간부분이 「亦」(제 7간과 8간 중의 「亦」자와 같다.), 아랫부분은 '土'로, 「允」을 복잡하게 쓴 형태이며, 「夋」자의 고문이다. 《설문해자說文解字》는 「夋」자에 대하여 「行夋夋也. 一曰倨也. 從夊, 允聲.」[83]이라고 설명하고, 「舜」자에 대하여 段玉裁는 "유우씨有虞氏의 시호諡號이다. '요堯'는 '높다(高)', '순舜'은 '크다(大)'라는 의미이다. '舜'자와 '俊'자는 음이 유사하기 때문에 가차자로 쓰인다. 《산해경》은 '俊'으로 쓴다."[84]라 하였다. 《산해경·대황동경》은 "희화는 준제俊帝의 처로 열 개의 태양을 낳았다."[85]라 하고,[86] 《산해경·대황서경》은 "이 곳에 달을 씻어 주는 여자가 있었는데, 준제俊帝의 처妻 상희常義는 열 두 개의 달을 낳았다. 여기에서 처음으로 달을 씻겼다."[87]라 하였다. '희화羲和'와 '상희常義'의 이름은 《산해경·대황남경大荒南經》에도 보인다. 《산해경·대황남경》은 "황량한 지역에 부정상이 있는데, 엉수榮水가 여기에서 끝났다. 이곳에 몸이 셋인 사람이 살았다. 준제俊帝의 처妻 아황娥皇이 몸이 셋인 국인國人

---

82) 도판으로 보아 상단이 파손되었고, 하단은 편평한 모양의 완전한 상태다.
83) "'천천히 걸어가다'나 혹은 '거만하다'의 의미이다. '夊'와 소리부 '允'으로 이루어진 형성자이다."
84) 「有虞氏以爲諡者. 堯, 高也. 舜, 大也. 舜者, 俊之同音假借字, 《山海經》作帝俊.」
85) 《山海經·大荒東經》:「羲和者, 帝俊之妻, 是生十日.」
86) 이 구절은 《大荒東經》이 아니라, 《大荒南經》의 내용이다. 또한 「是生十日」이 아니라 「生十日」이다.
87) 《山海經·大荒西經》:「有女子方浴月. 帝俊妻常義, 生月十有二, 此始浴之.」

을 낳았다."[88]라 한다. ≪사기史記·오제본기五帝本紀≫는 순舜의 두 명의 처에 대하여 언급하고 있는데, ≪색은索隱≫은 ≪열여전列女傳≫을 인용하여 처妻 두 명의 이름은 각각 '아황娥黃'과 '여영女英'이라 하였다. 정사正史에서 일반적으로 「제순帝舜」으로 쓰나, 신화전설에서는 일반적으로 「제준帝俊」으로 쓴다. 물론 「帝舜」과 「俊帝」이 함께 출현하기도 한다. 예를 들어, ≪산해경≫은 '帝俊'으로 서른두 번 쓰고, '帝舜'으로 열다섯 번 쓴다. ≪산해경·대황서경≫은 "제준帝俊이 후직后稷을 낳다."[89]라 하는데, 제준帝俊은 제곡帝嚳을 가리킨다. ≪사기史記·오제본기五帝本紀≫의 「玄囂之孫高辛立, 是爲帝嚳.」[90] 구절에 대하여 ≪색은索隱≫은 황보밀皇甫謐의 말을 인용하여 "제곡帝嚳의 이름은 준夋이다."[91]라 하였다. 고대 사서史書 중 제준帝俊은 대신大神이며, ≪산해경≫ 중의 내용에 대하여 그동안 많은 역사가들이 언급하였다. ≪대대예기大戴禮記·오제덕五帝德≫에 재아宰我가 공자에게 전욱顓頊에 대하여 묻는 내용이 있는데, 공자는 "시기에 맞추어 유효적절하게 하늘의 법도를 따르고, 음양의 원리를 근거로 하여 의리를 제재制裁하였으며, 기氣를 양성하여 백성을 가르치고, 정성을 다하여 제사를 모셨다. 용을 타고 사해에 이르러, 북쪽으로는 유릉에 이르고, 남쪽으로는 교지에 이르고, 서쪽으로는 유사를 건너고, 동쪽으로는 반목에 이르러 동물과 식물과 크고 작은 신령과 일월이 비치는 곳이면 삼가 하여 힘쓰지 않는 데가 없었다."[92]라고 대답하고, 제곡帝嚳에 대해서는 "고신高辛이라고도 한다. 신령을 타고나 나면서 자신의 이름을 말하였다. ……만 백성을 어루만져 주고 가르쳐 백성에게 이익이 있게 인도해 주었다. 해와 달을 관찰하여 송구영신送舊迎新하고, 신령의 도리를 명확하게 파악하여 존경하고 받들었다. 그래서 그 안색은 빛나고 그 덕은 높아, 시기에 적절하게 움직이니 선비들이 그를 따랐다. 봄과 여름에는 용을 타고, 가을과 겨울에는 말을 탔으며, 황색 보불黼黻 옷을 입고 중용을 지켜 천하를 얻었다. 해와 달이 비치는 곳과 바람이 불고 비가 내리는 곳이면 어디나 그를 따르지 않는 자가 없었다."[93]라 하였다. 이와 같이 전욱顓頊은 용을 타고 사해에 이르고, 고신高辛은 태어나면서 신통하였고, 봄과 여름에는 용을 타는 등, 이들을 신으로 인식하였다. 이 내용은 선진시기부터 전해 내려오는 오래 된 신화이기 때문에 사마천司馬遷의

---

88) ≪山海經·大荒南經≫:「大荒之中, 有不庭之山, 榮水窮焉. 有人三身, 帝俊妻娥皇, 生此三身之國.」

89) ≪山海經·大荒西經≫:「帝俊生后稷.」

90) "현효玄囂의 손자 고신高辛이 왕이 되었는데, 이가 곧 제곡帝嚳이다."

91) 「帝嚳名夋也.」

92) 「履時以象天, 依鬼神以制義, 治氣以教民, 絜誠以祭祀. 乘龍而至四海, 北至於幽陵, 南至於交趾, 西濟於流沙, 東至於蟠木. 動靜之物, 大小之神, 日月所照, 莫不祇勵.」

93) 「高辛. 生而神靈, 自言其名…… 撫教萬民而利誨之, 厤日月而迎送之, 明鬼神而敬事之. 其色鬱鬱, 其德嶷嶷, 其動也時, 其服也土. 春夏乘龍, 秋冬乘馬, 黃黼黻衣, 執中而獲天下, 日月所照, 風雨所至, 莫不從順.」

≪사기史記·오제본기五帝本紀≫도 ≪오제덕五帝德≫에서 공자가 언급한 제순帝舜의 내용 중 오직 '춘하승용春夏乘龍(봄과 여름에는 용을 타다'만이 빠졌을 따름이다. ≪상해박물관장전국초죽서≫ 중에는 ≪대대예기≫의 일부 내용도 보인다. ≪오제덕≫에서 언급된 신화와 전설은 중국에서 가장 오래된 신화인 까닭에 동주東周시기에 출현한 것은 당연한 사실이며, 당시의 제자諸子들이 많은 내용들을 보충했겠지만, 그 중 신비스러운 내용은 더욱 중요한 사실이다. ≪자고子羔≫ 중「삼왕자지작參王者之作」에 관한 내용으로 보아, 공자 역시 이러한 고대의 신화전설적인 내용을 받아들이고 있으며, 사마천의 ≪사기·하본기≫나 ≪은본기≫ 역시 이러한 영향을 완전히 배제할 수 없었음을 알 수 있다. 신화의 가장 근원적인 내용이 어떤 것이었는지 현재 알 수는 없지만 지금보다 비교적 원시적인 내용이었을 것이고, 제왕세기帝王世紀가 인간의 일로 묘사되어진 것은 뒤의 일일 것이다. 그러나 내용상 상호간에 완전히 일치하지 않는다고 하더라도 아마도 크게 서로 상반되지는 않을 것이다.

옛 문서 중 '쑌(夋·俊·舜)'의 유아시기에 관한 내용은 그다지 많지 않다. ≪사기史記·오제본기五帝本紀≫는 "순의 부친인 고수瞽叟는 성격이 완고하고, 어머니는 어리석고, 동생 상象은 거만하고 오만하여 모두가 순을 죽여 없애고자 하였다. 그렇지만 순은 자식 된 도리와 형제지간에 우애를 잃지 않았다. 순을 죽이려 하였으나, 그 기회를 갖지 못했으며, 순은 그들이 도움을 필요로 할 때는 언제나 그들 곁에 있었다. 순의 나이 20세 때 이미 효자로 소문이 났다."94)라고 했다.

【譯註】

1. '每言(以)□寺丌言': 유낙현劉樂賢은 〈독상박간용성씨소답讀上博簡≪容成氏≫小劄〉에서 "'시寺'자 앞 글자는 잘 보이지 않으나, '효孝'자가 아닌가 한다. 마지막 자 역시 형태가 뚜렷하지는 않지만 '신辛'자가 아닌가 한다. 이 자는 '친親'의 의미다.『吾聞舜其幼也』구절 중의 '其'자는 '之'의 이미이다.『每以孝寺其親』은『每以孝侍其親』95)이나 혹은『每以孝事其親』96)뜻이다."라 하였다.97)

---

94) ≪史記·五帝本紀≫:「舜父瞽叟頑, 母嚚, 弟象傲, 皆欲殺舜. 舜順適不失子道, 兄弟孝慈. 欲殺, 不可得, 即求, 嘗在側. 舜年二十二孝聞.」
95) "언제나 부모에게 효도하다."
96) "언제나 효도로 부모님을 모시다."
97) ≪上海博物館藏戰國楚竹書硏究續篇≫ 중에 〈讀上博簡≪容成氏≫小劄〉이란 논문의 제목은 있으나, 본 구절의 내용은 보이지 않는다. ≪上海博物館藏戰國楚竹書(二)讀本≫은 중국 '簡帛硏究' 사이트 2003년 1월 13일 자에

≪郭店楚簡·老子丙≫(제3간)은 '효孝'자를 '孝'로 쓴다.98) ≪上博楚簡·容成氏≫(제24간)는 '친親'자를 '親'으로 쓴다.99) 문자의 흔적으로 보아 '孝'와 '親'자일 가능성이 높다.

발표된 문장을 인용하고 있다고 하였으나, 사실상 이 문장을 찾을 수 없어 잠시 ≪讀本≫에서 인용한 문장을 재인용하기로 한다. 「'寺'前一字字迹較爲模糊, 疑是'孝'字. 最後一字字形不全, 疑是'辛'之殘, 讀爲'親'. 『吾聞舜其幼也』的'其', 訓'之'. 『每以孝寺其親』, 可讀爲『每以孝侍其親』或『每以孝事其親』.

98) ≪楚系簡帛文字編 (增訂本) ≫, 777 쪽.
99) ≪楚系簡帛文字編 (增訂本) ≫, 794 쪽.

第 5 簡正

或曰慶而遠堯之取奎也從者卉茅之中與之言豊敓□

第5 簡正

[正]

或㠯(以)庹而遠¹. 堯之取埶(夋·俊·舜)①也, 從者(諸)卉茅②之中², 與之言豊(禮)③, 敓(悅)□³

[反]

子羔⁴

【해석】

[正] 혹은 절제하고 멀리하였다. 요堯가 순舜을 들판에서 등용하고, 예의에 대하여 논하자 순은 기뻐하였다.

[反] ≪자고子羔≫

【上博楚簡原註】

죽간의 길이는 24.3㎝로 상하단이 모두 파손되었고, 문자는 모두 21자이다. 뒤 면에 '子羔'라 는 두 자가 있다.

① '堯之取埶': 요堯가 순舜에게 선양禪讓한 이야기는 약간씩 차이가 있다. 가장 전형적인 요순선양堯舜禪讓에 관한 이야기는 ≪사기史記·오제본기五帝本紀≫의 내용이다. "요堯가 말 하였다. '아! 사방의 제후들이여, 내가 재위한지 이미 70년이 되었으니, 너희들 중에 누가 천명을 받들어 나의 제위帝位를 대신할 수 있는가?'. 제후들이 말하였다. '우리들은 비천하고 덕이 없 어 만약에 천자의 지위를 대신한다면 이는 곧 제위帝位를 더럽히는 것입니다.' 요堯가 말했다. '당신들은 귀족 친척의 인재나 혹은 숨어 사는 은둔자 중에 인재가 있으면 추천하시오.' 모두가 요에게 말하였다. '민간인 중에 아직 결혼하지 않은 우순虞舜이라는 사람이 있습니다.' 요가 말 했다. '그렇구나. 나도 들은 적이 있다. 그 사람 어떠한가?' 제후들이 말했다. '그는 맹인의 아들 입니다. 부친은 덕의가 없고, 어머니는 어리석고 진실성이 없으며, 동생은 오만방자합니다. 그러 나 요는 항상 부모에게 효도하고 형제와는 우의를 돈독케 하여, 그들을 잘 인도하여 간악한 일이 일어나지 않도록 하였습니다.' 요는 말했다. '그렇다면 내가 그를 시험해 보도록 하겠다.' 그래서 요는 자기의 딸 둘을 그에게 시집을 보내어 이들로 하여금 우순虞舜의 덕행을 관찰하도록 하였 다. 순舜은 요의 두 딸에게 규수嬀水의 강어귀에 거주하면서 우가虞家 집에 부인의 덕을 베풀도

록 하였다. 요는 순이 훌륭하다고 생각하여, 순으로 하여금 사도司徒의 직책을 맡아 오전五典(부자父子, 군신君臣, 부부夫婦, 형제兄弟, 친우親友의 도리)의 덕행을 성실하게 수행하도록 하였다. 오전의 도의를 성실히 수행하자, 이에 순에게 백관百官의 직무를 시기적절하게 수행하도록 하였다. 또한 순으로 하여금 사문四門에서 조견하러 온 귀빈들을 접견하도록 하였는데, 제후와 멀리서 온 귀빈들 모두 순을 공경하였다. 요는 또한 순에게 깊은 산속 늪으로 들어가 온갖 자연 재해와 역경을 극복하도록 하였는데, 순이 이를 잘 극복하자 요는 순이 성인의 지혜를 지니고 있다고 생각하였다. 그래서 요는 순에게 말했다. '너는 계획한 일을 모두 성실히 수행하고, 언급했던 일들을 실천을 한지가 이미 삼년이 되었으니, 너는 이제 제위帝位토록 하여라.'했다."100)라 하였다. 그런 후에 순은 천자의 일을 수행하면서 오랫동안 시험을 거친 끝에 요가 붕崩하자 순이 즉위하였다.

② '卉茅': '훼모卉茅'는 '초모草茅'로 '들판'을 가리킨다. ≪전국책戰國策·조책趙策≫는 "옛날에 요와 순은 황량한 들판에서, 혹은 논밭이나 뽕나무 아래에서 만났지만, 후에 요는 천하를 순에게 선양하였다."101)라 하고, ≪맹자孟子·고자상告子上≫은 "순은 논밭 가운데서 발탁되다."102)라 하고, ≪맹자孟子·만장하萬章下≫는 "요는 자기의 아들 아홉 명으로 하여금 순을 섬기게 하고, 두 딸을 순에게 시집보냈으며, 백관과 우양牛羊과 창름倉廩을 갖추고, 순을 밭이랑 가운데서 받들도록 하고, 후에 등용하여 위 자리에 올려놓았다. 그러므로 이를 왕공이 현자를 높인 것이다라 한다."103)라고 요와 순을 들판에서 접견한 내용을 기록하였다. 이외에도 ≪大戴禮記·五帝德≫은 순은 "질그릇을 굽고 어버이를 효행으로 모시다."104)라고 했고, ≪사기史記·오제본기五帝本紀≫는 "백성사

---

100) 「堯曰:『嗟! 四嶽, 朕在位七十載, 汝能庸命, 踐朕位?』嶽應曰:『鄙德忝帝位.』堯曰:『悉擧貴戚及疏遠隱匿者.』衆皆言於堯曰:『有矜在民間, 曰虞舜.』堯曰:『然, 朕聞之. 其何如?』嶽曰:『盲者子. 父頑, 母嚚, 弟傲, 能和以孝, 烝烝治, 不至奸.』堯曰:『吾其試哉.』於是堯妻之二女, 觀其德於二女. 舜飭下二女於嬀汭, 如婦禮. 堯善之, 乃使舜愼和五典, 五典能從. 乃遍入百官, 百官時序. 賓於四門, 四門穆穆, 諸侯遠方賓客皆敬. 堯使舜入山林川澤, 暴風雷雨, 舜行不迷. 堯以爲聖, 召舜曰:『女謀事至而言可績, 三年矣. 女登帝位.』」

101) 「昔者堯見舜於草茅之中, 席隴畝而廕庇桑, 陰移而授天下傳.」

102) 「舜發於畎畝之中.」

103) 「堯之於舜也, 使其子九男事之, 二女女焉, 百官牛羊倉廩備, 以養舜於畎畝之中, 後擧而加諸上位. 故曰王公之尊賢者也.」

104) 「陶家事親.」

이에 있다."[105]라 했다. ≪상해박물관장전국초죽서上海博物館藏戰國楚竹書·용성씨容成氏≫에도 제왕세기帝王世紀에 관한 내용이 보인다. 「堯於是虖(乎)台(始)爲車十又(有)五輛(乘), 㠯(以)三從𡧳(舜)於甸(畎)畛(畝)之中.」(第14簡)[106] 구절 중의 「견무畎畝」는 「훼모卉茅」의 뜻과 비슷하다. 「훼모」는 초야草野이고, 「견무」는 논밭이다.

③ '與之言豊, 㪿': 「與之言豊, 㪿」은 「與之言禮, 悅」의 의미이다. 요가 들판에서 순과 예교禮敎에 대하여 담론한 내용은 현행본 고전적古典籍에 보이지 않으나, ≪상해박물관장전국초죽서·용성씨≫에서는 "그래서 순舜은 요堯에게 천지 백성의 도道에 대하여 말하기 시작하였다. '정치는 정령政令이 간단명료하고 가혹하지 않아야 잘 행해질 수 있고, 서로 조화를 이룬 음악音樂이어야 오랫동안 음악을 통한 교화가 지속될 수 있고, 예禮는 두루 널리 미치지 않는 곳이 없어야 어긋남이 없다.' 요堯는 이 말을 듣고 크게 기뻐하였다."[107]라 하였다. 본 죽간과 ≪용성씨≫의 요와 순의 「예禮에 대한 담론」은 요순堯舜이 선양禪讓한 전설 내용 중의 일부분일 것이다.

【譯註】

1. '虘而遠': '虘而遠'에 대하여 정리본은 언급을 하지 않고 있다. '![glyph]'자는 ≪상박초간上博楚簡·공자시론孔子詩論≫ 「亞而不虘.」(제28간)[108]이나 ≪성정론性情論≫ 「體(體)兀(其)宜(義)而節虘.」[109] 등의 구절에도 보인다. ≪공자시론≫의 정리본은 '虘'자에 대하여 "≪이아·석수≫는 '麕(노루 균) 중에 숫 사슴을 麌(큰사슴 우)라고 하고, 암 사슴을 麚(암고라니 률, li)'라하고, 그 새끼를 麆(노루새끼 조)'라 한다.'[110]라 했다. 따라서 '虘'자는 '조麆'자의 이체자가 아닌가 한다."라 하였다.[111] ≪郭店楚簡·性自命出≫의 「聖人比其頪(類)而侖(論)會之, 雚(觀)其之〈先〉逐〈後〉而违(逆)訓(順)之, 體其宜(義)而卽(節)虘(文)之, 里(理)其青(情)而出內(入)之, 肰(然)句(後)復以𡦝(敎).」(제 16-18간)[112] 중의 ''를 구석규裘錫圭는 '차서次序'·'차도次度' 혹은

---

105) 「在民間.」
106) "그래서 堯는 15 乘 마차를 준비하여, 舜이 농사를 짓는 밭으로 세 차례 찾아갔다."
107) ≪上海博物館藏戰國楚竹書·容成氏≫:「於是虖(乎)台(始)語堯天地人民之道. 與之言正(政), 㪿(悅)柬㠯(以)行, 與之言樂 , 㪿(悅)和㠯(以)長, 與之言禮, 㪿(悅)故㠯(以)不逆. 堯乃㪿(悅).」
108) "악독하면서 연민의 정이 없다."
109) "의리를 체득하여 규장을 제정하다."
110) ≪爾雅·釋獸≫:「麕·牡麌·牝麚. 其子麆.」
111) 馬承源, ≪上海博物館藏戰國楚竹書≫, 158 쪽 참고.
112) "성인들은 ≪시詩≫·≪서書≫·≪예禮≫·≪악樂≫을 각종 인륜 관계에 따라 비교 고찰하여 논의하고 조합하였다. 즉 그 선후先後 질서를 심찰審察하여 그 발전과 연변을 알아냈고, 그 의리를 체득하여 규장을 제정하였으

'절도節度'의 의미라 하였다.113)

≪上博楚簡·性情論≫(제10간)은 '節度'로 쓴다. ≪상박초간上博楚簡·성정론性情論≫의 복모좌濮茅左 정리본은 '虔'자는 '虘'자와 같은 자이며, '取'자로 읽는다하면서도 또한 '文'으로 해석하기도 한다하였다.

 '虔'자는 '虘'자와 같은 자이다. 자부 '鹿'과 '虍'는 같은 종류에 속하기 때문에 서로 통한다. ≪상박초간上博楚簡≫의 ≪주역周易·송訟≫은 현행본 ≪주역·송≫의 '祗(복 사, shí,sí)'자를 '祗'로 쓴다. 서개徐鍇의 ≪설문계전≫은 "'虘'자는 '물건을 움켜잡다'의 의미이다. 의미부가 '又'이고, 소리부가 '虘(모질 차, cuó)'인 형성자이다."114)라 하고, ≪설문통훈정성≫은 "'虘'자는 '움켜잡다'의 의미이다. 이 자는 '摣(잡을 사, zhā)'자로 쓰기도 한다."115)라 하고, ≪광아·석고≫는 "'摣'자는 '움켜쥐다'의 의미이다."116)라 하고, ≪방언≫은 "'扗(잡아당길 저, zhā)·摣'자는 '움켜 쥐다'의 의미. 남방 초나라 지방에서는 흙탕물 속에서 물건을 움켜 건져 내는 것을 '扗'라고 한다. 혹은 '摣'자로 쓰기도 한다."117)라 하였다. '虔'자는 '且'와 서로 통한다. ≪상박초간上博簡·주역周易·해解·육삼六三≫에 '虔'자가 있는데, 현행본은 '且'자로 쓴다. '節度'는 현행본 '절취節取'·'취절取節'의 의미와 유사하다. ≪좌전左傳·희공삼십삼년僖公三十三年≫의 「≪詩≫曰: 采葑采菲, 無以下體. 君取節焉可也.」118)라는 구절에 대하여 두예杜預는 "봉비葑菲의 채소는 윗부분은 먹을 수 있고, 아랫부분은 먹을 수 없어, 먹고자 하는 자는 좋지 않은 부분을 취하면서 좋은 부분을 버리지는 않는다. 이는 좋은 부분을 취해야 한다(取節)는 것을 가리킨다."119)고 하였다. 이는 좋은 점을 취하면 이익이 있기 때문에 적절하게 절제하여야 한다는 것을 뜻한다. 이는 또한 모든 일은 사정에 따라 취할 것과 취하지 말아야 할 것을 선택하여야한다는 것이다. 이러한 내용을 ≪곽점초묘죽간郭店楚墓竹簡≫도 구체적으로 설명하였다. 즉 ≪어총일語叢一≫은 "고의로 효를 행하면 그것은 효가 아니다. 고의로 공경함을 행하면, 그것은 공경함이 아니다. 고의로 해서는 안 되지만, 하지 않아서도 안 된다. 고의로 하는 것도 잘못 된 것이지만, 하지 않는 것 또한 잘못 된 것이다."120)·"예란 사람의 감정을 따라 절제節制하여 행하는 것이다."121)라고 하였다. 이는 옳은 것을 택하여 행하고, 잘못된 것은 바르게 교정

며, 그 인정을 조리있게 정리하여 발현하거나 수습할 수 있게 하였다. 그런 연후에 다시금 백성을 교화한다."
113) ≪郭店楚墓竹簡≫, 182쪽, 注 13.
114) ≪說文繫傳≫:「虘, 又取也, 从又从虘聲.」
115) ≪說文通訓定聲≫:「虘, 又取也, 字也作摣.」
116) ≪廣雅·釋詁一≫:「摣, 取也.」
117) ≪方言≫(卷十):「扗, 摣, 取也. 南楚之間凡取物溝泥中, 謂之扗, 或謂之摣.」
118) "≪시경≫에 '무우를 캐고 菲(엷을 비, fēi,fěi)' 나물을 캘 때 뿌리를 캐지 말라.)'라 했듯이 군주는 자신의 절조만을 취하면 되는 것이다."
119) 「葑菲之菜, 上善下惡, 食之者不以其惡而棄其善, 言可取其善節.」
120) ≪語叢一≫:「爲孝, 此非孝也, 爲弟, 此非弟也, 不可爲也, 而不可不爲也. 爲之, 此非也, 弗爲, 此非也.」

하여 행해야 한다는 것을 말한다. ≪예기禮記·예기禮器≫는 또한 "옛 성인들은 내적으로 덕德수양을 중히 여겼고, 덕이 밖으로 발양되어지는 것을 즐거운 일로 삼았으며, 적은 것을 귀하게 여겼고 많은 것을 아름답다여겼다. 그래서 선왕은 예禮를 제정함에 적지도 많지도 않게 단지 그 정도에 맞게 하였다."[122]라 하였는데, 이 구절은 이 죽간 중의 「里丌情而出內之.」[123]라는 내용과 서로 관련성이 있다. '節虘'를 혹은 '절도節度'의 의미로 풀이하기도 한다. '度'와 '虘'·'且'자의 음은 모두 '魚'부에 속하기 때문에 서로 통가자로 사용될 수 있다. 이외에도 '절문節文'으로 해석하기도 한다.[124]

황덕관黃德寬은 '虘'자를 '文'으로 해석하고, ≪좌전左傳·양공襄公25年≫「仲尼曰, 志有之, 言以足志, 文以足言. 不言, 誰知其志, 言之無文, 行而不遠.」[125]의 구절 중「言之無文, 行而不遠」과 같은 뜻이라 하였다.[126]

≪郭店楚墓竹簡·語叢一≫에「豊(禮)因人之情而爲之(제31간), 卽虘者也.(제97간)」라는 구절이 보인다. "예란 사람의 감정에 따라 행하는 것을 절제한다는 것이다."는 뜻이다. 이 중 '卽虘'은 [글자]으로 쓰고 '절문節文'으로 읽을 수 있다. 유가 전적 중에는 '예禮'와 '정情'의 관계를 논한 문장들이 많은데, 예를 들어, ≪예기禮記≫ 중에는 아래와 같다.

자유가 말하였다. 예는 애통하는 정을 쇠미하게 만드는 것이 있고, 일부러 최질縗絰같은 것을 만들어 슬픈 마음을 흥기시키는 것이 있다. 만약 자기의 심정이 내키는 대로 곧바로 경솔하게 행하는 자가 있다면 그것은 오랑캐의 도이다. 중국의 예도는 그렇지 않다. 원래 사람의 마음은 기쁘면 도연陶然해져서 즐거우며, 즐거우면 노래 부르고, 노래 부르면 몸이 움직이고, 움직이면 춤추고, 춤추면 마음이 앙양되고, 마음이 앙양되면 이윽고 마음이 아프고, 마음이 아프면 탄식하고, 탄식하면 가슴을 두드리고, 가슴을 두드리면 춤춘다.[127]
공자가 말하였다. 이른바 예란 선왕先王이 이에 의해 하늘의 도를 깨달았고, 이를 이용해서 사람의 정(희노애락)을 다스린 것이다. 예를 알고 있으면 살아갈 수 있지만, 예를 잃고는 살아갈

---

121) 「禮因人之情而爲之節度者也.」
122) ≪禮記·禮器≫:「古之聖人, 內之爲尊, 外之爲樂, 少之爲貴, 多之爲美. 是故先生之制禮也, 不可多也, 不可寡也, 唯其稱也.」
123) "인정을 조리있게 정리하여 발현하거나 수습할 수 있게 하다."
124) ≪上海博物館藏戰國楚竹書(一)≫(馬承源 주편), 복모좌濮茅左 정리, 최남규 역주, 소명출판 113 쪽 참고.
125) "공자가 말하였다. 말로 뜻을 족하게 하고, 글로 말을 족하게 한다. 사람이 말을 하지 않으면 누가 그 뜻을 알겠는가? 말을 하고 글이 없다면 그 말 전해짐이 멀지 않다."
126) 黃德寬, 〈戰國楚竹書(二)釋文補正〉, ≪上海博物館藏戰國楚竹書硏究續篇≫, 438 쪽 참고.
127) ≪檀弓下≫:「子游曰: '禮有微情者, 有以故興物者. 有直情而徑行者, 戎狄之道也. 禮道則不然, 人喜則斯陶, 陶斯詠, 詠斯猶, 猶斯舞, 舞斯慍, 慍斯戚, 戚斯嘆, 嘆斯辟, 辟斯踊矣.'」

수가 없다.128)

그런 고로 성왕聖王은 도덕과 예의 예절을 중요한 수단으로 하여 사람의 마음을 알맞게 규제한다. 그렇기 때문에 사람의 심정은 성왕의 활동의 터전인 것이다.129)

군자가 예를 행하는 방법에는 여러 가지가 있다. 신眞에 대하여 혹은 상대방에 대하여 정情을 다하고 어디까지나 정중하게 하며, 존경을 바쳐 조금도 거짓이 없는 마음으로 예를 행하는 경우가 있다. 제사나 의식을 아름답고 성대하게 행하여 조금도 거짓이 없는 경우도 있다.130)

군자가 말하였다. 예가 인정에 가까운 것은 예의 지극한 것이 아니다.131)

그런 까닭에 군자는 예에 대하여 자기의 생각으로 지어서 그 정情을 극도로 나타내려고 하지 않는다. 이는 예로부터의 유래가 있기 때문이다.132)

군자는 애악哀樂의 정을 나타내는 것이므로 부모의 상중에는 부모를 생각할 뿐인데, 그저 형식적인 조문으로 애곡哀哭한다는 것은 허례가 아니겠는가!133)

백성을 교화할 때 서로 사랑하는 마음으로 하면, 上下가 서로 정으로써 하면 이게 바로 예의 극치인 것이다.134)

음악의 감화가 너무 지나치게 강하면 화합이 무질서해지고, 예의의 효과가 너무 강하면 사람들의 마음이 이반離反한다. 그러므로 적의適宜하게 사용해서 인정人情을 상통시키 예법을 익히게 하는 것이 예악의 효용이다.135)

무릇 예의 대체大體는 천지를 형상하고 사시四時를 본받고 음양陰陽을 법칙으로 하고 인정을 따른다. 그러므로 예라고 하는 것이다.136)

예란 사람의 감정에 따라 절제를 하고, 백성들을 이로써 억제하는 것으로 삼는다.137)

이 중 ≪坊記≫의 「禮者, 因人之情而爲之節文, 以爲民坊者也.」 구절 내용은 죽간 '禮因人之情而爲之節文者也'138)의 내용과 같다. 따라서 '卽度'은 '절문節文'으로 읽을 수 있다.

≪郭店楚簡·性自命出≫의 「聖人比其頪(類)而侖(論)會之, 雚(觀)其之〈先〉遂〈後〉而迲(逆)訓(順)之, 體其宜(義)而卽(節)度(文)之, 里(理)其靑(情)而出內(入)之, 狀(然)句(後)復以蒿(敎).」(제

---

128) ≪禮運≫: 「孔子曰: '夫禮, 先王以承天之道, 以治人之情. 故失之者死, 得之者生.'」
129) ≪禮運≫: 「故聖王修義之柄, 禮之序, 以治人情. 故人情者, 聖王之田也.」
130) ≪禮器≫: 「君子之於禮也, 有所竭情盡愼, 致其敬而誠若, 有美而文而誠若.」
131) ≪禮器≫: 「君子曰: '禮之近人情者, 非其至者也.'」
132) ≪禮器≫: 「是故君子之於禮也, 非作而致其情, 此有由始也.」
133) ≪曾子問≫: 「君子禮以飾情. 三年之喪而吊哭, 不亦虛乎?」
134) ≪祭義≫: 「敎民相愛, 上下用情, 禮之至也.」
135) ≪樂記≫: 「樂勝則流, 禮勝則離. 合情飾貌者, 禮樂之事也.」
136) ≪喪服四制≫: 「凡禮之大體, 體天地, 法四時, 則陰陽, 順人情, 故謂之禮.」
137) ≪坊記≫: 「禮者, 因人之情而爲之節文, 以爲民坊者也.」
138) "예란 사람의 정으로 인하여 절문을 삼는다."

16-18간)139) 중의 ‘❋(卽度)’를 구석규裘錫圭는 ‘次차서序’·‘차도次度’ 혹은 ‘절도節度’의 의미라 하였다.140) ≪上博楚簡·性情論≫(제10간)은 ‘節度’로 쓴다. 이령李零 ≪곽점초간교독기郭店楚簡校讀記≫와 유쇠劉釗 ≪곽점초간교석郭店楚簡校釋≫은 ‘절문節文’으로 예정하였다.141) 이천홍李天虹 ≪곽점초간성자명출연구郭店楚簡〈性自命出〉研究≫는 ‘文’으로 읽어야 옳다고 하였다.142) 초간에서 ‘❋’자와 유사한 자로 ❋가 있다. 후자는 ‘攄’의 이체자가 아닌가 한다. 앞에서 언급한 ≪집운≫의 ‘攄’자이다.143) 이 자는 혹은 ‘且’의 의미로도 쓰인다.144) ≪상박초간·공자시론≫은 “□亞而不度”(제 28간) 중의 ❋자를 마승원馬承源 정리본은 ‘度’로 예정하고 「조麞」자의 이체자가 아닌가 한다고 하였는데,145) 이 설명은 사실상 ‘❋’에 대한 설명이다. 이령李零 ≪상박초간교독기≫는 이 구절을 “□惡而不閔”으로 읽고, ≪郭店楚簡≫에서 일반적으로 ‘文’으로 읽거나 ‘敏(재빠를 민, mǐn)’으로 읽으며 대다수의 학자들은 이 자의 소리부분이 ‘民’이라고 여기고 있으며, 이 자는 사실상 ‘敏’자의 고문古文이라고 하였다.146) 이 자를 이학근李學勤 〈시해곽점간독문지자試解郭店簡讀‘文’之字〉에서 ‘민생성民省聲’(‘民’자의 생략부분이 소리부이다)이라하고, 이천홍李天虹 〈석초간문자문釋楚簡文字‘度’〉에서는 ‘麟(기린 린, lín)’자의 상형자象形字라 하고, 이가호李家浩는 ‘閩(종족 이름 민, mǐn)’자의 고문古文이라고 하였다.147) 음성상 ‘麟’자나 ‘閔’자 역시 ‘文’자와 통한다.

본문은 문맥의 고려하여 ❋(卽)’자는 ‘節’로 읽고, ❋자는 ‘文’으로 읽기로 한다.

전체적인 문장내용으로 보아, 「麞而遠」은 순의 행동거지를 설명하는 것으로 ‘절제하고 (악惡을) 멀리하였다’로 해석할 수 있다. ‘文’은 ‘외관의 꾸밈’이다. ‘외관을 아름답게 꾸미며, 조리條理에 맞게 도의적인 행동을 하다’는 뜻이다.

2. ‘從者卉茅之中’: 이와 유사한 내용을 ≪곽점초간郭店楚簡·당우지도唐虞之道≫는 「夫古

---

139) “성인들은 ≪詩≫·≪書≫·≪禮≫·≪樂≫을 각종 인륜 관계에 따라 비교 고찰하여 논의하고 조합하였다. 즉 그 선후先後 질서를 심찰審察하여 그 발전과 연변을 알아냈고, 그 의리를 체득하여 규장을 제정하였으며, 그 인정을 조리있게 정리하여 발현하거나 수습할 수 있게 하였다. 그런 연후에 다시금 백성을 교화한다.”
140) ≪郭店楚墓竹簡≫, 182쪽, 注 13.
141) 李零, ≪郭店楚簡校讀記≫, 106 쪽. 劉釗, ≪郭店楚簡校釋≫, 95 쪽.
142) 李天虹≪郭店楚簡〈性自命出〉研究≫20 쪽.
143) ≪集韻≫:「攄, ≪說文解字≫: 又取也. 或從手.」(‘攄’자에 대하여 ≪說文解字≫은 ‘손가락으로 잡아 취하다’의 의미이다.”)
144) ≪上博楚簡(三)·周易≫, 186 쪽 참고.
145) ≪上博楚簡(一)≫, 158 쪽.
146) 李零, ≪上博楚簡三篇校讀記≫, 22 쪽.
147) 季旭昇 主編, ≪上博楚簡(一)讀本≫, 63 쪽 재인용.

者舜佢(居)於艸(草)茅之中而不惪(憂), 身爲天子而不喬(驕). 佢(居)艸(草)茅之中而不惪(憂), 智(知)命也.」148)라 하였다. 「者」자는 '諸'으로 읽으며, 전치사 '於'의 용법으로 쓰인다.

3. '敓(悅)□': '□'자를 황덕관黃德寬은 《容成氏》의 「敓(悅)㠯(以)不逆.149)」 문장을 참고하여 '尃(敷)'로 보고 있다.150)

4. '子羔': 제 5간 뒤 면에 《자고子羔》라는 편명이 있다. 이령李零은 《上博楚簡校讀記》에서 《子羔》라는 편명은 본편 《자고子羔》, 《공자시론孔子詩論》과 《노방대한魯邦大旱》 등 세 편이 포함되어야 한다고 주장하였다.151)

---

148) "옛날 舜왕은 신분이 비천하여 초가집에 살았지만, 근심이 없었고, 임금이 되어서는 교만하지 않았다. 초야 가운데 있었지만, 근심이 없었던 것은 천명을 알기 때문이다."
149) "두루 널리 미치지 않는 곳이 없어야 어긋남이 없다."
150) 黃德寬, 〈戰國楚竹書(二)釋文補正〉, 《上博館藏戰國楚竹書硏究續篇》, 438 쪽 참고.
151) 李零은 《上博楚簡三篇校讀記》, 中國人民大學出版社, 2007年 , 34 쪽 참고.

第6簡

尋丌社稷百眚而奉守之堯見坌之慝叚古讓之子羔曰堯之尋坌也坌之慝則城善

第 6 簡

导(得)亓(其)社稷(稷)百眚(姓)而奉守之. 堯見夋(夋‧俊‧舜)之惪(德)①臤(賢), 古(故)讓之②. 子
羔曰: 堯之导(得)夋(夋‧俊‧舜)也 , 舜之惪(德)則城(誠)善

【해석】

나라 백성을 얻어 다스리고 지켜낼 수 있었다. 요 임금은 순제舜帝가 재덕이 있고 현명하다는
것을 알고 그에게 천하를 선양禪讓하였다. 자고가 물었다. 요임금이 순제舜帝를 등용한 것은
순의 재덕이 뛰어나고, 그의 덕행이 훌륭해서입니까?

【上博楚簡原註】

본 죽간의 길이는 32.7㎝로 상단 부분은 타원형의 완전한 상태이나, 하단 부분은 파손이 되었
다. 문자는 모두 33자이다.

① '夋之惪': 죽간이 파손되어 순舜의 덕에 대한 내용은 많이 알 수가 없다. 구체적인 내용은
≪대대예기大戴禮記‧오제덕五帝德≫에서 공자가 순제舜帝의 덕을 찬미하는 내용을 참고할 수
있다. 이외에도 전국戰國시기의 제자諸子 중에 산발적으로 이에 관한 내용이 있으나, 여기에서
는 생략하기로 한다. 내용은 또한 ≪상박초간上博楚簡(二)‧용성씨容成氏≫를 참고할 수 있다.
② '古讓之': '古讓之'는 '고양지故讓之'의 의미이다. 「讓(사양할 양, ràng)」은 '선양禪讓'의
의미이다. 이 '선양'에 관한 내용은 고전적에 적지 않게 보인다. ≪사기史記‧오제본기五帝本紀≫
는 "요堯는 제위 70년 만에 순舜을 알았고, 20년이 더 지나고 나서 나이가 들어 순으로 하여금
천자의 일을 대행하도록 하늘에 천거하였다. 요는 선양을 한 후 28년 후에 세상을 떠났다."‧
"요는 아들 단주丹硃가 현명치 못하여 천하의 권한을 이행하기에는 부족하다는 것을 알고 그
권리를 순에게 주었다."‧"순은 20세 때 효자로 널리 알려지게 되었고, 30세 요가 순을 천거하였
고, 50세 때 천자의 일을 대행하였으며, 58세 때 요가 세상을 떠났고, 61세 때 요를 대신하여
제위帝位에 등극하였다."라 했다.[152] ≪용성씨容成氏≫에도 이와 관련된 내용이 있다.

---

152) ≪史記‧五帝本紀≫: 「堯立七十年得舜, 二十年而老, 令舜攝行天子之政, 薦之於天. 堯辟位凡二十八年而崩.」
‧「堯知子丹硃之不肖, 不足授天下, 於是乃權授舜.」‧「舜年二十以孝聞, 年三十堯舉之, 年五十攝行天子事, 年

【譯註】

1. '釜之悳': ≪대대예기大戴禮記·오제덕五帝德≫ 중 공자가 재아宰我에게 '순舜의 덕德'에 대하여 대답하는 내용이 있다. "교우蟜牛의 손자이며, 고수瞽叟의 아들로써, 중화重華라 부른다. 학문을 좋아하고, 효도와 우애가 온 세상에 널리 알려졌다. 질그릇을 굽고 고기를 잡으며, 너그러우며 부드럽고 온화하고 선량하게 어버이를 섬겼다. 적절하고 민첩하게 시기를 알아 실행하였으며, 하늘을 두려워하고 백성을 사랑하며, 친척이 아닌 사람도 걱정해주고 가까이 있는 친척과도 돈독하게 지냈다. 대명을 이어받고, 아황倪皇(비妃 아황娥皇)에 의지하였으며, 총명하고 모든 것을 통달하여 천하의 공인이 되었다."153)

五十八堯崩, 年六十一代堯踐帝位.」

153) ≪大戴禮記·五帝德≫: 「蟜牛之孫, 瞽叟之子也, 曰重華. 好學孝友, 聞于四海, 陶家事親, 寬裕溫良. 敦敏而知時, 畏天而愛民, 恤遠而親親. 承受大命, 依于倪皇, 叡明通知, 爲天下工.」

第7簡

亦紹先王之遊道不奉盟王則亦不大渡孔三曰坌丌可胃受命之民矣坌人子也

第 7 簡

亦紀①. 先王之遊②, 道不奉盃, 王則亦不大湏¹. 孔=(孔子)曰: 釜(夋·俊·舜)亓(其)可胃(謂)受命之民③矣 , 釜(夋·俊·舜), 人子也.

【해석】

이 또한 기록이다. 선왕의 순수巡狩할 때 훌륭한 왕을 만나지 못하면 힘써 일할 기회가 없었을 것이다.」 공자는 말하였다. 「순제舜帝는 대명을 받은 일반 백성이라고 할 수 있다. 순제는 일반 백성의 아들이다.」

【上博楚簡原註】

본 죽간은 32.9㎝로 상단은 타원형의 완전한 상태이나, 하단은 파손이 되었다. 문자는 모두 32자이고, 합문이 1자이다.

① '亦紀': 이 죽간의 앞 죽간에 해당되는 죽간이 파손되어 전체 문맥 파악이 쉽지 않다. 잘 알 수 없는 자이다.
② '先王之遊': 선왕先王의 '순수巡狩(나라를 돌아다니며 민정을 살핌)'에 관한 일을 가리킨다. ≪관자管子·계계戒≫는 "환공이 동쪽으로 순수巡狩를 떠나려 하면서 관중에게 말했다. 나의 순수는 휘를 도는 차축과 같이 돌고 돌아 남쪽으로는 낭사琅邪까지 가려 한다. 사마司馬는 '이 또한 선왕의 순수巡狩와 같다.'라고 했는데, 이는 무엇을 말하는 것인가? 관중이 말했다. 선왕先王의 순수巡狩 중 봄에 나가는 것은 농사일에 부족한 점을 원조해 주려는 것이기 때문에 유遊라 하고, 가을에 나가는 것은 일손이 부족한 것을 보충해 주려하는 것으로 이를 석夕이라 합니다."154)라 했다. ≪안자춘추晏子春秋·문하사問下四≫는 "경공景公이 순유巡遊에 나갔다가 안자에게 물었다. 나는 전부轉附와 조무朝舞를 보고 바다를 따라 남쪽으로 내려가 낭야까지 구경하였으면 하는데, 어떻게 하면 선왕先王의 순수巡狩와 같을 수 있겠는가? 안자가 재배를 하며 말하였다. 훌륭하십니다. 군주의 질문이시여. 천자가 제후의 땅에 가는 것은 순수巡狩를 위해서고, 제후가

---

154) ≪管子·戒≫:「桓公將東游, 問於管仲曰: 我遊猶軸轉斛, 南至琅邪. 司馬曰:『亦先王之遊已.』何謂也? 管仲對曰:『先王之遊也, 春出, 原農事之不本者, 謂之遊. 秋出, 補人之不足者, 謂之夕.』

천자에게 가는 것은 술직述職155)을 위해서입니다. 봄 농사에 부족한 것이 없는 가를 살피는 것이 유遊이고, 가을에 결실을 살펴 충분치 못한 것을 보조하는 것을 예豫라 합니다. 하夏나라의 속담에 우리 임금 '유遊'하지 않으시니, 내 어찌 쉴 수 있으랴, 우리 임금이 '예豫'를 않으시니, 내 어찌 도움을 받을 수 있겠는가?라 했습니다. 한 차례의 '유遊'와 '예豫'는 제후된 자의 법도입니다."156)라 했다. ≪사기史記·오제본기五帝本紀≫는 요堯가 순舜에게 천자의 직을 섭정攝政하도록 하고, "그해 2월에 동쪽 지방으로 순수巡狩를 떠나, 대종산岱宗山에 이르러 시제柴祭를 지냈다."157)라 하여 순舜이 순수巡狩한 내용을 기록하였다.

③ '受命之民': '受命之民'은 순舜이 천명을 받은 일반 백성이라는 말이다. 아래에서 기술하고 있는 「三王者之作」이란 내용과는 달리 요제堯舜의 탄생에는 신비로운 전설적 요소가 없다. 공자는 기본적으로 당시 유행한 요제堯舜에 관한 각종 신화전설을 받아들이지 않았지만, 그렇다고 해서 완전히 배제한 것은 아니다. 예를 들어 ≪오제덕五帝德≫ 중의 서술이 그렇다. 사마천司馬遷은 ≪오제본기五帝本紀≫에서 요순堯舜의 출생을 신화와 관련시키지 않고 있는데, 이는 비사실적인 요소를 없애기 위한 의도가 있다. 하지만 철저하게 배제하기란 그 당시의 시대적 관념으로는 아마 불가능했기 때문에 상당부분에 있어 상호 모순적인 내용이 있다. 전국戰國시대 기록물 중 ≪맹자≫가 요순堯舜에 관한 내용을 제일 많이 기록하였다. 이외에도 순자荀子·묵자墨子·장자莊子·관자管子와 한비자韓非子 등에도 신화의 전설적인 내용이 있는데, 요순에 신화전설적인 관점은 서로 약간씩 다르다. 그 중에는 무시를 하는 태도를 취하는 경우도 있다. ≪대대예기大戴禮記·오제덕五帝德≫은 "재아宰我가 '요제堯帝는 어떤 분이십니까'라고 묻자, 공자는 '고신高辛의 아들이며, 이름은 방훈放勳이다. 그 인자함이 하늘과 같고, 지혜는 신과 같으며, 백성들은 요제堯帝를 해바라기가 해를 보는 것 같이 하고, 하늘의 구름 보듯 우러러 보았다'라 했다."158)라고 하였고, ≪맹자孟子·이루하離婁下≫는 "순舜은 제풍諸馮(지금의 산시山西성 제성)에서 태어나 부하負夏(지금의 하남성河南省 낙양시洛陽市)로 옮기셨다가 명조鳴條에서 돌아가신 동방東方 이족夷族이다."159)라고, ≪여씨춘추呂氏春秋·신인愼人≫은 "순이 요를 만난 것은

155) '제후가 조회에 나아가 천자께 직무職務 상황을 아뢰던 일'을 술직述職이라 한다.
156) ≪晏子春秋·問下四≫:「景公出遊, 問于晏子曰:『吾欲觀于轉附·朝舞, 遵海而南, 至于琅琊, 寡人何修, 則夫先王之遊?』晏子再拜曰:『善哉! 君之問也. 聞天子之諸侯爲巡狩, 諸侯之天子爲述職. 故春省耕而補不足者謂之遊, 秋省實而助不給者謂之豫. 夏諺曰:『吾君不遊, 我曷以休? 吾君不豫, 我曷以助? 一遊一豫, 爲諸侯度.』」
157) ≪史記·五帝本紀≫:「歲二月, 東巡狩, 至於岱宗, 柴.」
158) ≪大戴禮記·五帝德≫:「宰我曰: 請問帝堯. 孔子曰: 高辛之子也, 曰放勳. 其仁如天, 其知如神, 就之如日, 望之如雲.」
159) ≪孟子·離婁下≫:「舜生於諸馮, 遷於負夏, 卒於鳴條, 東夷之人也.」

하늘이 맺어준 인연이다. 순은 역산에서 농사를 짓고, 하빈에서 질그릇을 굽고, 뇌택雷澤에서 낚시질을 하였다. 천하의 백성들이 그를 매우 좋아하였고, 훌륭한 선비들이 그를 따랐다. 이는 보통 사람으로 노력한 결과이다."160)라 했다. 그러나 ≪산해경山海經≫과 같은 민간 전설은 '순舜'과 '제준帝俊'은 동일한 인물이며, 위대한 신神 중의 하나로 보고 있다. 또한 그의 성자聖子와 성손聖孫들도 네 마리의 야수野獸, 조鳥·호虎·표豹(표범 표, bào)·웅熊(곰 웅, xióng)과 비羆(큰 곰 비, pí,bi)를 다스릴 수 있었다. 이는 먼 옛날 상주商周 때의 신화이었을 것이고, 제준帝俊에 관한 이와 유사한 기록들이 다른 고대 전적에도 기록되어 있다. 사서史書들은 먼 옛날 전설들을 신성한 제왕세가帝王世家로 전환하고자 하여 신화적인 요소를 가능한 없애려 하였지만, 이러한 요소들을 완전히 배제하지 못했기 때문에 왕세가王世家의 기록들이 오히려 혼란을 야기시키는 계기가 되기도 하였다. 또한 역대 학자들도 이러한 기록에 대하여 의견이 분분하였다.

【譯註】

1. '亦紹先王之遊道不奉盟王則亦不大湨': 마승원馬承源의 정리본은 '亦紹先王之遊道不奉盟王則亦不大湨'의 구절 중 '先王之遊' 이외에는 특별한 설명이 없다. 진위陳偉는 〈상해박물관장전국초죽서영석≪上海博物館藏戰國楚竹書(二)零釋〉에서 이 문장을 「亦紀先王之遊道. 不逢明王, 則亦不大使」로 읽었다.

'기紀'는 '기록하다(記載)', '유遊'는 '행行'의 의미이다. ≪전국책·진간사≫ "만약에 왕이 저에게 만금을 주고 유세를 하게 하다"의 구절에 대하여 요굉姚宏은 "'遊'는 '行'이다."라 하였다. '道'는 '言'의 의미이다. ≪周禮·夏官·訓方氏≫『訓方氏掌道四方之政事與其上下之志』161)의 구절에 대하여 정현鄭玄은 "'道'는 '말(言)'이다. 즉 왕을 위하여 말하는 것을 가리킨다."라 했다. '유도遊道' 즉 '언행言行'을 말한다.

'봉奉'은 '逢(만날 봉, féng)'의 의미다. '奉'자와 '逢'자는 모두 기본 소리부가 '丰(예쁠 봉, féng)'이기 때문에 통가자通假字로 사용된다. '奉'자 나음 자는 '明'자인 것으로 보인다. 본 ≪子羔≫의 제1간162) 중에 자부 '日'과 '皿'으로 된 [圖]자를 황덕관黃德寬은 '맹盟'자의 이체자이고, '明'의 의미로 쓰인다고 하였다. 본 '[圖]'자는 아랫부분이 '皿'이고, 윗부분은 '冏(빛날 경, jiǒng)'의 변형으로 '盟'자이며, '明'의 의미가 아닌가 한다. '명왕明王'은 고전적에 자주 보이는 단어이다. ≪상해박물관장초죽서·종정갑≫(제1간)에 '이전 하상주 삼대에 걸쳐 명군明君과 현

---

160) ≪呂氏春秋·愼人≫: 「夫舜遇堯, 天也, 舜耕於歷山, 陶於河濱, 釣於雷澤, 天下說之, 秀士從之, 人也.」
161) "훈방씨는 왕에게 사방제후의 정치적인 일과 군신의 마음을 아뢰는 일을 맡는다."
162) 제1간이 아니라 제 2간이다.

주賢主가

있었다.'라는 내용이 있다.

자부 'ⅰ'와 '史'로 되어 있는 ''자는 '사使'의 뜻으로 쓰이는 것이 아닌가한다. ≪대대예기·위장군문자≫ 중에 공자가 '有土君子, 有衆使也, 有刑用也, 然後怒.'[163]라는 구절이 있는데, 노변盧辯은 "'使'는 '천거하다'의 의미"[164]라 하였다. 본 죽간의 내용은 '명군을 만나지 못해 중용되지 못했다'의 뜻이다. ≪예기·단궁상≫에서 공자는 '천하에 명군이 없으니 누가 나의 宗主를 받들 수 있겠는가'[165]라 했고, ≪공자가어孔子家語·본성해本姓解≫에서는 제齊나라 태사太史 자여子與가 '애석한 것은 선생님께서 밝은 임금을 만나지 못한 까닭으로 그 훌륭한 도덕이 백성들에게까지 미치지 못한 것이다. 하지만 장차 이 보배로운 도덕이 후세 사람들에게는 전해질 것이다'[166]라 했다. 이 내용은 본 죽간의 내용과 연결시켜 이해할 수 있다. 만약에 이 주장이 틀리지 않다면 본 제 7 간은 제 8 간 다음에 위치해야 할 것 같다. 제 8 간 끝 부분에서 자고가 『如舜在今之世則何若?』[167]라고 묻자, '孔子曰'이라 시작하여 공자가 답한 내용이 제 7 간 윗부분이다. 공자가 자신의 경우를 빗대어 자고에게 계속해서 답해주는 내용이기 때문에 '亦'자를 쓰고 있는 것이다.[168]

본 문은 진위陳偉의 주장에 따라 해석하기로 한다.

---

163) "영토를 가진 군자는 많은 사람을 부리는 일을 하고, 형벌을 사용하는 일이 있기 때문에 怒하는 일이 있다."
164) 「使, 舉也.」
165) 「夫明王不興, 而天下其孰能宗予.」
166) ≪孔子家語·本姓解≫: 「惜乎, 夫子之不逢明王, 道德不加于民, 而將垂寶以貽後世.」
167) "만약 舜이 지금 사람이라면 어떻게 되었을까요?"
168) 陳偉, 〈≪上海博物館藏戰國楚竹書(二)零釋〉, 簡帛研究사이트, 2003.03.17.「紀 , 記載. 遊, 訓行. ≪戰國策·秦簡四≫: "王資臣萬金而遊", 姚注: "遊, 行." 道, 訓言. ≪周禮·夏官·訓方氏≫: "訓方氏掌道四方之政事與其上下之志", 鄭注: "道猶言也, 爲王說之." 遊道, 猶言行. 奉, 讀爲逢. 二字皆从"丰"得聲, 應可通假. "奉"後一字, 疑是"明"字. 在同篇1號簡有一字, 上从"日", 下从"皿", 黃德寬先生認爲是"盟"字異體, 讀爲"明". 此字下从"皿", 上部或許是"囧"字訛體, 亦是"盟"字, 讀爲"明". "明王", 古書習見, 同爲上海博物館藏楚竹書≪從政≫甲1號簡也有"昔三代之明王之有天下者"的表述. 使, 原从"ⅰ"从"史". 疑當讀爲"使". ≪大戴禮記·衛將軍文子≫記孔子語云: "有土君子, 有衆使也, 有刑用也, 然後怒." 盧辯注: "使, 舉也." 簡文此句大概是說: 不遇明王, 也就不能得到重用. ≪禮記·檀弓上≫記孔子說: "夫明王不興, 而天下其孰能宗予." ≪孔子家語·本姓解≫記齊太史子與說: "惜乎, 夫子之不逢明王, 道德不加于民, 而將垂寶以貽後世." 可與簡書對讀. 如果上述大致不誤, 我們有理由懷疑本簡應接在8號簡之後. 8號簡下段記子羔之問述: "如舜在今之世則何若?" 然後是"孔子曰". 7號簡上半段所記正是孔子回答的內容. 孔子借題發揮, 以自己的際遇作比況, 所以連用了兩個"亦"字.」

第8簡

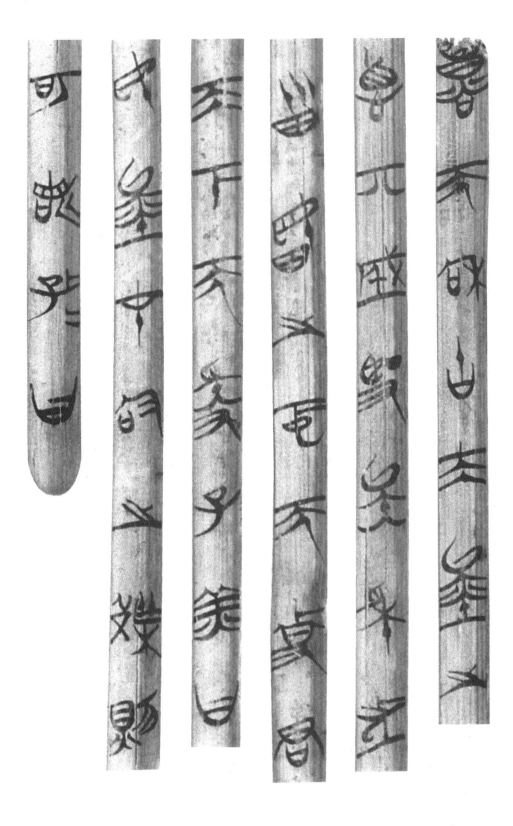

而和古夫坴之慙丌城叞矣采者田由之中而吏君天下而爱子羔曰女坴才舍之𥸤則可若孔=曰

第 8 簡

🔲¹而和, 古(故)夫坴(夋·俊·舜)之悳(德)丌(其)成(誠)殷(賢)矣, 釆(播)者(諸)⑫朏(畎)啟(畝)之中②, 而吏(使)君天下而㥑(偠)③³. 子羔曰: 女(如)坴(夋·俊·舜)才(在)含(今)之殜(世)⁴則何若？ 孔=(孔子)曰

【해석】

화목하였다. 그런고로 순제舜帝의 재덕才德이 정성스럽고 현명하여 제후들이나 일반백성들에게 까지 은혜와 덕을 돈독하게 베풀었다. 그래서 순舜을 발탁하여 천하를 다스리고, 국사를 결정하도록 하였다.」 자고가 물었다. 「만약에 순舜이 지금 사람이었다면 어떻게 되었을까요?」 공자가 말하였다.

【上博楚簡原註】

본 죽간의 길이는 43.4cm로 윗부분이 약간 파손되었으나, 하단은 타원형의 완전한 형태다. 문자는 40자이고, 그 중 합문合文이 한 자이다.

① '釆者': 순제舜帝의 덕이 일반 백성에게 두루 미침을 말한다. 「釆」자는 「番(갈마들 번, fān)」자의 소리부분인 「채釆」자와 같은 자이다. 「播(뿌릴 파, bō)」나 「布(베 포, bù)」의 통가자로 쓰인다. 「파播」는 「덕을 베풀다(播德)」는 것으로 「포덕布德」의 의미와 같다. 「播」의 고음은 '방幫'뉴紐 '가歌'부部이고 「布」의 고음은 '방幫'뉴紐 '어魚'부部로, 성모가 쌍성雙聲이고 운모韻母는 통전通轉관계인 통가자이다. ≪사기史記·초세가楚世家≫는 "성왕 운惲이 등극한 원년元年에는 덕과 은혜를 널리 베풀고, 제후諸侯들과 돈독하게 잘 지냈다."¹⁶⁹⁾, ≪삼국지三國志·촉서蜀書·양희전楊戲傳≫은 "제위에 등극하여 천하를 순수巡狩하고 덕망이 천지에 두루 미쳤다."¹⁷⁰⁾라 했고, ≪예석隷釋·한어령조군비漢圉令趙君碑≫는 "두 성안에 은덕을 베풀고, 그 덕으로 교화되어 화기애애하였다."¹⁷¹⁾라 했다.

---

169) ≪史記·楚世家≫: 「成王惲元年, 初即位, 布德施惠, 結舊好於諸侯.」

170) ≪三國志·蜀書·楊戲傳≫: 「躡基履迹, 播德芳聲.」

171) ≪隷釋·漢圉令趙君碑≫: 「播德二城, 風曜穆清.」

② '〈〈𤰏之中': '〈〈'자는 '畎(밭도랑 견, quǎn)'자와 같은 자이고, '𤰏'는 '畝(이랑 무{묘}, mǔ)'와 같은 자이다. 「견무畎畝」는 큰 마을 도심이 아닌 시골 농가에서 생활하는 서민을 가리킨다. '〈〈(밭도랑 견, quǎn)'자에 대하여 ≪집운≫은 "≪說文解字≫는 다음과 같이 설명하였다. '작은 물줄기'란 뜻이다. ≪주예·장인≫은 '도랑은 쟁기의 오촌五寸 넓이로 팠다. 두 쟁기 넓이를 '耦(짝 우, ǒu)'라 하고, 넓이가 한 '尺(자 척, chǐ)'이고 깊이가 한 척尺인 '耦'의 넓이를 파낸 흙을 '畎(밭도랑 견, quǎn)'라 한다. '畎'의 배倍를 '遂(이를 수, suì,suí)', '遂'의 배倍를 '溝(봇도랑 구, gōu)', '溝'의 배倍를 '洫(봇도랑 혁, xù)', '洫'의 배倍를 '〈〈(큰 도랑 괴, guì,kuài)'이라 하였다. 고문은 '田'과 '川'으로 써서 '〓(밭도랑 견, quǎn)'으로 쓰고, 전서는 의미부분 '田'과 소리부분 '犬'으로 이루어진 형성자 '畎(밭도랑 견, quǎn)'으로 쓴다."172)라고 하여, '畎'자는 「밭도랑」의 뜻이라 하였다. ≪국어國語·주어하周語下≫의 「天所崇之子孫, 或在畎畝, 由欲亂民也.」173) 구절에 대하여 위소韋昭는 "골짜기에 있는 밭을 '견畎'이라 하고, 높은 언덕에 있는 두둑을 '무畝'라 한다. '畝'는 '언덕 밭이랑(壠)'이다."174)라 하였다. ≪맹자孟子·고자하告子下≫는 「舜發於畎畝之中.」175), ≪만장상萬章上≫은 「帝使其子九男二女, 百官牛羊倉廩備, 以事舜於畎畝之中. 天下之士多就之者.」176)라 하였다. '견무지중畎畝之中'이란 '夋(夋·俊·舜)의 현명한 덕이 들판에 사는 일반 서민에게까지 베풀어졌다'라는 뜻이다.

③ '愛': '愛'자는 '偁(들 칭, chēng)'의 의미다. ≪說文解字≫는 "'偁'은 '한 손으로 두 개의 물건을 드는 형상'의 뜻이다. '爪(손톱 조, zhǎo,zhuǎ)'와 '冓(짤 구, gòu)'의 일부가 생략된 형태로 이루어진 자이다."177)라 하였다. 이 자의 윗부분은 '爪'이고, 아랫부분은 '又'로 두 개의 물건을 들어 올리는 형태와 유사하다. ≪爾雅·釋言≫의 「偁, 擧也.」178)에 대하여 곽박郭璞은 "≪서경≫은 말하였다. '그대들의 창을 들라.'"179)라 하였다.

---

172) ≪集韻·上銑≫:「≪說文解字≫: 水小流也. ≪周禮·匠人≫爲溝洫, 相廣五寸, 二相爲耦, 一耦之伐, 廣尺深尺謂之畎, 倍畎謂之遂, 倍遂曰溝, 倍溝曰洫, 倍洫曰〈〈. 古文從田川, 篆從田, 犬聲.」

173) "하늘이 중시하는 자의 자손 중 일부가 농부로 전락한 것은 그들이 백성에게 해를 끼쳤기 때문이다."

174) 「下曰畎, 高曰畝. 畝, 壠也.」

175) "순제舜帝는 밭두둑에서 발탁되었다."

176) "요제堯帝가 그의 구남九男 이녀二女로 하여금 백관百官·우양牛羊과 창고를 갖추고 밭이랑에서 순舜을 섬기도록 하자, 천하의 많은 선비들이 그를 찾아가는 자가 많았다."

177) ≪說文解字·冓部≫:「偁, 幷擧也. 從爪冓省.」

178) "'칭偁'은 '들다'의 의미이다."

179) 「≪書≫曰: 偁爾戈.」

【譯註】

1. '𦰩': '𦰩'자는 아직 모르는 자이다.

2. '采者': '采者'를 정리본은 '파제播諸'로 풀이하고 '일반 백성에게 덕이 베풀어졌다'라고 해석하였다. 그러나 ≪맹자·고자하≫ "순제舜帝는 밭도랑에서 발탁되었다."[180] 등의 내용을 참고하여, 순제舜帝가 밭도랑에서 천거된 사실에 대한 언급으로 해석하기로 한다. ≪上博楚簡(二)讀本≫은 '者(諸)'를 '지어之於'의 合音으로 보고, "'采(播)者(諸)𡴍(畎)𤱶(畝)之中' 구절의 주어는 요堯이다. '제諸'자는 '之於'의 합음合音이고, 그 중의 대명사 '지之'는 순舜을 가리킨다."라 하였다.[181]

3. '爯': 정리본은 '爯'자를 '爯'로 예정하고 '偁(들 칭, chēng)'의 의미라 하였다. '爯'자는 '稱(일컬을 칭, chēng,chèn)'자와 같은 자이다. 본 구절에서는 '衡(저울대 형, héng)'의 가차자로 사용되고 있는 것으로 보인다. '형衡'은 국사國事를 결정하는 '권형權衡(권력)'이란 의미다. 국사를 결정하는 권력행사는 「吏(使)君天下.」[182]는 것과 밀접한 관련이 있다.

4. '含之殜': '含(含)'자는 '今(이제 금, jīn)'자를 복잡하게 쓴 형태이다. ≪상박초간≫에서 '今'자는 '口'를 추가하지 않고 '今'(≪上博楚簡(四)·조말지진曹沫之陳≫제2간)으로 쓰기도 한다.[183]

'殜(殜)'자는 '歹(부서진 뼈 알, dǎi,è)'과 소리부 '枼(나뭇잎 엽, yè)'으로 이루어진 형성자이다. ≪상박초간上博楚簡(五)·고성가부姑成家父≫는 '알歹' 대신에 '사死'를 써서 '𣧠'(第7簡)로 쓰거나, 혹은 '人'을 써서 '僷'(傸)'(≪上博楚簡(二)·용성씨容成氏≫, 42簡)로, 혹은 '世'와 '死'를 써서 '𣧒'(≪상박초간(五)·계강자문어공자季康子問於孔子≫)로 쓰기도 한다. '枼'의 기본 소리부는 '世'이다. ≪說文解字≫의 「抴, 從手, 世聲.」[184]에 대하여 ≪설문해자주≫는 "'抴(끌 설{예}, yè)'자와 '曳(끌 예, yè)'자는 음과 뜻이 같다."[185]라 하였다.

---

180) ≪孟子·告子下≫:「舜發於田畝之中.」
181) ≪上海博物館藏戰國楚竹書(二)讀本≫, 35 쪽 참고. 「"采(播)者(諸)𡴍(畎)𤱶(畝)之中"的主語應該是堯, '諸'是 '之於'合音, 其中的代名詞'之'做受詞用, 指舜.」
182) "천하의 군주가 되게 하다."
183) 李守奎, ≪上海博物館藏戰國楚竹書(一)-(五)文字編≫, 277 쪽 참고.
184) "'설抴'자는 의미부 '手'와 소리부 '世'로 이루어진 형성자이다."
185) ≪說文解字注≫:「抴與曳音義皆同.」

第9簡

子羔昏於孔=曰厽王者之乍也膚人子也而丌父戔而不足爰也與啟亦城天子也與孔=曰善而昏之也舊矣丌莫

第 9 簡

子羔問於孔子曰: 厽(參)王者之乍(作)①也, 虛(皆)人子也, 而开(其)父戔(賤)而不足爯(偁)②也與(歟)? 政¹亦城(成)天子③也與(歟)? 孔=(孔子)曰: 善, 而(爾)問之也舊矣. 开(其)莫

【해석】

자고가 공자에게 물었다. 「왕이 되신 세 분은 모두 본래 평범한 자제이셨으며, 부친들은 또한 훌륭한 인격의 소유자가 아닌 비천한 사람들이었습니까? 그리고 그들은 하늘이 내려 주신 분들이셨습니까?」 공자가 말했다. 「좋은 질문이다. 매우 오래 된 일이라 모두 잘 알지 못하는 일이다……

【上博楚簡原註】

본 죽간의 길이는 44.4㎝로 하단은 약간 파손이 되었으나, 상단은 타원형의 완전한 형태다. 문자는 모두 46자이고, 그 중 合文이 1 자이다.

① '厽王者之乍': '厽王者之乍'은 '삼왕자지작參王者之作'의 의미이다. ≪집운≫은 "'曑'·'參'·'叄'자에 대하여 ≪說文解字≫는 말하였다. 『'상商'과 '曑'·'參'·'叄'은 모두가 별자리 이름이다. 혹은 '曑'자를 생략하여 '參'으로 쓰기도 한다. 고문은 '叄'으로 쓴다.』[186] 「厽」자는 고문 '叄'자의 생략형이다.

「乍」는 「作(지을 작, zuó,zuō,zuò)」의 의미로 '일어나다(興起)'의 뜻이다. ≪역易·계사하繫辭下≫는 "포희씨包犧氏가 죽고 난 다음에 신농씨神農氏가 나왔고", "신농씨神農氏가 죽고 난 다음 황제黃帝 요순씨가堯舜氏가 나왔다."라 했다.[187]

「삼왕參王」은 禹우·설契와 후직后稷으로 즉 하상주夏商周 삼대三代의 시조始祖를 가리킨다.

② '开父戔而不足爯': 요순堯舜의 선양禪讓은 선善과 선善이 서로 주고받은 것으로 이상주理想主義의 이상향이다. 요순堯舜의 덕에 관한 기록은 후세 부계사회의 세습제라는 관점에서 인식한 영웅주의의 산물이며, 그와 동시에 그의 부친들은 비천하고 훌륭한 인격을 갖추지 못한

---

186) ≪集韻·平侵≫:「曑·參·叄, ≪說文解字≫商星也, 或省, 古作叄.」
187) ≪易·繫辭下≫:「包犧氏沒, 神農氏作.」,「神農氏沒, 黃帝堯舜氏作.」

것으로 비추어 지게 되었다. 우禹의 부친 곤鯀은 순舜이 그에게 구년 동안 치수治水 일을 담당하도록 하였으나, 별다른 업적이 없자 죽이고, 곤鯀의 아들 우禹로 하여금 치수를 담당토록 하였다. 사실상 곤鯀은 미천하거나 인격적으로 문제가 있는 것은 아니었다. 자고는 곤鯀과 우禹의 부자에 대한 역사적 내용을 잘 몰랐기 때문에 공자에게 물었거나 혹은 죽음을 당했기 때문에 비천한 것으로 인식하게 된 것으로 보인다.

≪說文解字·人部≫는 「俑, 揚也.」[188]라 하고, 단옥재段玉裁는 "고대에 '칭거俑擧(칭찬)'나 '칭위俑謂(칭호)' 등의 단어는 모두 '俑'으로 썼으나, '稱'자가 쓰이고 난 다음에는 '俑'자를 쓰지 않았다."[189]라고 하였다.

③ '天子': 왕을 고대에는 천자天子라 했다. ≪대극정大克鼎≫은 앞부분에서는 "왕은 종주宗周에서 아침에 목묘穆廟에 도착하여 제자리 위치에 섰다."라고 하고, 뒤 왕을 찬양하는 부분에서는 "극克은 예의를 갖추고 천자의 은덕과 복을 내리심을 감사드리고 칭송하였다."라 하였다.[190] ≪송정頌鼎≫은 앞부분에서는 "왕은 삼년 오월 기사패旣死覇 기간인 갑술甲戌 일에 주周 왕성王城의 강소궁康昭宮에서 의례를 거행하다. 아침에 왕은 태실太室에 이르러 제자리에 위치하였다."라 하고, 뒤 왕을 찬양하는 부분에서는 "송頌은 감히 천자의 위대하고 아름다운 하사에 답송答頌하고, …… 송頌은 또한 자신이 만년동안 장수하여 끝이 없기를 바라며, 오랫동안 천자의 신하가 되기를 원한다."[191]라 하였다.

【譯註】

1. '敡': ' [敡](敡)'자에 대하여 정리본은 설명을 하지 않고 있다. '敡'자는 '殹(앓는 소리 예, yī)'자와 같은 자이다. 고문에서는 일반적으로 어기사로 사용된다. 본 죽간의 '殹'를 접속사 '抑(그러할 억, yì)'이나 조사 '其(그 기, qí,jī)' 혹은 앞 문자에 속하는 자로 인식하기도 한다. 문맥의 전후 내용을 고려하여 '或(혹 혹, huò)'의 의미인 '抑'으로 해석하기로 한다.

---

188) ≪說文解字·人部≫: "'俑(들 칭, chēng)'은 '칭찬하다'의 의미이다."
189) 「凡古俑擧俑謂字皆如此作, 自稱行而俑廢矣.」
190) ≪大克鼎≫:「王在宗周, 旦, 王格穆廟, 卽位.」,「克拜頉首, 敢對揚天子不顯魯休.」
191) ≪頌鼎≫:「唯三年五月旣死覇甲戌, 王在周康昭宮. 旦, 王格大室, 卽位.」,「頌敢對揚天子不顯魯休……頌其萬年眉壽, 畯臣天子.」

第10簡

急而畫於伍而生而能言是垔也离之母又酉是之女

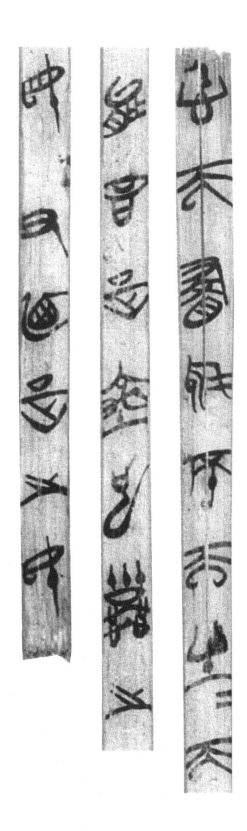

第 10 簡

≪香港中文大學文物館藏簡牘≫

三息(仁)①而畫(畵)於雇②¹, 生乃虖(呼)曰

≪上博楚簡≫

息而畫(劃)於伾(部・背)而生=(生③, 生)而能言④, 是卣(禹)⑤也. 咼(契)⑥之母, 又(有)酉(乃・娥)是(氏)⑦之女

【해석】

[(우禹의 모친母親은 유신씨有莘氏의 딸이다.) 이수伊水에서 보고 삼년을](제11간 상단上段)² 임신하여 등을 갈라 우禹를 낳았고, 우禹는 태어나자마자 말을 할 줄 알았다. 이가 곧 우禹이다. 설契의 모친母親은 유아씨有娥氏의 딸이다.(제10간) [그의 모친이 앙대央臺에서 노닐고 있을 때, 제비가 알을 물어다 그녀 앞에 놓고 가자 이를 먹고](제11간 하단) [삼년을 임신하여 가슴을 갈라 낳았다. 우는 태어나자마자 말을 하였다.](≪중문대학잔간中文大學殘簡≫)

【上博楚簡原註】

본 죽간의 길이는 22.4㎝로 상하단이 모두 파손되었다. 문자는 모두 22자이고, 그 중의 한 자는 중문重文이다.

진송장陳松長이 홍콩 중문대학문물관中文大學文物館에서 출판한 ≪향항중문대학문물관장간독香港中文大學文物館藏簡牘≫(갑甲・전국초간戰國楚簡) 중 제3간의 내용이 본 죽간과 관련이 있다. 이 죽간에는 문자가 모두 10자의 문자가 있다. 그 석문釋文은 「三息(仁)而畵192)於雇, 生乃虖(呼)曰」이고, 「三(?), 姙而劃於扈, 生乃呼曰」로 읽는다. 본 죽간의 「而畫(劃)於伾(背)而生, 生而能言」 구절 내용과 직접적인 연관이 있다. 즉 임신을 한 후 雇(扈, 호) 지방에서 등을 갈라 아기를 낳았다는 내용이다. 하지만 일부의 내용이 파손되었기 때문에 내용 파악이 쉽지 않다. 아래에서는 이 내용과 함께 살펴보기로 한다.

---

192) 정리본의 주해: "원래는 '주畫'자로 해석하고 있다."

① '息': '息'자를 ≪중문대학초간中文大學楚簡≫은 '仁'으로 해석하였다. 제 9 간으로 보아 본 죽간은 우禹의 출생에 관한 내용이다. 「生乃虖(呼)曰.」[193]는 우禹의 신화적인 내용을 기록한 것이다. 「息」자는 본 죽간에서 「신身」의 뜻으로 쓰이며, 혹은 「姙(아이 밸 임, rèn)」·「妊」으로 해석할 수 있다. 왕충王充 ≪논형論衡·길험吉驗≫은 "황제黃帝는 임신기간이 스무 달이었고, 태어나자마자 신령스럽게도 말을 할 줄 알았다고 전하고 있다."[194]라고 하고, ≪안서案書≫는 "≪주본기≫에 의하며 후직后稷의 모친 강원姜嫄이 밖에 나갔다가 큰 사람의 발자국을 밟고 나서 임신하여 후직后稷을 낳았다."[195]라 하였다.

② '雇': '雇'는 「扈(뒤따를 호, hù)」의 뜻이다. 우禹가 태어난 장소이다. 「고雇」와 「호扈」자는 모두 '어魚'부部 '군羣'뉴紐로 쌍성雙聲 통가자이다. ≪이아爾雅·석산釋山≫「卑而大, 扈.」[196]에 대하여 곽박郭璞은 "'호扈'는 넓은 모양이다."[197]라 하고, 형병邢昺은 "산의 형태가 낮으면서 넓은 것을 호扈라 한다."[198]고 하였다. ≪사기史記·하본기夏本紀≫〈정의正義〉는 ≪제왕기帝王紀≫를 인용하여 "양웅揚雄의 ≪촉왕본기蜀王本紀≫는 '우禹는 문산군 광유현 사람으로 석뉴산에서 태어났다'."[199]라 하고, ≪괄지지括地志≫를 인용하여 "무주 문천현 석뉴산은 현縣의 서쪽 칠십삼 리里에 위치하고 있다."[200]라고 했다. 「호扈」는 '석뉴산石紐山'을 가리키거나 또는 우禹가 태어난 곳인 낮고 넓은 산이 아닌가한다.

③ '畵於伓而生': 「畵於伓而生」은 「劃於背而生」[201]의 의미이다. ≪說文解字≫는 '畵(그림 화, huà)'자에 대해서 "'화畵'자의 고문은 일부를 생략하여 '畵'로 쓰거나, '刀'를 추가하여 '劃'으로 쓰기도 한다."[202]라고, ≪집운≫은 "'획劃'은 자르다(裂)의 의미. 혹은 '剨'으로 쓰기도 한다."[203]

---

193) "태어나자마자 말을 했다."
194) ≪論衡·古驗≫:「傳言黃帝姙二十月而生, 生而神靈, 弱而能言.」
195) ≪案書≫:「≪周本紀≫, 言后稷之母姜嫄野出, 見大人迹, 履之則姙身, 生后稷焉.」
196) "낮고 넓은 것을 '扈'라 한다."
197) 「扈, 廣貌.」
198) 「言山形卑下而廣大者名扈.」
199) ≪史記·夏本紀≫〈正義〉:「揚雄≪蜀王本紀≫云: 禹本汶山郡廣柔縣人也, 生於石紐.」
200) 「茂州汶川縣石紐山, 在縣西七十三里.」
201) "등을 갈라 태어나다."
202) ≪說文解字·聿部≫:「畵, 古文畵省. 劃亦古文畵.」
203) ≪集韻·入麥≫:「劃, 裂也. 或從剨.」

라고, ≪說文解字≫는 '劃(그을 획, huà)'자에 대해서는 "송곳칼을 '劃'라 한다. '刀'와 '畵'로 이루어진 자이며, '畵'는 또한 소리부가기도 하다(역성亦聲)."204)라고 하였다. 「劃」자는 「畵」의 고문古文이다.

「伓」자는 「倍(곱 배, bèi)」의 의미이다. ≪莊子·養生主≫의 「是循天倍情, 忘其所受.」205) 구절에 대하여 육덕명陸德明은 "'배배倍'자는 본래 '배배背'로 쓴다."206)라 하였다. ≪管子·法法≫「背法而治.」207) 구절에 대하여 유적劉績의 〈보주補注〉는 "'背'자는 고문서는 '倍'자로 쓴다."208)고 설명하고, ≪곽점초묘죽간郭店楚墓竹簡·충신지도忠信之道≫는 「信人不伓(背). 君子女(如)此, 古(故)不宐(皇·枉)生, 不伓(背)死也.」209)라 했다. 우禹의 모친이 등을 가르고(坼背) 우禹를 낳았다거나 혹은 가슴을 갈랐다거나(坼胸), 심지어는 갈빗대를 가르고(坼脅) 낳았다는 전설이 있다.

등을 가르고 낳았다는 전설은 ≪춘추번로春秋繁露·삼대개제질문三代改制質文≫ "천제天帝는 우禹에게 하夏의 땅을 다스리고 법률을 제정하는 왕이 되게 하였고, 그의 조상의 성씨를 사씨姒氏로 하게 하였다. 우禹는 등을 가르고 태어났으며, 몸 형체는 컸고 발은 길었으며, 걸음이 매우 빨랐다."210)와 ≪태평어람太平御覽≫(卷371)에서 ≪제왕세기帝王世紀≫를 인용한 "간적簡翟이 언덕에 있는 호수에서 목욕을 하려할 때 제비가 알을 가져다 주자 그것을 먹고 임신하여 등을 갈라 설契를 낳았다."211)가 있고, 가슴을 가르고 낳았다는 전설은 ≪사기史記·하본기夏本紀≫의 〈정의正義〉에서 ≪제왕기帝王紀≫를 인용한 "부친 곤鯀의 아내 수기脩己는 유성流星과 별자리 관묘貫昴를 보고, 꿈 속에서 느낌을 받고, 신주神珠(신비한 옥)와 억이薏苡(율무)를 먹고 난 다음 임신을 하여 가슴을 갈라 우禹를 낳았다."212)와 ≪삼대개제질문三代改制質文≫의 "설契의 모친은 검은 새의 알을 먹고 설契를 낳았는데, 설契은 가슴을 가르고 낳았다."213)라 했다. 갈빗대를 가르고 낳았다는 전설에 대해서는 각설却說하기고 하고, 가슴을 가르고 낳았다

---

204) ≪說文解字·刀部≫: 「錐刀曰劃, 從刀從畵, 畵亦聲.」
205) "자연을 어기고 진실을 배반한 것이며, 분수를 잃은 것이다."
206) 「倍, 本又作背.」
207) "법을 배반하고 나라를 다스리다."
208) 「背, 古倍字同.」
209) "신인信人은 배반함이 없다. 군자는 이와 같으니 죽음을 두려워하지 않는다."
210) ≪春秋繁露·三代改制質文≫: 「天將授禹, 主地法夏而王, 祖錫姓爲姒氏. 至禹生, 發於背, 形體長, 長足胕, 疾行先.」
211) ≪太平御覽≫(卷371): 「簡翟浴丘之水, 燕遺卵吞之, 剖背生契.」
212) 「父鯀妻脩己, 見流星貫昴, 夢接意感, 又吞神珠薏苡, 胸坼而生禹.」
213) ≪三代改制質文≫: 「契母吞玄鳥卵生契, 契先發於胸.」

는 전설은 황제에 관한 기술에도 언급되어 있다. 이러한 전설은 매우 오래 전부터 전해내려 왔기 때문에 내용마다 차이가 있다. 또한 이러한 내용은 일반 인간의 탄생과는 다른데 이는 이들의 탄생에 신비적인 색채를 부각시키기 위한 결과이다.

④ '生而能言': 「生而能言」[214]은 황제黃帝에 관한 신화와 같은 내용으로 우禹를 신령화한 내용이다. ≪포박자抱朴子·극언極言≫은 "옛날 황제黃帝는 태어나면서 말을 할 수 있었고, 온 갖 각종 신령神靈을 다스릴 수 있었던 것은 상제上帝가 능력을 부여해 주어 자연스럽게 체득된 것이다."[215]라 하였다.

⑤ '雩': '雩'는 즉 「우禹」이다. 「우禹」는 전설 중의 하夏나라 시조始祖이다. 서주西周의 문헌 과 금문 중에 보인다. 동주東周 문헌 중엔 ≪대대예기大戴禮記·오제덕五帝德≫에 보이고, 한漢 나라 문헌 중에는 ≪사기史記·하본기夏本紀≫에 보인다.

⑥ '高': '高(사람 이름 설, xiè)'자는 「禼」이나 「설契」자로도 쓴다. 전설 속 상商나라 시조始祖이 다. ≪說文解字≫는 "'高'은 벌레의 이름이다. '厹'의 벌레 형상이고 음은 '偰(맑을 설, xié)'과 같다. '高'의 고문은 '禼'로 쓴다."[216]라고 하였다. 죽간문 '高(高)'자는 ≪說文解字≫ 중의 고문 보다 형태가 다소 복잡하게 쓴 형태이나 비슷하다. '高(高)'자 중의 머리 부분은 세 개의 머리를 가진 동물의 모양이고, 몸체 역시 동물의 모양을 형상하였다. 이는 '설契'자의 본래 의미를 나타 내고 있다.

⑦ '又酉是': '又酉是'는 '유융씨有娀氏'의 의미이다. 「娀(나라 이름 융, sōng)」자의 소리부가 만약에 「융戎」이라면 「酉」자와는 쌍성雙聲관계이지만, 「융娀」자가 만약에 성모聲母가 '심心'뉴 紐라면,[217] 음성音聲 관계가 멀다. 「酉」자는 금문金文에서 일반적으로 「乃(이에 내, nǎi)」의 의 미로 쓰인다. 대우정大盂鼎·모공정毛公鼎·우정禹鼎과 산씨반散氏盤 등 약 20개의 명문에서 「乃」자는 「酉」의 가차로 쓴다. 「酉」자를 혹은 「卤」자로 예정하기도 한다. 「유융씨有娀氏」에 대 한 기록은 ≪사기史記·은본기殷本紀≫에 보인다.

【譯註】

1. '雇': 정리본은 ≪중문대학잔간中文大學殘簡≫의 '雇'자를 '고雇'로 예정하고 지명으로 이

---

214) "태어나면서 말을 하였다."
215) ≪抱朴子·極言≫: 「昔黃帝生而能言, 役使百靈, 可謂天授自然之體者也.」
216) ≪說文解字·厹≫: 「高, 蟲也. 從厹象形, 讀與偰同. 禼古文高.」
217) '娀'자를 徐鉉은 '息弓切'로 쓴다.

해하고 있으나, 구석규裘錫圭 등은 이 잔간을 제 11간과 연결하여 이해하고, '𦥑'자를 '膺(가슴 응, yīng)'자의 이체자로 보고 있다.218) 문맥 전후 관계로 보아 구석규의 주장을 따라 해석하기로 한다.

2. 앞에서 이미 살펴보았듯이 구석규裘錫圭는 〈담담상박간자고편적간서談談上博簡《子羔》篇的簡序〉에서 진검陳劍이나 진위陳偉 등의 주장을 참고하여, 죽간의 순서를 마승원馬承源의 정리본과는 달리, 앞 단락은 【9】→【11上段】→【10】→【11下段】→【중문대학장간】→【12】→【13】의 순서로 이해하여,219) 그 내용 순서를 「[禹之母……之女]也. 觀於伊而得之, 窒(娠)三【11上段】厸(年)而畫(?)於背而生, 生而能言, 是禹也. 契之母, 有娀氏之女【10】也, 遊於夬台之上, 有燕銜卵而墮諸其前, 取而呑之, 窒(娠)【11下段】三厸(年)而畫(?)於雁(膺), 生乃乎曰【중문대학장간】」로 이해하였다. 따라서 《중문대학잔간中文大學殘簡》의 내용을 제 11 간 하단의 내용과 연결하여 이해하기로 한다.220)

218) 《上海博物館藏戰國楚竹書硏究續篇》, 2 쪽 참고.
219) (《上博館藏戰國楚竹書硏究續篇》, 1-11 쪽 참고.
220) 《上海博物館藏戰國楚竹書硏究續篇》, 2 쪽 참고.

第11簡

也觀於伊而辱之台也遊於央臺之上又躬監卵而階者丌前取而軟之

第 11 簡

也, 觀於伊而戛(得)之**車厽**(參)也①. 遊於央(瑤)臺②之上, 又(有)鰕監(銜)卵而階(錯)者(諸)丌(其)前, 取而畎(吞)之③, **車**1

【해석】

(우禹의 모친母親은 유신씨有莘氏의 딸이다.) 이수伊水에서 보고 삼년을 임신하여(제11간 상단上段) 등을 갈라 우禹를 낳았고, 우는 태어나자마자 말을 할 줄 알았다. 이가 곧 우이다. 설契의 모친母親은 유아씨有娀氏의 딸이다.(제10간) 그의 모친이 앙대央臺에서 노닐고 있을 때, 제비가 알을 물어다 그녀 앞에 놓고 가자 이를 먹고 임신하여,(제11간 하단) [삼년 후에 가슴을 갈라 낳았다. 우는 태어나자마자 말을 하였다.](≪중문대학잔간中文大學殘簡≫)

【上博楚簡原註】

본 죽간의 길이는 32.6㎝로 상하단 모두 완전한 형태다. 문자는 모두 30자가 있다.

① ‘觀於伊而戛之**車厽**也’: 「**車厽**」에 대해서는 좀 더 연구가 필요하다.

② ‘央臺’: 「央(가운데 앙, yāng)」자는 ≪상박초간上博楚簡·교교명예交交鳴鷖≫ 「若玉若英」221) 구절 중의 「英(꽃부리 영, yīng)」자의 자부 「央」과 같다. 「앙대央臺」는 「요대瑤臺」이다. 「央」자와 「瑤」자는 성모聖母가 통전通轉관계로 가차자이다. ≪초사楚辭·이소離騷≫ 「望瑤臺之偎蹇兮, 見有娀之佚女.」222), ≪한서漢書·양웅전상揚雄傳上≫ 「初纍棄彼虙妃兮, 更思瑤臺之逸女.」223) 중의 ‘유용씨有娀氏의 일녀佚女’224)나 ‘일녀逸女’는 설契의 모친인 간적簡狄을 말한다. ‘요대瑤臺’는 높은 누대를 총칭하는 말로 ‘구성九成의 대臺’ 혹은 ‘구층九層의 대臺’라 한다. ≪회남자淮南子·본경훈本經訓≫은 "요堯와 순舜 다음 임금으로 폭군 걸桀과 주紂가 있었는데, 이들은 옥돌(琁 옥 선, xuán qióng) 방·옥(瑤, 아름다운 옥 요, yáo) 누대·상아 행랑과 옥상玉床(옥으로

---

221) "옥과 같고 꽃 봉우리와 같다."
222) "높디높은 아름다운 옥(요옥瑤玉)으로 만든 누대樓臺를 쳐다보고 유용씨有娀氏의 일녀佚女(아름다운 여인)를 바라보네."
223) "처음과 연이어 그 복비虙妃를 버리고, 요대瑤臺의 일녀逸女(아름다운 여인)를 더욱 그리워하네."
224) ‘일녀佚女’는 ‘아름다운 여인’이란 뜻으로 ‘일녀逸女’라고도 한다.

만든 침대) 등을 만들었다."225)라 했다.

③ '又鰻監卵而階者丌前, 取而軟之': 「軟」자는 '申'과 '欠'으로 이루어진 자로 ≪說文解字≫에는 보이지 않지만, 「吞(삼킬 탄, tūn)」의 의미로 쓰인다. ≪전국책戰國策·조책일趙策一≫ 「欲亡韓吞兩周之地.」226) 구절 중의 「吞」자를 ≪마왕퇴한묘백서馬王堆漢墓帛書≫는 '口'와 소리부 '申'인 「呻(끙끙거릴 신, shēn)」으로 쓴다. 죽간의 「軟」자는 소리부가 「申」이다.

간적簡狄이 제비의 알을 먹고 임신을 하여 설契를 낳았다는 전설은 매우 이른 시기에 출현하였으며, 간문 역시 비교적 이른 시기의 것 중의 하나다. 신화神話란 원래 무엇이 옳고 어떤 내용이 그르다는 논쟁은 의미가 없다. 후세 유가들이 그 내용에 덧붙이고 있는 일종의 추가 설명들은 사실상 합리화하려는 데 그 목적이 있다. ≪시경詩經·상송商頌·현조玄鳥≫「天命玄鳥, 降而生商. 宅殷土芒芒.」227) 구절에 대하여 ≪모전毛傳≫은 "유융씨有娀氏의 딸 간적簡狄은 고신씨高辛氏의 비妃이다. 고신씨는 이들을 인솔하여 교매郊禖에서 기도하여 설契를 낳았다. 이른바 천명이라 하는 것은 하늘이 제비에게 명하여 내려와 상나라의 조상을 낳았다는 것이다."228)고 설명하고 있는데, 이는 곡해다. 정현鄭玄은 "'강降'은 '내려오다(下)'의 의미이다. 상제가 제비에게 땅에 내려와 상商을 낳게했다는 것은 즉 제비가 알을 남겨놓고 가자 융씨娀氏의 딸 간적簡狄이 이를 먹고 설契를 낳았다는 것이다. 설은 요임금 때의 사도司徒로 공을 세워 상商 땅에 봉해졌다."229)라 하였다. 정현의 전箋과 모전毛傳은 각각 제비(현오玄鳥)가 알을 놓고 가자 간적簡狄이 이를 먹고 설契를 낳았다는 전설과 제비가 내려와 설契를 낳았다는 전설을 주장하였다.

≪초사楚辭·천문天問≫이 "간적簡狄이 구성九成 누대樓臺에서 노닐 때 곡嚳이 어찌하여 기도를 하는가? 현조玄鳥(제비)가 알을 놓고 가자 어찌하여 기뻐하는가?"230)라고 하였듯이 동조東周시기에 이미 이러한 전설이 존재하였다는 것을 반영하고 있다. ≪여씨춘추呂氏春秋·음초音初≫에서는 이러한 전설을 더욱 구체화하여, "유융씨有娀氏에게는 아름다운 두 딸이 있었는데, 이들을 위하여 구성九成의 누대樓臺를 지었고, 음식을 먹을 때는 반드시 음악 반주가 있었다. 상제는 제비로 하여금 땅으로 내려가 이들을 살펴보도록 하였다. 제비가 '이이!'라고 울자 두 딸이 이를 좋아하여 앞 다투어 붙잡아 옥으로 만든 광주리에 가두었다. 한참 후에 제비가 두

---

225) ≪淮南子·本經訓≫:「晩世之時, 帝有桀·紂, 爲琁室·瑤臺·象廊·玉床.」
226) "진秦은 한韓나라를 멸망시키고 양주兩周의 동서지역을 침략하였다."
227) "상제上帝는 제비에게 명령하여 내려와 상나라 조상을 낳게 하시어 커다란 은나라 땅을 다스리게 하였네."
228) 「有娀氏女簡狄配高辛氏帝, 帝率與之祈于郊禖而生契, 故本其爲天所命, 以玄鳥至而生焉.」
229) 「降, 下也. 天使鳦下而生商者, 謂鳦遺卵, 娀氏女簡狄吞之而生契. 爲堯司徒, 有功封商.」
230) ≪楚辭·天問≫:「簡狄在臺, 嚳何宜? 玄鳥致胎, 女何喜?」

개의 알을 낳아 놓고 북쪽으로 날아가 버린 것을 알고, 마지막 부분 '제비가 제비가 날아가 버렸네.'라는 곡을 만들었다. 이 곡조가 바로 북음北音의 시초이다."231)라 했다. 왕국유王國維는 ≪죽서기년竹書紀年≫(卷上) 「은상성탕殷商成湯」에서 ≪송서宋書·부서지符瑞志≫의 "고신씨高辛氏 때 간적簡狄은 제비가 날아오는 춘분 날, 고신씨高辛氏를 따라가 교매郊禖에서 제사를 지냈다. 여동생과 현구玄丘의 물가에서 목욕을 할 때 제비가 알을 물어다 떨어뜨려 주었다. 오색이 찬란한 이 알을 매우 좋아하여 동생과 함께 이를 옥으로 만든 광주리에 넣어 놓았다가 간적簡狄이 먼저 알을 먹고 임신을 하였다. 후에 가슴을 가르고 설契을 낳았고, 설契은 자라서 요堯임금의 사도司徒가 되었으며, 백성을 잘 다스려 상商 지방에 봉해졌다.」232) 내용을 인용하였다.

그러나 이러한 전설은 당唐 이후 많은 비평을 받았다. 예를 들어, 구양수歐陽修는 ≪시본의詩本義·취사의取舍義≫에서 "모전毛傳은 '춘분春分에 상제上帝는 제비로 하여금 땅에 내려가도록 하였고, 유융씨有娀氏의 딸 간적簡狄은 고신씨高辛氏의 비妃로 고신高辛은 이들을 거느리고 교매郊禖에서 기도를 하여 설契을 낳았다. 이른바 천명이라 하는 것은 하늘이 제비에게 명하여 내려와 상나라의 조상을 낳았다는 것이다'라 했다. 옛날이나 지금이나 비록 오랜 세월은 흘렀지만 천지만물天地萬物의 일들은 변함이 없다. 모전毛傳의 주장은 현대인의 개념으로 보아도 전혀 이상할 것이 없다. 당연히 있을만한 이야기이다. 그러나 정현鄭玄은 '제비의 알을 먹고 설契를 낳았다'고 했는데 이는 얼토당토않은 이야기이다. 진秦 나라나 한漢 나라의 학자들은 괴상한 학설들을 좋아하여, 고신씨高辛氏 비妃 진봉씨陳鋒氏의 딸은 적룡정赤龍精에 감화되어 요堯를 낳았고, 간적簡狄은 제비의 알을 먹고 설契을 낳았으며, 강원姜嫄은 대인大人의 발자국을 밟고 임신을 하여 후직后稷을 낳았다고 주장하였다. 고신씨高辛氏의 네 명 비妃 중 세 명은 모두 신비스러운 일로 아이를 낳았다. 이는 요堯는 성덕盛德을 갖추었고 설契과 후직后稷은 수백년數百年 동안 천하를 다스렸다고 생각하고 있기 때문에 이들을 자주 언급하였고, 그들의 업적을 신비하고 기이한 이야기들로 만들어 냈다. 제지帝摯에 대해서만 언급이 없고, 그에 대한 전설이 없다. 정현鄭玄은 비록 박학다식하지만 정통하지를 못했고, 또한 도참圖讖과 위서緯書들을 좋아하였기 때문에 괴이한 이야기를 맹신하였다. 따라서 모전毛傳의 주장이 옳다."233)라고 비평했

---

231) ≪呂氏春秋·音初≫:「有娀氏有二佚女, 爲之九成之臺, 飮食必以鼓. 帝令燕往視之, 鳴若謚隘. 二女愛而爭搏之, 覆以玉筐, 少選, 發而視之, 燕遺二卵, 北飛, 遂不反, 二女作歌, 一終曰'燕燕往飛', 實始作爲北音.」

232) ≪宋書·符瑞志≫:「高辛氏之世妃曰簡狄, 以春分玄鳥至之日, 從祀郊禖, 與其妹浴于玄丘之水. 有玄鳥銜卵而墮之, 五色甚好, 二人競取, 覆以玉筐. 簡狄先得而吞之, 遂孕. 胸剖而生契, 長爲堯司徒, 成功于民, 受封于商.」

233) ≪詩本義·取舍義≫:「毛謂春分玄鳥降有娀氏女簡狄, 配高辛氏帝, 帝率與之祈於郊禖而生契, 故本其爲天所命

다. 이후로 약 천여 년 동안 정현鄭玄의 주장은 수없이 비평을 받았다.

어쨌든 간에 이러한 전설이 최소한 춘추전국春秋戰國 시기의 문헌 중에 아직도 완전히 배척당하지 않았다는 사실을 초죽서의 자료들을 통하여 입증할 수 있다.

【譯註】

1. 진검陳劍은 〈상박간《자고》《종정》편적병합여편련문제소의上博簡《子羔》·《從政》篇的拼合與編連問題小議〉라는 문장에서 구석규裘錫圭 등과 같이 본 죽간을 『제11간 상단 + 제10간 + 제11간 하단 + 홍콩중문대학 제3간 + 제12간 + 제13간』의 순서로 배열하고, 《중문대학잔간中文大學殘簡》 중의 '⬚'자는 '厽'으로 예정하고 '年'자의 의미로, '⬚'자는 '雁'로 예정하고 '膺(가슴응, yīng)'자의 의미로, 죽간의 '⬚'자는 '窀'로 예정하고 '娠(애 밸 신, shēn)'의 의미로 풀이하였다.

죽간 중 적지 않은 문자들이 좀 더 연구가 필요하다. 특히 '窀(娠)'·'三厽(年)'과 '雁(膺)'자는 《상박초간》 정리본과 견해가 다르다. 그 중에서 비교적 중요하다고 생각되는 '窀'字에 대하여 먼저 살펴보도록 한다. '窀'자는 《說文解字》 중의 고문 '煙(연기 연, yān,yīn)'자이다. 간문 '⬚'자의 '坙' 부분 중 뾰족한 윗부분은 '田'의 형태와 유사하다. 이와 같은 형태는 춘추春秋시기 금문 중 《정태자지손鄭太子之孫》과 《병일호兵壺銘》의 '⬚(禋)'자의 자부와 비슷하고, 아랫부분은 전국戰國시기의 《중산왕방호中山王方壺》의 '⬚(醒)'자의 자부와 같다. '坙'字의 아랫부분은 본래 '土'이지만 복잡한 형태인 '壬'으로 쓰기도 한다. 이 형태는 또한 '呈'자와 유사하다. 전국문자戰國文字 중에는 긴 세로 획 중간에 작은 점을 첨가하기도 하는데, 이 점이 후엔 짧은 가로 획으로 변화하였다. '坙'자는 '세로획 점의 세로획으로 변화'의 영향으로 '壬' 중의 작은 점이 간문이나 《중산왕방호》의 형태로 변하였다. '坙'자나 혹은 소리부가 '坙'인 '煙'자 등은 고음이 일반적으로 성모는 '影'이고 운모는 '文'부이다. 그러나 소리부가 '坙'인 甄(질그릇 견, zhēn)자는 상고음이 '娠(애 밸 신, shēn)'자와 같은 성모가 '章'이고 운모가 '文'부로 '개구삼등開口三等'운韻이다. 따라서 '窀'와 '娠'자는 서로 통한다. '娠'은 '임신하다(孕)'의 의미이다.

'雁'자를 정리본은 '雇'자로 잘못 해석하였다. '雁'은 가슴의 뜻인 '膺(가슴 응, yīng)'의 뜻이다. 앞 문장의 '背(등)'과 대구를 이룬다. '三厽'의 '三'자는 제11간 상단에서는 '厽'으로, 《중문대학장간》이 '三'자의 자형이 서로 다르다. 초간 중에서는 같은 단어나 자를 다르게 쓰거나

以玄鳥至而生焉. 古今雖相去遠矣, 其爲天地人物與今無以異也. 毛氏之說以今人情物理推之, 事不爲怪, 宜其有之. 而鄭謂吞鳦卵而生契者, 怪妄之說也. 秦漢之間學者喜爲異說, 謂高辛氏之妃陳鋒氏女感赤龍精而生堯, 簡狄吞鳦卵而生契, 姜嫄履大人迹而生后稷. 高辛四妃其三皆以神異而生子, 蓋堯有盛德, 契稷後世皆王天下數百年, 學者喜爲之稱述, 欲神其事故務爲奇說也. 至帝摯無所稱, 故獨無說. 鄭學博而不知統, 又特喜識緯諸書, 故於怪說尤篤信, 由是言之義當從毛.」

혹은 동일한 죽간 중에서도 자주 이체자로 쓴다. '忈'자는 초간 중에서 '仁'의 의미로 자주 쓰이
나 이곳에서는 '年(해 년, nián)'의 의미로 쓰인다. '年'자는 '人'이 소리부이다.[234]

진검陳劍의 주장은 상당히 설득력이 있다. ''자를 '宀'과 소리부가 '鬼(귀신 귀, guǐ)'인 '寪'
자로 예정하고 '娠(애 밸 신, shēn)'의 뜻으로 풀이하기도 한다.

---

234) 陳劍, 〈上博簡≪子羔≫·≪從政≫篇的拼合與編連問題小議〉, 簡帛研究사이트, 2003.01.08. 「簡文還有不少字
詞有待進一步研究, 我們跟整理者的理解不同之處主要有'寪(娠)'·'三忈(年)'·'雁(膺)'. 先說其中較關鍵的'寪'
字, '寪'即≪說文解字≫'煙'字的古文. 此字原作'', 所從的'聖'上半作尖頭, 與'甶'相似之形, 同樣的例子見於
春秋金文鄭太子之孫與兵壺銘的'(酲)'字所從, 下半之形, 與戰國中山王方壺銘的'(醒)'字所從相同. '聖'
字下半本從'土', '土'繁化爲'壬', 跟'呈'等字類似, 又由於戰國文字裏竪筆中間常贅加小點, 小點又演變爲短橫,
'聖'受此類'竪筆中間小點與短橫互作'現象的影響, 將'壬'旁中間的短橫寫作小點, 遂成簡文及中山王方壺之形.
'聖'及從'聖'聲的'煙'字等古音多在影母文部, 但同樣從'聖'聲的'甄'字, 上古音卻跟'娠'一樣都是章母文部開口
三等, 故'寪'與'娠'可相通. 娠, 孕也. '雁', 原誤釋爲'雇'. 雁讀爲'膺', 胸膺也, 跟上文之'背'相對. '三忈'的'三',
簡11上段作'厽', 跟中文大學藏簡遇作'三'不同. 按楚簡中同一個詞在同篇甚至同簡中用不同的字表示, 其例甚
多. '忈'在楚簡文字裏最習見的用法是用爲'仁', 此處則應讀爲'年', 古文字裏'年'本從'人'得聲.」

第12簡

欽是离也句稷之母又含是之女也遊於串咎之內冬見芙玫而薦之乃見人武瑆呂惡禱曰帝之武尚吏

第 12 簡

欽[1], 是卨(契)也. 句(后)稷(稷)之母①, 又(有)昏(邰)是(氏)之女也, 遊於串咎②②之內, 冬(終)見芺
孜③而薦之④③, 乃見人武⑤, 墮(履)弖(以)虔(祈)禱⑥曰: 帝之武尚吏[4]

【해석】

'흠欽'하고 소리를 지르며 태어났는데, 이가 바로 설契이다. 후직의 모친은 유태씨有邰氏의
딸이다. 천구串咎 내內에서 놀고 있을 때가 겨울235)임에도 불구하고 엉겅퀴가 무성하게 자란
것을 보고 이를 뜯어다 상제上帝에게 바쳤다. 이에 천제天帝의 발자국을 발견하고 이를 따라
가면서 『아 상제의 발자국이구나. 바라옵나이다.

【上博楚簡原註】

본 죽간은 40.2㎝로 상단은 약간 파손되었으나, 하단은 타원형의 완전한 형태다. 문자는 41자
이다.

① '句稷之母': ≪詩經·大雅·生民≫「처음 백성을 낳은 분은 바로 강원이란 분이네.」236)의 구
절에 대하여 ≪모전毛傳≫은 "주周나라 조상인 후직后稷을 강원姜嫄이 낳았다. 후직의 모친 강
원은 고신씨高辛氏 제왕帝王의 비妃다."237)라 했다. ≪사기史記·주본기周本紀≫는 "주周나라
시조始祖인 후직后稷은 이름이 기棄이다. 그의 모친은 유태씨有邰氏의 딸인 강원姜原이다. 강
원은 제곡帝嚳의 원비元妃이다. 강원이 밖에 나갔을 때 거인의 발자국을 발견하고 매우 기뻐하
여 이를 따라 나섰다. 발자국을 밟고 가는 중 몸이 마치 임신한 한 것과 같은 이상한 느낌을
느꼈다. 임신 기간을 걸쳐 아이를 낳았다."238)라 하였다. 정사正史에서 기록하고 있는 제곡帝嚳
의 비妃가 거인의 발자국을 따라가 임신하고 후직后稷을 낳았다는 내용에 대하여 역대 많은
학자들이 의견을 제시하였다. 예를 들어, 엄우돈嚴虞惇은 ≪독서질의讀書質疑·생민生民≫에서

---

235) '역주譯註' 참고
236) ≪詩經·大雅·生民≫:「厥初生民, 時維姜嫄.」
237) ≪毛傳≫:「生民本后稷也, 姜姓也. 后稷之母配高辛氏帝焉.」
238) ≪史記·周本紀≫:「周后稷, 名棄. 其母有邰氏女, 曰姜原. 姜原爲帝嚳元妃. 姜原出野, 見巨人迹, 心忻然說,
    欲踐之, 踐之而身動如孕者. 居期而生子.」

"공영달孔穎達은 ≪대대예大戴禮·제곡帝嚳≫의 ≪주소注疏≫에서 말하였다. '제곡帝嚳이 네 명 비妃의 아들에 대하여 점을 치니 모두 천하를 얻을 점괘였다. 유태씨有邰氏의 딸 태비大妃 강원姜嫄은 후직后稷을 나았고, 두 번째 비妃 간적簡狄은 유융씨有娀氏의 딸로 설契를 낳았고, 그 다음 비妃 경도慶都는 진봉씨陳鋒氏의 딸로 요堯를 낳았고, 그 다음 비妃 상의常儀는 희자姬訾의 딸로 체摯를 낳았다'고 하였듯이, 요堯·후직后稷과 설契은 모두 제곡帝嚳의 아들로 되어 있다. ≪가어≫와 ≪세본≫ 역시 이 주장을 따르고 있다. 그래서 모전毛傳이나 사마천司馬遷·유흠劉歆·반고班固·가규賈逵·마융馬融·복건服虔·왕숙王肅·황보밀皇甫謐 등 모두가 이 주장을 따르고 있다. 그러나 정강성鄭康成(鄭玄)은 〈명역서命歷序〉를 참고하여 '소호少昊는 팔세八世이고, 전욱顓頊은 구세九世이고, 제곡帝嚳은 십세十世이며, 요堯는 곡嚳의 아들이 아니다. 후직后稷은 요堯보다 어리고, 강원姜嫄 또한 제곡帝嚳의 비妃가 아니다. 강원姜嫄은 고신高辛 후대 자손의 비妃이다.'라 했다. 만약에 후직后稷과 설契가 곡嚳의 자식이라면, ≪사기≫가 주장하는 것처럼 이들은 형제이다. 이러한 주장이라면 요堯에게 70명이 되는 현제賢弟가 있었지만 이를 중용하지 않고, 순舜을 천거하였다는 내용은 설득력이 없다."239)라 했다. 신화는 기록 그 자체로 남겨 둘 필요가 있다. 만약에 이를 왈가불가 수정한다면 사족蛇足이다.

② '串嘼': '천구串嘼'는 지명이다. 사서史書에는 보이지 않는다. 사마정司馬貞 ≪보사기補史記·삼황본기三皇本紀≫는 "태호족太皥族 포희씨包犧氏는 성씨가 풍風이며, 수인씨燧人氏를 대신하여 천제天帝직을 계승하여 왕이 되었다. 모친母親 화서華胥가 뇌택雷澤에서 거인의 발자국을 따라가 임신하여 성기成紀에서 포희庖犧를 낳았다. 몸은 뱀이고 머리는 사람의 형상이다."240)라 하고, 또한 복희伏犧의 성이 풍風이라는 주장은 ≪국어國語≫를 참고하였고, '화서華胥' 이하의 내용은 ≪제왕본기帝王世紀≫에 나오는 전설이다. 뇌택雷澤은 못의 이름이며 순舜이 고기를 잡던 제음濟陰 지방에 있다. 성기成紀는 천수天水 성기현成紀縣에 있는 지명이다라고 스스로 설명하였다. 화서華胥가 거인의 발자국을 따라가 임신하여 포희庖犧를 낳았다는 내용은 간적簡狄이 후직后稷을 임신한 내용과 같다.

239) ≪讀書質疑·生民≫: 「孔疏≪大戴禮·帝嚳≫篇: 帝嚳卜其四妃之子皆有天下. 上妃有邰氏之女曰姜嫄, 生后稷. 次妃有娀氏之女曰簡狄, 生契. 次妃陳鋒氏之女曰慶都, 生堯. 下妃姬訾之女曰常儀, 生摯. 以堯與稷契俱爲嚳子, ≪家語≫≪世本≫其文亦然, 故毛公·司馬遷及劉歆·班固·賈逵·馬融·服虔·王肅·皇甫謐等皆遵其説. 鄭康成據〈命歷序〉云少昊傳八世, 顓頊傳九世, 帝嚳傳十世, 則堯非嚳子, 稷年又少於堯, 則姜嫄不得爲帝嚳之妃, 蓋高辛後世子孫之妃也. 若稷·契皆嚳子, 如≪史記≫之説是堯之兄弟也. 堯有賢弟七十而不用, 須舜舉之, 此不然明矣.」

240) 司馬貞 ≪補史記·三皇本紀≫: 「太皥包犧氏, 風姓, 代燧人氏繼天而王. 母曰華胥, 履大人迹於雷澤而生庖犧於成紀, 蛇身人首.」

「천구串咎」는 「천택串澤」이 아닌가한다. 「澤(못 택, zé)」은 「皋(부르는 소리 고, gāo)」의 통가자通假字로 쓰인다. 예를 들어, ≪전국책戰國策·진책삼秦策三≫의 「卽成皋之路不通.」241) 구절을 ≪사기史記·범저채택열전范雎蔡澤列傳≫은 「睪(엿볼 역, yì, zé, gāo)」자를 「皋」로 쓴다. 「皋」자는 「皋(부르는 소리 고, gāo)」와 같은 자이다. 「澤」은 또한 「睪」의 통가자로 사용된다. ≪예석隸釋·초상손숙오비楚相孫叔敖碑≫ 「收九睪之利.」242)의 구절을 홍괄洪适은 "못의 물을 제거한 곳을 '睪'이라 한다."243)라 하였다. 화서華胥가 임신한 전설은 문장 내용으로 보아 「천구串咎」는 「천택串澤」의 의미이다. 주周 나라는 본래 서융西戎지역에 위치하고 있었으며, 서융에 천이국串夷國이 있다. ≪시경詩經·대아大雅·황의皇矣≫「帝遷明德, 串夷載路.」244) 구절에 대하여 모전毛傳은 "옮겨진 것은 문왕의 덕이다. '串(꿰미 천, chuàn)'은 '習(익힐 습, xí)', '夷(오랑캐 이, yí)'는 '常(항상 상, cháng)', '路(길 로, lù)'는 '大(큰 대 dà,dài)'의 의미다."245)라고, 정현鄭玄은 "'천이串夷'는 곧 '혼이混夷'로 서융西戎 지역의 나라 이름이다."246)라 하였다.

③ '芺攷': ≪이아爾雅·석초釋草≫「芺薊, 其實荂」 구절에 대하여 곽박郭璞은 "'芺(엉겅퀴 요, yǎo)'와 '마계馬薊(삽주 계, jiē)'의 줄기 끝에는 모두 대가 있다. '荂(엉겅퀴열매 과, kuā)'는 그 열매를 가리킨다."247)라 하였다. 또한 「구요鉤芺」에 대해서는 "크기는 모지拇指만 하고, 줄기 중앙이 비어 있으며, 줄기 끝에 대가 있으며 마계馬薊와 매우 유사하다. 어린 싹을 먹을 수 있다."248)라 하였다. 「요간芺攷」은 「요계芺薊」나 혹은 「요구芺鉤」가 아닌가 한다.

④ '薦之': '천지薦之'는 엉겅퀴를 보고 이를 채취하여 상제에게 헌납한다는 의미이다. ≪說文解字≫는 '薦(천거할 천, jiàn)'자에 대하여 "가축들이 먹는 풀이다. '廌(해태 치, zhì)'와 '艸'로 이루어진 자이다. 고대 신선神仙이 치수廌獸를 황제黃帝에게 하사하자, 황제는 무엇을 먹는가? 어디에 사는가?라고 물었다. 천초薦草를 먹고 여름에는 물가에 살고 겨울에는 송백松柏 아래에 서식합니다라 했다."249)라 하였다.

---

241) "성고成皋로 향하는 길이 막히다."
242) "아홉 택澤의 이득을 거두다."
243) 「澤去水而睪.」
244) "상제가 밝은 덕 지닌 분 옮기시니, 오랑캐들 쇠퇴하다."
245) 「徙就文王之德也. 串, 習, 夷, 常. 路, 大也.」
246) 「串夷, 卽混夷, 西戎國名也.」
247) 「芺與薊莖頭皆有蓊臺, 名荂, 卽其實.」
248) 「大如拇指, 中空, 莖頭有臺似薊, 初生可食.」
249) ≪說文解字·廌部≫:「獸之所食草. 從廌從艸. 古者神人以廌遺黃帝. 帝曰: 何食? 何處? 曰: 食薦, 夏處水澤, 冬處松柏.」

⑤ '人武': 「武」는 '발자국'이다. 「인무人武」는 즉 사람의 발자국이다. ≪爾雅·釋訓≫「履帝武敏, 武迹也. 敏拇也.」250) 구절에 대하여 곽박鄭璞은 "'拇'는 발가락 중 엄지발가락을 말한다."251)라 하였다.

⑥ '龜曰旤禱': '龜曰旤禱'는 사람의 발자국을 밟고 가다가 기도를 하는 것을 말한다. 기도의 내용은 네 자만 보이고 나머지는 파손되었다.

【譯註】

1. '欽': '🔲'자를 정리본은 '金'과 '欠'으로 이루어진 '欽'자로 예정하고 있으나, 어떤 뜻으로 사용되고 있는지는 설명하지 않고 있다. 이 자는 ≪상박초간上博楚簡(三)·주역周易≫의 '🔲'(제26간)자와 매우 유사하다. ≪주역≫에서는 '함咸'괘명卦名으로 사용되고 있다. ≪단상象≫은 "'咸(다 함, xián)'은 '느낌(感)'이다."252)라 하였다. ≪周易≫은 또한 '欠'대신에 '次'를 써서 '🔲'(제26간)로 쓰기도 한다. '欽(공경할 흠, qīn)'의 이체자이다. 본 죽간에서는 '吟(읊을 음, yín)'의 가차자로 쓰인다. '欠'·'欽'·'咸'·'感'과 '吟'은 고음이 서로 통한다.

2. '串咎': 정리본은 '천구串咎'는 '천택串澤'의 의미로 풀이하였다. 그러나 '현구玄丘'로 읽을 수 있다. 고전적에 '현구'라는 지명이 자주 보인다.

≪史記·三代世表≫에서 저선생褚先生은 ≪詩傳≫을 인용하여 "탕湯의 선조는 설契이다. 설은 부친없이 태어났다. 설契의 모친이 형제 자매와 함께 현구玄丘 못에서 목욕을 하다가 제비가 새알을 물고가다 떨어트렸다. 설의 모친이 이를 취하여 품에 안고 있다가 잘못하여 먹게 되었다. 이렇게 하여 설이 태어나게 되었다."253)라 하였고, ≪열녀전列女傳·설모간적契母簡狄≫은 "설契의 모친은 이름이 간적簡狄이며, 유용씨의 장녀이다. 요堯 나라 때 자매와 함께 현구玄丘 못에서 목욕을 하였는데, 때마침 제비가 알을 물고 지나가다 떨어트렸다. 그 알은 오색찬란하여 매우 보기 좋았다. 간적과 자매는 앞을 다투어 이를 취하고자 하였으나, 간적이 이를 취하여 품고 있다가 잘못하여 삼키게 되었다. 그렇게 하여 설이 태어나게 되었다."254)라 하였다.

3. '冬(終)見芺攺而薦之': 정리본은 '冬'자를 '終(끝날 종, zhōng)'자의 의미로, '見芺攺而薦

---

250) "'履帝武敏(상제의 발자국 엄지발가락을 밟다)' 중 '무武'는 발자국이고, '민敏'은 엄지발가락이다."
251) 「拇, 迹大指處.」
252) 「咸, 感也.」
253) 「湯之先爲契, 無父而生. 契母與姐妹浴于玄丘水, 有燕銜卵墜之, 契母得 , 故含之, 誤吞之, 即生契.」
254) 「契母簡狄者, 有娀氏之長女也. 當堯之時, 與其妹娣浴于玄丘之水. 有玄鳥銜卵, 過而墜之, 五色甚好. 簡狄與其妹娣競往取之. 簡狄得而含之, 誤而吞之, 遂生契焉.」

之'를 "엉겅퀴를 보고 이를 채취하여 상제에게 헌납하려 하였다."[255]라 하였다. 그러나 장부해張富海는 ≪상박간자고편'후직지모'절고석上博簡子羔篇"后稷之母"節考釋≫에서 '冬'을 '겨울'의 의미로 해석하고, "그러나 일반적으로 엉겅퀴는 하력夏曆으로 사월에 자란다. 간문簡文 '冬見芺'는 신비적인 일을 묘사하였다. ……따라서 간문 중의 '攷'자는 '搴(빼낼 건, qiān)'자의 이체자라는 것을 알 수 있다. '搴'자와 '攷'자의 소리부 '干'은 모두 상고음이 성모가 '견見'이고 운모는 '원元'부部이다. ……따라서 '搴'자는 '攷'자로도 쓸 수 있다. '搴'자는 '채취하다'·'뽑다'로 일반적으로 풀을 뽑는다는 의미로 쓰인다. ……따라서 '冬見芺, 攷而薦之'는 '동견요冬見芺, 건이천지搴而薦之'의미이다."라 하였다.[256]

'冬見芺攷而薦之'는 전체적으로 '겨울에 신기하게도 먹을 수 있는 엉겅퀴가 자란 것을 보고, 이를 캐다가 상제에게 제물로 바치다'라는 뜻이다.

4. '帝之武尚吏': '帝之武尚吏'는 '제지무帝之武, 상사尚使'의 의미로, '尚使'는 '庶幾使(……하기를 원하다.)'의 뜻이다. "庶幾(shù jī)"는 '희망하다'·'바라다'는 뜻이다.

≪시경詩經·소아小雅·차할車舝≫의 "雖無旨酒, 式飲庶幾; 雖無嘉肴, 式食庶幾"[257] 구절, ≪左傳·襄公二十六年≫의 "懼而奔鄭, 引領南望曰: '庶幾赦余!'"[258] 구절, ≪孟子·公孫丑下≫의 "王庶幾改之, 予日望之!"[259] 구절 중의 '庶幾'는 '희망하다'·'바라다'는 뜻으로 쓰인다.

---

255) 「見到芺攷而欲釆薦之帝.」
256) 張富海, ≪上博簡子羔篇"后稷之母"節考釋≫, 簡帛研究사이트, 2003.01.17. 「但大概是在夏曆四月的時候才長成. 簡文言'冬見芺', 是言其神異. ……簡文此處的'攷'字可以視爲'搴'字異體, '搴'和'攷'的聲符'干'上古音都是見母元部, ……所以表示'搴'字這個詞的字可以寫作'攷'. '搴'義爲拔取·採取, 而且多指拔取草類. ……因此, '冬見芺, 攷而薦之', 應讀爲'冬見芺, 搴而薦之'.」
257) "비록 좋은 술은 없어도 마시기 바라네. 비록 좋은 안주는 없어도 먹기를 바라네."
258) "두려워 정나라로 도망쳤다 남망을 데리고 와 '부디 나를 용서해 주기 바랍니다'라 하였다."
259) "왕이 부디 고치기를 나는 매일매일 바란다."

第13簡

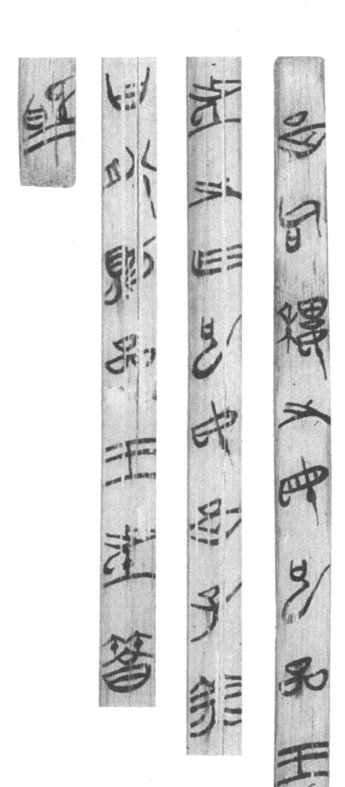

是句稷之母也厽王者之乍也女是子羔曰然則厽王者筥爲

第 13 簡

是句(后)稷(稷)之母也. 厽(參)王者之乍(作)也女(如)是. 子羔曰: 然則厽(參)王者箮(孰)爲

【해석】

이가 바로 후직后稷의 모친母親이다. 삼왕三王은 이렇게 해서 태어나셨다.」자고가 물었다. 「그렇다면 삼왕三王은 누가……

【上博楚簡原註】

본 죽간은 24.4㎝로 상하단이 파손되었다. 문자는 모두 24자이다.

공자는 자고子羔가 물어 본 삼왕三王의 출현에 대하여 대답하고, 자고는 계속해서 이들 삼왕의 덕성德性의 우열에 대해서 물어보고 있다. 그러나 죽간이 파손되어 자세한 내용은 알 수가 없다.

第14簡

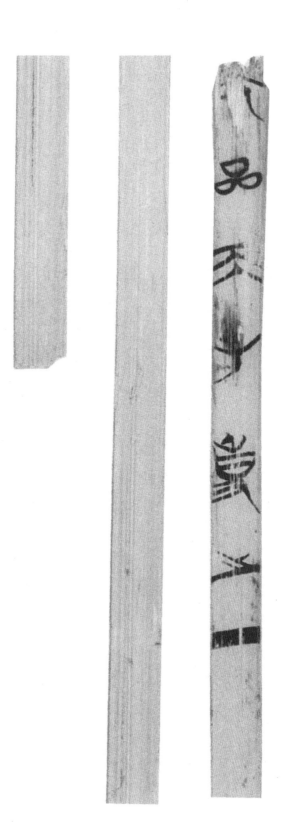

□厽天子事之■

第 14 簡

□¹厽(參)天子①事之■.

【해석】

하상주夏商周 삼대三代의 시조始祖 우禹·설契과 후직后稷 삼왕三王은 모두 받들어 모셔졌다.

【上博楚簡原註】

본 죽간은 19.8㎝로 상하 모두 파손되었다. 문자는 모두 8자이다.

첫 번째 자는 파손되어 잘 보이지 않아 예정하기가 쉽지 않다.

① '厽天子': '厽天子'자는 '삼왕자參王者'를 가리킨다. 제 9간의 주석을 참고할 수 있다.

【譯註】

1. '□': '□'자를 구석규裴錫圭 등은 '이而'자로 해석하였다.

≪子羔≫ 主要參考文獻

馬承源 主編, ≪上海博物館藏戰國楚竹書(一)-(九)≫, 上海古籍出版社, 2001~2012.

清華大學思想文化研究所 編, ≪上博館藏戰國楚竹書研究篇≫, 上海書店出版社, 2002

清華大學思想文化研究所 編, ≪上博館藏戰國楚竹書研究續篇≫, 上海書店出版社, 2004

曹建國, 〈讀上博簡≪子羔≫札記〉, 簡帛研究사이트, 2003-01-10.

季旭昇 主編, 〈≪上海博物館藏戰國楚竹書(二)≫讀本〉, 臺灣萬卷樓, 2003.

陳英杰, ≪讀上博簡 (二) 札記五則≫, 簡帛研究사이트, 2005.02.15.

李銳, 〈讀上博簡 (二) ≪子羔≫札記〉, 簡帛研究사이트, 2003.01.01

李守奎, ≪上海博物館藏戰國楚竹書(一)-(五)文字編≫, 作家出版社, 2007.

中國科學院考古研究所: ≪甲骨文編≫, 中華書局, 1965.

陳劍, 〈上博簡≪子羔≫·≪從政≫篇的拼合與編連問題小議〉, 簡帛研究사이트, 2003.01.08.

李零, ≪上博楚簡三篇校讀記≫, 中國人民大學出版社, 2007年.

陳偉, 〈上海博物館藏戰國楚竹書(二)零釋〉, 簡帛研究사이트, 2003.03.17.

張富海, 〈上博簡子羔篇"后稷之母"節考釋〉, 簡帛研究사이트, 2003.01.17.

3

魯 邦 大 旱

마승원馬承源 정리整理

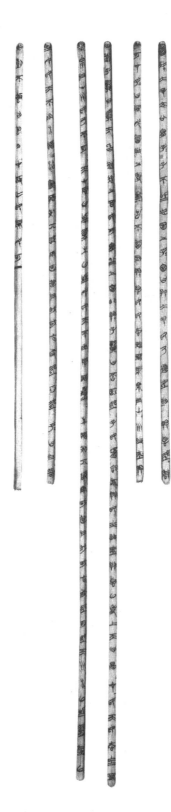

《노방대한魯邦大旱》은 모두 6간이며, 문자는 208자이다.

노魯 나라 애공哀公 15년에 심한 가뭄이 있자, 애공이 공자에게 가뭄을 극복할 수 있는 방법을 물었다. 형법과 덕치德治를 강화해야지 산과 땅의 신령께 규벽圭璧과 폐백幣帛을 매장하는 제사를 지낼 필요가 없다고 하였다. 그 후 공자는 또한 제자 자공子贛과 가뭄을 극복하는 방법을 분석하고 토의하였다. 이는 공자가 천재天災에 어떻게 대응하고 있는가를 알 수 있는 중요한 내용이다.

죽간의 윗부분은 타원형으로 다듬어져 있으며, 세 곳에 편선을 묶은 흔적이 있다. 죽간의 길이와 문자의 풍격은 《공자시론孔子詩論》이나 《자고子羔》와 완전히 같다. 아마도 이 세편은 내용은 다르지만, 같은 한 편에 속했던 것으로 보인다.

제 6간 끝 부분에 검은 색 마디(흑절墨節)의 마침표가 있다. 검은 색 마디 마침표 뒤에는 반절 가량의 공간이 있다. 《자고子羔》의 죽간 형태도 역시 이와 같다. 이는 한 편을 마치고 새로운 다른 죽간을 이용해서 계속해서 썼기 때문이다. 《노방대한魯邦大旱》·《공자시론孔子詩論》과 《자고子羔》는 「공자」와 관련이 있는 내용이라는 것 이외에는 어떤 연관성을 찾기 힘들다.

완전한 형태의 죽간은 약간씩 차이는 있으나, 전체 길이는 55㎝이고 세 곳에 편선이 있다. 제일 위에서 첫 번째 편선(천투天頭)까지의 길이는 8.6㎝이고, 첫 번째에서 두 번째 편선까지는 대략 19.4㎝이며, 두 번째에서 세 번째까지는 19.5㎝이고, 끝(지각地脚)에서 세 번째 편선까지는 7.9㎝이다.

第1簡

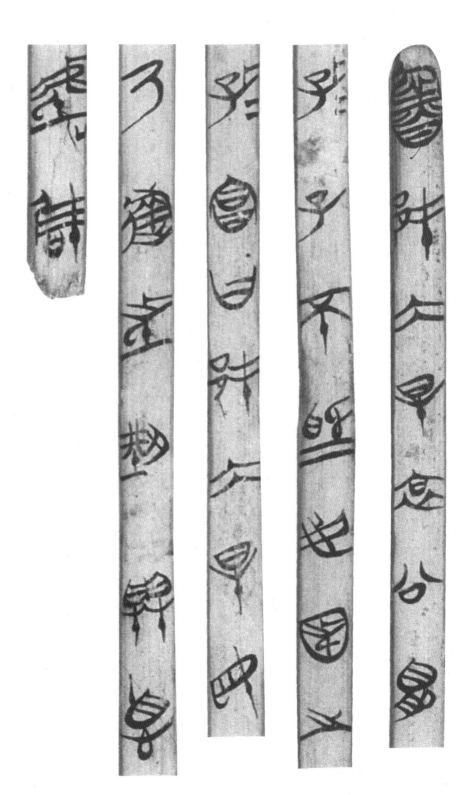

魯邦大旱哀公胃孔＝子不爲我圖之孔＝畣曰邦大旱毋乃遊者型與悥虐唯

第 1 簡

魯¹邦大旱①, 哀公胃(謂)²孔=(孔子)②:「子不爲我圖(圖)之③³?」孔=(孔子)畣(答)⁴曰④:「邦大旱, 毋乃逾(失)⁵者(諸)型(刑)與惪(德)虐(乎)⑤? 唯

【해석】

노 나라에 큰 가뭄이 들자, 애공은 공자에게 「당신은 우리나라를 위하여 대책을 모색하지 않습니까?」라 했다. 공자는 「노나라가 큰 가뭄이 든 것은 형법과 덕치德治의 다스림을 잃었기 때문이 아니겠습니까?」라 했다. 오직

【上博楚簡原註】

죽간의 길이는 33㎝이며, 상단은 타원형의 완전한 형태이고, 하단은 약간 파손되었다. 문자는 모두 31자고, 그 중 합문이 1자이다.

① '魯邦大旱', 본 편은 원래 편명이 없었는데, 제일 앞 문장을 편명으로 취하였다. 큰 가뭄은 노魯나라 애공哀公 때의 일이다. ≪춘추春秋≫는 애공哀公 13년에 "구월에 메뚜기 때가 일어났다."[1]·"십이월에 메뚜기 때가 일어났다."[2]라 했고, 14년에는 "기근이 났다."[3]라고 기록하고 있으나, ≪전傳≫은 이에 대한 설명이 없다. 이외에도 ≪춘추春秋·애공哀公≫에 15년에 "가을 팔월에 큰 기우제를 지냈다."[4]라는 기록이 있다. 「雩(기우제 우, yú)」란 비 내리기를 기원하는 기우제이다. ≪춘추번로春秋繁露·정화精華≫는 "대우大雩란 무엇을 말하는가? 기우제를 말한다. 반박자가 '그런데 큰 가뭄이 들면 우제雨祭를 지내 비가 오기를 기원하는데, 많은 물을 퍼붓고, 북을 두드리면 천지신령께 위협을 가한다는 것은 무엇을 말하는가?'라 물었다."[5]라고 하였다. 공자는 애공哀公 15년에 이미 노나라에 돌아와 국가를 위하여 일하다가 16년에 세상을 떠났다. 죽간에서 언급하고 있는 가뭄 재해는 애공 15년 여름이나 가을의 일이다. 이 내용은 ≪경經≫이나 ≪전傳≫을 보충할 수 있다.

---

1) 「九月螽.」
2) 「十有二月螽.」
3) 「饑.」
4) ≪春秋·哀公≫:「秋八月, 大雩.」
5) ≪春秋繁露·精華≫:「大雩者何? 旱祭也, 難者曰, 大旱雨祭而請雨, 大水鳴鼓而攻社.」

② '哀公胃孔=': 「애공哀公」은 춘추春秋 말기 노나라 군주 애공哀公을 말한다. 이름은 「장蔣」[6]이고, 애공哀公은 시호諡號이다. 27년간 제위하였다. 가뭄 피해는 위정자에게는 심각한 문제가 아닐 수 없다. 그래서 哀公은 공자에게 그 해결책을 묻고 있다.

「胃」는 「謂(이를 위, wèi)」의 의미이다. 「孔=」은 「공자孔子」의 합문이다. ≪공자시론孔子詩論≫과 ≪자고子羔≫ 중에 보이는 「孔=」자와 같은 것으로 보아 이들 세 편은 한 사람이 쓴 것으로 보인다.

③ '子不爲我圖之': 「子不爲我圖之」는 「子不爲我圖之」[7]라는 의미이다.

「我」자 중 '戈'의 상하 필획을 연결하여 쓴다. 금문金文 ≪본정本鼎≫의 '肇(창 조, zhào)'자 역시 '戈' 부분을 연결하여 쓴다.[8] 왼쪽 삼지창(三支) 부분을 두 개(二支)로 생략하여 쓰기도 한다. 전체적으로 형태가 약간 변형되었다.

「圖」는 「圖(그림 도, tú)」의 의미이다. ≪옥편玉篇≫은 「도圖」자의 고문을 「圛」으로 쓰는데, 「圖」의 형태와 비슷하다. 「者」나 자부가 「者」인 자의 상고음은 '어魚'부부에 속하고, 성모는 '단端' · '투透'나 혹은 '정定'뉴紐에 속한다. '圖'자는 소리부가 '者'이고, 문맥으로 보아 「圖」의 의미로 쓰이고 있다. 「圖」자의 상고음은 '어魚'부부 '정定'뉴紐이고, 「屠(잡을 도, tú)」나 「都」자와 음이 같다. ≪사기史記 · 진본기秦本記≫의 「今我復與大駱妻, 生適子成. 申駱重婚, 西戎皆服, 所以爲王, 王其圖之」[9] 구절과 ≪이사열전李斯列傳≫의 「方今天下之權, 存亡在子與高及丞相耳, 原子圖之」[10] 구절 중의 '圖'의 의미와 같다. ≪說文解字≫는 「圖」자에 대하여 "'계획하고 도모하기는 어렵고 힘들다'는 뜻이다. '口'와 '啚'로 이루어진 회의자이다. '啚(인색할 비, bǐ,tú)'는 '어렵다'는 의미이다."[11]라 하였다.

본 구절은 '노나라 애공哀公이 공자에게 한재旱災를 극복할 수 있는 묘책을 왜 강구하지 않은가'라고 묻고 있다.

③ '孔=䚪曰': '䚪'자는 '日'과 '合'으로 이루어진 자로 「答(대답할 답, dá,dā)」의 의미이다. ≪집운集韻≫은 "'答' · '䚪' · '畣'자는 모두 반절음反切音이 '딕합德合'切이다. '대당하다(當)'의 의미.

---

6) "'將'으로 쓰기도 한다."
7) "당신은 나를 위하여 계책計策을 도모하지 않은가?"
8) ≪金文篇≫(第12卷), 822 쪽.
9) "나의 딸은 태락大(太)駱에게 시집 가 적자適子 성성成을 낳았고, 신후申侯와 태락大駱 역시 혼인관계에 있으며, 서융西戎 또한 이미 복종하게 되었으니, 대왕께서는 명실상부하게 왕이라 할 수 있습니다. 그런고로 대왕께서는 이 일을 신중하게 고려하십시오."
10) "작금 천하의 권력과 존망의 기로는 당신과 조고趙高와 승상丞相에게 달려 있으니, 심사숙고해 주십시오."
11) ≪說文解字 · 口部≫: 「畵計難也, 從口從啚. 啚難意也.」

'答'자를 고문자는 '畣'이나 '畗'으로 쓰며, 또한 일반적으로 '荅'으로 쓴다."12)라 하였다. 초간楚簡의 '畣'자는 자부가 '日'이다. 자부 '日'과 '田'은 일반적으로 통용하여 쓴다.

④ '毋乃遊者型與悳虖': '毋乃遊諸型與悳虖'는 「무내실자형여덕호毋乃失者刑與德乎」의 의미이다. 고문에서 「型(거푸집 형, xíng)」과 「刑(형벌 형, xíng)」은 통용된다. ≪한시외전漢詩外傳≫(卷三)의 「啜乎土型」13) 구절을 ≪사기史記·태사공자서太史公自序≫는 「啜土刑, 糲梁之食」14)로 쓴다. '형刑'과 '덕德'은 상고시대上古時代에 나라를 다스리는 근본이었다. 하지만 그 속에 함축되어 있는 의미는 시대에 따라 다르다. ≪한비자韓非子·이병二柄≫은 "현명한 군주가 신하를 제어하기 위한 것은 두 가지 뿐이다. 즉 그 두 개의 권병은 '형刑'과 '덕德'이다. 무엇을 '형'과 '덕'이라고 하는가? 처벌하여 죽이는 것을 형이라 하고, 칭찬하여 상을 주는 것을 덕이라 한다. 남의 신하되는 자는 처벌을 두려워하고 상 받는 것을 이득으로 생각한다. 그러므로 군주 자신이 직접 형을 집행하고 덕을 베푼다면 신하들은 그 위세를 두려워하여 이득 쪽으로 기울 것이다."15)라고, 유향劉向 ≪설원說苑·정리政理≫는 "나라를 다스리는 데는 '형법刑法'과 '덕치德治'라는 두 가지 중요한 관건이 있다. 왕도王道를 행하는 자는 '德治'를 숭상하고 '刑法'을 잘 사용하지 않는다. 패자霸者는 '刑法'과 '德敎'를 병용하고, 강폭强暴한 나라는 '刑法'을 먼저 행하고, '德治'를 후에 행한다. 교화는 이른바 '刑法'과 '德治'를 통하여 이루어진다. '德'은 선량한 품성을 양성하고 부족한 점을 보충해 주며, '刑'은 죄악을 징벌하여 다시 재발하지 않도록 하는 것이다. 만약에 숭고한 덕을 갖춘 자는 상을 받을 것이고, 형벌이 심한 경우는 죽음에 이르는 것이다."16)라 했다.

「失諸刑與德乎」는 "심한 가뭄으로 인해 야기된 문제들을 해결하는 방법은 '刑法'과 '德治'가 중요한 것이 아니겠습니까?"라는 의미이다.

【譯註】

1. '魯': 🔲(魯)자를 ≪조말지진曹沫之陳≫은 🔲(제1간)으로 쓰고, 금문金文 역시 죽간과 유

---

12) ≪集韻·入合≫:「答, 畣, 畗, 德合切, 當也, 古作畣·畗, 通作荅.」
13) "토기로 만든 그릇에 담아 먹다."
14) "토기로 만든 그릇에 담아 먹고, 거친 곡식으로 밥을 만들어 먹다."
15) ≪韓非子·二柄≫:「明主之所道制其臣者, 二柄而已矣. 二柄者, 刑德也. 何謂刑德? 曰: 殺戮之謂刑, 慶賞之謂德. 爲人臣者畏誅罰而利慶賞, 故人主自用其刑德, 則群臣畏其威而歸其利實.」
16) 劉向 ≪說苑·政理≫:「治國有二機, 刑德是也, 王者尚其德而希其刑, 霸者刑德並湊, 强國先其刑而後德. 夫刑德者, 化之所由興也. 德者, 養善而進闕者也, 刑者, 懲惡而禁後者也; 故德化之崇者至於賞, 刑罰之甚者至於誅.」

사하게 '▩'(《송정頌鼎》)·'▩'(《노후력魯侯鬲》) 등으로 쓴다.

2. '胃(謂)': '胃'자는 '▩'와 같이 왼쪽부분에 수식 부호를 추가하여 쓰기도 하고, '▩'(《民之父母》제3간)와 같이 수식부호 없이 쓰기도 한다.

3. '我圈之': '▩'자는 '我'자의 변형이다. 갑골문은 '▩'·'▩'로, 금문은 일반적으로 '▩'·'▩'로 쓰고, 《연아종沇兒鐘》은 '▩'로 쓰기도 한다. 자부 '我'가 포함되어 있는 '肇(칠 조, zhào)'자를 《본종本鼎》은 '▩'로 쓰고, '義(옳을 의, yì)'자를 《자시종者沪鐘》은 '▩'로 쓰기도 하고,[17] 《성정론性情論》은 '▩'(義)(제2간)로 쓴다. '戈' 부분을 연이어 쓴다.

'▩(圈)'자는 '者'의 생략형이 소리부인 자와 '口'로 이루어진 형성자이다. '者'자는 《上博楚簡》에서 '▩'(《性情論》제2간)·'▩'(《性情論》제23간)·'▩'(《容成氏》제2간)·'▩'(《中弓》제2간)·'▩'(《孔子詩論》제1간)·'▩'(《緇衣》제1간) 등으로 쓴다. 위 부분은 모두 '止'나 '之'이고, 아래 부분은 다양한 형태로 쓴다. '▩(圈)'자 '口'의 안쪽 부분은 '者' 중 아랫부분을 생략한 형태다.

4. '▩': '회답回答'의 '答(대답할 답, dá,dā)'자를 초간楚簡에서는 '▩(▩)'(《魯邦大旱》제1간)·'▩(▩)'(《民之父母》제1간)·'▩(畣)'·'▩'(《競建內之》제1간) 등으로 쓴다. '畣'자는 '合'자의 혹체자或體字로 보기도 한다.[18]

5. '遊(失)': 《곽점초묘죽간郭店楚墓竹簡·노자갑老子甲》은 「亡執古(故)亡遊(失).」(제11간)[19] 중의 '遊(失, 잃을 실, shī)'자를 '▩'으로 쓴다. 초간 '▩'자와 유사하다. 《노자갑老子甲》의 '遊'자를 백서본帛書本과 왕필본王弼本 등은 '失'로 쓴다. '▩'자에 대해서 학자마다 의견이 분분하다. 자부 '羊'은 '矢'를 잘못 쓴 것으로 '遰'로 예정하고, '遊'자는 '迭(갈마들 질, dié)'자를 복잡하게 쓴 형태라고 주장하기도 하며, '達'자의 이체자로 보기도 한다.[20] '達'자는 '達(통달할 달, dá,tà)'과 같은 자이다. 고문자에서 자건 '大'·'失'·'矢'는 혼용하여 사용하기 때문에 '迭'자를 '达'로 쓰기도 한다. 《설문해자說文解字》는 '達'에 대하여 "큰 길이기 때문에 서로 길에서 만나지 못하다의 의미이다. 의미부가 '辵'이고 소리부가 '羍'인 형성자이다. 《시경》은 '왔다갔다하며 서로 바라보네.'라 했다. '達'지는 '人'를 써서 '达'으로 쓰거나 '迭'로 쓴다."[21]라 하였다. 따라서 '迭'·'達'·'达'과 '失'은 서로 통한다.

---

17) 《金文篇》, 832-833 쪽 참고.
18) 陳偉, 《讀魯邦大旱札記》, 簡帛硏究사이트, 2003.01.27
19) "집착하지 않기 때문에 잃는 것이 없다."
20) 廖名春, 《郭店楚簡老子校釋》, 116-117 쪽 참고.
21) 《說文解字》:「行不相遇也. 從辵, 羍聲. 《詩》曰: 挑兮達兮. 达, 達或從大. 或曰迭.」

第 2 簡

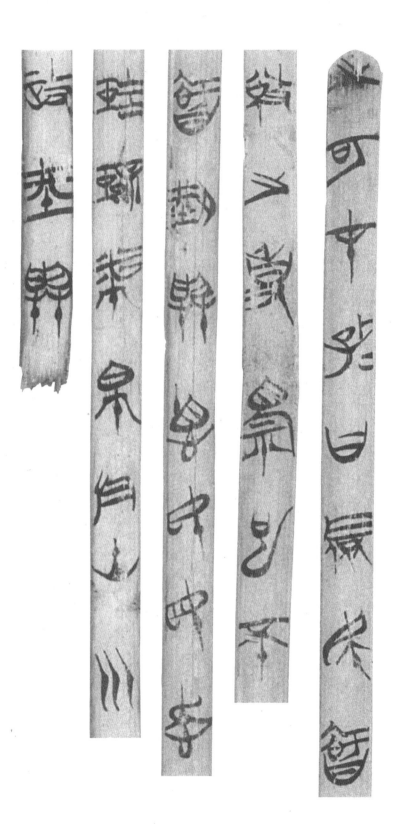

之可才孔＝曰戾民智敓之事視也不智型與悳女毋恚珪璧希帛於山川政坖與

第 2 簡

之可(何)才(在)? 孔=(孔子)曰:「厇¹民①暂(知)敓(說)之事², 視也², 不暂(知)型(刑)與慮(德), 女(如)³毋悉(蔓)⁴珪璧希帛於山川③, 政莊(型)④與⁵

【해석】

노 애공은 「어떻게 하면 될까요?」라 했다. 공자는 말했다. 「일반 백성은 단지 '설제說祭'를 거행하고 귀신을 섬겨 가뭄을 극복하려만 하고, 형법刑法과 덕치德治를 모릅니다. 당신께서는 규벽圭璧과 폐백幣帛을 땅에 묻는 제사를 행하지 말고, 형법刑法과 (덕치 정치를) 실행하시오.

【上博楚簡原註】

본 죽간의 길이는 32.9cm이다. 상단은 완전한 형태이나, 하단은 약간 파손되었다. 문자는 모두 32자이고, 이 중의 합문이 1자이다.

① '厇民': '厇'자는 '石'과 '衆'으로 이루어진 자이며, 자서字書에는 보이지 않는다. 문헌에서 소리부가 '石'인 자와 '庶'인 자는 자주 통가자로 사용된다. ≪說文解字≫는 "拓(밀칠 탁(척), tuō)'자는 혹은 '撫(주울 척, zhí)'으로 쓰기도 한다."²²⁾라 하였다. ≪여씨춘추呂氏春秋·용중用衆≫「善學者若齊王之食鷄也, 必食其跖數千而後后足, 雖不足, 猶若有跖.」²³⁾ 구절에 대하여 고유高誘는 "'跖(발바닥 척, zhí)'자의 음은 '군척捃撫(jùnzhí, 줍다)'의 '撫(주울 척, zhí)'자와 같다."²⁴⁾라 하였다. ≪여씨춘추呂氏春秋·중언重言≫「有執蹛瘶而上視者」²⁵⁾ 구절 중의 「척삽蹛瘶」을 ≪說苑·權謀≫은 「자저柘杵」로 쓰기도 한다. ≪맹자孟子·등문공하滕文公下≫의 「도척盜跖」을 ≪회남자淮南子·주술主術≫에서 고유高誘는 「도척盜蹛」으로 쓴다. ≪사기史記·사마상여열전司馬相如列傳≫「諸蔗猼且」²⁶⁾ 중의 「蔗(사탕수수 자, zhè)」자를 ≪한서漢書·사마여전司馬相如傳≫

---

22) ≪說文解字·手部≫: 「拓, 或從庶.」
23) "배우기를 좋아하는 사람은 마치 제왕齊王이 닭을 먹는 것과 같다. 제왕齊王은 족히 닭발 천여 개를 먹었다. 비록 그만큼 먹지 않았다하여도 마치 닭발을 좋아하는 것과 같다."
24) 「跖讀如捃撫之撫.」
25) "삽을 위로 치켜들고 위를 쳐다 본 사람."
26) "사탕수수와 양하."

은 「柘(산뽕나무 자, zhè)」자로 쓴다. '厇'자는 '石'이 소리부이고, '庶'이 의미부이다. 《설문說文》 "'庶(여러 서, shù)'자는 집안에 사람이 많음의 의미."27)라 하였다. '厇'자 역시 의미부가 '庶'이고, '서민庶民'의 '庶' 의미이다. '厇'자는 '庶'자의 이체자이다. 「서민庶民」이란 귀족집단과 반대적 개념의 일반대중을 말한다. 《좌전左傳·소공삼년昭公三年》은 "비록 우리나라의 공실公室이라 하더라도 역시 말세입니다. 전차를 끄는 말이 부족하여 전차마다 말이 메어지지 않고, 경卿들이 인솔할 군대가 정비되어 있지 않고, 군주가 타는 전차에 탈 무사가 정해져 있지 않고, 군종들에게는 통솔할 장군이 없다."28)라 했다.

② '瞀敚之事': '瞀敚之事'는 '知說之事'의 의미이다. '敚'자는 '奪'자로 '兌'가 소리부이다. 「설說」은 옛날에 전통적으로 행하던 기우제의 명칭이다. 《주례周禮·춘관春官·대축大祝》 "여섯 가지 제사를 관장하여 천신天神·인귀人鬼와 지시地示로 하여금 서로 융합하여 재앙을 없애도록 하였다. 여섯 가지 제사 중 첫째를 유제類祭, 둘째를 조제造祭, 셋째를 회제禬祭, 넷째를 영제禜祭, 다섯째를 공제攻祭, 여섯째를 설제說祭라 하였다."29)의 구절에 대하여 정현鄭玄은 정사농鄭司農의 말을 인용하여 "모두 제사의 명칭이다."30)라 하였다. 정현鄭玄의 "공제攻祭와 설제說祭는 모두 언사言辭로써 꾸짖는 설사說祀이다."31)라는 설명」에 대하여 가공언賈公彦은 "공제攻祭·설제說祭를 지낼 때 폐백만을 이용한다."32)라고 주소注疏하였다. 본 죽간에서 언급하고 있는 대한大旱의 제사 역시 규벽圭璧과 폐백幣帛을 사용하고 있다.

본 구절 중의 「敚」자는 「說」의 의미이다. 《회남자淮南子·태족훈泰族訓》 「祈禱而求福, 雩兌而請雨」33) 중의 「兌」자는 「敚」나 「說」자의 통가자이다.

공자는 큰 가뭄을 해결하기 위한 대책으로 일반백성들은 「설제說祭」만을 알고 형법刑法과 덕치德治는 인식하지 못하고 있다고 생각하였다.

③ '女毋惡珪璧犇帛於山川': 「女」자는 「如」의 의미이다. 「惡」는 일반적으로 「薆(숨길 애, ài)」로 쓴다. 《이아爾雅·석언釋言》 「薆, 隱也」34)에 대하여 곽박郭璞은 "'은폐하다'의 뜻이다."35)

---

27) 《說文解字·廣部》: 「庶, 屋下众也.」
28) 《左傳·昭公三年》: 「雖吾公室. 今亦季世也. 戎馬不駕. 卿無軍行. 公乘無人. 卒列無長. 庶民罷敝. 而宮室滋侈.」
29) 《周禮·春官·大祝》: 「掌六祈以同鬼神示. 一日類. 二日造. 三日禬. 四日禜. 五日攻. 六日說.」
30) 「皆祭名也.」
31) 「攻說皆以辭責之.」
32) 「攻說用幣而已.」
33) "기도祈禱하여 복을 구원하고, 우제雩祭와 설제兌祭로 비가 내리기를 기원하다."
34) "'애薆'는 '은폐하다(隱)'의 의미이다."

라 하였다. 「애蔓」자와 「瘞(묻을 예, yì)」자는 소리부와 의미부가 같다. 「瘞」와 「蔓」자는 모두 성모가 '영影'모母이고, 「瘞」자는 운모가 '제齊'부이고, 「蔓」자는 운모가 '미微'부로 방대전旁對轉 관계이다. ≪이아爾雅·석언釋言≫「瘞, 幽也」에 대하여 곽박郭璞은 "또한 '감추다'의 의미이다."36)라 하였다. ≪시경詩經·대아大雅·운한雲漢≫은 「旱旣太甚, 蘊隆蟲蟲. 不殄禋祀, 自郊徂宮. 上下奠瘞, 靡神不宗.」37)이라 했다. '不蔓珪璧幣帛於山川'이란 대한大旱의 제사를 올리지 말고, 형법과 덕치의 정치를 베풀어야 한다는 것이다. 이러한 사상은 공자가 애공哀公에 제안한 가뭄 방지의 기본적 대책안이다.

④ '政坓(型)': '정형政型'이란 사회를 통치하는 정치를 말한다. ≪좌전左傳·은공십일년隱公十一年≫은 "군자가 말하였다. 정鄭나라 장공莊公은 정사와 형법을 제대로 이행하지 못했다. 정사政事란 백성을 다스리는 것이고, 형법刑法이란 부정을 바로 잡는 것이다. 이전에 덕으로 베푼 정치가 없고, 위엄을 보이는 형법이 없었기 때문에 부정한 일이 있었다."38)라 하고, ≪좌전左傳·양공삼십일년襄公三十一年≫은 "공자公子 산產은 영빈관의 담을 모두 헐게 해서 수레와 말을 안으로 들여 놓았다. 그러자 사문백士文伯이 문책을 하면서 '우리나라는 정치와 형벌이 모두 잘 다스려지지 않아, 도적들의 횡포가 심하며…….'"39)라 했다.

'政坓(型)' 이하의 문자는 보이지 않는다.

【譯註】

1. '厎': '(厎)'자는 '' (≪昔者君老≫제2간)·'' (≪緇衣≫제20간)·'' (≪束大王泊旱≫제2간)·'' (≪內豊≫) 등과 같이 자부 '石'과 '火'를 쓴 '厎'으로 쓰기도 한다.

2. '晉敓之事, 視也': ''자를 마승원馬承源 정리본은 '시視'로 예정하고 있다. 그러나 만약에 '視'로 해석한다면 문맥이 통하지 않는다. 황덕관黃德寬은 이 자를 '鬼(귀신 귀, guǐ)'의 이체자異體字로 보았다.

---

35) 「謂隱蔽.」
36) 「亦薶也.」
37) "가뭄이 너무 심하여 뜨거운 기운만이 훅훅 오르네. 끊임없이 정결한 제사지내 천지에서 조상까지 위 아래로 제물을 바치고 묻고 하여 모든 신을 높이 받드네."
38) 「君子謂: 『鄭莊公失政刑矣. 政以治民. 刑以正邪. 旣無德政. 又無威刑. 是以及邪.」
39) ≪左傳·襄公三十一年≫: 「子產使盡壞其館之垣. 而納車馬焉. 士文伯讓之曰: 『敝邑以政刑之不脩. 寇盜充斥. …….』」

이 자는 '示'와 소리부 '鬼'로 이루어진 형성자로 "鬼"자의 이체자이다. 그 이유는 첫째 '視'자를 ≪郭店≫과 ≪上海楚簡≫에서 모두 자부 '目'과 '人'으로 쓴다. '見'자의 다른 점은 자부 '人' 중 퇴부腿部의 완곡 여부뿐이라는 사실은 누구나 알고 있다. 그러나 자부 '示'인 '視'자는 아직 보이지 않고 있다. 두 번째로 ≪郭店簡·老子乙≫의 '畏'자는 '𥜼'로 쓰고, ≪民之父母≫의 '威'자는 '𥜼'로 쓰는데, 본 '𥜼'자와 자형이 상당히 유사하다. 다만 위 부분 '鬼'와 '目'이 다를 뿐이다. 고문자에서 자부 '目'은 '田'과 구별없이 쓰이곤 한다. ……정리본이 예정한 '視'자는 ≪民之父母≫의 '威'나 ≪老子乙≫篇 중의 '畏'의 의미로 쓰이는 자와 같다. ≪陳肪簋≫ "恭盟鬼神" 중의 '鬼'자도 '示'와 소리부 '鬼'로 쓴다. 따라서 '𥜼'자는 '鬼'로 해석해야 옳고, 본 구절은 "일반 백성은 기우제와 귀신을 섬기는 것만 알지, 刑法과 德治는 알지 못한다"라는 의미다.[40]

진위陳偉 역시 황덕관黃德寬의 주장에 찬성하고 「事, 鬼也」는 「事鬼也」로 읽어야 한다라 했다.

정리본이 단독적으로 해석하고 있는 '사事'와 '귀鬼'자는 합성어로 읽어야 옳다. '사귀事鬼'는 즉 '귀신을 섬기다'의 의미이다. ≪논어·선진≫은 "계로季路가 귀신 섬기를 것을 묻자 공자는 '사람도 섬길 수 없는데 어떻게 귀신을 섬길 수 있겠는가!'라 했다"라고 했다. 이는 '사신事神'이 란 용어를 다른 전적에서도 사용하고 있는 것을 볼 때, '귀鬼'는 '귀신鬼神'이라는 의미라는 것을 알 수 있다.[41]

≪上博楚簡≫에서 '鬼'자는 '𢌞(鬼)'(≪互先≫제3간正)·'𥜼(㝈)'(≪柬大王泊旱≫제6간)·'𡙇(畀)'(≪競建內之≫제7간) 등으로 쓴다.

3. '女(如)': '慮'과 '毋'자 사이의 '𢆡(女)'자를 마승원馬承源 정리본은 '如'의 의미로 보고, 전체적으로 애공에게 산천 신령에게 제사를 지내지 말도록 권유하는 내용으로 이해하고 있다. 그러나 옛날에는 자연재해 때, 산천 신령에게 제사를 지내는 것은 매우 자연스런 일이었기 때문에, '女'를 '애공哀公'을 가리키는 대사代詞인 '汝(너 여, rǔ)'로 해석하고, 전체적으로 재물을

---

40) ≪上海博物館藏戰國楚竹書研究續編≫, 〈戰國楚竹書 (二) 釋文補正〉, 439 쪽 참고. 「我們以爲此字應當分析爲 從示·鬼聲, 即"鬼"之異文. 一是"視"字在郭店·上海簡中均从目从人作, 與"見"之別在"人"之腿部的彎曲與 否, 這已是大家的共識, 尚未見从"示"的"視". 二是此字的寫法與郭店簡≪老子≫乙之"畏"作𥜼, 本書≪民之父母≫ 中的"威"作𥜼, 構形非常接近, 不同之處在于一作鬼頭, 一作目. 其實古字中"目"寫作"田"伺空見慣, ……因此, 我 們有理由認爲此處所謂的"視", 與≪民之父母≫的"威"和≪老子乙篇的"畏"是一個字的不同寫法和用法. ≪陳 肪簋≫"恭盟鬼神"之"鬼"也从示·鬼聲, 故可將此字讀作"鬼". 如此, 此簡意謂: "庶民只知道求雨而事鬼神, 却 不知道刑與德", 文意通暢明白.」

41) ≪上海博物館藏戰國楚竹書研究續編≫, 117 쪽 참고. 「即原來斷讀的"事"·"鬼"二字當連讀. 事鬼, 即奉事鬼神. ≪論語·先進≫記: "季路問事鬼神. 子曰: '未能事人, 焉能事鬼?'"既爲"事鬼"一讀提供了傳世典籍方面的辭例, 同時也表明"事鬼"的"鬼"可以兼賅鬼神.」

아끼지 말고 신령께 제사를 올림과 동시에 형법과 덕치로 나라를 다스리도록 권하는 것으로 보는 것이 옳겠다.[42)]

4. '悉(薆)': 馬承源 整理本은 '悉(悉)'자를 '애薆'의 의미로 해석하여, 전체 내용을 '不薆珪璧幣帛於山川.(산천에 규벽과 폐백으로 제사하지 말고)', 형법과 덕치의 정치를 해야 하는 것으로 파악하고 있다. 그러나 유낙현劉樂賢은 '悉'자를 '애愛(아까워 하다)'로 해석하였다.

> '愛(사랑 애, ài)'자는 본 의미인 '아까워하다(吝惜)'로 해석하는 것이 옳겠다. "毋愛珪璧币帛于山川"은 즉 '산천에 제사를 드려야 한다'는 뜻이다. "政型(刑)與"의 뒤 부분에 '德'자를 보충할 수 있다. "政刑與德"은 "正刑與德"의 뜻이다('政'은 '正'의 의미다). 제 1간에서 공자가 말한 "邦大旱, 毋乃失者(諸)型(刑)與德乎."[43)] 구절을 통하여, 본 구절이 "正刑與德"[44)]라는 것을 증명할 수 있다.[45)]

문맥의 전체적인 내용과 ≪논어≫의 "사람을 섬길 수 없는데 어떻게 귀신을 섬길 수 있겠는가」 등의 내용으로 보아 정리본의 주장처럼 '悉'자를 '薆(숨길 애, ài)'로 해석하여 '폐백을 땅 속에 묻어 행하는 제사를 행하지 말라'라는 부정의 의미로 풀이할 수도 있으나 앞에서 설명하였듯이 고대에는 나라에 큰 일이 있을 때는 제사를 지내는 일이 일반적인 일이었기 때문에 재물을 아끼지 말고 신령께 제사를 지내고 형법과 덕치로 나라를 다스리도록 권하는 것으로 보기로 한다.

5. '與'자 다음은 죽간이 파손되어 문자가 보이지 않는다. 제 1간의 「遊(失)者(諸)型(刑)與惪(德)虐(乎)」와 제 3간의 구절을 참고하면 '德'자를 보충할 수 있다.

---

42) ≪上海博物館藏戰國楚竹書(二)讀本≫, 46 쪽 참고.
43) "노나라에 큰 가뭄이 든 것은 刑德의 다스림을 잃었기 때문이 아닌가?"
44) "형법과 덕치를 바르게 해야 한다."
45) 劉樂賢, ≪讀上博簡民之父母等三篇札記≫, 簡帛研究사이트, 2003.1.10.「愛, 讀本字即可, 是吝惜的意思. "毋愛珪璧币帛于山川", 是說要祭祀山川. "政型(刑)與"後可補一"德"字, "政刑與德", 讀爲"正刑與德"(按, "政"也可訓爲"正"). 第一簡孔子說"邦大旱, 毋乃失者(諸)型(刑)與德乎", 此簡孔子說"正刑與德", 正可互相印證.」

第 3 簡

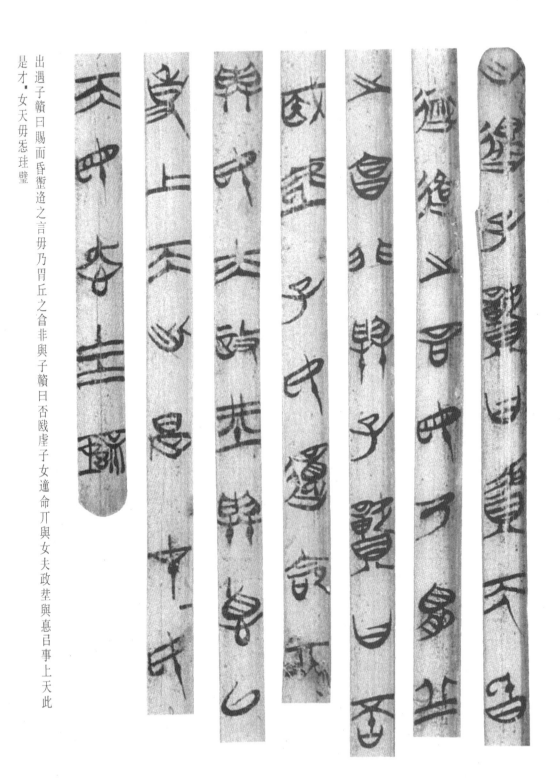

出遇子贛曰賜而昏銜迯之言毋乃胃丘之會非與子贛曰否戬虐子女遑命丌與女夫政垤與惎呂事上天此
是才[▪]女天毋悳珪璧

第 3 簡

出遇子贛^①曰:「賜, 而(尒)昏(聞)衢(巷)洛(路)^②之言, 毋乃胃(謂)丘之含(答)非與(歟)^③? 子贛曰:「否威(也)^{④1}, 虛(吾)子²女(若)潼(重)命(名)^{⑤3}丌(其)與(歟)? 女(如)夫政圣(刑)與悳(德), 㠯(以)事上天, 此是才(哉). 女(若)天(夫)毋㤪(愛)圭璧^⑥

【해석】

공자가 밖에서 자공子貢을 만났다. 공자가 물었다. 「사賜(자공)야! 거리에서 나도는 소문을 들어 봤는가? 내가 애공에게 건의한 내용이 잘못되었다고 말하지 않던가?」. 자공은 이에 대답하였다. 「백성들은 잘못된 것이 아니라고 합니다. 선생님께서는 비교적 항간의 평가를 중시하시지요? 만약에 형법과 덕치로 정치를 한다면 이는 하늘의 뜻을 따르는 것으로, 옳습니다. 만약에 규벽圭璧과 폐백幣帛을 산천에 묻는 제사를 귀중하게 여기지 않고

【上博楚簡原註】

① '出遇子贛':「贛」자는 '章'과 '貧'로 이루어진 자로 쓰거나 혹은 '貝'와 '歆'으로 이루어진 자로 쓴다. 이 자는 「贛(줄 공, gàn,gǎn,gòng)」으로 쓰기도 한다. ≪한인분운합편漢印分韻合編≫은 '贛'자의 이체자로 '贛'·'贛' 등을 수록하고 있는데, 이는 초간楚簡의 형태와 같다. 이 자는 「贛」과 「貢」의 통가자로 쓰인다. ≪서경書經·고명顧命≫ 「冒貢于非幾」⁴⁶⁾의 구절에 대하여 육덕명陸德明 ≪석문釋文≫은 "'貢'자를 마융馬融·정현鄭玄과 왕숙王肅은 모두 '贛'으로 쓴다."⁴⁷⁾라 하였다. ≪예기禮記·악기樂記≫ 「子贛見師乞而問焉」⁴⁸⁾ 구절 중의 「子贛」을 ≪사기史記·악서樂書≫는 「子貢」으로 쓴다. ≪사기史記·중니제자열전仲尼弟子列傳≫은 "단목사端木賜는 위衛 나라 사람으로 자字는 자공子贛이다. 자공은 공자보다 서른 한 살이 어렸다. 자공은 언변이 뛰어나 공자를 자주 난감하게 하였다."⁴⁹⁾라 하였다.

② '衢洛': '衢洛'는 '항로巷路'의 의미이다. 「衢」자는 소리부 '㡴'와 의미부 '行'과 '止'로 이루

---

46) "불법을 범하거나 빠지다."

47) 「貢, 馬·鄭·王作贛.」

48) "자공子贛은 사을師乞(乙)을 만나보고 물었다." '乞'자는 '乙'자를 잘 못 쓴 것이다. ≪禮記集釋≫, 1035 쪽 참고.

49) ≪史記·仲尼弟子列傳≫:「端木賜, 衛人, 字子贛, 少孔子三十一歲. 子貢利口巧辭, 孔子常黜其辯.」

어진 자이로 '巷'으로 읽는다. ≪상박초간上博楚簡≫의 ≪역易·규暌≫「九二, 遇主于衚.」50) 구절 중의 「衚」자를 ≪마왕퇴한묘백서馬王堆漢墓帛書≫와 현행본 ≪역경易經≫은 모두 「巷(거리 항, xiàng,hàng)」으로 쓴다. ≪상박초간上博楚簡·치의紂衣≫의 「衚伯」을 현행본 ≪예기禮記·치의緇衣≫는 「항백巷伯」으로 쓴다.

「洛」자의 소리부는 '各'이다. ≪증후을묘초간曾侯乙墓楚簡≫ 중 「大洛」(제254간) 와 「戎洛」(제279간)는 각각 「대로大路」와 「융로戎路」의 의미이고, 「朱洛」는 「주로朱路」이다. 따라서 '衚洛'는 '항로巷路'의 통가자이다. ≪후한서後漢書·가종전賈琮傳≫ "훌륭한 관리가 등용되고 각 지역이 잘 다스려져 세상이 화평하고 백성들의 생활이 안정되자 거리에는 즐거운 노래가 넘쳐났다……"51) 중의 '항로巷路'의 의미와 같다.

③ '毋乃胃丘之峹非與」: 「丘(언덕 구, qiū)」는 공자의 이름이다. 공자가 다른 사람들과 대화를 할 때 자신의 이름을 직접 사용하는 예는 다른 고전적에 자주 보인다. ≪논어論語≫의 예를 들면 아래와 같다.

> 子曰:「十室之邑, 必有忠信如丘者焉, 不如丘之好學也.」(≪公冶長≫)
> 공자가 말하였다. 열 집쯤 되는 조그만 읍에도 반드시 충성스럽고 진실함이 나 공구孔丘와 같은 자가 있으나, 하지만 내가 학문을 좋아하는 것보다는 못하다.
> 子疾病, 子路請禱. 子曰:「有諸?」子路對曰:「有之, 誄曰:『禱爾于上下神祇.』」子曰:「丘之 禱久矣.」(≪述而≫)
> 공자가 병에 들자 자로가 기도할 것을 청하였다. 그러자 공자는 「그런 예가 있는가?」자로가 대답하기를「그런 예가 있습니다. 뢰誄는『너는 상하의 신명에게 기도하여라』라 했습니다.」공자는 「나 공구孔丘가 기도한지 오래 되었다.」
> 子曰:「由之瑟奚爲於丘之門.」(≪先進≫)
> 공자가 「유由는 어찌하여 나 공구의 문 앞에서 비파를 연주하는가?」라 했다.
> 「天下有道, 丘不與易也.」(≪微子≫)
> 천하에 도가 있다면 나 공구孔丘는 참여하여 바꾸려 하지 않을 것이다.

④ '否威': 「否威(也)」는 자공이 공자에게 물은 「毋乃謂丘之答非歟」의 물음에 부정하는 대답이다. 「威(殹)」자는 「也」의 통가자로 어기조사語氣助詞의 용법으로 쓰인다. ≪저초문詛楚文≫ 「唯是秦之贏衆爲敝賦, 輶輸棧輿, 禮使介老, 將之以自救殹.」52)의 구절 중의 「殹」자를 ≪무함巫

---

50) "九二, 거리에서 주인을 만나다."
51) ≪後漢書·賈琮傳≫「簡選良吏, 試守諸縣, 歲間蕩定, 百姓以安, 巷路爲之歌曰……」

咸≫은 「殹」로 쓰고, ≪대침궐추大沉厥湫≫는 「也」로 쓴다.53)

≪신처호부명新郪虎符銘≫「幾凡興士被甲, 用兵五十人以上, 必會王符, 乃敢行之. 燔燧事, 雖母會符, 行殹」54)와 ≪마왕퇴백서문자편馬王堆簡帛文字編·수부殳部≫〈경법經法001〉「生法而不敢犯殹」55) 등은 모두 「殹」로 쓴다.56)

⑤ '遑命': '遑命'은 '중명重名'의 뜻이다. '遑'자는 「動(움직일 동, dòng)」자의 고문이 아닌가 한다. 「動」과 「重」은 통가자로 사용된다. ≪노자老子≫(十五章)「孰能安以久, 動之徐生」57) 구절 중의 「動」자를 ≪마왕퇴한묘백서馬王堆漢墓帛書·노자갑본老子甲本≫과 ≪노자을본老子乙本≫은 모두 「重」으로 쓴다.

≪묵자墨子·상현尙賢·중中≫은 ≪서경書經·여형呂刑≫「乃命三侯」58)의 구절을 인용하면서 「命」자를 「名」으로 쓴다. ≪예기禮記·제법祭法≫「黃帝正名百物」59) 구절 중의 「名」자를 ≪국어國語·노어상魯語上≫ 은 「命」으로 쓴다. ≪노자老子≫(十四章)「聽之不聞名曰希. 搏之不得名曰微」60) 구절 중의 「名」자를 ≪마왕퇴한묘백서馬王堆漢墓帛書·노자을본老子乙本≫은 「命」자로 쓴다.

「名」이란 '성예聲譽(평가)'의 의미로 거리에 떠도는 항간의 평가를 말한다. 이는 항간의 평가를 중요시하고 있음을 알 수 있다.

⑥ '女天毋恁圭璧': 「女」는 「如」의 의미이다. 「女」와 「如」자는 통가자로 쓰인다. 「天」·「夫」와 「而」자는 형태가 비슷하기 때문에 혼동하여 쓰기도 한다. 예를 들어, ≪상해박물관장전국초죽서上海博物館藏戰國楚竹書·민지부모民之父母≫ 중의 「夫下」를 현행본은 「天下」로 쓴다. 「如夫」는 문두文頭에 쓰이는 어기접속사語氣接續詞이다. ≪사기史記·악서樂書≫「若夫禮樂之施於金石, 越於聲音, 用於宗廟社稷, 事于山川鬼神, 則此所以與民同也.」61)와 ≪사기史記·초세가楚

52) "우리 진나라는 열악한 인력人力과 물력物力 즉 허술한 복장服裝과 전차戰車를 모두 동원하고 장수를 파견하여 이 국난을 막아보고자 한다."
53) ≪郭沫若全集考古編≫第九卷 ≪詛楚文考釋≫은 「秦」자와 「之」자 사이에 「邦」자가 있다. 297쪽.
54) "일반 병사나 갑옷을 입은 군사를 이동하고자 할 때, 만약 50명 이상이면 왕이 가지고 있는 부절符節과 합치되어야 만이 군대를 이동시킬 수 있다. 그러나 주변에 봉화를 올리는 긴급한 상황일 때는 왕의 부절이 없다해도 출동할 수 있다."
55) "법이 제정되고 나면 이 법을 어길 수 없다."
56) ≪新郪虎符銘≫ 중 「凡」자 앞에 「幾」자는 잘 못 삽입된 문자다.
57) "누군가 능히 오랜 동안 안정되고, 변화하면서 서서히 생성시킨다."
58) "세 명의 제후에게 명하다."
59) "황제黃帝는 만물의 이름을 정하였다."
60) "들어도 들리지 않는 것을 '희希'라 하고, 만져도 만져지지 않는 것을 '미微'라 한다."

世家≫「若夫泗上十二諸侯, 左縈而右拂之, 可一旦而盡也.」[62] 중의 「若夫」의 용법과 같다. 「如夫」는 고대 고전적 중에 드물게 보이는 접속사 중의 하나이다.[63]

제 3 간과 제 4 간은 서로 연결되는 내용이다.

【譯註】

1. '否嚴(也)': 馬承源 정리본은 '否嚴(也)'의 의미를 "자공이 공자에게 물은 「毋乃謂丘之答非歟」의 물음에 대한 부정적인 대답이다."로 설명하였다. 앞 제2간에서 이미 설명하였듯이, 공자가 부정문형식으로 물어 보고 있기 때문에, '아니다'라는 강한 긍정 표시로 대답하고 있다.

'𢼸'자를 정리본은 '嚴'로 예정하고 '也'의 의미로 보고 있다. 그러나 이 자를 '繄(어조사 예, yì)'로 예정하고 문두 어조사로 보기도 한다. 조사의 의미로 쓰이면, '다만'·'오직'이라는 뜻으로 주로 문두에 쓰여 실질적인 의미는 없는 조사 '惟(오직 유, wéi)'와 같은 역할을 한다.

2. '虔(吾)子': '虔子'는 '吾子'로 즉 '나의 스승'이란 의미로 '공자'를 가리킨다. ≪左傳·은공삼년隱公三年≫「吾子其廢先君之功.」[64] 중의 '吾子'의 의미와 같다.

3. '遑命': '遑命'을 馬承源 정리본은 '중명重名'의 의미인 '백성의 평가를 중시하다'라고 해석하고 있다. 그러나 덕치德治·제사와 관련된 내용이기 때문에 '백성의 평가'가 아니라, '名'을 '천명天命'의 '命'으로 해석하는 것이 옳겠다.[65]

---

61) "예악禮樂은 금석金石악기 종경鐘磬을 사용하여 듣기 좋은 아름다운 음악을 연주하고, 종묘宗廟 제사·국가의 경전慶典이나 산천 신령에게 제사드릴 때 사용하는데, 이는 이른바 백성들이 원하는 바이기도 하다."

62) "사수泗水 연안의 십이제후十二諸侯들은 붙잡거나 치거나 하여 하루의 시간이면 모두 귀속 시킬 수 있다."

63) '여부如夫'는 조사로 '…에 대해서는'·'…와[과] 같은 것은' 등과 같이 문장 앞에 쓰여 말의 시작을 나타내거나, '그런데'의 뜻으로 문장 앞에 쓰여 화제를 바꿈을 나타낸다.

64) "당신은 선왕의 공적이 없어지게 하지 마시오."

65) ≪上海博物館藏戰國楚竹書(二)讀本≫, 50 쪽 참고.

第 4 簡

絲帛於山川毋乃不可·夫山石呂爲膚木呂爲民如天不雨·石牲燮·木牲死亓欲雨或甚於我或必寺虖名虖夫川水呂爲膚魚呂

第 4 簡

㒥帛於山川, 毋乃不可. 夫山, 石㠯(以)爲膚, 木㠯(以)爲民, 女(如)天不雨, 石牪(將)𤓸(焦), 木牪(將)死, 丌(其)欲雨或甚於我^①, 或(何)必寺(恃)虍(乎)名^②虍(乎)¹? 夫川, 水㠯(以)爲膚, 魚㠯(以)

【해석】

산천에 폐백을 묻는 제사를 지내지 않으면 안됩니다. 산은 암석을 피부로 삼고, 나무를 백성으로 삼습니다. 만약에 비가 오지 않으면, 암석은 햇빛에 검게 그을리고, 나무는 말라 죽기 때문에 그들은 우리보다 비를 더욱 간절히 바랍니다. 그러니 산천 신령이 어찌 교만하게 자연섭리를 무시하고 비를 내리지 않겠습니까? 하천은 물을 피부로 삼고, 고기를

【上博楚簡原註】

본 죽간의 길이는 54㎝이고, 파손되지 않은 완전한 상태이다. 문자는 모두 50자이다.

① '石牪𤓸木牪死丌欲雨或甚於我': '𤓸'자에 대하여 ≪설문해자說文解字≫는 "'𤓸'자는 '불에 상처를 입다'의 의미. '火'와 소리부 '雥(새 떼 지어 모일 잡, zá)'으로 이루어진 형성자이다. 혹은 생략하여 '焦(그을릴 초, jiāo)'로 쓰기도 한다."⁶⁶⁾라 하였다. 이 구절은 오랫동안 비가 오지 않으면 산천의 암석은 햇빛에 달구어지고 그을려 지며, 나무는 말라 죽기 때문에 산천초목이 비를 바라는 것은 사람보다 더욱 간절하다는 의미다.

대사代詞 '丌(其)'는 산천의 암석과 초목을 신격화한 것이다.

본 죽간의 '或'자 중 앞의 '或'자는 본래의 의미대로 쓰이고, 뒤의 '或'자는 '何'의 의미로 쓰이고 있다. 「或」자와 「何」자의 성모가 같고, 「或」자의 고운古韻은 '직職'부部이고, 「何」자는 '가歌'부部이기 때문에 음성이 방대전旁對轉관계로 통가자로 쓰인다.

② '寺虍名': '寺虍名'은 「시호명恃乎名」⁶⁷⁾의 의미이다. 즉 '산천 신령은 교만하게 세상을 무시하고 비를 내려주지 않으려 하다'라는 뜻이다. ≪일주서逸周書·무기해武紀解≫는 「恃名不久, 恃功不立, 虛願不至, 妄爲不祥.」⁶⁸⁾이라 했다.

---

66) ≪說文解字·火部≫:「火所傷也. 從火雥聲. 焦或省.」
67) "명성만을 믿고 교만하게 굴다." '恃(믿을 시, shì)'.

【譯註】

1. '或必寺虐名虐': '或必寺虐名虐'의 구절을 정리본과는 달리 '寺'자와 '名'자를 제명祭名인 '祠(사당 사, cí)'와 '禜(재앙막는 제사 영, suì)'자로 해석하기도 한다. 그러나 자연의 모든 만물들도 역시 간절히 비오기를 바라는데 어찌 이를 무시하고 비를 내려주지 않겠는가라는 뜻이기 때문에 정리본의 견해에 따라 「恃乎名」으로 해석하기로 한다.

廖明春은 ≪〈魯邦大旱〉的"重命"和"寺乎名"≫이란 문장에서 '名'을 '命(목숨 명, ming)'으로 해석하고, 자공은 공자가 천명을 중시하는 것은 반대하고, 형법과 덕치를 다스려야 하는 주장을 찬성한다하였다.

> "시호명恃乎命"은 즉 "중명重命(천명을 중시하다)"이고, "何必恃乎命乎"는 "重命"함을 자공은 반대하고 있는 것이다. 즉 "방대한邦大旱"[69] 때에 "正刑與德以事上天"[70]은 '옳은 행위'이나, "毋愛珪璧幣帛於山川"[71]는 "옳은 행위가 아니다"는 것이 자공의 주장이다.[72]

계욱승季旭昇은 ≪상박이소의上博二小議(三)≫에서 공자와 자공의 산천 신령에게 기우제 지내는 것에 대한 찬반 문제에 대해 각 학자의 의견을 '공자는 보수적인 반면 자공은 완전 반대'(마승원馬承源)·'공자 찬성, 자공 반대'(유낙현劉樂賢)·'자공 찬성, 공자 반대'(유지혜俞志慧)·'공자와 자공 모두 찬성'(안세현顔世鉉) 등 네 종류로 분류하여 종합적으로 정리하였다.[73] 계욱승季旭昇은 이 네 가지 중 유낙현劉樂賢의 주장에 기본적으로 동의하고 있다. 료명춘廖明春의 의견과도 유사하다.

그러나 본문은 앞에서 이미 설명하였듯이, 고대에는 나라에 큰 일이 있을 때는 제사를 지내는 일이 일반적인 일이었기 때문에, 재물을 아끼지 말고 신령께 제사를 지내는 것과 형법과 덕치로 나라를 다스리는 것, 두 가지를 모두 잘 이행해야 한다는 것으로 '공자와 자공 모두 찬성'하는 것으로 이해하기로 한다.

---

68) "명성名聲에 의탁하면 그 명성은 오래 가지 못하고, 공로만 의탁하면 그 공로는 오래 가지 못하며, 허황된 바람은 이루어지지 않으며, 거짓은 상서롭지 못하다."

69) "나라에 가뭄의 재난."

70) "옳은 형법과 덕치로써 하늘을 섬기는 것."

71) 료명춘廖明春의 주장이라면 "산천 신령께 재물을 바쳐 기우제를 지내는 것을 좋아하지 말라."의 뜻으로 해석할 수 있다.

72) 廖明春, 簡帛硏究사이트, 2003.06.05 「"恃乎命"就是"重命", "何必恃乎命乎"就是反對"重命", 就是在"邦大旱"時, 以"正刑與德以事上天"爲"是", 以"毋愛珪璧幣帛於山川"爲"不可".」

73) 季旭昇, 簡帛硏究사이트, 2003.05.18

第5簡

爲民女天不雨水牲沾魚牲死丌欲雨或甚於我或必寺虐名虐孔二曰於虐

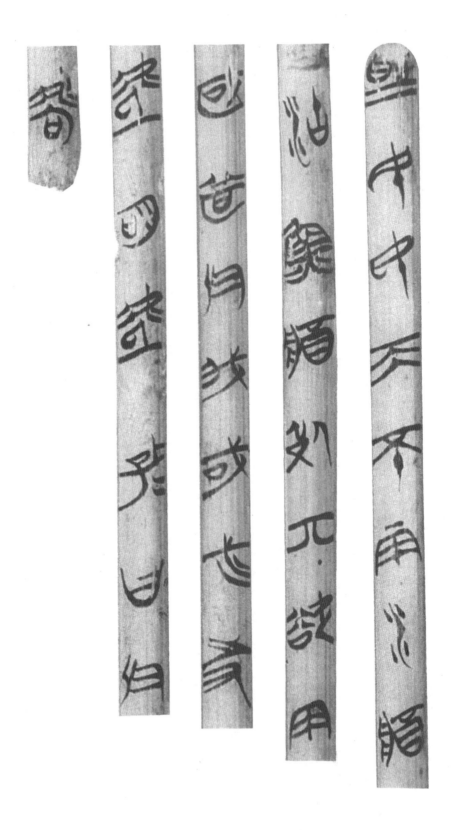

第 5 簡

爲民, 女(如)天不雨, 水牲(將)沽(涸), 魚牲(將)死, 兀(其)欲雨, 或甚於我, 或(何)必寺(恃)虐(乎)名虐(乎)?」孔=(孔子)曰:「於虖(呼)……」

【해석】

백성으로 여기니, 만약에 하늘에서 비가 내리지 않아 물이 고갈되면 물고기가 장차 죽게 될 것이기 때문에 산천신령은 우리보다 더 비 내리기를 갈망할 것입니다. 그러니 산천신령은 어찌 교만하게 자연섭리를 무시하고 비를 내리지 않겠습니까?」공자가 말하였다.「아호라!……

【上博楚簡原註】

죽간의 길이는 32.9㎝이고, 상단은 타원형의 완전한 형태이나 하단 부분은 약간 파손되었다. 문자는 모두 30자이고, 그 중 합문이 한 자이다.

제 4간과 제 5간의 내용은 자공子贛이 가뭄에 기우제를 지내는 잘못된 관행을 분석하고, 가뭄 재해를 입은 산천을 신격화神格化해서 공자에게 설명하였다. 즉 산은 암석으로 피부를 삼고, 초목을 백성으로 삼으며, 물은 하천의 살갗이며, 하천은 고기를 백성으로 여기기 때문에, 만약에 오랫동안 비가 내리지 않으면 암석은 데워지고, 나무는 마르며, 물은 고갈되고, 물고기는 죽게 된다. 그런 고로 산천이 오히려 인간보다 더 간절하게 비오기를 고대한다. 따라서 가뭄의 재앙을 극복하기 위해서 산천에 재물을 묻는 기우제는 아무런 의미가 없다는 것이다. 이러한 가뭄 극복 방안에 비슷한 내용이 ≪안자춘추晏子春秋·간상諫上≫에도 보인다.

"제 나라에 큰 가뭄이 들어 한철이 지나도록 해갈되지 않았다. 이에 경공이 여러 신하들을 불러 이렇게 물었다. '하늘이 너무 오랫동안 비를 내려 주지 않아, 백성들이 모두 주린 기색입니다. 내가 시림을 시켜 점을 쳐보니, 고산高山과 광수廣水가 그 빌미라 합니다. 그래서 제가 약간의 세금을 거두어 그 비용으로 영산靈山에 제사를 지내고자 합니다. 이렇게 행해도 좋겠습니까?' 여러 신하들이 아무런 대답을 하지 못하자 안자가 앞으로 나아가 말하였다. '안 됩니다. 그런 제사를 지내도 이익이 될 것이 없습니다. 무릇 영험한 산일지라도 사실 암석으로 몸을 삼고, 초목으로 머리카락을 삼고 있습니다. 오랫동안 비가 내리지 않으면 머리카락은 타들어가고, 몸은 더위에 견딜 수 없게 됩니다. 그러니 산천인들 어찌 비를 바라지 않겠습니까?' 그러자 경공이 다시 물었다. '그렇게 할 수 없다면, 나는 하백河伯에게라도 제사를 지내고 싶군요.'

이에 안자가 반대하며 말하였다. '안 됩니다. 하백은 물을 나라로 삼고, 어별魚鼈(물고기와 자라) 을 백성으로 삼고 있습니다. 하늘이 오랫동안 비를 내려 주지 않으면 샘물은 자꾸 말라 낮아지 고, 모든 냇물도 말라 버릴 것이며, 나라는 망하고 백성도 멸망해 버립니다. 그러니 하백인들 어찌 비를 바라지 않겠습니까? 그런 하백에게 제사를 지낸들 무슨 소용이 있겠습니까?'"74)

은작산한묘銀雀山漢墓에서 출토된 ≪안자晏子≫에는 이 내용이 보이지 않는다.

---

74) ≪晏子春秋·諫上一五≫: 「齊大旱逾時, 景公召群臣問曰: "天不雨久矣, 民且有飢色. 吾使人卜, 云祟在高山廣 水. 寡人欲少賦斂以祠灵山, 可乎?" 群臣莫對. 晏子進曰: "不可! 祠此無益也. 夫靈山固以石爲身, 以草木爲發天 久不雨, 發將焦, 身將熱, 彼獨不欲雨乎? 祠之無益." 公曰: "不然, 吾欲祠河伯, 可乎?" 晏子曰: "不可! 河伯以 水爲國, 以鱼鱉爲民, 天久不雨, 泉將下百川竭, 國將亡, 民將滅矣, 彼獨不欲雨乎? 祠之何益!」

第6簡

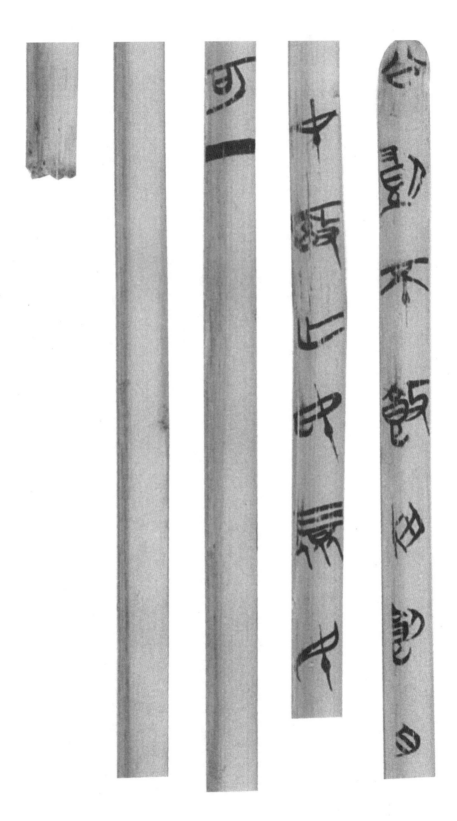

상해박물관장 전국초죽서 공자어록문편

第 6 簡

公剴(豈)不^①飤(飽)朷(粱)¹飮肉^②才(哉)殹(也), 亡(無)女(如)庶(庶)民可(何)^③■.

【해석】

큰 가뭄으로 기황饑荒인데도 왕공들은 여전히 배불리 풍성한 음식과 고기를 먹고 있지 않은 가! 백성들은 이렇게 할 수 없지 않은가.

【上博楚簡原註】

본 죽간은 33.3㎝이고, 상단은 타원형의 완전한 상태이나 하단은 약간 파손되었다. 문자는 모두 14자이다.

① '公剴不': 「公」은 '왕공王公'으로 즉 노나라의 높은 귀족계급을 말한다.

'剴'자는 '刀'와 소리부 '豈(어찌 개(개가 기), qǐ,kǎi)'로 이루어진 형성자이다. 이 자는 다른 자서에 보이지 않지만 '豈'의 뜻으로 쓰이고 있다. 「豈不」은 왕공王公의 행위에 대해서 확고하게 질책하는 말이다.

② '飤朷飮肉': '飤'자는 자부 '食'과 '攴'으로 이루어진 자로 형성겸회의形聲兼會意(역성亦聲)자이다. 즉 '攴'은 소리부이며 또한 의미를 나타내기도 한다. 「飽(물릴 포, bǎo)」의 의미로 쓰인다.

「粱(기장 량, liáng)」은 속숙粟菽(조나 콩)보다 나은 음식이다. ≪시경詩經·소아小雅·보전甫田≫에는 「曾孫之稼, 如茨如梁, 曾孫之庾, 如坻如京. 乃求千斯倉, 乃求萬斯箱. 黍稷稻粱, 農夫之慶.」[75]이 있고, ≪좌전左傳·애공십삼년哀公十三年≫에는 오吳나라 신숙의申叔儀가 공손公孫인 유산씨有山氏에게 양식을 구걸하면서 말한 「粱則無矣, 粗則有之.」[76]의 내용이 있다. 공영달孔穎達은 "음식 중 도양稻粱(벼나 기장)이 귀하기 때문에 기장 밥은 좋은 음식에 해당된다. 그래서 기장으로 만든 밥을 원한다면 없다는 것이다."[77]라고 주소注疏하고, ≪모시명물해毛詩名物

---

75) "증손자네 곡식이 지붕도 같고 다리도 같네. 증손자의 노적가리는 언덕도 같고 산등성이도 같기도 하네. 이에 많은 창고 장만해 놓고 많은 수레 준비했네. 메기장·차기장·벼·수수 잘됨이 농부들의 복이다. 큰 복 받으셨으니 농부들 만수무강하겠네."
76) "좋은 양식은 없고, 좋지 않은 것만 있다."
77) 「食以稻粱爲貴, 故以粱表精, 若求粱米之飯, 則無矣.」

解≫는 "도양稻粱은 좋은 음식이고, 속숙粟菽은 일상적인 음식이다."[78]라 하였다.

「飤(먹일 사, sì)」자는 일반적으로 「飼(먹일 사, sì)」나 「食(밥 식(사), shí,sì,yì)」으로 쓴다. 「飤肉」은 즉 「고기를 먹다」이다. 가의賈誼 ≪신서新書·번상藩傷≫ 「愛之固使飽粱肉之味, 琓金石之聲. 臣民之衆, 土地之博, 足以奉養宿衛其身.」[79] 구절 중의 「포양육飽粱肉」과 본 죽간의 「포양사육飽粱食肉」의 의미가 같다.

③ '亡女厭民可': '亡女厭民可'는 마지막 구절이다. 문장 마침표 흑절墨節(검은색 마디)이 있다. ≪魯邦大旱≫은 기타 다른 편과 연결하여 함께 쓰지 않고, 단독적으로 되어 있다. 「亡女厭民可」는 「무여서민하無如庶民何」의 의미로 「서민무여하庶民無如何」 도치문의 형식이다. '큰 가뭄이 든 해에도 왕공王公들은 좋은 음식을 여전히 포식하고 있지만, 서민들은 이와 같이 할 수 없다'의 의미이다.

【譯註】

1. '枛(梁)': '(枛)'자는 '木'과 소리부 '刃(칼날 인, rèn)'으로 이루어진 자이다. 자부 '刃'을 '刃'으로 쓰기도 한다. ≪상박초간上博楚簡(五)·삼덕三德≫은 '梁'자를 자부 '刃'을 써서 ''으로 쓰기도 한다.

---

78) ≪毛詩名物解≫: 「稻粱加膳也, 粟菽常膳也.」
79) "그들을 사랑한다면 맛있는 음식을 먹게 하고, 아름다운 음악을 듣게 하며, 많은 신하와 백성들을 주어 넓은 영토에서 충분히 먹고 살면서 그들 자신을 봉양하고 지켜 나갈 수 있게 하면 된다."

≪魯邦大旱≫ 主要參考文獻

馬承源 主編, ≪上海博物館藏戰國楚竹書(一)-(九)≫, 上海古籍出版社, 2001~2012.

淸華大學思想文化硏究所 編, ≪上博館藏戰國楚竹書硏究篇≫, 上海書店出版社, 2002

淸華大學思想文化硏究所 編, ≪上博館藏戰國楚竹書硏究續篇≫, 上海書店出版社, 2004

容庚, ≪金文篇≫, 中華書局, 1985.

郭沫若, ≪郭沫若全集考古編≫第九卷, 科學出版社, 2002.

廖名春, ≪郭店楚簡老子校釋≫, 淸華大學出版社, 2003.

顔世鉉: ≪上博楚竹書散論(三)≫, 簡帛硏究사이트, 2003.01.19

俞志慧: ≪〈魯邦大旱〉句讀獻疑≫, 簡帛硏究사이트, 2003.01.27

劉樂賢: ≪讀上博簡〈民之父母〉等三篇劄記≫, 簡帛硏究사이트, 2003.01.09

陳偉: ≪讀〈魯邦大旱〉劄記≫, 簡帛硏究사이트, 2003.01.27

季旭昇 主編, ≪上海博物館藏戰國楚竹書(二)讀本≫, 臺灣萬卷樓.

季旭昇, 〈上博二小議(三): 魯邦大旱·發命不夜〉, 簡帛硏究사이트, 2003.05.18

黃德寬, 〈戰國楚竹書(二)釋文補正〉, ≪上博館藏戰國楚竹書硏究續篇≫, 上海書店出版社, 2004.

廖明春, 〈≪魯邦大旱≫的"重命"和"寺乎名"≫, 簡帛硏究사이트, 2003.06.05

4-1

從　　政 (甲篇)

장광유張光裕 정리整理

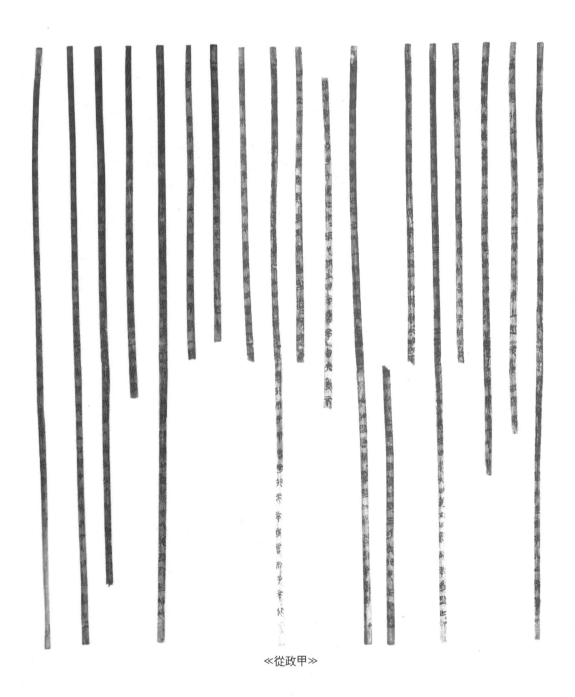

≪從政甲≫

≪從政乙≫

【說明】 (장광유張光裕)

≪종정從政≫은 ≪갑편甲篇≫과 ≪을편乙篇≫으로 되어 있다. ≪甲篇≫은 완전한 형태의 죽간과 파손된 죽간을 합하여 모두 19개가 있다. 그 중 제 6간과 제 7간은 한 죽간으로 짝 맞추기를 할 수 있기 때문에 사실상 모두 18간이라고 할 수 있다. 문자는 모두 519자이다.

≪甲篇≫ 중 비교적 완전한 형태의 죽간은 모두 9 개가 있고, 길이는 42.6㎝이다. 나머지 9 개는 편선編線부분이나 문자 형태 혹은 내용을 고려하여 같은 ≪從政≫에 예속시킨 것이다. 이 중 제 1간과 제 2간, 제 5간과 제 6간과 제 7간은 상호간에 서로 연결되는 내용이다.

≪乙篇≫은 완전한 형태와 파손된 죽간을 합하여 모두 6간이다. 그 중에서 완전한 형태는 단지 하나뿐으로, 길이는 42.6㎝이다. 이 중 내용상 서로 연결시킬 수 있는 죽간은 단지 두 개뿐이며, 나머지는 편선編線 등을 참고하여 순서를 배열한 것이다. 문자는 모두 140자이다.

≪甲篇≫과 ≪乙篇≫을 합하면 모두 659자이다.

≪甲·乙篇≫ 모두가 중간 중간 없는 부분이 많기 때문에, 비록 몇몇 현존하는 문헌을 참고하여 죽간을 연계하여 이해할 수 있다하더라도, 죽간의 내용을 전체적으로 이해하기도 어려울 뿐만 아니라 죽간의 순서를 결정하는 것 또한 어려운 실정이다.

≪甲篇≫의 제 1간은 「문지왈聞(聞)之曰」로 시작하며, 완전한 형태로 제 2간과 문장 내용이 서로 연결되기 때문에 제일 앞 간에 배열하였다. 그 나머지 죽간은 내용을 고려하여 앞뒤 순서를 정하였다.

≪乙篇≫은 먼저 완전한 형태의 죽간을 제일 앞 제 1간에 놓았고, 내용 역시 제 2간과 연결이 된다. 그러나 나머지 죽간은 단지 문자의 많고 적음에 따라 그 순서를 배열했을 따름이다.

≪甲·乙篇≫은 어떻게 하면 「종정從政」할 수 있는가, 도덕道德적 수양과 행동거지에 대하여 강조하였다. 예를 들어, ≪甲篇≫은 "정치는 우선 오덕五德을 돈독하게 해야 하고, 삼서三誓를 확고하게 해야 하며, 십원十怨을 없애야 한다."(제5간)[1]·"정치에는 일곱 가지 '관건(기機)'이 있다."(제8간)[2]·"정치는 이른바 힘써야 할 세 가지가 있다."(제10간)[3]라 했다. ≪乙篇≫은 "정치

---

1) 「從正(政), 章(敦)五德, 臣(固)三折(誓), 除十情(怨).」(제5간)
2) 「從正(政)又(有)七幾(機).」(제8간)
3) 「從正(政)所矛(務)三.」(제10간)

238 상해박물관장 전국초죽서 공자어록문편

란 잘 통치하지 못하면 곧 혼란하게 된다라고 들었다."(제3간)4)라고 하여 "나라를 중흥시키고, 정치와 교육을 해야한다."(제1간)5)라는 중요성을 강조하였다. 그래서 편명을 ≪從政≫이라고 한 원인이기도 하다.

≪甲篇≫과 ≪乙篇≫은 죽간의 길이가 다르고, 죽간을 묶은 흔적(편선編線, 편승編繩)의 위치가 서로 다르다. 하지만 내용은 관련성이 있고, 각각의 문장은 서로 상호 관련이 있기 때문에 이들 모두 ≪從政≫으로 분류하고, 다시 ≪甲篇≫과 ≪乙篇≫으로 나눈 것이다.

≪甲篇≫이 언급한 '종정從政 도리(道)'의 내용을 체계적으로 정리하기는 어려우나, '나라를 다스리는 자(종정자從政者)'가 주의해야 할 "정치는 우선 오덕五德을 행하도록 노력하고, 삼신三愼을 확고히 해야 하고, 십원十怨을 없애야 한다."6)는 덕목에 관한 내용이다.

'오덕五德'이란 말(단어)은 고전적 중에 보이지 않고, ≪從政≫의 '五德' 즉 「一曰愯(寬), 二曰共(恭), 三曰惠, 四曰息(仁), 五曰敬」(第五簡)은 ≪論語≫에서 언급하는 「溫良恭儉讓.」7)이나 「恭寬信敏惠.」8)와는 또한 다르다. ≪從政≫만이 다른 고전적과는 달리 유가儒家의 최고 덕목인 '인仁'을 「오덕五德」의 한 항목으로 보았다.

이외에도 ≪從政≫은 「五德」의 중요성에 대하여 "군자가 관용寬容이 없으면 백성을 포용할 수 없고, 공경하지 않으면 치욕恥辱을 없앨 수 없으며, 사랑이 없으면 백성들이 모이지 않으며, 인덕을 갖추고 있지 않으면 정치를 할 수 없으며, 공경하지 않으면 일은 이룰 수 없다."9)라 하였다. 비록 간단한 내용이지만, 종정자從政者가 심사숙고해야 할 중요한 덕목일 뿐만 아니라, 오늘날 선진유학先秦儒學의 덕목德目을 이해하는 중요한 내용이기도 하다.

제11간은 「䎽(聞)之曰: 可言而不可行, 君子不言, 可行而不可言, 君子不行.」10)이라 했다. 이

---

4) 「䎽(聞)之曰: 從正(政)不絢(治)則繠(亂)」(제3간)
5) 「與邦家, 治政敎.」(제1간)
6) 「章(敦)五德, 㞑(固)三折(誓), 除十惰(怨).」 정리본의 주장에 따르면 본 구절은 "정치는 우선 五德을 돈독하게 해야 하고, 三誓를 확고히 해야 하고, 十怨을 없애야 한다"로 번역할 수 있다.(제 5간 참고)
7) "온순함·어짐·공손함·검소함·겸양." 「子禽問於子貢曰: "夫子至於是邦也, 必聞其政, 求之與? 抑與之與?" 子貢曰: "夫子溫·良·恭·儉, 讓以得之. 夫子之求之也, 其諸異乎人之求之與?"」(學而 1.10)
8) "공손함·관대함·미더움·민첩함·은혜로움." 「子張問仁於孔子. 孔子曰: "能行五者於天下爲仁矣." "請問之." 曰: "恭, 寬, 信, 敏, 惠. 恭則不侮, 寬則得衆, 信則人任焉, 敏則有功, 惠則足以使人."」(陽貨 17.06)
9) 「君子不愯(寬), 則亡(無)以頌(容)百姓, 不共(恭)則亡(無)𢽾(除)辱, 不惠則亡(無)以聚民, 不息(仁)則亡(無)以行正(政), 不敬則事亡(無)城(成).」
10) "공자가 말하였다. 말만하고 행동으로 옮기지 못할 것을 군자는 말하지 않으며, 행동만 하고 말하지 못할 것

내용은 ≪상박초간上博楚簡(一)·치의紂衣≫와 ≪곽점초간郭店楚簡·치의緇衣≫는 「子曰: 可言不可行, 君子弗言也, 可行不可言, 君子弗行.」[11]으로 쓰고, 현행본 ≪예기禮記·치의緇衣≫는 「可言也, 不可行, 君子弗言也, 可行也, 不可言, 君子弗行也」로 쓴다. 문자와 문장의 형식, 어법이 약간 다르지만 상호간의 내용을 이해하는데 중요한 참고자료가 된다.

본 죽간이 「문지왈聞(聞)之曰」로 쓰는데 반해, ≪상박초간上博楚簡(一)·치의紂衣≫와 ≪곽점초간郭店楚簡·치의緇衣≫는 「자왈子曰」로 쓴다. 「聞(聞)之曰」은 '들은 공자의 말씀' 중 일부의 내용이고, 「子曰」은 공자가 '당일에 들려 준 내용'이기 때문에 이와 같은 형식을 취한 것이 아닐까한다.

≪從政≫은 '정교政敎'와 '법치法治'에 관한 내용 이외에 공손恭遜과 충경忠敬의 덕목에 대해서도 언급하였다. 즉 '온량溫良'과 '충경忠敬'은 '인息(仁)의 근본'」(제4간)[12]의 내용은 유가의 인학仁學과 밀접한 관계가 있다.

한편, ≪從政≫의 ≪甲≫과 ≪乙≫의 내용은 현행본 ≪論語≫와 ≪禮記≫ 등의 유가 고전적과 ≪수호지진묘죽간睡虎地秦墓竹簡·위리지도爲吏之道≫ 등과 서로 비교할 수 있다. 따라서 본 죽간이 선진 유가의 정치사상을 연구하는데 있어서, 매우 중요한 자료임을 아무리 강조해도 지나치지 않다.

또한 군자는 행하지 않는다."
11) "공자가 말하였다. 말만하고 행동으로 옮기지 못할 것을 군자는 말하지 않으며, 행동만 하고 말하지 못할 것 또한 군자는 행하지 않는다."
12) 「恩(溫)良而忠敬, 息(仁)之宗也.」

甲第1簡

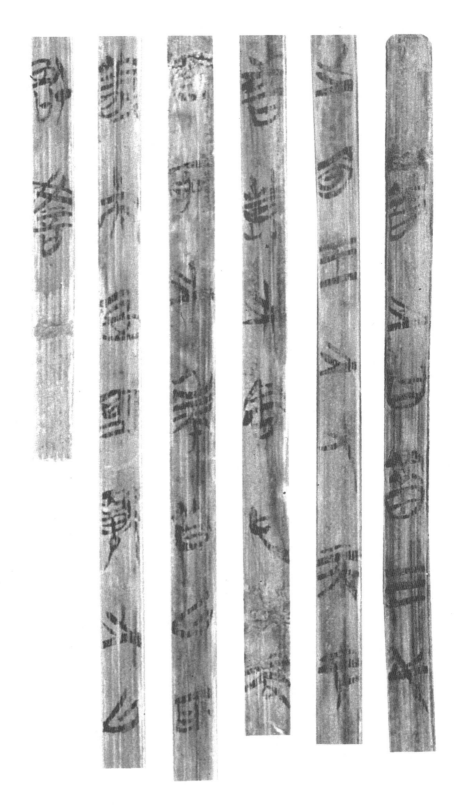

龥之曰昔三弋之明王之又天下者莫之舍也而□取之民皆呂爲義夫是則獸之呂信奢

甲 第 1 簡

臤(聞)之曰①: 昔三弋(代)之明王之又(有)天下者, 莫之舍(餘)也, 而□取之, 民皆㠯爲義②, 夫是則戰(守)之㠯信, 畚(敎)③

【해석】

들건대, 옛날 하夏나라 상商나라 주周나라 등 삼대三代는 모두 천하를 다스리는 훌륭한 군주가 있었다. 그러나 자신이 여력餘力이 있어 취한 것이 아니라, 재덕才德으로 스스로 획득한 것이다. 그렇게 때문에 백성들은 이를 정당한 행위로 여겼다. 따라서 훌륭한 군주는 믿음으로 천하를 수호하고, (의리義理로) 가르친다.

【上博楚簡原註】

본 죽간의 길이는 42.5㎝이고, 문자는 35자가 있다.

① '臤之曰': '臤之曰'은 「문지왈聞之曰」의 의미이다. 「聞之曰」은 고대 전적에서 자주 사용하는 단어이다. 예를 들어, ≪순자荀子 · 요문堯問≫「聞之曰: 無越踰不見土.」[13], ≪장자莊子 · 덕충부德充符≫「聞之曰: 鑑明則塵垢不止, 止則不明也.」[14], ≪예기禮記 · 문왕세자文王世子≫「聞之曰: 爲人臣者, 殺其身有益於君則爲之.」[15] 등의 구절이 있다. 이외에도 '聞之曰' 앞에 들은 사람의 이름을 직접 언급하여 ≪예기禮記 · 단궁상檀弓上≫은 「夫子聞之曰.」[16] · 「子貢聞之曰.」[17] · 「曾子聞之曰.」[18] 등으로, ≪좌전左傳 · 희공이십년僖公二十年≫은 「臧文仲聞之曰.」[19]로, ≪맹자孟子 · 고자상告子上≫은 「季子聞之曰.」[20]로 쓰기도 한다. ≪한시외전漢詩外傳≫의 「臣聞.」(제 8 권)[21]이라는 용어 역시 「聞之曰」의 또 다른 표현방식 중의 하나이다.

---

13) "들건대 매일 선비를 만나지 않으면 안 된다고 한다."
14) "들건대, 거울이 맑은 것은 먼지와 때가 묻지 않았기 때문이고, 묻으면 맑지 않다라 했다."
15) "들건대, 남의 신하된 자는 자기 몸을 바쳐 임금에 이익이 되는 일이면 실행하라했다."
16) "부자夫子가 들건대."
17) "자공子貢이 들건대."
18) "증자曾子가 들건대."
19) "장문중臧文仲이 들건대."
20) "계자季子가 들건대."

본 ≪從政≫에서의 「聞之曰」은 앞부분에 主語가 생략되어 있고, 또한 어떤 사람의 이야기를 들은 것인지에 대한 것도 언급되어 있지 않다.

第11簡 「聞(聞)之曰: 可言而不可行, 君子不言, 可行而不可言, 君子不行.」22)의 내용과 ≪상박초간上博楚簡(一)·치의紸衣≫와 ≪곽점초간郭店楚簡·치의緇衣≫가 명확하게 「子曰」이라고 하는 것과 비교해 볼 때, ≪從政·甲乙篇≫에서 인용하고 있는 말은 고대 성현들의 명언名言 이외에 공자의 말이 포함되어 있음을 알 수 있다.

≪孔叢子·公儀≫는 「[魯]穆公謂子思曰: 『子之書所記夫子之言, 或者以謂子之辭.』子思曰: 『臣所記臣祖之言, 或親聞之者, 有聞之於人者, 雖非正其辭, 然猶不失其意焉.』」23)이라고 했는데, 이는 「聞之曰」의 의미와 비슷하다.

≪좌전左傳≫과 ≪국어國語≫에서는 「군자왈君子曰」의 용어를 자주 사용하고 있는데, 여기에서 언급된 내용과 어투는 본 죽간의 「聞之曰」의 의미를 이해하는데 참고가 된다.

【譯註】

≪상박초간上博楚簡≫에서는 '聞(들을 문, wén)'자를 '聞(ꜳ)'(≪從政≫제3간)·'聝(ꜳ)'(≪弟子問≫제16간)·'ꜳ(聞)'(≪民之父母≫제5간) 등으로 쓴다. ≪설문해자說文解字≫는 '聞'자의 古文에 대하여 "'聞'자의 고문은 자부 '昏'을 사용하여 '聝'으로 쓴다."24)고 하였다.25)

양조명楊朝明은 〈상박죽서종전편여자사자上博竹書≪從政≫篇與≪子思子≫〉에서 본 〈종정從政〉은 유실된 ≪자사자子思子≫ 중의 한 편이라고 주장하였다.26)

---

21) "신이 듣건대."
22) "듣건대, 말만하고 행동으로 옮기지 못할 것을 군자는 말하지 않으며, 행동만 하고 말하지 못할 것 또한 군자는 행하지 않는다."
23) "노나라 목공穆公이 자사子思에게 '당신의 책이 기록하고 있는 공자의 말은 공자님의 말이 아니라, 당신의 말을 기록한 것이라고 혹자는 말하는 사람이 있는데'라고 묻자, 자사는 '제가 기록한 것은 선조(공자孔子)가 말씀하신 내용을 적은 것으로 내가 직접 들은 것이거나 혹은 다른 사람이 언급한 공자의 말씀을 정리한 것이다. 그런 고로 비록 직접 들은 것은 아닐 지라도 부자夫子가 한 말을 잘못 전달하지는 않았다'라 했다."
24) ≪說文解字≫: 「聝, 古文從昏.」
25) 王中江, 〈≪從政≫重編校注〉는 고전적에서 「聞之曰」은 '다른 사람의 말을 듣고 기록하거나 혹은 일전에 들었거나 기억하고 있는 말을 인용하는 것'이라 하였다. 본 ≪從政≫에서는 즉 '引用曾經聽說過或記得的話.(일찍이 들었던 말이나 혹은 기억하고 있는 말)'을 기록한 것이라 하였다. 작자는 이러한 방법으로 자신의 견해를 주장하는 것이기 때문에, 그 출처는 알 수가 없다하였다.(簡帛硏究, 2004-4-5)
26) 「據≪漢書·藝文志≫記載, 子思(BC483-BC402)的著作有二十三篇, 曾經被編輯成≪子思子≫一書. 這個記載是否可信, 學者們看法不一, 1993年冬天, 在湖北荆門郭店的一座楚墓里出土了大量的竹簡, 這不僅可以使人們對這個問題作出肯定的回答, 而且也證明了≪中庸≫一書確實爲子思的作品. 該墓出土的竹簡已經編成≪郭店楚

본 《종정從政》은 《예기禮記》의 《자사자子思子》 4편(《방기坊記》·《중용中庸》·《표기表記》·《치의緇衣》)과 서로 비슷하면 서로 통한다. 즉 《從政》은 고대 고전적 《子思子》와 극히 유사하다. 따라서 《從政》은 응당히 유실된 《子思子》 중의 한 편이다.[27]

② '昔三弋之明王之又天下者, 莫之舍也, 而口取之, 民皆曰爲義': '三弋之明王'은 '삼대지명왕三代之明王'으로 곧 하상주夏商周 삼대三代의 현명한 군주君主를 가리킨다.

《예기禮記·표기表記》는 「子言之:『昔三代明王, 皆事天地之神明.』」[28], 《애공문哀公問》은 「孔子遂言曰:『昔三代明王之政, 必敬其妻子也, 有道.』」[29]라 했다.

「舍」는 「餘(남을 여, yú)」의 의미이다. 《곽점초간郭店楚簡·노자을老子乙》 「攸(修)之身, 其悳(德)乃貞(眞). 攸(修)之豪(家), 其悳(德)乃舍(餘).」(제16간)[30] 구절 중의 '舍'의 의미와 같다.

'取(취할 취, qǔ)'자 앞의 자는 필획이 잘 보이지 않기 때문에 잠시 예정하지 않기로 하며, 따라서 「而口取之」의 구절은 정확하게 그 의미를 파악하기가 어렵다. 하지만 이 구절은 전체적인 문맥으로 보아 '옛날 천하를 다스린 하상주夏商周 삼대三代의 성명聖明한 군주는 자신의 직계 후손을 전혀 고려하지 않았기 때문에, 백성들은 이들을 본보기로 삼았고, 백성들 또한 이들을 의리義理를 갖춘 군주라고 칭송하였다'는 내용이다. 또한 명군明君은 이미 백성을 믿음(신信)·의리(의義)와 예절의 표준으로 삼고 종정從政을 하였기 때문에 백성은 이들을 받들어 모시고 따랐다는 내용이다. 그리고 계속해서 "따라서 훌륭한 君主는 믿음으로 천하를 수호하고, 義理로 가르침을 주고, 예절로 행한다."[31]라 했다.

墓竹簡》一書, 于1998年5月由文物出版社出版. 其中有儒家的學術著作, 這些著作可以分成兩組, 其中一组有《緇衣》·《五行》·《尊德義》·《性自命出》和《六德》, 根據著名歷史學家李學勤先生的研究, 郭店竹簡中的這些儒書屬于儒家子思一派, 《緇衣》等六篇應歸于《漢書·藝文志》著录的《子思子》. 同時, 這些竹簡儒書又與《中庸》有不少相通之處, 如《性自命出》論及"性自命出, 命自天降", 這與《中庸》"天命之謂性, 率性之謂道"一致, 《尊德義》的體例與《中庸》篇也頗近似. 沈約曾說《中庸》取自《子思子》, 而竹簡中又有《魯穆公問子思》. 因此, 這些竹簡儒書肯定都與子思有一定的關联, 同時也進一步證實了《中庸》一書的確出于子思之手.」(中國 http://baike.baidu.com/link?url 참고)

27) 楊朝明, 〈上博竹書《從政》篇與《子思子》〉, 孔子研究, 2005年第2期. 「該篇都與保存在《禮記》中的《子思子》四篇(即《坊記》·《中庸》·《表記》·《緇衣》)相近相通, 也就是說, 《從政》與古代史籍著錄的《子思子》不僅形似, 而且神似, 《從政》本來應該屬于《子思子》, 是《子思子》佚篇.」
《隋書·經籍志》는 沈約의 말을 인용하여 "《中庸》·《表記》·《坊記》·《緇衣》皆取《子思子》"라 하였다.
28) "공자가 말하였다. '옛날 삼대 현명한 군주는 모두 천하의 신명神明함을 섬겼다.'"
29) "공자는 계속해서 '옛날 삼대 명왕의 정치는 그 처자를 공경하였으며, 도가 있었다'라 했다."
30) "도로써 내 몸을 닦으면 그 덕이 참되고, 집안을 닦으면 그 덕이 넉넉해진다."
31) 「夫是則戰(守)之曰信, 羣(教)之曰義, 行之曰豊(禮)也.」

【譯註】

≪상박초간上博楚簡(一)·치의紂衣≫의 제2간 「民情不弋.」32)의 구절에 대하여 진패분陳佩芬은 정리본에서 "「弋(주살 익, yì)」자는 '고치다'의 의미로, 「代(대신할 대, dài)」자와 통용된다. ≪설문통훈정성說文通訓定聲≫은 「弋」자는 「代」자의 가가차로 쓰인다고 하였다. ≪상서尚書·다사多士≫『敢弋殷命.』33) 구절 중의 '弋'자를 ≪곽점초간郭店楚簡≫은 「紈」으로 쓰고, ≪예기본禮記本≫은 「貳」로 쓴다."라 하였다.34) ≪說文解字≫는 '代(대신할 대, dài)'자에 대하여 "'바꾸다'의 뜻이다. 자부 '人'과 소리부 '弋'으로 이루어진 형성자이다."35)라 하였다. 소리부가 '弋'인 자 중에 '代'자와 음성이 비슷한 자로는 '忒(변할 특, tuī,tè,tēi)'과 '貣(빌 특, tè)'자가 있다.

弋 riək 職部
代 dəɣ 之部
忒 tʰək 職部
貣 tʰək 職部

≪설문해자說文解字≫는 '忒'자에 대하여 "'변하다'의 의미이다. 자부 '心'과 소리부 '弋'으로 이루어진 형성자이다."36)라 하고, '貣'자에 대하여 "'다른 사람에게서 물건을 구하다'의 의미이다. 자부 '貝'와 소리부 '弋'으로 이루어진 형성자이다."37)라하고, 단옥재段玉裁는 "'代'와 '弋'은 음이 같다. 고음에서는 거성去聲과 입성入聲의 구별이 없었다. 사람에게서 구하는 것이나 베풀다는 뜻을 지닌 '貣(빌 특, tè)'자와 '貸(빌릴 대, dài)'자는 구별 없이 쓰였다. '貣'자를 혹은 '貸'자로 쓰는 것은 그 뜻이 확대되었고, 또는 음이 분화되었기 때문이다."38)라 하였다.

'䢔(舍)'자를 정리본은 '餘(여력, 여지, 여부)'의 의미로 해석하고 있으나, 맹봉생孟蓬生은 '주다'의 의미인 '與(줄 여, yǔ,yú,yù)' 혹은 '予(나 여, yú,yǔ)'의 의미로 풀이하였다.

---

32) "그래야 백성의 정이 변하지 않는다."
33) "감히 은의 명을 대신하다."
34) 崔南圭 譯註, ≪上海博物館藏戰國楚竹書(一)·紂衣≫, 70 쪽.
35) ≪說文解字≫:「更也. 從人, 弋聲.」
36) ≪說文解字≫:「更也. 從心, 弋聲.」
37) 「從人求物也. 從貝, 弋聲.」
38) 段玉裁: "代·弋同聲, 古無去·入之別. 求人施人, 古無貣·貸之分. 由貣字或作貸, 因分其義, 又分其聲."

사실상 이 자는 '사舍'자이다. '口'와 소리부 '余'로 이루어진 형성자이다. 하지만 '여餘'로
해석하면 문맥상 통하지 않는다. 그래서 '주다'인 '여與'나 혹은 '여予'의 의미로 풀이하여야
한다. '餘'자의 고음古音은 소리부가 '予'인 자와 '與'인 자는 서로 통한다. 인칭 대명사 '餘'자를
'予'로 쓰기도 한다. ≪說文解字≫는 '㜄(여자 이름 여, yú)'자에 대하여 "여자의 이름이다. '女'
와 소리부 '與'로 이루어진 형성자. '餘'의 음과 유사하다."[39]라 하였다. ……본 두 죽간의 내용
을 다른 죽간들과 비교하여 볼 때, 의미는 "삼대三代 명왕明王이 이른바 천하를 얻은 것은 누가
그들에게 준 것이 아니라 바로 자기 자신이 만들어낸 것이다.(보이지 않는 문자는 문맥으로
보아 '自'자인 것으로 보인다.) 백성들은 모두 이러한 행위가 도의적道義的인 것으로 생각한다.
그러나 만약에 우매한 군주가 그들의 국가와 토지를 다른 사람에게 넘겨주면, 백성들은 이들의
행위를 도의적인 것이 아니라고 생각한다.[40]

전체적인 문맥으로 보아 맹봉생孟蓬生의 주장은 설득력이 있다. 따라서 본문은 '莫之予(그에
게 넘겨주다)'의 의미로 해석하기로 한다.[41] 본문의 구절과 관련이 있는 고전적의 내용은 아래와
같다.

"齊宣王問曰: '湯放桀, 武王伐紂, 有諸?' 孟子對曰: '于傳有之.' 曰: '臣弑其君, 可乎?' 曰:
'賊仁者, 謂之賊, 賊義者, 謂之殘. 殘賊之人, 謂之一夫. 聞誅一夫紂矣, 未聞弑君也.'"(≪孟子
·梁惠王下≫)
제나라 선왕이 물었다.
"탕 임금이 걸을 쫓아내고 무왕이 주를 정벌했다는데 그런 일이 있었습니까?"
맹자가 말하였다.
"전해 내려오는 글에 그 일이 실려 있습니다."
제나라 선왕이 물었다.
"신하가 자기의 임금을 살해해도 괜찮습니까?"

---

39) ≪說文解字·女部≫:「㜄, 女字也. 從女, 與聲. 讀若餘.」
40) 孟蓬生, ≪上博竹書(二)字詞劄記≫, 簡帛硏究, 2003-01-14.「此實即舍字, 從口, 從余聲. 但讀爲餘, 簡文仍難以
索解. 當改釋爲"與"或"予". 古音餘聲和予聲·與聲並相通. 人稱代詞之餘也寫作予. ≪說文解字·女部≫:"㜄,
女字也. 從女, 與聲. 讀若餘." ……這兩支簡用了對比的方法, 大意是三代的明王之所以得到天下, 並不是誰給
的, 是他們自己取得的(缺字無法辨認, 據文義補爲"自"), 然而老百姓都以爲合于道義, 而到了亂君把國家和土地
都給了別人, 老百姓還不以爲他們所作所爲合于道義.」
41) 陳偉는 〈上海博物館藏楚竹書≪從政≫校讀〉에서 본 구절은 "三代明王得天下, 不事施捨, 而是奪取, 民衆都認爲
是正當的"로 해석하였다. 簡帛硏究, 2004-4-5. 王中江은 또한 〈≪從政≫重編校注〉에서 정리본의 주장에 따라
"然釋'餘'于義亦通, 且與下此篇另一'餘'字同類. '余'即富有·多有, 作使動用法."라 하고, '取之'는 "當政者從庶
民中徵收賦稅"로 해석하였다. 만약에 이러한 주장을 따른 다면 "백성을 풍족하게 하지 못하고, 백성으로부터
세금을 징수한다 할지라도)"로 해석할 수 있다. 그러나 이러한 주장은 유가에서 주장하는 군주가 백성을 대하는
정서와 맞지 않고, 고전적에서 '禪位'에 관한 내용을 자주 언급하기 때문에 이의 주장을 따르지 않기로 한다.

맹자가 말하였다.

"인자한 사람을 해치는 자를 흉포凶暴하다고 하고, 의로운 사람을 해치는 자를 잔학殘虐하다고 합니다. 흉포하고 잔학한 인간은 한 남자(一夫)라 합니다. 한 남자인 주紂를 죽였다는 말은 들었어도 임금을 살해했다는 말은 듣지 못했습니다."

"堯授舜, 舜授禹, 湯放桀, 武王伐紂, 時也."(≪禮記·禮器≫)

요 임금은 순 임금에게 찬위하고, 순 임금은 우 임금에게 찬위하고, 탕 임금은 걸을 쫓아내고, 무왕이 주를 정벌한 것은 시기적절한 것이다.

"湯·武非取天下也, 修其道, 行其義, 興天下之同利, 除天下之同害, 而天下歸之也."(≪荀子·正論≫)

탕 임금과 무왕은 천하을 취한 것이 아니다. 그 도리를 닦고, 그 의리를 행하며, 천하가 필요로 하는 이익을 발흥시키고, 천하의 해害를 제거하니 천하가 귀속된 것이다.

"昔者三代之聖王禹湯文武, 百里之諸侯也, 說忠行義, 取天下."(≪墨子·魯問≫)

옛날 삼대의 성왕聖王 우 임금, 탕 임금, 문왕과 무왕은 모두 백리 쯤 되는 땅을 다스리는 제후이었으나 모두 충성忠誠으로 백성을 기쁘게 하고 도의道義를 행하여 천하를 취하였다.

"舜偪堯, 禹偪舜, 湯放桀, 武王伐紂, 此四王者, 人臣弑其君者也, 而天下譽之."(≪韓非子·說疑≫)

순 임금은 요 임금에게 찬위하고, 우 임금은 순 임금에게 찬위하고, 탕 임금은 걸을 몰아내고, 무왕은 주왕을 토벌하였다. 이 네 왕은 신하가 군주를 시해한 것이지만, 천하가 이를 명예롭게 여겼다.

"今舜以賢取君之國, 而湯·武以義放弑其君, 此皆以賢而危主者也, 而天下賢之."(≪韓非子·忠孝≫)

지금 순 임금은 어짐으로 군주의 나라를 취하였고, 탕왕과 무왕은 도의로서 그 군주를 쫓아냈는데, 이는 모두 어짐으로 군주를 두렵게 한 것이다. 그래서 천하는 이들을 어질다한 것이다.

'民(백성 민, mín)'자는 ≪상박초간上博楚簡≫에서 일반적으로 '[圖]'(≪緇衣≫제8간)·'[圖]'(≪魯邦大旱≫제2간)·'[圖]'(≪孔子詩論≫제4간)·'[圖]'(≪民之父母≫제1간)·'[圖]'(≪三德≫제5간) 등으로 쓰고 있으며, '[圖]'과 같은 형태는 ≪從政≫에 주로 보인다. '[圖]'형태의 일부를 생략하여 '[圖]'(≪相邦之道≫제2간)으로 쓰기도 한다. 하림의何琳儀는 ≪호간이책선석滬簡二冊選釋≫에서 "이 자는 윗부분이 '人'이고, 아랫부분이 자부 '民'이다. 이 자는 '低'으로 예정할 수 있으며, '民'자를 복잡하게 쓴 형태다."라 하였다.42) 그러나 ≪상박초간上博楚簡(五)·계강자문어공자季康子問於孔子≫의 제 1간은 '民'자를 '[圖]'으로 쓰는 것으로 보아, '[圖]'자는 '[圖]'자의 변형된 형태로 모두 '民'의 이체자인 것으로 보인다.43)

---

42) 何琳儀, ≪滬簡二冊選釋≫, 簡帛研究, 2003-01-14. 「此字上從'人', 下從'民', 本應隸定'低', 乃'民'之繁文.」

③ '夫是則獸之弖信, 㲻': '獸'자는 '守(지킬 수, shǒu)'의 의미다. '㲻'자는 「敎」와 같은 자이다. 「守之以信, 敎」 구절은 아래 구절과 연결되는 내용이다.

【譯註】

'獸之弖信㲻': '獸'자는 '獸(짐승 수, shǒu)', '弖'자는 '以(써 이, yǐ)', '㲻'자는 '敎(본받을 교, jiào,jiāo)'자이다. '敎'자의 이체자는 '(㲻)'(≪從政≫)자 이외에 '(誻)'(≪從政≫제3간)·'(㝆)'(≪性情論≫제4간) 등으로 쓴다.

---

43) 李守奎, ≪上海博物館藏戰國楚竹書(一-四)文字編≫, 558 쪽 참고.

甲 第 2 簡

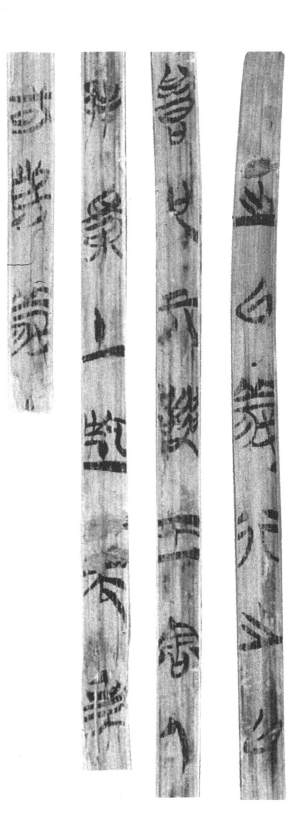

之呂義■行之呂豊也丌嬰王舍人邦豪土壄而民或弗義

甲 第 2 簡

之呂義, 行之呂豊(禮)①也. 其璺(亂), 王舍(餘)人邦豪(家)土墬(地), 而民或弗義, □

【해석】

도의로 천하를 인도하고, 예의로 백성을 대하였다. 천하가 혼란함에도 왕은 백성과 국가와 국토에 여유만만하게 대처한다면 백성은 혹은 이를 정의로운 일이 아니라고 생각한다.

【上博楚簡原註】

본 죽간의 길이는 29.7㎝이고, 하단이 약간 파손되었다. 문자는 모두 23자이다.

① '行之呂豊(禮)': '지이의之呂義' 구절은 앞 '喬(教)'자와 연결되는 내용이다. 제 1간과 제 2간 「夫是則獸(守)之呂信, 喬(教)之呂義, 行之呂豊(禮)也.」44) 구절은 삼대三代 명군明君들이 교화教化한 내용이다.

≪예기禮記·치의緇衣≫는 "이른바 백성을 덕으로써 가르치고, 예로써 정제시킴으로써, 백성들이 임금을 사모하는 마음이 생기게 한다."45)라 하고, ≪예기禮記·문왕세자文王世子≫는 "그런고로 성인을 기록하여 효제의 대도를 생각하고, 사랑하며 공경하고, 예로써 거행하며, 효양孝養의 도를 닦고, 의義로써 다스리며 인仁으로써 마치는 것이다."46)라 하고, ≪좌전左傳·소공육년昭公六年≫은 "그런고로 죄악은 도의로 방지하고, 올바른 정치로써 사람들을 바로잡고, 예의로써 일을 하고, 신의로써 약속을 지키고, 인으로써 몸을 지켜 위신을 잃지 않게 한다."47)라고 했다. 그래서 ≪한시외전漢詩外傳≫은 "옛날 선왕이 예를 잘 살펴 천하를 은혜롭게 하자 그 덕이 천지에 미쳐, 모든 행위는 부당한 일이 없게 되었다. ……인의가 천하를 덮고도 다하지 않아 천지에 밝게 통달하여 온갖 변화를 다스리는데 막힘이 없다."48)라 했다.

---

44) "훌륭한 군주君主는 믿음으로 천하를 수호하고, 의리義理로 천하를 인도하고, 예의로 백성을 대하였다."
45) ≪禮記·緇衣≫: 「夫民, 教之以德, 齊之以禮, 則民有格心.」
46) ≪禮記·文王世子≫: 「是故聖人之記事也, 慮之以大, 愛之以敬, 行之以禮, 修之以孝養, 紀之以義, 終之以仁.」
47) ≪左傳·昭公六年≫: 「是故閑之以義, 糾之以政, 行之以禮, 守之以信, 奉之以仁.」
48) ≪漢詩外傳≫: 「昔者先王審禮以惠天下, 故德及天地, 動無不當, ……仁義兼覆天下而不窮, 明通天地, 理萬變而不疑.」

예의禮義는 종정從政의 근본이기 때문에, ≪예기禮記‧애공문哀公問≫에서 공자는 "정치는 예의가 우선되어야 한다. 예의란 정치의 근본이 아니던가?"[49]라 했고, ≪예기禮記≫는 "하은주夏殷周 삼대의 예는 근본적으로 하나이다. 사람들은 공통적인 마음가짐으로써 예를 행하였다."[50]라 했다.

이 내용들은 본 죽간의 내용을 이해하는데 중요한 내용이다.

【譯註】

≪공자시론孔子詩論≫은 '亂'자를 '▨'으로 쓰고 정리본은 '▨'으로 예정하였다. '▨'자의 중간 부분은 '嗇'이다. '嗇'자를 금문은 '▨'‧'▨'‧'▨' 등으로 쓴다. '嗇'자에 '手(又)'를 추가한 것은 흩어 진 실을 정리하는 의미이다. ≪설문해자說文解字≫는 '繇(어지러울 련)'자에 대하여 "'흩어지다(亂)'의 뜻이다. 혹은 '정리하다(治)'‧'끊이지 않고 이어지다'의 뜻이다. '言'과 '絲'로 이루어진 회의자이다. 繇자의 고문은 '▨'으로 쓴다."[51]라 하였다. '嗇'은 '실의 흩어짐(혼란)', '繇'은 '언행의 혼란'으로 원래 동원자同源字이다. '繇'자의 古文 '▨'는 '▨(▨)'이나 '▨(▨)'의 자형과 같다.

장광유張光裕 정리본은 '▨'자 뒤에서 문장을 끊어 읽고, '舍'자를 제1간과 같이 '餘'의 의미로 해석하였다. 그러나 맹봉생孟蓬生 등은 '亂王' 두 자를 한 단어로 보고, '舍'자를 '넘겨주다'의 의미인 '與'로 해석하였다.[52]

'家(집 가, jiā)'자는 본 죽간의 '▨' 이외에, ≪中弓≫은 '▨'(제3간)‧'▨'(제2간), ≪季康子問於孔子≫는 '▨'(제8간), ≪姑成家父≫는 '▨'(제1간), ≪周易≫은 '▨'(제8간) 등으로 쓴다.

'▨'자는 '陛'나 혹은 '陛'로 예정할 수 있다. '地(땅 지, dì)'자와 같은 자이다. '土'와 '陀'성으로 이루어진 형성자이다. 고문古文 중 자부 '也'와 '它'는 같다. ≪설문해자說文解字≫는 '地'자를 "'土'와 소리부 '也'로 이루어진 형성자. '地'자의 주문籒文은 '阜'‧'土'와 소리부 '彖(단 단, tuàn)'으로 이루어진 '▨'으로 쓴다."[53]고 하였다.

'덕德'과 '예禮'로 백성을 인도하라는 내용은, ≪논어論語‧위정爲政≫의 "백성을 정치 술로

---

49) ≪禮記‧哀公問≫: 「爲政先禮, 禮其政之本歟?」

50) ≪禮器≫: 「三代之禮一也, 民共由之.」

51) ≪說文解字≫: 「亂也, 一曰治也. 一曰不絶也. 從言從絲. ▨古文繇.」

52) 孟蓬生, ≪上博竹書(二)字詞劄記≫, 簡帛硏究, 2003-01-14.

53) ≪說文解字≫: 「從土, 也聲. ▨, 籒文地, 從阜土彖聲.」

다스리고 형벌로써 가지런히 하면 백성들은 면하려고만 하고 부끄러움을 모른다. 인도하기를 덕으로 하고 가지런히 하기를 예로써 하면 백성들은 부끄러움을 알고 복종하고 마음을 바로 잡을 것이다."[54]라는 구절과 ≪예기禮記·치의緇衣≫의 "백성은 덕으로 인도하고 예禮로 가지런히 하면 백성은 즉 복종하고 마음을 바로 잡으나, 정치로 교도하고 형벌로 가지런히 하면 백성은 따르지 않는다."[55]라는 내용을 참고할 수 있다.

제 1간과 제 2간의 내용은 ≪좌전左傳·소공육년昭公六年≫의 내용과 비슷하다.

> 삼월에 정鄭나라 사람이 형법을 새겨 넣을 철판을 주조하였다. 그러나 진晉나라의 숙향叔向은 사람을 시켜 정나라의 공자 산産에게 서신을 전달하였다. 이전에 나는 그대에게 기대를 가졌으나 지금은 그러지 않게 되었다. 옛날에 선왕先王들은 일이 생길 때마다 심의를 걸쳐 그 일을 다스렸지 일정한 형법을 제정하지는 않았다. 그것은 백성이 형벌을 벗어나려 애쓰는 마음이 생겨날까봐 걱정해서 그렇다. 그래도 죄악을 완전히 막을 수 없었다. 그래서 도의로써 죄악을 막고, 올바른 정치로서 바로 잡으며, 예의로서 행하고, 인으로서 받들도록 하였다. 또한 녹위祿位를 제정하여 윗사람을 따르도록 하였고, 형벌을 엄단하여 부정을 다스렸는데 그래도 완전히 못할까봐 걱정하였다. 그래서 충성忠誠으로 가르키고, 좋은 행위를 권장하고, 해야 할 의무를 가르키고, 화목함으로 백성을 부리고, 공경한 태도로 백성을 대하고, 엄숙함으로 백성들에게 전하고, 강경한 태도로 일을 결정하였다. 이리하고서도 성철聖哲한 군주를 원하고, 사리에 밝은 관리를 구하고, 충신이 있는 관장官長을 구하고 자비롭고 은혜로운 관리를 구하고자 하였다. 이렇게 해야 백성은 위의 명령을 지켜 따르며, 화禍와 난리가 나지 않는 법이다. 백성들이 만약에 일정한 형벌이 있다는 것을 알면, 다스리는 윗사람을 꺼리고 하지 않으며, 법에 대항하려는 마음이 생기게 된다. 그 법률 문서를 보고 요행히 법망을 벗어나 자신의 뜻을 이룸에도 그들을 어떻게 할 수 없을 것이다. 하夏나라는 정치가 혼란스럽게 되자 하나라의 우禹의 형법을 제정하였고, 상商나라는 정치가 혼란하게 되자 탕湯의 형법을 제정하였고, 주周나라는 정치가 혼란되자 구형九刑을 제정하였다, 이 세 나라의 법이 제정된 것은 모두 도의가 무너진 때였다."[56]

위의 내용을 참고하여 '문지왈聞之曰'은 즉 숙향叔向[57]을 말한 내용으로 보기도 한다.[58] 그러

---

54) ≪論語·爲政≫:「道之以政, 齊之以刑, 民免無恥. 道之以德, 齊之以禮, 有恥且格.」

55) ≪禮記·緇衣篇≫:「夫民, 敎之以德, 齊之以禮, 則民有格心. 敎之以政, 齊之以刑, 則民有遯心.」

56) 「三月, 鄭人鑄刑書. 叔向使詒子産書曰: 始吾有虞於子, 今則已矣. 昔先王議事以制, 不爲刑辟, 懼民之有爭心也. 猶不可禁禦. 是故閑之以義, 糾之以政, 行之以禮, 守之以信, 奉之以仁. 制爲祿位. 以勸其從, 嚴斷刑罰, 以威其淫, 懼其未也. 故誨之以忠, 聳之以行, 敎之以務, 使之以和, 臨之以敬, 涖之以彊, 斷之以剛, 猶求聖哲之上·明察之官·忠信之長·慈惠之師. 民於是乎可任使也, 而不生禍亂. 民知有辟, 則不忌於上, 並有爭心, 以徵於書, 而徼幸以成之, 弗可爲矣. 夏有亂政, 而作禹刑, 商有亂政, 而作湯刑, 周有亂政而作九刑, 三辟之興皆叔世也.」

57) 춘추春秋 말기 진晉나라의 현신賢臣이다. 안영晏嬰이나 자산子産과 같은 시기의 정치가이다.

나 이러한 내용은 유가의 전반적인 내용이기 때문에, 숙향叔向 역시 스승으로부터 배운 내용이거나 들은 것일 것이다. 숙향은 자사子思의 후대 사람이다. 만약 본 내용이 자사의 사상과 관련이 있다면 숙향의 말을 옮겨 적은 것은 아닐 것이다.

58) 梁靜,〈上博楚簡≪從政≫研究〉, 故宮博物院院刊, 2013.04. "這裏的'聞之曰', 有可能是聞之於叔向."

甲第3簡

豊則募而爲息語之呂型則述 酹之曰善 人 也是呂寻孥士一 人 諛

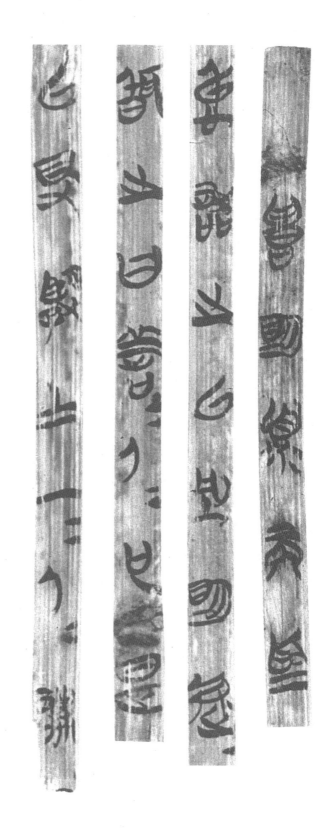

第 3 簡

豊(禮)則夏(寡)而爲怠(仁)①, 詥(敎)之呂型(刑)則述(遂)②. 酘(聞)之曰: 善=人=(善人, 善人)也. 是呂晸(得)擊(賢)士一=人=(一人, 一人)諛(譽)③

【해석】

예의는 과실을 줄이면 인의仁義가 행하여지고, 형법으로 백성을 교도하면 법망을 이용하여 이득을 취하려고만 한다. 듣건대, 선인善人은 선인을 천거하기를 좋아한다. 현사賢士 한 사람을 얻으면, 이 한 현사賢士로 인하여 존경을 받게 된다.

【上博楚簡原註】

본 죽간의 길이는 38.8cm이고, 하단은 약간 파손되었다. 문자는 모두 30자이고, 重文이 4 자이다.

① '豊則夏而爲怠': 본 구절은 정확하게 의미를 파악하기가 어렵다.

본 죽간의 첫 자「禮」는 제2간의「以豊(禮)」구절과 관련이 있는 것으로 보이기 때문에 본 죽간을 잠시 제 2간 다음에 놓기로 한다.

【譯註】

주봉오周鳳五는 〈독상박초죽서≪종정(갑편)≫찰기讀上博楚竹書≪從政(甲篇)≫札記〉에서 제 2간과 제 3간 사이에 "夫是則敎之以刑守之以義則□行之以"의 구절을 보충할 수 있고, '夏而爲怠'은 '寡過而爲仁'의 뜻으로 '寡(적을 과, guǎ)'자 다음에 '過(지날 과, guò,guō)'자가 누락되었을 가능성을 언급하였다.

죽간「과이위인寡而爲仁」의 구절은 원래「과과이위인寡過而爲仁」으로 썼는데,「過」자가 누락되었을 가능성이 있다. 그렇지 않다면「寡」자를 잘못 썼거나 혹은「寡」자를 달리 읽어야 할 것이다.「과과寡過」에 관한 내용은 ≪논어·헌문≫에 보이고,「위인爲仁」에 관한 내용은 ≪논어·학이≫에 보인다. 예의가 있는 언행은 과실이 적기 마련이고, 또한 인仁한 것이다.[59]

---

59) 陳偉,〈上海博物館藏楚竹書≪從政≫校讀〉, 簡帛研究, 2004-4-5.「簡文'夏而爲仁'可能是'寡過而爲仁', 誤脫 '過'字, 否則'寡'字可能寫錯, 或者必須改讀. '寡過'見≪論語·憲問≫, '爲仁'見≪論語·學而≫. 一個人言行如果

전후 문맥으로 보아 주봉오周鳳五의 주장을 따를만하다.60)

② 「豫之吕型則述」: 자부 '爻'를 쓰는「豫」자는「教(본받을 교, jiào,jiāo)」자의 이체자이다. ≪곽점초묘죽간郭店楚墓竹簡≫에서는 일반적으로 형태의 일부를 생략하여 '豸'로 쓰기도 한다. 「型」은 즉「刑(형벌 형, xíng)」의 의미이다.

「述」자는「述(지을 술, shù)」자와는 약간 형태가 다르나,「述」자의 이체자가 아닌가 한다.「遂 (이를 수, suì,suí)」의 의미로 쓰이고 있다. ≪곽점초간郭店楚簡·노자갑老子甲≫「攻(功)述(遂)身 退, 天之道也.」61) 중의「遂」의 의미와 같다.

≪論語·爲政≫「道之以政, 齊之以刑, 民免而無恥.」62) 중의「齊之以刑」은 본 죽간의「敎之以 刑」의 의미와 비슷하다.

【譯註】

'述'자를 장광유張光裕 정리본은 '述(지을 술, shù)'의 이체자이고, '遂(이를 수, suì)'의 의미로 파악하였다. 그러나 정리본이 설명하였듯이,「교지이형敎之以刑」은 ≪논어論語·위정爲政≫의 「제지이형齊之以刑」의 의미를 나타내기 때문에 폄의貶義(부정적인 의미)인 것으로 보인다. 진위 陳偉는 '逐(쫓을 축, zhú)'의 의미로 해석하였다.

　　'逐(쫓을 축, zhú)'자를 장과유張光裕 정리본은 '술述'로 예정하고, '수遂'의 의미로 풀이하였 다. 이 자의 오른쪽 윗부분 자부는 '家'이며, ≪종정從政·갑편甲篇≫ 제2간과 ≪을편乙篇≫ 제1간의 '家(집 가, jiā)'자의 아랫부분과 같다. 따라서 이 자는 '축逐'자로 해석할 수 있다. 형벌 刑罰을 남용하여 추방을 당하다는 의미인 것으로 보인다. '逐'자는 위 구절의 '……禮則寡'의

守禮, 當然可以寡過, 也可以爲仁了.」

60) "蘧伯玉使人於孔子. 孔子與之坐而問焉, 曰: '夫子何爲?' 對曰: '夫子欲寡其過而未能也.' 使者出. 子曰: '使 乎! 使乎!'. (거백옥이 공자께 사람을 보내와, 공자께서 그와 함께 앉아서, '선생께서는 무엇을 하고 계시오?'하 고 물었다. '저의 선생께서는 자기의 허물을 덜게 하려 하시지만 진전이 없으십니다'라고 대답하였다. 그 심부름 온 사람이 나가자 공자가 '(훌륭한) 심부름꾼이다, (훌륭한) 심부름꾼이다'라 하였다)"(≪論語·憲問≫). "有子曰: '其爲人也孝弟, 而好犯上者, 鮮矣. 不好犯上, 而好作亂者, 未之有也. 君子務本, 本立而道生. 孝弟也者, 其爲仁 之本與!'.(유자가 말하기를, '사람됨이 효성 있고 우애하면서 윗사람의 권위를 무시하기 좋아하는 사람은 드물 다. 윗사람의 권위를 무시하기 싫어하면서 난동을 일으키기 좋아하는 사람이란 여지껏 나와 본 일이 없다. 군자는 기본되는 일에 힘쓰거니와 기본이 서야 道가 생겨난다. 효성과 우애란 것은 仁을 실천하는 기본일 게다.'라 하였다.)"(≪論語·學而≫)

61) "공을 이룬 뒤에 물러나는 것이 곧 하늘의 도이다."

62) "백성을 정치술로 인도하고, 형벌로써 가지런히 하면, 백성들은 형벌을 면하려고만 하지 부끄러움을 모른다."

내용을 추가 설명하였다.[63)

'冢冢(家)'의 '家' 부분과 '逐'자의 오른 쪽 윗부분이 유사한 것으로 보아 진위陳偉의 '逐'자 해석이 설득력이 있다. 그러나 '逐'자를 '추방을 당하다'의 의미로 풀이하는 것은 전체적인 내용과 거리가 있다. 따라서 본문은 「민면이무치民免而無恥.」[64)의 내용과 연계하여 법망을 피하고 이익만을 추구하는 '逐利(이익을 추구하다)'의 뜻으로 해석하기로 한다.

③ '善=人=也. 是曰用學士一=人=諛': 선진 고전적들은 「선인善人」과 「현인賢人」은 국가를 다스리고 백성을 인도하고 부국강병富國强兵하는 것과 관계가 있음을 자주 언급하였다. ≪논어論語·자로子路≫는 "공자가 말하였다. 선인善人이 나라를 100년 동안 다스리면, 잔인한 사람을 이기고 사형 제도를 없앨 수 있다고 하니, 참 되도다 이 말이여!", "공자가 말하였다. 선인善人이 백성을 7년 동안 가르치면 전쟁에 나아가게 할 수 있다."[65)라 하고, ≪좌전左傳·소공오년昭公五年≫은 "정鄭나라 한호罕虎가 제나라에 가 미씨尾氏의 댁에서 자기의 부인을 맞이할 때, 안자晏子가 자주 방문하였다. 그러자 진항자陳桓子가 안자에게 그 원인을 물었다. '그분은 좋은 사람(善人)을 잘 등용하기 때문에 백성이 우러러 보는 주인입니다'라 했다."[66)라 하였다. ≪한비자韓非子·현학顯學≫은 "현사賢士를 존경하는 것은 선왕들의 도이다."[67)라고, ≪묵자墨子·상현尙賢≫은 "그런 고로 나라에 현량賢良한 선비가 많으면, 나라가 잘 다스려지고, 현량한 선비가 적으면 나라는 잘 다스려지지 않는다." · "나라가 성공적으로 잘 다스려질 때도 현사를 천거하지 않을 수 없으며, 또한 국정이 어려울 때 역시 현사를 천거하지 않을 수 없다. 만약에 요순우탕堯舜禹湯의 도리를 계승하여 나라를 다스리고자 한다면 현사를 숭상하지 않을 수 없다. 현사를 숭상하는 것은 정치의 근본이다." · "그런 고로 고대 성왕聖王들은 매우 신중하게 현사를 숭상하고 능력 있는 자를 관리하여 나라를 다스렸고 다른 잡다한 일들이 끼어들지 못하도록 하였다. 그렇게 해서 천하 모두가 이익이 되도록 하였다."[68)라 했다.

---

63) 陳偉,〈上海博物館藏楚竹書≪從政≫校讀〉, 簡帛研究, 2004-04-05.「逐, 原釋爲"述", 讀爲"遂". 此字右旁上部當是"家", 比較同篇2號簡以及乙篇1號簡中的"家"字所從可知. 這樣, 此字當釋爲"逐". 簡文可能是說濫用刑罰則會遭致放逐, 這與上句"……禮則寡"意境相通而有進一步發展.」

64) "형벌을 면하려고만 하지 부끄러움을 모른다."

65) ≪論語·子路≫:「子曰:『善人爲邦百年, 亦可以勝殘去殺矣.』誠哉是言也!」.「子曰:『善人敎民七年, 亦可以卽戎矣.』」

66) ≪左傳·昭公五年≫:「鄭罕虎如齊, 娶于子尾氏. 晏子驟見之. 陳桓子問其故, 對曰:『能用善人, 民之主也.』」

67) ≪韓非子·顯學≫:「敬賢士, 先王之道也.」

「一人諛」 구절은 문장이 완전하지 않고, 전후 죽간을 알 수 없기 때문에 현재로썬 정확한 의미를 파악할 수 없으나, '諛'자는 '譽(기릴 예, yù)'의 의미가 아닌가 한다.

【譯註】

'諛'자를 ≪상박초간上博楚簡·주역周易≫은 '🔲(譽)'(제35간)로 쓰고, ≪곽점초간郭店楚簡·노자병老子兵≫은 '🔲(譽)'(제1간)로 쓴다. 모두 '예찬譽讚'·'존경'의 의미로 쓰인다.

---

68) ≪墨子·尙賢≫:「是故國有賢良之士衆, 則國家之治厚, 賢良之士寡, 則國家之治薄.」「得意賢士不可不擧, 不得意, 賢士不可不擧. 尙欲祖述堯舜禹湯之道, 將不可以不尙賢, 夫尙賢者, 政之本也.」「故古者聖王唯能審以尙賢使能爲政, 無異物雜焉, 天下皆得其利.」

甲第4簡

四 叟 遊 學 士 一 人 方 亦 坂 是 故 芛 新 言 而 不 新 事

第 4 簡

四哭(鄰)^①. 遊(失)臾(賢)士一人, 方(防)亦坂(反)是=(是, 是)故乩=(君子)訢(愼)言而不訢(愼)事^②

【해석】

주변 국가. 만약에 현사賢士를 잃으면 방지하려고 하나 오히려 그 재난이 닥쳐오게 된다. 그런 고로 군자君子는 언행言行에 신중하나 실행하는 일에는 신중하지 않는다.

【上博楚簡原註】

본 죽간의 길이는 22.8㎝이고, 하단이 약간 파손되었다. 문자는 모두 21자이고, 그 중의 중문이 한 자, 합문이 한 자이다.

본 죽간은 다른 죽간과 연계성이 없지만, 「실현사일인失賢士一人」의 내용으로 보아, 제 3간의 「득현사일인得賢士一人」과 관련이 있는 것으로 보인다. 따라서 본 죽간을 잠시 제 3간 다음에 배열하기로 한다.

① ‘四哭’: 「哭」자는 「鄰(이웃 린, lín)」자이다. ≪노자老子≫ 「若畏四鄰」(15章)[69]·「鄰國相望」(80章)[70] 중의 「鄰」자를 ≪마왕퇴한묘백서馬王堆漢墓帛書·논자을본論者乙本≫은 「哭」으로 쓴다.

② ‘乩=訢言而不訢事’: 「乩=」는 「군자君子」의 합문이다.

「訢」자는 「愼(삼갈 신, shèn)」으로 읽는다. ≪곽점초간郭店楚簡·노자병老子丙≫은 「訢(愼)終若訂(始), 則無敗事喜(矣).」라고[71], ≪묵자墨子·비명중非命中≫은 「愼言知行」[72]라고, ≪논어論語·위정爲政≫은 「子張學干祿. 子曰:『多聞闕疑, 愼言其餘, 則寡尤. 多見闕殆, 愼行其餘, 則寡悔. 言寡尤, 行寡悔, 祿在其中矣.』」[73]라 했다. 언행일치는 군자가 지켜야할 중요한 도리이기 때문에, 군자는 먼저 「신언愼言」해야 한다고 하였다. ≪곽점초간郭店楚簡·치의緇衣≫는 “공자

---

69) “사방의 국가가 두려워 하는 것 같다.”
70) “이웃 나라가 서로 바라보인다.”
71) “끝맺기를 시작같이 신중하게 하기 때문에 일은 실패하지 않는다.”
72) “말은 신중하고, 행동은 민첩하다.”
73) “자장子張이 봉록俸祿을 구하는 방법에 대하여 묻자, 공자가 말하였다. 많이 듣고서 의심나는 부분은 빼놓고, 그 나머지를 조심스럽게 말하면 허물이 적어지게 된다. 많이 보고서 위태로운 것을 빼놓고 그 나머지를 조심스럽게 행하면 후회할 일이 적으며 녹봉이 그 안에 있다.”

가 말하였다. 말만하고 행동으로 옮기지 못할 것은 군자는 말하지 않으며, 행동만 하고 말하지 못할 것 또한 군자는 행하지 않는다. 백성들의 말은 그 행동보다 넘어서지 않고, 행동은 말을 넘어서지 않는다. ……공자가 말하였다. 군자는 말로써 사람을 인도하고, 행동으로 항상심을 잃지 않는다. 그런 까닭에 말은 반드시 그 끝나는 바를 신중하게 여기고, 행동은 반드시 그 폐단되는 바를 생각한다. 그러면 백성은 말을 조심하고 행동을 삼갈 것이다."(제30-32간)[74]라 했다.

【譯註】

정리본이 '遊'자로 예정하고 '失(잃을 실, shī)'로 읽고 있는 자는, ≪상박초간上博楚簡·치의紅衣≫와 ≪곽점초간郭店楚簡·치의緇衣≫는 각각 '𨒈'과 '𨒅'로 쓴다. 이 자에 대해서는 학자마다 의견이 분분하다. 초간楚簡에서는 모두 '失'자의 의미로 쓰인다. ≪郭店楚簡·老子≫는 '𨒈'이나 '𨒅' 등으로 쓴다. 이 자의 오른쪽 윗부분은 '止'이며, '辵'과 소리부 '夆'로 된 형성자로 '夆'자는 '牽'자와 같다. 따라서 이자는 '達'자로 예정할 수 있으며, '失'과 '達'은 고음이 통한다.

장광유張光裕 정리본은 '(方)'자를 '防(둑 방, fáng)', '(坂)'자를 '反(되돌릴 반, fǎn)'의 의미로 풀이하였다. 그러나 유락현劉樂賢은 〈독상박간≪민지부모≫등삼편찰기讀上博簡≪民之父母≫等三篇札記〉에서 '方'자를 '毁謗하다'의 의미로 해석하였다. "'方'자의 의미는 '謗(훼방하다)'이다. 이 구절은 '현사를 잃으면 훼방하는 말이 생겨나게 된다'의 뜻이다."라 했다.[75] 참고할 만하다. 진미란陳美蘭은 〈종정역석從政譯釋〉에서 이 구절을 "훼방이 오히려 자신에게로 닥쳐오게 된다."로 해석하고 있다.[76] 본문은 전후 문맥 내용을 고려하여 '謗(헐뜯을 방, bàng)'으로 해석할 수 있다('부록' 참고).

'𢼤'자를 ≪上博楚簡·紅衣≫는 '𢻰'(제9간), ≪郭店楚簡·緇衣≫는 '𢼨'(제15간)으로 쓴다. ≪上博楚簡·紅衣≫의 정리본은 '訢'으로 예정하고, '誓'의 의미로 풀이하고, ≪郭店楚墓竹簡≫ 정리본은 '誓'로 예정하고 '愼'의 의미로 풀이하였다. 이 자는 첫째는 본 구절과 같이 왼쪽 윗부분에 '＋'형을 추가하여 '𢼨'(≪老子·甲≫)으로 쓰거나, 둘째는 ≪上博楚簡≫과 같이 '𢻰'(≪成之聞之≫)으로 쓰거나, 셋째는 '心'방을 추가하여 '𢙏'(≪五行≫)으로 쓰거나, 넷째는 '心'과 '幺'을 추가하

---

74) ≪郭店楚簡·緇衣≫：「子曰: 可言不可行, 君子弗言, 可行不可言, 君子弗行. 則民言不𧻚(危)行, 不𧻚(危)言. …… 子曰: 君子道人以言, 而昜(恒)以行古(故)言則惪(慮)其所終, 行則䂨(稽)其所幣(敝), 則民誓(愼)於言而懂(謹)於行.」

75) 劉樂賢, ≪讀上博簡≪民之父母≫等三篇札記≫, 簡帛研究사이트, 2003-01-09.「'方', 讀"謗". 此句是說, 失賢士一人則謗亦隨之而來.」

76) 季旭昇, ≪上海博物館藏戰國楚竹書(二)讀本≫, 63쪽.「毀謗也隨之反於己身.」

여 ''(≪五行≫)으로 쓰기도 한다. 모두 '愼(신중하다)'의 의미로 쓰이는 것으로 보아 '愼'자의 이체자가 아닌가 한다. '愼'자는 ≪上博楚簡≫에서 '(愬)'(≪曹沫之陳≫제60간)·'(愬)'(≪孔子詩論≫제28간)·'(訢)'(≪緇衣≫제16간)·'(訢)'(≪性情論≫제1간)·'(訢)'(≪容成氏≫제1간)·'(㬥)'(≪性情論≫제39간) 등으로 쓴다.

甲第5簡

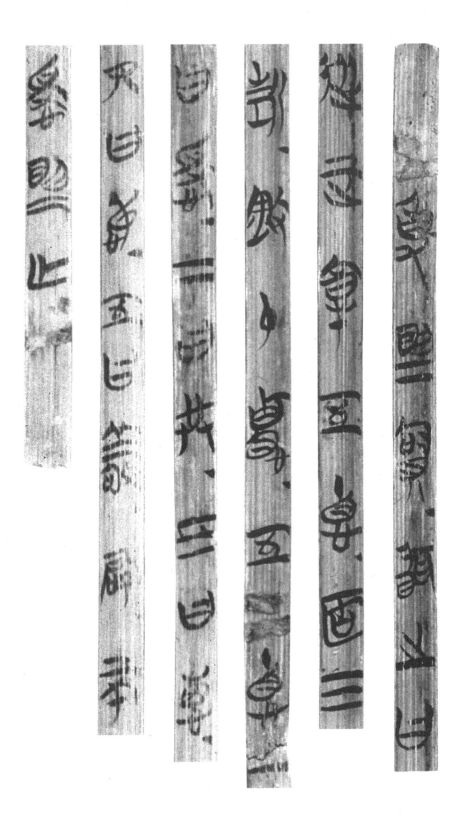

事則賅■ 餌之日從正韋五德■ 迮三折■ 敘十惰■ 五德一日愯■ 二日共■ 三日惠■ 四日愙■ 五日敬■ 咠不愯則亡

甲 第 5 簡

事則賠(貪)①■. 訊(聞)之曰: 從正(政), 享(敦)五德②■, 固(固)三折(誓)③■, 敘(除)十悁(怨)④■. 五德: 一曰悛(寬)■, 二曰共(恭)■, 三曰惠■, 四曰息(仁), 五曰敬■. 孝=(君子)不悛(寬)亡(無)⑤

【해석】

법을 어기고 그릇된 판단을 내리는 것을 '탐貪'이라 한다. 듣건대, 정치는 우선 오덕五德을 돈독하게 해야 하고, 삼서三誓를 확고히 해야 하고, 십원十怨을 없애야 한다. 오덕이란 첫째는 '관寬(관용)', 둘째는 '공恭(공경)', 셋째는 '혜惠(은혜)', 넷째는 '인仁(어짐)', 다섯째는 '경敬(정중)'이다. 군자가 만약에 '관寬(관용)'을 베풀지 않으면,

【上博楚簡原註】

본 죽간은 42.6㎝로, 문자는 모두 40자이다. 그 중 합문이 한 자이다. 내용상, 본 죽간의 앞부분이 어느 죽간과 연계되는지 잘 알 수 없으나, 뒷부분은 제 6간과 연결된다.

【譯註】

제 15간에서는 '네 가지 하지 말아야 할 것(四毋)'에 대한 내용이다. 본 죽간의 첫 구절 '事則賠(貪)'은 네 번째 하지 말아야 할 것인 '爲利樁(枉)'[77]과 연결되는 내용이다. 따라서 죽간은 甲15→ 甲5→甲6→甲7→乙1→乙2 순서로 이해할 수 있다.(제 15간 역주 참고)

① '事則賠': '賠'자는 혹은 '貪(탐할 탐, tān)'의 의미로 해석할 수 있다. 앞 죽간 제4간의 뒷부분에 「君子訢(愼)言而不訢(愼)事」 구절 중에 「事」자가 있는 것으로 보이 본 죽간의 「事」사 역시 「訢(愼)」과 연결되는 내용으로 보아도 될 것 같다.

【譯註】

'賠'자를 甲 15간은 '恰)'으로 쓰고, ≪郭店楚簡·語叢三≫은 '으로 쓴다. 모두 '貪'

---

77) "이익을 위하여 법을 어기다."

의 이체자이다.

② '從正章五德': 「正」자는 즉 「政(정사 정, zhèng)」자이다. 「章」은 「敦(도타울 돈, dūn,duì)」으로 읽는다. 본 구절은 '종정從政' 즉 정치를 하는 도리에 관한 내용으로, 오덕五德을 돈독히 실행하고 삼서三誓를 확고히 해야 하고 십원十怨을 없애야 한다는 것이다.

「三誓」와 「十怨」은 죽간이 파손되어 그 내용을 확인할 수 없으나, 「五德」의 항목은 확실하게 확인할 수 있다. 그 중 「愋」이외에, 「恭」·「惠」·「息(仁)」과 「敬」의 의미는 확실히 알 수 있다.

「愋(한탄할 훤, uān,yuán)」자는 「心」과 소리부 「爰(이에 원, yuán)」으로 이루어진 자이다. 「爰」자의 고음은 성모가 「匣」모母이고, 운모가 '원元'부部이고, 「寬(너그러울 관, kuān)」자의 고음은 성모가 '溪'모母이고 운모가 '원元'부部이기 때문에, 「愋」자와 「寬」은 서로 통한다. 따라서 「愋」자는 정치를 하는 자가 돈독한 행위를 할 때 갖추어야 할 태도인 「寬和(너그럽고 화목하다)」나 「寬厚(너그럽고 후하다)」의 의미이다. 「관寬」은 「공恭」·「혜惠」·「인仁」·「경敬」과 함께 「五德」 중의 하나이다.

「五德」이란 말과 「첫째는(一曰)」·「둘째는(二曰)」이란 형식으로 덕행의 항목을 아주 명확하게 설명하고 있는 경우는 이전의 선진 고전적에 보이지 않고, 본 죽간이 처음이다.

유가儒家에서는 이른바 오덕五德을 '온溫'·'양良'·공'恭'·'검儉'·'양讓' 등을 가리키기도 한다. ≪논어論語·학이學而≫는 "자금子禽이 자공子貢에게 물었다. 부자夫子는 그 나라에 도착하면 정사에 관하여 듣게 되는데, 이는 스스로 요구한 것입니까 아니면 그 쪽에서 들려 준 것입니까? 자공이 말하였다. 부자夫子는 溫(온순), 良(어짊), 恭(공경), 儉(검소), 讓(겸양)으로 요구하여 듣게 된 것이니, 다른 사람이 요구하는 것과는 다르다."[78]라 했다.

혹은 '공恭'·'관寬'·'신信'·'민敏'과 '혜惠'를 가리킨다. ≪논어論語·양화陽貨≫는 "자장子張이 공자에게 '인仁'에 대하여 물었다. 공자가 말하였다. 다섯 가지를 천하에서 행할 수 있으면, 이를 '인'이라 할 수 있다. 자장이 말하였다. 다섯 가지를 말씀해 주십시오. 공자가 말하였다. '恭(공손)'·'寬(관용)'·'信(믿음)'·'敏(민첩)'과 '惠(은혜)'이다. 공경하면 업신여김을 당하지 않고, 관용을 베풀면 뭇 사람들의 마음을 얻게 되고, 신뢰가 있으면 다른 사람이 임무를 다하게 되고, 민첩하면 공이 있게 되고, 은혜를 베풀면 남들을 충분히 부릴 수 있다."[79]라 했다.

---

78) ≪論語·學而≫: 「子禽問於子貢曰: 『夫子至於是邦也, 必聞其政, 求之與? 抑與之與?』 子貢曰: 『夫子溫良恭儉讓以得之. 夫子之求之也, 其諸異乎人之求之與?』」

79) ≪論語·陽貨≫: 「子張問仁於孔子. 孔子曰: 『能行五者於天下爲仁矣.』 『請問之.』 曰: 『恭寬信敏惠. 恭則不侮,

≪논어論語≫는 다섯 가지 덕목을 언급하고 있지만, 「오덕五德」이란 단어는 사용하지 않고, 또한 「공恭」 덕목 이외에 나머지 네 가지는 서로 다르다.

본 죽간의 오덕五德을 「관寬」·「공恭」·「혜惠」·「인仁」·「경敬」으로 정의하는 내용은 아직까지 고전적에서 언급되지 않았던 내용이다.

다만 ≪곽점초간郭店楚簡·오행五行≫과 ≪마왕퇴한묘백서馬王堆漢墓帛書·오행五行≫은 '오사五事' 즉 「인仁」·「의義」·「예禮」·「지智」·「성聲」을, ≪곽점초간郭店楚簡·육덕六德≫은 '육덕六德' 즉 「성聖」·「지智」·「인仁」·「의義」·「충忠」·「신信」을, ≪서경書經·고요모皐陶謨≫에서는 '구덕九德'을 언급하였다. ≪서경書經·고요모皐陶謨≫는 "고요皐陶가 '아아! 행동에는 또한 아홉 가지 덕이 있으니, 그 사람이 덕이 있다고 한다면, 어떤 일을 어떻게 행하였다고 말할 수 있어야 한다'라 하자, 우禹는 '무슨 뜻인가?'라 물었다. 고요皐陶는 말하였다. '너그러우면서 엄격한 것과, 부드러우면서도 꿋꿋한 것과, 성실하면서도 공손한 것과, 잘 다스리면서도 공경스러운 것과, 온순하면서도 굳센 것과, 곧으면서도 온화한 것과, 간략하면서도 세심한 것과, 억세면서도 확실한 것과, 강하면서도 의로운 것을 말한다. ……밝게 잘되어 나라를 잘 다스리게 될 것이다. 이들을 모두 받아들여 널리 덕을 펴 일하게 한다면, 아홉 가지 덕을 가진 사람들이 모두 와서 섬기게 된다. ……하늘은 덕이 있는 자에게 명령을 내리고, 다섯 가지 옷으로 다섯 가지 등급을 밝혔다. 하늘은 죄 있는 사람을 치고, 다섯 가지 형벌을 다섯 가지로 써야 하며, 나라를 다스리는 일에 힘쓰고 힘써야 한다'라 했다."[80]

위의 내용 등으로 보아 선진 유가에서는 아직 「오덕五德」에 대한 관념이 확실하게 확립된 것이 아닌 것으로 보인다. 이전의 유가에서는 「인仁」을 유가 덕목의 총체總體로 보아 기타 다른 수양修養 덕목들을 총괄하는 것으로 보았다. 그러나 본 죽간 중의 「仁」은 다른 다섯 가지 덕목과 동등한 하나의 덕목에 불과하다.

본 죽간의 이러한 「오덕五德」의 덕목·명칭과 관념들은 이전의 선진 유가 사상과 다른 새로운 내용으로, 이는 선진 유가 사상을 연구하는데 중요한 의의를 지니고 있다.

이외에도 ≪한시외전漢詩外傳≫(卷二)은 '雞(닭)'의 '문文'·'문武'·'용勇'·'인仁'과 '신信' 등 '五德'을 말하였다. "유요由饒가 애공哀公에게 말하였다. '군주君主는 닭을 보신 적이 없으신가

寬則得衆, 信則人任焉, 敏則有功, 惠則足以使人.」」

80) ≪書經·皐陶謨≫: 「皐陶曰: 『都! 亦行有九德, 亦言其人有德, 乃言曰: 載采采.』 禹曰: 『何?』 皐陶曰: 『寬而栗, 柔而立, 愿而恭, 亂而敬, 擾而毅, 直而溫, 簡而廉, 剛而塞, 強而義, ……亮采有邦. 翕受敷施, 九德咸事, ……天命有德, 五服五章哉, 天討有罪, 五刑五用哉.』」

요? 머리에 갓을 이고 있는 것은 '문文'이고, 발에 발톱을 달고 있는 것은 '무武'이다. 또한 적이 앞에 나타나면 용감하게 달려드는 것은 '용勇'이고, 먹이를 보면 서로 부르는 것은 '인仁'이고, 밤을 지키되 때를 놓치지 않는 것은 '신信'이다. 닭은 이 '오덕'을 갖추고 있다. 닭이 이와 같은 오덕을 갖추고 있는데 날마다 이를 삶아 먹는 것은 무엇입니까?"81)

≪손자병법孫子兵法·계편計篇≫의 "장군은 지혜롭고(지智), 믿음이 있고(신信), 어질고(인仁), 용맹하며(용勇), 엄중(엄嚴)해야 한다."82) 내용에 대하여 대부분의 주석가注釋家들은 이를 지모智謀와 재능才能을 갖춘 장군이 구비해야할 다섯 가지 덕목이라 하였다. 진한秦漢시기의 방사方士들은 이러한 다섯 가지의 명목名目을 국가의 운명과 결부시켜 설명하면서 이를 '오덕五德'이라고 칭하며 의미를 더욱더 확대 해석하였다.

【譯註】

'𪓰'자를 정리본은 '章'으로 예정하고 '敦'으로 읽었다. 그러나 하림의何琳儀는 ≪호간이책선석滬簡二册選釋≫에서 '墉(담 용, yōng)'자로 예정하고 '庸(쓸 용, yōng)'으로 해석하였다.

    '墉(담 용, yōng)'자를 정리본은 '敦(도타울 돈, dūn,duì)'자로 잘못 석문하고 있다. '敦'자는 좌측 아래 부분이 자부 '羊'이다. '墉'자와는 구별이 된다. 본 간문簡文의 '墉'자는 '庸(쓸 용, yōng)'으로 읽어야 한다. ≪說文解字≫는 "'庸'은 '사용하다(用)의 뜻"이라 하였다. 아래 제 12 간의 "행위를 할 때는 태만하지 않아야 하며, 좋은 일을 행할 때는 싫증내지 않는다." 구절 중의 '庸'자는 '지持'자와 서로 의의상 관련이 있다.83)

≪설문해자說文解字≫는 '𡩍(敦)'자에 대하여 "자부 '攴'과 소리부 '𦎍'으로 이루어진 형성자."84)라 하였다. ≪제후돈齊侯敦≫은 '敦(도타울 돈, dūn,duì)'자를 '𡨄'으로 쓴다.85)

'용墉'자를 ≪곽점초간郭店楚簡·육덕六德≫은 '𡉉'으로 쓰고, ≪상박초간上博楚簡·공자시론孔子詩論≫과 ≪곽점초간郭店楚簡·어총語叢≫은 각각 '𡉉'·'𡉉'으로 쓴다.86)

---

81) ≪漢詩外傳≫(卷二):「由饒謂哀公曰:『君獨不見夫雞乎? 首帶冠者, 文也. 足搏距者, 武也, 敵在前敢鬪者, 勇也, 得食相告, 仁也, 守夜不失時, 信也. 雞有此五德, 君猶日瀹而食之者, 何也?」

82)「將者, 智信仁勇嚴也.」

83) 何琳儀, ≪滬簡二册選釋≫, 簡帛研究, 2003-01-14.「'墉', ≪考釋≫誤釋'敦'. '敦'左下從'羊', 與'墉'有別. 按, 簡文'墉'當讀'庸'. ≪說文解字≫'庸, 用也.", 下文12簡"庸乃(〈行〉)不倦, 持善不厭." 其中'庸'與'持'對文見義.」

84) ≪說文解字≫:"從攴, 𦎍聲."

85) ≪金文編≫, '0531 𡩍', 218 쪽.

③ '𦥑三折': 「𦥑」자는 '𠃊'과 소리부 '古'로 이루어진 형성자이며, '固(굳을 고, gù)'로 읽는다. 「𦥑」자는 금문金文에서 「簠(제기 이름 보, fǔ,fū,pú)」의 통가자로 쓰인다. 「簠」의 고음古音은 성모가 '방幫'모母이고, 운모가 '어魚'부部이고, 「固」자의 고음은 성모가 '견見'모母이고, 운모가 '어魚'부部로, 고운古韻이 서고 같기 때문에 서로 통한다.

「折(꺾을 절, zhé,shé,zhē)」자는 초죽간楚竹簡 중에서 일반적으로 「制(마를 제, zhì)」의 의미로 쓰이거나 혹은 「誓(맹세할 서, shì)」의 의미로 쓰인다. 본 죽간 중에서는 「誓」의 의미로 쓰인다.

≪설문해자說文解字≫는 '서誓'자에 대하여 "약속約束의 뜻이다. '言'과 소리부 '折'로 이루어진 형성자이다."[87]라 하였다. ≪제후호齊侯壺≫의 「折(誓)于大嗣(司)命.」[88]과 ≪초백서楚帛書・병편丙編≫「昜曰兼. 曰, 昜不煬事, 可以折(誓), 敓(除)故四義于四……」[89] 구절 중 「折」자 모두 「誓」의 의미로 쓰이고 있다.[90]

≪상서尚書≫는 ≪감서甘誓≫・≪탕서湯誓≫・≪목서牧誓≫・≪비서費誓≫・≪태서泰誓≫ 등과 같이 '誓'자를 편명으로 쓴다.

「固三誓」는 '約法三章(반드시 지켜야 할 세 가지 규정)'의 뜻이다.

【譯註】

「절折」자는 '제制'・'서誓' 이외에 '신愼'의 의미로 해석하기도 한다.(제 7간 '三折(誓)戔(持)行' 구절 설명 참고)

④ '敓(除)十悁(怨)': '敓'자는 '除(제거할 제, chú)'로 읽는다. 앞 注③에서 인용한 ≪초백서楚帛書・병편丙編≫ 구절은 '敓'자로 쓴다.

「悁」은 즉 「怨(원망할 원, yuàn)」자와 같은 자이다. ≪곽점초간郭店楚簡・치의緇衣≫의 「少(小)民亦佳(惟)日悁(怨).」[91](제10간) 구절과 ≪從政(乙篇)≫의 「則民不悁(怨).」[92](제2간) 구절 중

86) ≪楚系簡帛文字編(增訂本)≫, 1139 쪽.
87) ≪說文解字・言部≫: 「約束也. 從言, 折聲.」
88) "대사명大司命에게 맹서하다."
89) "양월陽月은 '의義'이다. 양월은 일이 잘 이루어지고, 맹약을 할 수 있고, 불의를 제거할 수 있다. 네 가지는 ……"
90) 饒宗頤≪楚帛書新證≫은 '敓(除)故四義于四' 구절을 '敓(除)故不義于四」로 쓴다. ≪楚地出土文獻三種研究≫, 中華書局, 279 쪽 참고.
91) "백성들은 매일 매일 원망을 하게 된다."
92) "그러면 백성은 원망하지 않는다."

에도 「悁」자가 보인다.

【譯註】

'(悁)'자를 ≪上博楚簡(一)·孔子詩論≫은 ''(제3간)·'(제18간)·''(제19간)과 ''(제27간) 등으로 쓴다. 마승원馬承源은 정리보은 「䏄」이나 「䏄」으로 예정하고 '悁(성낼 연, yuān)'이나 「寃(원통할 원, yuān)」의 의미로 해석할 수 있다하였다.[93]

⑤ '君子不煖亡': 본 구절은 제 6간의 「이송백성以頌百眚」이란 구절과 연결된다.
「君子不煖(寬)亡(無)以頌(容)百眚(姓).」[94]은 또한 정치를 하는 자(종정자從政者)들이 명심하고 주의해야 할 내용에 해당된다.

93) ≪上海博物館藏戰國楚竹書(一)≫, 129 쪽.
94) "군자가 관용이 없으면 백성들을 포용할 수 없다."

甲第6簡

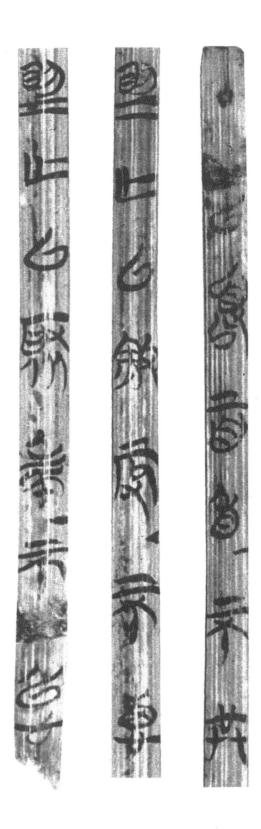

呂頌百眚。不共則亡呂敘辱。不惠則亡呂聚民。不㤓

甲 第 6 簡

呂頌(容)百眚(姓)■, 不共(恭)則亡(無)呂斂(除)辱①■, 不惠則亡(無)呂聚民②■, 不息(仁)③

【해석】

백성들을 포용할 수 없고, 공경하지 않으면 치욕을 제거할 수 없으며, 은혜를 베풀지 않으면 백성들이 모이지 않으며, 인자하지 않으면,

【上博楚簡原註】

본 죽간은 22.9㎝이고 하단이 파손되었다. 문자는 20자이고, 본 죽간의 내용은 제 7간과 연결된다.

① '不共則亡呂斂辱': 「斂」자는 「除」로 읽는다. 《곽점초간郭店楚簡·오행五行》은 "위엄이 없으면 존경尊敬하지 않고, 공경할 수 없으면 예의禮義가 없게 된다."95)라 하고, 《논어論語·공야장公冶長》에서 공자는 말하기를 군자는 "몸가짐이 공손해야 한다."96)라 하여, '恭(공손할 공, gōng)'에 대하여 언급하였다. 가의賈誼 《신서新書》는 "다른 사람을 접견할 때 몸가짐을 신중하게 하는 것을 '공恭'이라 하고, 공경하지 않는 것은 '깔보다(媟, 깔볼 설, xiè)'이다."97)라 하였다. 즉 일을 처리할 때 공경하여야 만이 욕을 먹지 않는 것은 예의가 적절하기 때문이다.

② '不惠則亡呂聚民': 《곽점초간郭店楚簡·존덕의尊德義》는 "은혜恩惠로운 마음이 있으면 백성의 재물은 풍족하게 될 것이고, 백성이 때를 놓치게 되면 민중은 노력하지 않을 것이다."(제32간)98)라고, 《성지문지成之聞之》는 "위에 있는 사람이 그 덕을 행히지 않고 민중을 복송하게 하고자 한다면, 많은 어려움이 따를 것이다."(제15간)99)라고, '은혜'를 베풀면 백성이 복종하고 따른다는 것을 설명하였다. 그래서 공자는 "군자는 개인행동은 공손하였고, 윗사람을 섬기는

---

95) 《郭店楚簡·五行》:「不障(尊)不共(恭), 不共(恭)亡豊(禮).」
96) 《論語·公冶長》:「其行已也恭.」
97) 《新書》:「接遇愼容謂之恭, 反恭爲媟.」
98) 《郭店楚墓竹簡·尊德義》:「依惠則民材足, 不時則亡懁也.」
99) 《成之聞之》:「上不以其道, 民之從之也難.」

데는 공경스러웠고, 백성의 생활을 돌봐주는 데는 은혜로와야 한다."100)라 했다.

③ '不㥀': '不㥀'는 「不仁」의 의미이다. 「不仁」은 제 7 간의 「則亡(無)以行正(政).」101)의 내용과 연결된다.

---

100) 《論語·公冶長》:「子謂子産, 有君子之道四焉, 其行己也恭, 其事上也敬, 其養民也惠, 其使民也義.」(공자가 자산에 대하여 말하였다. 군자의 도는 네 가지 지니고 있어야 한다. 개인 행동은 공손하고, 윗사람을 섬기는 데는 공경스러워야 하고, 백성의 생활을 돌봐주는 데는 은혜로 하고, 백성을 부리는 데는 올바른 길에 의해서 해야 한다.)
101) "정치를 할 수 없다."

甲第7簡

則亡呂行正■不敬則事亡城■三折歧行見上卒釱

甲 第 7 簡

則亡(無)㠯行正(政), 不敬則事亡(無)城(成)①. 三折(誓)②㝵(持)行, 見上卒飤(食)③.

【해석】

정치를 할 수 없으며, 공경하지 않으면 일이 이루어지지 않는다. 삼서三誓는 성실히 이행하며, 윗사람의 일을 경건하게 잘 처리하고 먹을 것을 먹다……

【上博楚簡原註】

죽간의 길이는 19.9㎝이고, 윗부분이 파손되었다. 문자는 모두 19자이다.

부러진 부분의 형태와 문장 내용으로 보아 본 죽간은 제 6간과 연계되며, 제 6간과 7간은 본래 하나의 죽간이다.

① '則亡㠯行正, 不敬則事亡城': 본 구절은 제5간과 6간이 연결되는 내용이다. 즉 「不仁則無 以行政, 不敬則事無成.」102)의 의미이다.

② '三折': 「삼서三折(誓)」는 제 5간 「㠯(固)三折(誓)」 구절 중의 「三折(誓)」를 가리킨다.

③ '卒飤': 「졸사卒飤」는 「삼예三禮」에 자주 보이는 단어다.

【譯註】

본 구절은 죽간이 파손되어 전체적인 내용을 정확하게 판단하기 어렵다.

'㪿(折)'자는 정리본은 '誓(맹세할 서, shì)'로 읽고 있으나, '制(마를 제, zhì)'나 혹은 '愼(삼갈 신, shèn)' 등으로 읽기도 한다.

진위陳偉는 〈상해박물관장초죽서≪從政≫교독上海博物館藏楚竹書≪從政≫校讀〉에서 '절折' 자를 '제制'로 읽고, '지행持行'・'시상視上'과 '졸식卒食'을 「삼서三制」의 구체적인 세 가지 내 용으로 보고 있다. 또한 "전체적인 내용은 '시상視上'은 곧 '시하視下'의 의미로 낮게 평가하거나

---

102) "인자하지 않으면, 정치를 할 수 없으며, 공경하지 않으면 일이 이루어지지 않는다."

치우치지 않는 정확한 방법을 말한다. '졸식卒食' 다음 다른 문자가 있으나 지금은 알 수 없고, 의미는 식사를 마친 후의 일을 가리킨다."103)고 하였다.

정리본의 원 석문은 제 7간의 마지막 여덟 자를 두 구절로 끊어 읽고 있다. 즉 "三折持行, 見上卒食"으로 읽고 있다. 제 5간의 "오덕五德: 一曰愯, 二曰恭, 三曰惠……" 구절과 비교해 볼 때, "삼제三折(制)" 뒤의 문장은 아마도 이 내용에 대한 구체적인 설명부분일 것이다. 하지만 뒤 문장이 잔실되어 보이지 않기 때문에 지금은 정확하게 이해하기가 어렵다. "三折(制)" 뒤의 문장을 두 자씩 끊어 읽어 잠시 '三制'의 항목으로 보기로 한다. ≪從政·甲≫의 제12간은 "항상 일을 돈독히 행하되 태만하지 않고, 싫증내지 않고 항상 선한 일을 행하다"라고 하였는데, '지행持行' 역시 '돈행敦行'이나 '독행篤行'과 같은 의미일 것이다. 혹은 '持行'은 걸어갈 때의 행동거지를 나타낼 수 있는데, 이러한 해석은 아래 문장 '視上'과 상호 관련이 있다. ≪좌전左傳·소공십일년昭公十一年≫은 "선(單)나라의 군주인 자작이 진나라의 한선자韓宣子를 척戚에서 만났는데, 그의 시선은 아래만 보고 말이 느렸다. 그러자 진나라의 숙향叔向이 말하였다. '선單나라의 군주 자작은 곧 죽을 것이다! 조정에는 신하마다 확실히 정해진 자리가 있고, 회합에는 각국의 신분의 자리를 밝히는 자리가 있다. 옷에는 깃이 합쳐지는 자리가 있고, 띠에는 맺어지는 자리가 있다. 회합이나 조정에서의 말은 어느 위치의 사람에게나 모두 들리게 해야 하기 때문에, 일의 순서를 명백하게 하는 것이다. 상대를 보는 눈길은 상대방의 옷깃 중 띠를 맺는 곳에서 옷깃이 합쳐지는 곳까지의 사이를 벗어나지 않는 것이다. 그래서 용모를 바르게 해야 하는 것이다. 말로 명령한 내용을 전달하고 용모로 속마음을 밝히는 것이기 때문에 올바르지 못하면 일에 결점이 있게 된다. 지금 선나라의 군주는 조정의 상관으로서 천자께서 명하시는 내용을 회합에서 전달하고 있음에도 시선이 상대방의 띠 위로 올라가지 못하고, 말소리가 한 발짝의 사람에게도 들리지 않고 용모가 단정하지 못하고, 말은 명확하게 전달하지 못하고 있다. 용모가 단정하지 못하면 공손하지 못하게 되고, 말이 불분명하면 신하들이 명령을 따르지 못하게 되니 그는 자기의 지위를 지킬 힘이 없게 되는 것이다'라 하였고, ≪예기禮記·곡례하曲禮下≫는 '천자를 볼 때는 시선이 깃보다 위로 올라가면 안 되고, 띠보다 아래로 내려가는 안 된다. 군주를 볼 때는 그 얼굴의 아래에서 옷깃 위 사이를 보아야 하고, 대부를 볼 때는 정면으로 그 얼굴을 보고, 사士를 볼 때는 사의 좌우 5보 거리에서 시선을 움직여도 된다. 이른바 시선이란 남의 얼굴보다 위에 있으면 거만하게 보이고, 띠 아래 있으면 걱정이 있어 보인다. 머리를 기울여 곁눈으로 보면 간사한 것이다'라 하였는데, 이는 옛날 사람들이 시선의 높낮이를 상당히 중요하게 여기고 있음을 알 수 있다. 여기에서 말하는 '시상視上'은 '시하視下'와 대립되는 개념으로 즉 시선을 아래로 향하거나 비스듬하게 치우지지 말고 똑바로 하라는 뜻이다. '졸식卒食'은 아마도 문장 뒤에 다른 구절이 있는 것으로 보이는데 지금은 알 수 없고, 식사를 마친 후에 대한 일에 대해서

---

103) 「從正面理解, 這裏的'視上'大概是針對'視下'而言, 是指旣不'下', 也不'傾'的正確作法. '卒食'恐應有後續文字, 是說食畢之後的事情.」

언급하는 내용으로 보인다.104)

  왕중강王中江의 〈≪종정≫중편교주≪從政≫重編校注〉 문장 역시, '삼제三制'는 '지행持行'·
'시상視上'과 '졸식卒食'의 세 가지 행동 가짐으로 보았다.

  '지행持行'과 다음 구절 '시상視上'과 '졸식卒食'에 관한 뜻을 이해하기가 쉽지 않다. 추측컨
대, 아마도 '삼제三制'의 내용은 세 가지의 중요한 '예의'에 관한 내용이거나 혹은 더욱 가능성
이 있는 것은 행동을 할 때 중요하게 여겨야 할 세 가지 항목을 가리키는 것으로 보인다. '예의'
에 관한 것으로의 '持行'은 길을 걸을 때 유지해야할 자세를 말하며, 행동거지에 관한 것일
때는 '돈독하고 성실하게' 일을 해야 함을 가리키는 것으로 보인다. 진위陳偉는 두 가지 가능성
을 모두 취하고 있다.
  정리본이 '견見'으로 해석하는 자는 응당히 '시視'의 뜻으로 해석해야 옳다. 예의적인 면에
있어서, '視上'은 아마도 군주의 자태를 주의 깊게 관찰해야 하는 것을 말한다. ≪관자管子·
소문小問≫은 "자리를 잡고 식사를 할 때 위를 쳐다본다"라고 하였는데, 혹은 이와 관련이
있는 내용이 아닌가 한다. 신하와 백성은 위 사람을 존경해야 하는 것을 강조하고자 하는 말이
아닌가 한다.
  '졸식卒食' 중의 '졸卒'자를 유낙현劉樂賢 등은 '의衣'로 해석하고 예의에 관한 내용으로 보
고 있다. 하지만 예의적인 항목인 '卒食'으로 보는 것이 옳은 것 같다. 이는 음식을 먹는 과정에
대한 언급으로 보인다. ≪예기禮記≫ 중에 '卒食'이라는 내용이 있고, ≪관자管子·소문小問≫
은 '자리를 잡고 식사를 할 때 위를 쳐다본다'라 하였는데, 이는 이와 관련이 있는 내용이 아닌가
한다. '의식衣食'에 관한 일은 집정자들이 관심을 가져야할 중요한 문제 중의 하나였다.105)

104) 陳偉, 〈上海博物館藏楚竹書≪從政≫校讀〉, 簡帛研究, 2003-04-05. 「在原釋文中, 7號簡的上揭8字斷作兩個4
字句, 即"三折持行, 見上卒食". 5號簡說: "五德: 一曰倦, 二曰恭, 三曰惠……"對比之下, 這裏的"三折(制)"之後
大概也是詳述其具體內容. 由於後文殘去, 今難準確判讀, 姑且將隨後6字兩兩斷開, 看作三制之目. ≪從政≫甲
12號簡說: "敦行不倦, 持善不厭." "持行"大概也是敦行·篤行一類意思. 作爲另一種可能, "持行"也許是講行
走的儀態, 與下文對"視上"的推測相應. ≪左傳·昭公十一年記: "單子會韓宣子于戚, 視下言徐. 叔向曰: '單子
其將死乎! 朝有著定, 會有表, 衣有襘, 帶有結. 會朝之言必聞于表著之位, 所以昭事序也, 視不過結襘之中, 所
以道容貌也. 言以命之, 容貌以明之, 失則有闕. 今單子爲王官伯, 而命事于會, 視不登帶, 言不過步, 貌不道容,
而言不昭矣. 不道, 不共, 不昭, 不從. 無守氣矣.' ≪禮記·曲禮下≫云: "天子視不上于袂, 不下于帶. 國君, 綏視.
大夫, 衡視. 士視五步. 凡視, 上于面則敖, 下于帶則憂, 傾則姦. 可見古人對視綫的高下很有講究. 從正面理解,
這裏的"視上"大概是針對"視下"而言, 是指既不"下"·也不"傾"的正確作法. "卒食"恐應有後續文字, 是說食畢
之後的事情.」

105) 王中江, 〈≪從政≫重編校注〉, 簡帛研究, 2004-04-05. 「"持行"與下文"視上"和"卒食", 意思頗難理解. 如果推
測一下的話, "三制"可能是三種重要的"禮儀", 但更有可能是三重要的事項. 作爲"禮儀", "持行"疑爲走路應
保持的姿勢, 作爲事項, "持行"應爲"篤行". 陳偉亦持此兩可之說. 整理者所釋"見", 應釋爲"視". 作爲禮儀, "視
上"可能是察看君上的姿態, ≪管子·小問≫有"執席食以視上者", 或許與此相類, 作爲事項, 可能是强調臣民要
敬上. "卒食"之"卒", 劉樂賢等以爲應釋爲"衣". 作爲禮儀, "卒食"可能更當, 也許是飮食的程序. ≪禮記≫中有

그러나 주연청朱淵淸은 〈삼제해"三制"解〉에서 진위陳偉 주장에 따라 '折'을 '제制'자로 읽고, '삼제三制'는 ≪관자管子·추언樞言≫ 중의 '三制'라 하였다.

　　본 초간에서 '삼제三制'는 관자管子에서 말하는 '삼제三制'를 가리킨다. ≪관자管子·추언樞言≫은 '국가는 세 종류의 규제 형태가 있다. 즉 다른 사람을 규제하는 것, 다른 사람에게 규제되어지는 것, 또한 다른 사람을 규제하거나 다른 사람이 규제할 수 없는 것이 있다'라 했다. ……장광유張光裕 정리본이 주장하는 끊어 읽기라 옳다고 생각한다. "삼제지행三制持行"은 즉 "고삼제固三制"의 결과이고, "시상졸식視上卒食"은 ≪관자≫에서 말하는 "制人者(다른 사람을 규제하는 것)"·"爲人之所制者(다른 사람에게 규제되어지는 것)"와 "不能制人·人亦不能制者(다른 사람을 규제하거나 다른 사람이 규제할 수 없는 것)"를 가리킨다. 이 세 가지 국력은 먼저 당연히 윗사람의 일을 존경하고 난 후에 먹을 수 있는 것이다. ≪논어·위령공≫은 '군주를 섬기되, 그 일을 경건하게 처리하고 먹는 것을 뒤로 하는 것이다'의 구절과 관련이 있다. 공자와 유가는 현자는 먼저 일을 경건하게 처리하고 난 후에 먹을 것을 찾았다. ≪공총자·기의≫에는 공자가 ≪시경≫≪소아≫를 읽고 '≪벌단≫은 현자의 먼저 일을 경건하게 처리하고 먹을 것을 뒤로 한다'라는 감탄의 내용이 있다. ≪예기·유행≫은 '먼저 공로를 세우고 난 후에 봉록을 받다', ≪춘추번로·인의법≫은 "≪소아·면만≫은 '마시고 먹고 가르키고 인도하다'라 했는데, 이는 먼저 먹고 난 다음 교화하는 것이 사람을 다스린다는 것이다. 또는 ≪위풍·벌단≫은 '꽝꽝꽝 바퀴살감 베는 소리. 군자는 놀면서 밥 먹지 않네'라 했는데, 이는 먼저 일을 하고 난 후에 먹는 것이 몸을 다스린다는 것이다"라 하였다. 공자는 현자는 먼저 윗사람의 일을 경건하게 잘 처리하고 난 후에, 먹을 것을 얻어야 한다고 하였다. 즉 "시상졸식視上卒食"이라는 뜻이다. 즉 위에 있는 집정자는 나라를 다스릴 때 "고삼제固三制"하여 국력이 되는 세 가지를 공고하게 되고, "삼제지행三制持行"하면 이 세 가지는 "視上卒食"하여 먼저 윗사람의 일을 공경히 처리하고 난 후에 먹을 것을 얻는 것이다.[106]

만약에 주연청朱淵淸의 주장에 따른다면, 본 구절은 '삼제三制가 성실히 이행되고, 위의 일을

　　"卒食"用語. ≪管子·小問≫有"執席食以視上者", 意或許與此相類. 作爲事項, "衣食"關天, 是爲政者重点要考慮的問題.」

106) 朱淵淸, 〈"三制"解〉, 簡帛硏究, 2004-04-05. 「這裏的"三制"應該就是管子所說的"三制", ≪管子·樞言≫: "凡國有三制, 有制人者, 有爲人之所制者, 有不能制人·人亦不能制者."……筆者以爲整理者張光裕先生的斷句是不錯的, "三制持行"也就是"固三制"的結果, "視上卒食"大槪是指"制人者", "爲人之所制者", "不能制人·人亦不能制者". 這樣三種國力都能先敬上事, 然後得食, 可與≪論語·衛靈公≫"事君, 敬其事而後其食"對讀. 孔子和儒家都提倡賢者應該先其事後其食, ≪孔叢子·記義≫記孔子讀≪詩≫及≪小雅≫喟然而嘆曰"于≪伐檀≫見賢者之先事後食也". ≪禮記·儒行≫: "先勞而後祿." ≪春秋繁露·仁義法≫: "≪詩≫云: '飮之食之, 敎之誨之.' 先飮食而後敎誨, 謂治人也. 又曰: '坎坎伐輻兮, 彼君子兮, 不素食兮.' 先其事, 後其食, 謂之治身也." 孔子認爲賢者應該先敬上事, 然後得其食, 也就是"視上卒食". 在上者從政能够"固三制", 穩固三種國力; 而"三制持行", 那麼這三種國力就都能够"視上卒食", 先敬上事, 然後得其食.」

공손히 처리하고 난 후에 봉록을 원하게 된다'로 해석할 수 있다. '오덕五德'은 다섯 가지의 구체적인 항목을 하나하나 나누어 설명하고 하고 있는 것으로 보아, '삼제三制' 역시 세 가지의 어떤 제도와 관련된 내용이고, 이와 관련된 구체적인 내용을 언급하고 있는 것으로 보인다.

유지혜俞志慧는 〈≪종정≫삼서삼제혹자삼신≪從政≫'三誓'·'三制'或者'三愼'?〉라는 문장에서 '절折'은 '愼(삼갈 신, shèn)'으로 읽어야 한다고 하였다.

사실상 ≪종정≫ 중의 '절折'자는 간백簡帛 중에서 '서誓'나 '제制'로 해석되는 경우 이외에 '신愼'의 의미로 쓰이는 경우가 상당히 많다. 예를 들어, ≪곽점초간·노자갑≫과 ≪노자병≫에 각각 "誓(愼)終如始"(제11간)와 "愼終若始"(제12간)[107]라는 구절이 있고, ≪곽점초간·치의≫ 중에는 "故上之好惡不可不誓(愼)也"(제15간)[108]·"誓(愼)尒出話, 敬尒威儀"(제30간)[109]·"淑誓(愼)尒止, 不愆于義"(제32간)[110]와 "則民誓(愼)于言而謹于行"[111](제33간) 구절 등이 있다. ……'折'·'誓'자는 '愼'자의 성모는 모두 '선禪'모母이고, '서誓'자의 운모는 '지之'부部에 '愼'자는 '진眞'부部에 속하여 음양대전陰陽對轉관계로 서로 통한다. 따라서 ≪곽점초간·노자갑≫ "同其塵"(제 27간)의 '塵(티끌 진, chén)'자와 ≪상박초간·용성씨≫ "신농씨神農氏"(제 1간)의 '신神'자를 이 형태로 쓴다.(이령李零의 해석) 그렇다면 ≪종정≫의 '삼신三愼'은 무엇을 가리키는가? 죽간이 잔실되어 확실하게 알 수는 없지만, 현재 남아있는 선진 문헌들 중에는 이와 유사한 내용들이 있다. 본 문장 "문지聞之"라고 하였듯이 전세본傳世本을 통하여 그 근원을 찾아볼 수 있다.

공자가 이른바 신중히 하는 것이 있다. 즉 제사, 전쟁, 병사를 일으키는 것이다. (≪논어·술이≫)

그래서 군자는 귀는 음란한 소리를 듣지 않고, 눈은 사악한 색을 보지 않고, 입은 악언을 입 밖에 내지 않는다. 군자는 이 세 가지를 신중히 한다. (≪순자·악논≫)

군자는 근거가 없는 말, 보지 않은 행위, 듣지 않은 모략에 대해서는 매우 신중히 대한다. (≪순자·정명≫)

그래서 정치는 신중히 해야만 하고, 세 가지 반드시 해야 할 일이 있다. 첫째는 인재를 택하는 것이고, 백성에 뜻에 따르는 것이고, 시기적절하게 하여야 한다. (≪좌전·소공칠년≫, 사문백이 진후에 한 말)

(중이)가 위나라에 도착했을 당시 위문공衛文公이 형邢나라와 석狄나라의 침공에 크게 우려하고 있었다. 그래서 예로써 대접할 수 없었다. 그러자 영장자가 위문공에게 말하였다. "예에 따라 빈객을 대접하는 것은 국가의 기강이다. 가까운 사람을 가깝게 대하는 것은 백성들이 교결

---

107) "마침을 처음 시작과 같이 신중히 하다."
108) "윗사람이 좋아하는 것을 신중하게 생각하지 않을 수 없다."
109) "그대의 행동을 조심하고 삼가서 위엄 있는 의태儀態를 하도록 조심하도록 하라."
110) "그대의 행동을 조심하고 삼가서 그 위엄 있는 의표에 허물이 없도록 하라."
111) "백성은 말을 조심하고 행동을 삼갈 것이다."

하여 유대를 맺는 거서이다. 선善한 것은 덕德의 근본을 세우는 것이다. 나라가 기강이 없으면 좋은 결과를 맺을 수 없고, 백성이 친근한 유대를 맺지 못하면 지위가 공고치 못하게 되고, 덕의 근본이 세워지지 않으면 일을 성사시킬 수 없는 것이다. 그래서 이 예禮·친친親親과 선善을 군자는 신중히 대하는 것이다.(≪국어·진어사≫)

이상의 예문 중 앞의 세 가지는 군자가 신중히 대해야 할 것이고, 뒤의 두 가지는 종정자從政者가 신중히 대해야 할 것이다. ≪종정≫에서 말하는 '오덕五德'과 비교해 볼 때, 앞 세 가지는 군자가 취해 수양하여야 할 도의道義에 해당된다. 후자의 두 가지는 ≪종정從政≫의 주제主題와 관련이 있는 내용으로 즉 사문백士文伯와 영장자寧莊子이 이른바 신중하게 대하는 것은 종정자가 응당히 신중히 해야 할 것이다. 따라서 전자이든 후자이든 상관없이 모두 '공구히 해야하는 것'이고, '수행하여야 할 것'이다.112)

'𣂤(折)'자를 정리본은 '서誓'로 읽고 혹은 '제制'로 읽기도 하나, '신愼'으로 해석하는 것이 옳은 것으로 보인다. '오덕五德'과 '십원十怨'은 자신의 심리적인 내용과 관련이 있다. 만약에 '서誓'로 해석하면 타자와의 관계를 표시하는 것이기 때문에, 자신의 행동양식을 가리키는 '신愼'으로 이해하는 것이 옳은 것 같다. '三折'은 ≪從政≫의 문장 구조 형식상, 비록 죽간이 잔실되어 자세한 내용을 알 수 없지만, 다음의 문장이 '三折'의 구체적인 내용을 가리키는 것으로 보인다. 따라서 본문은 '折'자를 '愼'으로 읽고, '지행持行'·'시상視上'과 '졸식卒食'을 「三折(愼)」의 구체적인 세 가지 내용으로 보기로 하며, '시상視上'은 '시선을 적절하게 두는 것'이며, '졸식卒食'은 죽간이 잔실되어 확실히 알 수 없지만 식사를 마친 후에 일을 가리키는 것이 아닌가한다.(부록 참고)

---

112) 俞志慧,〈≪從政≫"三誓"·"三制"或者"三愼"?〉, 簡帛研究, 2003-06-5.「其實, ≪從政≫中這一"折"字, 在簡帛中除了有釋爲"誓"·"制"的例子外, 還有相當數量釋爲"愼"的先例, 如:≪郭店楚簡≫≪老子≫甲簡十一"誓(愼)終如始", ≪老子≫丙簡十二"愼終若始", ≪緇衣≫簡十五"故上之好惡不可不誓(愼)也", 簡三十"誓(愼)爾出話, 敬爾威儀", 簡三十二"淑誓(愼)爾止, 不愆于義", 簡三十三"則民誓(愼)于言而謹于行", ……"折"·"誓"與"愼"同屬古音禪母, 誓在之部, 愼在眞部, 陰陽對轉可通, 因此, ≪郭店楚墓竹簡≫≪老子≫甲簡二七"同其塵"之"塵"與上博藏≪戰國楚竹書≫≪容成氏≫簡一"神農氏"之"神"(李零釋文)亦書作此形. ≪從政≫之"三愼"所指爲何? 竹簡斷殘, 無法落實, 但從先秦儒家文獻中可知其確有類似說法, 竹書旣云"聞之", 或正可賴傳世文獻探尋其源流, 如:子之所愼:齋·戰·疾.(≪論語·述而≫) 故君子耳不聽淫聲, 目不視邪色, 口不出惡言, 此三者, 君子愼之.(≪荀子·樂論≫) 無稽之言, 不見之行, 不聞之謀, 君子愼之.(≪荀子·正名≫) 故政不可不愼也. 務三而已:一曰擇人, 二曰因民, 三曰從時.(≪左傳·昭公七年≫)士文伯對晉侯語)(重耳)過衛, 衛文公有邢·狄之虞, 不能禮焉. 寧莊子言于公(衛文公)曰:"夫禮, 國之紀也, 親, 民之結也, 善, 德之建也. 國無紀不可以終, 民無結不可以固, 德無建不可以立. 此三者(禮·親·善), 君之所愼也.(≪國語·晉語四≫) 上引前三者之所愼乃作爲君子之愼, 後二者之所愼乃從政者之愼, 與≪從政≫篇所指之"五德"相較, 前三者皆君子取以自律, 于義吻合, 與≪從政≫之主題合觀, 則士文伯與寧莊子之所愼正爲政者之所當愼. 要之, 無論前者還是後者, 皆可"固(堅守)"·可"持行".」

甲 第 8 簡

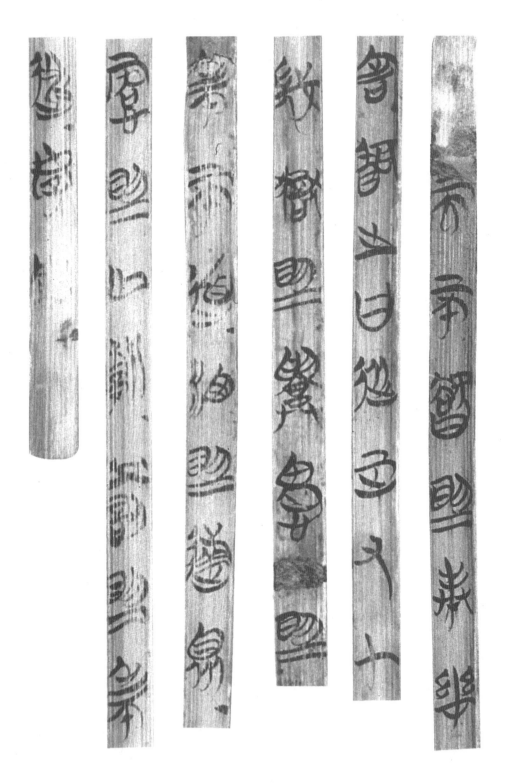

而不智則奉粲害・鬥之曰從正又七幾獄則興悷則民不道・則遊衆・惛則亡新・罰則民逃・好

甲 第 8 簡

而不智則奉(逢)拳(災)害①. 聞(聞)之曰: 從正(政)又(有)七幾(機)②, 獄則興, 惕(威)則民不道③▪,
𢱢(?)則遊(失)象④▪, 恓(恟)³則亡新(親)⑤, 罰則民逃▪, 好□

【해석】

(인하나) 지혜롭지 않으면 사이에 재해를 입게 된다. 듣건대, 종정從政에는 일곱 가지 관건이
있다. 만약에 감옥으로 엄격하게 다스리면 백성들은 일어나게 되고, 위협을 가하면 백성들은
어찌할 바를 모르게 되며, 너무 사납게 대하면 백성들이 모이지 않게 되고, 근심걱정이 많으면
신변에 친한 사람이 없게 되고, 형벌을 중시하면 백성들은 도망가게 된다. 형법을 자주 행하게
되면,

【上博楚簡原註】

본 죽간의 길이는 42.6㎝이고, 문자는 37자이다. 제일 마지막 자는 파손되어 잘 보이지 않는
다. 내용 상으로 앞 뒤로 서로 연결되는 죽간이 없다.

① '而不智則奉拳害': 본 문장 형식은 ≪종정을편從政(乙篇)≫의 제 6간 「息(仁)而不智則……
(인자하면서 지혜롭지 않으면……)」 구절 중의 「而不智」와 비슷한 것으로 보아 「仁」자를 보충할
수 있겠다.

「奉(받들 봉, fèng)」은 「逢(만날 봉, féng)」의 의미이다. 「拳害」는 「재해災害」의 의미이다.

② '從正又七幾': 「幾(기미 기, jǐ,jī)」는 「機(틀 기, jī)」의 뜻이다. 「機」는 사물의 가장 중요한
관건이며, 물질의 변화는 이 「機」로 인하여 발생하게 된다. ≪상박초간上博楚簡·증자曾子≫는
「是故耳目者, 心之門也, 好惡之幾(機)也.」[113]라고, ≪관자管子·기수機修≫는 「察能授官, 班祿
賜予, 使民之幾也.」[114]라고, ≪예기禮記·대학大學≫은 「一家仁, 一國興仁, 一家讓, 一國興讓,
一人貪戾, 一國作亂, 其幾如此.」[115]라 했다.

---

113) "그런고로 귀와 눈은 마음의 문이며, 좋아하고 싫어함의 관건이다."
114) "그런고로 능력에 따라 관직을 부여하고, 공적에 따라 봉록을 하사하는 것은 백성을 다스리는 관건이다."
115) "한 집안이 어질면 나라가 어질게 되며, 한 가정이 겸양하면 국가가 겸양하게 되며, 한 사람이 탐욕하고

본 죽간을 통해서는 「칠기七機」 중에서 「옥옥獄」·「외외(위威)」·「𢜩(?)」·「병병(怲)」과 「벌벌罰」 등 다섯 가지만을 확인할 수 있다. 이 「七機」는 종정자從政者들이 항상 대면해야할 문제들이고, 일을 쉽게 변화시킬 수 있는 관건들이다.

【譯註】

주봉오周鳳五는 《독상박초죽서종정갑편찰기讀上博楚竹書〈從政(甲篇)〉札記》에서 「七機」는 위정자가 실행하지 말아야할 것과 그로 인해 발생하게 된 좋지 않은 일곱 가지 결과라 하였다.

「옥즉흥獄則興」 등 다섯 구절은 「원인과 결과(因則果)」의 형식을 취하였다. 즉 「則」자 앞의 내용은 원인이고, 「則」자 뒤의 내용은 결과이다. 제 8간은 상단과 하단이 모두 완전한 상태로, 마지막 부분 한 자만이 잘 보이지 않는다. 마지막 부분 「好□」는 원인이고, 제 9간의 위 파손된 부분과 연결되며, 「則」자 다음은 원인에 대한 결과이다. 이는 원인과 결과를 갖춘 완전한 문장 형식이다. 즉 제 9간의 윗부분 「則民作亂」[116]는 결과이고, 이 앞부분에 몇 자를 보충하면 원인이 되기 때문에, 두 죽간은 내용 상 연계된다. 따라서 본 죽간의 「七機」는 비록 모든 내용을 언급하고 있지는 않지만, 기본적으로 거의 이해할 수 있다. 「七機」를 정리자는 "종정자從政者들이 항상 대면해야할 문제들이고, 쉽게 변화될 수 있는 관건들이다."[117]라고 설명하고 있지만, 완전한 설명이 아니다. 죽간에서 말하는 「七機」는 '위정자들이 실행하지 말아야 할 것과 그로 인해 발생하게 되는 일곱 가지 좋지 않은 결과'이다. 본 죽간에서 언급하고 있는 가중한 '옥獄'·'위威'와 '벌罰'등은 '실행하지 말아야 할'것으로 유가에서 찬성하지 않는 내용이다.[118]

③ '獄則興愄則民不道': 「愄(맘 착할 외, wēi)」자는 「畏(두려워할 외, wèi)」의 의미로 해석하여도 별 문제가 없겠지만, 본 구절에서는 「威(위엄 위, wēi)」의 의미로 해석할 수 있다. 《곽점초간郭店楚簡·치의緇衣》는 《시경詩經》을 인용하는 「敬爾威儀」(제30간)[119] 구절을 현행본은

도리를 어기면 나라가 혼란에 빠지게 된다. 이러한 기풍이 일어나는 관건은 바로 이와 같다."

116) "백성은 혼란하게 된다."

117) 「皆爲從政者日常面對, 且最易產生變化之關鍵.」

118) 周鳳五, 《讀上博楚竹書〈從政(甲篇)〉札記》, 簡帛研究, 2003-06-05. 「獄則興」等五句是一種「因則果」的句法, 在「則」前的是原因, 「則」後表示結果. 簡八的首尾完整, 簡末殘泐一字, 讀作「好□」, 這是因, 下接簡九上端殘損處, 若補「則」云云以表示結果, 句法就完整了. 此外, 簡九上端原有的「則民作亂」是果, 前面也可以補若干字以說明原因. 如此則兩簡的內容可以銜接, 而「七機」雖不完整, 也基本可以理解了. 第二, 所謂「七機」, 整理者以爲「皆爲從政者日常面對, 且最易產生變化之關鍵」, 此說大抵不錯, 但有點不著邊際. 其實, 簡文「七機」指的是爲政者的七種不當措施以及所招致的七種不良後果. 應當指出, 簡文列舉的不當措施, 如獄·威·罰等都偏重嚴刑峻法, 這是儒家所反對的.」

「敬爾偎義」로 쓴다.

≪서경書經·고요모皐陶謨≫「天明畏, 自我民明威.」[120] 구절에 대하여 채침蔡沈 ≪서집전書集傳≫은 "'威(위엄 위, wēi)'자는 고문에서는 '畏(두려워할 외, wèi)'로 쓴다. 두 자는 서로 통가자로 사용된다. '밝힌다(明)'는 것은 '선善'을 드러내는 것이고, '억누르다(畏)'는 '악惡'을 억제하는 것이다. ……하늘이 밝히고 억누름으로 좋고 나쁨이 있는 것이 아니라, 백성이 좋아하고 싫어하는 것이 있기 때문에 하늘이 밝히고 억누름이 있는 것이다."[121]고 하였다.

「도道」는 「導(이끌 도, dǎo)」로 읽는다. 「민부도民不導」란 백성들이 종정자가 인도引導하고 교도敎導하는 것이 무엇인가 갈피를 잡지 못하고 방황하는 것을 말한다. ≪곽점초간郭店楚簡·성지문지成之聞之≫는 「是以民可敬道(導)也, 而不可弇(壅)也.」(제15-16간)[122]라고 하였다.

【譯註】

주봉오周鳳五는 「興(일 흥, xīng,xìng)」자를 「營(경영할 영, yíng)」의 의미로 해석하였다.

> 「옥즉흥獄則興」은 즉 「옥즉영獄則營」의 의미이다. '흥興'과 '영營'자의 고운이 '증蒸'과 '경耕'부部로 방전旁轉관계이다. ……'營'은 즉 '영사營私(암거래하다)'의 의미이다. 종정자爲政者가 만약에 감옥監獄을 통치를 하기 위한 도구로 삼는다면 관원들은 몰래 몰래 암거래를 하게 된다는 뜻이다.[123]

≪종정역석從政譯釋≫은 주준성朱駿聲 ≪설문통훈정성說文通訓定聲≫의 "'옥獄'이란 '교校'·'교較'·'각榷'·'각角'·'각斠'을 말하는 것으로 모두 '엄격하다'는 '覈'자와 같다"[124] 구절을 인용하여 '覈(엄격할 핵, hé)'의 의미로 해석하고, '흥興'자는 '승乘'·'능凌'의 통가자로 보고 '기만하다'의 뜻으로 해석하였다.[125]

그러나 현재로서는 정확한 뜻을 알 수가 없다. 따라서 본문은 '獄'자는 문자 그대로 '감옥을

---

119) "위엄있게 의태를 조심히 행동하라."
120) "하늘이 밝히고 억누르심은 우리 백성들이 밝히고 억누르는 것을 따르는 것이다."
121) 「威, 古文作畏, 二字通用. 明者顯其善, 畏者威其惡……天之明威非有好惡也, 因民之好惡以爲明畏.」
122) "그러므로 민중들을 원활하게 교도敎導해야지 엄폐해서는 안 된다."
123) 周鳳五, ≪讀上博楚竹書〈從政(甲篇)〉札記≫, 簡帛硏究, 2003-06-05. 「獄則興」可以讀爲「獄則營」, 興·營二字古音蒸·耕旁轉可通, ……營, 指營私. ……簡文是說, 爲政者如果以監獄作爲統治的工具, 就會造成官員營私舞弊.」
124) 朱駿聲 ≪說文通訓定聲≫:「獄之言校也, 較也, 榷也, 角也, 斠也, 實皆覈字也.」
125) 季旭昇 主編, 陳美蘭 撰寫, ≪上海博物館藏戰國楚竹書(二)讀本≫, 74-75 쪽.

이용하여 엄격하게 다스리다'로 이해하고, '興'은 이에 불만족을 가지고 백성이 반항심리나 반항적인 행동을 하는 '일으키다'로 해석하기로 한다.

④ '㴱則遊衆': 「㴱」자는 왼쪽 자부가 '水'이나, 오른쪽이 자부 「西」와는 다르기 때문에 잠시 예정을 보류하기로 한다. 그러나 문맥으로 보아, 종정자는 반드시 매사를 근면하고 성실하게 이행하여야지 소홀하고 방만하게 한다면, 민심은 곧바로 떠나게 된다는 내용이다. 따라서 「㴱」자는 「소설疏泄(소홀하다.)」의 의미로 쓰이고 있다. 그런고로 「㴱則失衆.(소홀하면 민심을 잃게 된다.)」라 했다.

≪예기禮記·대학大學≫은 "도道가 있으면 백성을 얻고 나라를 얻을 수 있지만, 그렇지 않으면 백성을 잃고 나라를 잃는다."126)라고, ≪대대예기大戴禮記·천승千乘≫은 "나라에 도가 있으면 백성이 창성하게 되고, 국가는 크게 이루어지게 된다."127)라 하였다.

이와 같이 종정자從政者가 도를 밝혀야 국태민안國泰民安하게 된다.

【譯註】

'㴱(㴱)'자를 장광유張光裕 정리본은 '잠궐暫闕(잠시 보류하다)'라 하면서 모르는 자로 처리하였다. 주봉오周鳳五는 '洀(파문 주, zhōu)'자로,128) 하림의何琳儀는 '洒(물을 뿌릴 쇄{세}, sǎ,shǎ, shài)',129) 황석전黃錫全은 '滷(소금밭 로{노}, lǔ)'자로 각각 해석하였다.130) 전국문자戰國文字 중 자부 '서西'와 '鹵(소금 로{노}, lǔ)'는 구분하여 쓰지 않고 혼용하기 때문에 황석전黃錫全의 주장에 따라, '노滷'로 예정하고 '노망鹵莽(거칠다)'의 의미인 '鹵'로 해석할 수도 있다. 그러나 양정梁靜은 〈상박초간종정연구上博楚簡≪從政≫硏究〉에서 ≪계강자문어공자季康子問於孔子≫ 편과 대조하여 '嚴(엄할 엄, yán)'자로 해석하고 있다.

학자들이 이미 밝힌바 있듯이, 내용적으로 볼 때, 갑 8간과 갑 9간 사이에 몇 자를 보충할 수 있다. 갑 9간 앞부분에 한 자를 보충하여 "好刑□則民作亂"로 이해할 수 있다. 그러나 진검陳劍이 이미 지적하였듯이, 이렇게 된다면 ≪종정從政≫에서 말하는 '칠기七機' 중에 '육기六

---

126) ≪禮記·大學≫:「道得衆則得國 失衆則失國.」
127) ≪大戴禮記·千乘≫:「國有道則民昌, 此國家之所以大遂也.」
128) 周鳳五, ≪讀上博楚竹書〈從政(甲篇)〉札記≫, 簡帛硏究, 2003-06-05.
129) 何琳儀, ≪滬簡二冊選釋≫, 簡帛硏究, 2003-01-14.
130) 黃錫全, ≪讀上博楚簡(二)剳記(壹)≫, 簡帛硏究, 2003-02-25.

機'만이 언급되지 않고 있다. 사실상 이 문장은 ≪상박초간≫의 ≪계강자문어공자季康子問於孔子≫편에도 보인다. 공자가 장문중臧文仲의 말을 듣는 내용이다. 즉 "듣기에 장문중이 말했다. '군자가 강하면 백성을 잃을 것이고, 위협을 가하면 백성은 …하지 않는다. 경멸하면 백성을 잃을 것이다. 포학하게 굴면 반드시 가까이하는 자가 없을 것이며 형벌을 좋아하면 상스럽지 않게 된다. 살인을 좋아하면 난을 일으킨다.'라 하였다.

이 두 개의 문장을 비교해 보면, ≪從政≫의 "好刑□則民作亂" 구절은 본래 "好刑則不祥, 好殺則民作亂"로 썼을 것이다. 갑 9간의 앞 잔실된 자는 '殺(죽일 살, shā,shài)'자일 가능성이 있다. 문장을 베껴 쓰는 사람이 중간 부분 '즉불상호則不祥好' 등 네 자를 누락한 것이다. 그래서 초간楚簡은 "호형살즉민작란好刑殺則民作亂"으로 쓰게 되었고, ≪종정從政≫의 '칠기七機'가 '육기六機'가 된 것이다. 진검陳劍은 간문簡文 중의 "엄즉실중嚴則失衆" 구절은 ≪논어論語≫의 "관즉득중寬則得衆" 구절과 유사한 내용으로 ≪양화陽貨≫와 ≪요왈堯曰≫편에 보인다.[131]

≪상박초간(오)上博楚簡(五)≫의 ≪계강자문어공자季康子問於孔子≫ 중의 제 9-10간에서 '嚴(엄할 엄, yán)'자라고 주장하는 ''자를 복모좌濮茅左 정리본은 '兪(점점 유, yú)'로 예정하고 '逾(넘을 유, yú)'의 의미로 해석하였다.[132] 진검陳劍은 〈상해박물관장전국초죽서≪종정≫편연구(삼제)上海博物館藏戰國楚竹書≪從政≫篇研究(三題)〉에서 ''자는 '鹵'으로 예정할 수 있고, 이 자는 사실상 '鹽(소금 염, yán)'자의 이체자이며, '嚴'의 의미로 쓰인다라 하였다.[133] '鹽'자를 ≪包山楚簡≫은 ''으로 ≪上博楚簡·容成氏≫는 ''과 같이 '鹵'으로 쓰는데,[134] ''자와 ''자는 모두 '鹽'의 이체자가 아닌가 한다. ≪종정從政≫과 ≪季康子問於孔子≫에서는 모두 '嚴'의 의미로 쓰이고 있다. 또한 ≪季康子問於孔子≫를 참고하여 제 8간과 제 9간 사이에 '囲(刑)〈則不祥, 好殺〉' 구절을 보충할 수 있다.

---

131) 梁靜, 〈上博楚簡≪從政≫研究〉(2013), 99 쪽. 「學者已經指出從內容容上看, 簡甲8與甲9可以補字連讀, 甲9簡首部分殘缺一字, 連接處簡文爲"好刑□則民作亂", 但陳劍亦指出如果這樣讀的話, 簡文所講的從政"七機"就只有"六機"了. 其實這段話又見于同批所出的≪季康子問干孔子≫篇, 是孔子聽聞的臧文仲之言. 簡文如卜: 丘聞之臧文仲有言曰: "君子强則遣, 威則民不道, 嚴則失衆, 猛則無親, 好刑則不祥, 好殺則民作亂." 二者對比可以看出, 本篇的"好刑□則民作亂", 可能本來應該是"好刑則不祥, 好殺則民作亂". 甲9簡首殘缺的一個字可能是"殺", 書手抄寫時誤脫去了中間的"則不祥好"四個字, 從而導致簡文變成了"好刑殺則民作亂", 從政的"七機"也就變成了"六機". 陳劍指出, 簡文中的"嚴則失衆", 與≪論語≫中講的"寬則得衆"相似, 分別見于≪良貨≫·≪堯曰≫兩篇.」

132) ≪上海博物館藏戰國楚竹書(五)≫, 216-217 쪽.

133) 陳劍, 〈上海博物館藏戰國楚竹書≪從政≫篇研究(三題)〉, 復但大學出土文獻與古文字研究中心, 2008-02-28. "衆所周知, 戰國文字中省略偏旁的現象非常多見, '鹵(鹽)'形省略'皿'旁, 就成爲簡文'鹵'字了. '鹵'旣可釋爲'鹽', 則在簡文中顯然當讀爲'嚴'. 從讀音來看, 兩字古音韻母相同(韻部都是談部, 中古都是開口三等字), 其聲母'嚴'爲疑母, '鹽'爲余母, 也有密切關係. 諧聲系統中不少余母字跟舌根音有關."

134) ≪楚系簡帛文字編(增訂本)≫, 990 쪽.

4-1. 종정 갑 **293**

⑤ '恛則亡新': 「恛」은 「怲(근심할 병, bǐng)」자이다.

「新」자는 「親(친할 친, qīn,qìng)」의 의미이다. ≪說文解字≫는 "'怲'은 '근심하다(悤)'의 의미이다."135)라 하고, ≪詩經·小雅·頍弁≫의 「未見君子, 心怲怲.」136) 구절에 대하여 ≪모전毛傳≫은 "'怲怲'은 걱정이 가득함을 말한다."137)고 하였다.

【譯註】

'[image]恛)'자를 정리본의 '怲'의 의미 이외에, '孟(맏 맹, mèng)'·'梗(대개 경, gěng)'·'妨(방해할 방, fáng,fāng)' 등으로 읽기도 한다.138)

'猛(사나울 맹, měng)'자로 해석하는 자는 원래 자부가 '心'과 '丙'(字部 '口'가 있음)의 형태로 쓴다. '丙'과 '猛'의 음은 서로 통한다. '맹猛'은 즉 '威而不猛'139) 구절 중의 '猛'의 의미와 같다. ≪左傳·소공이십년昭公二十年≫은 "그래서 대숙大叔이 정치를 하게 되어 차마 엄격한 정치를 하지 못하고 관대한 정치를 했다. ……공자가 말하였다. '정당하도다! 정치가 관대하면 백성이 거만해진다. 거만하게 되면 엄한 것으로 다스려 거만함을 바로 잡는다. 정치가 엄격하면 백성이 잔학을 받게 된다. 잔학을 받게 되면 관대함을 베풀게 된다. 관대함으로 엄격함을 늦추고, 엄격함으로 관대함을 조이는 것이다. 정치란 이렇게 해서 조화롭게 되는 것이다.'"라 하였는데, 이 내용은 "맹즉무친猛則無親"과 대조하여 읽을 수 있다.140)

≪종정從政≫에서 언급하는 '칠기七機'는 '옥옥獄'·'위威'·'벌罰' 등과 같이 종정자가 잘못 실행하는 과오에 대한 언급이다. 그런데 만약에 '근심하다(憂)'의 의미인 '怲'으로 해석한다면, 이미 일반백성의 내면적인 상태를 가리키기 때문에, 종정자의 '사납게 대하다'는 '맹猛'으로 해석하는 것이 문맥 전후로 보아 옳은 것 같다.(부록 참고)

'好□'는 본 죽간의 제일 마지막 자는 파손되어 보이지 않는 부분이다. 진위陳偉는 〈상해박물

---

135) ≪說文解字·心部≫:「怲, 悤也.」
136) "그대를 보지 못하니 근심이 가득하네."
137) ≪毛傳≫:「怲怲, 憂盛滿也.」
138) 季旭昇 主編, ≪上海博物館藏戰國楚竹書(二)讀本≫, 76 쪽.
139) "위엄이 있으나 맹혹하지 않다."
140) 陳劍, 〈上博簡≪子羔≫·≪從政≫篇的拼合與編連問題小議〉, 簡帛研究, 2003-5-30.「其中"猛"原作从心从"丙"的繁體(加"口"旁)形, "丙"與"猛"音近可通. "猛"即"威而不猛"之猛, ≪左傳·昭公二十年≫云: "大叔爲政, 不忍猛而寬. ……仲尼曰: '善哉! 政寬則民慢, 慢則糾之以猛. 猛則民殘, 殘則施之以寬. 寬以濟猛, 猛以濟寬, 政是以和.'" 可與簡文講"從政"的"猛則無親"參讀.」

관장초죽서≪종정≫교독上海博物館藏楚竹書≪從政≫校讀〉에서 「型(거푸집 형, xíng)」자라고
주장하였다.

　　'好'자 뒤 자는 잘 보이지 않는다. 왼쪽에는 문자의 흔적이 약간 보인다. 윗부분은 '井'이고,
아랫부분은 '土'인 것으로 보인다. ≪종정從政≫편의 제 3간의 '型(刑)'자와 유사하다. 따라서
이 자를 '型'자로 예정하고, '刑(형벌 형, xíng)'의 의미로 해석할 수 있다. '호형好刑'이라는
단어는 고문에서 보인다. 예를 들어, ≪회남자淮南子·전언詮言≫은 "형벌을 좋아한다면, 공이
있는 자는 버림을 받게 되고, 죄 없는 자가 죽음을 당하게 된다."[141]라 하였다. 본 죽간의 '好刑'
역시 같은 의미이다. 앞 구절 '벌즉민도罰則民逃'[142]의 의미와 관계가 있다.[143]

　남아있는 문자 형태로 보아 진위陳偉의 주장처럼 '型'자인 것으로 보인다.

141) ≪淮南子·詮言≫:「好刑, 則有功者廢, 無罪者誅.」
142) "형벌을 중시하면 백성들은 도망가게 된다."
143) 陳偉, ≪上海博物館藏楚竹書〈從政〉校讀≫, 簡帛硏究, 2003-04-05.「'好'後一字殘泐. 其左旁殘筆隱約可見,
　　其上部似爲'井', 下部似爲'土', 與同篇3號簡的'型(刑)'字近似. 亦可釋爲'型', 讀爲'刑'. 古書有'好刑'之說. 如≪淮
　　南子·詮言≫云: "好刑, 則有功者廢, 無罪者誅." 本句的'好刑'如何, 與上句'罰則民逃'意義上有聯繫.」

甲 第 9 簡

則民𠬝嬰𠁁呂此七者正嶄𢀖也辭之曰志歟不旨丌事不

甲 第 9 簡

則民复(作)燮(亂)▪. 仓(凡)此七者^①, 正(政)萨=(之所)司(治)也^②. 甌(聞)之曰: 志旣(氣)不旨(至)^③, 其事不

【해석】

그러면 백성은 혼란하게 된다. 종정자는 이른바 이 일곱 가지로 백성을 다스린다. 듣건대, 뜻(지기志氣)이 없으면 그 일은 이루어지지 않으며

【上博楚簡原註】

본 죽간은 23.7㎝이고, 상하단이 모두 파손되었다. 문자는 모두 23자이고, 합문이 한 자이다. 내용상, 본 죽간과 연계되는 죽간이 없다.

① '仓此七者': 「仓」은 「凡(무릇 범, fán)」자이다. 「칠자七者」는 앞에서 언급한 「칠기七幾(機)」를 가리킨다.

② '正萨司也': 「萨=」자는 「지소之所」의 합문이다.

【譯註】

'▨(司)'자를 정리본은 '治'자로 읽는 반면, 부정적인 의미인 '怠慢'의 '怠(게으름 태, dài)'로 해석하거나[144] 혹은 '殆(위태할 태, dài)'의 의미로 해석하기도 한다. 주봉오周鳳五는 「칠기七機」는 위정자가 하지 말아야 하는 일곱 가지 항목에 관한 것이기 때문에 부정적인 의미인 '殆'로 읽고 있다.

'칠기七機'의 가치판단 기준은 모두 부정적인 면이다. 그래서 만약에 「정지소치政之所治」로 읽는다면, 그 뜻은 '七機'가 정치가 맑고 밝게 잘되는 것을 말하는 것으로 이해되기 때문에, 이는 잘못된 것이다. 이 구절은 「정지소태政之所殆」로 읽어야 한다. '殆'는 '위태롭다'는 뜻이

---

144) 季旭昇 主編, ≪上海博物館藏戰國楚竹書(二)讀本·〈從政譯釋〉≫, 76 쪽.

다. ≪논어·미자≫는 "그만두게나, 그만두게나. 지금의 종정자는 위태롭구나"라 했는데, 이 내용은 죽간의 내용과 비슷하여 이를 이해하는데 좋은 방증이 된다.[145]

전체적인 문맥과 내용을 고려하여, '殆'의 의미로 해석하기로 한다.(부록 참고)

③ '志旣不旨': 「旣」자는 「氣(기운 기, qì)」자이다. 간문에서 자주 보인다. 「旨(맛있을지, zhǐ)」 자는 혹은 「적稽(쌓다.)」의 통가자로 「계啓(계몽하다.)」의 의미로 해석할 수 있다.

---

145) 周鳳五, ≪讀上博楚竹書〈從政(甲篇)〉札記≫. 簡帛研究, 2003-06-05. 「'七機'的用語與價值判斷都是負面的, 則讀作'政之所治', 意指七機能使政治清明, 顯然是不妥的. 簡文應當改讀爲'政之所殆'. 殆, 危也. ≪論語·微子≫: "已而, 已而, 今之從政者殆而." 用語與簡文類似, 可爲旁證.」

甲 第10簡

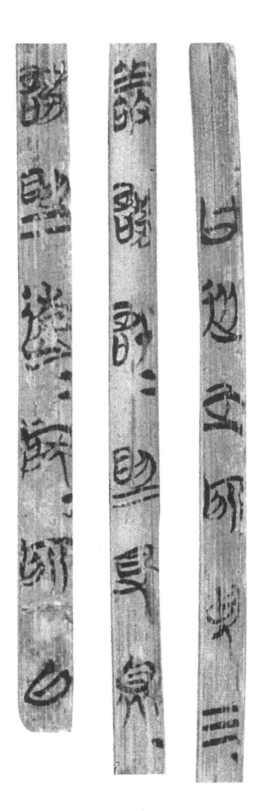

曰從正所矛三■敬誂信■則導衆■誂則遠■戾■所曰

甲 第 10 簡

曰: 從正(政)所矛(務)三①■, 敬·誂·信=(信, 信)則貝(得)衆②■, 誂則遠=戻=(遠戻, 遠戻)所呂

【해석】

종정자從政者는 '경敬(존경)'·'조誂(선행)'·'신信(믿음)' 등 세 가지 일에 힘을 써야 한다. '믿음'이 있어야 민심을 얻을 수 있고, '선행'하여야 화를 면하게 되고, 화를 면하게 되면……

【上博楚簡原註】

본 죽간의 길이는 22.5㎝이고, 하단이 약간 파손되었다. 문자는 모두 21자이고, 그 중 重文이 세 자다. 본 죽간의 내용은 다른 죽간들과 관계가 없다.

① '從正所矛三': 문맥으로 보아, '敬(공경할 경, jìng)'·'誂(꾈 조, diào)'·'信(믿을 신, xìn)'은 종정자들이 주의를 기울이어야할 중요한 세 가지 항목이다.

≪설문해자說文解字≫는 "'조誂'자는 '서로 유혹하다'의 의미이다"[146]라고 하였고, 단옥재段玉裁는 "후에는 일반적으로 이 자를 '挑(휠 도, tiāo,tiǎo)'로 쓴다."[147]고 하였다.

이 구절 다음「조즉원루誂則遠戻」의 내용으로 보아「誂」자는「택언擇言(좋은 언행을 가려하다.)」이나「택선擇善(좋은 일을 좇아 배우다.)」의 의미로 쓰인다.

② '信則貝衆': '신즉득중信則得衆'은 나라가 백성들로부터 신임을 받을 수 있는 도리에 대한 언급이다. ≪곽점초간郭店楚簡·성지문지成之聞之≫는 "자신의 행위에 신용信用이 없으면 백성은 명령을 듣지 않으며, 믿음을 보여주지 않으면 백성은 즐거워하지 않는다. 백성이 천자의 명령에 복종하지 않고 그 말한 것을 신임하지 않는데도 도덕道德을 마음에 품고 있는 자는 여태껏 없었다."(제2-3간)[148]라 했다.「신信」과「충忠」은 사실상 밀접한 상부상조의 관계가 있다.

≪곽점초간郭店楚簡·육덕六德≫은 "'육덕六德'이란 무엇을 일컫는가? 바로 '성聖'과 '지智',

---

146) ≪說文解字·言部≫:「誂, 相互誘也.」
147) 「後人多用挑字.」
148) ≪郭店楚簡·成之聞之≫:「行不信則命不從, 信不帢(著)則言不樂. 民不從上之命, 不信其言, 而能念(含)悳(德)者, 未之又(有)也.」

'인仁'과 '의義', '충忠'과 '신信'을 말한다. '聖'은 '智'와 가깝고, '仁'은 '義'에 가깝고, '忠'은 '信'에 가깝다."(제1-2간)[149]·"성명聖明은 인애仁愛를 낳고, 지혜智慧는 믿고 따르도록 하며, 인의仁義는 충신忠信을 다스린다."(제35간)[150]라 하였고, ≪곽점초간郭店楚簡·충신지도忠信之道≫는 "충忠을 쌓으면 사람들과 친근해질 수 있고, 신을 쌓으면 사람들에게 신임을 얻을 수 있다. 임금 된 자가 忠信을 쌓았는데도 백성들과 친해지지 않고 신임을 얻지 못한 적은 일찍이 없었다.)」(제1-2간)[151]·"지극한 충忠은 거짓이 없고, 최고의 신信은 배반하지 않는다."[152](제1간)라 했다.

따라서 본 죽간이 「신즉득중信則得衆」이라 한 것은 바로 이러한 원인 때문이다.

【譯註】

'𤯒'자를 장광유張光裕 정리본은 '誂(꾈 조, diào)'자로 예정하였다. 이 자를 혹은 '謹(삼갈 근, jǐn)'이나 '謙(겸손할 겸, qiān)' 등으로 해석하기도 한다.[153] 그러나 문자의 형태와 전체적인 내용으로 보아 정리본의 설명이 설득력이 있다.

---

149) ≪郭店楚簡·六德≫:「可(何)胃(謂)六悳(德)? 聖, 智也, 㥁(仁), 宜(義)也, 忠, 信也. 聖與智㝅(就)壴(矣). 㥁(仁)與宜(義)㝅(就)壴(矣), 忠與信㝅(就)壴(矣).」
150) 「聖生㥁(仁), 智衛(率)信, 宜(義)叀(使)忠.」
151) ≪郭店楚墓竹簡·忠信之道≫:「忠庶(積)則可睪(親)也, 信庶(積)則可信也. 忠信庶(積)而民弗睪(親)信者, 未之又(有)也.」
152) 「至忠亡譌, 至信不伓(背).」
153) 季旭昇 主編, ≪上海博物館藏戰國楚竹書(二)讀本·〈從政譯釋〉≫, 77-79 쪽 참고.

甲 第11簡

言見善行內亓惄安可胃學矣＝聞之曰可言而不可行君子不言可行而不可言君子不行

甲 第 11 簡

言見善行, 內(納)亓(其)㤀(仁)安(焉), 可胃(謂)孠(學)矣■. 䎽(聞)之曰: 可言而不可行, 君子不言, 可行而不可言, 君子不行①.

【해석】

말은 선행을 보면 자신 또한 좋은 점을 직접 배워 행동으로 실행하는 것을 학습이라 한다. 듣건대, 말만하고 행동으로 옮기지 못할 것을 군자는 말하지 않으며, 행동하고 설명하지 못할 것 또한 군자는 행하지 않는다고 했다.

【上博楚簡原註】

본 죽간의 길이는 42.6㎝이고, 문자는 모두 35자이다. 내용상, 본 죽간과 연계가 되는 죽간이 없다.

① '䎽之曰: 可言而不可行, 君子不言, 可行而不可言, 君子不行': 본 구절의 내용은 ≪상박초간上博楚簡(一)·치의紂衣≫와 ≪곽점초간郭店楚簡·치의緇衣≫의 「可言不可行, 君子弗言, 可行不可言, 君子弗行.」154)과 같다. 이 구절을 현행본 ≪치의緇衣≫는 「可言也, 不可行, 君子弗言也, 可行也, 不可言, 君子弗行也」로 쓴다. 본 죽간 등과 비교해 볼 때, 현행본은 후대 사람들이 고쳐 쓴 것으로 보인다. 지금 죽간의 문장을 참고하면 그 내용을 더욱 더 확실하게 알 수 있다.

본 죽간의 「문지왈䎽(聞)之曰」을 ≪치의紂衣≫와 ≪치의緇衣≫는 「자왈子曰」로 쓴다. 「䎽(聞)之曰」의 내용 중의 일부는 공자가 한 말이 포함되어 있을 수도 있고, 「子曰」은 혹은 공자가 당일 다른 사람이 한 말을 듣는 내용을 포함할 수 있을 것이다.

【譯註】

본 죽간의 앞부분을 왕중강王中江 ≪종정중편교주〈從政〉重編校注≫는 ≪從政乙篇≫제5간의 「君子聞善言以改亓.」155)의 내용과 연결시켜 이해하고 있는데,156) 참고할 만하다. ≪乙≫ 제5간

---

154) "말만하고 행동으로 옮기지 못할 것을 군자는 말하지 않으며, 행동하고 설명하지 못할 것 또한 군자는 행하지 않는다."

과 ≪甲≫ 제11간의 문장을 "君=(君子)頤(聞)善言弖改(改)亓【乙5】言. 見善行, 內(納)亓(其)㥯(仁)安(焉), 可胃(謂)学(學)矣"와 같이 읽을 수 있다. 즉 군자는 열심히 노력하면서 명성이 오기를 기다리고, 군자는 또한 좋은 말은 들으면 이를 거울삼아 자신의 언행을 고치는 것이다.

또한 진검陳劍은 '甲17+甲18+甲12+乙5+甲11'을 연결되는 것으로 보고, 전체적으로 "[…… 君子先]人則啟道之, 後人則奉相之, 是以曰君子難得而易事也, 其使人, 器之. 小人先人則呈(?)敔之, [後人]【甲17】則䜌(?)毀之, 是以曰小人易得而難事也, 其使人, 必求備焉. 聞之曰: 行在己而名在人, 名難爭也.【甲18】敦行不倦, 持善不厭, 唯(雖?)世(?)不儥, 必或知之. 是故【甲12】君子強行以待名之至也. 君子聞善言, 以改其【乙5】言, 見善行, 納其㥯(身)焉, 可謂學矣. 聞之曰: 可言而不可行, 君子不言, 可行而不可言, 君子不行.【甲11】"로 석문하였다.157)

≪甲≫ 제17간의 앞부분은 완전한 형태이다. "……君子先"은 잔실되어 알 수 없는 앞 죽간의 내용을 아래 문장을 근거로 하여 보충한 것이다. 뒷부분은 두 자가 보이지 않지만, 문장의 내용을 고려하여 '후인後人'이라는 두 글자를 보충할 수 있다. 정리본은 합문 '선인先人'을 '선지先之'로 석문하고, 앞부분에 '先'자가 아닌 '前'자를 보충하고 있는데, 이는 모두 잘못된 주장이다. ≪甲≫ 제12간은 아랫부분이 잔실되었고, ≪乙≫제5간은 윗부분이 잔실되었다. 이 두 죽간은 원래 하나의 죽간이 부러진 것으로, 이 두 죽간을 합하면 완전한 하나의 형태의 죽간이 된다. 비록 중간 중간에 난해한 자가 있어 정확한 의미를 알 수는 없지만, 전체적인 의미는 파악하는 데는 별 어려움이 없다. 이 죽간의 내용을 살펴보면 다음과 같다.

"君子先人則啟道之, 後人則奉相之" 구절과 "小人先人則呈(?)敔之, 後人則䜌(?)毀之" 구절은 서로 댓구 문장으로, 군자는 타인 앞에 있으면 타인을 위하여 길을 열어주고 인도해 주며, 뒤에 있으면 그를 받들어 보조해 준다. 하지만 小人인 이와 반대이다. 소인은 타인 앞에 있으면 타인의 전진을 방해하고 뒤에 있으면 그 사람을 비방하고 훼방한다. ≪說文解字≫는 '敔(막을 어, yù)'자를 '禁(금하다)'라는 뜻이라 하였다. 고문에서 일반적으로 '御(어거할 어, yù)'・'禦(막을 어, yù)'와 '圉(마부 어, yù)'자가 이 의미로 쓰인다. 이전의 학자들이 이에 대하여 이미 상세히 설명하였다.

정리본은 "是以曰君子難得而易事也, 其使人, 器之. ……是以曰小人易得而難事也, 其使人, 必求備焉" 구절과 ≪논어・자로≫의 "공자가 말하였다. '군자는 섬기기는 쉬워도 기쁘게 하기는 어렵다. 道로 기쁘게 하지 않으면 기뻐하지 않고, 사람을 부릴 때는 그 그릇에 맞게 하기 때문이다. 小人은 섬기기는 어려우나 기쁘게 하기는 쉽다. 비록 道가 아닌 것으로 기쁘게 하여도 기뻐하며, 사람을 부릴 때는 완벽하기를 원한다.'" 구절을 상호 비교하여 적절하게 설명하였다.

155) "군자는 다른 사람의 선언善言을 듣고, 자신의 잘못된 언행을 고친다."
156) 王中江, ≪〈從政〉重編校注≫, 簡帛研究, 2004-04-05
157) 陳劍, 〈上博簡≪子羔≫・≪從政≫篇的拼合與編連問題小議〉, 簡帛研究, 2003-05-30.

≪甲≫제18간·≪甲≫제12간·≪乙≫제5간·≪甲≫제11간으로 연결되는 "行在己而名在人, 名難爭也. 敦行不倦, 持善不厭, 唯(雖?)世(?)不偘, 必或知之. 是故君子強行以待名之至也" 구절은 전체적으로 '행行'과 '명名'에 관하여 언급하고 있다. 행위를 돈독히 하고 끊임없이 착한 일을 해야 하는("敦行不倦, 持善不厭") 행위는 자신에게 달린 것("行在己")과 관련이 있고, 이 렇게 하면 필히 다른 사람이 알게 되는데("必或知之"), 이 명성은 다른 사람에 달려있는 것("名在人")이다. 이렇게 해야 만이 결국에는 명성을 얻게 되고("名之至"), 다른 사람이 알게 되고 이름이 알려 지게 되고, 명성을 얻게 되는 시작이기도 한다.

≪乙≫제5간과 ≪甲≫제11간은 연계되는 내용으로, "君子聞善言, 以改其言; 見善行, 納其悬(身)焉, 可謂學矣"로 읽을 수 있다. 정리본은 석문과 끊어 읽기를 잘못하고 있다. '悬'자는 ≪자고子羔≫에서 이미 언급한 '㤺'자와 비슷한 경우로, 초간에서는 일반적으로 '仁'의 의미로 쓰이지만, 본 구절에서는 '身'의 의미로 쓰인다. ≪자고子羔≫에서 '㤺'자가 '仁'자의 의미로 쓰이지 않고 '年'의 의미로 쓰이는 경우와 같다. "見善行, 納其身焉"은 선한 일을 관찰하여 이를 받아들여 자신이 선행을 하도록 힘쓰며, 선행善行을 보면 이 행위를 본받아 그 행위에 자신을 몰입하도록 하여 자기 자신이 선행을 실행으로 옮기도록 하라는 것이다. 이는 선한 말을 들으면 자신의 언행을 고친다("聞善言, 以改其言")는 내용과 함께 학습하여할 대상인 것이다.[158]

본문은 진검陳釰의 주장에 따라, ≪甲≫17+≪甲≫18+≪甲≫12+≪乙≫5+≪甲≫11가 연계되는 죽간으로 이해하도록 한다. 다만 '납기인언納其悬焉' 중의 '悬'은 여전히 '仁'으로 이해할 수 있다. 다른 사람의 선한 행위를 보면, 그 선행 행위 즉 그 仁한 행위를 받아들여 학습하라는 뜻이다. 또한 '유세불식唯殊(世)不偘' 중의 '偘'자는 '識(알 식, shí,zhī)'자로 해석할 수 있고, (제

---

158) 「甲17簡首完整, "……君子先"是據下文補出的·屬於前一支未知簡的内容. 簡尾殘去兩字, 據上文可補出"後人"; "先人"原作合文, 整理者釋爲"先之", 又在簡首補"前"字而非"先"字, 均不妥. 甲12與乙5分別爲上下半段殘簡, 應本係一簡之折. 重新拼聯後的這一大段簡文, 雖然其中有些難字的準確釋讀還有待進一步研究, 但其大意是很清楚的. 下面分別加以解釋. "君子先人則啟道之, 後人則奉相之"與"小人先人則呈(?)敢之, 後人則襄(?)毁之"相對, 謂君子處於他人之前則爲他人開路·引導他人, 處於他人之後則奉承而輔助他人. 小人則反是, 處於他人之前則禁敢他人的前進, 處於他人之後則憎毁他人. "敢"≪說文解字≫訓爲"禁也", 古書多用"御"·"禦"和"圉"字, 表示的都是同一個詞, 前人言之已詳. "是以曰君子難得而易事也, 其使人, 器之. ……是以曰小人易得而難事也, 其使人, 必求備焉."整理者已引≪論語·子路≫: "子曰: '君子易事而難說也: 說之不以道, 不說也; 及其使人也, 器之. 小人難事而易說也: 說之雖不以道, 說也; 及其使人也, 求備焉.'"與簡文相對照, 是很正確的. 甲18·甲12·乙5·甲11的"行在己而名在人, 名難爭也. 敦行不倦, 持善不厭, 唯(雖?)世(?)不偘, 必或知之. 是故君子強行以待名之至也."文意連貫, 均講圍繞"行"與"名"的關係展開. "敦行不倦, 持善不厭"承上"行在己", "必或知之"承上"名在人", 啓下"名之至", 爲人所知, 乃是成名·"名之至"之始. 乙5與甲11連讀後的"君子聞善言, 以改其言; 見善行, 納其悬(身)焉, 可謂學矣."原釋讀·斷句有誤. "悬"跟前文討論的≪子羔≫篇的"㤺"相類, 在楚簡文字裏最習見的用法也是用爲"仁", 此讀爲"身", 也跟≪子羔≫篇的"㤺"不用爲"仁"而用爲"年"相類. "見善行, 納其身焉"謂見善行則納己身於善行之中, 猶言見善行即加入到·投身於這一行爲之中, 亦即自己也去這麼做, 這跟"聞善言, 以改其言"一樣, 當然就是所謂"學"了.」

12간 참고), '후인즉포훼지後人則虣毁之' 중의 '虣'자는 '暴(사나울 폭, bào,pù)'으로 해석할 수 있다.(제 15간 참고)

甲 第12簡

章行不佚故善不獸唯殊不僞必或智之是古

甲 第 12 簡

䣛(敦)行不俟(倦)①, 㭪(持)善不肰(厭)②, 唯殜(世)不儇(?)③, 必或智(知)之, 是古(故)

【해석】

항상 일을 실행할 때는 태만하지 않고, 좋은 일을 행함에 싫증내지 않는다. 이러한 행위는 일반 세인들이 잘 몰라준다 해도 반드시 알아주는 사람이 있을 것이다. 그런고로,

【上博楚簡原註】

죽간의 길이는 22.4㎝이고, 아랫부분이 약간 파손되었다. 문자는 모두 18자이다. 내용상, 앞 뒤로 연결된 죽간이 없다.

① '䣛行不俟': '䣛'은 '敦(도타울 돈, dūn,duì)'자이고, '俟'은 '倦(게으를 권, juàn)'자이다. ≪곽점초간郭店楚簡≫은 「倦」자를 「朕」으로 쓴다. ≪唐虞之道≫ 「四枳(肢)朕(倦)陛(惰).」(제26간)159) 구절 중의 「불권不倦」은 「무권無倦」160)과 같은 의미로 「不怠」161)의 뜻이다. ≪논어論語·자로子路≫는 "자로子路가 정치에 대해 묻자 공자는 '솔선수범하고 노력하는 것이다.'라 했다. 자로가 '더 말씀해 주십시오'라 하자, 공자가 말하였다. '게을리 함이 없어야 한다.'"162)라 했다.

【譯註】

'䣛'자는 '墉'자로 '用'의 의미로 쓰인다.(제 5간 참고)

② '㭪善不肰': '㭪'자는 '持(가질지, chí)'로 읽는다. 「지선持善」은 「돈선敦善」163)이나 「위선爲善」164)의 뜻이다.

---

159) "사지四肢가 권태해지다."
160) "게을리함이 없다."
161) "나태하지 않다."
162) ≪論語·子路≫: 「子路問政. 子曰, "先之勞之." 請益. 曰, "無倦."」
163) "선을 돈독히 행하다."
164) "선행을 하다."

≪예기禮記·곡례상曲禮上≫은 「博聞强識而讓, 敦善行而不怠, 謂之君子.」[165]라 하였고, ≪곽점초간郭店楚簡·오행五行≫은 「[君]子之爲善也, 又(有)與司(始), 又(有)與冬(終)也.」(제18간)[166]라 했다. 그런고로 「지선불염持善不厭」[167]은 곧 군자의 도道이다.

③ '唯殜不傽': 「殜(앓을 엽, yè)」은 「世(대 세, shì)」자이다. ≪곽점초간郭店楚簡·궁달이시窮達以時≫는 「句(苟)又(有)其殜(世), 可(何)懂(難)之又(有)才(哉)!」(제2간)[168]라 했다. 「殜」자는 「業(업 업, yè)」의 의미로도 쓰인다.

「傽」자는 알 수 없는 자다. 「唯殜不傽」 구절 역시 현재로선 그 내용을 알 수 없다. 전체적인 내용으로 보아, 「돈행불권敦行不倦, 지성불염持善不獻」은 정치를 하는 자는 항상 변함없이 정치를 성실히 이행하고 백성을 사랑해야 한다는 것을 강조하였다. 따라서 「唯殜不傽」 구절 역시 이러한 내용과 밀접한 관계가 있을 것이다. 따라서 다음 문장에서는 「必或智(知)之.(반드시 알아주는 자가 있다.)」고 강조하였다.

【譯註】
'殜(앓을 엽, yè)'자를 ≪곽점초간郭店楚簡≫ 중 ≪존덕의尊德義≫는 ''으로 ≪어총사語叢四≫는 ''으로 쓰고, ≪상박초간上博楚簡≫ 중 ≪자고子羔≫는 ''으로 ≪공자시론孔子詩論≫은 ''으로 쓴다. 초간에서는 일반적으로 '世'의 의미로 쓰인다.[169] '殜'자는 자부 '歹'과 소리부 '枼(나뭇잎 엽, yè)'으로 이루어진 형성자이다. ≪설문해자說文解字≫는 '(枼)'자에 대하여 "'枼'자는 '평상널(牖, 牀板)'의 뜻이다. 혹은 '얇은 목판'라는 뜻이다. 자부 '木'과 소리부 '世'로 이루어진 형성자이다."[170]라 하였다.

'(傽)'자를 주봉오周鳳五와 하림의何琳儀 등은 모두 '識(알 식, shí, zhì)'자로 해석하였다. 주봉오周鳳五는 "이 자의 좌측 자부는 '人'이고, 우측은 '臼(절구 구, jiù)'와 '哉(찰진 흙 시, chì, shì, zhú)'로 이루어신 자로 「識」자의 이체자이다. 자부 '臼'는 고음이 '職'부部이고, '哉'는 '幽'부部로 음이 비슷한 자부 둘을 중첩하여 쓰고 있는 것으로 보인다."라 하고,[171] 하림의何琳

---

165) "견문이 넓고, 기억력이 강하며 양보하고, 선행을 돈독히 하여 게으름이 없으면 군자라고 할 수 있다."
166) "군자가 선善을 실현함에 있어 시작과 끝이 항상 '善'과 같이 하여야 한다."
167) "싫증내지 않고 선한 일을 행하다."
168) "적절한 시기를 만나게 된다면 어떠한 곤란을 만나겠는가!"
169) ≪楚系簡帛文字編(增訂本), 403 쪽.
170) ≪說文解字≫:「枼, 楄也. 枼, 薄也. 从木, 世聲.」

儀는 "이 자의 좌측 자부는 '人'이고, 우측의 위쪽은 자부 '齒(이 치, chǐ)', 아래쪽은 자부 '戠'로 이루어진 자이다. 자부들 중 '齒'는 중첩된 소리부이다. '戠'와 '齒'는 모두 '之'부部에 속한다. 따라서 간문簡文 '閟'자는 응당히 '식識'의 의미이다. ≪說文解字≫은 '識은 알다의 뜻이다.'라 하였다. 본 죽간문 '庸乃不倦, 持善不厭, 唯世不識, 必或知之' 구절은 대략적인 의미는 '도덕道德 수양修養을 중요하게 생각하는 자는 일반 세인들이 이해해 주지 못한다해도 반드시 알아주는 자가 있다.'라는 의미이다."고 하였다.172)

따라서 본 문장 역시 '識'의 의미로 해석하기로 한다.

---

171) 周鳳五, 〈讀上博楚竹書≪從政(甲篇)≫札記〉, 簡帛研究, 2003-6-5. 「「左旁從人, 右旁上從曰・下從戠, 應當就是「識」的異構. 曰, 古音職部, 戠, 幽部, 可能是音近疊加聲符.」

172) 何琳儀, ≪滬簡二冊選釋≫, 簡帛研究, 2003-01-14. 「左從'人', 右上從'齒'之初文, 右下從'戠'. 其中'齒'爲疊加音符, '戠'與'齒'均屬之部. 簡文閟應讀'識'. ≪說文解字≫'識, 知也.' 簡文'庸乃不倦, 持善不厭, 唯世不識, 必或知之.' 大意謂'重視道德修養者, 盡管世人不了解, 然而必然有知之者.'」

甲 第13簡

狀句能立道█獸之曰舉█之相謙也不必才近遲藥

甲 第 13 簡

狄(然)句(後)^①能立道. 臦(聞)聞之曰: 羣=(君子)之相讟(就)^②也, 不必才(在)近遅(昵)藥(樂)^③

【해석】

그런 연후에야 도道가 세워지게 된다. 들건대, 군자의 사귐은 방탕하고 무례한 행위를 하는데 같이 하지 않는다.

【上博楚簡原註】

본 죽간의 길이는 21.2cm이고, 하단이 약간 파손되었다. 문자는 모두 22자이다. 내용상, 본 죽간과 연결되는 죽간이 없다.

① '狄句': '狄句'는 「연후然後」로 읽는다. ≪곽점초간郭店楚簡≫의 「句」자는 「後」의 의미로 자주 쓰인다. 예를 들어, ≪존덕의尊德義≫는 「智(知)命而句(後)智(知)道, 智(知)道而句(後)智(知)行.」¹⁷³⁾라 했다. ≪老子≫의 「故失道而後德. 失德而後仁. 失仁而後義. 失義而後禮.」(제38장) ¹⁷⁴⁾구절 중의 「後」자를 ≪마왕퇴한묘백서馬王堆漢墓帛書·노자을老子乙≫은 「句」로 쓴다.

② '相讟': 「讟」자는 「就(이룰 취, jiù)」로 읽는다. ≪곽점초간郭店楚簡≫은 「臱」로 쓴다. ≪곽점초간郭店楚簡·육덕六德≫에는 「聖與智臱(就)壴(矣). 忈(仁)與宜(義)臱(就)壴(矣), 忠與信臱(就)壴(矣).」(제1-2간)¹⁷⁵⁾라 했고, ≪시경詩經·주송周頌·경지敬之≫에는 「日就月將, 學有緝熙于光明.」¹⁷⁶⁾이라는 구절이 있다. 1980년 장안長安 신왕新旺에서 출토된 ≪사혜정史惠鼎≫의 「惠其日邌(就)月將」¹⁷⁷⁾와 ≪상박초간上博楚簡·민지부모民之父母≫의 「亡體之禮, 日邌(就)月

---

173) "천명을 알고 난 후에야 비로소 하늘의 이치를 알 수 있으며, 하늘의 이치를 알고 난 후 비로소 어떻게 행동해야 할 것인가를 알 수 있다."
174) "그러므로 도를 잃은 뒤에야 덕이 드러나며, 덕을 잃은 뒤에야 인이 드러나고, 인을 잃은 뒤에야 의가 드러나며, 의를 잃은 뒤에야 예가 드러나는 것이다."
175) "'성聖'은 '지智'와 가깝고, '인仁'은 '의義'에 가깝고, '충忠'은 '신信'에 가깝다. '인仁'은 '의義'와 가까우며, '충忠'은 '신信'과 가깝다."
176) "나날이 이루고 다달이 나아가, 빛나고 밝기까지 계속해서 배우네."
177) "은혜恩惠로움이 갈수록 많아지다."

將.」[178] 구절 중의 「就」자는 모두 자부 「辵」을 사용하여 쓴다.

「군자지상취君子之相就」는 '군자가 가까워짐'이란 의미이다.

【譯註】

≪설문해자說文解字≫는 '𡩜'자의 주문籒文을 '𣀷(就)'로 쓴다.

유쇠劉釗는 ≪곽점초간교석郭店楚簡校釋≫에서 ≪육덕六德≫의 "聖與智橐(就)豆(矣)" 중의 '橐'자에 대하여 "橐'자는 '취就'자의 고문古文이다. 고문자에서 '就'자는 '근접接近하다'는 뜻으로 쓰인다."라 하였다.[179]

③ '不必才近遉藥':「遉」자는 「尼(가까울 니{이}, ní)」자와 같은 자이며, 「昵(곁눈질할 이, yī,ní)」로 읽는다. 「遉」자를 간문簡文은 자부 「𠂤」와 「辵」을 써서 「𨖼」로 쓰며, 「尼」자와 같은 자이다. ≪상박초간上博楚簡≫의 「중니仲尼」 중 「尼」자는 「𡰪」로 쓴다. ≪곽점초간郭店楚簡·존덕의尊德義≫는 「𢾭𣲖則亡避, 不黨(黨)則亡悁(怨).」(제17간)[180] 구절 중의 「迎」자는 자부 「𠯑」와 「辵」만을 써서 「𣲖」로 쓴다. ≪郭店楚簡≫ 정리본은 이 자에 대하여 설명을 않았다. 초간楚簡은 「耳(귀 이, ěr)」자를 「𦔞」로 쓴다. 「𠯑」자는 「耳」자의 변형이다. 따라서 「𨖼」·「𡰪」와 「𣲖」자는 각각 「遉」·「𦔞」와 「迫」로 예정할 수 있다. 「𦔞」자는 「尼(중 니{이}, ní)」자와 같다. 「仲𦔞」는 즉 공자의 자字인 「중니仲尼」이다. ≪설문해자說文解字≫는 「尼」자에 대하여 "'뒤에서 접근하다'의 뜻이다. '尸(주검 시, shī)'와 소리부 '匕(비수 비, bǐ)'로 이루어진 형성자이다."[181]라고 설명하고 있는데, 이 중 소리부가 「匕」란 설명은 잘못된 것이다. 진秦나라의 도문陶文은 「尼」자를 자부 「人」을 써서 「𠈬」로 쓴다.[182] ≪설문해자說文解字≫가 설명하고 있는 「종후근지從後近之」의 의미는 바로 이 자의 형태와 관계가 있지 않을까한다. 위의 여러 예증들로 보아 진秦나라 도문陶文 「𠈬(尼)」자 중의 「人」은 「𠂤」의 변형이 확실하다. 현재 우리가 쓰고 있는 「尼」자는 오랜 세월 동안 변화를 걸친 형태이다. 따라서 「尼」자는 원래 「𦔞」로 쓰고, 「𨖼」와 「迫」자는 「遉(尼)」와 「迫」로 예정할 수 있고, 「昵」과 「邇(가까울 이, ěr)」의 의미로 쓰임을 알 수 있다. 「昵」과 「邇」는

---

178) "형용없는 예의는 갈수록 많아진다."

179) 劉釗, ≪郭店楚簡校釋≫, 111 쪽. 「橐卽就字古文, 就古有接近之意.」

180) "곡해曲解를 올바르게 고찰하면 사악邪惡함을 없앨 수 있으며, 백성을 편애하지 않으면 원망하지 않게 된다."

181) ≪說文解字·尸部≫: 「從後近之, 從尸, 匕聲.」

182) ≪秦陶文編≫1361, 1362, 1363.

모두 「近(가깝다.)」의 의미이고, 본 죽간의 「遲」자 역시 이 의미로 쓰인다.

한편, ≪설문해자說文解字≫는 「佴」자에 대하여 "'佽(도울 차, cì'의 뜻이다. '人'과 소리부 '耳'로 이루어진 형성자이다."[183]라 하였다. 단옥재段玉裁는 「佽」자를 정현鄭玄의 말을 인용하여 "손가락으로 서로 상호간 도움을 주다."[184] 구절을 인용하여 설명하고, 「佴」자는 "≪사마천전司馬遷傳≫ 의 '나는 宮刑을 당했다'라는 구절에 대하여 여순如淳은 '佴(버금 이, nài,èr)'는 '佽(도울 차, cì)'의 의미이다, 즉 '사람이 서로 의지하는 것과 같다.'[185]고 하였다.[186]

「手指相次比也」[187]란 의미이든 「若人相次也」[188]라는 의미이든 간에 모두 '서로 가깝게 지내며 상호 도움을 주다'라는 뜻이다. 「佴(버금 이, nài,èr)」자는 고운古韻이 '지之'부부이고, 「遲(昵)」자는 '지脂'부부이기 때문에 음성이 서로 통전通轉하는 관계이다. ≪춘추春秋·은공십일년隱公十一年≫의 「夏, 公會鄭伯于時來」[189] 구절 중 「시래時來」를 ≪공양전公羊傳≫은 「기려祁黎」로 쓴다. 「時來」는 첩운疊韻으로 '지支'운운에 속하고, 「祁黎」는 첩운疊韻으로 '지脂'운운에 속한다. 이 예문은 '之'韻과 '脂'韻이 서로 통전通轉할 수 있음을 설명해 주고 있다.

위에서 설명한 여러 자료를 통하여 「佴」·「屑(尼)」와 「遲(昵)」자는 모두 '가깝다'는 의미를 지니고 있음을 알 수 있다.

≪한비자韓非子·난삼難三≫은 "섭공 자고子高가 공자에게 정치에 대하여 묻자, 공자는 '가까

---

183) ≪說文解字·人部≫:「佽也, 從人, 耳聲.」
184) 「謂手指相次比也.」
185) 「司馬遷傳曰: 僕又佴之蠶室. 如淳曰, 佴, 佽也, 若人相次也.」
186) 司馬遷≪報任安書≫註釋:"而僕又佴之蠶室." 注:"佴, 次, 等於說編次·排列. 這句是說我又被排列到應入蠶室之列, 即使我受宮刑." 薛正興謂此乃王先謙說, 承如淳·蘇林舊注. 如淳注:"佴, 次也, 若人相次也." 以"佴"字本義作釋. 蘇林注:"茸, 次也, 若人相俾次." 以"茸"爲"佴"之借字. ≪漢書·司馬遷傳≫顏師古注謂"此說非也. 茸音人勇反, 推也. 蠶室, 初腐刑所居溫密之室也. 謂推致蠶室之中也". ≪文選≫李善注云:"今諸本作茸字." 並引述顏師古注爲釋. 兩相比較, 當以顏師古·李善注於義爲長. 段玉裁注雖於≪說文解字·人部≫"佴, 佽也" 條批駁≪漢書≫顏師古注, 但在≪說文注≫的另外兩處, 卻都肯定顏注. ≪說文解字·手部≫:"推, 推搗也. 從手, 茸聲." 段注:"≪漢書≫'而僕又茸以蠶室.'師古曰:'茸音人勇反, 推也, 謂推致蠶室之中也.' 如顏說, 則茸者推之假借字." 又≪車部≫:"軵, 反推車令有所付也. 從車付, 讀若茸." 段注:"按手部:'推, 推搗也.' ≪漢[書]·司馬遷傳≫:'而僕又茸之蠶室.' 師古曰:'茸, 人勇反, 推也, 謂推致蠶室之中也.' 是推·茸·軵三字通用." 段注引述顏師古同一注釋先後三處, 在≪人部≫"佴"字注批駁了顏注, 而≪手部≫"推"字注·≪車部≫"軵"字注卻都肯定了顏注. 同一作者在同一書中對同一問題先後立說不同時, 當以後爲准, 從立說次數多寡來說, 當以多次爲准. 段玉裁在後二處反復肯定顏注, 或即有意識地改變前一處否定顏注之觀點. 顏師古訓佴爲"推", 即指獄卒押罪徒入牢房時, 猛推罪徒使之入內. "茸之蠶室"釋爲"推致蠶室之中", 活畫出當時情狀.
187) "손가락으로 서로 상호간 도움을 주다."
188) "사람이 서로 의지하다."
189) "여름에 공은 정백과 기려에서 회합하였다."

운 곳에 있는 사람은 기쁘게 하고, 멀리 있는 사람은 가까이 오게 하는 것이다.'라 하였다."190)라고 하였고, ≪시자尸子≫는 "가까운 곳에 있는 사람은 기쁘게 하고, 멀리 있는 사람은 가까이 오게 하는 것이다."(卷下)191)라고 하였는데, 이 중의 '尼(가깝다)'자는 본래의 뜻으로 쓰이고 있다. 「尼」가 '친숙하게 지내다'의 의미인 「昵(暱)」의 뜻으로 쓰인 것은 당대唐代 이후의 일이다. ≪설문해자說文解字≫의 「尼」자에 대하여 段玉裁는 상세하게 주석하고 있으나, 여기에서는 생략하기로 한다.

≪장자莊子·산목山木≫은 "군자의 사귐은 담담하기를 물과 같고, 소인의 사귐은 달콤하기가 단술과 같다. 군자의 사귐은 담담하기가 더욱 친해지고, 소인들의 사이는 달콤하지만 결국은 헤어지게 된다."192)의 내용은 「君=(君子)之相謰(就)也, 不必才(在)近遅(昵)藥(樂)」의 주석이라 할 수 있을 것이다.

【譯註】

≪민지부모民之父母≫ 제7-8간에 '遅(遅)'자가 있다. 복모좌濮茅左는 정리본에서 이 자를 '迡'로 예정하고 '迡(가까울 니, ní)'의 의미로 풀이하였다.193) ≪상해박물관장전국초죽서(이)독본上海博物館藏戰國楚竹書(二)讀本≫은 이 자를 '迡'로 예정하고 '邇(가까울 이, ěr)'자와 같은 자라 하였다.194) 본 죽간의 '遅(昵)'자와 같은 자이다. '遅(遅)'자는 '遅'와 '辵'으로 이루어져 있으며, '迡(가까울 니{이}, ní)'자와 같은 자이다. ≪곽점초간郭店楚簡·존덕의尊德義≫ 제17간의 '遅'자 역시 '遅'와 같은 자이다. 이 자 중 '巳'와 '𠃑'는 '𠃑(尼)'(≪中弓≫)자 중 오른쪽 부분과 같다. '耳'자를 금문은 '𦣝'·'𦣝'·'𦣝'이나 '𦣝'로 쓰고195), 초간楚簡에서 변형되어 '𦣝'나 '𦣝' 등으로 쓴다. '遅'·'遅'·'遅'나 '𠃑(尼)' 중의 '𠃑'나 혹은 '𠃑'의 형태는 자부 '耳'이다. 따라서 이들의 문자는 각각 '遅'·'迡'와 '尼'로 예정할 수 있다. 이들의 자는 음성이 서로 통하기 때문에 '니迡'·'닐昵'·'이邇' 등의 의미로 쓰인다. 이령李零은 ≪용성씨容成氏≫의 제19간 '遅'자에 대하여 '迤(?)'로 예정하고 "아래 문장 중의 「遠」자와 상대적인 개념으로 쓰이고, 문맥으로 보아 「近」의 의미인 것으로 보인다. 그러나 소리부는 「近」이나 「邇(가까울 이, ěr)」와는 다르다."라

---

190) ≪韓非子·難三≫: 「葉公子高問政於仲尼, 仲尼曰: "政在悅近而來遠."」
191) ≪시자≫은 「悅尼而來遠.」
192) ≪莊子·山木≫: 「君子之交淡如水, 小人之交甘如醴, 君子淡以親, 小人甘以絶.」
193) 馬承源 主編, ≪上海博物館藏戰國楚竹書(二)·民之父母≫, 165 쪽 참고.
194) 季旭昇 主編, ≪上海博物館藏戰國楚竹書(二)讀本≫, 12 쪽.
195) ≪金文編≫ '1921 耳', 771 쪽, 참고.

하였다.196) 그러나 이 자 역시 ''와 같은 자로 소리부는 '耳'의 변형이다. ≪상해박물관장전국초죽서上海博物館藏戰國楚竹書(一)~(五)문자편文字編≫도 이미 이 자를 '迡'자 아래에 수록하였다.197)

---

196) 馬承源 主編, ≪上海博物館藏戰國楚竹書(二)·容成氏≫, 264 쪽. 「與下文'遠'字相對, 從文意看, 似是'近'之意, 但其聲旁與'近''迮'都不一樣.」

197) 李守奎 主編, ≪上海博物館藏戰國楚竹書(一)~(五)文字編≫, 91 쪽.

甲 第14簡

又所又舍而不敢聿之． 又所不是而不敢弗

甲 第 14 簡

又(有)所又(有)舍(餘)而不敢聿(盡)之■^①, 又(有)所不足而不敢弗

【해석】

여유가 있을 때 이를 모두 써 버려서는 안 되고, 만약에 부족하면, ……하지 않으면 안 된다.

【上博楚簡原註】

본 죽간은 22.4㎝이고, 하단이 파손되었다. 문자는 모두 17자이다. 내용상 이 죽간과 연결되는 죽간은 없다.

① '又所又舍而不敢聿之': 「聿」은 『盡(다될 진, jìn,jǐn)』으로 읽는다. ≪곽점초간郭店楚簡·성자명출性自命出≫은 「甬(用)力之聿(盡)者, 利爲甚.」(제43간)¹⁹⁸⁾라고 했고, ≪좌전左傳·성공구년成公九年≫은 ≪시경≫을 인용하여 「≪詩≫曰:「雖有絲·麻, 無棄菅·蒯, 雖有姬·姜, 無棄蕉萃. 凡百君子, 莫不代匱.」言備之不可以已也.」¹⁹⁹⁾라고 하였는데, 이 중의 일시逸詩의 내용이 본 죽간의 내용과 매우 근사하다.

【譯註】

진위陳偉는 〈상해박물관장전국초죽서≪종정≫교독上海博物館藏楚竹書≪從政≫校讀〉에서 본 죽간의 내용은 ≪예기禮記·中庸≫의 「庸德之行, 庸言之謹, 有所不足不敢不勉, 有餘不敢盡, 言顧行, 行顧言.」 구절의 내용과 관련이 있다하였다.

≪예기禮記·중용中庸≫은 '평상시에 해야 할 덕행은 전력을 다하여 행하고, 평상시에 하는 말들을 항상 조심하고, 만일 부족한 곳이 있으면 감히 노력하지 않을 수 없으며, 비록 여력이 있다고 할지라도 과분하게 하지 말아야 한다. 말을 할 때는 반드시 실천할 수 있는가를 생각하

---

198) "온 힘을 다함은 이익이 있을 때 가장 열심이다."
199) "≪시詩≫는 '비록 실과 삼이 있다할지라도 띠를 버리지 마라. 비록 미녀 희姬와 강姜이 있다할지라도 추녀를 버리지 마라. 군자는 인재가 부족할 때 대신 쓰여지지 못함이 없느니.'라 했다. 이는 미리 준비함을 그만 두어서는 안 된다는 것을 말하는 것이다."

고, 일을 할 때는 이미 할 말을 생각해야 하는데, 군자가 어떻게 독실하게 노력하여 실천하지 않을 수 있겠는가?'라 했다. 이 문장과 비교해 볼 때, 본 죽간은 ≪중용中庸≫의 이 공자 말을 기록하고 있다는 것을 알 수 있다. 따라서 '弗'자 다음에 '勉'자를 보충 할 수 있다. 상대적으로 죽간의 문장이 비교적 복잡한 형식을 취하였다. 또한 '有餘'의 구절이 앞에 있고, '不足'의 구절이 뒤에 놓여 서로 순서가 바뀌어 있다.[200]

---

200) 陳偉 ≪上海博物館藏楚竹書≪從政≫校讀≫, 簡帛硏究, 2003-04-05.「≪禮記·中庸≫:『庸德之行, 庸言之謹, 有所不足不敢不勉, 有餘不敢盡, 言顧行, 行顧言.』相形之下, 可見簡文所載即≪中庸≫所記這段孔子語中的兩句, '弗'後可補以'勉'字. 只是簡書行文略爲繁複, 且'有餘'句在前·'不足'句在後, 順序有顚倒.」

甲 第15簡

毋拿毋綴毋怖毋格不放不武囝之必述則葬不否而殷則惛。翁亡遠事必又罪則側。昜利碑

甲 第 15 簡

毋弄①·毋禧(號)②·毋惻(賊)③, 毋恰(貪). 不攸(修)不武④, 胃(謂)之必城(成)則弄, 不善(敎)而殺
則禧(號), 命亡(無)畴(時), 事必又(有)罧(基)則惻(賊)⑤▪, 爲利桂(枉)⑥

【해석】

은폐하지 말아야 하고, 원망하지 말아야 하며, 남을 해치지 말아야 하고, 탐익하지 말아야
한다.

수신修身하지도 않고 경계하지도 않고 성과를 이루려 한다면 이는 곧 은폐하려는 행위이다.
잘 교화하지도 않고 제멋대로 백성을 해치려하면 원망을 듣게 된다. 동원 명령을 시기적절하게
내리지 않으면서 일이 잘 이루어지기를 바라는 것, 이것이 남에게 상해傷害를 입히는 것이다.
이익을 위하여 법을 어기는 것을 탐익이라 한다.201)

【上博楚簡原註】

죽간의 길이는 42.5cm이고, 문자는 모두 36자이다. 본 죽간과 내용상 연결되는 죽간이 없다.

① '毋弄': 「弄」자는 「弆(감출 거, jǔ)」의 의미이다. ≪광운廣韻≫은 "'弄'는 '감추다'의 의미이
다. 이 자의 음은 또한 '莒(거, jǔ)'와 같다."202)라 하고, 혜림慧琳의 ≪일체경음의一切經音義≫는
"'弄'는 '감추다'의 의미이다."(제27권)203)라 하였다. ≪곽점초간郭店楚簡·성자명출性自命出≫
은 「忞(怒)谷(欲)涅(盈)而毋弄, 進谷(欲)孫(遜)而毋攷(巧).」204)(제64간)라 하고, ≪맹자孟子·만
장상萬章上≫은 "어진 사람은 동생에 대해서 화난 마음을 오랫동안 마음에 두지 아니하며, 원망
하는 마음을 묵혀두지 아니하고, 그를 내 몸처럼 여기고 사랑할 뿐이다."205)라 했다.

---

201) 정리본의 주장에 따르면, "은폐(隱蔽)하지 말아야 하고, 원망하지 말아야 하며, 남을 해치지 말아야 하고,
   탐익하지 말아야 한다. 수신修身하지도 않고, 용감하지 하지도 않으며, 성과를 이루려 한다면, 이는 곧 남을
   속이는 (남에게 은폐하는) 행위이다. 잘 교화하지도 않고 제멋대로 백성을 해치려하면 원망을 듣게 된다.
   동원 명령을 시기적절하게 내리지 않으면서 일이 잘 이루어지기를 바라는 것, 이것이 남에게 상해傷害를
   입히는 것이다. 이익을 위하여 법을 어기는 것을 탐익이라 한다"으로 해석할 수 있다.
202) ≪廣韻·上語≫:「弄, 藏也. 又音莒.」
203) 慧琳 ≪一切經音義≫:「弄, 藏也.」
204) "화나는 일이 있을 때에는 화가 끝까지 찰 때는 이를 숨기지 않으며, 앞으로 나아갈 때는 공손하여야지 허위虛
   僞가 있어서는 안 된다."

【譯註】

　정리본은 '舂'자를 《곽점초간郭店楚簡·성자명출性自命出》의 '(舂)'자와 같은 자로 보고 있고 '舂'의 의미로 해석하였다. 그러나 이 자는 제 18간 '則虈毀之' 중 '(虈)'자의 이체자로 보인다.206) 주봉오周鳳五와 진쇠陳釗 등은 모두 이 자를 '暴(사나울 폭, bào,pù)'자로 보고, 다음 구절 '禠'자를 '虐(사나울 학, nüè)'자로 보았다.

　　이 자를 「舂」자로 해석하고 있는데, 그렇다면 다음 구절 「不修不武, 謂之必成則舂」와 상호 관련성이 없다. 이 자는 「暴(사나울 폭, bào,pù)」자로 해석하여야 한다. 《性自命出》의 「怒欲盈而毋暴」(제 64간) 구절은 '심한 노기怒氣가 가득찰지라도 이를 쉽게 발설해서는 안된다'의 뜻으로, 이는 군자가 수양하여야 덕목 중의 하나이다. 그 다음 구절 「무호毋號」에 대하여 정리본은 '이 자는 초간에서는 「호號」나 「호呼」로 많이 읽으며, 또는 어조사 「乎」의 용법으로 사용된다」라 하고, 혹은 「毋號」로 읽을 수 있다'라 하였다. 정리본이 이 뜻에 대해 의심적인 태도를 취하고 있는데, 이는 바람직한 일이다. 이 자는 좌측 자부가 '示'이고, 우측 자부는 '虎' 아래 '口'가 있는 형태로, 이 자는 실질적으로 《說文解字》에서 말하는 「虐(사나울 학, nüè)」자의 고문이다. 그래서 이 자는 「虐」자로 직접 해석할 수 있다. '무학毋虐'와 '무폭毋暴'·'무적毋賊'·'무탐毋貪' 등 「사무四毋」는 《논어·요왈》에도 보인다.)207)

　본문은 정리본의 '毋舂'와 '毋禠'를 각각 '무폭毋暴'과 '무학毋虐'으로 해석하기로 한다.

　② '毋禠(號)': 자부 '虖'로 이루어진 「禠」자는 초간楚簡에서 일반적으로 「號(부르짖을 호, hào, háo)」나 「呼(부를 호, hū)」, 혹은 어조사語助詞 「乎(어조사 호, hū)」의 의미로 쓰인다. 《곽점초간郭店楚簡·노자갑老子甲》은 「終日虖(號)而不惎(憂).」208)라 했다. 「毋禠」는 「무호毋號」의 의미이다.

---

205) 《孟子·萬章上》:「仁人之於弟也, 不藏怒焉, 不宿怨焉, 親愛之而已矣.」
206) 《楚系簡帛文字編(增訂本)》, 647 쪽.
207) 周鳳五, 〈讀上博楚竹書《從政(甲篇)》札記〉, 簡帛研究, 2003-06-05.「按, 此字釋「舂」, 與下文「不修不武, 謂之必成則舂」完全不相應, 應當釋「暴」. 《性自命出》簡六四:「怒欲盈而毋暴」, 意思是說: 怒氣可以盈滿周身, 但不可輕易表露發洩, 這是君子應有的修養工夫. 其次說「毋號」, 整理者指出, 此字「楚簡中多讀爲「號」及「呼」, 或用作語辭「乎」, 故簡文「或可讀作『毋號』」. 按, 整理者謹慎存疑, 十分可取. 但此字左旁從示, 右旁作虎下口形, 此形其實就是《說文解字》「虐」字的古文, 可以直接釋「虐」.「毋虐」與毋暴·毋賊·毋貪等「四毋」出自《論語·堯曰》.」
208) "온종일 울어도 근심하지 않는다."

【譯註】

≪설문해자說文解字≫는 '학虐'자의 고문古文을 '虛(虐)'으로 쓰고, ≪상박초간上博楚簡·용성씨容成氏≫는 '虛(虐)'으로 쓴다.

③ '毋惻(賊)': 「毋惻」은 「무적毋賊」으로 읽는다. ≪곽점초간郭店楚簡·노자갑老子甲≫의 「覴(盜)惻(賊)亡又(有).」209)(제1간)나 「法勿(物)慈(滋)章(彰), 覴(盜)惻(賊)多又(有).」(제31간)210)의 구절 같이 「측惻」자가 「적賊」의 의미로 쓰이고 있다.

≪설문해자說文解字≫는 「적賊」자에 대하여 "'상해를 입히다'라는 뜻이다. '戈'와 소리부 '則'으로 이루어진 형성자이다."211)라고 하고, ≪論語·陽貨≫는 「好知不好學, 其蔽也蕩, 好信不好學, 其蔽也賊.」212)라 했다. ≪左傳·僖公九年≫에서 극예郤芮가 ≪詩經≫ 不僭不賊, 鮮不爲則.」213) 구절을 인용하고 있는데, 이에 대하여 두예杜預는 "'참僭'은 '범하다', '적賊'은 '상해를 입히다'의 의미이다. 모두 질투심이 강하고 야박하다는 뜻이다."214)고 하였다.

④ '不攸不武': '不攸不武'는 「불수불무不修不武」로 읽는다. 고인古人들은 '덕德(도덕)'과 '신身(몸)'을 닦고 수양하는 것을 매우 중시하였다. '德(도덕)'이나 '身(몸)'을 수양하지 않으면 반드시 잃음이 있게 된다. ≪論語·述而≫는 「子曰: 德之不脩, 學之不講, 聞義不能徙, 不善不能改, 是吾憂也.」215)라 했고, ≪예기禮記·대학大學≫은 「故諺有之曰: 人莫知其者之惡, 莫知其苗之碩, 此謂身不修, 不可而齊其家.」216)라고 하였듯이, 정치를 재대로 다스리고 못하고, 덕을 닦지 못하면 그 폐단은 반드시 생겨나게 된다. ≪좌전左傳·양공이십팔년襄公二十八年≫은 「子大叔歸, 復命, 告子展曰: 『楚子將死矣! 不修其政德, 而貪昧于諸侯, 以逞其願, 欲久, 得乎?』」217)라고

---

209) "도적은 사라진다."
210) "진귀한 물건이 많을수록 도적이 많아진다."
211) ≪說文解字·戈部≫: 「賊, 敗也. 從戈, 則聲.」
212) "지혜로움을 좋아하나 배우기를 좋아하지 않으면 그 폐단은 방자하게 되는 것이고, 신의를 지키기를 좋아하고 배우기를 좋아하지 않으면 그 폐단은 진리를 해치는 것이다."
213) "도에 어긋나지 않고, 사람을 해치지 않으면, 그 행위는 좋은 법도되지 않음이 없다."
214) 「僭, 過差也. 賊, 傷害也. 皆忌克也.」
215) "공자는 '덕德을 닦지 않는 것, 학學을 연마하지 않는 것, 의義를 듣고 이를 실천하지 않는 것, 선하지 않은 것을 고치지 않는 것은 곧 우리의 걱정거리이다'라 했다."
216) "그래서 속담에 "사람은 그 아들의 악함을 알지 못하며, 그 싹의 자람을 알지 못한다."라 했다. 이는 곧 몸을 닦지 않으면 가정을 가지런히 할 수 없다는 것을 말한다."
217) "공자公子 대숙大叔은 돌아가 복명하고, 공자公子 전展에게 말하였다. '초나라 군주는 곧 죽을 것이다! 그는

했고, ≪管子·大匡≫ 역시 '政德'에 중요성에 대하여 「公怒, 告管仲曰:『欲伐宋.』管仲曰:『不可, 臣聞內政不修, 外擧事不濟.』」[218]라고 했다.

「불무不武」는 '용감하게 행동하지 않음'을 말한다. ≪노자老子≫는 「善爲士者不武. 善戰者不怒. 善勝敵者不與.」[219](제68장)라고 하고, ≪좌전左傳·선공사년宣公四年≫은 「君子曰: 仁而不武, 無能達也.」[220]라고 했고, ≪양공십년襄公十年≫은 「荀罃曰: 城小而固, 勝之不武, 弗勝爲笑.」[221]라 했다.

⑤ '命亡戠, 事必又塈則惻': 「戠」자는 혹은 「시時」로 읽고, 「塈」자는 「기基」로 읽는다. ≪곽점초간郭店楚簡·존덕의尊德義≫는 「賞與坓(刑), 祟(禍)福之塈(基)也.」[222]라 했다. 「惻」자는 혹은 「賊(도둑 적, zéi)」의 의미로 쓰인다.

「事必有基則賊」의 내용에 대해서는 아직 확실히 알 수가 없다.

【譯註】

장광유張光裕 정리본은 '사필유기즉적事必有基則賊'은 무슨 의미인지 확실히 알 수가 없다고 했다. 주봉오周鳳五는 〈독상박초죽서≪종정갑편≫찰기讀上博楚竹書≪從政(甲篇)≫札記〉에서 '命亡戠' 구절 중의 '命'자를 '令'으로 읽고, '事必又塈則惻' 중의 '塈'자는 '期'로 읽고, 전체적으로 "때도 없이 동원령을 내려, 기간 내에 일을 완성하라고 하는 것은 곧 상해를 입히는 것이다"라하였다.

「命亡時」는 시도 때도 없이 임의대로 명령을 내리다의 뜻이다. '命'자는 고대 한어漢語에서 일반적으로 「여令」의 의미로 쓰인다. '亡時'는 「무시無時」의 뜻으로 즉 정해 놓은 시간이

정치에 힘쓰지 않고 덕 닦기에 노력하지 않고서 제후들을 지배할 일에만 눈이 어두워 그 소원을 달성하려고 하니, 오래 살려고 한들 그럴 수 있겠습니까?"

218) "공자公子가 화를 내며 관중管仲에게 '송宋나라를 정벌하고 말겠소'라 하자, 관중은 '아니됩니다. 내정內政에 힘쓰고 않고, 외사外事를 도모하려 하면 반드시 성공하지 못합니다'라 했다."

219) "훌륭한 용사勇士는 용감하지 않은 듯하고, 잘 싸우는 사람은 성내지 않으며, 적과 싸워 잘 이기는 사람은 다투지 아니한다."

220) "군자가 말하였다. 어질면서도 용감하지 못하여 어짐을 관통하지 못했다."

221) "순앵이 말하기를 '성이 작지만 견고하다. 승리하였다하더라도 武功을 세웠다할 수 없고, 승리하지 못하면 웃음거리가 된다'라 했다."

222) "상賞과 형벌은 재앙과 복록福祿의 근원이다."

나 규칙이 없음을 말한다. ≪예기禮記·내측內則≫은 「孺子蚤寢晏起, 唯所欲, 食無時.」[223] 라 했다. 즉 아동은 어른들의 규율과는 달리 피곤하면 잠자고, 배고프면 먹는 등 자기 마음대로 행한다는 뜻이다. 간문簡文「事必有基」구절 중의「基」자를 '羿'와 'キ'로 쓴다. 정리본은 이 자를 「基」의 의미로 해석하였다. 사실상 이 자는 자부가 '羿'이고 소리부 'キ'인 형성자로「기期」로 읽어야 한다. 즉 제한 시간 내에 일을 끝마치다는 뜻이다. 따라서「命亡時, 事必有基則賊」은 '시도때도 없이 동원령을 내려 기간 내에 일을 완성하라고 하는 것은 곧 남에게 피해를 입히는 것이다'는 뜻이다. ≪論語≫의「慢令致期謂之賊.」[224] 구절에 대하여 하안何晏 ≪집해集解≫는 "'만慢'은 '나태하다(怠惰)'는 뜻으로, 때도 없이 명령을 내리다는 의미이다. '치기致期'는 '기일 내에 일을 완성하다'는 뜻이다."[225]고 하였다.[226]

⑥ '爲利桎': 문장이 완전하지 않다. 이 내용과 연결되는 죽간이 없다.「桎」자는 초간에서는「往(갈 왕, wǎng)」의 의미로 쓰이기도 한다. ≪곽점초간郭店楚簡·성지문지成之聞之≫「歔(勇)而行之不果, 其悇(疑)也弗枉(往)悇(矣).」[227]라 했다.

【譯註】

진검陳劍은 〈상박간≪자고≫≪종정≫편적병합여편련문제소의上博簡≪子羔≫·≪從政≫篇的拼合與編連問題小議〉 문장에서 양조명楊朝明은 〈≪종정≫중편교주≪從政≫重編校注〉라는 문장에서 제 15간을 제 5간 앞에 놓아야 한다고 주장하였다. 즉 '爲利桎(枉)' 구절을「事則賠(貪)」의 내용과 연결시켜 해석하였다. 이를 참고 하여 본문은 '이익을 위하여 법을 어기는 것을 탐익'이라고 해석하기로 한다.

---

223) "어린 아이는 일찍 자고 늦게 일어나는 등 마음대로 행하며, 먹는 것도 때가 없다."
224) "명령하는 것을 게을리 하고서 기일 안에 이루려는 것을 해치는 것이다라 한다."
225) ≪集解≫:「慢, 怠惰也, 謂號令不時. 致期, 刻期告成也.」
226) 周鳳五, 〈讀上博楚竹書≪從政(甲篇)≫札記〉, 簡帛研究, 2003-01-10.「命亡時」指隨時任意發號施令. 命, 依照上古漢語的習慣, 不妨讀爲「令」. 亡時, 即「無時」, 指沒有定時, 不依規矩. 如≪禮記·內則≫:「孺子蚤寢晏起, 唯所欲, 食無時.」意思是說, 兒童倦了就睡, 餓了就吃, 隨心所欲, 可以不遵循成年人作息的規矩.「事必有基」的「基」, 簡文從羿下キ, 整理者讀爲「基」. 按, 此字從羿, キ聲, 應當讀爲「期」, 指限期完成. 簡文「命亡時, 事必有基則賊」, 意思是說, 隨時任意發號施令, 要求如期完成, 就是賊害屬下. ≪論語≫作「慢令致期謂之賊.」何晏≪集解≫:「慢, 怠惰也, 謂號令不時. 致期, 刻期告成也.」
227) "때문에 비록 용감하여도 과감하지 않고, 결단력이 없고 머뭇거리면 다시 앞으로 전진 할 수 없다."

이 구절 중 '폭暴'자는 이미 ≪곽점초간郭店楚簡·성자명출性自命出≫ "怒欲盈而母暴"228)
(제64간) 구절 중에 보인다. 주봉오周鳳五는 이 자를 '暴'자로 해석하고 있는데 이 주장이 옳다.
'학虐'자는 원래 자부 '示'와 '虐'으로 이루어진 자이다. '虐'자는 초죽서에서 일반적으로 '호
乎'의 용법으로 쓰인다. 이 자는 ≪說文解字≫에서 말하는 '虐'자의 고문과 같다. ≪곽점초간
·치의≫의 제 27간에 자부 '病'과 '虐'로 쓴 자가 있는데, 현행본은 이 자를 '학虐'자로 쓴다.
≪說文解字≫와 ≪곽점초간·치의≫의 자료를 통하여, 자부 '示'와 '虐'로 쓰는 이 자는 '虐'의
뜻으로 쓰인다는 것을 알 수 있다. ≪甲≫15간과 ≪甲≫6간 사이의 "爲利枉事, 則貪" 중 '탐貪'
자는 위 문장에서 언급하고 있는 "母念(貪)"의 '貪'과 서로 호응하는 내용이다. ≪甲≫15簡 중의
'念'자는 '貪'자의 의미로 쓰이는데, 이 자를 ≪甲≫6간에서는 '貪'자로 쓴다.229) 이는 본 문장에
서 이미 설명한 바 있는 ≪子羔≫의 '众'자를 '三'자로 쓰는 상황과 유사하다. '왕사枉事'는 일을
정직하게 하지 못함을 말한다. "不修不武, 謂之必成, 則暴, 不敎而殺, 則虐, 命無時, 事必有期,
則賊, 爲利枉事, 則貪" 구절은 ≪論語·堯曰≫의 뒤에서 두 번째 문장과 대조해 볼 수 있다.230)
······따라서 이 자들은 '暴'·'虐'자로 읽을 수 있음을 알 수 있다. 또한 '不武' 중의 '武'자는
'戒'자의 오자誤字라는 것을 알 수 있다. 이 두 자는 윗부분 자부가 모두 '戈'이기 때문에 형태가
비슷하여 잘못 쓴 것이다. ······간문簡文의 내용은 본래 ≪논어≫의 내용을 기본으로 하고 있다.
세 가지 항목 '暴'·'虐'·'賊'의 뒤의 '貪'의 내용은 ≪논어≫나 ≪한시외전≫(권삼)(제24장)과
다르다. 이는 아마도 ≪논어≫의 '사악四惡' 중 마지막 항목 "猶之與人也, 出納之吝, 謂之有司"
가 이해하기 어렵기 때문에, 후학자들이 이 항목을 삭제하였거나 혹은 이를 수정하였는지 모른

---

228) "화가 났을 때 끝까지 참아야지 남에게 화를 폭발을 해서는 안된다."

229) '貪'자는 甲6簡에 보이는 것이 아니라 甲5簡에 보인다.

230) 「子張問於孔子曰: "何如斯可以從政矣?" 子曰: "尊五美, 屛四惡, 斯可以從政矣." 子張曰: "何謂五美?" 子曰:
"君子惠而不費, 勞而不怨, 欲而不貪, 泰而不驕, 威而不猛." 子張曰: "何謂惠而不費?" 子曰: "因民之所利而利
之, 斯不亦惠而不費乎? 擇可勞而勞之, 又誰怨? 欲仁而得仁, 又焉貪? 君子無衆寡, 無小大, 無敢慢, 斯不亦泰而
不驕乎? 君子正其衣冠, 尊其瞻視, 儼然人望而畏之, 斯不亦威而不猛乎?" 子張曰: "何謂四惡?" 子曰: "不敎而
殺謂之虐, 不戒視成謂之暴, 慢令致期謂之賊, 猶之與人也, 出納之吝謂之有司."」(자장이 공자께 물었다. "어떻
게 하여야 정치에 종사할 수 있게 되겠습니까?" 공자는 말하였다. "다섯 가지 미덕美德을 존중하고 네 가지
악덕惡德을 물리친다면 정치에 종사할 수 있게 될 것이다." 자장이 말하였다. "무엇이 다섯 가지 미덕입니까?"
"군자는 은혜스러우면서 낭비하지는 않고, 힘드는 일을 시키면서도 원망을 사지는 않고, 원하기는 하나 탐내지
는 않고, 태연하나 교만하지는 않고, 위엄이 있으나 사납지는 않다." "무엇이 은혜스러우나 낭비하지는 않는
것입니까?" 공자는 말하였다. "백성에게 이익되는 것에 따라서 그들을 이롭게 하여 주면, 이 또한 은혜스러우면
서 낭비하지는 않는 것이 아니겠느냐? 힘드는 일을 시킬 만한 사람을 택해서 힘드는 일을 시킨다면 또 누가
원망하겠느냐? 인자함을 원해서 인자함을 얻는다면 또 어찌 탐내겠느냐? 君子는 사람이 많건 적건 크건 작건
감히 소홀하게 다루는 일이 없으니, 이 또한 태연하나 교만하지는 않은 것이 아니냐? 君子는 자기의 의관을
바로 착용하고 사물을 바라보는 자신의 태도를 존중하여, 남이 바라보면 그를 두려워하게 되니 이 또한 위엄이
있으나 사납지는 않은 것이 아니냐?" 자장이 말하였다. "무엇이 네 가지 악덕입니까?" 공자는 말하였다. "가르
치지 않고서 죽이는 것을 잔학殘虐하다고 한다. 미리 경계해 놓지 않고서 일의 완성을 재촉하는 것을 난폭하다
고 한다. 소홀하게 명령해 놓고 시기를 꼭 대도록 기대하는 것을 괴롭히는 짓이라고 한다. 고루 사람들에게
나누어주는 데 있어 내고 들이는 것을 인색하게 하는 것을 有司라고 한다.")

다. ≪한시외전≫(제24장)은 '책責'자로 바꾸었고, 본 죽간은 '탐貪'으로 쓴다.

이외에도 ≪乙≫1간과 ≪乙≫2간은 연결되는 내용이다. ≪乙≫1간의 앞부분 "[九]曰犯人之務, 十曰口惠而不係" 구절은 정리자가 이미 밝힌바와 같이 ≪甲≫篇의 "除十怨" 구절과 관련이 있다. ≪甲≫15간·≪甲≫5간·≪甲≫6간과 ≪甲≫7간에서는 "敦五德·固三制·除十怨"에 대하여 언급하고 있는데, 이 중 '오덕五德'과 '삼제三制'의 내용을 이미 언급하였고, 이어지는 내용은 응당히 '삼제三制'와 '십원十怨'의 구체적인 내용일 것이다. 이 내용 중 ≪乙≫1簡의 앞부분이 '十怨'과 관련된 내용이다. 따라서 ≪乙≫1간과 ≪乙≫2간은 ≪甲≫7간 뒤에 놓을 수 있다. 내용으로 볼 때, ≪甲≫7간과 ≪乙≫1간 사이에는 적어도 하나 이상은 파손되었을 것이다.231)

≪곽점초간郭店楚簡·치의緇衣≫의 '⬛'(제 27간)자를 ≪상박초간上博楚簡·치의紂衣≫는 '⬛'(虐)'(제 14간)으로 쓴다. ≪설문해자≫의 '학虐'자의 고문古文 '⬛' 중 '⬛' 부분이 ≪상박초간≫의 자부字部 '示'이다. 이 자를 또한 '虐'로 쓰는데, 아래 부분은 모두 '⬛' 부분의 변형이다. ≪신양초간信陽楚簡≫은 '口'를 써서 '⬛'로 쓴다.

또한 간문簡文 '不武' 중의 '무武'자는 '계戒'자와 형태가 비슷하기 때문에 '戒'자를 잘못 쓴 것이라고 하였는데, 문맥상 옳은 것 같다.('부록'참고) ≪상박초간上博楚簡≫의 ≪용성씨容成氏≫는 '계戒' 자를 '⬛'·'⬛'로 쓰고, ≪종정을從政乙≫ 제1간은 '⬛'로 쓴다.232)

---

231) 陳劍, 〈上博簡≪子羔≫·≪從政≫篇的拼合與編連問題小議〉, 簡帛硏究, 2003-05-30.「其中"暴"字前已見於郭店簡≪性自命出≫第64號簡"怒欲盈而母暴", 周鳳五先生釋爲"暴", 正確可從. "虐"字原作從"示"從"居"之形, "居"字楚簡文字多用作"乎", 但據≪說文解字≫, 它是"古文虐"字. 郭店簡≪緇衣≫簡27從"病旁"從"居"之字, 今本作"虐", 可見≪說文解字≫之說自有其根據. 此處從"示"從"居"之字用爲"虐", 跟≪說文解字≫及郭店簡≪緇衣≫相合. 甲15與甲6相連處的"爲利枉事, 則貪", "貪"對應上文"母念(貪)"之貪. 甲15用"念"爲"貪", 甲6則逕用"貪"字, 跟前文講到的≪子羔≫篇"众"與"三"情況類似. "枉事", 意謂行事不直不正. "不修不武, 謂之必成, 則暴, 不敎而殺, 則虐, 命無時, 事必有期, 則賊, 爲利枉事, 則貪." 可與≪論語·堯曰≫的倒數第二章對讀. ……由此可以證明"暴"·"虐"兩字的釋讀. 同時還可以看出, 簡文"不武"之"武"當爲"戒"的誤字. 兩字上半俱從"戈", 因形近而致誤. ……簡文所云, 亦當係本自論語, 而"暴"·"虐"·"賊"三者之後是"貪", 跟≪論語≫和≪韓詩外傳≫卷三第二十四章都不相同. 按上引≪論語≫"四惡"的最末一項"猶之與人也, 出納之吝, 謂之有司"文意頗爲晦澀, 推測起來, 大槪正因爲此, 後來的著述遂或者去掉這一項, 或者以意改之. ≪韓詩外傳≫卷三第二十四章改爲"責", 此處簡文則改了"貪". 此外, 乙篇簡1和簡2可以連讀, 簡1開頭講"[九]曰犯人之務, 十曰口惠而不係", 整理者已經指出此兩句當與甲篇的"除十怨"攸關. 我們認爲, 上舉甲15·5·6·7這組簡已經講完了"敦五德·固三制·除十怨"中的"五德"並已提到了"三制", 接下來的內容應是"三制"的具體內容和"十怨"的名目, 而後者正是乙篇簡1開頭的內容, 所以乙篇簡1·2應該編次於甲篇簡7之後. 但從內容看, 甲篇簡7與乙篇簡1之間有缺簡, 可能所缺還不止一支.」

232) ≪楚系簡帛文字編(增訂本)≫, 236 쪽.

甲 第16簡

呂鈇饔餲見不謁行呂出之■闕之曰每二藥則緡正■息則

甲 第 16 簡

弖軝(犯)賡惥見^①, 不訓(順)行弖出之■. 睧(聞)之曰: 聿=(君子)藥(樂)則綧(治)正■. 息(憂)則^②

【해석】

만약에 징벌懲罰하게 되면 오히려 그 해가 나에게 미칠 수도 있으니, 어긋나는 행위를 하면 솔선수범해서 모범적인 행위를 보여 줘야 한다. 들건대, 군자의 즐거움은 나라를 정도正道로써 다스리는 것이고, 걱정거리가 있으면,

【上博楚簡原註】

죽간의 길이는 25.1㎝이고, 아랫부분이 약간 파손되었다. 문자는 모두 22자이고, 合文이 한 자있다. 내용상, 본 죽간과 연계되는 죽간이 없다.

① '弖軝賡惥見': 「惥」자는 자부 '心'을 쓰고 있으나, 「軝」과 같은 자이다. 전체적인 내용 파악이 쉽지 않아 좀 더 연구가 필요하겠다.

【譯註】

장광유張光裕 정리본은 「弖軝賡惥見」의 의미에 대하여 잘 모르겠다고 하였다. 양조명楊朝明은 〈≪종정≫편석의삼칙≪從政≫篇釋義三則〉에서 이 구절에 대하여 상세하게 설명하였다.

정리본은 '軝'자와 '惥'자를 모두 '犯(범할 범, fàn,fán)'자로 해석하였다. 이는 옳다. '賡(이을 갱, gēng)'은 '계속'이라는 의미이다. '以犯賡犯' 중의 뒤 '犯'자는 자부 '心'을 사용하여 앞 '犯'자와 구별을 하고 있는 듯하다. 즉 앞 자가 '침범侵犯'의 의미라면, 뒤 자는 '악의惡意'적인 침범이나 혹은 '의도적인 침범侵犯'일 것이다. '以犯賡犯'은 ≪禮記·表記≫의 『以怨報怨』²³³⁾과 비슷하다. 즉 ≪예기禮記·표기表記≫는 "이른바 덕으로 덕을 갚으면 백성이 권하는 바다. 원망으로 원망을 갚으면 백성이 징계할 바다."²³⁴⁾라 했다. '不訓' 중의 '訓'자를 정리본은 '順(순할 순, shùn)'으로 해석하였다. 그러나 '訓'자는 원래 '訓(가르칠 훈, xùn)'자의 본래 의미로 해석하여야 옳은 것 같다. ≪상서尚書·필명畢命≫의 『不由古訓』²³⁵⁾·≪좌전左傳·희공이십구년僖

---

233) "원망으로 원망을 갚는다."
233) "원망으로 원망을 갚는다."
234) ≪禮記·表記≫: 「以德報德, 則民有所勸, 以怨報怨, 則民有所懲.」

公二十九年≫의『仲尼曰: 以臣召君, 不可以訓.』236), ≪문공십팔년文公十八年≫의『顓頊有不才子, 不可教訓.』237) 구절 중의 '訓'과 의미가 비슷하다.

'행이출지行以出之' 구절은 고전적에 많이 사용하고 있는 '□以□之'의 문장 형식과 같다. 예를 들어, ≪易經≫의『君子學以聚之, 問以辯之, 寬以居之, 仁以行之.』238), ≪論語·衛靈公≫의『君子義以爲質, 禮以行之, 孫(遜)以出之, 信以成之. 君子哉!』239) 구절 등이 있다.

간문의『行以出之』는 ≪논어≫의『孫(遜)以出之.』240)의 문장과 비교할 수 있다. '出'은 '표현하다'의 의미이다. '行以出之'는 '행동으로 보여주다(나타내다)'의 뜻이다.

따라서 본 구절은 '以犯庚犯, 見不順, 行以出之'로 읽을 수 있고, '징계懲戒하기 위하여 남을 해치면 그 해침이 되돌아 올 수 있으니, 좋지 못한 행위를 보는 경우에는 모범적인 행동으로 솔선수범하여야 한다'이다.241)

본 구절은 잔실된 부분이 있기 때문에, 전체적인 의미를 정확하기 알수가 없다. 본문은 잠시 양조명楊朝明의 견해에 따라 해석하기로 한다.

② '孠=藥則綞正. 息則':「綞」는「治(다스릴 치, zhi)」의 의미이다.「息」은「憂(근심할 우, yōu)」자와 같다.「군자낙즉치정君子樂則治正. 우즉우則」구절 아래 내용은 보이지 않아 알 수 없지만, 전체적인 내용으로 보아 군자의 즐거움과 걱정에 대한 언급이다. 이 문장을 통하여 당시 정치의 정도正道는 정상적인 궤도에 오르게 할 수 있는가 없는가와 밀접한 관계가 있음을 알 수 있다.

235) "옛 교훈을 따르지 않다."
236) "공자는 '신하의 신분으로 임금을 오시라고 부른 것은 후세 사람에게 교훈될 수 없다'라 했다."
237) "전욱顓頊에게는 나쁜 아들이 있었는데, 가르칠 수가 없었다."
238) "군자는 배워서 모으고, 물어서 분변하며, 너그러움으로 살고 인으로 행한다."
239) "군자는 의로써 바탕을 삼고, 예로써 행하며, 겸손으로 나타내며, 신으로써 이루나니, 아 군자로다."
240) "겸손으로 나타내다."
241) 楊朝明, ≪從政≫篇釋義三則), 簡帛研究사이트, 2003-05-04.「兩 '軝'·'輨'字, 原≪考釋≫認爲都是'犯', 當是. 虞, 繼續. 以犯虞犯, 後一犯字一近似于'心'的構件, 使之區別于前者, 如果前者爲"侵犯"義, 後者應該是"惡意"或者"有意"的侵犯. 以犯虞犯, 當與≪禮記·表記≫『以怨報怨』意義相近. ≪禮記·表記≫曰: 『以怨報德, 則民有所勸, 以怨報怨, 則民有所懲.』不訓, 原≪考釋≫釋"訓"爲"順", 我們以爲可能讀爲"訓"之本字更妥. ≪尚書·畢命≫: 『不由古訓』, ≪左傳≫僖公二十九年: 『仲尼曰: '以臣召君, 不可以訓.'』文公十八年: 『顓頊有不才子, 不可教訓.』與之義近. 行以出之, 古籍多有"□以□之"的句式, 如≪易經≫: 『君子學以聚之, 問以辯之, 寬以居之, 仁以行之.』≪論語·衛靈公≫: 『君子義以爲質, 禮以行之, 孫(遜)以出之, 信以成之. 君子哉!』簡文的『行以出之』與≪論語≫的『孫(遜)以出之』可以對讀. 出, 表達. 行以出之, 用行動來表達它. 全句的斷句可以改成'以犯庚犯, 見不順, 行以出之', 意思可能是: 爲了有所懲戒而用侵犯回應惡意侵犯, 見有不足爲訓的行爲, 就用行動來表達它.」

甲 第17簡

人則啓道之遠人則奉相之是曰莊＝難得而悕憂也元憂人器之＝少人先＝則堲敬之

甲 第 17 簡

[前]人則啓道之^①, 逡(後)人則奉相之, 是昌曰羣=(君子)難得而惕(易)复(使)也^②, 亓复(使)人, 器之■, 少(小)人先=(先之), 則蟄敨之^③.

【해석】

[군자는 다른 사람보다 앞(나은 점)에 있으면] 길을 열어 주고 인도해 주며, 다른 사람보다 뒤(나은 점이 없으면)에 있으면 자기보다 나은 사람을 받들어 모시고 도와준다. 따라서 군자는 얻기 힘들지만, 섬기기는 쉽다. 군자는 사람 부림을 재량에 따라 적재적소에 일임한다. 소인을 대할 때는 소인보다 먼저 솔선수범해야하고, 다른 사람이 잘못하지 못하게 할 수 있는 것이다.

【上博楚簡原註】

죽간의 길이는 38.5㎝이고, 아랫부분이 파손되었다. 문자는 모두 35자이고, 그 중의 합문이 두 자이다. 내용상, 본 죽간과 연결되는 죽간이 없다.

① '人則啓道之': 「人」자 앞에는 「前」자를 보충할 수 있다. 「前人」과 뒷 부분의 「後人」과 대조를 이룬다.

【譯註】

진검陳劍은 〈상박간≪자고≫≪종정≫편적병합여편련문제소의上博簡≪子羔≫·≪從政≫篇的拼合與編連問題小議〉에서²⁴²⁾ ≪甲≫제17간의 앞부분은 아래 문장을 근거로 하여 "……君子先"을 보충할 수 있고, 뒷부분은 두 자가 보이지 않지만, 문장의 내용을 고려하여 "後人"이라는 두 글자를 보충할 수 있다하였다. 또한 정리본은 합문 "先人"을 "先之"로 석문하고, 앞부분에 '先'자가 아닌 '前'자를 보충하고 있는데, 이는 모두 잘못된 것이라 하였다.(제 11간 참고)

② '羣=難得而惕复也': 「羣=」은 「군자君子」자의 합문이다. 본 구절은 「君子難得而易使也」²⁴³⁾

---

242) 陳劍, 〈上博簡≪子羔≫·≪從政≫篇的拼合與編連問題小議〉, 簡帛研究, 2003-05-30.
243) "군자는 얻기 어려워도 섬기기는 쉽다."

의 의미로 제 18간의 「小人易得而難使也」244)의 구절과 대조를 이룬다. 「易使」는 「이사易事」245)로 읽는다. ≪論語·子路≫는 「子曰: 君子易事而難說也. 說之不以道, 不說也, 及其使人也, 器之. 小人難事而易說也. 說之雖不以道, 說也, 及其使人也, 求備焉.」246)이라 했다. 「난열難說」과 「이열易說」247)의 구별은 본 죽간 중의 「난득難得」248)와 「이득易得」249)의 차이와 같다.

③ '少人先=, 則塼敬之': 「先=」는 「선지先之」의 합문이다. ≪論語·子路≫는 「子路問政. 子曰: 先之勞之. 請益. 曰: 無倦.」250)·「仲弓爲季氏宰, 問政. 子曰: 先有司, 赦小過, 擧賢才. 曰: 焉知賢才而擧之? 曰: 擧爾所知. 爾所不知, 人其舍諸?」251)라 했다. 「先之」는 「先有司」252)의 의미와 같다. 즉 소인을 대할 때는 소인보다 먼저 솔선수범해야한다는 뜻이다.

≪郭店楚簡·成之聞之≫는 「古(故)君子之立民也, 身備(服)善以先之, 敬斳(愼)以守之.」253)라 하고, ≪尊德義≫는 「先之以悳(德), 則民進善安(焉).」254)이라 했다. 「塼」자는 모르는 자이다. 「則塼敬之」 구절의 의미는 연구가 좀 더 필요하다.

【譯註】

정리본은 「先=」는 '先之'이고, '소인을 대할 때는 솔선수범해야 한다'라는 의미로 풀이하였다. 하지만, 「小人」 앞에 문장부호 '■'가 있는 것으로 보아, 앞부분은 君子에 대한 내용이고, '■' 뒷부

---

244) "소인은 쉽게 구할 수 있지만 섬기기는 어렵다."
245) "섬기기 쉽다."
246) "군자가 말하였다. 군자를 섬기기는 쉬워도 기쁘게 하기는 어렵다. 기뻐하도록 하는 것을 도로써 하지 않으면 기뻐하지 않으며, 사람을 임용할 때는 적재적소에 맞게 한다. 그러나 소인은 섬기기는 어려워도 쉽게 기쁘게 할 수 있다. 기뻐하도록 하는 것을 도로 하지 않아도 기뻐하며, 사람을 임용할 때는 완전히 능력이 갖추어지기를 바라기 때문이다."
247) "기쁘게 하기가 쉽다."
248) "얻기 어렵다."
249) "얻기 쉽다."
250) "자로가 공자에게 정치에 대하여 물었다. '먼저하고 위로하는 것이다'. '더 말씀해 주십시오'. '게을리 함이 없어야 한다.'"
251) "중궁仲弓이 계씨季氏의 가신이 되어. 정치에 대하여 묻자, 공자는 '有司(실무자)를 앞세우고 작은 허물을 용서해 주며, 어진 이와 재주 있는 사람을 등용해야 한다'라 했다. '그렇다면 어떻게 어진 이와 재주 있는 사람을 알아서 등용합니까?' '네가 아는 바의 사람을 등용하면 네가 알지 못하는 바의 사람을 남들이 놓아두겠는가?'"
252) "실무자를 앞세우다."
253) "때문에 군자는 백성을 잘 살피고, 솔선수범하며, 근면공경하게 절조를 잘 지켜야한다."
254) "만약에 먼저 德으로 민중을 가르쳐 인도한다면, 민중은 善으로 나아갈 것이다."

분은 小人에 관한 내용인 것으로 보인다. 즉 「小人先之(〈人〉)」은 '소인은 다른 사람보다 먼저 일을 하지만', 군자처럼 행동하지 않음을 말한다.

'＄(塗)'자 중의 윗부분과 ≪곽점초간郭店楚簡·노자갑老子甲≫ '＄'자 중의 윗부분이 같다. ≪곽점초간郭店楚簡≫은 이 자를 '＄'으로 예정하고 「＄」자를 이가호李家浩는 '＄(고깔 변, biàn)'의 의미로 해석하고 있다.255) 문장 중에서는 '＄'자는 '辨(분별할 변, biàn)'자의 의미로 쓰인다. ≪설문해자說文解字≫는 '辨'자에 대하여 "'판별하다'의 의미이다"라고 하고, ≪소이아小爾雅·광언廣言≫은 "'判'은 '판별하다'의 의미이다."라 하였다.256) 주봉오周鳳五는 '＄(塗)'자는 소리부가 '＄'이고, '絆(줄 반, bàn)'의 의미이며, 이 구절의 전체적인 의미는 "소인小人은 만약에 다른 사람보다 앞에 있으면, 다른 사람이 앞으로 나아가는 것을 오히려 방해한다. 즉 마치 새끼줄로 사람을 묶고 가두어 두는 것과 같다. 또한 본 죽간은 아랫부분이 파손되었지만, 문맥과 문장 형식으로 보아 '후지後之' 두 자를 보충할 수 있고, 제 18간과 문장 내용이 연결된다."고 하였다.257) 본 구절은 '군자君子'와 '소인小人'에 관한 내용이기 때문에 마지막 부분은 '後之'가 아니라 '後人'을 보충할 수 있다.(제 11간 참고)

---

255) 〈釋「＄」〉, ≪古文字研究≫第一輯
256) ≪郭店楚墓竹簡≫, 文物出版社, 113쪽. ≪說文解字≫: 「判也.」≪小爾雅·廣言≫: 「判, 別也.」
257) 周鳳五, 〈讀上博楚書≪從政(甲篇)≫札記〉, 簡帛研究, 2003-6-5. 「「小人如果領先, 就阻礙他人前進, 用繩索把人繫絆·套牢. 竹簡下端殘缺, 據文意與句法, 可以補'後之'二字, 則與簡十八可以連讀.」

甲 第18簡

則藏毀之是曰曰少人傷早前難夏也开夏人必求備安﹖嶭之曰行在异前名在人名難靜也

甲 第 18 簡

則癥毀之, 是言曰少(小)人惕(易)旻(得)而難夏(使)也^①, 亓夏(使)人必求備安(焉)■. 飤(聞)之曰: 行在異(己)而名在人, 名難靜(爭)也^②.

【해석】

(만약에 다른 사람의 뒤에 있게 되면) 곧장 방해하고 해를 입힌다. 그런 고로, 소인은 쉽게 얻을 수 있지만, 섬기기가 어렵다. 그것은 사람을 임용할 때 완전한 능력이 갖추어지기를 바라기 때문이다.

들건대, 행동거지는 자기 자신이 하는 것이지만, 명성은 다른 사람에 의해 결정되기 때문에 명성을 얻기란 쉽지 않다.

【上博楚簡原註】

죽간의 길이는 42.6㎝이고, 문자는 모두 36자이다. 내용상 연결되는 죽간은 없다.

① '少人惕旻而難夏也': 본 죽간과 연계되는 죽간은 없으나, 앞 죽간「君子難得而易使」구절과 상대되기 때문에 본 죽간을 제17간 뒤에 놓기로 한다.

【譯註】

'癥(癥)'자는 소리부가 '盖(덮을 개, gài,gě)'이다. 이자를 '暴(사나울 폭, bào'이나 혹은 '陷(빠질 함, xiàn)'의 가차자로 해석한다. 주봉오周鳳五는 "'폭훼暴毀'는 '급훼急毀(곧장 훼방하다)'의 의미이다. 즉 '소인小人은 만약에 다른 사람 뒤에 있게 되면 곧장 남을 훼방한다'의 뜻이다. 이는 소인은 마음이 좁기 때문에 다른 사람을 용납하지 못함을 말한다."고 하였다.258) 제 15간에도 이 자가 보이는데 모두 '暴'의 의미로 쓰인다.

② '名難靜也':「靜」은「爭(다툴 쟁, zhēng)」으로 읽는다. ≪곽점초간郭店楚簡·老子甲≫은

---

258) 周鳳五,〈讀上博楚竹書≪從政(甲篇)≫札記〉, 2003-06-05.「'暴毀', 就是急毀, 簡文的意思是, 小人如果落於人後, 就急切的毀謗他人. 這是說明小人心胸狹隘, 不能容人..」

「以其不靜(爭)也, 古(故)天下莫能與之靜(爭).」259)라 했다.

「名難靜也(이름을 얻기가 힘든)」이유는 「行在異(己)而名在人.(행동거지는 자기 자신이 하지만, 명성은 남들에게서 얻어지는 것)」이기 때문이다.

---

259) "그는 또한 남들과 다투지 않기 때문에 천하에는 그와 다툴 자가 없다."

甲 第19簡

之人可也鬭之曰行隮至命饐滄而毋欽從事而毋說訏于不占流言戠人￭

甲 第 19 簡

之人可也. 聥(聞)之曰: 行隚(險)至(致)命①, 饎滄而毋斂, 從事而毋䛠(?)②, 君子不㠯流言䜴(傷)人■③.

【해석】

의 사람은 할 수 있을 것이다. 듣건대, 위험한 행동은 생명에 지장이 있게 되며, 기한飢寒 때에는 회동을 거행하지 말고, 일을 처리할 때는 소송으로 다투는 일이 없도록 해야한다. 군자는 유언비어로 남을 해치지 않는다.

【上博楚簡原註】

죽간의 길이는 42.8㎝이고, 문자는 모두 29자이다. 내용상 이 죽간과 연결되는 죽간이 없다.

① '行隚至命': 「隚」은 「險(험할 험, xiǎn)」과 같은 자이다. ≪예기禮記·중용中庸≫은 「故君子居易以俟命, 小人行險以徼幸.」[260]라 했다.

② '饎滄而毋斂, 從事而毋䛠': 본 구절은 좀 더 연구가 필요하겠다.

【譯註】

정리본은 '饎滄而毋斂, 從事而毋䛠'에 대하여 좀 더 연구가 필요한 구절이라 하였다. 황덕관黃德寬은 〈≪전국초죽서(이)≫석문보정≪戰國楚竹書≫(二)釋文補正〉에서 "본 구절은 '饑而毋會, 從事而毋訟'로 읽고 전체적으로 '기한飢寒이 있을 때에는 회동을 거행하지 말고, 일을 처리할 때는 소송으로 다투는 일이 없도록 해야한다'의 뜻이다."고 주장하였다.[261]

본문은 황덕관黃德寬의 견해에 따라 해석하기로 한다.

---

260) "군자는 편안한 곳에 거처하면서 천명을 기다리지만, 소인은 험한 행동을 하면서 요행을 바란다."

261) 黃德寬, 〈≪戰國楚竹書≫(二)釋文補正〉, 簡帛硏究, 2003-06-04.「'饑而毋會, 從事而毋訟', 意謂'饑寒之歲不要擧行會同, 行事之時不要爭訟.'」

③ '君子不曰流言羏人': 「流言」은 「傳言(소문)」이나 「謠言(유언비어)」의 의미이다. 「羏」자는 「傷(상처 상, shāng)」과 같은 자이다.

≪예기禮記·유행儒行≫은 「過言不再, 流言不極.」[262]·「久不相見, 聞流言不信.」[263]이라 했다.

옛날에 주공周公은 유언비어 때문에 피해를 봤다. ≪서경書經·금등金縢≫은 "무왕武王이 죽고 난 뒤에 관숙과 그의 아우들은 '주공은 장차 어린 아이에게 이롭지 않은 짓을 할 것이다'라는 소문을 나라에 퍼뜨렸다."[264]라 하고 ≪채중지명蔡仲之命≫은 "주공周公은 재상자리에 있으면서 여러 관리들을 거느렸다. 그러나 그의 여러 형제들이 뜬소문을 퍼뜨리자 이에 관숙管叔을 상나라에서 처형하고 채숙을 곽린郭鄰에 가두었다."[265]라 했다.

≪순자荀子·대략大略≫은 속담을 인용하여 "흐르는 탄환은 움푹한 구덩이에서 멈추고 근거 없는 말은 지혜 있는 사람에 의해 멈춰진다."[266]라 하고, "옳고 그른 것이 의심스러우면 먼일로써 그것을 헤아리고 가까운 사물로써 그것을 검증한 후 공평한 마음으로 생각해 보면 된다. 그러면 근거없는 말도 없어지고 나쁜 말도 사라지게 된다."[267]라 하여 유언비어를 없애려면 검증이 필요하다고 하였다. ≪순자荀子·치사致士≫는 또한 "유언비어나 낭설은 ……출처도 없는 것들이 함부로 들어오면 군자는 거기에 대하여 신중히 행동한다. 곧 거기에 대하여 잘 듣고 분명하게 드러나도록 하여 그것이 사실에 합당한가를 결정하여 사실과 틀림없음을 확인한 뒤에 형벌이나 상을 그에게 내려 주어야 한다."[268]고 하였다.

≪묵자墨子·영적사迎敵祠≫는 "유언비어를 만들어 전파한다면 관민官民들이 놀라고 불안해하니까 신중하고 조심스럽게 그 출처를 찾아내서 용서하지 말고 처벌하여야 한다."[269]라며, 사람에게 해를 입히기 때문에 적절하게 처리하여 이를 근절시켜야 한다라고 주장하고, ≪순자荀子·대략大略≫ 또한 "근거 없는 말은 없애 버리고, 재물과 여색은 멀리해야 한다. 그것들은 재난이 생겨나는 바탕으로 자질구레한 일로부터 생겨난다. 그러므로 군자는 일찍부터 끊어 버리는 것이다."[270]고 하였다.

---

262) "이미 말했으면 다시 하지 않고, 떠도는 말이라도 추궁하지 않는다."
263) "오랫동안 만나지 못했는데, 유언비어가 있으면, 이를 믿지 않는다."
264) ≪書經·金縢≫: 「武王既喪, 管叔及其群弟乃流言於國, 曰: 公將不利於孺子.」
265) ≪蔡仲之命≫: 「惟周公位冢宰, 正百工. 群叔流言, 乃致辟管叔于商, 囚蔡叔于郭鄰.」
266) ≪荀子·大略≫: 「流丸止於甌臾, 流言止於知者.」
267) 「是非疑, 則度之以遠事, 驗之以近物, 參之以平心, 流言止焉, 惡言死焉.」
268) ≪荀子·致士≫: 「凡流言·流說……不官而衡至者, 君子慎之, 聞聽而明譽之, 定其當而當, 然後士其刑賞而還與之.」
269) ≪墨子·迎敵祠≫: 「其出入爲流言, 警駭恐吏民, 謹微察之, 斷罪不赦.」

≪곽점초간郭店楚簡·치의緇衣≫에서는 "그런고로 대인은 헛소리를 하지 않는 것이다. ≪시경≫은 '그대의 행동을 조심하고 삼가서, 위엄 있는 의태儀態를 공경토록 하라.'라 했다."271)라 했는데, 이는 본 죽간의 내용과 비슷하다.

　　「君子不㠯流言㱿人」 구절 뒤에 문장 부호 '墨釘(검은 점)'이 있고, 공백 여백이 있는 것으로 보아 본편의 제일 마지막 부분인 것으로 보인다.

---

270) ≪荀子·大略≫ 또한 「流言滅之, 貨色遠之. 禍之所由生也, 生自纖纖也. 是故君子蚤絶之.」
271) ≪郭店楚簡·緇衣≫: 「古(故)大人不昌(倡)流. ≪寺(詩)≫員(云): "誓(愼)爾出話, 敬爾悢(威)義(儀)".」

4-2

從　　政 (乙篇)

乙 第 1 簡

日帆人之矛。十曰口惠而不係。興邦豪絧正酋從命則正不裝宰戒先卽則白弇司顯訪雚信則僞

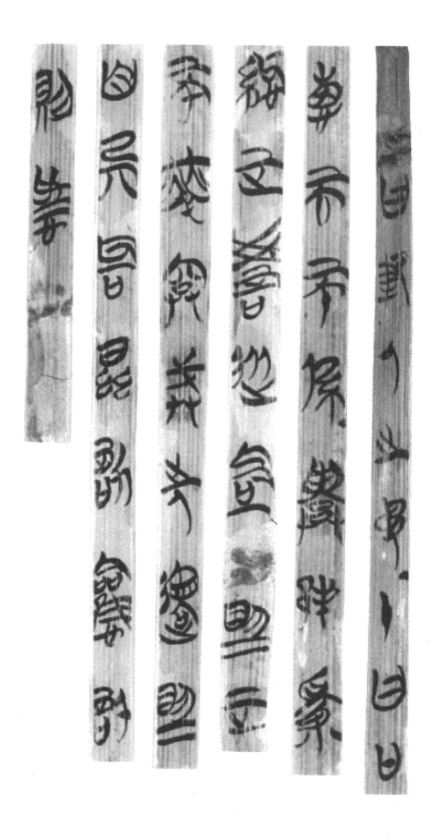

乙 第 1 簡

曰軋(犯)人之矛(務)①, 十曰口惠而不係②■, 興邦豪(家), 絧(治)正耸(教), 從命則正(政)不褻(勞), 筹(壅)戒先逢(匿), 則自異(忌)司(始)③, 炅(顯)訫(嘉)懽(勸)信, 則憍(僞)④

【해석】

(아홉 번째의 원망은) 다른 사람의 일을 범하게 되는 것이고, 열 번째는 말로는 은혜를 베푸는 듯 하나 마음으로는 실제로 순응하지 않는다. 집정자가 나라를 흥성시키고 잘 다스리고 교화하고자 한다면, 천명에 순응해서 하면 정치는 힘들지 않게 할 수 있다. 항상 경계하고 조심하여야 하는데, 이러한 마음이 없어지려는 조짐은 시기하거나 질투하는 마음에서 비롯된다. 아름다운 선행은 칭찬하고, 성실함을 권장하면 위선과 거짓 행위는 자연스럽게 (감소된다).

【上博楚簡原註】

본 죽간의 길이는 42.6cm이고, 문자는 모두 37자이다. 본 죽간은 ≪從政·乙篇≫ 중에서 유일하게 파손되지 않은 완전한 형태다. 뒷부분 내용이 제 2간과 연결이 되기 때문에 본 죽간을 제일 앞에 놓았다.

① '曰軋人之矛': 「軋」자는 「犯(범할 범, fàn,fán)」자이다.

「矛」자는 「務(일 무, wù)」로 읽는다. ≪곽점초간郭店楚簡·존덕의尊德義≫는 「灘忿繍(矕), 改慞勑(勝), 爲人上者之矛(務)也.」1)라 했다. 다음 구절 「十曰口惠而不係」로 보아 「曰軋人之矛」 구절 제일 앞부분은 「九」자가 누락된 것으로 보인다. 문장의 내용으로 보아 이 두 구절은 ≪종정從政·갑편甲篇≫의 「제십원除十怨」의 내용과 관련이 있는 것으로 보인다. 만약에 다른 사람을 해치면(침범하면), 다른 사람에게서 원망을 사기 때문에 조심하고 경계하여야 한다는 내용이다.

② '口惠而不係': ≪예기禮記·표기表記≫는 「子曰: 口惠而實不至, 怨菑及其身. 是故君子與其有諾責也, 寧有已怨.」2)이라 하고, ≪漢詩外傳≫(卷五)는 「口惠之人鮮信.」3)이라 했다. ≪곽점초

---

1) "분노를 배제하고, 질투와 경계를 없애고, 승리에 집착하는 습관을 고치는 것이 윗사람의 임무이다."
2) "공자는 말했다. 입으로만 은혜롭고 실제는 이르지 않으면 원망으로 인한 재앙이 몸에 미치기 때문에, 군자는

간郭店楚簡·충신지도忠信之道≫는 또한 「口惠而實弗從(從), 君子弗言爾.」4)라 하였다. 죽간의 「口惠而不係」는 「口惠而實不至」이나 「口惠而實弗從」의 의미와 같다. 종정자從政者는 언약을 신중히 하여야 하며, ≪수호지진간睡虎地秦簡·위리지도爲吏之道≫가 말한 "조심하라. 조심하라. 말은 따라 잡을 수 없을 만큼 빠르게 퍼져 간다."5)와 비슷한 의미이다.

【譯註】

정리본의 예정한 '係'자를 서재국徐在國는 〈상박죽서(이)문자잡고上博竹書(二)文字雜考〉에서 증후을묘曾侯乙墓의 문자를 이용하여 '繇(역사 요, yáo,yóu)'자로 예정하고 '由'로 읽었다.

≪從政乙≫의 제 1간 "口惠而不係" 구절 중의 마지막 자는 'A𦅫'로 쓴다. 이 자에 관하여 고석하기 전에 ≪曾侯乙墓竹簡≫의 이와 관련된 문자를 살펴보면 아래와 같다.

B 𦅫 ≪楚系簡帛文字編≫889 쪽.

C 𦅫 ≪楚系簡帛文字編≫889 쪽.

D 𦅫 ≪曾侯乙墓≫116 쪽.

구석규와 이가호는 'B'자는 '요繇'자의 변체이고, '是'는 자부 '韋'와 '繇'자의 생략형이 소리부인 형성자라 하고, 장철혜는 'D'자는 자부 '走'와 '繇'자의 생략형이 소리부인 형성자라 하였다. 'A'와 'B'·'C'·'D'자를 비교해 보면 'A'자는 '繇'자라는 것을 어렵지 않게 발견할 수 있다. ('A'자는 혹은 '繇'자의 생략형이고, 혹은 상형자 '䚫'자가 변형된 형태로 이해할 수 있다). 정리본은 ≪從政乙≫의 "口惠而不繇"(233 쪽) 구절은 ≪禮記·表記≫의 "口惠而實不至"와 ≪郭店楚墓竹簡·忠信之道≫(제 5간)의 "口惠而實弗從" 구절의 의미와 같다고 하였는데, 이는 옳다. 죽간의 '繇'자는 '由'로 읽을 수 있다. '繇'자와 '由'자는 고문자에서 서로 통용되는 예가 많다.(高亨≪古字通假會典≫, 714-716 쪽 참고). '由'자는 혹은 '從'의 의미로 해석할 수 있다. 예를 들어, ≪論語·秦伯≫ "백성은 따르게 할 수는 있지만, 이치를 다 알게 알 수는 없다" 구절에 대하여 정현鄭玄은 "'由'는 '종從'의 뜻이라 하였다".6)

그 대답만 하고 실행하지 않아 책망이 있는 것보다는 차라리 대답하지 않는다."
3) "입으로만 은혜로운 사람은 믿음이 적다."
4) "입으로는 좋게 말하면서 실제로는 하지 않는 것, 군자는 이와 같이 말하지 않는다."
5) ≪睡虎地秦簡·爲吏之道≫:「戒之戒之, 言不可追.」
6) 徐在國,〈上博竹書(二)文字雜考〉, 簡帛研究, 2003-04-05. ≪從政乙≫第一簡"口惠而不係". 最後一字原簡作:

A 𦅫

在討論此字前 , 先看一下曾侯乙墓竹簡中的几個字:

B 𦅫 ≪楚系簡帛文字編≫889頁

본문은 서재국徐在國의 주장에 따라 '繇'자로 예정하고 '由'로 해석하기로 한다.

③ '雍戒先逽, 則自異司': 「雍」자는 ≪곽점초간郭店楚簡・성지문지成之聞之≫의 「是以民可敬道(導)也, 而不可雍(雍)也.」7)(제5-6간) 구절에도 보인다. 「雍(막을 옹, yōng)」자를 이전에는 「掩(가릴 엄, yǎn)」자로 해석하였으나, 자형으로 보아 이 자는 소리부가 「公」이기 때문에 「雍(누그러질 옹, yōng)」의 의미로 해석할 수 있다. 「옹폐雍蔽(은폐하다.)」의 의미인 「雍(막을 옹, yōng)」의 통가자로 쓰이고 있다. ≪시경詩經・소아小雅・무장대차無將大車≫의 「無將大車, 維塵雍兮.」8)에 대하여 정현鄭玄은 "'雍'자는 또한 '雍'자로 쓰기도 한다."라고 설명하였다.

「雍」자는 또한 「擁(안을 옹, yōng)」의 의미로 해석하기도 한다.9)

≪설문해자說文解字≫는 「戒(경계할 계, jiè)」자에 대하여 "'경계하다'의 뜻이다. '廾'과 '戈'로 이루어진 회의자이다. '창을 들고 만일의 경우에 대비해서 경계하다'의 의미이다."10)라고 하였다. 「옹계雍戒」는 「경계하고 옹호하다」의 의미이다.

「逽」는 「匿(숨을 닉{사악할 특}, nì)」자이다. ≪설문해자說文解字≫는 '匿'자에 대하여 "은 '달아나다(亡)'의 뜻이다."11)라 하였다.

「異」자는 「忌(꺼릴 기, jì)」의 의미이다. ≪곽점초간郭店楚簡・어총이語叢二≫는 「乘(勝)生於忿(怒), 惎(忌)生於輮(勝).」(제26-27간)12)・「惻(賊)生於惎.」(제27간)13)라 하였고, ≪존덕의尊德義≫는 「濉忿緈(爭), 改惎(忌)勑(勝), 爲人上者之务(務)也.」14)라 했다.

「惎」자는 원래 「𢜸」로 쓰는데, 본 죽간의 「異」자 등으로 보아 「忌」의 의미인 것이 확실하다.

C 𣛓 ≪楚系簡帛文字编≫889頁

D 𣛓 ≪曾侯乙墓≫116簡

裘錫圭・李家浩先生認爲B是"繇"字的變體, C是从韋・繇省聲. 張鐵慧先生認爲, D从走・从繇省. 將A與B-D對比, 不難發現A應釋爲"繇". (A可看作是繇之省, 也可視爲是"䋣"的象形初文的讹變). ≪從政乙≫一"口惠而不繇". 該書233頁已指出此句与≪禮記・表記≫"口惠而實不至"・≪郭店楚墓竹簡・忠信之道5≫"口惠而實弗從"意同. 這是正確的. 簡文"繇"讀"由". "繇""由"二字古通, 例證極多. 詳參高亨≪古字通假會典≫714-716頁. "由"或訓從. 如: ≪論語・秦伯≫: "民可使由之, 不可使知之." 鄭玄注: "由, 從也."

7) "민중들을 원활하게 敎導해야지 엄폐해서는 안 된다."
8) "큰 수레 몰지마라, 먼지만 뿌옇게 덮어 쓸 것을."
9) 楊澤生, ≪戰國文字硏究≫.
10) ≪說文解字・收部≫: 「警也. 从廾戈, 持戈以戒不虞.」
11) ≪說文解字・匸部≫: 「匿, 亡也.」
12) "강함을 다투고 지려 하지 않는 것은 분노에서 생기고, 질투는 지려하지 않는데서 생긴다."
13) "상해는 질투하여 미워하는데서 생긴다."
14) "분노를 배제하고, 질투와 경계를 없애고, 승리에 집착하는 습관을 고치는 것이 윗사람의 임무이다."

「雝戒先匿, 則自異司」는 '경계하거나 조심하는 마음이 없어지는 근원은 질투하는 마음에서 비롯된다'는 의미이다.

【譯註】

장광유張光裕 정리본은 '𥧌(雝)戒先逄(匿), 則自異(忌)司(始)' 구절을 "항상 경계하고 조심하여야 하는데, 이러한 마음이 없어지려는 조짐은 시기하거나 질투하는 마음에서 비롯된다."[15]라고 하였다. 양조명楊朝明은 〈종정편석의삼측《從政》篇釋義三則〉에서 '雝'자는 '塞(변방 새, sāi,sài,sè)', '匿'자는 '은폐하다'·'없애다', '忌'자는 '己'의 의미로 풀이하여,「雝戒先匿, 則自忌(己)始」구절은 "감추어져 있는 위험을 없애려면, 반드시 먼저 자신부터 일을 잘 처리하여야 한다."라는 뜻이라 하였다.[16] 《상박초간(이)독본上博楚簡(二)讀本》의 《종정역석從政譯釋》은 '𥧌'자를 '容(얼굴 용, róng)'의 의미로, '匿'자를 '慝(사특할 특, tè)'의 의미로 해석하여 "'容戒先慝, 則自己始'이란 마음 속에 경계심을 가지고 사악한 마음이 생기기 전에 이를 없애야 하는데, 이는 반드시 자기 자신부터 잘 해야한다."로 해석하고 있다.[17]

'𥧌戒'는 '雝戒'로, 즉 이를 '없애고 경계하고자 하다'의 의미이고, '先逄'은 '先慝'으로 '나쁜 마음이 싹트기 전'의 뜻을 말한다. 따라서 전체적으로 '마음속에 항상 경계심을 가지고 사악한 마음이 싹트기 전에 이를 경계하고 없애다'로 해석할 수 있다.

④ '㬎訬懽信則僞':「㬎」은 즉「顯(나타날 현, xiǎn)」자이다.「訬」자는「訽」자를 간략하게 쓴 형태이며,「嘉(아름다울 가, jiā)」로 읽는다. 《설문해자說文解字》는 '嘉'자에 대하여 "'아름답다'의 뜻이다"[18]라 하고, 《이아爾雅·석고상釋詁上》은 "'아름답다'의 뜻이다"[19]라 하였다.
「懽」자는「勸(권할 권, quàn)」,「僞」는「僞(거짓 위, wěi)」로 읽는다. 《곽점초간郭店楚簡·성자명출性自命出》은「凡人僞爲可亞(惡)也. 僞斯吝壴(矣), 吝斯慮壴(矣), 慮斯莫與之結壴(矣).」[20]

---

15) 「蓋言戒備之心若失, 則已先啓微亡之徵, 此皆因有猜忌之心故也.」
16) 楊朝明, 〈《從政》篇釋義三則〉, 簡帛硏究, 2003-06-05. 「要消除被壅蔽的危險, 就必須從自己開始, 自己先要做好.」
17) 季旭昇 主編, 《上海博物館藏戰國楚竹書(二)讀本》, 72-73 쪽. 「"容戒先慝, 則自己始', 意謂'心中保持警戒, 在邪惡産生之前就消除它, 這必須從自己開始做好"」
18) 《說文解字·壴部》: 「嘉, 美也.」
19) 《爾雅·釋詁上》: 「嘉, ……美也」
20) "허위虛僞는 응당히 싫어해야 한다. 허위는 사람을 쉽게 경거망동하게 하고, 경거망동한 행위는 사람을 쉽게 거만하게 만든다. 거만한 사람은 다른 사람이 가까이 하여 사귀려하지 않는다."

(제48-48간)라 하였다.

　이 구절은 제 2간의 앞부분「부장不章」과 연결되어, 전체적으로「顯嘉懽(勸)信, 則僞不章(彰)」의 내용이다. '아름다운 선행은 칭찬하고 성실함을 권장하면 위선과 거짓은 자연적으로 감소된다'라는 뜻이다.

乙 第 2 簡

不章﹒毋古民贍則同不膚濼贏亞則民不悄﹒厁之日

乙 第 2 簡

不章①■, 毋占(佔)民贎(歛)則同②, 不膚(敷)瀺(法)贏(盈)亞(惡), 則民不惼(怨)③■. 暊(聞)之曰:

【해석】

감소한다. 백성의 재산을 탐하지 않으면 서로 화합하게 되며, 법을 잘못 적용하지 않아 악법이 만연되지 않으면 백성은 원망하지 않게 된다. 듣건대

【上博楚簡原註】

본 죽간의 길이는 23㎝이고, 아랫부분이 약간 파손되었다. 문자는 모두 20자이다. 내용상, 「문지왈聞之曰」과 연결되는 다른 죽간이 없다.

① '不章': 「章」은 「彰(밝을 창, zhāng)」으로 읽는다.

② '毋占民贎則同': 「占」은 「佔(볼 점, zhàn)」으로 읽는다. 「贎」은 「歛(바랄 감, liǎn)」으로 읽는다. 「민감民贎」이란 백성이 축적해 놓은 재산을 가리킨다. 「同」은 「화합하다(和同)」는 의미이다. ≪곽점초간郭店楚簡·오행五行≫은 「和則同, 同則善.」(제32간)21)라 했다.

③ '不膚瀺贏亞, 則民不惼': 「膚(살갗 부, fū)」자는 좌측에 다른 편방偏旁이 있으나, 잘 보이지 않는다. 「膚」자를 소전은 「臚(살갗 려, lú)」자로 쓴다. ≪說文解字·肉部≫의 「臚, 皮也.」22)에 대하여 ≪설문해자주說文解字注≫는 "주문籀文은 현재 '皮膚'의 의미인 '膚'로 쓴다. '膚'자가 쓰이게 되자, '臚'자는 쓰이지 않게 되었다."23)고 하였다.
≪한서漢書·숙손통전叔孫通傳≫의 「大行設九賓, 臚句傳.」24) 구절에 대하여 안사고顏師古는 소림蘇林의 "상부의 말을 하달하는 것을 '臚'라하고, 하부의 말을 상부에게 전달하는 것을 '句'라 한다."25)라는 말을 인용하여 설명하였다. 단옥재段玉裁는 "이는 모두 말을 전달하고 아뢰는 의

---

21) "조화調和되면 곧 동합同合이 되고 동합이 되면 선善이 된다."
22) "臚(살갗 려, lú)', '피부'의 뜻이다."
23) 「今字皮膚從籀文作膚, 膚行而臚廢矣.」
24) "대행관大行官에는 아홉 명의 상하부의 말을 전달하는 인원이 있다."

미의 '敷(펼 부, fū)'로 읽는다."26)고 하였다. 「膚�」은 즉 「부법敷�(法)」의 뜻이다.

「嬴」은 「盈(찰 영, yíng)」으로 읽는다. 「亞」자는 「惡(악할 악, è)」자와 같다. 「敷法盈惡」 중의 「敷法」은 좋지 않은 의미로 쓰인다. 혹은 「枉法(법을 어기다.)」의 뜻이다. 전체적으로 '법을 잘못 적용하지 않아 악법이 만연하지 않으면 백성은 자연히 원망하지 않는다'의 뜻이다.

【譯註】

정리본은 '膚�'을 '부법敷法'으로 읽고 '왕법枉法'의 뜻으로 해석하고 있다. '敷(펼 부, fū)'자는 '尃'와 같은 자이다. ≪설문해자說文解字≫는 '尃(펼 부, fū)'자에 대하여 "'尃'는 '공포하다'의 뜻이다. 자부 '寸'과 소리부 '甫'로 이루어진 형성자이다."27)라 하고, 용경容庚 ≪금문편金文編≫은 "'尃'자는 '敷'의 의미로 쓰인다. ≪모공정毛公鼎≫은 '명령을 외부로 공포하다'라 했다."28)라 하였고, ≪毛公鼎≫은 '尃'로 쓴다.29) ≪상박초간上博楚簡≫의 ≪공자시론孔子詩論≫과 ≪용성씨容成氏≫는 각각 '尃'·'尃'로 쓴다.30)

25) 「上傳語告下爲臚, 下告上爲句也.」
26) 「此皆讀爲敷奏以言之敷也.」
27) ≪說文解字≫:「尃, 布也. 從寸, 甫聲.」
28) 容庚 ≪金文編≫:「尃, 孽乳爲敷. ≪毛公鼎≫: '尃命于外'.」
29) ≪金文編≫, 209 쪽, 213 쪽.
30) ≪楚系簡帛文字編(增訂本)≫, 302 쪽.

乙 第 3 簡

遠·少人藥則悉·息則僻·妄則勅·愚則佐·恥則乾·歐之曰從正不絕則嚘·絕巳至則

乙 第 3 簡

復(復)■. 少(小)人藥(樂)則悉(疑), 悥(憂)則睧(昏)^①■, 芡(怒)則勅(勝)^②, 思(懼)則伓(背)^③■, 恥則軋(犯)^④. 睧(聞)之曰: 從正(政)不紿(治)則嬰(亂), 紿(治)巳(也)至則□^⑤.

【해석】

자기 자신을 먼저 반성한다. 소인은 즐거운 일이 있으면 결단이 없게 되고, 걱정이 있으면 곧 바로 의문을 품게 되며, 분노憤怒는 이기려하기 때문이고, 두려운 일이 있으면 배반하려 하고, 수치스러운 일이 있으면 이를 숨기기 위하여 범법犯法을 저지른다. 들건대, 잘 다스리지 못하면 혼란에 빠지게 되고, 잘 다스리게 되면 ……하게 된다.

【上博楚簡原註】

본 죽간의 길이는 36.5㎝이고, 아랫부분이 약간 파손되었다. 약간 보이는 자까지 포함하여 문자는 모두 32자이다. 이 죽간과 연계되는 죽간이 없다.

① '悥則睧': 「睧」자는 초간에서 일반적으로 「聞(들을 문, wén)」이나 「問(물을 문, wèn)」의 의미로 사용되나 본 구절에서는 「問」의 의미이다. ≪論語·述而≫는 「君子坦蕩蕩, 小人長戚戚.」³¹⁾라 했다. 「척척戚戚」은 '걱정하는 모양'이다. 「우즉문憂則問」은 '마음이 조마조마하여 시시각각 의문을 품게 된다'의 뜻이다.³²⁾

② '芡(怒)則勅(勝)': 「芡」는 「菳」로 쓰기도 한다. 여기에서는 「心」을 생략하여 쓴다. 「怒(성낼 노, nù)」와 같은 자이다. ≪곽점초간郭店楚簡≫은 「怒」자를 「菳」자 이이에 「忿」지로 쓰기도 한다. ≪집운集韻≫은 '怒'자에 대하여 "≪說文解字≫는 '怒'자를 '恚(성낼 에, huì)'의 의미로 해석하였다. 고문古文은 '忿'이나 '悠'로 쓴다."³³⁾라 하였다.

「勅」은 「勝(이길 승, shèng,shēng)」으로 읽는다. ≪곽점초간郭店楚簡·노자을老子乙≫은 「梟

---

31) "군자는 평온하여 느긋하지만, 소인은 늘 조마조마하여 초조해 한다."
32) 앞에서는 '悥(憂)則睧(昏)'로 쓰고 있는데, '昏'자는 '問'자를 잘못 쓴 것으로 보인다.
33) ≪集韻·去御≫:「怒, ≪說文解字≫恚也. 古作忿悠.」

(燥)勎(勝)蒼(滄), 青(清)勎(勝)然(熱).」(제15간)34)이라 했고, ≪어총이語叢二≫는 「乘(勝)生於忿(怒), 惎(忌)生於輚(勝).」35)이라 했다.

③ '思則怀': 「思」는 「懼(두려워할 구, jù)」와 같은 자이다. 「怀」는 「背(등 배, bèi, bēi)」로 읽는다. ≪논어論語 · 안연顏淵≫은 「君子不憂不懼.」36)라 했고, 소인小人은 이와 반대다. 즉 소인은 근심하기 때문에 두려워하고, 두려워하기 때문에 배반을 하게 된다. ≪곽점초간郭店楚簡 · 성지문지成之聞之≫는 「是古(故)小人變(亂)天棠(常)以逆大道.」(제32간)37)라 했다.

④ '恥則輙(犯)': 「輙」은 「犯(범할 범, fàn,fán)」으로 읽는다. ≪곽점초간郭店楚簡 · 어총이語叢二≫는 「惄(利)生於恥.」38)라 했다. ≪논어論語 · 이인里人≫은 「君子喩於義, 小人喩於利.」39)라 했다. 즉 小人이 수치스럽고 범법犯法 행위를 하는 것은 이익을 추구하기 때문이다.

⑤ '從正不綤則嬰, 綤巳至則□': 「嬰」자는 「亂(어지러울 란{난}, luàn)」자와 같은 자이다. 「不治之亂」은 종정자從政者는 「治(다스림)」가 미치는 영향을 특별히 중시해야 한다는 것을 강조한 것이다.

「巳(여섯째 지지 사, sì)」는 「也(어조사 야, yě)」자를 잘못 쓴 것이다. 초간에서 「巳」와 「也」자가 자주 혼용되어 쓰인다.

【譯註】

진검陳劍은 〈上博簡≪子羔≫ · ≪從政≫篇的拼合與編連問題小議〉에서 '甲16+乙3'으로 연계되는 내용으로 복, "以犯賡犯見不訓行以出之. 聞之曰: 君子樂則治政, 憂則[□, 怒則□, 懼則□, 恥則【甲16】復. 小人樂則疑, 憂則昏, 怒則勝, 懼則倍, 恥則犯. 聞之曰: 從政不治則亂. 治已至, 則【乙3】"로 읽고 있다.

---

34) "열기는 냉기를 이기고, 청량은 열기를 이긴다."
35) "강함을 다투고 지려 하지 않는 것은 분노에서 생기고, 질투는 지려 하지 않는데서 생긴다."
36) "군자는 근심하지도 두려워하지도 않는다."
37) "그런고로 소인은 하늘의 법칙을 어기고 어지럽힌다."
38) "이익은 부끄러움을 행하는 곳에서 나온다."
39) "군자는 의에 밝고, 소인은 利에 밝다."

이 두 죽간이 서로 연결되는 내용으로 보는 것은 문장의 형식이 서로 같고, 모두 '군자'와 '소인'을 서로 대조하여 설명하고 있기 때문이다. '甲16'은 아랫부분이 잔실되었는데, 약 10여자 더 추가할 수 있다. 지금 만약에 이를 보충한다면, "□, 怒則□, 懼則□, 恥則" 등 9자일 것이다. 그런데 "君子樂則治政" 구절을 고려하여 볼 때, 매 구절 중 '則'자 다음에 단지 한 자만 잔실된 것이 아닐 수가 있는데, 그렇다면 잔실된 자는 이보다 더 많을 것이고, 만약에 이를 고려한다면 잔실된 부분과 문자의 수는 거의 일치된다. 이 두 죽간이 연결되는 부분은 군자의 "恥則復"을 언급하고 있다. '복復'은 '反(되돌릴 반, fǎn)'의 의미이다. 군자는 만약에 치욕恥辱 적인 일이 있으면, 오히려 자신을 반성하고 되돌아보지만, 소인은 치욕을 당하면 오히려 남을 탓하게 된다는 뜻이다.40)

진검陳劍은 정리본과 달리 '治正'을 '治政'으로 읽고, '懼則伓(背)'를 '懼則倍'로 읽는 것은 문제가 있으나, '甲16'과 '乙3'이 연결되는 문장으로 보는 것은 옳은 것 같다.

---

40) 陳劍,〈上博簡《子羔》·《從政》篇的拼合與編連問題小議〉, 簡帛硏究, 2003-04-05.「這兩簡相連的理由是其 有關部分句式相同, "君子"與"小人"正相對. 甲16殘去下段, 約可容納十餘字, 我們補出的缺文"□, 怒則□, 懼 則□, 恥則"只有九字. 但考慮到上文云"君子樂則治政", 可見殘去部分每小句的"則"字之後不一定僅爲一字, 那麼其總字數完全可能多出幾個, 跟殘去部分的字數能夠相合. 兩簡相連處講君子"恥則復", 復, 反也, 謂君子如 有可爲恥辱之事, 則反求諸己身, 跟小人恥則犯他人相對.」

乙第4簡

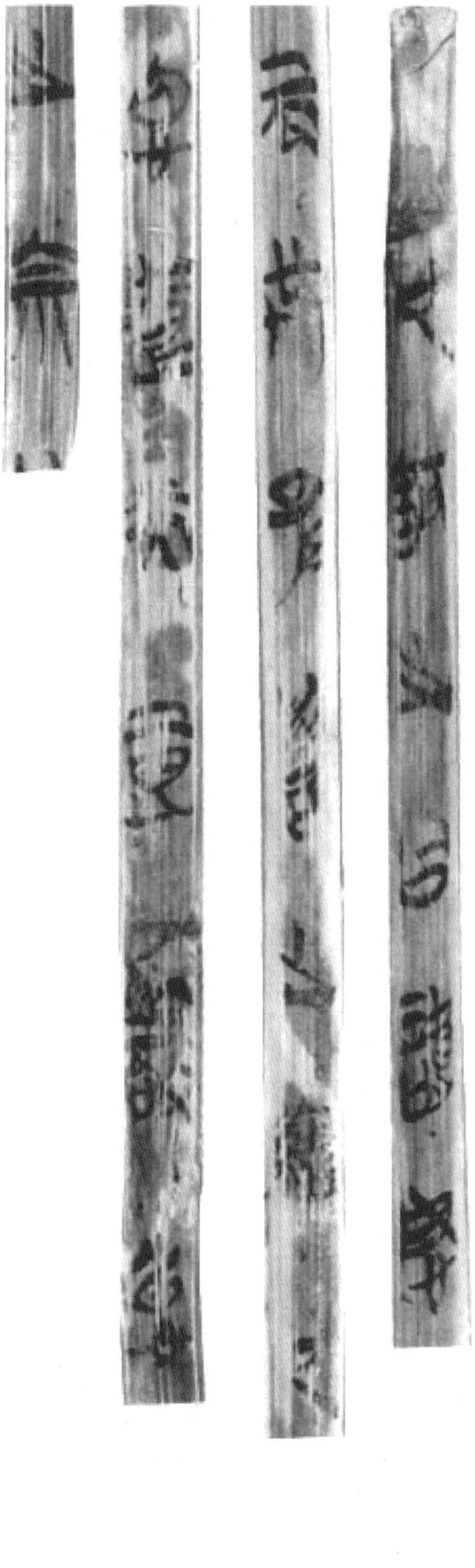

也閘之曰[illegible]愳而共孫耆之犨也恩良而忠敬急之宗□

乙 第 4 簡

也. 顤(聞)之曰: 🔲 (?)愆(誨)而共(恭)孫(遜)①, 喬(敎)之纏(勸)也. 恩(溫)良而忠敬, 怠(仁)之宗也②.

【해석】

듣건대, 잘못을 뉘우치고 공손토록 하는 것은 이른바 권면勸勉의 효과이다. 온화하고 양심적이며, 충성하고 공경하는 것은 곧 仁의 근본이다.

【上博楚簡原註】

죽간의 길이는 26.2㎝이고, 아랫부분이 파손되었다. 문자는 모두 22자이다. 내용상 연결되는 죽간이 없다.

① '🔲 愆而共孫': 「愆」자는 혹은 「謀(꾀할 모, móu)」로 읽는다. ≪곽점초간郭店楚簡·성자명출性自命出≫은 「速, 愆(謀)之方也.」[41]라 했다. 본 죽간에서는 아래 「敎」자와 댓구對句를 이루어 「誨(가르칠 회, huì)」로 읽는다. ≪곽점초간郭店楚簡·육덕六德≫은 「或從而孝(敎)愆(誨)之, 胃(謂)之聖.」[42]라 했다.

「🔲」자는 아직 잘 모르는 자이다.

≪일주서逸周書·보전해寶典解≫는 "몸가짐에는 사위四位와 구덕九德이 있다."[43]라 했는데, 「구덕九德」 중에 여섯 번째가 "'공손恭遜'은 용모의 덕이다. 법 규정에 따라 권력에 복종하고 주인을 안정시키고 사악하지 않는 것"[44]이다. 공손恭遜은 몸가짐의 덕이다.

≪예기禮記·치의緇衣≫는 "공손한 마음으로 임하면 백성이 순종하는 마음을 갖는다."[45]고, ≪논어論語·학이學而≫는 "공손이 예의에 가까우면 치욕과 거리가 멀어진다."[46]고, ≪예기禮

---

41) "신속하게 처리함은 계책計策이 준칙이다."
42) "자녀를 낳아 기르는 것뿐만 아니라 자녀를 교육하는 것, 이를 "성명聖明"이라 한다."
43) ≪逸周書·寶典解≫: 「躬有四位·九德.」
44) 「恭遜. 是謂容德. 以法從權, 安上無慝.」
45) ≪禮記·緇衣≫: 「恭以莅之, 則民有孫心.」
46) ≪論語·學而≫: 「恭近於禮, 遠恥辱也.」

記·표기表記》는 "공자는 공손은 예의에 가깝고, 검소는 인에 가깝다."47)고, 《경해經解》는 "공손하고 검소하고 의젓하고 공경하는 것은 예의 가르침이다. ……공손하고 검소하고 의젓하고 공경하되 번거롭지 않다면 예의 정신을 통달한 자이다."48)고, 《중니연거仲尼燕居》는 "공경하기는 하나 예에 맞지 않은 것을 '給(외모로만 인자하고 마음의 덕이 없는 것)'이라 한다."49)고, 《논어論語·태백泰伯》은 "공손하되 예가 없으면 수고롭다."50)고 하였다. 이와 같이 「공恭」은 「예禮」와 밀접한 관계가 있기 때문에, 《맹자孟子·고자상告子上》은 "공경하는 마음이 예이다."51)라 했다. 종정자從政者들에게는 공손恭遜한 덕행이 필요하다.

《곽점초간郭店楚簡·치의緇衣》는 "그런고로 군주가 백성을 자식 사랑하는 마음으로 사랑하면 백성들과 친해지고, 믿음을 가지고 맺으면 백성은 배반하지 않으며, 공손한 마음으로 임하면 백성은 또한 순종하는 마음을 갖는다."52)라 했다.

② '恩良而忠敬, 息之宗亪': 「恩」은 「溫(따뜻할 온, wēn,yùn)」과 같은 자이다. 「온량溫良」이란 말은 《예기禮記》에 자주 보인다. 《예기禮記·내칙內則》은 「必求其寬裕慈惠, 溫良恭敬, 愼而寡言者, 使爲子師.」53)라고, 《악기樂記》는 「溫良而能斷者宜歌齊.」54)라고, 《유행儒行》은 「溫良者, 仁之本也.」55)라고 했다.

「인지본仁之本」은 「인지종仁之宗」과 같은 의미이다. 《논어論語·학이學而》는 「子貢曰: 夫子溫良恭儉讓以得之.」56)라고 했는데, 이른바 얻은 것은 모두 「仁」과 밀접한 관계가 있는 것들이다.

「충경忠敬」이란 말 역시 《예기禮記》에 자주 보인다. 《예기禮記·제통帝統》은 「致其誠信與其忠敬, 奉之以物, 道之以禮, 安之以樂, 參之以時.」57)라고, 《치의緇衣》는 「子曰: 大臣不親, 百

---

47) 《禮記·表記》:「子曰: 恭近禮, 儉近仁.」
48) 《經解》:「恭儉莊敬, 禮教也……恭儉莊敬而不煩, 則深於禮者也.」
49) 《仲尼燕居》:「恭而不中禮, 謂之給.」
50) 《論語·泰伯》:「恭而無禮則勞.」
51) 《孟子·告子上》:「恭敬之心, 禮也.」
52) 《郭店楚簡·緇衣》:「古(故)率(帥)以悤(愛)之, 則民又(有)新(親), 信以結之, 則民不怀(背), 共(恭)以位(莅)之, 則民又(有)愻(遜)心.」
53) "반드시 마음이 너그럽고 여유가 있으며 자애스럽고 은혜스러우며, 온화하고 어질며 공손하고, 조심성이 있으며 말을 삼가고, 신중하면서 말이 적은 자를 찾아서 아이의 스승이 되게 한다."
54) "성질이 온량하고 결단력이 강한 사람은 齊나라 노래를 부르는 것이 좋다."
55) "온화하고 어짐은 인의 근본이다."
56) "자공이 말하였다. 부자는 온순하고 어질고 공손하고 검소하고 겸양함으로써 얻은 것이다."
57) "자기의 존심尊信과 경애를 바치기 위해 가지가지의 제물들을 사용하고 의식의 진행을 위해 예를 규정하고

姓不寧, 則忠敬不足, 而富貴已過也..」58)라고 했다.

≪논어論語≫ 중에도 「충忠」과 「경敬」에 대하여 자주 언급하고 있다. ≪논어論語·위정爲政≫은 「季康子問: 『使民敬忠以勸, 如之何?』 子曰: 『臨之以莊則敬, 孝慈則忠, 擧善而敎不能則勸.』」59)이라고 했다.

죽간에서 언급하고 있는 「공손恭遜」·「온량溫良」·「충경忠敬」 등은 모두 유가에서 주장하는 「예禮」·「인仁」과 관계가 있다.

≪곽점초간郭店楚簡·오행五行≫의 "인애仁愛는 의義와 예禮의 근원이며, 인의예지仁義禮智의 조화調和이다."60)의 내용은 죽간의 구체적인 설명이라고 할 수 있다.

【譯註】

'釁'자를 진위陳偉는 〈상해박물관장초죽서≪종정≫교독上海博物館藏楚竹書≪從政≫校讀〉에서 「遣(보낼 견, qiǎn)」으로 예정하고 「愆(허물 건, qiān)」으로 읽었다.

'왈曰'자 다음 자를 정리본은 해석을 하지 않고 있다. 문자의 필획으로 보아 오른쪽 윗부분은 '欠'이고, 아랫부분은 '曰'이며, 왼쪽 자부는 '言'과 비슷하다. 이 자는 ≪곽점초간·성자명출≫의 제 62간에도 보인다. 자부 '辶'이 없는 '견遣'자의 변형이다. 이와 같은 자형은 ≪증후을묘≫의 경명磬銘에도 보인다. 구석규裘錫圭와 이가호李家浩는 이 자를 '遣'과 비슷한 음으로 읽어야 한다고 주장하였다. 하지만 명문은 '遣'과 음이 비슷한 '衍'자의 의미가 아닌가한다. 간문의 이 자는 '遣'자로 예정할 수 있고, '愆'의 의미로 쓰이고 있다. '愆悔'는 '허물을 뉘우치다'의 뜻이다.61)

진위陳偉의 주장에 따라 해석하기로 한다.

신령을 위로하기 위해 악樂과 무舞를 연주하며 또한 제사에는 좋은 시기를 택한다."
58) "공자는 말하였다. 대신들이 친하지 않고, 백성들이 편안치 않다면 그것은 충성과 공경하는 마음이 부족하고 부귀가 너무 지나치기 때문이다."
59) "계강자季康子는 '백성으로 하여금 공경스럽고 충성스러우며 일에 힘쓰도록 하려면 어떻게 합니까?'라고 물었다. 공자는 '백성에게 임하기를 장엄하게 하면 공경스럽게 되고, 효도와 사랑을 베풀면 충성스럽게 되고, 우수한 사람을 들어 쓰고 잘못하는 자를 가르치면 백성들은 일에 힘쓰게 된다'라 했다."
60) ≪郭店楚簡·五行≫:「惪(仁)義, 豊(禮)所敎(由)生也, 四行之所和也.」
61) 陳偉,〈上海博物館藏楚竹書≪從政≫校讀〉簡帛研究, 2003-04-05.「'曰'後一字原未釋. 從現存筆劃看, 右旁上作'欠', 下作'曰', 其左旁所從與'言'類似, 亦見于郭店簡≪性自命出≫62號簡, 應是'遣(無辶)'之變體. 這種結構的字曾見于曾侯乙墓磬銘. 裘錫圭·李家浩先生指出其讀音應與'遣'相近, 磬銘中可能是與'遣'音近的'衍'. 在本簡中, 此字或可釋爲'遣', 讀爲'愆'. '愆悔'是悔過的意思.」

乙 第 5 簡

弜⁼弼行=戠名之至也弜⁼酈善言=攺亓

乙 第 5 簡

君=(君子)弜(強)行, 㠯戉(待)名之至也①. 君=(君子)䎽(聞)善言②㠯改(改)亓

【해석】

군자는 힘써 행하면서 명성이 오기를 기다린다. 군자는 또한 좋은 말은 들으면 자신의 언행을 고칠 수 있다.

【上博楚簡原註】

죽간의 길이는 20㎝이고 윗부분이 파손되었다. 문자는 18자이고 그 중의 합문이 한 자이다. 내용상, 연결되는 죽간이 없다.

① '君=弜行, 㠯戉名之至也': 초간에서 「弜」자는 「剛(굳셀 강, gāng)」으로 읽기도 하나, 본 죽간에서는 「強(굳셀 강, qiáng,jiàng,qiǎng)」의 의미로 쓰인다. 「강행強行」은 「역행力行(힘써 행하다.)」의 뜻이다.

「戉」은 「待(기다릴 대, dài,dāi)」로 읽는다.

② '善言': ≪노자老子≫는 「善行無轍蹟, 善言無瑕謫.」(제27장)[62]라고, ≪순자荀子·영욕榮辱≫은 「故與人善言, 暖于布帛.」[63]이라 했다.

≪안자晏子·잡상이삼雜上二三≫이 「曾子將行, 晏子送之而贈以善言」[64]을 제목으로 취한 것도 모두 「선언善言」의 중요성 때문이다.

【譯註】

진검陳劍 등은 내용상 본 죽간을 「甲17→甲18→甲12→乙5→甲11」로 연계되는 것으로 보고 있다.[65](제 11간 참고.)

---

62) "길을 잘 가는 사람은 지난 자취를 남기지 아니하며, 말을 잘 하는 사람은 트집 잡을 흠이 없다."
63) "사람에게 훌륭한 말을 하는 것은 비단이나 천으로 싸주는 것보다 따스하다."
64) "증자가 장차 떠나려 할 때, 안자는 송별을 하면서 좋은 말을 선물하였다."
65) 陳釗, 〈上博簡≪子羔≫≪從政≫篇的拼合與編連問題小議〉, 簡帛研究, 2003-5-30

다만 양조명楊朝明은 「甲4→甲17→甲18」을 한 문장으로 보고, 「甲12→乙5→甲11」을 또 다른 한 문장으로 보았다.

第二章
聞之曰: "善人, 善人也. 是以得賢士一人, 一人譽…… [簡甲三] 四隣. 失賢士一人, 方(謗)亦坂(隨)是. 是故君子愼言而不愼事……. 〖君子先〗 [簡甲四] 人則啓道之, 後人則奉相之, 是以曰君子難得而易事也, 亓(其)使人, 器之, 小人先人則埜(絆)敔(禁)之, 〖後人〗 [簡甲十七] 則纕(陷)毁之, 是以曰小人易得而難事也, 亓(其)使人, 必求備焉."
第三章
聞之曰: "行在己而名在人, 名難靜(爭)也. [簡甲十八] 章(用)行不倦, 持善不厭, 唯(雖)世不偯(識), 必或智(知)之. 是故 [簡甲十二] 君子强行, 以待名之至也. 君子聞善言, 以改其 [簡乙五] 言, 見善行, 納其身安(焉). 可謂學矣." [簡甲十一] 66)

양조명楊朝明은 해당하는 문자의 의미에 대하여 약간의 차이가 있으나, 편련이나 전체적인 의미에는 큰 차이가 없다.

66) 楊朝明, 〈上博竹書≪從政≫篇分章釋文〉, 簡帛硏究, 2003-06-05.

乙 第6簡

不武則志不遠急而不智則

乙 第 6 簡

不武則志不達(匿), 㥿(仁)而不智(知)則

【해석】

　……하나 용감하지 않으면 즉 자신의 의지를 실행시킬 수 없고, 인(仁)하나 지혜롭지 않으면 즉 ……67)

【上博楚簡原註】

　본 죽간은 길이가 12.5㎝이고, 하단 부분이 파손되었다. 문자는 모두 11자이고, 내용상 본 죽간과 연결되는 죽간이 없다.

　'智'자 아래 자는 문자의 형태와 「不武則志不達(匿)」의 문장 형식으로 보아 '則'자이다.

　또한 「㥿(仁)而不智(知)則」의 문장 형식으로 보아 「不武」 앞에는 '□而' 두 자가 연결되어 있을 것이다. 죽간이 파손되어 전체적인 문장 내용은 아직 잘 모르겠다.

【譯註】

　'不武則志不達(匿)' 구절은 '㥿(仁)而不智(知)則'의 문장 형식으로 보아 '志不達(匿)'은 '不武(용맹하지 않다)'으로 인한 부정적인 결과가 발생한다는 의미로 보인다. ≪從政甲≫은 "志㔾(氣)不旨(至), 其事不."68)라 하였다. '達'자의 기본 소리부분은 '若'이다. '達'자는 본 구절에서 '若(같을 약, ruò,rě)'의 의미로 쓰이는 것이 아닌가한다. ≪시경詩經·소아小雅·대전大田≫ "既庭且碩, 曾係是若."69) 구절과 ≪노송魯頌·비궁閟宮≫ "孔曼且碩, 萬民是若."70) 중의 '若'자에 대하여 ≪정전鄭箋≫은 "'若'은 '순종하다(順)'의 뜻이다."71)라 하였다. ≪이아爾雅·석언釋言≫의 "若, 順也"에 대하여 학의행郝懿行의 ≪이아의소爾雅義疏≫는 "≪석고釋詁≫는 '약若'자에 대

---

67) 내용적으로 본 죽간과 연결되는 죽간이 없고, 문자 또한 파손된 부분이 많아 해석하기가 어렵다. 대략적인 해석을 하기로 한다.
68) "뜻(志氣)이 없으면 그 일은 이루어지지 않는다."
69) "꼿꼿하고 크게 자라 증손자는 순종하네."
70) "궁전과 묘 깊고 크니 온 백성들 모두 따르네."
71) 「若, 順也.」

하여 '선善(착하고 당당하다)'라 하였다. '선善'이란 도덕에 조합을 이루고 따르다는 것이기 때문에 또한 '순順'의 의미가 있다."72)라 하였다.

'四毋'의 對照

四毋	不修不武, 謂之必成, 則暴	不教而殺, 則虐	命無時, 事必有期, 則賊	爲利枉事, 則貪
《論語·堯曰》(20.2) '四惡'	不戒視成謂之暴	不教而殺謂之虐	慢令致期謂之賊	猶之與人也, 出納之吝, 謂之有司
《荀子·宥坐》	今生也有時, 斂也無時, 暴也	不教而責成功, 虐也	嫚令謹誅, 賊也	
《漢詩外傳》卷三24章73)	托法而治謂之暴	不戒致期謂之虐	不教而誅謂之賊	以身勝人謂之責
《漢詩外傳》卷三22章74)	慢令致期, 暴也		不教而誅, 賊也	不戒責成, 害也

《從政》과 고전적古典籍 중의 文句 비교

죽간竹簡	간문簡文	고전적古典籍	인물人物
1, 2	夫是則守之以信, 教之以義, 行之以禮也	昔先王議事以制, 不爲刑辟, 懼民之有爭心也. 猶不可禁御, 是故閑之以義, 糾之以政, 行之以禮, 守之以信, 奉之以仁, 制爲祿位以勸其從, 嚴斷刑罰以威其淫.(《左傳·昭公六年》)	叔向
17, 18	〔君子先〕人則啓道之, 後人則奉相之, 是以曰君子難得而易事也, 其使人, 器之. 小人先人則 敧之, 〔後人〕則暴毀之, 是以曰小人易得而難事也, 其使人, 必求備焉.	子曰: 君子易事而難說也. 說之不以其道, 不說也. 及其使人也, 器之. 小人難事而易說也. 說之雖不以道, 說之. 及其使人也, 求備焉.(《論語·子路》)	孔子
		君子易知而難狎……君子能亦好, 不能亦好. 小人能亦醜, 不能亦醜. 君子則寬容易直以開道人, 不	荀子 혹은

---

72) 「若者, 《釋詁》云: '善也.' 善者, 和順於道德, 故又訓順.」

73) 《漢詩外傳》은 "托法而治謂之暴, 不戒致期謂之虐, 不教而誅謂之賊, 以身勝人謂之責. 責者失身, 賊者失臣, 虐者失政, 暴者失民. 且賜聞, 居上位, 行此四者而不亡者, 未之有也.(법에만 의탁하여 다스리는 것을 暴惡한 짓이라 하고, 경계하지 않고 잘 되기를 바라는 것을 虐待라 하고, 가르치지 않고 벌을 내리는 것을 도적질이라 하고, 자신이 남보다 낫다고 여기고 억지 쓰는 것을 責望이라 한다. 책망은 몸을 잃게 되고, 도적질은 신하를 잃게 되고, 학대하면 정권을 잃게 되고, 포악하면 백성을 잃게 된다. 듣기에 윗자리에 있는 자가 이 네 가지를 행하면서 망하지 않는 경우는 아직 없었다한다.)"로 쓴다.

74) 《漢詩外傳》은 "不戒責成, 害也. 慢令致期, 暴也. 不教而誅, 賊也. 君子爲政, 避此三者.(경계하지도 않고 성취만 따지면 해치는 것이고, 법령을 제멋대로 늦추고 이루어지기를 기대하는 것은 포악한 짓이며, 가르치지도 않으며 형벌을 내리는 것은 도적질과 같다. 군자는 정치를 할 때 이 세가지를 피해야 한다.)"로 쓴다.

죽간竹簡	간문簡文	고전적古典籍	인물人物
		能則恭敬繜絀以畏事人. 小人能則倨傲僻違以驕溢人, 不能則妒嫉怨誹以傾覆人…(≪荀子·不苟≫)	弟子
18	行在己而名在人	行出于己, 名生于人.(≪逸周書·諡法解≫)	未詳
11	可言而不可行, 君子不言. 可行而不可言, 君子不行.	可言也, 不可行, 君子弗言也. 可行也, 不可言, 君子弗行也.(≪禮記·緇衣≫)	孔子
		子曰: 可言不可行, 君子弗言. 可行不可言, 君子弗行.(≪上博, 郭店·緇衣≫)	孔子
15	母暴·母虐·母賊·母貪. 不修不武, 謂之必成, 則暴. 不教而殺, 則虐. 命無時, 事必有期, 則賊. 爲利枉事, 則貪.	子張曰: "何謂四惡?" 子曰: "不敎而殺謂之虐, 不戒視成謂之暴, 慢令致期謂之賊, 猶之與人也, 出納之吝, 謂之有司."(≪論語·堯曰≫)	孔子
		孔子愾然嘆曰: "……嫚令謹誅, 賊也. 今生也有時, 斂也無時, 暴也. 不敎而責成功, 虐也. 已此三者, 然後刑可即也."(≪荀子·宥坐≫)	孔子
		子貢曰: "……賜聞之, 托法而治謂之暴, 不戒致期謂之虐, 不敎而誅謂之賊, 以身勝人謂之責. 責者失身, 賊者失臣, 虐者失政, 暴者失民."(≪韩詩外傳≫)卷三第二十四章	子貢
		孔子曰: "不戒責成, 害也. 慢令致期, 暴也. 不敎而誅, 賊也. 君子爲政, 避此三者."(≪韩詩外傳≫)卷三第二十二章	孔子
5, 6, 7	聞之曰: 從政敦五德·固三折·除十怨. 五德: 一曰緩, 二曰恭, 三曰惠, 四曰仁, 五曰敬. 君子不緩則無以容百姓, 不恭則無以除辱, 不惠則無以聚民, 不仁則無以行政, 不敬則事無成.	子張曰: "何謂五美?" 曰: "君子惠而不費, 勞而不怨, 欲而不貪, 泰而不驕, 威而不猛." 子張曰: "何謂惠而不費?" 子曰: "因民之所利而利之, 斯不亦惠而不費乎? 擇可勞而勞之, 又誰怨? 欲仁得仁, 又焉貪? 君子無衆寡·無小大·無敢慢, 斯不亦泰而不驕乎? 君子正其衣冠, 尊其瞻視, 儼然人望而畏之, 斯不亦威而不猛乎?"(≪論語·堯曰≫)	孔子
		子張問仁于孔子, 孔子曰: "能行五者于天下, 爲仁矣." 請問之. 曰: "恭·寬·信·敏·惠. 恭則不侮, 寬則得衆, 信則人任焉, 敏則有功, 惠則足以使人."(≪論語·陽貨≫)	
乙1	口惠而不系.	子曰: "口惠而實不至, 怨菑及其身. 是故君子與其有諾責也, 寧有己怨. ≪國風≫曰: 言笑晏晏, 信誓旦旦, 不思其反, 反是不思. 亦已焉哉?"(≪禮記·表記≫)	孔子
		口惠而實弗從, 君子弗言尔(≪郭店簡·忠信之道≫)	未詳
乙3	聞之曰: 從政不治則亂, 治已至, 則……	子張問入官于孔子……孔子曰: "有善勿專……故君子南面臨官, 不治則亂至, 亂至則爭, 爭之至又反于亂. 是故寬裕以容其民……"(≪大戴禮記·子張問入官≫)	孔子

죽간竹簡	간문簡文	고전적古典籍	인물人物
8, 9	聞之曰: 從政有七機, 獄則興, 威則民不道, 嚴則失衆, 猛則無親, 罰則民逃, 好刑〈則不祥, 好〉[殺]則民作亂. 凡此七者, 政之所殆也.	丘聞之臧文仲有言曰: "君子强則遺, 威則民不道, 嚴則失衆, 猛則無親, 好刑則不祥, 好殺則作亂."(≪上博簡·季康子問于孔子≫)	孔子引臧文仲
8	嚴則失衆.	子張問仁于孔子, 孔子曰: "能行五者于天下, 爲仁矣." 請問之. 曰: "……寬則得衆……"(≪論語·陽貨≫)	孔子
		舜亦以命禹, 曰: "……寬則得衆……"(≪論語·堯曰≫)	舜
14	……有所有余而不敢盡之, 有所不足而不敢弗	……庸德之行, 庸言之謹, 有所不足不敢不勉, 有余不敢盡, 言顧行, 行顧言. ……(≪禮記·中庸≫)	孔子
19	聞之曰: 行險致命	子張曰: "士見危致命……"(≪論語·子張≫)	子張

≪從政≫ 主要參考文獻

馬承源主編, ≪上海博物館藏楚竹書(1)-(九)≫, 上海上海古籍出版社, 2001-2012.

荊門市博物館, ≪郭店楚墓竹簡≫, 北京文物出版社, 1998

清華大學思想文化硏究所 編, ≪上博館藏戰國楚竹書硏究篇≫, 上海書店出版社, 2002

清華大學思想文化硏究所 編, ≪上博館藏戰國楚竹書硏究續篇≫, 上海書店出版社, 2004

容庚, ≪金文篇≫, 中華書局, 1985.

楊朝明, 〈上博竹書≪從政≫篇與≪子思子≫〉, 孔子硏究, 2005年第2期

楊朝明, 〈≪上博藏竹書〈從政〉篇'五德'略議-兼說〈從政〉應該屬於〈子思子〉佚篇≫, 簡帛硏究, 2003-04-23.

楊朝明, 〈≪從政≫篇釋義三則〉, 簡帛硏究, 2003-06-05

楊朝明, 〈上博竹書≪從政≫篇分章釋文, 簡帛硏究, 2003-06-05

楊朝明, 〈上博藏竹書≪從政≫篇"五德"略議〉, 簡帛硏究, 2003-06-05

劉樂賢, 〈讀上博簡〈民之父母〉等三篇札記〉, 簡帛硏究, 2004-04-05

黃錫全, 〈讀上博楚簡(二)札記(壹)〉, 簡帛硏究, 2003-02-25

顔世鉉, 〈上博楚竹書補釋二則〉, 簡帛硏究, 2003-04-29

孟蓬生, ≪上博竹書(二)字詞劄記≫, 簡帛硏究, 2003-01-14.

何琳儀, ≪滬簡二冊選釋≫, 簡帛硏究, 2003-01-14.

何琳義, ≪戰國文字聲系≫, 中華書局 , 1998年

單周堯·黎廣基, 〈讀上博楚竹書≪從政≫甲篇"怲則亡親"札記, 簡帛硏究, 2004-10-26

陳偉, 〈上海博物館藏楚竹書≪從政≫校讀〉, 簡帛硏究, 2004-04-05

王中江, 〈≪從政≫重編校注〉, 簡帛硏究, 2004-04-05

王中江, 〈上博館藏戰國楚竹二≪從政≫試編〉, 簡帛硏究, 2003-06-05

史儀, 〈≪從政≫篇編連拾遺〉, 簡帛硏究, 2004-04-05

陳美蘭, 〈從≪從政≫"王予人邦家土地"談上博簡的斷代(摘要), 簡帛硏究, 2003-06-08.

周鳳五, 〈讀上博楚竹書≪從政(甲篇)≫札記〉, 簡帛硏究, 2003-06-05

俞志慧, 〈≪從政≫: '二誓'·'三制'或者'三愼'?〉, 簡帛硏究, 2003-06-05

劉信芳, 〈上博藏楚簡≪從政≫"四毋"補釋〉, 簡帛硏究, 2003-06-05

陳劍, 〈上博簡≪子羔≫≪從政≫篇的拼合與編連問題小議〉, 簡帛硏究, 2003-15-08.08

梁靜, 〈上博楚簡≪從政≫硏究〉, 故宮博物院院刊, 2013-04

徐在國, 〈上博竹書(二)文字雜考, 簡帛硏究, 2004-04-05

李守奎, ≪上海博物館藏戰國楚竹書(一-四)文字編≫, 作家出版社, 2007.

黃德寬, 〈≪戰國楚竹書≫(二)釋文補正〉, 簡帛硏究사이트, 2003.06.04.

崔南圭 譯註, ≪上海博物館藏戰國楚竹書(一)·紂衣≫, 소명출판사, 2012.

饒宗頤, ≪楚地出土文獻三種硏究≫, 中華書局, 1993.

季旭昇 主編, ≪上海博物館藏戰國楚竹書(二)讀本≫, 臺灣萬卷樓, 2003.

劉釗: ≪郭店楚簡校釋≫, 福建人民出版社, 2003.

滕壬生: ≪楚系簡帛文字篇≫, 湖北敎育出版社, 1995.

高亨 纂著, 董治安, 整理, ≪古字通假會典≫, 濟南齊魯書社, 1989

湯可敬, ≪說文解字今釋≫, 岳麓書社, 2001.

5

中(仲) 弓

이조원李朝遠 정리整理

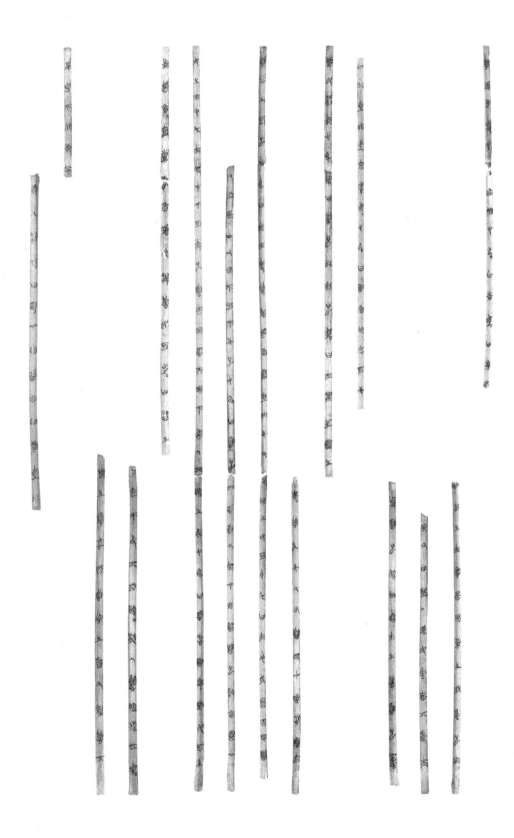

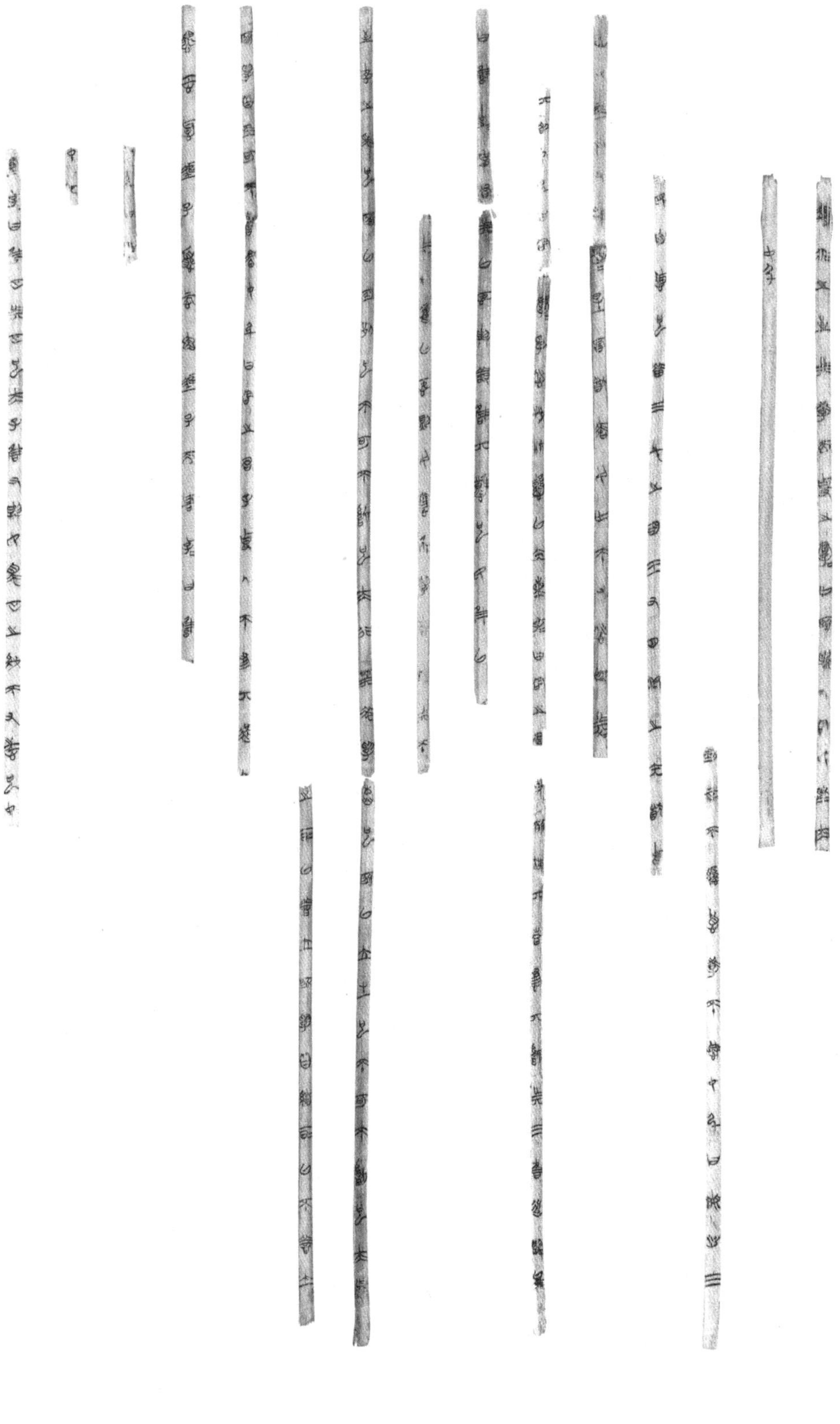

【설명】(이조원李朝遠)

   제 16간의 뒷면에 ≪중궁中弓≫이란 제목이 있다. '中弓'은 '중궁仲弓'(기원전 522년-?)으로,
노魯나라 사람이다. 성은 염冉이고, 이름은 옹雍이며, 자는 중궁仲弓이다. 중궁은 공자 제자의
한 사람이며, 공자보다 29살이 어리다.[1] 공자는 "천한 부모에게서 태어난 훌륭한 자식."[2]이라
했고, "옹雍은 관직을 맡게 할 수 있다."라고 추앙하였다.[3] 공자는 그를 「덕행德行」이 있는 제자
중 한 사람으로 평가했다[4]. 중궁仲弓이 공자에게 정치에 대하여 자문하는 내용이 ≪논어論語≫·
≪사기史記≫와 ≪공자가어孔子家語≫에 보인다. 하지만 본 죽간의 내용은 현행본에서 거의 보
이지 않는다.
   본 ≪中弓≫은 모두 28매의 죽간竹簡으로 되어 있다. 이 중 완전한 죽간은 모두 3매가 있는데,
이들 죽간은 3개 혹은 2개를 모아 조합한 것이다. 그 외의 죽간들은 모두 파손된 죽간이다.
   완전한 죽간의 총 길이는 47cm이고, 자는 34자 내지 37자 정도이다. 편선編線(죽간과 죽간을
묶는 선)은 상중하 세 곳에 있고, 첫 번째 편선은 상단과의 거리가 약 0.8cm이고, 세 번째 편선은
제일 아래 하단과의 거리가 약 1.6cm 이다. 첫 번째 편선과 두 번째 편선 사이의 거리는 약
23cm 이고, 두 번째 편선과 세 번째 편선 사이의 거리는 약 21.7-23cm 이다. 문자는 총 520자가
있고, 그 중에 합문合文은 16자, 중문重文은 4자가 있다. 부가附加 죽간은 24자가 있다.

【譯註】

   ≪중궁仲弓≫에 죽간의 순서(편련編聯)에 대해서 학자마다 의견이 다양하다. 그 이유 중의
하나는 죽간의 짝 맞추기(결합)와 관련이 있기 때문에 죽간의 형태에 대해서 살펴보면 아래와
같다.

---

1) ≪사기색은史記索隱·중니제자열전仲尼弟子列傳≫은 ≪사기史記≫의 "염옹자중궁冉雍字仲弓" 구절에 대하여
   ≪공자가어孔子家語≫를 인용하여 "伯牛之宗族, 少孔子二十九歲(백우의 종족으로 공자보다 29살이 어리다."
   라 하였다. 하지만 ≪孔子家語·七十二弟子解≫는 "冉求, 字子有, 仲弓之宗族. 少孔子二十九歲, 有才藝, 以政事
   著名, 仕爲季氏宰(염구는 자가 자유이고 중궁의 종족이다. 공자보다 29살 어리며 재주가 있고 정치를 잘하기로
   이름이 났다. 계씨의 가신이 되었다."라 하였다. ≪孔子家語≫에서 공자보다 29살이 어리다는 사람은 중궁仲弓
   이 아니라, 염유冉有(자유子有)이다. 중궁仲弓은 형兄 염경冉耕(백우伯牛)과 동생 염구冉求(자유子有)와 함께
   '일문삼현一門三賢'이라 부른다.
2) 「犂牛之子」
3) ≪論語·雍也≫:「雍也可使南面.」
4) "德行: 顏淵·閔子騫·冉伯牛·仲弓.(德行은 '顏淵'·'閔子騫'·'冉伯牛'와 '仲弓' 등이 있다.)"(≪論語·先進≫)

죽간	길이	문자	결합상태	상단上端과 하단下端의 모양5)
1	21.9	17(合文1)	2개(上中)결합	上端 평제平齊, 下端 잔殘
2	19.9	13		上端 殘, 下端 平齊
3	17.8	12		上端 殘, 下端 平齊
4	19.4	12		上下端 殘
5	22.4	17⁶⁾	2개(上中)결합	上端 平齊, 下端 殘
6	27.5	21(合文1)		上端 平齊, 下端 殘
7	20.1	14(重文1)		上端 殘, 下端 平齊
8	46.7	37(重文2)	3개(上中下) 결합	上端 平齊, 下端 殘
9	39.7	30	2개(中下)결합	上端 殘, 下端 平齊
10	47.3	36	2개(上下)결합	上下端 平齊
11	23.8	18(合文1)	2개(上中)결합	上端 平齊, 下端 略殘
12	19.2	16(合文1, 重文1)		上端 殘, 下端平齊
13	19.9	13		上端 殘, 下端 平齊
14	7.7	6		上端平齊, 下端 殘
15	19.6	15(合文1)		上下端 殘
16	21.9	19(背面 2 자)		上下端 殘
17	19.6	14		上端 殘, 下端 平齊
18	22.8	17		上下端 殘
19	24.8	19(合文1)	2개(上中)결합	上端 平齊, 下端 殘
20	43.5	37(合文2)	3개(上中下)결합7)	上下端 殘
21	24.5	18(合文1)	2개(上中)결합	上端 平齊, 下端 殘
22	19.8	15(合文1)		上下端 殘
23	47.4	34	2개(상하)결합8)	上端 平齊, 下端 殘
24	19.2	16(合文2)		上段 下端, 下端略 殘
25	27.3	22	2개(上中)결합	上端 平齊, 下端 殘
26	27.3	16(合文1)		上端 平齊, 下端 殘
27	4.2	4		上下端 殘
28	2.1	2		上下端 殘
附簡	22.2	24(合文1)		上下端 殘
		총 536字 (배면背面 2자 포함)9)		

5) ‘평제平齊’란 죽간의 끝 모양이 편평하게 부러져나간 부분이 없이 편평하게 다듬어진 원 상태를 말한다. ‘殘잔’이란 ‘부서져 잔실’이란 준말로 부러진 형태의 상태를 말한다.

6) 여덟 번째 ‘女(汝)’자 아래 부호 ‘■’가 있다.

7) 본 죽간을 陳劍(2004)는 “☑其咎.”仲弓曰: “今之君子, 孚(愎)過攻析, 難以納諫.” 孔子曰: “今之君☑【20A】子所竭其情, 盡其訢(質)愼者, 三害近敗矣【20B】”로 나누었다.

8) 陳劍(2004)은 “本也, 所以立生也, 不可不愼也; 夫喪【23A】至愛之卒也, 所以成死也, 不可不愼也; 夫行, 巽求(?)學【23B】”으로 나누었다.

9) 常佩雨, 〈上博簡孔子言論研究〉(2012), “發現≪仲弓≫現存字數應爲536字, 比整理者釋文中表述總數(524字)多出12字, 這爲今後合理增補簡文提供了刑制依據.”(34 쪽)

第1簡

季逗子夏中弓為剬中弓吕告孔=曰季是

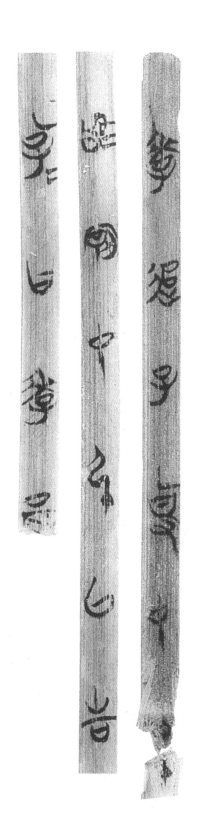

第 1 簡

季逗子叀(使)^①中(仲)弓^②爲䢁(宰)^③, 中(仲)弓㠯(以)告孔=(孔子)曰:「季是(氏)^④

【釋文】[10]

季桓子使仲弓爲宰, 仲弓以告孔子, 曰: "季氏☒【1】

【해석】

계환자季桓子가 중궁仲弓에게 가신이 되어 주기를 청하자, 중궁이 이 일을 공자에게 말했다. 말하기를 "계씨季氏가 ……

【上博楚簡原注】

본 죽간은 길이가 21.9cm 이고, 상단과 중단을 모아 엮은 것이다. 문자는 모두 17자이고, 이 중 합문合文이 한 자이다.

① '季逗子'

문헌에서는 일반적으로 「계환자季桓子」이라고 칭하고, 춘추春秋시대 노魯 나라의 대부大夫이며, 성은 계손季孫, 이름은 사斯이다. 생년월일은 미상이고, 기원전 492년(혹은 기원전 490년이라도 함)에 사망하였다. 시호는 환자桓子이다.

【譯註】

'(逗)'자는 자부 '辵'과 '官'의 생략형으로 이루어진 자이다. 금문金文은 '棺(널 관, guān)'자를 ''(≪중산왕석정조혹도中山王䂭兆域圖≫)으로 쓰고, ≪금문편金文編≫은 '0953 棺'에서 "''자는 자부 '官'의 생략형으로 쓴다."라 하였다.[11] ≪저초문詛楚文≫은 ''으로 쓴다.[12] 따라서 ''자는 '逗'으로 예정할 수 있다. '逗'과 '桓'은 음성이 서로 통한다.

---

10) 본 ≪中弓≫ 중의 '【석문釋文】'은 진검陳劍의 〈상박죽서≪중궁≫편신편련석문上博竹書≪仲弓≫篇新編聯釋文〉(簡帛研究, 2004-04-19)을 가리킨다.

11) ≪金文編≫, 402 쪽. 「'', 從官省.」

12) 何琳儀, ≪戰國古文字典≫, 1073 쪽.

② ‘中弓’

‘중궁中弓’ 즉 「중궁仲弓」이다. 초간楚簡에서는 「中」자를 일반적으로 「串」·「串」·「串」등으로 쓰나, 「中(仲)弓」의 「中」자는 「忄」으로 쓴다. 형태가 다르다.

③ ‘㓞’

‘㓞’자는 즉 「宰(재상 재, zǎi)」자이다. ‘宰’는 ‘가축을 도살하여 고기를 베어내다’는 의미이다. 그래서 자부 ‘刀’를 쓴다. ≪포산초간包山楚簡≫은 「재윤宰尹」의 「宰」자를 모두 자부 ‘刀’를 써서 「㓞」·「㓞」로 쓴다. ≪논어論語·자로子路≫는 "중궁仲弓은 계季씨의 재상宰相이 되다."13)라 하였다. 춘춘春秋시대에 ‘재宰’는 경대부의 가신이다. ≪논어論語·공야장公冶長≫은 "염구冉求는 천실의 읍과 백승百乘 집에 재상이 될 수 있다."14)라 하였고, 하안何晏은 "재宰는 가신이다."15)라 하였다.

【譯註】

≪논어論語≫에는 공자의 제자들이 ‘宰(재상 재, zǎi)’의 관직을 지낸 내용들이 자주 보인다.

> "原思爲之宰, 與之粟九百, 辭. 子曰: ‘毋以與爾鄰里鄉黨乎!’."(≪雍也≫6.5)
> 원사가 공자의 가신 재宰가 되었는데, 공자가 곡식 구백을 주자 사양하였다. 공자는 ‘그것으로써 너의 이웃이나 마을, 향당에 주지 않겠느냐?’ 하였다.
> "季氏使閔子騫爲費宰".(≪雍也≫6.9)
> 계씨가 민자건에게 비읍費邑의 읍재邑宰를 삼으려 했다.
> "子游爲武城宰".(≪雍也≫6.14)
> 자유가 무성의 읍재가 되었다.
> "子路使子羔爲費宰".(≪先進≫11.25)
> 자로가 자고子羔를 비읍의 읍재로 삼았다.
> "子夏爲莒父宰".(≪子路≫13.17)
> 자하가 거보莒父의 읍재邑宰가 되었다.

공자 자신도 ‘재宰’를 지낸 적이 있다. ≪공자가어孔子家語·상노相魯≫는 "공자는 처음에 중

---

13) ≪論語·子路≫: "仲弓爲季氏宰."
14) ≪論語·公冶長≫: "求也, 千室之邑, 百乘之家, 可使爲之宰也."
15) 「宰, 家臣.」

도재中都宰가 되었다."[16]라 하였다. '宰' 혹은 '재부宰夫'는 춘추전국春秋戰國 시기에 자주 보이는 관직으로 봉군封君이나 공실公室의 가신家臣이면서, 이 제후가 관할하는 지역의 군정軍政을 관리하기도 하였다. '宰'나 '宰夫'의 위로는 이를 총괄하는 '태재太宰'라는 관직이 있었던 것으로 보인다.[17] ≪논어論語·자한子罕≫에서 "태재太宰가 자공子貢에게 물었다."[18](9.6)라 하였고, 서주西周 말 형국邢國의 太宰가 만든 청동기에 "형邢나라 지방의 제후 부인인 태재大宰 사巳가 주조하다."(≪형강태재사궤邢姜大宰巳簋≫)[19]라는 명문이 보인다.

≪후한서後漢書·숙종효장제기肅宗孝章帝紀≫ "昔仲弓季氏之家臣."[20] 구절에 대하여 형병邢昺은 "'仲弓爲季氏宰問政'라는 말은 염옹冉雍이 계씨季氏의 가재家宰가 된 후 부자夫子에게 정치에 관하여 자문했다는 뜻이다."[21]라 하였다. '재宰'는 '가상家相'·'가신家臣' 혹은 '가재家宰'라고도 칭하나, 하지만 '읍재邑宰'와는 다르다.[22]

---

16) ≪孔子家語·相魯≫:「孔子初仕爲中都宰.」
17) 楊伯峻, ≪論語譯註≫는 "古代一縣的縣長叫做宰, 大夫家的總管也叫做宰.(고대에는 현의 현장을 '宰'라고 하거나 혹은 大夫의 집을 총괄하는 관리를 宰라 하였다.)"라 하였다.(44 쪽)
18) ≪論語·子罕≫:「大宰問于子貢.」
19) 혹은 ≪井姜大宰巳簋≫·≪井姜大宰虫簋≫·≪大宰巳簋≫·≪巳簋≫라고도 한다. 1974년, 내몽고철리內蒙古哲里에서 발견. 전체 내용은 "井(邢)姜大(太)宰虫(巳)铸其寶毁, 子子孫孫永寶用盲(亯)"이다.(≪殷周金文集成≫ 03896)"邢姜大宰巳簋."
20) "옛날에 중궁은 계씨의 가신을 지냈다."
21) 「仲弓爲季氏宰問政者, 冉雍爲季氏家宰而問政於夫子也.」

중궁仲弓이 계환자季桓子의 가재家宰에 임명任命된 후 공자에게 자문을 구하는 시기는 대략 공자가 아직 노魯나라를 떠나기 이전인 것으로 보이며, 자로子路·중궁仲弓과 염유冉有가 계씨季氏의 가재家宰를 지냈는데, 제 4간 "從於宰夫之後"[23] 중 재부宰夫는 자로子路의 재부宰夫를 중궁仲弓이 이어받은 것으로 보인다.[24]

④ '季是'

「시是」자는 초간에서 「氏(각시 씨, shi)」의 가차자로 쓰인다. 예를 들면, 《包山楚簡》(二·四, 二·八九)에서 「是」자를 모두 「氏」자로 쓴다. 고문헌에서 「是」와 「氏」는 서로 통용한다. 《의례儀禮·근례覲禮》「太史是右.」[25] 구절에 대하여, 정현鄭玄은 "고문에서 '是'자는 '氏'자로 쓴다."[26]라 하였다. 죽간에서 계씨季氏는 계환자季桓子를 가리킨다.

【譯註】

초죽서는 '孔(구멍 공, kǒng)'자를 '🖋'(《上博楚簡·民之父母》)로 쓴다. '🖋'자는 '孔='로 '子'자가 두 번 반복된다는 형태로 '孔子'의 합문이다.

중궁仲弓이 계씨季氏의 가신이 되어 정치에 대하여 공자에게 묻는 내용이 《論語·子路》편에 보인다. 본 죽간의 내용은 爲政과 事君에 관한 내용으로 직접적인 관련이 있다.

> 仲弓爲季氏宰, 問政. 子曰: "先有司, 赦小過, 擧賢才." 曰: "焉知賢才而擧之?" 子曰: "擧爾所知, 爾所不知, 人其舍諸?"(《論語·子路》13.2)
> 중궁이 계씨의 가신이 되어 정치에 대하여 물었다.
> 공자가 말하였다. "우선 유사有司를 임명하여 각자의 일은 담당토록 하고,[27] 작은 허물은 용서해 주고, 어질고 재질이 있는 사람을 등용해야한다."
> 중궁이 다시 물었다. "어떻게 어질고 재질이 있는 사람을 알아보고 등용을 합니까?"
> "네가 알아보고 등용을 하면, 네가 알아보지 못하는 사람을 나쁜 사람이 가만히 놓아두겠는가?"

---

22) 廖名春, 〈楚簡《仲弓》篇與《論語·子路》篇仲弓章對讀劄記〉, confucius2000, 2005-04-04. "季桓子使仲弓爲宰", '宰'前沒有邑名, 當爲'家相'."
23) "재부宰夫의 일을 종사하게 한 후"
24) 林志鵬, 〈仲弓任季氏宰小考〉, 簡帛硏究, 2004-06-06.
25) "太史氏는 우측에 선다."
26) 「古文是爲氏也.」
27) '先有司'에 대한 해석은 분분하다. 본 《中弓》은 '先有司'의 문제를 해결할 수 있는 중요한 자료이다.(제8간 역주 참고). 劉寶楠《論語正義》는 "宜先任有司治之"라 하였다.

이외에도 ≪논어論語≫ 중에 중궁仲弓과 관련된 내용은 아래와 같다.

或曰: "雍也仁而不佞." 子曰: "焉用佞? 禦人以口給, 屢憎於人. 不知其仁, 焉用佞?"(≪公冶長≫5.5)

어떤 사람이 말하였다. "중궁은 인하기는 하지만 말은 잘 하지 못합니다."

공자가 말하였다. "말 재주를 어디에 쓰겠는가? 말 잘하는 구변으로 다른 사람을 대하면 사람들에게 자주 미움을 산다. 그가 인한지는 잘 모르지만 말재주는 어디에 쓰겠는가?"

子曰: "雍也可使南面."(≪雍也≫6.1)

공자가 말하였다. "중궁, 이 사람은 한 나라를 다스릴만하다."

仲弓問子桑伯子. 子曰: "可也簡." 仲弓曰: "居敬而行簡, 以臨其民, 不亦可乎? 居簡而行簡, 無乃大簡乎?" 子曰: "雍之言然."(≪雍也≫6.2)

중궁이 자상백자子桑伯子에 대하여 물었다. 공자가 말하였다. "괜찮지만, 신중하지 않다."

중궁이 말하였다. "항상 경건하게 몸가짐을 조심하고 일할 때는 간략하게 하는 것으로써 백성을 대한다면, 이 또한 괜찮지 않습니까? 평소에 몸가짐이 간략하고 행동 또한 간략하게 한다면 이건 너무 간략한 것이 아닙니까?"

공자가 말하였다. "중궁의 말이 맞다."

子謂仲弓, 曰: "犁牛之子騂且角, 雖欲勿用, 山川其舍諸?"(≪雍也≫6.6)

공자가 중궁에게 말하였다. "얼룩소의 새끼가 털빛도 붉고 뿔도 나 있다면, 사람이 비록 재물로 쓰지 않고자 하지만, 제사를 받는 산천이 어찌 그것을 가만히 두겠는가!"

仲弓問仁. 子曰: "出門如見大賓, 使民如承大祭. 己所不欲, 勿施於人. 在邦無怨, 在家無怨." 仲弓曰: "雍雖不敏, 請事斯語矣."(≪顏淵≫12.2)

중궁이 인에 대하여 묻자, 공자가 말하였다.

"대문을 나서면 큰 손님을 맞이하는 듯하고, 백성을 부릴 때는 큰 제사를 받들 듯이 하라. 자신이 이른바 원하는 않는 일은 남에게도 시키지 마라. 그렇다면 직위에서 공무를 처리할 때에도 원망이 없을 것이고, 지위에 있지 않고 집안에 있더라도 원망이 없을 것이다."[28]

중궁이 말하였다. "비록 총명하진 않지만 아무쪼록 그 말씀 힘써 행하겠습니다."

공자는 임종臨終에 가까워졌을 때, 제자들 앞에서 "어질구나 염옹冉雍이여! 매우 빼어나다."[29]라 하였고, 순자荀子는 ≪유효편儒效篇≫에서 "뜻이 이루어지면 천하를 통일하지만, 궁할 때는 홀로 고고하게 우뚝 서서 자신의 명예를 지킨다. 하늘도 그를 함부로 죽이지 못하고 땅도 그를 매몰시킬 수 없다. 폭군 걸왕이나 강도 도척이 날뛰는 세상도 그를 더럽히지 못한다. 이는 큰

---

28) "在邦無怨, 在家無怨"의 구절을 楊伯峻≪論語譯註≫는 "在工作崗位上不對工作有怨恨, 就是不在工作崗位上也沒有怨恨."로 번역하였다.(124 쪽)

29) 「賢哉雍也, 過人遠也.」

유학자가 아니면 능히 실현할 수 없는 일인데, 공자와 子弓(중궁)이 바로 이런 분들이다."30)라 하여 공자와 함께 중궁을 대유大儒라 하였다. 또한 ≪공자가어孔子家語·제자행弟子行≫에서 공자가 중궁을 평가하기를 "아무리 궁해도 곤궁한 기색을 겉으로 나타내지 않고, 신하를 부리게 되었을 때도 여전히 이전과 같이 대하며, 화를 다른 사람에게 옮기지 않고, 원망을 마음속에 오래 두지 않으며, 옛날 과실을 기억하지 않는 사람, 이가 바로 염옹冉雍이다. 공자가 그의 재주를 평하기를 '나라를 맡길 만한 군자이다. 여러 사람을 부릴 수 있고 형벌을 쓸 수 있고, 그런 다음에 이 사람이 화를 내는 것을 보게 될 것이다'라 하였다. 공자는 ≪시경≫ 인용하여 '시작이 없는 자는 없지만, 결말이 있는 자는 드물다'라 하였다. 또한 공자는 보통 사람이 화를 내는 것은 단지 자신의 몸만 상하게 할 뿐이다."31)라 하였다.

---

30) ≪荀子·儒效篇≫:「通則一天下, 窮則獨立貴名, 天不能死, 地不能埋, 桀跖之世不能汚, 非大儒莫之能立, 仲尼·子弓是也.」

31) ≪孔子家語·弟子行≫:「在貧如客, 使其臣如借. 不遷怒, 不深怨, 不錄舊罪, 是冉雍之行也. 孔子論其材曰: '有土之君子也, 有衆使也, 有刑用也, 然後稱怒焉.' 孔子告之以≪詩≫曰: '靡不有初, 鮮克有終.' 匹夫之怒, 唯以亡其身.」

第 2 簡

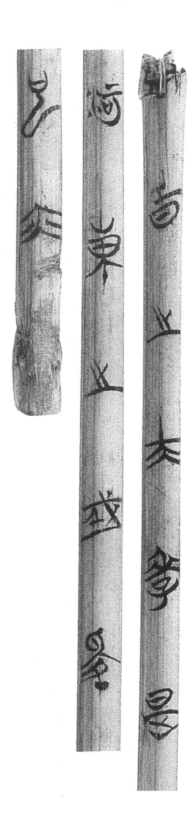

愚昏之夫季是河東之城豪也亦

第 2 簡

愳昏(聞)之^①, 夫季是(氏)河東之城(盛)豪(家)^②也, 亦

【釋文】

☑與聞之, 夫季氏, 河東之盛家也, 亦【2】

【해석】

일에 참여해서 실상을 파악해 보니, 계계季씨의 가족은 하동河東 지방에서 세력인 큰 집안이다. 또한

【上博簡原注】

본간은 길이가 19.9cm 이고, 상단上端이 파손되었다. 현존하는 문자는 13자 이다.

① '愳昏之'

「愳」자는 「與(줄 여, yǔ,yú,yù)」와 「心」로 이루어진 자이다. ≪설문해자說文解字≫는 "'愳'의 의미는 '빠르게 가지만 편안하다'는 뜻이다. 자부「心」과 소리부「與」로 이루어진 형성자이다."³²⁾ 라 하고, 계복桂馥은 ≪의증義證≫에서 "혹은 '愳'자로 쓴다."³³⁾라 하였다. 간문簡文에서 「愳」자 는 「與」로 읽는다.

「昏」자는 「聞(들을 문, wén)」자의 가차자로 쓰인다. 서주西周 금문에서 「昏」자는 자주 「聞」자 와 같은 자로 쓰인다. 예를 들어, ≪毛公鼎≫에는 「庸有䫴(聞)」³⁴⁾과 「無惟正䫴(昏)」³⁵⁾이란 구절 이 있고, 전국戰國 ≪중산왕석정中山王䲹鼎≫은 「聞」자를 자부 「昏」과 「耳」로 쓴다. ≪說文解 字≫는 "'聞'은 '소리를 알아듣다'의 뜻이다. 자부 '耳'와 소리부 '門'으로 이루어진 형성자. '聞' 자의 고문자는 자부 '昏'인 '䎽'으로 쓴다."³⁶⁾라 하였다. ≪곽점초간郭店楚簡≫에서 「昏」자를

---

32) ≪說文解字·心部≫:「愳, 趣步愳愳也, 从心, 與聲.」
33) ≪說文解字義證≫:「或作愳.」
34) "자주 충언을 들려주어라."
35) "혼란함을 바로 잡지 않다."
36) ≪說文解字·耳部≫:「聞, 知聲也, 从耳, 門聲. 䎽古文, 从昏.」

「聞」으로 쓴다.

「여문與聞」은 '일에 참여해서 내부의 실상을 알다'라는 뜻이다. ≪좌전左傳·은공십일년隱公十一年≫은 「雖君有命, 寡人弗敢與聞.」[37]이라 하였다.

【譯註】

'문聞'자를 ≪대우정大盂鼎≫은 '𧭭'으로, ≪이궤利簋≫는 '𦕑'으로, ≪중산왕석정中山王𧍪鼎≫은 '𦕒'으로 쓴다. ≪금문편金文編≫은 ≪대우정大盂鼎≫의 '𧭭'자에 대하여 "≪說文解字≫는 '聞'자의 고문을 자부 '昏'을 써서 '𦕑'으로 쓴다. ≪고문상서≫는 '𦕒'으로 쓴다. '婚'자와 통용된다."라 하였다.[38] ≪金文編≫은 ≪毛公鼎≫의 '𡧘'자를 '1088 昏'자에 수록하고, "이 자는 '昏'자로 자부 '日'과 소리부 '民'으로 이루어진 형성자이다. 당나라 때, '民'자를 '氏'자로 잘못 고쳤기 때문에 '昏'으로 쓴다. 이 자는 또한 '婚'자와 같은 자이다."라 하였다.[39] ≪설문해자說文解字≫는 '婚'자의 주문籀文을 '𡧘(憂)'자로 쓴다하였는데, 주문 '𡧘(憂)'자는 금문의 '𧭭'(≪大盂鼎≫)·'𡧘'(≪毛公鼎≫)자와 같은 자이다. ≪금문편金文編≫은 또한 '1955 婚'자 아래 '𡧘'(≪간궤諫簋≫) 등 자를 수록하고 "'婚'자는 '昏'자와 같은 자이다. ≪說文解字≫는 '婚'자의 주문을 '憂'으로 쓰는데, 형태가 변화된 것이다. 고전적에서는 일반적으로 '昏'자를 '婚'으로 쓴다."라 하였다.[40] 금문에서는 '聞'과 '昏'자는 음이 서로 근사하기 때문에 통용되고, '婚'자는 '昏'자에서 파생된 자다. 아래는 주법고周法高의 상고음上古音 의음擬音이다.[41]

聞　　mjwən　　文部

昏　　xmwən　　文部

≪곽점초간郭店楚簡·노자을老子乙≫ "上士昏(聞)道, 堇(勤)能行於其中. 中士昏(聞)道, 若昏(聞)若亡. 下士昏(聞)道, 大芺(笑)之."[42](제9간) 중의 '𢔏(昏)'자는 모두 '聞'의 의미로 쓰인다.[43]

---

37) "비록 군주의 명령은 있지만, 과인은 감히 이 일에 참여하지 못하겠습니다."

38) ≪金文編≫, '1926 𦕑', 772 쪽. 「說文古文從昏作𦕑, 古文尙書作𦕒, 與婚通.」

39) ≪金文編≫, '1088 𡧘', 457 쪽. 「昏, 從日民聲. 因唐諱改民爲氏. 又與婚爲一字.」

40) ≪金文編≫, '1955 𡧘', 793 쪽. 「與昏一字. ≪說文解字≫憂籀文婚, 卽此之譌變, 經典多以昏爲婚.」

41) 周法高의 上古音은 컴퓨터사이트 "臺灣小學堂文字學資料庫, http://xiaoxue.iis.sinica.edu.tw/."을 참고하기로 한다.

② '城豪'

「城(성 성, chéng)」자는「成(이룰 성, chéng)」의 가차자이다. ≪전국책戰國策·초책사楚策四≫의 「성양城陽」을 포표鮑彪의 주소본注疏本은 「성양成陽」으로 쓴다. ≪관자管子·소광小匡≫ 「臣不如王子城父.」44) 구절 중의 「성보城父」를 ≪한비자韓非子·외저설좌外儲說左≫에서는 「成父」로 쓴다.

「成」자는 또 「盛(담을 성, shèng,chéng)」자와 통한다. ≪주역周易·계사상繫辭上≫은 「成象之謂乾」45)라 하였는데, ≪경전석문經典釋文≫은 "'成象'을 蜀才는 '盛象'으로 쓴다."46)라 하였다. ≪석명釋名·석언어釋言語≫는 「成, 盛也.」47)라 하고, 왕선겸王先謙 ≪소증보疏證補≫는 "'成'자와 '盛'자는 음성과 그 뜻이 통하고, 경전에서 이렇게 쓰이는 실례가 많다."48)라 하였다.

「豪」자는 즉 「家(집 가, jiā,gū,jià,jiè)」이다. 초간楚簡에서 자부「宀」를 사용하는 자는, 또한 자부「宀」를 자주 사용하지 않고 쓰기도 한다. 예를 들어, 「卒」자는 「𣎵」·「𡗜」로 쓰거나 혹은 「𡗜」로 쓴다. 서주西周말기의 ≪초공가종楚公豪鐘≫이나 전국戰國시기의 초楚나라 지방에서 출토된 초간楚簡은 「家」자를 일반적으로 「豪」로 쓴다.

「성가盛家」의 「盛」자는 '혁혁하다'라는 뜻이다. ≪맹자孟子·공손추상公孫丑上≫은 「自生民以來, 未有盛於孔子也.」49)라 하였다.

「家」란 채읍采邑을 거느리고 있는 경대부卿大父를 가리킨다. 계환자季桓子는 노魯나라 정공定公 오년五年(기원전 505년)에 계환자季桓子의 부친인 계평자季平子가 서거한 후 이를 계승하여 경卿이 되었다.

간문의 「季是(氏)河東之城(盛)豪(家)也」는 '季씨 가족은 하동에서 혁혁한 집안이다'는 뜻이다. ≪좌전左傳·소공오년昭公五年≫에서 말한 "양설씨羊舌氏 계통의 네 가족은 모두 세력 있는 가문이다."50)라는 의미와 같다.

---

42) "상사上士는 도를 들으면 진심으로 행하려하는데 만 힘쓰고, 중사中士는 도를 들으면 마치 들은 것 같기도 하고 안 들은 것 같이 행동하고, 하사下士가 도를 들으면 웃어 버린다."
43) 최남규, ≪郭店楚墓竹簡·老子考釋≫, 186 쪽 참고.
44) "신하는 왕자王子 성보城父보다 못하다."
45) "'상象'을 이룬 것을 '건乾'이라 한다."
46) 「成象, 蜀才作盛象.」
47) "'成'은 '盛'이다."
48) 「成·盛聲義互通, 見於經典者甚多.」
49) "세상에 사람이 생겨난 이후로 孔子보다 더 빼어난 인물은 나오지 않았다."
50) ≪左傳·昭公五年≫:「羊舌四族皆彊家也.」

【譯註】

‘家’자를 ≪곽점초간郭店楚簡≫ 중 ≪당우지도唐虞之道≫는 ‘宎’로, ≪오행五行≫은 ‘𡩁’로, ≪포산초간包山楚簡≫은 ‘豸’·‘𧳦’로, ≪망산초간望山楚簡≫은 ‘𤕦’로 쓴다.[51]

≪중궁仲弓≫의 편련編聯(죽간의 순서)에 관하여 전문적으로 언급하고 있는 논문이 상당히 많다.[52] 그러나 잔실된 죽간이 많기 때문에 그 순서를 논하기는 쉽지 않다. 본 ≪仲弓≫의 주요 내용은 크게 ‘위정爲政’과 ‘사군事君’에 관한 내용으로 나눌 수 있다. 정리본은 ‘위정爲政’에 관한 내용을 앞부분에 놓고, ‘사군事君’에 관한 내용을 뒷부분에 놓았다. 그러나 황인이黃人二는 ‘事君’에 관한 내용을 앞부분에 놓고 있다. ‘事君’의 내용을 앞부분에 해당된다고 본다면, 제27간이 제일 앞에 올 수 있다. 그러나 본 죽간에서 ‘事君’과 ‘從政’의 내용을 확실하게 구별할 수 없고, 이러한 배열은 본 ≪仲弓≫이해에 크게 도움이 되지 않기 때문에 이에 관한 주장은 잠시 보류하기로 한다.

다만 어떤 죽간이 어떤 죽간과 서로 연계되는지의 여부, 즉 죽간의 편련은 본 ≪仲弓≫ 이해의 중요한 관건이기 때문에 이에 대하여 중점적으로 살펴보아야 한다. 그러나 잔실된 부분이 많기 때문에 죽간이 서로 연계되는 죽간이 없고 하나의 독립적으로 것으로 보아야 하는 경우가 종종 있다. 제1간과 제2간이 경우가 대표적으로 경우이다. 진검陳劍과 이예李銳의 경우가 제1간과 제2간을 독립적인 죽간으로 보았다. 그러나 황인이黃人二는 제2간을 제 1간의 뒤에 놓고, 조병청趙炳淸은 [1][4][26][2][5]의 순서로 보고 있다.

진위陳偉와 조병청趙炳淸 등은 제 2간이 제 26간과 연독되는 내용으로 보고, 진검陳劍·이예李銳 등은 비록 제 2간이 제 26간 뒤의 내용이긴 하지만 연독되는 내용은 아닌 것으로 보고 있다. 조병청趙炳淸은 26+2의 이유에 대하여 아래와 같이 설명하였다.

제 2간은 진긴殘簡이나. 아랫부분은 완전하지만 윗부분은 잔실되었다. 길이는 19.9㎝이다.

---

51) ≪楚系簡帛文字編(增訂本)≫≫(湖北敎育出版社), 678 쪽.
52) 編聯에 관하여 전문적으로 논하고 있는 주요 논문은 아래와 같다.
　　陳劍, 〈上博竹書≪仲弓≫篇新編釋文〉, 簡帛研究, 2004-04-18
　　黃人二·林志鵬, 〈上博藏簡三冊仲弓試探〉, 簡帛研究, 2004-04-23
　　李銳, 〈≪仲弓≫新編〉, 淸華大學簡帛研究, 2004-04-22.
　　趙炳淸, 〈上博簡三≪仲弓≫的編聯及講釋〉, 簡帛研究, 2005-04-10.
　　晁福林, 〈上博簡≪仲弓≫疏證〉, ≪孔子研究≫, 2005年第2期.
　　楊懷源, 〈讀上博簡≪中弓≫札記四則〉, 簡帛研究, 2004-08-07

제 26간과 제 2간 두 죽간은 내용으로 보아 서로 연결되는 내용이다. 진검陳劍과 이예李銳
역시 두 죽간이 연결되는 내용으로 보고 있는데, 이는 매우 옳은 주장이다. 내가 생각하기에,
이 두 죽간은 본래 하나의 죽간이다. 그리고 다만 두 번째 편선編線 부분에서 부러져, 약 3.7㎝
정도가 없어졌고, 약 5가자 정도가 보이지 않는다.[53]

제 26간의 내용은 "愚㤅(恐)怠虛(吾)子㥶(憂), 㤅(愿)因(因)虛(吾)子而㣺(治)."[54]이고, 중궁이
공자에게 가르침을 받고자 하는 말이고, 그 다음 "孔=(孔子)曰: 雟(雍)"[55] 구절부터는 공자가
중궁에게 들려주는 내용이다. 따라서 만약에 제 2간이 제 26간에 뒤에 연결되는 내용이라면,
"愚昏(聞)之, 夫季是(是)河東之城(盛)㴱(家)也, 亦."[56] 구절은 공자가 하는 말이다. 그러나 현재
의 남아있는 내용으로만 보아, 제 2간은 공자가 말한 내용이라는 확실한 증거는 없다. 앞에서
언급하였듯이, 계씨의 가재는 중궁이 계환자의 가재에 임명된 후 공자에게 자문을 구하는 시기
는 대략 공자가 아직 노魯나라를 떠나기 이전인 것으로 보이며, 자로의 직책을 이어 받아 중궁이
가재로 임명된 것일 가능성이 높기 때문에 중궁이 한 이야기로 볼 수 있는 가능성은 충분이
있다. 따라서 제 2간이 제 26간에 놓일 수 있는 내용이지만 누가 한 이야기인지는 확신할 수
없기 때문에, 잠시 진검陳劍 등의 주장처럼 "이른바 중간에 한 줄을 공간으로 비어두는 것은,
전후 죽간이 연독할 수 없는 경우이다."[57]라는 주장에 따라, 전체적인 내용은 제 2간이 제 26간
뒤에 오는 내용으로 볼 수 있지만, 하나의 죽간으로 보기에는 좀더 연구가 필요하겠다.

---

53) 「簡2也是一支殘簡, 下部完整而上部殘缺, 長19.9厘米. 從兩簡的内容來看, 文意應是相連, 陳劍先生・李銳先生
也將二簡編連在一起. 甚是. 按: 愚意以爲此二簡原本也是一簡, 在第二道編繩處斷裂, 少了3.7厘米, 缺了5字左
右.」

54) "우둔하기 때문에 선생님을 부끄럽게 하는 누를 끼칠까봐 걱정이 되어, 삼가 선생님의 가르침에 따라 다스리고
자 합니다."

55) "공자는 '옹雍아, 너…….'"

56) "들어서 알다시피, 계씨의 가족은 하동 지방에서 세력인 큰 집안이다. 또한……"

57) 「凡中間空一行的, 表示前後簡文不連讀.」

第 3 簡

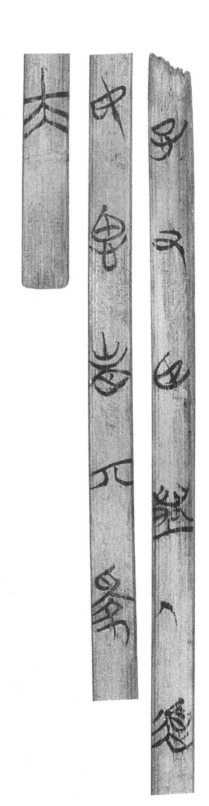

子又臣薹人道女思老丌豙夫

第 3 簡

子又(有)臣蠆(萬)^①人, 道女(汝)思老丌豂(家)^②, 夫

【釋文】

☑子, 有臣萬人道汝, 思老其家, 夫【3】

【해석】

(공자가 말하였다.) 계환자季桓子 집에는 많은 신하가 있는데, 그들은 너(중궁仲弓)의 계획을 도와 종신토록 이 집안을 위해 헌신하려 할 것이며,

【上博簡原注】

본간은 길이가 17.8cm 이고, 상단上端이 파손되었다. 문자는 12자가 있다.

① '蠆'

'蠆'자는 즉 「萬(일만 만, wàn)」자와 같은 자이다. 「萬」자를 금문은 자부「土」를 쓴다. 예를 들어, 춘추말기春秋末期의 ≪주공경종邾公牼鐘≫·≪주공흑종邾公釛鐘≫은 「萬」자를 아랫부분에 자부「土」를 추가하여 쓴다.

② '道女思老丌豂'

「道」자는 전치사前置詞 '從' 혹은 '由'의 용법으로 쓰인다. ≪관자管子·금장禁藏≫「故凡治亂之情, 皆道上始.」⁵⁸⁾ 구절에 대하여 윤지장尹知章은 "「道」자는 전치사「從」의 뜻이다."⁵⁹⁾라 하였다. 「사노思老」의 「思」자는 '고려하다(생각하다)'의 뜻이다. 「思老」와 아래 주간竹簡의 「老老」의 내용과 비슷하다. 「기丌」자의 상고음上古音과 「제齊」자의 음은 직접적 통하지 않지만, 「丌豂」는 즉 「제가齊家」가 아닌가 한다.

---

58) "그래서 무릇 국가의 다스림과 혼란의 실상은 모두 위에서부터(혹은 근본문제)에서 시작된다."
59) 「道, 從也.」

【譯註】

금문 중 '萬'자를 ≪구공경종邾公牼鐘≫은 ''으로, ≪주공혹종邾公釛鐘≫은 ''으로 쓴다.[60]

'子'자의 앞 자를 '夫'자 혹은 '君'자로 보기도 한다. '부자夫子'라면 즉 '계환자季桓子'를 가리키고, '君子'라면 '小人'과 상반되는 개념이다. 이조원李朝遠 정리본은 "有臣萬人道汝思老其家" 구절을 "有臣萬人, 道汝思老其家"로 읽고, '道'를 전치사로 '丌'자를 '齊'자로 풀이하였다. 전체적으로 본 구절은 '계환자의 집안에 많은 신하가 있는데, 너(仲弓)를 따라 공경하고 집안을 잘 다스리고자 한다'로 해석할 수 있다. 따라서 정리본의 전후 설명 내용으로 보아 '子'는 '계환자季桓子'를 지칭하는 것으로 보고 있다.

만약에 '子'자 앞에 '夫' 혹은 '君'자가 있는 것으로 본다면, 제 15간과 제 16간, 혹은 【20A】[61]과 연결될 수 있다. 제 15간이나 【20A】연결되는 내용이면 '君'자이고, 제 16간과 연결되면 '夫'자이다. 이와 관련된 편련에 대한 주요 논문들을 정리하면 아래와 같다.

	지칭指稱	편련編聯	주요논문
1	'季康子'	2→3	整理本
2	夫子	16+3	陳劍·楊懷源
3	君子	20A+3	李銳
4	'仲弓'	4+26+3+2+5	晁福林

진검陳劍은 제 3간이 제 16간의 뒷부분에 해당되는 내용으로 보고 '夫子'는 계환자季桓子라 하였다.

> 제 16간과 제 3간은 연결되는 죽간이며 그 내용 또한 연계되는 내용일 수 있다. 서로 연결되는 부분은 공자가 말하는 내용인 '今汝相夫子'로 중궁이 계씨의 가재이 되거나 계환자를 보필하는 것에 대한 언급이다. 본편의 부간附簡 '夫子唯有舉, 汝獨正之' 중의 '夫子' 또한 계환자를

60) ≪金文編≫, '2354 萬' 951 쪽. ≪金文編≫은 '萬'자를 '2135 萬'(874 쪽)자와 분리하여 수록하고 있으나, 徐灝≪說文解字注箋≫은 "萬卽蠆"라 하였다. 즉 '萬'자는 원래 상형자이나 숫자로 가차되어 쓰이기 때문에, 후에 자부 '虫'을 추가하여 '蠆'자가 파생되었다.

61) 제 20간의 내용 중 "丌咎.」中(仲)弓曰:「含(今)之君=(君子), 孚怟(過)戉析, 囏(難)已內(納)諫.」孔=(孔子)曰:「含(今)之君"까지를 【20A】로 보고, "子所滐(竭)丌青(情), 憒(盡)丌誓(慎)者, 三害近與矣.」"를 【20B】로 본다.

가리킨다.[62]

그러나 이예李銳는 제 3간을 제 20간의 앞부분 "丌咎. 仲弓曰: '今之君子, 孚過戈析, 難曰納諫.' 孔子曰: 今之君."[63]【20A】) 구절과 연계되는 죽간으로 보고 제 3간의 제일 앞 '子'는 '君子'의 '子'로 보고 있다.[64] 그런데 제 3간은 '많은 신하들이 계환자의 집안을 위하여 헌신하고자 하는' 내용이기 때문에 문맥이 매끄럽지 않다.

조복림晁福林은 뒷부분이 잔실된 제 26간과 제 3간이 연결되는 것으로 보고, "공자가 말하였다. '옹아! 너는 자신감을 좀 가져라. 너는 백성을 다스릴 만한 능력을 가지고 있다. 설마하니 평생 동안 집안에만 있고, 정치에 참여하지 않으려 하는가?'"로 해석하였다.[65] 그러나 이러한 해석은 ≪仲弓≫은 중궁이 이미 계환자 가재家宰의 임명을 수락하고 어떻게 정치를 하고 군주를 모실 것인가에 대하여 공자에게 자문하는 내용이기 때문에 옳지 않다.

양회원楊懷源은 〈독상박간≪중궁≫찰기사칙讀上博簡≪中弓≫札記四則〉에서 진검陳劍의 주장과 같이 '夫子'로 보고, 이에 대하여 상세하게 언급하고 있다.[66]

一. '도道'자를 '종從'의 의미로 해석하다면, '從'은 전치사로 '自'나 혹은 '由'의 뜻이다. 그렇다면 "從汝思老" 뜻이 이해하기가 쉽지 않다. 만약에 정리본 이조원李朝遠의 분석에 에 따른다면, "道汝"는 전치사+목적어구조로 "思老"의 부사어이다. 그렇다면 '思老'의 主語는 어떤 것인가? 생략된 주어든 확실하게 드러난 주어이든 간에, 우리는 그 주어를 알 수 없다. 따라서 이러한 분석은 어법적으로 문제가 있다. 만약에 '道'자의 목적어를 '女(汝)思老丌(其)㣇(家)'로 본다면, 이 다음 구절을 주어문이 있어야 한다. 그런데, 다음 구절에 '夫'자가 있는 것으로 보아, '道女(汝)思老丌(其)㣇(家)' 구절은 완전한 하나의 문장이지 부사어 역할을 하는 전치사+목적어 구조가 아님을 알 수 있다. 이러한 모순성 때문에 '道'자에 해석을 고려해야 한다는 것을 알 수 있다.

二. '제齊'자의 상고음은 성모가 '從'뉴紐이고 운모가 '지脂'부部이다. '丌(其)'자는 성모가

62) 陳劍, 〈上博竹書≪仲弓≫篇新編釋文〉, 簡帛研究, 2004-04-18.「簡16與簡3有可能當結合·連讀. 相接處孔子所說'今汝相夫子', 可以解釋爲謂仲弓作季氏宰·相季桓子. 本篇附簡'夫子唯有擧, 汝獨正之'之'夫子'亦指季桓子.」

63) "그 잘못이다. 중궁은 말하였다. 지금의 군주는 자신의 과실을 고집하고, 과실을 지적하면 싫어하여 간언을 드리기 어렵습니다. 공자가 말하였다. 지금의 군주는."

64) 李銳, 〈≪仲弓≫新編〉, 淸華大學簡帛研究, 2004-04-22.

65) 晁福林, 〈上博簡≪仲弓≫疏證〉, 「孔子說: '雍, 你要增强信心呀. 你有治理萬人的才能, 你難道要終老于家中而不出仕嗎?'.」≪孔子研究≫, 2005年第2期, 6쪽.

66) 楊懷源, 〈讀上博簡(三)≪中弓≫札記四則〉, 簡帛研究, 2004-04-07.

'견見'뉴紐이고 운모가 '지之'부部이다. 대사代詞로 사용될 때의 음은 성모가 '군群'뉴紐이고 '지之'부部이다. 이 두 자의 상고음은 상당한 차이가 있기 때문에 서로 통가자로 사용될 가능성은 거의 없다. 정리본이 '아닌가 한다'라는 의미에서 '疑(의심)'자를 쓰고 있는데, 이는 작자 자신도 긍정하지 않고 있음을 알 수 있다.

三. 만약에 정리본의 이 두 가지 면에서 잘못이 있다면, 정리본의 '思老'의 뜻은 이 다음 죽간의 '老老'의 의미와 비슷하다고 한 주장은 의심할 여지가 있다. 따라서 '道女(汝)思老, 丌(其)豪(家)' 구절에 대하여 다시 생각할 필요가 있다.

필자는 다음과 같이 주장하고자 한다.

'道'자는 '導(이끌 도, dǎo)'로 일고 '보조하다(輔助)'의 뜻이다. ≪이아·석고≫는 "'導'·'左'·'右'·'助'는 모두 '勴(도울 여, lǜ)'이다."라 하였다. 형병邢昺은 ≪소疏≫에서 "'教導하다'는 즉 '힘써 돕다(贊勉)'는 뜻이기 때문에 '勴(돕다)'라 한 것이다. ≪說文解字≫에서는 '勴'자를 '돕다(助)'의 의미라고 하였다. 즉 힘으로 돕는 것이 아니라 마음으로 돕는 것을 말한다."라 하였다. ≪說文解字≫에서는 '勴'자에 대하여 "'돕다(助)'의 뜻이다. 자부 '力'·'非'와 소리부 '慮'로 이루어진 형성자이다"라 하였고, 단옥재 ≪설문해자주≫는 "힘써서 잘못된 것을 제거하다의 뜻이다."라 하였다. ≪集韻≫은 "勴자는 혹은 자부 慮를 써서 '勴'로 쓰기도 한다"라 하였다. '導'는 즉 '教導(교도하다)'라는 뜻이고, 이 의미는 또한 '칭찬하며 격려하다(贊勉)'는 뜻으로 파생되어 쓰이고, '贊勉'의 뜻은 다시 '돕다(助)'라는 의미로 쓰인다.

본 죽간의 구절은 공자가 중궁에게 대답하는 말로, '子'는 '夫子'이며, '계환자季桓子'자를 가리킨다. ≪논어·위령공≫에 "지금 염유冉有와 계로季路는 부자夫子(계씨季氏)를 돕다"라 하였는데,[67] 여기에서 공자는 계씨季氏를 '부자夫子'라 하였다. 제 16간 "含(今)女(汝)相夫" 중의 '夫'자 역시 '夫子'를 가리킨다. 또한 부간附簡에 또한 "夫子唯又(有)與(舉)"라는 구절이 있다.

'신臣'은 '家臣' 혹은 신하(臣子)를 말한다. ≪예기禮記·예운禮運≫ "임금의 지위가 위태로우면 대신大臣은 배신하고, 소신小臣은 도둑질한다" 구절에 대하여, 공안국은 ≪소疏≫에서 "'大臣'이란 '大夫' 이상을 가리키고, ……'小臣'은 '士'이하를 가리킨다."라 하였다. 여기에서 '臣'은 계씨의 가신이고, '만인萬人'이란 대략적인 숫자를 표시하지 실수를 가리키는 것이 아니다. 즉 계씨의 가신이 매우 많다는 뜻이지 만 명이 넘는다는 뜻은 아니다. 제 2 간에서 "夫季氏, 河東之盛家也"라는 구절 중에서 '성가盛家'라고 하였듯이 가신이 많은 자연스런 일이다.

'汝(너 여, rǔ)'는 대사로서 '中弓'을 가리키며, '思'자는 정리본의 주장을 따를 수 있고, '老'는 '평생동안 사력을 다하다'의 뜻인 '終老'의 의미이다. "丌(其)豪(家)" 중의 '丌(其)'는 대사이고, '季氏'를 가리킨다. "丌(其)豪(家)"는 한정구(編正短語)이지 동빈구(動賓短語) "齊家"가 아니다. '家'는 ≪논어·위령공≫ "나라는 소유하는 자(제후諸侯)와 집을 소유하는 자(경경卿이나 대부大夫)" 구절 중의 '家'자의 의미와 같다. "丌(其)豪(家)" 구절은 '老'자의 목적어로 동목구(動賓結構)이며, '老其家'는 '思'의 목적어이다. 그래서 간문의 전체적인 뜻은 '季氏 집안에 많은 家臣이 있는데, 이들은 中弓 너를 도와 평생 동안 사력을 다해 계씨의 집안을 돕고자 한다'이다.

---

67) "今由與求也, 相夫子" 구절 출처는 ≪論語≫의 ≪衛靈公≫이 아니라, ≪季氏≫(16.1)이다.

이 문장은 "子又(有)臣蓴(萬)人, 道(導)女(汝)思老丌(其)豪(家), 夫……"으로 끊어서 읽어야 옳다.[68]

이예李銳는 이 문장을 "子, 有臣萬人道, 如思老其家, 夫"로 읽고 있는데, 이러한 구독句讀은 어떤 의미인지 정확히 전달이 되지 않는다. 황인이黃人二는 제3간을 제10간 뒤에 놓고 중궁이 하는 말로 이해하고 있다. 양회원楊懷源이 이미 이에 대하여 상세하게 설명하였다.

진위陳偉는 〈죽서≪중궁≫사구시해(삼칙)竹書≪仲弓≫詞句試解(三則)〉에서 '老'자는 동사의 용법으로 사용되어 '家宰를 담당하다'의 뜻이라 하고, '思'자는 '使'의 용법으로 쓰인다 하였다.

> 황인이黃人二와 임지붕林志鵬은 '사思'자를 '사使'로 읽고, 양회원楊懷源은 '其家'를 '季氏 家族'으로 이해하고 있는데, 이러한 주장은 믿을 만하다. 하지만 이 중 '老'자는 '실노室老'[69]를 가리킨다. 즉 중궁이 계씨의 '가상家相'이 된 것을 두고 하는 말이다. ……'室老'는 '老'자 한 자로 줄여서 말할 수 있으며, 경대부가상卿大夫家相을 가리키며 또한 가재家宰라고도 한다. 이는 계환자가 중궁에게 위임한 관직이다. 중궁이 계씨재季氏宰이기 때문에 또한 계씨노季氏老 라 할 수 있다. 본 죽서에서 '老'자는 명사이지만 여기에서는 동사의 용법으로 쓰인다. '老其家' 는 그 집안의 家相(家宰)을 담당한다는 뜻이다. 본 초간 중에 '思'는 '使'자로 읽을 수 있다. ≪포산초간包山楚簡≫에서 그 근거를 찾을 수 있다. 또한 ≪上海博物館藏楚國楚竹書≫의 ≪용

---

68) 「一. 這個"從"是介詞, 是"自·由"的意思, "從汝思老"語意難通; 且依李釋, "道汝"是介賓結構, 做"思老"的狀語, 那麼"思老"的主語是什麼? 我們找不出隱性的或顯性的主語, 這在語法上說不過去. 如果認爲"道"的賓語是"女 (汝)思老丌(其)豪(家)", 則後面應該還有主句, 但下文是一"夫"字, 顯然"道女(汝)思老丌(其)豪(家)"是一個完整 的句子, 而不是一個做狀語的介賓結構. 這种矛盾只能促使人考慮: "道"當另行解釋. 二. 上古音"齊"從紐脂部, "丌(其)"見紐之部, 作代詞時爲群紐之部, 讀音相差極遠, 似無相通可能. 李先生用一"疑"字, 是自己也不能肯定. 三. 如果李先生的這兩處考釋有誤, 則"'思老'當近乎下簡的'老老'"的說法也值得懷疑, "道女(汝)思老, 丌(其)豪 (家)"的句讀問題也可另行考慮. 筆者以爲, "道"當讀爲"導", "輔助"之意. ≪爾雅·釋詁·下≫: "導·左·右·助, 勴也." 邢≪疏≫: "教導即贊勉, 故又爲勴, ≪說文解字≫云: '勴, 助也.' 不以力助以心助也." 今本≪說文解字≫ 作"勴", "助也. 从力从非, 慮聲." ≪段注≫: "力去其非也." ≪集韻·御韻≫: "勴, 或从慮." 則是"導"由"教導"義 引申爲"贊勉"義, 再由"贊勉"義引申爲"助"義. 本簡文句應爲孔子答中弓之言, "子"應當是"夫子"之殘, 指"季桓 子". ≪論語·衛靈公≫: "今由與求也, 相夫子", 孔子即稱季氏爲"夫子". 第十六簡有"含(今)女(汝)相夫", "夫"當 是"夫子"之殘. 附簡也有"夫子唯又(有)與(舉)"一語. "臣"指的是家臣·臣子. ≪禮記·禮運≫: "君位危, 則大臣倍, 小臣竊." 孔≪疏≫: "大臣謂大夫以上……小臣士以下." 這裏是指季氏的家臣. "萬人"是泛數, 不是實指, 是說季 氏的家臣很多, 而非實有上萬人. 第二簡云: "夫季氏, 河東之盛家也", 既爲盛家, 家臣很多是很自然的. "汝"稱代 "中弓". "思"當從李釋, "老"是"終老"的意思, 這裏是指畢生效命. 丌(其)豪(家)之"丌(其)"爲代詞, 稱代季氏, 丌(其)豪(家)爲偏正短語, 不是"齊家"(動賓短語). "家"即≪論語·衛靈公≫: "有國有家者"之"家". 丌(其)豪 (家)"是"老"的賓語, 構成動賓結構, "老其家"又是"思"的賓語. 那麼簡文的意思是說: 季氏有許多家臣, 他們輔助 你謀劃終生效命于季氏. 本簡應讀爲: "子又(有)臣蓴(萬)人, 道(導)女(汝)思老丌(其)豪(家), 夫……"」

69) '室老'는 家臣의 長官을 가리킨다. ≪儀禮·喪服≫傳曰: 公卿大夫室老士, 貴臣, 其餘皆衆臣也." 구절에 대하여 鄭玄은 "室老, 家相也"이라 하였다. 孔穎達은 ≪禮記·檀弓下≫의 ≪疏≫에서 "室老, 家之長相"이라 하였다.

성씨容成氏≫와 ≪조말지진曹沫之陣≫의 자료가 출간 된 후에 이러한 실례를 더욱 많이 찾아볼 수 있다. '思老其家'는 바로 '使老其家(그 집안의 가상家相이 되도록 하다.'의 뜻이다.[70]

'도道'는 '돕다(導)'로 해석할 수 있다. 하지만 경전에서 '노老'자가 '실로室老'를 나타내는 경우에는 대부분이 합성어 '室老'로 쓰이거나, 단독으로 '老'자로 쓰이는 경우에는 명사적 용법으로만 쓰인다. 또한 '思'자는 '使'로 해석하는 경우엔 중궁에게 관직을 담당토록 한 주체자가 계환자가 아닌 '有臣萬人' 모두를 가리키기 때문에 전체적인 문맥상 적합하지 않은 것으로 보인다.

그래서 양회원楊懷源이 주장한 것처럼, '思'는 희망을 표시하는 동사의 뜻으로 쓰이고, '老'자는 '致仕(사직하다)'의 뜻이 아닌가 한다. ≪左傳·隱公三年≫ "桓公立, 乃老."[71] 중의 '老'자에 대하여 杜預는 "老, 致仕也"라 하였다. 따라서 '평생 동안 사직할 때 까지 그 직책에 다하겠다'는 의미가 있다.

본 죽간은 제 16간과 이어지는 내용이고, '子'는 '夫子'이고, '夫子'는 계환자를 가리킨다.

---

70) 陳偉, 〈竹書≪仲弓≫詞句試解(三則)〉, 簡帛研究, 2005.8.15.「黃人二·林志鵬二氏讀'思'爲'使', 楊懷源氏將'其家'訓爲季氏家族, 應均可信從, 而'老'則當指'室老', 也就是仲弓擬擔任的季氏'家相'. ……'室老'可以簡稱'老', 爲卿大夫家相, 亦名家宰. 這正是季桓子委任仲弓的職事. 因而, 仲弓爲季氏宰, 也可以說是爲季氏老. 當然, 竹書這裏的'老'是名詞的動詞用法. '老其家'是擔任家相(家宰)于其家的意思. 楚簡中的'思'可讀爲'使', 在包山簡中已顯露端倪, 而在上海博物館藏楚國楚竹書≪容成氏≫·≪曹沫之陣≫公布後, 研究者發現這方面的更多例證. '思老其家'也就是使老其家.」

71) "衛나라 桓公이 군주가 되었을 때 석작石碏은 늙어 사직하였다."

第4簡

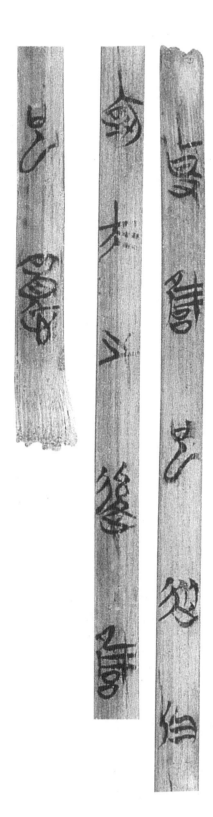

貞雟也從於剝夫之逡雟也憧

第 4 簡

虗(使)雝(雍)^①也從於𡩋(宰)夫之逡(後)^②, 雝(雍)也憧^③

【釋文】

☑使雍也從於宰夫之後, 雍也童【4】

【해석】

저 옹雍으로 하여금 재부宰夫의 일을 종사하게 하였지만, 그 후, 옹雍은 어리석어

【上博簡原注】

본간은 길이가 19.4cm 이고, 上端이 파손되었다. 문자는 12자가 있다.

① '雝'

'雝'은 중궁仲弓의 이름이다. 이 자는 자부字部「隹」와 소리부「吕」로 이루어진 형성자이다. 갑골문과 금문은 모두「雝(할미새 옹, yōng)」으로 쓴다. 갑골문은「⿰」·「⿰」으로, 금문은「⿰」으로 쓴다.「雝」과「雍(누그러질 옹, yōng)」자는 같은 자이다. ≪시경詩經·주송周頌·유고有瞽≫「肅雝和鳴」⁷²⁾ 구절 중의「雝」자를 ≪당석경唐石經≫은「雍」으로 쓰고, ≪예기禮記·악기樂記≫와 ≪사기史記·악서樂書≫에서도 ≪시경詩經≫의 구절을 인용하여 모두「雍」자로 쓴다.

≪서경書經·우공禹貢≫과 ≪주례周禮·하궁夏宮·직방씨職方氏≫에「옹주雍州」가 있는데, ≪이아爾雅·석지釋地≫는「옹주雝州」로 쓴다.

≪설문해자주說文解字注≫에서 段玉裁는「雝」자에 대히여, "예시에시는「雍」자로 쓴다."⁷³⁾ 라 하였다.

② '𡩋夫之逡'

「𡩋夫」는 ≪주례周禮·천궁총재天宮冢宰≫에서 언급하고 있는 직명「재부宰夫」와 같다. 이는

---

72) "엄숙하고 경건하면서도 조화롭게 울리네."
73) ≪說文解字注≫:「隸作雍.」

하대부下大夫에 해당되며, "나라의 법을 장악하여 다스리다."74)는 직책을 담당한다.

간문에서의 「剳(宰)夫」는 국가 대신이 아닌, 춘추春秋시대의 경대부의 가신이다. 이 가신은 식선食膳(요리)을 담당하기도 하여, 「선재膳宰」라고도 한다.

「逡」자에 대하여 ≪설문해자說文解字≫는 "'後'자의 고문은 字部「辵」을 써서 逡자로 쓴다."75)라 하였다.

【譯註】

「剳(宰)夫」를 정리본은 '국가 대신이 아닌, 춘추春秋시대의 경대부의 가신이다. 이 가신은 식선食膳(요리)을 담당하기도 하여, 「선재膳宰」라고도 한다'라 하였다. 본 구절 중의 '宰夫'는 앞에서 언급하는 '宰'와 같다. 즉 계환자季桓子를 도와서 사무를 처리하는 직책이다.

≪논어論語·선진先進≫은 "안연顏淵이 죽은 후에 그의 아버지인 안로顏路가 공자의 수레를 팔아 관곽을 만들어 줄 것을 청하였다. 공자는 "재주가 있고 없건 간에 각각의 그 아들을 말하는 것이다. 아들 이鯉가 죽었을 때, 관棺만 있었고 곽椁(외관)은 없었다. 내가 걸어 다니고 곽椁을 만들어 줄 수 없는 것은, 내가 대부의 뒤를 따르고 난 후로는 걸어 다닐 수 없기 때문이다."76)라 하였는데, 이 구절 중 '以吾從大夫之後'는 본 구절의 '剳夫之逡'의 용법과 비슷하다.

③ '憧'

'동憧'자는 「童」과 「心」으로 이루어진 자이며, 「重」과 「心」으로 이루어진 「憧(느릴 동)」으로 읽는다. 「童」자와 「重」자는 자형이 비슷하며 뜻이 서로 통한다. 「憧」은 '지완遲緩(게으르다. 느리다)'의 뜻이다. ≪설문해자說文解字≫는 「憧」자에 대하여 "'憧'은 '느리다'의 뜻."77)이라 하였다.

【譯註】

'동憧'자는 '어리석다'는 의미로 쓰인다. 진위陳偉는 〈죽서≪중궁≫사구시해竹書≪仲弓≫詞句試解(三則)〉에서 제4간을 제26간과 연계되는 내용으로 보고, 료명춘廖名春은 '동우憧愚'는 즉 '우준愚蠢(어리석다)'의 해석에 동의하고 있다.

---

74) ≪周禮·天宮冢宰≫:「掌治朝之灋.」
75) ≪說文解字·彳部≫:「古文後, 從辵.」
76) ≪論語·先進≫:「顏淵死, 顏路請子之車以爲之椁. 子曰: "才不才, 亦各言其子也. 鯉也死, 有棺而無椁. 吾不徒行以爲之椁. 以吾從大夫之後, 不可徒行也.."」
77) ≪說文解字·心部≫:「憧, 遲也.」

본 죽서의 ''자는 자부 '童'과 '心'으로 이루어진 '憧(어리석을 동, chōng)'자이다. ≪옥편≫은 "憧은 '어리석다(愚)'는 뜻이다"라 하고, ≪유편類篇≫은 "'憧'은 '어리석고 혼매한 모양'이다"라 하였다. ≪대대예기大戴禮記·천승千乘≫ "凡民之不刑, 崩本以要閑(間), 作起不敬以欺惑憧愚"[78] 구절 중의 '동우憧愚'에 대하여 공광삼孔廣森은 "법을 두려워하지 않는 일을 행하여 우매한 백성들을 현혹하게 한다."[79]라 하였다. ≪사기史記·삼왕세가三王世家≫에서는 '우동愚憧'으로 쓴다. 료명춘廖名春은 '동우憧愚'를 '우준愚蠢'으로 해석하였는데, 이는 옳은 주장이다.[80]

정리본이 발표된 후, 각 죽간의 편련에 대하여 많은 의견이 제시되었다. 그 중에서도 본 제4간은 대부분의 학자들은 제 26 간과 연결되는 내용으로 보고 있다.

죽간 편련에 관한 중요한 견해는 아래와 같다.

진검陳劍, 〈上博竹簡≪仲弓≫篇新編釋文〉[81]

1 / 4→26 / 2 / 5 / 7 / 8 / 9→10 / 28 / 19 / 14 / 27→15 / 18 / 17→11→13 / 6→23B→23A /24→25 / 20A /12→21 / 22 / 16→16反 / 3 / 20B / 附簡 [82]

이예李銳, 〈≪仲弓≫新編〉[83]

1 / 4→26 / 2 / 5→28→7 / 8 / 9 / 10 / 19 / 14 / 17 / 11→13 / 18 / 27→15→20B / 6→23B / 23A / 24 / 25→12 / 21 / 22 / 16→16反 / 20A / 3 / 附簡

황인이黃人二·임지붕林志鵬〈上博藏簡第三冊仲弓試探〉

(一) 27→21→20→6→23下→23上→24→25→14→22→15

---

78) "백성이 법을 지켜지 않으면 그 근본이 붕괴되고 常法에 빈틈이 생김으로써, 법을 두려워하지 않는 일을 행하게 되고 우매한 백성을 속이고 현혹시킨다."

79) 「造作不畏法之事, 以惑愚民.」

80) 陳偉, 簡帛硏究, 2005.8.15.「竹書此字從'童'從'心', 當即'憧'. ≪玉篇·心部≫: "憧, 愚也." ≪類篇·心部≫: "憧, 騃昏也." '憧愚'見于≪大戴禮記·千乘≫, 其云: "凡民之不刑, 崩本以要閑, 作起不敬以欺惑憧愚." 孔廣森解釋説 "造作不畏法之事, 以惑愚民." 古書中亦作'愚憧', 見≪史記·三王世家≫. 廖名春先生將'憧愚'訓作'愚蠢', 當是.」

81) 簡帛硏究, 2004-4-18.

82) '/'은 전후 내용이 연결이 될 수 있는 경우이고, '→'은 전후 죽간이 직접적으로 연결되는 병합될 수 있는 죽간을 가리킨다.

83) 清華大學簡帛硏究, confucius2000.com, 2004-4-22.

附簡

(二) 1→2→4→26→5→12→18→7→8→9→10→3→13→28→19→16→17→11

주봉오周鳳五,〈仲弓摘要〉

1→4 / 26→2 / 5→7 / 補一 / 8 /14→9 / 10 / 28→19→17 / 11→13 / 6→23下 / 23上→24 / 25→12 /21→18 / 16→3 / 20 /27→15→22 / 附簡

조병춘趙炳淸,〈上博簡三≪仲弓≫的編聯及講釋〉[84]

1→4→26→2→5→ 28→7→8→22→14→ 9→10→ 19→16→3→17→11→13→ 27→15→6→ 23B→23A→24→25→12→21→18→20→附簡

연덕영連德榮(계욱승季旭昇 교정),〈仲弓譯釋〉[85]

1 → 4/ 26→3· 2 / 5→ 7· 8 /14· 9/10 / 28 / 19·27→15· 18· 6→23B /23A·17 /11→13 ·12/ 21·22·24/2524 / 25·20A·16正(16反)→20B·附簡

제 4간의 내용은 중궁이 가재가 되기로 결정하고 난 후 중궁 자신의 태도에 대한 언급이기 때문에, 이 다음 죽간은 자신의 재능이 부족함을 인식하고 지혜로운 스승에게 자문을 구하고자 하는 이유에 대하여 언급하는 내용일 가능성은 매우 높다. 이와 관련 있는 내용이 제 26간이기 때문에 제 4간과 연계되는 것으로 볼 수 있다. 제 4간의 마지막 자가 '동憧'이고 제 26간의 처음 자가 '우愚'이기 때문에 문자 상으로도 연결이 된다. 편련에 관련된 내용은 제 26간에서 설명하기로 한다.

이외에도 제 4간을 제 3간과 연결되는 내용으로 보지 않고, 제 1간과 연결되는 내용으로 보기도 한다. 앞 제 3간에서 이미 살펴보았듯이, 제 3간은 제 16간과 연결되는 내용이다. 제 1간은 중궁이 계환자의 가신이 되고 난 후, 중궁이 공자에게 자신이 어리석음을 이야기하고 자문을 구하는 것이기 때문에 제 1간과 연결되는 내용으로 볼 수 있다. 제 2간은 계환씨의 집안의 성대함을 공자가 仲弓에게 상기시켜주는 내용이기 때문에, 앞 제 2간을 설명하면서 살펴보았듯이, 제 2간은 제 26간 뒤에 오는 내용으로 볼 수 있다.

---

84) 簡帛硏究, 2005-4-10.
85) ≪上海博物館藏戰國楚竹書(三)讀本≫, 萬卷樓, 175-195.

第 5 簡

呂行흹爲之宗뮨女中弓曰敢昏爲正可先

第 5 簡

弖行壴①(矣), 爲之宗慙(謀)女②(汝).」 中(仲)弓曰:「敢昏(問)爲正(政)可(何)先？③」

【釋文】

以行矣, 爲之/宗慙女."86) 仲弓曰: "敢問爲政何先？☑【5】

【해석】

(공자가 말하였다.) 또한 가서 일을 담당하도록 하여라. 내가 너에게 경건하게 가르쳐 주도록 하겠다."라 말했다. 중궁은 "감히 여쭙는데 정치는 무엇부터 시작하겠습니까?"라고 물었다.

【上博簡原注】

본간은 길이가 22.4cm 이고, 하단下端이 파손되었다. 현존하는 문자는 17자가 있다.

① '弖行壴'

「弖」자는 「以(써 이, yǐ)」와 같은 자이고, 갑골문·금문과 간백簡帛은 모두 이와 같이 쓴다. 《묵자墨子·경상經上》은 「行」자에 대하여 "'行'은 '하다'의 뜻이다."87)라 했다. 「弖(以)行」는 '可行(할 수 있다)'는 뜻이다.

「壴」자는 「士」와 「豆」자의 생략형으로 이루어진 자이다. 구석규裴錫圭는 "'矣(어조사 의, yǐ)'로 읽어야 한다. 《당우지도》편에서 '歖(갑자기 기뻐할 희, xī,yǐ)'자를 '矣'로 쓴다. 이 '壴'자는 음이 '喜'이며, 또한 '矣'로 읽어야 한다."88)라 하고, 《목천자전穆天子傳》(卷五)「祭祀則憙」89) 구절 중의 「憙」자는 즉 「喜(기뻐할 희, xǐ,xǐ)」자이다. 따라서 「壴」와 「喜」의 음이 같음을 알 수 있다.

---

86) 陳劍, 〈上博竹書《仲弓》篇新編釋文〉(2004): "此簡由兩斷簡拼合, 上段到'之'字, 下段起自'宗'字. 但連接處'爲之宗慙女'文意不清楚, 故其拼合恐尚有疑問. 今暫連寫, 在斷處以'/'號標記."

87) 《墨子·經上》:「行, 爲也.」

88) 「應讀爲『矣』. 《唐虞之道》篇以『歖』爲『矣』, 此『壴』當音『喜』, 亦應讀爲『矣』.」《郭店楚墓竹簡》, 183쪽.

89) "제사 지내면 기뻐하다."

【譯註】

진검陳劍90), 조병청趙炳淸91), 이예李銳92)과 연덕영連德榮93) 등은 모두 제 2간은 제 5간과 연결되는 죽간으로 보고, 이예李銳는 또한 제 5간의 제일 앞에 '可'자를 추가하고 있다.94) 그러나 진위陳偉는 제 3간과 5간이 연결되는 것으로 보고,95) 황인이黃人二는 제26간 다음에 제 5간이 연결되는 것으로 보고 있다.96) 진위陳偉가 주장하는 죽간의 순서는 아래와 같다.

1→4→26→2→16→3→5

황인이黃人二의 연계방식은 제 2간을 중궁이 말한 내용으로 본다. 정리본은 '與聞'을 '일에 참여해서 실상을 알다'의 의미로 설명하였고, 공자는 중궁보다 이전부터 계환자季桓子의 가세家勢를 알고 있었기 때문에 제 26간과 제 2간이 서로 연계되는 것으로 보는 것이 내용상 옳은 것으로 보인다.

제 5간은 중궁이 공자에게 '위정爲政'은 어떻게 해야합니까?라고 물었다. 그런데 제 6간은 '중궁아, 너는 그것을 알고 있는가?'로 시작되기 때문에 상호 내용이 연결되지 않는다. 제 5간 다음은 '위정爲政'에 관한 공자의 대답이 있어야 한다.

진검陳劍·이예李銳과 조병청趙炳淸은 제 7간이 제 5간 다음과 연결되는 내용으로 보고 있다. 다만 이예와 조병청은 제 5간과 7간 사이에 제 28간 '仲尼'가 삽입되는 것으로 보고 있다. 제 28간에는 '仲尼'라는 두 자만 있기 때문에 공자가 말이 시작하는 곳이면 어느 곳에도 무방하다.

황인이黃人二는 제 5간 다음에 공자가 중궁에게 '爲政'에 대한 대답은 잔실되어 보이지 않고, 제 12간의 앞부분을 仲弓이 한 내용으로 보고 있다. 이는 아마도 12간의 제일 마지막 부분에 '孔子'라는 두 자가 있기 때문에 앞의 내용은 중궁이 한 내용으로 보고 있다. 제 12간의 내용은 중궁이 한 내용일 가능성은 높지만, 상관자가 독단적으로 일을 처리하고, 정도에 따라 일을 처리하지 않게 되었을 때 어려움을 느낀다는 내용이기 때문에, 중궁이 '爲政'에 관한 자문의 구체적

90) 陳 劍, 〈上博竹書≪仲弓≫篇新編釋文(稿)〉, 簡帛研究, 2004-04-19
91) 趙炳淸, 〈上博簡三≪仲弓≫的編联及講釋〉, 簡帛研究, 2005-04-10
92) 李銳, 〈≪仲弓≫續釋〉, 簡帛研究, 2004-04-24
93) 連德榮 撰寫(季旭昇 訂改), ≪上海博物館藏戰國楚竹書(三)·仲弓譯釋≫, 萬卷樓, 2005年 10月.
94) 連德榮, ≪仲弓譯釋≫, 187 쪽. "在簡5之首, 其前當無法容納可字.(제 5간 앞에 '可'자가 삽입될 수 없다.)"
95) 陳偉, 〈上博楚竹書≪仲弓≫'季桓子章'集釋〉, 簡帛研究, 2005-12-17.
96) 黃人二·林志鵬, 〈上博藏簡第三册仲弓試探〉, 簡帛研究, 2004-04-23

인 항목과는 거리가 있다.

조복림晁福林은 제 5간 다음에 제 21간이 놓이는 것으로 보고 있다.[97] 그러나 제 21간은 '사군事君'에 관한 내용이다. 앞에서 이미 언급하였듯이, 본 ≪仲弓≫의 내용은 '爲政'과 '事君' 두 내용이기 때문에, 제 5간 다음에는 '爲政'에 관한 언급이 있어야 할 것이다.

따라서 5→8 혹은 5→28→7의 순서로 보는 것이 옳겠다.

≪곽점초간郭店楚簡·노자갑老子甲≫(제11간) "此亡敗事矣"[98] 중의 '矣(矣)'자를 ≪곽점초간郭店楚簡·노자병老子丙≫(제12간)은 '壴(壴)'자로 쓴다.[99]

② '宗慕女'

「宗(마루 종, zōng)」자는 '존경하다'의 의미이다. ≪사기史記·공자세가孔子世家≫「(孔子)謂子貢曰: 天下無道久矣, 莫能宗予.」[100] 구절 중의 「宗」자의 뜻은 본 간문簡文 「宗」자의 의미와 같다.

≪집운集韻≫은 「慕」자에 대하여, "'모謀'자는 혹은 '慕'로 쓴다."[101]라 하였다. 「慕」자는 「心」과 소리부 「母」로 이루어진 형성자이다. 「母」와 「謀(꾀할 모, móu)」의 고음 중 운모韻母는 모두 「지之」부部이며, 성모聲母는 「명明」뉴紐이다. 이 두 자는 쌍성첩운雙聲疊韻(같은 운모와 성모) 관계이다. ≪설문해자說文解字≫에 「謀」의 고문이 두 개 있는데, 그 중 하나는 자부 「母」와 「口」로 이루어진 자이고, 하나는 「母」와 「言」으로 이루어져 있다. 간문簡文과 비교해 볼 때, 자부字部가 「言」인 「誉」자는 자부가 「心」인 「慕」자가 와전된 것이 아닌가 한다. ≪곽점초간郭店楚簡≫ 중 ≪노자갑老子甲≫의 제25간과 ≪어총사語叢四≫의 제23간에서 「慕」자는 「謀」로 읽는다. 여기에서 「謀」자는 '자문하다'의 의미이다. ≪시경詩經·소아小雅·황황자화皇皇者華≫「載馳載驅, 周爰咨謀.」[102]구절 중의 모전毛傳은 "일의 어려움과 쉬움을 자문하는 것을 모謀라 한다."[103]라 하였다.

---

97) 晁福林, 〈上博三≪仲弓≫篇簡序调整之一例〉, 簡帛研究, 2004-06-06
98) "실패하지 않는다."
99) 최남규 등저, ≪郭店楚墓竹簡老子考釋≫, 47, 257 쪽.
100) "공자는 자공에 말하였다. 천하에 도가 사라진지 이미 오래 되었으니, 내 사상을 아무도 존경하지 않는다."
101) ≪集韻≫:「謀, 或作慕.」
102) "질주하여 달려가면서도 다방면으로 묻고 의논하네."
103) 毛傳:「咨事之難易爲謀.」

이상은 孔子가 한 말이다.

【譯註】

''자를 정리본은 '宗'으로 예정하고 '敬(존경하다)'의 의미로 해석하였다. 그러나 이 자를 '主' 혹은 '長'의 의미로 설명하기도 하고,104) 답건총褚健聰은 〈상박간(삼)소찰上博簡(三)小札〉에서 이 자는 '宗'자가 아니라 '余(나 여, yú)'자라 하였다. "여기에서 말하는 '宗'자는 실질적으로 '余'자일 것이다. 와전된 자형 때문에 잘못 읽은 것이다. 이 구절은 '……以行矣, 爲之, 余誨汝'로 읽어야한다."105)

'余'자를 《포산초간包山楚簡》은 ''로, 《上博楚簡·容成氏》는 ''로, 《곽점초간郭店楚簡·성지문지成之聞之》는 ''로 쓴다.106) '宗'자는 《곽점초간郭店楚簡·육행六行》은 ''로, 《上博楚簡 孔子詩論》은 ''로 쓴다.107) 윗부분 짧은 세로 한 획 차이기 때문에 '余'자를 '宗'자로 잘못 쓸 가능성이 높다. 답건총褚健聰은 또한 ''자를 '誨(가르칠 회, huì)'자로 읽고 있다. 《논어論語》중 '誨'자는 '가르쳐 인도하다'는 의미로 쓰인다. "子曰: '由! 誨女知之乎! 知之爲知之, 不知爲不知, 是知也.''(《爲政》)108), "子曰: '默而識之, 學而不厭, 誨人不倦, 何有於我哉.''109)(《述而》), 子曰: '愛之, 能勿勞乎? 忠焉, 能勿誨乎 ?''110)(《憲問》).

《說文解字》는 '회誨'자에 대하여 "'알도록 가르치다'의 뜻이다. 자부 '言'과 소리부 '每'로 이루어진 형성자이다."111)라 하고, '모謀'자에 대해서는 "'재난을 근심하는 것'을 '謀'라 한다. 자부 '言'과 소리부 '某'로 이루어진 형성자이다. '謀'자의 고문은 '𣚊'나 혹은 '𧮫'로 쓴다."112)라 하였다. 《금문편金文編》은 《왕손종王孫鐘》의 ''(誨)'자에서 '誨'자는 '謀'자와 같은 자라

---

104) 連德榮 撰寫(季旭昇 訂改), 《上海博物館藏戰國楚竹書(三)·仲弓譯釋》, 187 쪽.
105) 褚健聰, 〈上博簡(三)小札〉, 2005年5月12日. 「這裏所謂的'宗'字實際上可能是'余'字, 因字形訛混而誤讀也. 此句應斷爲'……以行矣, 爲之, 余誨汝.'」
106) 《楚系簡帛文字編(增訂本), 92 쪽.
107) 《楚系簡帛文字編(增訂本)》, 695 쪽.
108) "중유仲由야! 내가 너에게 안다는 것에 관하여 알려 주겠다. 아는 것을 안다고 하고, 모르는 것을 모른다고 하는 것이 아는 것이다.'
109) "배운 것은 묵묵히 인식하고, 공부하는 것을 게을리 하지 않고, 교도하는 것은 싫증내지 않는 것 이외에는 나에게 무엇이 있겠는가?"
110) "어떤 사람을 사랑하는데 그에게 일을 시키지 않겠는가? 어떤 사람에 충성스러우면서도 그에게 올바른 길을 알려주지 않을 수 있겠는가?"
111) 《說文解字》:「誨, 曉教也. 从言, 每聲.」
112) 《說文解字》「謀, 慮難曰謀. 从言, 某聲. 𣚊古文謀, 𧮫亦古文.」

하고, 초죽서楚竹書의 형태와 같은 ≪중산왕석정中山王䇅鼎≫의 자부 '心'과 소리부 '母'로 이루어진 '⿱母心'자를 '謀'자로 예정하고 "고문古文은 자부 '母'와 '言'인 ⿰⿱母言 로 쓴다. 여기에서는 자부 '母'와 '心'으로 쓴다."라 하였다.113) 따라서 본문은 본 구절을 '以行矣, 爲之, 余誨汝'114)로 읽을 수 있다. 아래는 주법고周法高 상고음上古音의 의음擬音이다.115)

謀　mjwəɣ　之部
誨　xmwəɣ　之部

따라서 본문은 본 구절을 '以行矣, 爲之, 余誨汝'로 읽도록 한다.

③ '敢昏爲正可先'
「昏」자는 「聞(들을 문, wén)」자와 서로 통하고, 「聞」자는 「問(물을 문, wèn)」과 서로 통할 수 있다. ≪시경詩經·왕풍王風·갈류葛藟≫ 「謂他人昆, 亦莫我聞.」116) 구절에 대하여 왕인지王引之는 ≪경의술문經義述聞≫(卷五)에서 "「聞」자는 「問」의 의미와 같다. 서로 근심하며 묻는 것을 말한다. 고문에서 「聞」자와 「問」자는 서로 통한다."117)라 하였다.

「正」자는 '정치, 정교, 정무'의 뜻인 「政(정사 정, zhèng)」으로 읽는다. ≪논어論語≫에 ≪위정爲政≫편이 있다.

「可」자와 「何」자는 서로 통한다. ≪묵자墨子·명귀하名鬼下≫에서 「則鬼神何謂無乎? 若莫聞莫見, 則鬼神可謂有乎?」118)라 하고, 「何(어찌 하, hé)」자와 「可(옳을 가, kě)」자는 서로 같은 의미로 쓰인다.

---

113) ≪金文編≫, '0337 誨', 140 쪽. "古文⿰⿱母言, 從母從言. 此從母從心"
114) "또한 가서 일을 담당하도록 하여라. 내가 너를 위하여 가르쳐 주도록 하겠다."
115) 臺灣小學堂文字學資料庫, http://xiaoxue.iis.sinica.edu.tw/.
116) "그가 형님이라고 부르는데도, 내가 어떠한지 물어보지도 않는다."
117) 王引之 ≪經義述聞≫(卷五): 「聞, 猶問也, 謂相恤問也. 古字聞與問通.」
118) "그러면 어떻게 귀신이 없다고 말할 수 있나? 듣지 못하고 보지 못 하였으면 어떻게 귀신이 있다고 말할 수 있나?"

第6簡

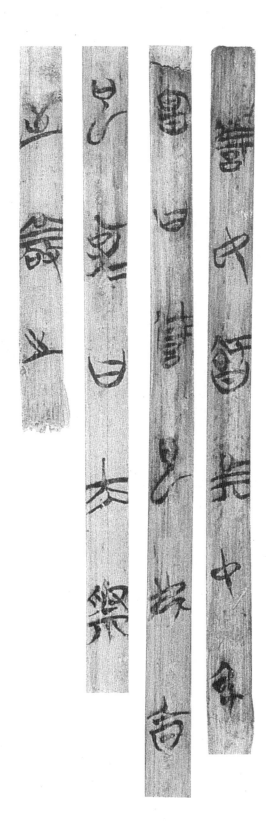

雔女智者中弓畲曰雔也弗昏也孔=曰夫祭至敬之

第 6 簡

售(雍), 女(汝)智(知)者.」① 中(仲)弓畲②(答)曰:「售(雍)也弗昏(聞)也.」孔=(孔子)曰:「夫祭, 至敬之③

【釋文】

雍, 汝知諸？” 仲弓答曰: “雍也弗聞也.” 孔子曰: “夫祭, 至敬之【6】

【해석】

옹雍아, 너는 그것을 알고 있는가?” 중궁仲弓은 대답하여 말하기를, “저는 들어본 적이 없습니다.”라 하였다. 孔子는 “제사는 정성을 다하여 경의를 표하여야 하고,

【上博簡原注】

본간은 길이가 27.5cm이고, 하단下端이 파손되었다. 문자는 21자이고, 이 중 合文은 1자이다.

① '售女智者'

본간에서 「售」자는 두 번 보인다. 첫 번째는 공자가 중궁을 부르는 것으로, 즉 신분이 높은 사람이 낮은 사람의 이름을 부르는 것이다. 두 번째는 중궁이 자기 자신을 지칭하는 것으로, 자기 자신을 스스로 낮추어 부르는 것이다. 이는 고대의 호칭예절(예제禮制)이다.

초간楚簡에서 「知(알지, zhī)」자와 「智(슬기 지, zhì)」자를 모두 「智」로 쓴다.

【譯註】

금문은 '知(智)'자를 '智'(≪毛公鼎≫)·'智'(≪中山王鼎≫)·'亻吋'(≪井室鼎≫)로 쓴다.[119]

② '畲'

'畲'은 「答(대답할 답, dá, dā)」자와 같은 자이다. 초간楚簡에서 자주 쓰인다.

---

119) ≪金文編≫, '0593 智', 248 쪽. '0870 亻', 373 쪽.

【譯註】

《옥편玉篇》은 '畣'자에 대하여 "'畣'자를 지금은 '荅(答)'으로 쓴다."[120]라 하고, 《집운集韻》은 "'答'자를 고문은 '畣'으로 쓴다."[121]라 하였다.

초간에서 '答(대답할 답, dá,dā)'이란 뜻으로 쓰이는 형태는 '畣'이 아니라 '合'이다. '合'자는 '合(합할 합, hé,gě)'의 이체자이다.

《금문편金文編》은 '合'(《진후인자순陳侯因育錞》)자를 '荅(좀콩 답, dá,dā)'자로 예정하고, "금문에서 '答'자는 자부 '艸'를 쓰지 않는다. 현재 경전은 모두 '答'으로 쓴다. '答'자는 《설문》에 보이지 않는다."라 하였고,[122] '0853 合'자 아래에서는 "'合'자는 '答'자의 의미로 쓰인다."라 하였다.[123] 《상박초간上博楚簡·민지부모民之父母》는 '答'자를 '合(合)'으로 쓰며,[124] 《청화대학장전국죽서淸華大學藏戰國竹書·황문皇門》(제9간)에서도 '合(合)'자가 '答'의 의미로 쓰인다.[125] 따라서 초죽서에서 '合(合)'자는 '答'의 의미로 쓰였다. 본 구절 중의 '合'자는 '畣'자가 아니라 '合'자이다. '畣'자는 '合'자와 구별하기 위하여 후에 생겨난 문자가 아닌가 한다.

③ '夫祭至敬之'

《예기禮記·제통祭統》은 「祭(제사 제, jì)」에 대하여 "제사는 부모님이 돌아가신 뒤에도 부모님에게 계속 효양과 효도를 다하고자 하는 것이다."[126]라 하였다. 《곡량전穀梁博·성공십칠년成公十七年》에서 "제사는 때에 따라 올리는 것이고, 정성을 다하여 올리는 것이고, 가장 좋은 것을 올리는 것이다."[127]라 하였다. 「至敬」 중의 「至」자는 「致(보낼 치, zhì)」자와 통하며, 「치경致敬」은 '경의를 표하다'의 뜻이다. 《맹자孟子·진심상盡心上》에서 「故王公不致敬盡禮, 則不得亟見之.」[128]라 하였다.

---

120) 《玉篇》:「畣, 今作荅(答).」
121) 《集韻》:「答, 古作畣.」
122) 《金文編》, '0064 荅', 33 쪽.「不從艸, 今經典皆作答, 答說文所無.」
123) 《金文編》, '0853 合', 362 쪽.「孳乳爲答.」
124) 《楚系簡帛文字編》, 509쪽.
125) 《淸華大學藏戰國竹書·皇門》, 164 쪽.
126) 《禮記·祭統》:「祭者, 所以追養繼孝也.」
127) 《穀梁博·成公十七年》:「祭者, 薦其時也, 薦其敬也, 薦其美也.」
128) "자고로, 왕공이 경의와 예의를 다하지 않으면 바로 그들을 자주 만날 수 없었다."

【譯註】

　본 죽간은 공자가 제사는 정성껏 지내야 한다는 가르침이다. ≪仲弓≫편에서 이와 관련이 있는 죽간의 내용은 제 23간이다. 제 23간은 '至炁(愛)之衺(卒)也, 所弖城(成)死也, 不可不斳(慎)也; 夫行, 巺華孝(學)'(23A)과 '查(本)也, 所弖立生也, 不可不斳(慎)也, 夫宛(死)'(23B) 두 개의 죽간을 병합한 것이다. '23A'는 '가장 사랑하는 자의 최후이고, 죽음을 위하여 모든 일을 해주어야하기 때문에 신중하지 않을 수 없다. 이른바 행위는 공손하게 행동해 배워야 한다'란 의미이고, '23B'는 '존경을 표현하는 근본이고, 그래야만이 편안하게 마음을 의탁하고 생활할 수 있기 때문에 신중하지 않을 수 없다'라는 의미이다. '23B'의 내용이 '喪'과 관련된 내용이기 때문에 6→23B→23A의 순서로 이해하는 것이 옳다.

　제 6간은 제 23B간과 제 23A와 연결되어, '제사祭祀'·상장'喪葬'과 '행사行事' 등 세 가지에 대하여 언급하고 있다. ≪중궁≫에서 '三'자를 써서 세 가지를 언급함을 두 차례 보인다. 하나는 제 17간이고 하나는 제 20B간이다. 제 17간에서 세 가지는 '노노자유老老慈幼' 이외에 '선유사先有司'·'거현재擧賢才'와 '사과거죄赦過擧罪' 등이고, 제 20B간의 세 가지는 제 6, 23, 24간에서 언급하고 있는 '제祭'·'상喪'과 '행行'이다. 따라서 제 6간은 제 20간과 연계되는 내용이다.

第 7 簡

老三慈幼先又司譽殹才惑忚愚皋

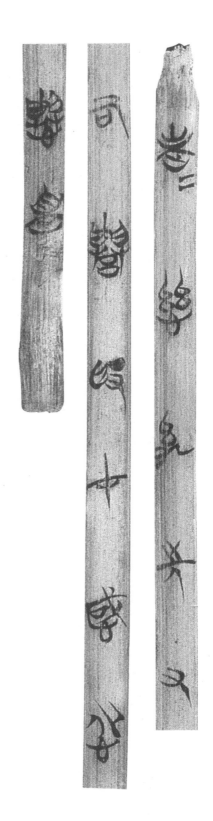

第 7 簡

老=(老老)慈幼①, 先又(有)司②, 輦(舉)殳(賢)才③, 惑(赦)忨(過)愳(與)皋(罪)④.

【釋文】

☑老老慈幼, 先有司, 舉賢才, 惑(宥)過愳(赦)罪.【7】

【해석】

(공자가 말하였다). 노인을 공경하고 어린이를 보살펴야 한다. 우선 유사有司를 임명하여 각자의 일은 담당하도록 하고, 현명한 인재를 추천하여 임용하여야 한다. 또한 작은 과실과 죄과는 바로 잡아야 한다.

【上博簡原注】

본간은 길이가 20.1cm이고, 상단上端이 파손되었다. 문자는 14자이고, 이 중 중문重文은 1자이다.

① '老=慈幼'

「老=」에는 중문重文 부호가 있고, 「노노老老」로 읽는다. ≪맹자孟子·양혜왕梁惠王上≫에서 「老吾老以及人之老, 幼吾幼以及人之幼.」[129]라 하였다. 조기趙歧는 "'老'는 존중의 의미와 같고, '幼'는 '사랑하다'의 뜻과 같다. 우리 집 노인을 존중하고 남의 집 노인도 존중하며, 우리 집 아이를 사랑하고 남의 집 아이도 사랑한다."[130]라 하였다. 「노노老老, 자유慈幼」는 이런 의미와 같다. ≪管子·入國≫은 「行九惠之教, 一曰老老, 二曰慈幼.……」[131]라 하였나. ≪예기禮記·제의祭儀≫는 「先王之所以治天下者五貴: 有德·貴貴·貴老·敬長·慈幼.」[132]라 하였다. ≪논

---

129) "우리 집 노인을 공경하는 마음으로 남의 집 노인을 공경하고, 우리 집 어린이를 보살피는 마음으로 남의 집 어린이를 보살핀다."
130) 「老, 猶敬也. 幼, 猶愛也. 敬吾之老, 亦敬人之老, 愛吾之幼, 亦愛人之幼.」
131) "'구혜九惠'의 가르침을 행하여야 한다. 첫 번째는 노인을 공경하고, 둘째는 어린이를 보살핀다……."
132) "선왕은 이른바 '五貴'로 천하를 다스렸다. 즉 덕을 지니는 것, 현인을 귀하게 여기는 것, 연장자를 공경하는 것, 어린이를 사랑하는 것이다."

어論語·자로子路≫는「仲弓爲季氏宰, 問政. 子曰:『先有司, 赦小過, 舉賢才.』」¹³³⁾라 하였다. 간문簡文에는 ≪논어論語≫에서 언급하는「老老慈幼」에 대한 기록이 없다.

② '先又司'

「先又司」는 즉「선유사先有司」이다. 주희朱熹는 ≪논어집주論語集注≫에서 "유사는 여러 가지 직책을 맡은 자들을 말한다. 가재家宰는 여러 직무를 겸한다. 그런데 모든 일은 먼저 유사에게 먼저 시키고 그 이룬 공적을 살핀다면(그 다음에 성과를 따진다면), 자신은 수고하지 않아도 모든 일이 완성될 수 있다."¹³⁴⁾라 하였다.

【譯註】

「先又司」는 즉 '선유사先有司'이다. '先有司'에 대한 이해가 그 동안 쉽지 않았다. ≪논어≫에 '有司'가 모두 세 차례 보인다.

籩豆之事, 則有司存.(≪泰伯≫)¹³⁵⁾
先有司, 赦小過, 舉賢才.(≪子路≫)
出納之吝謂之有司.(≪堯曰≫)¹³⁶⁾

첫째, '[1] 먼저 유사에게 일을 하도록 함'의 주장은 朱熹가 대표적이라고 할 수 있다. 朱熹는 "모든 일은 먼저 유사에게 먼저 시키고 그 이룬 공적을 살핀다"¹³⁷⁾라 하였다. 이 문장은「使有司先」의 구조로 이해할 수 있다.¹³⁸⁾ 현대 학자 중에는 양정梁靜 〈상박초간≪중궁≫편연구上博楚簡≪仲弓≫篇研究〉에서 죽간의 순서를 '[5+28+7], [14+9], 8, 10, [19+17]'로 보고,¹³⁹⁾ 유사有司가 먼저 일을 하도록 해야 한다고 하였다.¹⁴⁰⁾

---

133) "중궁仲弓이 계씨季氏의 가신이 되어 정치에 대하여 공자에게 자문하자 공자가 말하였다. 우선 有司를 임명하고, 작은 허물을 용서하고, 어진 이와 재주있는 사람을 추천하여 임용하여야 한다."
134) 「有司, 眾識也. 宰兼眾職, 然事必先之於彼, 而後考其成功, 則己不勞而事畢舉矣.」
135) "제기를 다루는 것과 같은 일은 전문적인 실무 담당자가 있다."(≪泰伯≫)
136) "지출이 인색한 것은 유사와 같은 째째한 짓이다."(≪堯曰≫)
137) 朱熹 著, 成百曉 譯註, ≪論語集註≫, 252 쪽. "然事必先之於彼, 而後考其成功."
138) 許世瑛, ≪論語二十篇句法研究≫, 臺灣開明書店, 221 쪽. "'先有司'是從致使繁句'使有司先'轉變而成的敍事簡句.('先有司'는 원래 사역 복잡구형이 서사敍事 간단 구형으로 전화된 것이다)"
139) '[ ]'은 짝 맞추기한 병합 죽간이고, '+'는 내용상 연계되는 죽간을 표시한다.

‘夫民安舊而重遷’ 중의 ‘重’자는 ‘厔’으로 쓰고 ‘重’으로 읽는다. 간문簡文 ‘妥屄又城’을 사걸 붕史杰鵬의 주장에 따라 ‘위사유성委蛇有成’으로 읽기로 한다.[141] 일반적으로 ‘委蛇’는 고전적에서 말하는 ‘완연하고 완곡하다(위완곡절委婉曲折)’의 뜻이다. 행동이 직설적이지 않고 완연하며 서두르지 않으며, 여유롭게 행동함을 가리킨다. 전체적으로, 일반 백성은 대부분 현재의 생활에 안주하고 쉽게 변화를 꾀하고자 하지 않는다. 그래서 만약에 이들에게 곧바로 강제적으로 변화를 주려고 한다면 통하지 않기 때문에, 반드시 천천히 시행하여야 한다. 이른바 일은 반드시 ‘有司’가 먼저 실행을 하여 시범적인 역할을 해야 한다.

진검陳劍(2004) 등은 제 8간 ‘遷(옮길 천, qiān)’자를 이미 앞에서 설명하였듯이 ‘변화’의 의미로 해석하고, “‘遷’은 ‘변화變化’라는 뜻이지 ‘(거처)옮기다’라는 뜻이 아닐 것이다”라 하였다.[142] ‘먼저 유사에게 일을 하도록 하는’ 것은, 일반 백성에게 이를 보고 배우고 따라서 하도록 하기 위한 것이라는 주장이다. 그런데 ‘선유사先有司’의 앞 구절은 ‘노노자유老老慈幼’로 ‘어른을 공경하고 어린아이를 사랑하라’는 내용이며, 뒤 구절은 ‘거현재擧賢才’로 ‘현자를 천거하라’는 내용이다. 즉 가신이 되고 나면 일을 실행함에 앞서 먼저 마음을 다스려 선한 마음을 갖춘 다음, 그 첫 번째로 필요한 관리를 임명하라는 뜻이다. 아직 관리도 임명하지 않았는데 유사에게 일을 하도록 하는 것은 전후 문맥이 맞지 않다. 유사가 임명되고 나면, 그 다음으로 현자를 천거하는 것이다.

둘째, ‘[2]유사를 먼저 임명’의 문장 구조는 ‘先有有司, 使人人各司其職, 各得其所’의 뜻이다. 유보남劉寶楠 ≪논어정의論語正義≫[143]가 대표적이라고 할 수 있고, 전통적으로는 일반적으로 이 주장을 따라 이해하고 있다. 조복림晁福林(2005)은 죽간의 순서를 5B+21+8+7+22+9+10로 보며, 또한 제 5B와 22 간 사이, 즉 제 21간 마지막 부분에 ‘[老老慈幼, 先有司, 擧賢才, 改過擧]’

---

140) 梁靜, 〈上博楚簡≪仲弓≫篇研究〉, ≪中國典籍與文化≫, 2013(總第 84期), 30 쪽. “‘夫民安舊而重遷’的‘重’簡文作‘厔’, 讀爲‘重’. ‘委蛇有成’簡文作‘妥屄又城’, 此從史杰鵬讀, ‘委蛇’古書中一般指委婉曲折, 形容人的行爲時, 一般指曲折地行進, 顯示一種雍容·好整以暇的狀态. 這段話的人意是, 老百姓大都安分守舊, 不肯輕易的改變, 如果强泊他們馬上做出變化肯定是行不通的, 必須慢慢來才行, 所以凡事必須由‘有司’先做, 起到示范的作用.”

141) 史傑鵬, 〈上博竹簡(三)注釋補正〉, 簡帛研究, 2005-07-16. 陳偉, 〈上博楚竹書≪仲弓≫‘季桓子章’集釋, 簡帛研究, 2005-12-10.

142) 陳劍, 2004-04-18. “遷也可能是變化之意而非遷徙(居處)之意.”

143) “有司者, 宰之群屬. 言先有司信任之, 使得擧其職也. ……凡爲政者, 宜先任有司治之..(‘유사有司’는 재宰의 무리에 속한다. 이는 먼저 有司를 믿고 임명하여, 그가 해야 할 일을 하도록 해야한다. ……나라를 다스리는 자는 먼저 유사를 임명하여 다스리도록 해야 한다)”(≪論語正義≫, 中華書局, 516 쪽) 程樹德≪論語集解≫는 “≪集注≫‘有司皆得其人’, 亦謂擧賢才爲有司也.(≪集注≫는 ‘有司皆得其人’라 했는데, 이 또한 賢才를 등용하여 有司로 임명한다는 뜻이다)”라 하였다.(中華書局, 883 쪽)

구절을 보충하였다.

　　중궁이 말하였다. 정치를 하는데 어떤 일이 가장 우선이 되어야 합니까? 孔子가 말하였다. 중궁 옹아! 옛 부터 군주를 모실 때, '忠(충성 충, zhōng)'과 '敬(공경할 경, jìng)'을 가장 중요시 하였다. 하지만 실질적으로 이를 이행하기가 쉽지 않다. 이는 너도 들어보았을 것이니 여기에서 더 이상 언급하지 않겠다. 정치란 노인을 공경하고 어린 사람을 사랑해야 하며, 우선 먼저 해당 직무 관리를 선발하여야 한다. 그 중에서 훌륭한 인재를 발견하고 추천하도록 하며, 직무관리들은 잘못이 있으면 시정하도록 하는데, 그중에서 죄과가 있는 관원은 처벌을 해야 한다. 이러한 일이 바로 위정자가 먼저 해야 할 일이다. 仲弓은 말하였다. 노인을 공경하고 어린 사람을 사랑해야 한다는 말씀은 이미 들어 알고 있습니다. 그런데 나라를 다스릴 때 먼저 유사有司를 선발해야 한다고 말씀하셨는데, 이 일을 왜 가장 우선시해야 하나요? 공자가 말하였다. 일반 백성은 이전 직무관리에 편안해 하고, 또한 새로 임용되는 관리에 관심이 많다. 그래서 만약에 노인을 공경하고 어린 사람을 사랑하고, 먼저 유사를 선발하여 그 중에서 현재를 추천하여 잘못이 있는 관원들은 개정을 하도록 하며, 죄가 있는 관원은 처벌을 하도록 해야 한다. 그래야 만이 상하관리가 모두 군주에게 충성하는 것을 중하게 여기고, 또한 즐거운 마음으로 배우려 한다. 만약에 이렇게 된다면 나라를 다스리는 자가 못할 것이 무엇이 있겠는가? 그래서 유사有司를 선발하는 일을 가장 먼저 하지 않을 수 없는 것이다.[144]

　　조복림晁福林은 제 21간의 죽간순서를 제 8A의 앞에 두고 있다. 또한 제 21간의 제일 뒷부분을 '개과거改過擧'가 잔실되었고 제 8A의 첫 자 '죄罪'자와 연결되는 것으로 보고 있다. 문자상으로 보면, 문제가 없어 보이나, '사군事君'과 '종정從政'의 내용이 서로 혼합되어 있어 적합지 않은 것으로 보인다.[145] 또한 조복림晁福林은 제 22간이 '선유사先有司'를 해야 하는 원인으로

---

144) 晁福林, 〈上博簡≪仲弓≫疏證〉, ≪孔子硏究≫, 2005년第2期, 8쪽. "仲弓說: 請問爲政要將何種事情擺在首位? 孔子說: 雍呀, 古代事奉君主的大臣, 將忠和敬放在首位. 實際上是很難做到的, 這是你所聽說過的, 這裏就不多講了. 我强調的是, 爲政時要敬老慈幼, 先選拔有關的職司官員, 從其中發現和擧薦賢才, 讓職司官員們改正錯誤, 並擧發其中有罪過的官員進行處罰. 這些就是爲政者首先要做到的. 仲弓說: 敬老慈幼這些事情, 我已經聽過您的教誨了. 我還要貨教的是, 爲政時要先選拔有司, 這事爲什麼要擺在首要的位置呢? 孔子說: 民衆安于舊的職司官員, 也重視新擧荐的官員. 如果能够做到敬老慈幼, 先選拔有司並且從中擧荐賢才, 讓有過錯的官員改正, 擧發有罪的官員, 那麼, 上下官員都能够以忠君爲重, 民衆就會樂于承教, 如果做到了這些, 爲政者還有什麼做不到的呢? 由此看來選拔有司之事是不可以不把它放在首位的."

145) 차주환, ≪사서삼경≫(을유문화사)은 이러한 주장에 따르고 있다. "유사有司는 각종의 직분을 분담하여 관리하는 사람들이다. 이들에게 덮어놓고 일을 잘 하기를 책할 것이 아니라 먼저 限界를 밝혀서 일을 시켜 놓고 그 성과를 기대하되 사소한 과오는 용서해주고, 사람을 쓸 때에는 똑똑한 사람을 쓰도록 일러준 것이다. 자기가 모르는 사람들 가운데 똑똑한 인물이 있을 경우를 우려憂慮하는 중궁에게 공자는 우선 자기가 아는 똑똑한 사람을 등용하면, 자기가 모르는 인재라 하더라도 주위에서 천거하거나 하여 자연 알게 될 것이므로, 똑똑한 인재를 쓰겠다는 생각만 가지고 있다면 인재를 놓치게 될 근심은 그리 하지 않아도 좋다는 뜻을 알려준

보고, '그래야 만이 상하관리가 모두 군주에게 충성하는 것을 중하게 여기고, 또한 즐거운 마음으로 배우려 한다. 만약에 이렇게 된다면 나라를 다스리는 자가 못할 것이 무엇이 있겠는가? 그래서 유사有司를 선발하는 일을 가장 먼저 하지 않을 수 없는 것'이라 하였다. 하지만 '상하관리가 모두 군주에게 충성하는 것을 중하게 여기고, 또한 즐거운 마음으로 배우려' 하는 것은 '先有司'에만 국한되는 것이 아니고, '노인을 공경하고, 현재를 등용하고, 죄가 있는 관원을 처벌'하는 종합적인 실행에 관한 결과이다.

'老老慈幼, 先有司, 舉賢才, 惑過愚罪'의 구절은 다양한 방식으로 읽을 수 있다. 먼저, '老老慈幼'·'先有司'·'舉賢才'와 '惑過愚罪'의 문장을 각각 독립된 내용으로 볼 수 있고, 이외에도 '老老慈幼'와 '先有司舉賢才, 惑過愚罪'인 두 문장으로 이루어진 것으로도 볼 수 있다. 그런데 전체 내용으로 보아 '老老慈幼'에 대한 한 내용이 먼저 언급되었거나, 혹은 仲弓이 이에 대한 내용은 이미 알고 있기 때문에 상세하게 묻지 않은 것으로 보이고, 또한 '先有司'에 관한 내용이 독립적으로 언급되기 때문에 각각 독립된 내용으로 보는 것이 옳겠다.

셋째, '[3] 유사에 앞서 먼저 솔선수범'해야 한다는 뜻은 「先於有司」 문장구조로 볼 수 있다. 양백준楊伯峻 ≪논어역주論語譯註≫는 〈자로子路〉의 '先有司'에 대해서만 "일하는 사람에게 솔선수범하다"로 해석하였다.146) 료명춘廖名春은 〈楚簡≪仲弓≫篇與≪論語·子路≫篇仲弓章對讀劄記〉에서 제 8간과 제 9간을 "仲弓曰: "……夫'先有司'爲之如何?" 仲尼曰: "夫民安舊而重遷, □□□□□有成, 是故有司不可不先也."로 해석하고, 양백준楊伯峻의 "給工作人員帶頭"의 주장에 찬성하고 있다.147)

간문의 해석은 실질적으로 우리에게 세 가지 자료를 제공해 주고 있다. 첫째, '先有司'는 즉 '有司를 먼저 하지 않을 수 있겠는가'라는 뜻이다. 그래서 왕소王肅≪주注≫·황간皇侃≪의소義疏≫·형병邢昺≪소疏≫·주희朱熹≪집주集注≫·김이상金履祥≪논맹집주고증論孟集註攷證·

것이다."(한국의 지식콘텐츠, http://www.krpia.co.kr/pcontent/?svcid=KR&proid=20.)

146) 楊伯峻, ≪論語譯註≫, 132 쪽. "給工作人員帶頭."

147) "簡文的解釋, 實際告訴了我們三點: 第一, "先有司"即"有司不可不先也". 因此, 王肅·皇侃·邢昺·朱熹·金履祥爲代表的"爲政當先任有司"諸舊注都是錯誤的, 而李光地·楊伯峻的"以身爲有司倡也"最爲接近. 第二, "有司"不但指仲弓手下的"屬吏", 也應該包括仲弓在内. 因爲與"有司"對舉的不是仲弓, 而是"民"; "有司不可不先也"是基於"民安舊而重遷"來的, 不是針對仲弓來的. 從這一點而言, 李光地·楊伯峻的"以身爲有司倡也"也有小誤. 而李澤厚的"首先注意干部"說則有可取之處. 第三, 從"民安舊而重遷"而"有司不可不先也"來看, 孔子並非樂於守舊而不輕易贊成變革者, 而是儘管有人們習慣性的反對, 他還是主張爲政者在改革上應率先垂範. 從簡七的"舉賢才, 宥過赦辜"來看, 其想改革的不止是季氏的弊政, 實質也包括了"世卿世祿"的西周舊制和"五刑之屬三千"的嚴刑苛法. 這一點, 可以說是將孔子視爲頑固保守派的人們所始料不及的.

논어집주고증論語集註攷證》 등이 주장하는 "정치는 먼저 유사를 임명해야한다"의 옛날 주해들은 잘못된 것이고, 이광지李光地《용촌사서설榕村四書說·독논어차기讀論語劄記》·양백준楊伯峻《논어역주論語譯註》 등이 주장하는 "솔선수범해서 有司 일을 제안하다"가 가장 근접하다.

둘째, '有司'는 중궁의 부하인 '속리屬吏'만을 가리키는 것이 아니라, 중궁 자신도 이에 포함된다. 왜냐하면, '有司'가 하는 대상은 중궁이 아니라, '백성(民)'이기 때문이다. '有司不可不先也'는 기본적으로 '民安舊而重遷'으로 인한 것이지 중궁 때문에 한 것이 아니기 때문이다. 이 점에 있어서 이광지李光地와 양백준楊伯峻의 '以身爲有司倡也'라는 해석은 약간 잘못이 있다. 오히려 이택후李澤厚가 주장한 '먼저 간부에 대하여 주의를 기울여야한다'가 취할 만하다.

셋째, '民安舊而重遷'과 '有司不可不先也'의 내용으로 보아, 공자는 옛 제도를 고수하고 쉽사리 변혁變革을 찬성하지 않는 것을 별로 좋아하지 않았으며, 사람들이 습관적으로 안주하는 것에 반대하여, 정치를 하는 자는 응당히 개혁하는데 솔선수범해야 한다고 주장하였다. 제 7간의 '擧賢才, 宥過赦辜'의 구절로 보아 개혁하고자 하는 것은 단지 계씨季氏의 폐정弊政 뿐만 아니라, 실질적으로 '대대로 이어온 세습제(세경세록世卿世祿)'의 서주西周의 낡은 제도와 '五刑之屬三千.(묵墨·의劓·비荆·궁宮·대벽大辟 등의 오형五刑에 관한 법령이 3000 가지이다)'[148]의 가혹한 형법을 포함하고 있다.

료명춘廖名春은 위의 주장 중 셋째 '③ 先於有司 – 유사에 앞서 먼저 솔선수범하다.('먼저 유사라는 직책의 일에 주의를 해야한다'의 내용도 포함됨)'를 찬성하고 있다.

그러나 제 8간과 제 9간 사이에 죽간의 내용이 잔실되어 전체적인 내용을 알 수 없기 때문에 '民安舊而庄懇''이 개혁의 대상인지, 혹은 백성들이 원하는 생활방식이기 때문에 관리가 이에 맞추어 다스려야 하는지는 확실치 않다. 또한 제 8간의 '民安舊而庄懇'를 어떻게 해석해야할 것인가가 이 구절을 이해하는데 중요한 관건이다. 이미 앞에서 언급하였듯이, 제 14간이 제 8간과 9간 사이에 연결되는 내용으로 볼 수 있고, '懇'은 '변화하다'의 의미로 해석할 수 있다. 가신이 먼저 몸가짐을 갖추어 웃어른과 아랫사람을 사랑하고 난 다음, '先有司'하여 새로 유사를

---

148) 子曰: "五刑之屬三千, 而罪莫大於不孝. 要君者無上, 非聖人者無法, 非孝者無親, 此大亂之道也.(오형에 관한 법령이 삼천 가지나 있으나, 불효의 죄가 가장 크다. 군주를 무력으로 협박하며 군주를 무시하고, 성인을 비방하며 法紀는 안중에 두지 않고, 효도하지 않으며 부모의 존재를 망각하는 자가 있다. 이 세 가지가 천하를 혼란시키는 가장 근본적인 원인이다)"(《孝經》)

임명하고 전에 있었던 제도들은 바뀌게 된다. 새로 바뀐 관리가 자신의 생각과 이상에 따라서 일반 백성들을 고려하지 않고 급진적인 개혁을 한다면 이미 옛 제도에 익숙해 있는 일반 백성들은 당황하기 때문에 제도의 변화개혁을 매우 신중히 하는 것이다. 그래서 관리를 임명하는 일을 제일 우선시해야하는 것이다. 유사가 임명되고 나면, 유사는 다시 현자를 추천하여 각 부서의 관리를 임명하게 된다. 따라서 가신이 되고 난 후, 군주를 모시는 신하가 순차적으로 해야 할 일을 공자가 일러주는 것이지 행동양식을 말하는 것은 아니다. 그래서 '사람들이 습관적으로 안주하는 것에 반대하여, 정치를 하는 자는 응당히 개혁하는데 솔선수범해야 한다'는 주장은 설득력이 없어 보인다.

오규 소라이는 ≪논어징論語徵≫에서 "왕숙은 '정치를 함에 마땅히 먼저 유사에게 맡기고, 후에 그 일에 대한 책임을 묻는 것을 말한다'[149]고 하였는데, 주자는 이를 따랐다. ……남의 윗사람이 된 자가 중요하게 여길 것은 아랫사람에게 위임하는 일이다. 용렬한 사람이건 노둔한 사람이건 후세에 정치에 뜻을 두고 있는 자들이 모두 자기 자신의 재주와 지혜를 쓰기를 좋아하고 인재에게 맡기지 않는 것이 만세의 공통된 폐단이다. 그 병폐는 작은 데서 시작된다. 아래 문장에서 '어떻게 현명한 사람과 재주 있는 사람을 알아서 등용합니까'라고 한 것을 보면, 비록 중궁이라 할지라도 역시 이 병통을 면하지 못한 사람이다. 따라서 '유사를 앞세우고'에 대한 해석은 옛 주석을 따르는 것이 옳다"라 하였다.[150] 따라서 '先有司'의 구절은 전체적으로 "노인을 공경하고 어린이를 보살피는 것에 관해서는 선생님의 가르침을 듣고 이미 이해하였습니다. 그러면 '先有司' 즉 실무를 담당하는 유사를 먼저 임명하는 것은 어떻게 해야 합니까? 중니가 말하였다. 백성들은 옛날의 제도에 습관이 되어 급진적 개혁은 좋아하지 않으며, 거처를 이동하는 것을 싫어하고 안정된 생활을 중요시한다. 너무 조급하게 실행하지 말고, 천천히 여유롭게 집행하여야 성공할 수 있다. 그래서 실무를 담당하는 有司를 먼저 앞세우지 않을 수 없는 것이다."로 이해할 수 있다.

③ '舉殹才'

「舉」는 즉 「擧(들 거, jǔ)」자이다. 「與」 아래 두 개의 「口」를 추가하여 「舉」로 쓴다. 간문簡文에서 자주 볼 수 있다.

≪설문해자≫에서는 「殹」자에 대하여 "「현賢」자의 고문은 「𦔼」으로 쓴다."[151]라 하였다. ≪한

---

149) 王肅曰: "言爲政當先任有司而後責其事."
150) 오규 소라이 지음, 이기동 등 옮김, ≪論語徵(三)≫, 소명출판, 58-59 쪽.

간汗簡≫과 ≪고노자古老子≫에서 「賢」은 모두 「叹」으로 쓴다. 간문은 자부字部 「臣」과 「殳(창수, shū)」로 쓴다. 주희朱熹는 ≪논어집주論語集注≫(卷七)에서 「賢才」에 대하여 「賢, 有德者. 才, 有能者. 舉而用之, 則有司皆得其人而政益修矣.」[152]라 하였다.

④ '惑佗愍辠'

「惑(미혹할 혹, huò)」과 「赦(용서할 사, shè)」는 서로 통하고, '감면하다'의 뜻이다. 「赦」자의 고음 운모韻母는 「백鐸」부部이고 성모聲母는 「서書」뉴紐이다. 「惑」자의 고음 운모는 「직職」부이고 성모는 「갑匣」뉴紐이다. 「직職」과 「백鐸」部는 대전對轉 관계이다.

「佗」자는 자부 「心」과 「化」로 이루어진 자이며, 「化」는 또한 소리부이기도 하다. 「化」자의 고음 운모는 「가歌」부이고 성모는 「효曉」뉴紐이다. 「過(지날 과, guò,guō,guò)」자의 고음 운모는 「가歌」부部이고 성모는 「견見」뉴紐이다. 그래서 「化」와 「過」는 첩운疊韻이고, 「효曉」와 「견見」뉴紐는 방뉴旁紐이다. 간문에서 「過」는 자주 '잘못과 실수'의 의미로 쓰인다. ≪大戴禮記 · 子張問入官≫에서 「民有小罪, 必以其善以赦其過, 如死使之生.」[153]이라 하였다.

「愍」자는 「與」와 「心」으로 이루어졌고, 즉 「與(줄 여, yǔ,yú,yù)」자와 같은 자이다. 본편의 제2간의 주석을 참고할 수 있다.

「辠」자는 「罪(허물 죄, zui)」의 고문자이다. ≪說文解字≫에서 "진秦나라 시기에 「辠」자는 「皇」자의 형태와 비슷하기 때문에 「罪」자로 바꾸었다."[154]라 하였다. 제10간에도 「惑佗譽辠」라는 구절이 있는데, 「與」자를 자부 「與」와 「吕」로 쓴다. 본 구절에서 「惑(사면해 주다.)」해 주는 것은 「佗(過)」와 「辠」 두 가지이다. 이러한 주장이 옳다면, ≪논어論語≫에는 「혹죄惑辠(죄를 사면해 주다.)」에 관한 내용이 없다.

【譯註】

≪說文解字≫에서는 '罪(허물 죄, zui)'자에 대하여 "'罪'는 대나무로 만든 망을 이용하여 고기를 잡다의 의미. 자부 '网'과 '非'로 이루어진 자이다. 진秦 나라 때부터는 '罪'자를 '辠'자 대신

---

151) ≪說文解字 · 叹部≫:「古文以爲賢字.」
152) "'현賢'은 덕을 지니는 사람이고, 재才는 능력이 있는 사람이다. 추천하여 임용하면 즉 유사有司가 그 사람 즉 적임자를 얻어 쓰게 된다면 정치는 더욱 잘 될 것이다."
153) "백성은 작은 죄과가 있으면 반드시 그 선함으로 그 잘못을 용서해 주고, 만약에 죽어야 하는 경우에도 살게 해주어야 한다."
154) ≪說文解字 · 辛部≫:「秦以辠似皇子, 改爲罪.」

썼다."155)라 하고, 단옥재段玉裁 ≪주注≫는 ≪문자음의文字音義≫를 인용하여 "시황始皇은 죄辠자가 황皇자와 형태가 비슷하기 때문에 죄罪자로 바꾸었다. 경전經典들은 대부분이 진나라 이후에 나온 것이기 때문에 모두 罪자로 쓴다. 그래서 경서에서 罪자는 본래의 의미로 쓰이는 경우가 드물다"156)고 하였다. ≪수호지진간睡虎地秦簡≫은 '辠'·'辠'·'辠'로 쓴다.157)

정리본은 '惑怣愳辠'를 '사과여죄赦過與罪'로 읽는다. 즉 '與'를 연사(접속사)로 보고, 사면해 주는 항목을 '과실(過)'과 '罪' 두 가지로 보았다. 그러나 진검陳劍은 '惑'자를 '宥(용서할 유, yòu)'로, '怣'자는 '赦(용서할 사, shè)'로 읽고, "'怣'자는 '赦'자로 읽는다. 예를 들어, ≪곽점초간·성지문지≫(제39간)는 ≪강고≫의 구절을 인용하여 '型(刑)(玆)亡怣(赦).'158)로 쓴다"159)라 하였으며,160) 계욱승季旭昇은 '사과거죄赦過舉罪'로 읽고, "오히려 본 문장은 '赦過舉罪'로 읽어야할 것 같다. 즉 무심코 한 잘못은 사면해 주고, 고의적인 죄과는 폭로를 해야한다는 뜻이다. '舉'은 '舉發過惡'161)로 해석할 수 있다."162)라 하였다.163)

조병청趙炳淸은 죽간의 순서를 7→8→22→14→9→10로 이해하고, '惑怣愳辠'를 '宥過舉罪'로 읽고 있다.164)

'혹惑'은 직접적으로 '사赦'로 읽을 수 없고, '유宥'로 읽을 수 있다. 즉 '용서하다(寬恕)'의 뜻이다, '과過'는 ≪논어·자로≫에서 언급하고 있는 '小過(작은 잘못)'이다. 공자는 작은 잘못은 관대하게 용서해 주고 스스로 개정할 수 있도록 하는 것을 주장하였다. ≪논어·자장≫은 "잘못을 하면 모든 사람의 눈에 뜨이고, 잘못을 고치면 모든 사람이 우러러 본다"라 했다. '怣'자는 초간 중에서 '여與'자나 혹은 '거舉'자로 읽을 수 있다. 만약에 '與'자로 읽으면, '죄罪'도 함께 사면해 주는 것이 된다. '罪'는 알고하는 '과실過失'이다. 공자는 이러한 행위를 사면 주어야한다는 주장을 하지 않았기 때문에 '舉'로 읽어야 한다. ≪순자·불구≫는 "바르고 정의롭게 직접 지적해 주고 사람의 잘못을 지적하는 것은 비방하는 것이 아니다"라 하였다. 이 구절은 "노인을 공경하고 어린 아이를 사랑하고, 먼저 각 직무부서를 세우고, 현명하고 능력있는 자는

---

155) ≪說文解字·辛部≫:「秦以辠似皇子, 改爲罪.」
156) 「始皇以辠字似皇, 乃改爲罪. 按經典多出秦後, 故皆作罪. 罪之本義少見於竹帛.」
157) ≪睡虎地秦簡文字編≫, 122 쪽.
158) "벌을 주어 용서치 않다."
159) 「怣讀爲赦, 見≪郭店簡·成之聞之≫簡39引≪康誥≫'型(刑)(玆)亡怣(赦).'」
160) 陳劍, 〈上博竹書≪仲弓≫篇新編釋文(稿)〉, 簡帛硏究, 2004-04-18.
161) "악한 짓을 하는 것을 드러내다."
162) 「竊以爲此處當讀爲'赦過舉罪', 謂赦免無心之過, 舉發有心之罪. '舉'釋爲'舉發過惡'.」
163) 季旭昇, 〈上博三≪仲弓≫篇零釋三則〉, 簡帛硏究, 2004-04-23.
164) 趙炳淸, 〈上博簡三≪仲弓≫的編联及講釋〉, 簡帛硏究, 2005-04-25.

등용하며, 또한 사심없는 작은 과실에 대해서는 용서해 주고 의도적인 큰 잘못은 드러내야한다"
는 뜻이다.165)

　　《논어》는 정당한 명분을 세워 그 명분에 맞게 논리 정연하게 행해야 되며, 합당한 형벌을
할 것을 주장하였다. 《논어論語·자로子路》에서 공자는 "야비하구나, 유由야. 군자는 자기가
모르는 것에 관해서는 말하지 않고 그대로 두는 법이다. 이름이 바르지 않으면 말이 맞지 않고,
말이 맞지 않으면 일이 제대로 되어지지 않는다. 일이 제대로 되어지지 않으면 예禮와 악樂이
흥성되지 않는다. 예와 악이 흥성되지 않으면 형벌이 바로 가해지지 않는다. 형벌이 바로 가해지
지 않으면 국민들은 손발을 둘 데가 없어진다. 그러므로 군자는 명분을 세우면 반드시 그것에
관해서 말할 수 있게 되고, 말하면 반드시 그것을 실행할 수 있게 되는 것이다. 君子는 자기의
말에 구차한 점이 없을 따름이다."166)라 하였다. 또한 공자는 다른 사람이 자신에게 잘못을 하였
을 때, 조건없는 용서인 은덕으로 원수를 갚도록 한 것이 아니라, 정직함으로 즉 정의로움으로
원수를 갚으라하였다. 《논어論語·헌문憲問》은 「어떤 사람이 '덕德으로 원수를 대해 주라'라
고 했는데, 이는 어떻습니까? 공자가 말하였다. '그렇게 한다면 무엇으로 은덕에 보답하겠는가?
정직함(곧은 것)으로 원수에게 대해주고, 은덕으로 은덕에 보답하라."167)라 하였다. 이는 곧 맹
목적인 사랑을 베풀라는 것이 아니라 정당한 상황에 맞게 하라는 주장이다.
　　따라서 '惑怹懋曓' 중의 '懋'자는 '曓'로 읽는 것이 옳을 것 같다. 하지만 '惑(미혹할 혹, huò)'
자는 굳이 '宥(용서할 유, yòu)'로 읽을 필요가 없다. 현행본이 '赦小過'로 쓰고, 정리본이 이미
언급하였듯이 '惑'과 '赦(용서할 사, shè)'는 고음이 서로 통할 수 있다.

　　惑　gwək　　職部
　　赦　sthjiaɣ　魚部

---

165) 「惑'不能直讀爲'赦', 可讀爲'宥', 即'寬恕', '過'即《論語·子路》中的'小過', 孔子主張寬恕小過, 進行改正, 如
　　《論語·子張》: "過也, 人皆見之. 更也, 人皆仰之." '懋', 在楚簡中, 即可讀爲'與', 又可讀爲'曓', 若爲'與',
　　則連'罪'都赦免了, '罪'爲有心之'過失', 顯然孔子是不會赦免的, 故應讀'曓'爲是, 《荀子·不苟》: "正義直指,
　　擧人之過惡, 非毁疵也." 此句文意爲"……尊敬老人愛护小孩, 先設立職事機構, 再選擧賢能之人充實, 要寬恕
　　無心之小過, 查擧有意之大罪."」
166) 《論語·子路》: "子曰: "野哉, 由也! 君子於其所不知, 蓋闕如也. 名不正, 則言不順, 言不順, 則事不成, 事不成,
　　則禮樂不興, 禮樂不興, 則刑罰不中, 刑罰不中, 則民無所錯手足. 故君子名之必可言也, 言之必可行也. 君子於
　　其言, 無所苟而已矣.」
167) 《論語·憲問》: 「或曰: "以德報怨, 何如?" 子曰: "何以報德? 以直報怨, 以德報德.」

≪곽점초간郭店楚簡≫ 중 ≪성지문지成之聞之≫는 '懸'자를 ''로, ≪어총이語叢二≫는 ''로 쓴다.168)

168) ≪楚系簡帛文字編≫, 916 쪽.

第 8 簡

皋正之詞也中弓曰若夫老〓慈〓绍既昏命壹夫先又司爲之女可中尼曰夫民安舊而庄墾

第 8 簡

睪, 正(政)之訡(始)也.」中(仲)弓曰:「若夫老=(老老)慈=幼(慈幼)①, 既昏(聞)命𠱾(矣). 夫先又(有)司爲之女②(如)可(何)?」中(仲)尼曰:「夫民安舊而厇(塚)뿡(舉).③」

【釋文】

罪, 政之始也." 仲弓曰: "若夫老老慈幼, 既聞命矣. 夫先有司, 爲之如何?" 仲尼曰: "夫民, 安舊而重遷【8】

【해석】

……죄罪는 정치의 시작이다"라고 말했다. 중궁仲弓이 말하였다. "노인을 공경하고 어린이를 보살피는 것에 관해서는 선생님의 가르침을 듣고 이미 이해하였습니다. 그리고 '선유사先有司' 즉 실무를 담당하는 유사를 먼저 앞세우는 것은 어떻게 해야 합니까?" 중니仲尼가 말하였다. "백성들은 옛날의 제도에 습관이 되어 급진적 개혁은 좋아하지 않으며, 거처를 이동하는 것을 싫어하고 안정된 생활을 중요시한다."

【上博簡原注】

본간은 길이가 46.7cm 이고, 세 개의 죽간을 병합한 것이다. 문자는 37자이고, 이 중 중문重文 은 2자이다.

이 간은 위의 죽간인 제 7간과 연결되는 내용으로 보인다. 만약에 이것이 옳다면 본간의 첫 글자 「睪」은 혹은 연문衍文일 수도 있다.

孔子는 위의 죽간 제 7간에서 네 가지가 정치를 할 때 가장 중요하다고 생각되는 것에 대하여 언급하였다. 「若夫老老慈幼, 既聞命矣.」[169] 구절은 중궁이 위의 네 가지 중 「老老慈幼」에 대하여 이미 이해하였음을 설명한 것이고, 본 죽간과 이하 몇 간은 중궁이 나머지 세 가지 내용에 대하여 공자에게 계속해서 묻는 내용이다. ≪논어≫에는 「老老慈幼」에 관한 내용이 보이지 않지

---

169) "'노노자유老老慈幼'에 관하여 이미 가르침을 들었습니다."

만, 혹은 본 죽간과도 관련이 있지 않을까 한다.170)

① '若夫老=慈=幼'
「若夫」는 '至於(……에 관해서는)'의 뜻이다. 제 7간의 문장 구조로 보아 「자유慈幼」의 「慈(사랑할 자, cí)」자 밑에 중문重文 부호는 잘못 추가된 것이다.

【譯註】

정리본은 제 8간의 제일 앞 자 '辠'자를 연문衍文으로 보고 있다. 그러나 제 7간과 제 8간 사이에 역시 잔실된 내용이 있는 것으로 보여 반드시 연문으로 볼 필요는 없는 것 같다.171)

조복림晁福林(2005)은 죽간의 순서를 5B+21+8+7+22+9+10로 보며, 또한 제 5B와 22 간 사이, 즉 제 21간 마지막 부분에 '[老老慈幼, 先有司, 舉賢才, 改過舉]' 구절을 보충하였다.172) 조복림은 제 21간의 죽간순서를 제 8A의 앞에 두고 있다. 또한 제 21간의 제일 뒷부분을 '改過舉'가 잔실되었고 제 8A의 첫 자 '罪'자와 연결되는 것으로 보고 있다. 문자 상으로 보면, 문제가 없어 보이나, '事君'과 '從政'의 내용이 서로 혼합되어 있어 적합지 않은 것으로 보인다. 또한 조복림은 제 22간이 '先有司'를 해야 하는 원인으로 보고, '그래야 만이 상하관리가 모두 군주에게 충성하는 것을 중하게 여기고, 또한 즐거운 마음으로 배우려 한다. 만약에 이렇게 된다면 나라를 다스리는 자가 못할 것이 무엇이 있겠는가? 그래서 유사有司를 선발하는 일을 가장 먼저 하지 않을 수 없는 것'이라 하였다. 하지만 '상하관리가 모두 군주에게 충성하는 것을 중하게 여기고, 또한 즐거운 마음으로 배우려' 하는 것은 '先有司'에만 국한되는 것이 아니고, '노인을 공경하고, 현재를 등용하고, 죄가 있는 관원을 처벌'하는 종합적인 실행에 관한 결과이기 때문에 편련에 문제점이 있다.

② '女'
「女」자는 「如」로 읽는다.

---

170) 정리본은 '老老慈幼'에 대하여 본 죽간은 구체적인 설명이 없기 때문에, 현행본 ≪論語≫에 보이지 않는 것이 아닌가 추측하고 있다.

171) ≪上博楚簡(三)讀本≫,〈仲弓譯釋〉, 189-190 쪽. "其實簡8在簡7後面固然是對的, 但是二簡並不能連讀, 中間 應該有缺簡. 簡8說「若夫老老慈幼, 旣命矣」, 可見得簡7之後至少有一段文字是屬於孔子說明「老老慈幼」的內 容, ……則二簡之簡缺字應在34-37左右."

172) 晁福林,〈上博簡≪仲弓≫疏證〉, ≪孔子研究≫, 2005년第2期, 8쪽.

③ '民安舊而庄㟧'

「安(편안할 안, ān)」자는 '습관'의 뜻이다. ≪한비자韓非子·남면南面≫에서 "무릇 옛날의 제도를 고치기 어려운 사람은 감히 민중의 습관을 고치지 못한다."[173]라 하였다. 「舊(예 구, jiù)」는 예전의 법규와 제도, 전례, 풍속이다. ≪시경詩經·대아大雅·탕蕩≫에서 「匪上帝不時, 殷不用舊」[174]라 하였다. 정현鄭玄 ≪전전箋≫은 "이는 商紂의 재난과 변란을 일으키는 이유가 때를 잘못 타고났기 때문이 아니라, 선왕이 예전의 법도를 지키지 않았지 때문이라는 말이다."[175]라 하였다.

「庄」는 초간楚簡에서 자주 보이는 「宔(신주 주, guāi)」자와 같은 자이다. 고문자에서 자부 「厂」과 「宀」은 같다. 「庄」자는 「塚(무덤 총, zhǒng)」자와 유사한 뜻으로 쓰이고, 「重」(「柱用切」)자와 음이 비슷하고 뜻이 서로 통한다.

≪곽점초간郭店楚簡·오행五行≫ 「有德則邦家㟧.」[176] 중의 「㟧」자를 마왕퇴백서馬王堆帛書는 「與(줄 여, yǔ,yú,yù)」자로 쓴다. 「與」자는 「擧(들 거, jǔ)」자와 같은 의미로 '부흥하다'·'일으키다'의 뜻이다. ≪예기禮記·중용中庸≫에서 "후손이 끊어질 가족을 지속되게 하고, 쇠퇴한 국가를 부흥시키고, 혼란을 다스리고 위험과 어려움에서 구한다."[177]라 하였는데, '擧'자는 「㟧」자와 같다. 「安×重×」의 구조는 고대 한어에서 자주 쓰이는 형식으로 예를 들면, "안토중구安土重舊"[178]가 있다.

【譯註】

'夫民安舊而庄㟧' 구절을 정리본은 '夫民安舊而塚擧'로 읽고, '擧'자는 '부흥하다(復興)'·'펼쳐 흥해지다(振興)'의 의미라 하며, 전체적으로 '백성은 옛 제도에 익숙하게 되고 이에 거듭해서 부흥발전하게 되다'의 뜻으로 해석하였다. 그런데 이러한 해석은 왜 '先有司'해야 하는지의 이유를 설명할 수 없다. 이미 옛 제도에 익숙해졌고, 지속적으로 발전 계승할 수 있는 가능성이 있는데, 직무관리를 임명하는 일을 가장 우선적인 일로 삼을 필요가 있는가?

진검陳劍은 '㟧'자를 '遷(옮길 천, qiān)'으로 읽고, 〈상박죽서≪중궁≫편신편석문上博竹書≪仲弓≫篇新編釋文〉에서 "고전적에는 '안토중천安土重遷'[179] 구절이 자주 보인다. 죽간 중의 '안구

---

173) ≪韓非子·南面≫: 「凡人難變古者, 憚易民之安也.」
174) "하느님이 빈번하게 벌하는 것이 아니라, 殷商은 예전의 제도를 안 지키기 때문이다."
175) 「此言紂之亂匪其生不得其時, 乃不用先王之故法之所致.」
176) "덕을 지니면 국가가 부흥하다."
177) ≪禮記·中庸≫: 「繼絶世, 擧廢國, 治亂持危.」
178) "원래 살던 생활에 익숙해져 쉽게 구습을 바꾸지 않는다."

이중천安舊而重遷'의 뜻과 비슷하다. 하지만 간문에서는 '선유사先有司'에 관한 언급이기 때문에 '遷'은 '변화變化'라는 의미이고, '천사遷徙'180)라는 의미로 쓰이지 않는다."라 하였다.181) 연덕영 連德榮 ≪중궁역석仲弓譯釋≫은 진검陳劍의 주장에 따라 '遷'으로 해석하고, 제 8간과 9간 사이 에 제 14간이 삽입되는 내용으로 보고 전체적으로 "일반 백성은 옛 제도에 익숙해져 이에 따르는 것을 좋아하고 변혁하는 것을 쉽사리 찬성하지 않는 것이기 때문에 너무 급하게 변화를 하면 안 되고, 서서히 안정되게 실행을 하여야 한다. ……그래야 만이 성공할 수 있다."라 하였다.182)

그러나 조병청趙炳淸은 '與'자를 '與(줄 여, yǔ,yú,yù)'로 읽고 '급여給與(주다)'의 의미로 해석 하여 "'夫民, 安舊而重與' 구절은 '민중은 옛 제도에 편안하게 생각하고, 정부가 혜택을 내려 구제하는 것에 관심이 많다'라는 뜻이다. 이는 또한 孔子가 왜 '先有司'를 강조하는가의 원인이 기도 하다. '先有司'는 '먼저 정부 기구를 설립하고 백성을 위하여 일을 하도록 하는 것'의 뜻이 다. 하지만 후대의 많은 경학자들은 ≪論語·子路≫의 '先有司'의 구절에 대하여 많은 의견을 제시하였다."183)라 하였다.

'安舊而重與' 구절 중 '與'자에 대한 해석에 이견이 많다. '與'자에 대한 주장을 정리하면 아래 와 같다.

① '거擧': 부흥하다.
② '천遷': 변혁하다.
③ '여與': 베풀다.

조병청은 7→8→22→14→9의 죽간 순서로 보고 있으나, 제 22간은 '上下相復以忠, 則民歡承 敎'는 '충忠'과 '교敎'에 관한 내용이기 때문에 군주를 모시는 '사군事君'과 관련이 있다. 따라서 제 22간의 내용을 '선유사先有司'와 관련된 내용으로 보기에는 다소 무리가 있다. 그러나 제

---

179) "오랫동안 살아온 곳을 쉽사리 떠나려 하지 않다."
180) "거처居處하다."
181) 簡帛研究, 2004.4.18. 「古書'安土重遷'多見, 簡文'安舊而重遷'或與之義近. 不過簡文討論的是'先有司'的問題, '遷'也可能是'變化'之意而非'遷徙(居處)'之意.」
182) ≪上博楚簡(三)讀本≫,〈仲弓譯釋〉, 180 쪽.「老百姓是樂於守舊而不輕易贊成變革的, 過於急躁的變化不可行, 當從容行事, ……才能獲得成功.」
183) 「'夫民, 安舊而重與'可解爲'民衆安于舊的制度習慣而又看重政府的給予救濟', 這也是孔子爲何强調'先有司' 的原因. '先有司'就是'先要設立政府機構爲民辦事'的意思, 而≪論語·子路≫却只有'先有司'三字, 簡則簡矣, 却引起後代治經者的許多爭議.」

14간 '㵋夐不行, 妥尾'는 '너무 일찍 서둘러 실시함'을 경계한 내용이기 때문에 우리가 '先有司'를 이해하는데 도움이 된다.

만약에 제 14간이 '조급하게 서두르지 말라'는 공자의 가르침이 '先有司'와 연결되는 내용이라면, 위에서 살펴본 료명춘廖名春이 주장한 '솔선수범해서 변화를 주어야 된다'는 주장은 설득력이 없고, 진검陳劍의 주장이 설득력이 있다. 오히려 백성은 현재의 정치제도에 익숙하기 때문에 급진적으로 개혁하지 말고, 먼저 백성에 대한 연민에서부터 시작되어야 한다. 그래서 먼저 '老老慈幼'하여 노인들은 노인답게 존경을 받고 어린이들은 사랑을 받고 즐겁게 생활할 수 있는 근본적인 연민의 정이 있어야 한다. 이러한 사랑은 절대적으로 급진적인 개혁에서 비롯되는 것이 절대 아니다. 사회가 편안하고 질서가 잡히면 해야 할 일들이 있는데, 먼저 '先有司'하고 정부조직을 갖추어야 한다. 이 정부조직이 정상적으로 운영되기 위해서는 인재들을 등용해야하기 때문에 그 다음으로 '擧賢才'를 언급한 것이다. 고대 사회에 있어 관리는 백성 위의 절대적인 위치에 있기 때문에 관리의 태도는 매우 중요하다. 관리가 나라는 다스릴 때, 절대로 권력을 남용해서는 안 된다. 그래서 열심히 하고자 하여 발생한 선의적인 잘못은 용서해 주고, 가렴주구 苟斂誅求와 세금폭취와 같은 악위적인 죄과는 천하에 들추어내어 각성토록 하는 것이다. '惑愆懇辠'는 관리자에게만 한정된 것이 아니라, 일반 백성의 법률적용에도 적용된다. 즉 일반백성이 저지른 잘못 중에서 고의가 아닌 자그마한 실수는 용서해 주고, 고의적으로 남을 해치거나 예의에 벗어나는 행위 예를 들어 불효자不孝者가 있는 경우에 이를 들추어 내어 "잘못을 저지르면 다른 사람이 보게 되고, 고치면 사람들이 우러러 본다."184)(《논어·자장》)하도록 해야한다.

따라서 본문은 제 14간이 제 8간과 9간 사이에 연결되는 내용으로 볼 수 있고, '墾'는 '변화하다'의 의미로 해석할 수 있다. '先有司'는 새로 유사를 바꾸는 것이고, 有司가 바뀌고 나면 전에 있었던 제도들은 바꾸기 마련이다. 이러한 것이 모두 변혁에 속한다. 그래서 백성은 제도 개선에 관심을 가지지 않을 수가 없다. 새로 바뀐 관리가 자신의 생각과 이상에 따라서 일반 백성들을 고려하지 않고 급진적인 개혁을 한다면 이미 옛 제도에 익숙해 있는 일반 백성들은 당황하기 마련이다. 따라서 제도의 변화개혁을 매우 중시하는 것이다.

---

184) 《論語·子張》:「過也, 人皆見之. 更也, 人皆仰之.」

第 9 簡

又城是古又司不可不先也中弓曰魯也不愳唯又殹才弗智墼也敢昏墼才

第 9 簡

又(有)城(成)^①, 是古(故)又(有)司不可不先也.」中(仲)弓曰:「售(雍)也不悬(敏)^②, 唯(雖)又(有)殷(賢)才, 弗晉(知)甓(舉)也. 敢昏(問)甓(舉)才

【釋文】

☑有成, 是故有司不可不先也."仲弓曰: "雍也不敏, 雖有賢才, 弗知舉也. 敢問舉才【9】

【해석】

성공할 수 있다. 그래서 실무를 담당하는 유사有司를 먼저 앞세우지 않을 수 없는 것이다."라 했다. 중궁은 말하였다. 저 옹雍은 총명하지 못하여 비록 현인과 재인이 있다고 하나 등용할 줄 모릅니다. 감히 여쭙는데 어떻게 하면 현명한 인재를 등용할 수 있겠습니까?

【上博簡原注】

본간은 길이가 39.7cm 이고, 중간 부분의 죽간과 하단 부분의 죽간을 한데 모아 엮은 것이다. 현존하는 문자는 30자가 있다.

① 又城

'又城'은 「유성有成」으로 읽고, '성공하다'·'효과가 있다'·'성취하다'의 뜻이다. ≪시경詩經 · 소아小雅 · 서묘黍苗≫는 「召伯有成, 王心則寧.」[185]라 하고, ≪논어論語 · 자로子路≫는 「苟有 用我者, 期月而已可也, 三年有成.」[186]라 하였다.

② 售也不悬

≪논어論語 · 안연顏淵≫에는 「仲弓曰:『雍雖不敏』.」[187]라 히였는데, 이 구질은 산분과 같다. 본편 제 5간에서 「謀(꾀할 모, móu)」자를 「悬」로 쓴다. 「모母」·「민敏」자와 「모謀」자의 고음古 音 중 운모韻母가 모두 「지之」부部, 성모聲母는 「명明」뉴紐이기 때문에 통가자로 쓰인다.

본 9간과 다음 10간은 서로 연결되는 내용이다.

---

185) "소백召伯은 사읍謝邑을 성공적으로 다스려 선왕宣王의 마음이 안정되었네."
186) "내가 국가를 다스리게 할 수 있게 된다면, 1년 내로 그런대로 괜찮게 되게 할 것이요, 3년이 지나면 꼭 성공할 수 있을 것이다."
187) "중궁仲弓은 '저는 비록 우둔하지만'이라 하였다."

第10簡

女之可中尼夫弢才不可穿也墨而所智而所不智人丌豫之者中弓曰惑佗譽皐則民可幼（？）

第 10 簡

女(如)之可(何)? 」 中(仲)尼: 「殹(賢)才不可穽(弇)①也. 嬰(舉)而(爾)所暜(知), 而(爾)所不暜(知), 人丌(其)豫(舍)②之者.」 中(仲)弓曰: 「惑(赦)佁(過)愳(與)辠, 則民可劦(?)③

【釋文】

如之何? 」 仲尼[曰]: "夫賢才不可掩也. 舉而所知. 而所不知, 人其舍之諸? " 仲弓曰: "惑(宥)過愳(赦)罪, 則民可矣(?)" 【10】

【해석】

있겠습니까?"라고 물었다. 중니仲尼가 말하였다. "현명하고 재능이 있는 인재란 결코 가려지지 않는 법이다. 네가 아는 인재를 추천하라. 그렇다면 네가 모르는 인재를 남들이 어찌 그냥 내버려 두겠느냐?" 중궁이 물었다. "작은 과실을 용서하고 죄는 용서해 주면 어우러지게 행동한다.

【上博簡原注】

본간은 길이가 47.3cm 이다. 두 개의 죽간을 합병한 것이다. 문자는 36자가 있다.

≪論語·子路≫는 「(仲弓)曰: 『焉知賢才而舉之?』子曰: 『舉爾所知. 爾所不知, 人其舍諸?』」[188] 라 하였는데, 본 간문의 내용과 비슷하다. 본간은 「中(仲)尼」 뒤에 「曰」자 한 자가 누락되었다.

① '穽'

「穽」자는 「弇(덮을 엄, yǎn,yàn)」자이고, '덮어 가리다'의 뜻이다. ≪說文解字≫는 「弇」자에 대하여 "'穽'자는 '弇'자의 고문이다."[189]라 하였다. 간문簡文과 ≪한간汗簡≫의 자형이 같다.

---

188) "중궁이 '어떻게 어진 사람인줄 알고 그들을 선발하고 추천합니까?'라고 묻자, 孔子는 '네가 아는 사람만을 선발한다면, 네가 모르는 현재를 다른 사람이 그들을 내버려 둘 수 있겠는가?'"

189) ≪說文解字·收部≫: 「𠔇, 古文弇.」

【譯註】

≪說文解字≫는 ‘(弇)’자에 대하여 “‘弇’은 ‘덮다’의 의미. 字部 ‘廾’과 ‘合’으로 이루어진 자. 고문은 ‘穽’로 쓴다.”190)라 하고, 주준성朱駿聲 ≪설문통훈정성說文通訓定聲≫은 “고문 ‘穽’자는 자부 ‘廾’과 ‘日’이 ‘穴’ 안에 있는 형상이다.”191)라 하고, 단옥재段玉裁 ≪설문해자주說文解字注≫는 “≪석언≫은 ‘弇’은 ‘서로 합치다’, ‘덮다’의 의미라 하였다. ‘奄’자는 ‘뒤집어 가리다(覆)’라는 뜻인데, 이 자는 ‘弇’자의 음과 의미가 같다.”192)라 하였다.

‘弇’자를 ≪중산왕정中山王鼎≫은 ‘’,193) ≪증후을묘曾侯乙墓≫는 ‘’, ≪郭店楚簡≫은 ‘’, ≪망산초간望山楚簡≫은 ‘’으로 쓴다.

② ‘豫’

‘豫’자는「舍(집 사, shè,shě)」자와 음은 비슷하여 통가자로 쓰인다.「舍」자의 소리부는「余」이다.「舍」의 고음은「어魚」부部「서書」뉴紐이고,「豫(미리 예, yù)」자는「어魚」부部「유喻」뉴紐이다. 이 두 자는 운모는 첩운疊韻관계이고, 성모聲母는「喻유」와「서書」로 방뉴旁紐관계이다.

【譯註】

아래는 주법고周法高 상고음上古音의 의음擬音이다.

舍	sthjiaɣ	魚部
豫	riaɣ	魚部

③ ‘民可幼’

「幼(어릴 유, yòu)」와「要(구할 요, yào,yāo)」자는 서로 통한다.「要」의 고음은「소宵」부部「영影」뉴紐이고,「幼」는「유幽」부部「영影」뉴紐로, 두 자는 쌍성雙聲관계이고,「소宵」와「유幽」는 방전旁轉관계이기 때문에 통한다.「要」자는 ‘회합하다’·‘부합하다’의 의미이다. ≪시경詩經·정풍鄭風·탁혜蘀兮≫「叔兮伯兮, 倡予要女.」194) 구절에 대하여, 진환陳奐 ≪전소傳疏≫는

190) ≪說文解字·収部≫: “弇, 蓋也. 从廾, 从合. 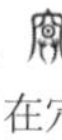, 古文弇.」
191) 朱駿聲 ≪說文通訓定聲≫: “古文从廾, 从日在穴中.」
192) ≪說文解字注≫:「≪釋言≫曰: 弇, 同也. 弇, 蓋也. 此與‘奄, 覆也’, 音義同.」
193) ≪金文編≫은 이 자를 ‘0410 弇’(163 쪽)으로 예정하였다.
194) “오빠와 동생아, 노래를 하십시오! 나는 어울릴 게요!”

"「要」는 '和(부합하다)'의 뜻이다. 예를 들면, ≪악기≫는 『이 박자와 잘 맞는다』의 '要'와 같은 의미이다."195)라 했다. ≪예기禮記·악기樂記≫에서 「行其綴兆, 要其節奏, 行列得正焉, 進退得齊焉.」196)라 하였다. 「民可幼(要)」는 '민중이 잘 융합하여 질서정연하게 행동하며, 진퇴進退가 잘 어우러지게 행동한다'의 의미이다.

【譯註】

'![char]'자를 정리본은 '幼(어릴 유, yòu)'자로 예정하고 '要(구할 요, yào,yāo)'로 해석하여 '民可和合, 行列得正, 進退得齊'197)로 해석하였다.

이외에도 혹은 '畜(쌓을 축, chù,xù)'이나 '後(뒤 후, hòu)'로 읽는다고 주장하기도 한다.198) 문자의 형태로 '後'자의 생략형이 아닌가한다. 금문은 '後'자를 일반적으로 자부 '彳'이나 '辵'을 써서 '![char]'(≪소신단치小臣單觶≫)·'![char]'(≪증희무휵호曾姬無卹壺≫)로,199) 초죽서에서는 자부 '辵'을 써서 '![char]'(≪포산초간包山楚簡≫)'![char]'(≪상박초간上博楚簡·용성씨容成氏≫)·'![char]'(≪郭店楚簡·老子甲≫)로 쓴다.200) 본 죽간의 '![char]'자는 금문과 초죽서의 오른쪽 자부와 같다. 따라서 '後'자의 생략형이 아닌가 한다.

신홍의申紅義는 '축畜'자로 예정하고 '養(기를 양, yǎng)'의 의미로 해석하여 "축민畜民"은 즉 "치민治民"이라 하였다.201) 양택생楊澤生은 '後'자로 예정하고 '순종順從'의 의미로 해석하였다.202) '순종하다'의 의미는 정리본이 말한 '회합會合하다'·'附合하다'로 결국은 같은 뜻이다. 문자의 형태와 전후 문맥 내용으로 고려하여, 본문은 이 자를 '逡(後)'로 예정하고, 정리본과 같이 '要'로 읽기로 한다. 조병청趙炳淸은 '逡'자를 '後'자의 간체簡體이고 '순종하다'의 의미이며, '可'자를 의문대사 '何'로 보고 있다.203)

---

195) 陳奐 ≪傳疏≫:「要, 亦和也. 要, 讀如≪樂記≫『要其節奏』之要.」
196) "정해진 위치를 돌 때, 춤의 스텝이 음악의 박자가 잘 어우러지면 춤추는 사람의 대오가 정렬되고, 진퇴가 잘 맞는 것이다."
197) "민중이 잘 융합하여 질서정연하게 행동하며 나아감과 물러남이 잘 어우러지게 행동한다."
198) 甄眞, 〈上海博物館藏戰國楚竹書(三)≪中(仲)弓≫集釋〉(2006), 50-52 쪽 참고.
199) ≪金文編≫, 112 쪽.
200) ≪楚系簡帛文字編(增訂本)≫, 181 쪽.
201) 申紅義, 〈上海博物館藏戰國楚竹書(三)≪仲弓≫雜記〉(簡帛硏究, 20004-06-30), "畜民卽治民."
202) 楊澤生, 〈上博竹書第三冊零釋〉, 簡帛硏究, 2004-04-29. "'有過赦罪, 則民可後', 意思是說有過赦罪, 老百姓便可順從."
203) 趙炳淸, 〈上博簡三≪仲弓≫的編联及講釋〉, 簡帛硏究, 2005-04-10.

'幼'자를 정리본은 '幼'자로 읽었다. 다른 학자들은 이 자를 '畜'자로 읽기도 한다. 혹은 '幼'자는 '後'자의 간체簡體이며 '따르다'·'순응하다'의 뜻이라고 하는데, 이 주장은 설득력이 있다. '有過舉罪, 則民何幼?'는 '무심결에 한 작은 잘못은 용서해주고, 의도적인 큰 죄과는 드러내 조사해야하는데, 그렇다면 백성들을 어떻게 따르게 할 까요?'의 뜻이다. 이는 공자에게 어떻게 백성을 편안하게 하고 교도할까에 대한 자문諮問이다.204)

이 앞부분이 현재賢才를 추천하여 등용해야 한다는 가르침이고, 이어서 '惑化愚辠'를 하고자 하면 어떻게 백성에게 하여야 하는지 중궁이 자문하는 내용이기 때문에 '可'를 의문대사 '何(어찌 하, hé)'로 보는 것이 옳다.

≪논어論語≫는 번지樊遲가 '인仁'이 무엇이고 '지知(智)'가 무엇인지 공자에게 묻자 '仁'은 '愛人'이고, '知'는 '知人'이라 하였다.205) 훌륭한 사람을 알아보고 그 사람을 등용하고 본보기로 내세워 백성을 선도하는 것은 매우 어렵고 지혜가 필요한 일이라는 것을 강조한 공자의 가르침이다.

"舉而所知. 而所不知, 人其舍之諸" 구절 중 동사 '舉'의 목적어를 '而所知'·'而所不知'와 '人其舍之諸' 모두로 보고, "공자가 말하였다. 현재賢才는 당연히 가려지지 않는 것이다. 네가 아는 사람이든 모르는 사람이든('知'는 '알다'·'친하다'의 뜻이다)간에 현재賢才는 반드시 온 정성을 들여 등용임용하여야 한다. 또한 다른 사람들이 알지 못했던 현재賢才까지도)"로 해석하기도 한다.206) 그러나 본 ≪중궁仲弓≫에 "殹(賢)才不可穽(弇)也"란 구절이 있는 것으로 보아 전통적인 해석이 옳다. 즉 중궁이 현재賢才를 알아보고 등용한다는 것이 어렵다는 것을 알고, 그 방법을 스승에게 자문하자 '네가 성심성의껏 내가 알고 있는 인재를 등용한다면, 자연스럽게 다른 사람이 네가 알지 못했던 인재를 추천하게 되어, 그 인재가 세상에 알려지게 된다'는 것이다. 그런데 만약에 현재賢才는 자연스럽게 드러나니, 알고 있는 인재, 몰랐던 인재, 다른 사람이 몰랐던 인재를 모두 등용하라고 하면, 이는 누구나 하는 일이고, 이런 방법이란 중궁仲弓이 특별히 스승에게 자문을 구했겠는가? 허세영許世瑛 ≪논어이십편구법연구論語二十篇句法硏究≫는

---

204) 「'幼', 整理者讀爲'幼', 有學者讀爲'畜', 也有學者認爲'幼'當即'後'之簡體, 訓爲'跟從, 順應', 其說可從. '有過舉罪, 則民何幼?'就可解釋爲'寬恕無心之小過, 查舉有意之大罪, 那麼如何順應民衆呢?'這是向孔子詢問如何安民·敎民之事.」

205) "樊遲問仁. 子曰: '愛人.' 問知, 子曰: '知人.'"(≪論語·顔淵≫)

206) 梁靜, 〈上博楚簡≪仲弓≫篇硏究〉, ≪中國典籍與文化≫, 2013年(總第84期). 「孔子的回答是, 賢才不應該被埋沒, 無論你認不認識('知'是認識·熟識的意思), 只要是賢才都應該大力擧薦, 當然還包括那些被他人所忽略的賢才.」

이 문장을 어법적으로 분석하였다.[207]

　　'爾所不之'는 '爾所不知之人'의 생략 구조로 외위外位의 지사止詞에 해당된다.[208] '人'은 기사起詞이고 '舍'는 술사述詞이다. '其'는 반어문의 어감을 표시하는 조사로 '豈(어찌 기, qǐ)'자와 같은 뜻이다. '諸'는 '之乎'의 뜻으로 '之'는 형식상의 지止詞이다, '乎'는 반감을 표시하는 어미 조사로 백화문으로 말한다면 '呢(의문조사 니, ní,nè)'의 뜻이다.[209]

　　제 10간의 뒷부분은 법, 즉 형刑을 집행하는 내용에 관한 중궁의 물음이다. 刑에 관한 내용으로 제 19간과 제 17간이 있다. 제 19간은 "산이 무너질 때도 있고, 하천 물이 마를 때도 있고, 해와 달과 별의 운행이 차질이 있을 때도 있듯이, 백성 또한 과실이 없지 않을 수 없기 때문이다"란 내용이고, 제 17간은 "형법과 정령을 느리게 더디게 실행하면 안 되고, 도덕교화는 게을리 해서는 안 된다"라는 공자의 가르침 다음, 중궁은 세 가지, 즉 '노인을 공경하고 어린 아이를 사랑하는 것' 이외에 '먼저 유사를 임명하는 것'·'현인의 추천 등용'과 '작은 잘못은 용서하고 큰 죄과를 드러내는 것'에 대하여 스승님의 가르침을 잘 듣고, 계속해서 다른 문제에 관하여 가르침을 받고자 하는 내용이다. 제 11간은 어떻게 하면 '道民興德'[210]에 관한 중궁의 물음이다. 제 13간은 '덕德'에 관하여 "백성을 설복시키고, 너그럽게 온화한 마음으로 교도하고, 부모님께 孝德해야 한다"라고 공자가 말하는 내용이기 때문에, 제 11간과 연계된다.

　　따라서 죽간의 순서는 10→19→17→11→13으로 볼 수 있다.

　　山又(有)朋(崩), 川又(有)㴭(竭), 冒=(日月)星晨(辰)猷(猶)差(左)民, 亡不又(有)忒(過), 殹(賢)者,【19】型(刑)正(政)不懇(緩), 惪(德)㬎(教)不忞(倦).」中(仲)弓曰:「若出三【17】者, 既昏(聞)命壴(矣), 敢昏(問)道民興惪(德)女(如)可(何)?」孔=(孔子)曰:「罍(擧)之【11】備(服)之懇(緩), 怸(弛)而忞(倦)放(力)之. 唯(雖)又(有)𡥈(孝)惪(德), 丌【13】

---

207) 許世瑛, ≪論語二十篇句法研究≫, 222 쪽.
208) '지사止詞'는 일반적으로 동사 다음에 놓이는 성분을 가리키고, '기사起詞'는 일반적으로 동사 앞에 놓이는 성분을 가리킨다.
209) 「'爾所不之'是'爾所不知之人'的省略, 它是外位止詞. '人'是起詞, '舍'是述詞, '其'是表反詰的語氣詞, 與'豈'字同義, '諸'等於'之乎', '之'是形式上的止詞, '乎'是句末表反詰的語氣詞, 相當於白話的'呢'字.」
210) "민중을 인도하여 도덕을 진흥시키다."

第11簡

者既昏命壹敢昏道民興憙女可孔二曰墾之

第 11 簡

者, 既昏(聞)命壴(矣), 敢昏(問)道民興惪(德)女(如)可(何)^①？」孔=(孔子)曰:「譽(舉)之

【釋文】

者, 既聞命矣. 敢問道民興德如何？" 孔子曰: "迪(申)之【11】

【해석】

이미 선생님의 가르침을 듣고 이미 알게 되었습니다. 감히 여쭙는데 어떻게 해야 민중을 인도하여 도덕을 진흥시킬 수 있겠습니까?" 공자가 말하였다. 도덕을 드러내

【上博簡原注】

본간은 길이가 23.8cm 이고, 상단과 중단을 합병한 것이다. 문자는 18자이고, 이 중에 合文은 한 자이다.

① 敢昏道民興惪女可

「도민道民」은 '민중을 인도하다'의 뜻이다. ≪논어論語·학이學而≫ 「道千乘之國.」211) 구절에 대하여 육덕명陸德明 ≪경전석문經典釋文≫은 "'道'자는 '導(이끌 도, dǎo)'로 읽으며, 원래 혹은 '導'자로 쓴다."212)라 하였으며, 황간본皇侃本은 「道」를 「導」자로 쓴다. ≪한서漢書·지리지하地理志下≫ 「道民之道, 可不愼哉！」213)라는 구절에 대하여, 안사고顏師古는 "앞의 '道'자는 '導'로 읽는다."214)라 말했다. '교도敎導(교도하다)'·'권도勸導(권유하다)'·'유도誘導(유도하다)'의 「導」자와 서로 통한다. ≪묵자墨子·비유하非儒下≫ 「其學不可以導眾.」215) 구절을 ≪안자춘추晏子春秋·외편하外篇下≫는 「不可以道眾」으로 쓴다. 「도민道民」과 「도중道眾」의 의미는 같다. ≪곽점초간郭店楚簡·존덕의尊德義≫에서 「民可使道之, 而不可使知之; 民可道也, 而

---

211) "천승의 병거를 소유한 제후국가를 다스린다."
212) ≪經典釋文≫: 「道音導, 本或作導.」
213) "민중을 인도하는 방법인데, 어찌 신중하지 않을 수 있겠는가?"
214) 「上道讀爲導.」
215) "이 학설은 민중을 인도할 수 없다."

不可强也」216)라 하였는데, 이는 「道民」에 대한 좋은 해설이다.

「悳」자는 「德(덕 덕, dé)」자와 통한다. ≪說文解字≫는 '悳'자에 대하여 "'밖으로는 사람에게서 얻고, 안으로는 자기 자신에게서 얻는'의 뜻. 자부 '直'과 '心'으로 이루어진 자."217)라 하고, ≪옥편玉篇≫은 "지금은 '悳'자를 일반적으로 '德'자로 쓴다."218)라 하고, ≪광운廣韻≫은 "'德'은 '덕행'이고, 고문은 '悳'으로 쓴다."219)라 하였다. 「흥덕興悳」은 '도덕을 발흥시킨다'의 뜻이다. ≪예기禮記·왕제王制≫에서 「明七敎, 以興民德.」220)이라 하였다.

【譯註】

''자를 정리본은 '戄'자로 예정하고 '擧(들 거, jǔ)'로 읽고 있으나, 진검陳劍은 '迅'로 예정하고 '申(펼칠 신, shēn)'으로 읽고 있다.221) 문자의 형태로 보아 자부 '辵'과 소리부 '申'으로 이루어진 형성자이다. 또한 이예李銳는 '陳(늘어놓을 진, chén)'으로 읽고,222) 조병청趙炳淸은 "'擧'자 또한 '申'과 '陳'의 의미가 있다. 즉 '申明(분명히 밝히다)'·'陳明(드러내 밝히다)'의 뜻."이라 하였다.223) ≪곽점초간郭店楚簡·치의緇衣≫는 ≪陳君≫의 '陳'자는 ''자로 쓴다. 본 죽간의 ''자와 형태가 유사하다. 따라서 본 자는 '迅'자로 예정하고 '申' 혹은 '陳'으로 읽을 수 있다.

진검陳劍, 이예李銳, 조병청趙炳淸 등은 모두 본 11간을 제 13간과 연결되는 내용으로 보고 있다.(제 10간 【譯註】 참고)

---

216) "백성은 인도되어질 수는 있으나, 그들로 하여금 알아지게 할 수는 없다. 백성을 인도 할 수 있으나, 강요할 수는 없다."
217) ≪說文解字·心部≫: 「悳, 外得於人, 內得於己也. 從直從心.」
218) ≪玉篇·心部≫: 「悳, 今通用德.」
219) ≪廣韻·德韻≫: 「德, 德行; 悳, 古文.」
220) "일곱 가지의 가르침을 발양해서 민중의 도덕을 진흥시킨다."
221) 陳劍, 〈上博竹書仲弓篇新編釋文〉, 簡帛研究, 2004-04-19.
222) 李銳, 〈仲弓新編〉, confucius2000, 2004-04-22 .
223) 趙炳淸, 〈上博簡三≪仲弓≫的編聯及講釋〉, 簡帛研究, 2005-04-10. 「'擧'包含有'申'·'陳'的意思, 可訓謂'申明·陳明'.」

第12簡

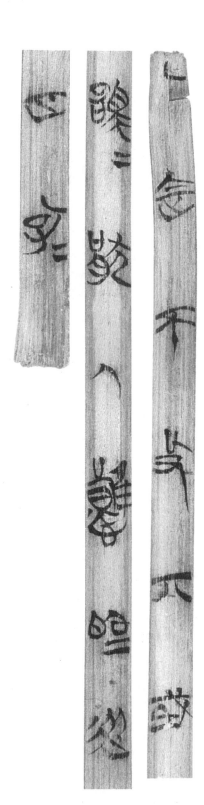

也定不及丌城謁二猒人難爲從正孔二

第 12 簡

也定, 不及丌(其)城(成)①. 謂=(謂謂)猒(狷)人②, 戁(難)爲從正③.」孔=(孔子)

【釋文】

□定, 不及其成, 謂=厭人, 難爲從政."孔子【12】

【해석】

······정해지고 (않고), 실효를 거두지 못하게 되고, 또한 단독적으로 독행을 하고 다른 사람의 의견을 듣지 않는다면, 정도를 따라 다스리기 어렵습니다." 공자가 말하였다.

【上博簡原注】

본간은 길이가 19.2cm 이고, 윗부분이 파손되었다. 현존하는 문자는 16자가 있고, 그 중에 중문重文과 합문合文은 각각 하나 있다.

① '及丌城'
「城」자는 「成(이룰 성, chéng)」의 의미로 쓰인다. 본편 제 9간에서는 「유성有成」이라 하였고, 「불급기성不及其成」은 「미유성未有成.」224)의 뜻이다.

【譯註】

정리본은 첫 자 '▨'를 '也'자로 예정하고 있으나, 남아있는 흔적으로만 보아 어떤 자인지 알 수가 없다. 제 2간에서는 '也'자를 '▨'로 쓰는데, 그 흔적이 서로 다르다.
'▨(定)'자의 의미가 명확하지 않다. 다음 문장에 '不及'이라는 부정적인 의미가 있기 때문에 이 자 역시 부정적인 의미로 쓰일 가능성이 있다.
임지붕林志鵬은 "이 자는 혹은 '法(법 법, fǎ,fá,fà)'자로 읽을 수 있지 않은가 한다. 하지만 확신할 수 없어 잠시 그대로 쓰기로 한다."라 하였다.225) 연덕영連德榮은 '法'자와 '定'자의 형태

---

224) "성공을 거두지 못하다."
225) 黃人二·林志鵬, 〈上博藏簡第三册仲弓試探〉, 2004-4-23.「此字疑讀爲「法」, 然不確定, 暫作此.」

가 비슷하기 때문에 '法'자를 잘못 쓴 경우이고, "여기에서는 '成'과 대립되는 의미인 '廢'로 읽을 수 있다."하였다.226)

≪설문해자說文解字≫는 '灋'자에 대하여 "'灋'자는 지금은 생략하여 '法'으로 쓰고, 古文은 '佥'으로 쓴다."227)라 하였다. ≪상박초간上博楚簡·치의紂衣≫(제14간)는 '法'자를 '佥'으로 쓴다. '法'자의 고문이 '定'자와 매우 흡사하다. 혹은 본 '佥'자는 '法'자가 아닌가 한다. '法'자는 '廢'와 음이 통한다.

② '䛇=狀人'

「䛇」자는 자부 「言」과 「蜀」으로 이루어진 자이다. ≪곽점초간郭店楚簡·노자갑老子甲≫ 등에 「蜀」자가 여러 곳 보이고, 모두 「獨(홀로 독, dú)」으로 읽는다. 「䛇」자 또한 「獨」의 뜻이 아닌가 한다.

「狀」자는 자부 「肙」과 「犬」으로 이루어진 자이며, 「狷(성급할 견, juàn)」자와 같다. '정직하고 솔직하다(경직耿直)'·'완고하다(고집固執)'의 뜻이다. ≪국어國語·초어하楚語下≫ 「其心又狷而不絜.」228) 구절에 대하여, 위소韋昭는 "狷(성급할 견, juàn)이란 자신의 의지가 곧아서 다른 사람의 의견을 따라가지 않는 자를 말한다."229)라 하였다. 즉 「獨」의 뜻과 비슷하다. 「견인狷人」은 곧 「경사狷士」230)이다.

【譯註】

진검陳劍은 '䛇='은 '獨主'로 읽고, '狀'자는 '厭'자로 읽으며, 전체적인 뜻은 "이 구절은 '獨主厭人'으로 읽을 수 있고, '독단으로 제멋대로 결단하여 행하고 남의 의견을 듣지 않는다'는 뜻."이라 하였다.231) 황이인黃人二는 '狀'자를 '然'자의 오자로 보고, 확정할 수 없어 잠시 '獨獨然.'232)으로 읽는다 하였다.233)

---

226) 連德榮, ≪上博楚簡(三)讀本·仲弓譯釋≫, 193 쪽. 「於此可讀爲廢, 與成相對.」
227) ≪說文解字≫: 「灋, 法, 今文省. 佥, 古文.」
228) "그 마음이 완고하고 청렴하지 않다."
229) 「狷者, 直己之志, 不從人也.」
230) "세속에 물들지 않고 자신의 순결을 지키는 사람."
231) 陳劍, 〈上博竹書仲弓篇新編釋文〉, 簡帛硏究. 「獨主厭人, 大意謂獨斷專行, 不聽他人意見.」
232) "오직 홀로서."
233) 黃人二林志鵬, 〈上博藏簡第三册仲弓試探〉, 2004-4-23.

이해가 쉽지 않기 때문에 잠시 진검陳劍의 주장에 따라 해석하기로 한다. '獨'과 '主'는 고음이 서로 통한다.

獨　　dewk　　屋部
主　　tjew　　侯部

③ '戁爲從正'

≪설문해자說文解字≫는 「戁(두려워할 난, nǎn,rǎn)」자에 대하여 "'존중하다'의 뜻이다. 자부 '心'과 소리부 '難'으로 이루어진 형성자이다."[234]라 하였다. 본 구절에서는 「難」으로 읽는다. ≪곽점초간郭店楚簡·노자갑老子甲≫ 등 여러 곳에 이 자가 있고, 모두 「難」으로 읽는다.

「종정從正」은 '정도正道에 따라 실행하다'의 뜻이다. ≪역경易經·수隨≫ 「≪象≫曰: 『官有渝, 從正吉也.』」[235] 구절에 대하여, 공영달孔穎達은 "집정관원이 정도를 지키면 언제든지 변화하여 바름과 옳음이 나타난다."[236]라 하였다. 「從正」은 혹은 「종정從政」으로 해석할 수도 있겠지만, 「從」자와 앞의 같은 의미인 「爲」자가 중복되어 있어 그렇지 않을 것 같다.

【譯註】

제 12간은 '정도에 따라 정치를 하기'가 어려움을 중궁이 언급하는 내용이다. 제일 마지막에 '孔子'라는 단어가 있는 것으로 보아, 다음은 공자가 이에 대한 대답으로 이어진다. 제 12간은 중궁은 '從正(정도에 따라 다스리다)'하기가 어려운 것은 군주가 독단적인 행위를 하기 때문이라고 하였다. 본 〈중궁〉 중 중궁이 군주의 실정失政을 언급한 내용은 제 25간이다.

제 12간 다음은 공자가 중궁의 물음에 따라 군주를 모시기가 실질적으로 어렵다는 내용일 가능성이 높다. 제 21간은 '사군事君'에 관한 언급으로, 군주에게 '충忠'과 '경敬'을 실행하기가 어려움을 언급한 내용이다. 따라서 제 25, 제 12간, 제 21간은 상호 관련이 있는 내용으로 보인다.

제 25간에서 중궁은 군주가 '지금의 군주들은 기꺼이 사람을 시켜 그를 인도하여 송별하지 않는' 소홀한 대접을 언급하고, 이어서 제 12간에서 중궁은 계속해서 군주가 신하의 충언을 듣지 않고, '단독적으로 독행하기' 때문에 '정도에 따라 다스리기가 어렵다'고 한 것이다. 그러자 제

---

234) ≪說文解字·心部≫: 「敬也, 從心, 難聲.」
235) "≪상象≫에서 정사가 변화를 나올 때 정도를 따라가면 길하다고 하였다."
236) 「所執官守正, 能隨時渝變以見貞正.」

21간에서 공자는 다시 군주를 모시기는 어렵지만 '충성과 공경으로 일을 처리하여야 한다'고 강조한 것이다. 그러자 제 20A에서 중궁은 다시 공자에게 '군주에게 간언을 하기 어려움을 고집하고, 과실을 지적하면 싫어하여 간언을 드리기 어렵습니다'라고 자문을 구하는 내용이다.

　　제 20A간은 중궁이 "舍(今)之羣=(君子), 孚朲(過)戎析, 戁(難)曰内(納)諫."[237]라 하여 간언에 대한 어려움을 언급하고 있고, 본간은 군주가 독단을 하기 때문에 '從正'하기가 어렵다하였다. 따라서 내용상으로 볼 때, 12, 21, 20A은 상호 관련이 있는 내용이다. 따라서 본 문은 25→12→21→ 20A→ 18의 순서로 보기로 한다.[238] 또한 제 18간은 제 16간과 연결되는 내용이다.

---

237) "지금의 군주는 자신의 과실을 고집하고, 과실을 지적하면 싫어하여 간언하기가 어렵다."
238) 陳劍(2004)은 '20A, 12→21'의 순서로, 趙炳淸(2005)은 '25→ 12→ 21→ 18'로, 梁靜(2003)은 '[25+12]→21→ 20A'의 순서로 보기도 한다.

第13簡

備之縕悠而巻放之唯又菾悳丌

第 13 簡

備(服)之懲(緩)^①, 佁(弛)而忿(惓)放(力)之^②. 唯(雖)又(有)㝊(孝)悳(德)^③, 丌

【釋文】

服之, 緩佁(施?)而忿放之. 雖有孝(?)德, 其【13】

【해석】

정책이 완만하고, 백성의 힘을 노동의 일로 힘을 소모하게 된다면, 비록 부모님께 효도하고자 한다해도,

【上博簡原注】

본간은 길이가 19.9cm 이고, 상단이 파손되었다. 문자는 13자이다.

① '備之懲'

갑골문과 금문에서 「備(갖출 비, bèi)」자는 화살을 넣는 통인 「箙(전동 복, fú)」의 상형이고, 화살을 담는 용기이다. 「箙」자는 「服(옷 복, fú)」자와 통한다. ≪국어國語·정어鄭語≫에 「檿弧箕服.」²³⁹⁾ 구절이 있는데, 정현鄭玄은 ≪주례周禮·고고기考估記·궁인弓人≫에서 「≪國語≫曰: 檿弧箕箙.」²⁴⁰⁾이라 하였다. ≪시경詩經·소아小雅·채미采薇≫는 「象弭魚服.」²⁴¹⁾이라 하였고, ≪주례周禮·하관夏官·사궁시司弓矢≫에서 공영달孔穎達은 경전들을 인용하면서 「服」자는 「箙」자로 쓴다고 하였다. 「備」자는 또한 「服」자와 통한다.

≪여씨춘추呂氏春秋·선기先己≫「樂備君道.」²⁴²⁾ 구절에 대하여, 고유高誘는 「樂服行君子無爲之道」²⁴³⁾라 하고 「服」으로 「備」자를 해석했다. ≪전국책戰國策·조책趙策≫에서 「騎射之服」²⁴⁴⁾이라 하였는데, ≪사기史記·조세가趙世家≫는 「騎射之備」²⁴⁵⁾로 쓴다. ≪한시외전韓詩

---

239) "산뽕나무로 만든 활과 대죽으로 만든 화살 통."
240) "≪국어國語·정어鄭語≫는 '산뽕나무로 만든 활과 대죽으로 만든 화살 통'."
241) "상아로 장식하는 활고자와 물개 가죽으로 만든 화살 통."
242) "즐겁게 군주의 도리를 실천하다."
243) "군자의 무위지도를 위해 즐거웁게 갖춘다."

外傳≫(卷八)에서 「於是黃帝乃服黃衣」[246]라 하였는데, ≪설원說苑·변물辯物≫에서 「服」자는 「備」로 쓴다. 「비備」·「복箙」·「복服」의 상고음은 모두 운모韻母는 「직職」部이고, 성모聲母는 「병並」뉴紐이며, 입성入聲자이다. 간문簡文에서 「服」자는 '다스리다'의 뜻이다. ≪詩經·周南·葛覃≫에서 「爲絺爲綌, 服之無斁」[247]라 하였고, 정현鄭玄은 "'服'자는 '장식하다'의 의미."[248]라 하였다.

「緩」자는 즉 「완緩」자이고, '넓고 편안하다'의 뜻이다. 「服之緩」은 '너그럽고 온화하게 정치를 한다(爲政寬和)'는 뜻이다.

② '怠而恭放之'

「怠」자는 「弛(늦출 이, chí)」로 읽는다. 「怠」자는 「佗」와 「心」으로 이루어진 자이고, 「佗(다를 타, tuó)」로 읽는다. 「佗」·「弛」의 고음 운모韻母는 모두 「가歌」부部이고, 설음舌音으로 통할 수 있다.

「恭」자는 「心」과 「卷」의 생략형으로 이루어진 자로 「惓(삼갈 권, quán,juàn)」자이고, 「倦(게으를 권, juàn)」자와 통한다. ≪집운集韻≫은 "≪說文解字≫는 '倦'자에 대하여 '피곤하다'라 해석했다. 혹은 '惓'으로 쓴다."[249]라 하였다. ≪國語·晉語≫에서 「用而不倦, 身之利也.」[250]라 하였고, 위소韋昭는 "'倦'자는 '피로하다'의 뜻."[251]이라 하였다.

「放」자는 「力」과 「攴」으로 이루어진 자이고, 「역力」으로 읽는다.

「恭(惓)放(力)」은 '백성의 힘을 노동의 일로 소모한다'는 뜻에서 노역이라는 의미이다. ≪주례周禮·지관地官·대사도大司徒≫에서 「以荒政十有二聚萬民……, 四曰弛力.」[252]라 하였다. 가공언賈公彦은 "'弛力者'는 노역으로 힘을 쓰다."[253]라 해석했다. 「이이권력弛而惓力」은 「弛力」의 의미는 같다.

---

244) "말을 타고 활을 쏠 때 입는 옷."
245) "말을 타고 활을 쏘는 장비."
246) "그리하여 황제黃帝는 노란 옷을 준비했다."
247) "고운 칡베 굵은 칡베 짜 베옷 지어 입으니 좋구나."
248) 「服, 整也.」
249) ≪集韻·線韻≫: 「倦, ≪說文≫: 『疲也.』 或作惓.」
250) "노동을 하지만 피곤하지 않으면 몸의 이로움이다."
251) 「倦, 勞也.」
252) "흉작을 나타날 때 12개 정책으로 백성을 규합한다. ……넷째는 노역을 하다."
253) 「弛力者, 弛放其力役之事.」

【譯註】

"備(服)之懇(緩), 怠(弛)而悉(倦)放(力)之"의 구절을 정리본은 '너그럽고 온화하게 정치를 하고, 노역의 일을 하다'의 의미로 해석하고 있다. 그러나 본 문장을 '備(服)之, 懇(緩)怠(弛)而悉(遜)放(服)之'로 읽고, '따르도록 하고, 온화하게 백성을 교도하여 백성으로 하여금 근면 성실하게 따르도록 하다'로 해석할 수 있다.

'怠而悉放之' 중 '悉'자를 정리본은 '惓(삼갈 권, quán,juàn)'자와 같은 자이고, '倦(게으를 권, juàn)'의 의미로 쓰이며, '放'자는 '力'의 의미로 설명하였다. 그러나 '悉'자는 일반적으로 '遜(孫)'으로 읽고 '順(순할 순, shùn)'으로 해석한다.254) 조병청趙炳淸은 본 13간을 제 11간의 '도민흥덕道民興德'하는 내용으로 보았다.

'擧之服之, 緩施而悉放之' 구절에 대하여 의견이 분분하다. '거擧'자를 진검陳劍은 '申'으로 읽고, 이예李銳은 '陳'으로 읽는다. 사실상 '擧'자는 '申'과 '陳'의 의미가 모두 포함되어 있어, '申明(분명하게 드러내다)'이나 '陳明(명확하게 밝히다)'으로 해석할 수 있다. '悉'자를 진검陳劍은 '遜(겸손할 손, xùn)'으로 읽고, '順(순할 순, shùn)'으로 해석하고, 계욱승季旭昇 역시 '順'으로 읽는다. '放'자를 진검陳劍과 이예李銳는 '力'으로 읽고 '勤勉(근면하다)'의 뜻으로 해석하였다. 계욱승季旭昇은 '服'으로 읽었다. 본 구절은 '道德을 분명하게 드러내고 잘 알도록 온화하게 백성을 교도하여 백성으로 하여금 근면 성실하게 따르도록 한다'의 뜻."이라 하였다.255)

또한 '放'자에 대한 견해를 정리하면 대략 아래와 같이 세 가지로 나눌 수 있다.

[1] '래籾'256)

[2] '칙飭'257)

[3] '복服'258)

---

254) 陳劍, 〈上博竹書≪仲弓≫篇新編釋文〉, "'遜與上'緩'爲對文, 遜, 順也. 古書多作'孫'. ≪禮記·學記≫: 大學之法, 不陵節而施之謂孫."

255) 趙炳淸, 〈上博簡三≪仲弓≫的編联及講釋〉, 簡帛研究, 2005-04-10. 「'擧之服之, 緩施而悉放之', 學界討論甚多. '擧', 陳劍先生讀爲'申', 李銳先生讀爲'陳', 其實, '擧'包含有'申·陳'的意思, 可訓爲'申明·陳明'. '悉', 陳劍先生讀爲'遜', 訓爲'順', 季旭昇先生讀爲'順', 其實同一. '放', 陳劍先生·李銳先生讀爲'力', 訓爲'勤勉', 季旭昇先生讀爲'服'. 此句意思是說'要申明道德·熟悉道德, 和缓地教導民衆讓民衆順從勤勉.'」

256) 李銳, 〈仲弓續釋〉, "放, 疑可讀爲籾. ≪廣雅·釋詁≫: 籾, 順也."

257) 馮勝君: "放, 應該讀爲飭, 訓爲整治." 甄眞, ≪上海博物館藏戰國楚竹書(三)仲弓集釋≫(吉林大學碩士論文, 2007), 59 쪽 재인용.

258) 黃人二, 〈上博藏簡第三冊仲弓試探〉, "案, 「緩」·「弛」二字疑連讀, 從力之字亦應讀「服」, 整理者讀「力」, 非, 此

'[1] 勑(위로할 래{내}, chi)'과 '[2]飭(신칙할 칙, chi)'으로 읽는 경우는 ''자 중 자부 '力'을 소리부분으로 보고 통가자의 관계로 이해하는 경우이다. 그러나 이러한 판단은 전후 문맥의 내용을 고려하고, 이에 해당되는 통가자를 선택해야 하기 때문에 선택의 범위가 달라질 수 있다는 문제점이 있다. 그런데 만약에 해당되는 자가 현행본과 비교할 수 있는 자료가 있다면 신뢰성을 높일 수 있다.

≪上博楚簡·紵衣≫제 1간은 "子曰: 肝(好)頖(美)女(如)肝(好)紵衣, 亞▬(惡惡)衖(巷)白(伯). 則民咸(咸)劳而型(刑)不屯"으로 쓰고, ≪郭店楚簡·緇衣≫는 "夫子曰: 好娧(美)女(如)好兹(緇)衣, 亞(惡)亞(惡)如(如)亞(惡)遄(巷)白(伯), 則民臧(臧)旎(它?)而型(刑)不屯"으로 쓰고, 현행본은 "子曰: 好賢如緇衣, 惡惡如巷伯, 卽爵不瀆而民作愿, 形不試而民咸服"259)으로 쓴다. 이 중 현행본의 '服'자에 해당되는 자를 ≪상박초간上博楚簡≫은 '(劳)'으로 쓰고, ≪곽점초간郭店楚簡≫은 ''으로 쓴다. ≪곽점초간≫의 ''자는 본 죽간의 ''자와 같다. ≪곽점초간≫ ''자에 대하여 구석규裘錫圭는 '㧻'으로 예정해야 한다하였다.260) 즉 이 자는 자부字部 '攴'과 '力'으로 이루어진 형성자이며, '扐(손가락 사이 륵{늑}, lè)'자와 같은 자이다. 자부 '攴'과 '手(扌)'는 서로 호환하여 구별 없이 쓰인다. 예를 들어 '播'자를 '敽'으로 쓰기도 한다. ≪상박초간上博楚簡·치의紵衣≫의 정리본은 ''자를 '劳'자로 예정하고, "≪郭店楚簡≫은 '旎'로 쓰고, 현행본은 '服'으로 쓴다."라 하였다.261) 윗부분 ''는 '手'자의 이형異形이다. ≪설문해자說文解字≫는 '手'자의 고문(古文)을 ''로 쓴다. ≪곽점초간郭店楚簡·오행五行≫의 '手'자 ''의 형태와 같다. ≪곽점초간·치의≫는 '担(떨칠 단, dān,dàn)'자를 ''으로 쓰는데, 이 중 자부 '手'는 ≪설문해자≫의 古文과 같다. ≪상박초간≫의 '(劳)'자 중 윗부분 자부 '手'와 매우 흡사하다. 따라서 ''자는 '劳'자로 예정할 수 있고, '扐'자와 같은 자이다. '力'자의 고음은 '래來'모母'직職'부部이고, '복服'은 '병並'모母'직職'부部로 서로 통한다. ≪시경詩經·소아小雅·사간斯干≫ "如矢斯棘"262) 구절에 대하여, ≪석문釋文≫은 ≪한시韓詩≫를 인용하여 '棘(멧대추나무 극, ji)'자를

字亦見≪上海博物館藏楚竹書(一)≫之≪緇衣≫, 是「服」字之誤摹, 與「備」讀「服」作不同字形, 見錯綜之美, 或者上下文義不必使「備」轉讀爲「服」, 惜已缺, 此從整理者說."

259) 최남규 역주, ≪상해박물관장전국초죽서〈치의〉≫, 45 쪽 참고. "공자가 말하였다. 좋은 일을 좋아하는 것을 치의편이 좋아했던 것 같이 하고, 악한 일을 미워하기를 항백巷伯을 미워하는 것과 같이 하면, 백성이 모두 복종하여, 형벌을 집결(가할) 할 필요가 없다."

260) ≪郭店楚墓竹簡≫, 131쪽.

261) ≪上海博物館藏戰國楚竹書(一)≫, 175 쪽. 「郭店簡作旎, 今本作服.」

262) "집 모퉁이는 화살처럼 반듯하고."

‘杕(나이테 력{역}, lì)’자로 쓴다. ≪說文解字≫는 ‘僰(오랑캐 북, bó)’자에 대하여 소리부가 ‘棘’라 하고, 徐鉉은 이 자의 음을 ‘蒲北切’ 즉 현대음으로 표시하면 ‘bó’이다. ≪여씨춘추呂氏春秋・시군람恃君覽≫ “僰人・野人・篇笮之川.”263)의 구절에 대하여, 고유高誘는 “‘僰’자는 포복의 ‘匐’자의 음으로 읽는다.”264)라 하였다. ≪詩經・邶風・谷風≫ “匍匐救之.”265)의 구절에 대하여, ≪예기禮記・단궁檀弓≫은 이 구절을 인용하며 ‘匐’자를 ‘服’자로 쓴다. ≪詩經・大雅・生民≫≫의 “誕實匍匐.”266) 구절에 대해서, ≪석문釋文≫은 “‘匐’자는 원래 또한 ‘服’자로 쓴다.”267)라 하였다. ‘力’・‘棘’의 소리부분으로 쓰이는 자와 ‘匐’・‘服’자는 서로 통함을 알 수 있다.

따라서 ‘㐱’자는 ‘杕’자와 같은 자이며, ‘服’으로 읽을 수 있다(부록 참조).

杕	lək	職部
服	bjwək	職部
棘	kiək	職部
僰	biwək	職部

③ ‘唯又莽悳’

「莽」자는 「孝(효도 효, xiào)」자이다. 「莽(孝)悳(德)」에 대하여, ≪주례周禮・지관地官・사씨師氏≫는 「以三德教國子……, 三曰孝德, 以知逆惡」268)이라 하였고, 정현鄭玄은 “‘효덕孝德’은 조상을 존경하고 친 부모를 사랑하며, 이것을 굳게 지켜야 만이 살 수 있다.”269)라 주석했다.

【譯註】

진검陳劍, 이예李銳, 조병청趙炳淸 등은 모두 제 11간과 제 13간이 연결되는 내용으로 보고 있다. 제 11간은 중궁이 어떻게 하면 ‘백성을 교도하고 덕목을 부흥시킬 수 있을까?’에 대하여 스승에게 묻는 내용이다. 제 13간에 ‘德’자가 있기 때문에 제 11간과 연계되는 내용으로 본다.

---

263) “북인・야인・편작 등의 소수민족이 살고 있는 산천.”
264) 「僰讀如匍匐之匐.」
265) “힘을 다해 도와주고.”
266) “기어 다니게 되자.”
267) ≪釋文≫: 「匐本亦作服.」
268) “세 가지 덕목으로 국민들을 교육한다. 셋째는 효덕이고, 이것으로 죄를 저지름을 제지한다.”
269) 「孝德, 尊祖愛親, 守其所以生者也.」

''자를 정리본은 「羍」자로 예정하고 「孝」로 읽고 있다. 계욱승季旭昇은 '(唯)'자는 접속사 '雖(비록 수, suī)'자로 읽고, ''는 자부 '孝'와 '辛'聲인 형성자로 보고 '愆(허물 건, qiān)'자로 읽어 '효행과 역행되는 행위'로 보고 있다.[270] 그러나 '唯'자는 반드시 '雖'로 읽을 필요는 없는 것 같다. '唯'는 기원이나 희망의 어감을 표시하는 접속사의 용법으로도 쓰인다.

270) ≪上博楚簡(三)讀本 · 仲弓譯釋≫, 193 쪽.

第14簡

暴貞不行妥尾

第 14 簡

棗(早)叀(使)不行^①, 妥(綏)尾^②

【釋文】

早使不行, 妥尾

【해석】

너무 조급하게 실행하지 말고, 천천히 여유롭게 집행하여야 한다.

【上博簡原注】

본간은 길이가 7.7cm 이고, 하단이 파손되었다. 문자는 6자가 있다.

　① '棗叀不行'

「棗」자는 「日」과 「朿(가시 자, cì)」로 이루어진 자이다. ≪곽점초간郭店楚簡·노자을老子乙≫ 「是以棗備.」²⁷¹⁾ 구절 중의 「棗」자를 현행본 ≪노자老子≫(제59장)는 「是以早服.」²⁷²⁾로 쓴다. 따라서 「棗」자와 「조早」자는 서로 통한다. ≪郭店楚簡·語叢二≫·≪語叢四≫은 「棗」자를 윗부분은 자부字部 「日」로 쓰고, 아랫부분은 두 개의 「朿」를 써서 「曓」자로 쓴다. 「曓」자는 자부 「日」과 소리부 「棗(대추나무 조, zǎo)」로 이루어진 형성자이다. ≪說文解字≫는 「조棗」자에 대하여 "'棗'자는 '대추나무'이고, 두 개의 「朿」개로 이루어진 자."²⁷³⁾라 하였다. 「棗」자와 「早」의 음이 같다. 자부字部가 「朿」인 「棗」자는 자부가 「棗」인 「曓」자의 이체자이다.

「불행不行」은 '실행하지 않다'의 의미이다. ≪書經·呂刑≫에서 「上下比罪, 無僭亂辭, 勿用不行.」²⁷⁴⁾이라 하였나. 「叀(使)不行」은 '실행할 수 없다'의 뜻이다. ≪詩經·小雅·雨無正≫「云不可使, 得罪于天子.」²⁷⁵⁾ 구절에 대하여, 정현鄭玄은 "할 수 없다는 것은, 바르지 않으면 따르지

---

271) "그래서 일찍부터 자연의 이치를 따르는 것이다."
272) "그래서 앞당겨 방비한다."
273) ≪說文解字·朿部≫: 「棗, 羊棗也, 從重朿.」
274) "위 아래로 죄를 비교 서로 대조하고, 범인의 혼란스런 변명으로 판단을 그르치지 말 것이며, 이미 통행되지 않은 형벌은 쓰지 말라."

않는다."276)라 하였다.

② '妥㞑'

「𡚽(妥)」자는 「綏(편안할 수, suí)」자로, 자부 「系」를 쓰지 않은 형태이다. 갑골문과 금문에서도 이와 같이 쓴다. 손으로 여자가 어루만지고 있는 형태이기 때문에, '위로하다'의 뜻인 「安」으로 해석할 수 있다. ≪說文解字≫에는 「綏」자가 있지만, 「妥(온당할 타, tuǒ)」자는 없다.

「㞑」자는 「㞐」와 「它」로 이루어진 자이다. ≪설문해자說文解字≫에서는 "'㞐'자는 '仁'자의 고문으로 자부 '尸'를 쓴다."277)라 하였다. 이 자는 잘 알 수 없어 좀 더 연구해야겠다.

【譯註】

사걸붕史傑鵬은 ≪上博竹書(三)注釋補正≫에서 '𡚽'자와 '㞑'자를 '妥㞑'로 예정하고, 고서에서 자주 보이는 연면사連綿詞 '위이委蛇'의 통가자라 하였다. "먼저 그렇게 빨리 행동하지 말고 천천히 유연하게 행동하는 뜻이다."라 하고,278) 조병청趙炳淸은 '妥仁'으로 예정하고 '안인安仁'의 의미라 하였다.

'早使不行, 安仁有成, 是故有司不可不先也'는 '너무나 빨리 백성의 인력을 동원하면 통하지 않기 때문에 인의仁義로써 민심民心을 안정시킨다면 성과를 거둘 수 있다. 이것이 바로 먼저 유사有司를 세우지 않을 수 없는 원인이다'는 뜻이다. 따라서 유사는 곧 백성을 위하여 세우는 것이며 그 목적은 안민安民과 교민敎民에 있음을 알 수 있다. 有司가 세워진 후 賢才를 등용하여 이 조직을 갖추어야하기 때문에 중궁은 더불어 현재賢才의 등용에 대하여 물었던 것이다.279)

조병청趙炳淸은 또한 ≪論語·里仁≫의 "仁者安仁, 知者利仁."280) 구절을 내용적 근거로 삼고 있다.

275) "이 일을 할 수 없다고 말하려니 천자의 노여움을 사겠네."
276) 「不可使者, 不正不從也.」
277) ≪說文解字·人部≫: 「㞐, 古文仁, 或從尸.」
278) 史傑鵬, 〈上博竹書(三)注釋補正〉, 簡帛研究, 2005-07-16. 「說起先行爲不那麼爽快, 而是委蛇從容地行動的意思.」
279) 趙炳淸, 〈上博簡三≪仲弓≫的編聯及講釋〉, 簡帛研究, 2005-05-10. 「'早使不行, 安仁有成, 是故有司不可不先也'就可以解釋爲'過早使用民力行不通, 以仁義安定民心就有收獲, 這是不得不先設立有司的原因', 可見, 有司是因民而設, 其目的是安民·敎民. 有司設立後, 就要擧賢才來充實它, 故接着仲弓就問擧賢才的事.」
280) "인자는 인을 편안하게 여겨서 이를 실행하고, 지혜로운 자는 인을 이롭게 여겨서 그것을 실행한다."

그러나 본 죽간의 '有司'의 조직구조 설립에 관한 내용이다. 일단 조직을 개편하고 이에 따라 서서히 운영해 나가야지 급진적으로 백성을 몰아붙여서는 안 된다는 공자의 통치방법에 대한 가르침이지, ≪논어≫의 도덕적 실천 항목인 '仁'을 실행하는 방법을 논하는 것은 아니다. 또한 제 14간과 제 9간은 상호 연계되는 내용이나, 그 사이에 잔실된 부분이 있는 것으로 보인다. 그러나 조병청趙炳淸은 잔실된 부분을 고려하지 않고, '以仁義安定民心就有收獲'으로 해석하고 있다.

본 14간과 연계되는 죽간에 대하여 의견이 다양하지만, '妥尾'를 연면사인 '위이委蛇'로 읽기로 하고, '조급하게 실행하지 말라'는 의미로 해석한다면, 제 8간의 백성이 '안구중천安舊重遷'하기 때문에, 이와 연결하여 조직 개편을 서두르지 말라는 것으로 이해할 수 있다. 즉 8→14→9→10 의 순서로 이해 할 수 있다(부록 참고).

第15簡

昏民柔孔=曰善才昏虐足呂孝壹君

第 15 簡

昏(聞)民炁(懋)^①.」孔=(孔子)曰:「善才(哉)^②, 昏(聞)虏(乎)足㠯(以)季(教)壴(矣), 君

【釋文】

問民炁(務).”孔子曰:“善哉問乎! 足以教矣. 君【15】

【해석】

백성이 힘써야 할 것에 대하여 듣겠습니다." 공자가 말하였다. "좋구나! 물음이. 가르치면 된다. 군주는 ……

【上博簡原注】

본간은 길이가 19.6cm 이고, 윗부분과 아랫부분이 다 파손되었다. 문자는 15자가 있고 그 중에 합문合文은 하나 있다.

① '昏民炁'

「炁」자는 「懋(힘쓸 무, mào)」자는 같고, '근면하다'의 뜻이다. ≪설문해자說文解字≫는 "'懋' 는 '노력하다'의 뜻이다. '心'과 소리부 '楙'로 이루어진 형성자이다. ≪우서≫는 『時惟懋哉.』[281] 라 하였다. 혹은 생략하여 '炁'로 쓴다."[282]라 하였다.

【譯註】

정리본은 '炁'자를 '懋'자와 같은 자라 하고, '근면(勤勉)하다'는 뜻으로 풀이하였다. 정리본은 '昏'자를 모두 '聞'자로 읽어 '듣다'는 의미로 해석하였다. 하지만 '問'의 의미로 풀이하는 것이 문맥 전후 관계상 옳은 것 같다. 만약에 본 죽간을 제 27간 '중궁왈감仲弓曰敢'과 연결되는 죽간으로 본다면 '問'의 뜻이다.

진검陳劍은 제27간과 제 5간이 연결되는 것으로 보고, '백성의 의무'에 대해서 중궁이 스승에

---

281) "항상 노력한다."
282) ≪說文解字·心部≫:「懋, 勉也. 從心, 楙聲. ≪虞書≫曰:『時惟懋哉.』炁, 或省.」

게 자문하는 내용으로 보고 있다.

'忞'자는 응당히 '務(일 무, wù)'자로 읽어야 할 것 같다. '민무民務'라는 말은 경전에 자주
보인다. 즉 '백성의 의무'라는 뜻이다. 예를 들어, ≪대대예기大戴禮記·문왕관인文王官人≫에
는 "내관민무內觀民務."[283]라는 내용이 두 차례에 보이고, ≪荀子·非十二子≫는 "故勞力而不
當民務, 謂之姦事."[284]라 하였다. "不當民務"이란 내용은 또한 ≪晏子春秋·內篇諫上≫의 "景
公愛嬖妾隨其所欲晏子諫."[285] 구절에도 보인다.[286]

'矛(창 모, máo)'자를 ≪郭店楚簡·五行≫은 '𤦡'로, ≪上博楚簡·從政≫은 '𤦡'·'𤦡'로 쓴다.
본 제 15간과 연계되는 죽간에 대해서 의견이 분분하다. 제 15간은 '백성이 해야 할 의무'에
대하여 중궁의 물음이다. 조병청趙炳淸은 제 15간은 바로 제 6간과 연계되는 것으로 보고, 국민
의 의무 사항은 '祭(제사 제, jì)'·'喪(죽을 상, sāng,sàng)'과 '行(행동할 행, xíng,háng)'으로 보았
다. 양정梁靜(2013)은 제 15간과 제 6간 사이에 제 20B가 삽입되는 죽간으로 보았다. 제 15간의
제일 마지막 자가 '君'자이고 제 20B간의 첫 자가 '子'이기 때문에 문자상으로 가능성이 높다.
양정梁靜은 '민무民務'를 "백성을 통치할 때 해야 할 제일 중요한 몇 가지"[287]라 하였다.[288]
백성이 응당히 해야 할 의무는 통치자 역시 명확하게 파악해야할 사항임과 동시에 이를 백성들
이 인식하고 잘 따를 수 있게 하는 것 또한 통치자의 몫이다. 제 20B는 '子所溙(竭)丌青(情),
愯(盡)丌訢(愼)者三, 害近與矣'는 '군자가 이른바 온 정성을 다하고 신중을 다하는 것이 이 세
가지라면, 이는 거의 성과를 이룬 것이다'라는 의미로 해석할 수 있기 때문에, 27→15→20B→6
→23B→23A→24→25의 순서로 볼 수 있다.

제 27간은 중궁仲弓이 '감히 묻는다'라 하고, 제 15간에서는 중궁이 공자에게 '백성의 의무'에
대하여 묻자 공자를 백성은 '가르치면 된다'하였다. 제 20B간에서는 공자는 백성은 가르치는
것으로 '온 정성을 다하고 신중을 기하는 것, 세 가지'가 있다하였다. 이 세 가지 중 제 6간은
'제사'에 대한 것이고, 제 23B간은 '喪禮'에 관한 내용이며, 제 23A는 '行'에 관한 언급이다.

---

283) "안으로는 백성의 의무를 살펴야 한다."
284) "힘을 쓰는 일인데, 백성이 해야 하는 의무에 해당되는 일이 아니라면 이는 간악한 일이다."
285) "경공景公이 총애하는 첩(폐첩嬖妾)을 사랑하여 그 요구를 들어주자 안자가 간하다."
286) 陳劍, 〈上博竹書≪仲弓≫篇新編釋文(稿)〉, 簡帛研究, 2004-04-19.「故疑此'忞'字當讀爲'務'. '民務'古書多見,
     謂民之所務. 如≪大戴禮記·文王官人≫ "內觀民務"兩見, ≪荀子·非十二子≫: "故勞力而不當民務, 謂之姦
     事", "不當民務"亦見於≪晏子春秋·內篇諫上≫ "景公愛嬖妾隨其所欲晏子諫"章.」
287)「統治民衆要做到的最重要的幾件事.」
288) 梁靜, 〈上博楚簡≪仲弓≫篇研究〉, 中國典籍与文化, 2013(总第8期).

그리고 제 24간은 나라를 다스리는 자는 '항상 선한 마음으로 임하여야 된다'고 하였다.

≪예기禮記·예기禮器≫는 「君子之於禮也, 有所竭情盡愼, 致其敬而誠若.」289)이라 하고, ≪예기집해禮記集解≫는 "'竭情盡愼, 致其敬'은 예를 행하는 자가 그 마음 속으로 하는 것이다."라 하였는데,290) 이 구절은 제 20B의 내용과 관련이 있다.291)

② '善才'

'善才'는 찬탄의 말이다. ≪좌전左傳·소공십육년昭公十六年≫은 「善哉, 子之言是」292)라 하였다.

---

289) "군자가 예를 행하는 방법에는 여러 가지가 있다. 정성을 다하고 신중을 기하고, 존경을 다하여 성심성의껏 하는 예禮가 있다."
290) 孫希旦 ≪禮記集解≫, 中華書局, 1989年2月, 652 쪽. ≪禮記集解≫: 「竭情盡愼, 致其敬, 禮之內心者也.」
291) 何有祖, 〈上博三≪仲弓≫小札〉, 簡帛硏究, 2004-05-12
292) "훌륭하구나. 당신의 말이 이치에 맞다."

第16簡 正

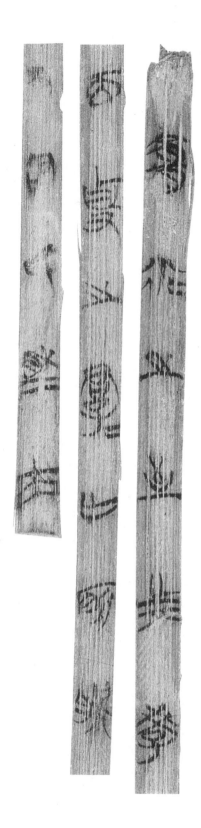

宜□之至者孝而貞之考亡所膜人含女相夫

第 16 簡 正

宜①之至者, 季(教)而貞(使)之②, 君=(君子)亡所猒(猒)人③. 含(今)④女(汝)相夫

【釋文】

☐宜道(?)之至者, 教而使之, 君子無所猒(厭)人. 今汝相夫☐【16】

【해석】

마땅히 소인적인 행동을 하는 자는 가르쳐 교화토록 하며, 군자는 헛되이 고집을 부리지 않는다. 지금 중궁 너는 계季씨를 보좌하려

【上博簡原注】

본간은 길이가 21.9cm 이고, 상단과 하단이 파손되었다. 문자는 19자가 있고 그 중에 합문合文은 하나이다.

① ''

이 자는 잘 알지 못하는 자로 좀 더 연구가 필요한 자이다. 혹은 「行」자로 여기기도 하지만, 아마도 아닌 것 같다.

【譯註】

''자에 대하여 정리본은 '대고待考'라 하였다. 또한 '行'자는 일반적으로 ''(≪郭店楚簡·老子甲≫)·''(≪性自命出≫)·''(≪六德≫)로 쓴다.293) ''자와는 다르다. 답건총禤健聰은 'く'로 예정하고 '順(순할 순, shùn)'의 의미로 해석하고 있으나 확실치 않다.294)

정붕만程鵬萬은 ≪포산초간包山楚簡≫과 ≪곽점초간郭店楚簡≫의 합문合文 '小人'을 참고하여 "'小人'의 合文의 자형과 같다. 차이라면 좌측의 '人'자를 약간 작게 썼을 따름이다."라 하였다.295) 문맥과 자형으로 보아 "小人之至者, 教而使之, 君子無所厭人"로 읽는 것이 옳은

293) ≪楚系簡帛文字編(增訂本)≫, 166 쪽.

294) 禤健聰, 〈上博簡(三)小札〉, 2004-05-03.

것 같다(부록 참고).

'小人' 합문을 ≪包山楚簡≫은 '' · ''으로 쓰고, ≪郭店楚簡 · 成之聞之≫는 ''로 쓴다.

② '孝而叀之'

≪說文解字 · 子部≫는 「孝」자에 대하여 "'모방하다'의 의미이다. 자부 '字'와 소리부 '爻'로 이루어진 형성자이다."296)라 하였고, 단옥재段玉裁는 "'教'와 '學'은 모두 '孝'자로 이루어진 회의자이다."297)라 하였다. 「孝」자와 「教(본받을 교, jiào,jiāo)」자는 서로 통한다. 제14간에서 「叀(使)不行」라 하고, 여기에서 「孝(教)而叀(使)之」298)라 한다. ≪맹자孟子 · 고자하告子下≫는 "백성을 가르치지 않고 그들을 사용하면 백성에게 큰 재앙을 입힌다."299)라 하였다.

③ '腰人'

「腰人」은 즉 「견인狷人」이다. 제12간의 주석을 참고할 수 있다. 「狷(성급할 견, juàn)」자는 여기에서 「腰」자로 쓴다.

【譯註】

''자를 정리본은 '腰'자로 예정하고, '腰人'은 즉 '견인狷人'이라 하였다. 진검陳劍(2004)은 이 자를 '厭(싫을 염, yàn)'으로 예정하고 '厭'의 의미로 해석하면서, "猒(厭)'자는 제 16간에도 보인다.300) 정리본은 '狷'으로 읽고 있다. '獨主厭人'은 다른 사람의 의견을 듣지 않고 독단전행 하는 것을 말한다."301)라 하였다. '厭'자를 제 12간은 ''으로 쓰고, ≪포산초간包山楚簡≫은 ''으로 쓴다. ''자와 차이는 자부 '口'의 위치가 하나는 '肉(月)' 위에 있고, 하나는 '犬'자가 위에 있다.

---

295) 程鵬萬,〈仲弓的字考釋〉, 簡帛研究, 2005-06-06.「小人的合文字形一致, 只不過是將左側人字寫的較小罷了.」
296) ≪說文解字 · 子部≫:「放也, 從字, 爻聲.」
297)「教字 · 學字皆以孝會意.」
298) "가르쳐서 할 수 있다."
299) ≪孟子 · 告子下≫:「不教民而用之謂之殃民.」
300) 陳劍,〈上博竹書≪仲弓≫篇新編釋文(稿)〉, 簡帛研究, 2004-04-19.
301)「猒(厭)字又見於簡16, 原皆釋讀爲'狷'. '獨主厭人'大意謂獨斷專行, 不聽他人意見.」

④ '含'

「含(머금을 함, hán)」자는 「今(이제 금, jīn)」자와 서로 통한다. 「含」자의 고음은 '갑匣'뉴紐이고 '침侵'부部이고 「今」자는 성모가 '견見'뉴紐이고 '침侵'부部로 첩운疊韻관계이고 성모가 '갑匣'과 '견見'뉴紐이기 때문에 방뉴旁紐관계이기 때문에 서로 통한다. 자형 또한 비슷하다.

【譯註】

본 제 16간의 마지막 부분이 '含(今)女(汝)相夫.'302)이기 때문에, 제 3간과 연계되는 내용으로 본다. 제 3간은 "子又(有)臣蓳(萬)人, 道女(汝)思老丌豪(家), 夫."303)라는 내용이기 때문에 내용상 관련이 있다. 진검陳劍(2004)은 "제 16과 제 3은 합할 수 있는 죽간이며 연계되는 내용일 것이다. 그래서 연결되는 부분은 공자가 말하는 '今汝相夫子'로 仲弓이 季氏의 家宰가 되어 季桓子를 돕게 되었다라는 뜻이다."라 하였다.304)

---

302) "지금 仲弓 너는 季씨를 보좌하다."
303) "계환자季桓子 집에는 많은 신하가 있는데, 그들은 너(중궁仲弓)의 계획을 도와 종신토록 이 집안을 위해 헌신하려 할 것이다."
304) 陳劍, 〈上博竹書≪仲弓≫篇新編釋文(稿)〉, 簡帛硏究, 2004-04-19. 「"簡16與簡3有可能當拼合, 連讀. 相接處孔子所說'今汝相夫子', 可以解釋爲謂仲弓作季氏宰·相季桓子.」

第16簡 背

中
弓

第 16 簡 背

中(仲)弓^①

【釋文】

仲弓

【上博簡原注】

본간 뒤에 글자가 모두 2개 있다.

① '中弓'

'中弓'은 즉 「중궁仲弓」이다. 본편의 제목이다.

【譯註】

≪中(仲)弓≫은 파손된 죽간簡이 많기 때문에 정확하게 죽간의 순서를 이해하기가 쉽지 않다. 황인이黃人二는 〈상박장간제삼책중궁시탐上博藏簡第三冊仲弓試探〉에서 죽간의 순서 즉 편련에 대한 원칙을 아래와 같이 설명하였다.

 죽간의 내용으로 볼 때, 본 죽간은 공자와 중궁이 나눈 대화를 기록한 전형적인 선진先秦시기의 어록체이다. ≪한서·예문지≫의 유가의 기록물 중 서명書名이나 편명篇名은 대부분이 공자 제자의 이름과 동일하다. 본 죽간의 제 16간 뒷면에 「中(仲)弓」이라는 편명이 있다. 내용은 제자가 공자에게 자문하는 것으로, 「위정爲政」과 「사군事君」 두 종류로 정확하게 나누어진다. 현재 정리본은 죽간의 배열 순서를 편제서명篇題書名이 있는 죽간을 서책書冊의 중간에 있는 것으로 보고 배열하고 있다.
 선진先秦 양한兩漢 시기의 경전 편제서명篇題書名 체제를 살펴보면, 제일 앞에 놓지 않으면, 제일 뒤에 놓는다. 죽간의 편련編聯을 완성한 후에 둘둘 말아놓기 때문에 제 3간이나 제 6간의 뒷면에 써놓는 경우가 종종 있는데, 예를 들면 ≪항선恆先≫이 있다. 혹은 뒤에서 제 3간이나 제 6간의 사이에 있는데, 이와 같은 종류로 가장 가능성이 있는 것은 ≪용성씨容成氏≫이다.
 본편 '仲弓'은 원래 어느 곳에 위치하는지 확신할 수는 없지만, 이와 같은 형식을 따라 순서를 이해하는 것이 좋을 성 싶다. 정리본과 같이 편제篇題의 죽간을 뒤쪽에 위치하는 것으로 인식하였다. 내용상으로 「사군事君」과 관련된 내용을 「위정爲政」 앞에 두기로 한다. 「爲政」에 관한

내용은, ≪論語·子路≫의「仲弓爲季씨宰」장절에서 "중궁이 계씨의 가재가 되어 정치에 관해
여쭈어 보았다. 공자가 말하였다. '유사들에게 먼저 앞에 나서 솔선수범하여 일을 하고, 작은
잘못은 용서해주고, 좋은 人材를 등용하여라.' '어떻게 좋은 인재를 알아가지고 등용합니까?'
'네가 아는 사람을 등용하여라. 네가 모르는 사람이라고 남들이 버려 두겠느냐?'"라 하였다.
이 내용과 죽간의 내용은 약간의 차이만 있을 뿐이다. 이는 「경經」과 「전傳」이 피차지간에 약간
의 차이가 있는 경우와 같다. 예를 들어, 출토문헌 ≪곽점초간≫의 ≪충신지도≫와 ≪궁달이시≫
의 자료를 통하여 ≪논어≫의 장구章句를 더욱 자세하게 찬명할 수 있고, 그 의리를 밝힐 수
있다.305)

죽간의 순서가 반드시 '爲政'과 '事君'에 따라 배열되었는지는 확신할 수 없으나, 편제篇題나
서명書名이 앞 쪽이나 뒤 쪽에 놓인다는 것은 매우 중요한 사실이다. 선진先秦 양한兩漢 때
편제篇題나 서명書名을 죽간의 앞부분이나 뒷부분에 놓는 것을 참고하여 죽간의 순서를 고려할
필요가 있다.

앞에서 이미 살펴보았듯이 제 16간과 제 3간은 서로 연계되는 내용이고(제 3간【역주】설명참
고), 죽간의 순서는 25→12→ 21→ 20A→ 18의 순서로 보았다(제 12간【역주】설명참고).

또한 제 18간은 제 16간과 연결되는 내용이다. 제 20A의 말미에는 공자가 군자는 어떠한
사람이라는 것을 언급하고자 하고 있다. 제 18간은 군자는 '스스로 태만해져서는 안 되며', '하상
주夏殷周의 성명聖明한 군주가 천하를 다스리게 되었을 때, 백성이 모두 몰려들었는데', 이 또한
군자에 관한 언급에 해당된다. 제 16간은 군자는 '소인을 가르쳐 교화하고, 사람을 싫어하며
회피하지 않는다'는 내용이기 때문에 제 18간과 연결되는 내용을 볼 수 있다(부록 참고).

---

305) 黃人二·林志鵬, 〈上博藏簡第三冊仲弓試探〉, 簡帛研究, 2004-04-23.「依竹簡內容看, 爲孔子與仲弓對話之記
錄, 是先秦標準之語錄體文獻, 據≪漢書·藝文志≫儒家類載, 多以孔子弟子之名爲其書名篇名, 而本簡文第十
六枚簡背, 即云「中(仲)弓」. 又明顯可區分爲弟子同孔子問「爲政」與「事君」兩大事類, 今整理者之排法, 適使有
篇題書名之一枚簡居於一卷書冊中間, 依先秦兩漢古書經傳之體式, 不是放於最前, 即是最後. 或因竹簡編聯訖
畢, 卷起之故, 亦常見於第三簡至第六簡間之簡背, 若≪恆先≫; 或現於倒數第三簡至第六簡中間, 若極有可能
屬此類之≪容成氏≫. 本篇雖尙不可確定必置何處, 然寔有其較好之安排. 玆將整理者安排之有篇題竹簡, 往後
編放, 故「事君」類簡居「爲政」類簡前. 而後者之內容, 亦見≪論語·子路≫「仲弓爲季
氏宰」章, 其云:「仲弓爲季
氏宰, 問政. 子曰:「先有司, 赦小過, 擧賢才.」曰:「焉知賢才而擧之?」子曰:「擧爾所知; 爾所不知, 人其舍諸
?」僅繁簡差異而已, 彼此之間, 有「經」與「傳」之不同層次, 頗類郭店竹簡≪忠信之道≫與≪窮達以時≫等出
土文獻性質, 以鋪闡≪論語≫之某章句, 因以說理.」

第17簡

型正不緩悳㝵不卷中弓曰若出三

第 17 簡

型(刑)正(政)不慦(緩)^①, 悳(德)孜(教)不怣((惓)^②.」中(仲)弓曰:「若出三

【釋文】

……刑政不緩, 德教不倦."仲弓曰:"若此三【17】

【해석】

형법과 정령을 느리고 더디게 실행하면 안 되고, 도덕적 교화를 게을리 해서는 안 된다." 중궁이 말하였다. "만약 이 세 가지에 관한 것이라면

【上博簡原注】

본간은 길이가 19.6cm 이고, 상단이 파손되었다. 문자는 14자가 있다.

① '型正不慦'

「型」자는 즉 「刑(형벌 형, xíng)」과 같은 자이다. ≪집운集韻≫은 "'荆'자의 고문은 '型'으로 쓰고, 일반적으로 '刑'으로 쓴다"³⁰⁶⁾라 하였다.

「正」자는 「政(정사 정, zhèng)」과 같은 의미로 쓰인다. 「행정行政」은 '형법과 정령'이다. ≪국어國語·주어하周語下≫는 「出令不信, 刑政放紛.」³⁰⁷⁾이라 하였다.

「慦」자는 「緩」과 「心」으로 이루어진 자로 「緩(느릴 완, huǎn)」자와 같은 자이며, '미루어 늦춰지다'의 뜻이다. ≪맹자孟子·등문공상滕文公上≫은 「民事不可緩也.」³⁰⁸⁾라 하였다.

② '悳孜不怣'

「悳孜」는 즉 「덕교德教」로, '도덕적 교화'이다. ≪孟子·離婁上≫은 「沛然德政溢乎四海.」³⁰⁹⁾라 하였다.

---

306) ≪集韻·青韻≫:「荆, 古作型, 通作刑.」
307) "정령이 공포되었으나 믿음이 없으면, 형법과 정령이 혼란스러워진다."
308) "백성의 일은 늦추어 질 수 없다."
309) "성대한 도덕교화가 천하에 충만하다."

「㤜」자는 즉 「惓(삼갈 권, quán,juàn)」자와 같고 「倦(게으를 권, juàn)」자와 통한다.

【譯註】

≪논어論語·위정爲政≫은 "정령으로 백성을 관리하고, 형법으로 백성을 바로잡으면 백성은 징벌을 면하기 바라고 수치심이 없다. 그러나 도덕으로 백성을 인도하고 예법으로 백성을 감화하면 백성은 수치심과 귀순하여 복종하는 마음도 있다."[310]라 하였다. ≪논어≫의 내용은 간문에서 말하는 '형刑'·'정政'·'덕德'의 관계와 같은 뜻이다.

≪중궁仲弓≫에서 '三'은 두 차례 출현하여 세 가지 내용을 가리킨다. 하나는 제 17간이고 하나는 20B간이다. 제 17간에서의 세 가지는 '노노자유老老慈幼' 이외에 '선유사先有司'·'거현재擧賢才'와 '사과거죄赦過擧罪' 등이고, 제 20B간의 세 가지는 제 6, 23, 24간에서 언급하고 있는 '제祭'·상'喪'과 '행行'이다.

따라서 제 17간의 세 가지 내용과 관련된 죽간은 [5→ 28→ 7]→ 8→ [14→ 9]→ 10→ [19→ 17]로 볼 수 있다.

제 19간은 자연의 질서도 차이가 있을 수 있듯이 백성 또한 과실을 범할 수 있다는 내용이다. 제 17간은 형법과 정령을 더디게 실시해서는 안 된다는 내용이다. 따라서 두 죽간은 연결되는 내용으로 볼 수 있다.

또한 제 17간은 11간과 13간이 연결되는 내용으로 [17+11+13]으로 볼 수 있다. 진검陳劍(2004)은 "이상 세 죽간은 '17+11+13'은 우리가 새로 다시 합쳐 편련한 것이다. 제 17간의 끝 부분과 제 11간의 앞부분은 서로 연계되는 내용이고, 제 11간과 13간은 합치면 완전한 하나의 죽간이 된다."라 하였다.[311]

---

310) ≪論語·爲政≫:「道之以政, 齊之以刑, 民免而無恥; 道之以德, 齊之以禮, 有恥且格.」
311) 陳劍, 〈上博竹書≪仲弓≫篇新編釋文(稿)〉, 簡帛硏究, 2004-04-19.「以上一段簡17＋簡11＋13是我們重新拼合編連的. 簡17簡尾與簡11簡首連讀, 簡11下半加綴簡13, 剛好成爲一支整簡.」

第18簡

毋自隩也昔三弋之明王又四海之內猷來

第 18 簡

毋自陸(惰)也①. 昔三弋(代)之明王又(有)四海之內②, 猷(猶)夾(賚)③

【釋文】

☒毋自惰也. 昔三代之明王, 有四海之內, 猶來☒【18】

【해석】

스스로 태만해져서는 안 된다. 옛날 3대 하상주夏殷周의 성명聖明한 군주가 천하를 다스리면 훌륭한 명령을 내리는 것과 같다.

【上博簡原注】

본간은 길이가 22.8cm 이고, 상단과 하단이 파손되었다. 문자는 17자가 있다.

① '毋自陸也'

「陸」자를 ≪포산초간包山楚簡≫은 「隋」로 쓰며, 「隋(수나라 수{제사 고기 나머지 타}, suí)」자와 같은 자이다.312) 따라서 「陸」자는 「惰(게으를 타, duò,huī)」자와 같은 자이고, 「타隨」의 의미로 해석할 수 있다. ≪집운集韻≫은 "'타惰'자는 또한 '타隨'자로 쓴다."313)라 하였다. '게으르다'의 뜻이다. ≪광아廣雅·석고이釋詁二≫는 "'타惰'는 '게으르다'의 뜻이다."314)라 하였다.

② '昔三弋(代)之明王又四海之內'

「삼대三弋(代)」는 ≪논어論語·위령공衛靈公≫에도 보인다. 「斯民也, 三代之所以直道而行也.」315)라 하고, 형병邢昺은 "'三代'는 하·상·주이다."316)라 하였다. ≪대대예기大戴禮記·애공문공자哀公聞孔子≫는 「孔子遂言曰:『昔三代明王之政……』.」317)라 하였다.

---

312) ≪楚系簡帛文字編≫, 345쪽 참고.
313) ≪集韻·過韻≫:「惰, 亦書作隨.」
314) ≪廣雅·釋詁二≫:「惰, 懶也.」
315) "지금의 이 백성은 하상주夏商周 3대에 걸쳐 곧은 길을 걸어온 사람들이다."
316) 「三代, 夏·殷·周也.」

「명왕明王」은 '현명한 군주'이다. ≪좌전左傳·선공십이년宣公十二年≫은 「古者明王伐不敬.」318)이라 하였다.

「사해四海」는 '천하'와 같은 의미이다. ≪곽점초간郭店楚簡·성자명출性自命出≫은 「四海之內其性一也.」319)라 했다.

③ '猷夆'

「猷」자와 「猶(오히려 유, yóu)」자는 서로 통한다. ≪옥편玉篇≫은 "'猷'와 '猶'자는 같다."320)라 하였다.

「夆」자는 「來」와 「正」으로 이루어진 자이다. ≪郭店楚簡·性自命出≫에 이 자가 있는데, 정리본은 「賚(줄 뢰(뇌), lài)」로 해석하였다. ≪爾雅·釋詁上≫은 "'賚'는 '하사하다'의 뜻이다."321)라 하였다. ≪시경詩經·주송周頌≫에 ≪賚≫편이 있는데, 공영달孔穎達은 "무왕武王이 주紂를 정벌하고, 큰 사당에서 공신에게 제후로 분봉한 일을 말한 것이다."322)라 하였다. ≪일주서逸周書·상서商誓≫는 「予亦來休命」323)이라 하였고, 유사배劉師培는 ≪주서보정周書補正≫에서 "'來'는 '하사하다'의 뜻으로 '賚'와 같다. 마치 '훌륭한 명령을 내리다'와 같은 뜻이다."324)라 하였다.

【譯註】

≪곽점초간郭店楚簡≫은 '夆'자를 '夆'(≪老子乙≫13간)·'夆'(≪語叢一≫99)·'夆'(≪成之聞之≫36간) 등으로 쓴다.325) ≪郭店楚簡·老子乙≫ '終身不逑'(제 13간) 구절 중의 '逑(逑)'자를 帛書乙本은 '棘'자로 쓰고, 왕필본은 '救(건질 구, jiù)'로 쓴다. ≪說文解字≫는 "'逑'는 '거두어 모으다'의 의미이다."326)라 하였다. 백어람白於藍은 ≪郭店楚簡〈老子〉孟'賚'夆'校釋≫에서 "'棘'·'救'와 '來'자 세 자는 음이 서로 통하고 의미가 같다는 것을 확신할 수 있다. '다하다(窮

---

317) "공자孔子는 옛날에 3대 하상주夏殷周는 성명聖明한 왕의 정치……라고 말했다."
318) "고대에 현명한 군주가 불경죄를 저지른 국가를 처벌했다."
319) "천하의 천성은 다 같다."
320) ≪玉篇·犬部≫: 「猷與猶同.」
321) ≪爾雅·釋詁上≫: 「賚, 賜也.」
322) 「謂武王既伐紂, 於廟中大封有功之臣以爲諸侯.」
323) "나는 또한 훌륭한 명령을 내린다."
324) ≪周書補正≫: 「來當訓賜, 與賚同, 猶言賜以嘉命也.」
325) ≪郭店楚簡文字編≫, 30 쪽.
326) ≪說文解字≫: 「逑, 聚斂也.」

5. 중궁 **507**

盡)'·'끝나다(終止)'의 의미이다. 따라서 '終身不救(혹은 '棘'나 '來'로 쓴다)'는 '평생을 다해도 끝나지 않다'나 '일생 동안 그치지 않다'의 의미이다."라 하였다.327) ≪郭店楚簡·性自命出≫"棶(賚)武樂取, 佋(韶)顗(夏)樂情."328)(제 28간) 구절 중의 '棶'자는 '賚' 음악이란 뜻이다. ≪郭店楚簡·成之聞之≫(제36간) "君子曰: 從允懌(釋)忞(過), 則先者余, 棶(來)者信."329)과 ≪語叢一≫ "怵者, 亡又(有)自棶(來)也."330)는 모두 '來'의 의미로 쓰인다.

≪곽점초간郭店楚簡≫에서 '棶'자는 '求'·'賚'·'來'의 통가자로 쓰인다. 본 죽간의 '棶'자 역시 '來'의 의미로 쓰인다(부록 참고).331)

제 18간은 제 16간과 연결된다.(제 16간【역주】참고)

---

327) ≪古籍整理研究學刊≫, 2000, 60-61 쪽.「確知'棘'·'救'·'來'三字音通義同, 都包含有窮盡, 終止之意. 故本段最後一句"終身不救(或棘·或來)"意卽終身不會窮盡·不會終止.」
328) "≪내賚≫와 ≪무武≫의 음악은 무왕武王이 천하를 통치함을 노래한 것이고, ≪소韶≫와 ≪하夏≫의 음악은 사람의 진정한 감정을 읊은 것이다."
329) "군자는 말한다. 성실하고, 다른 사람의 과실은 너그럽게 받아들이고, 자신의 과실을 없애야 비로소 다른 사람이 믿기 시작한다."
330) "구求란 없게 되었을 때, 저절로 오는 것이 아니라 구해야 온다는 것이다."
331) 黃人二, ≪上博藏簡第三冊仲弓試探≫, 簡帛研究, 2004.4.23. "'棶'從陳劍先生讀爲來, 甚是."

第19簡

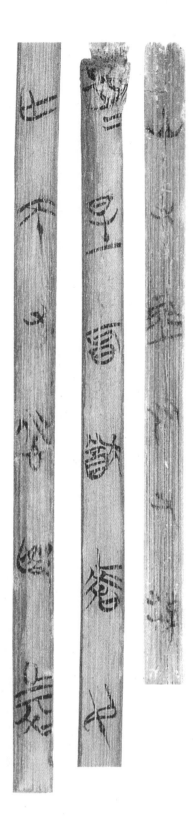

山又堋川又淶肙𠦜星唇猷差民亡不又㥋殴者

第 19 簡

山又(有)堋(崩), 川又(有)漅(竭)^①, 昌=(日月)星脣(辰)猷(猶)差(左)^②民, 亡不又(有)迠(過), 叚(賢)者,

【釋文】

山有崩, 川有竭, 日月星辰猶差, 民無不有過. 賢者☒【19】

【해석】

산이 무너질 때도 있고 하천 물이 마를 때도 있듯이, 해와 달과 별의 운행이 멈추지 아니하듯 백성을 잘 보살피려하지만 과실이 없지 않을 수 없다. 때문에, 현자는

【上博簡原注】

본간은 길이가 24.4cm 이고, 원간의 상단과 중단을 한데 모아 엮은 것이다. 문자는 19자가 있고 그 중에 합문合文은 하나 있다.

① '山又堋, 川又漅'

≪說文解字≫는 「堋(광중壙中 붕, péng,pèng)」자에 대하여 "'상장喪葬 때, 땅을 파고 묻다'의 의미. 자부 '土'와 소리부 '朋'으로 이루어진 형성자."³³²⁾라 하였다. 「崩(무너질 붕, bēng)」의 가차자로 쓰인다. 「堋」의 고음은 「증蒸」부部 「형並」뉴紐이고, 「崩」자는 「증蒸」부部 「방幫」뉴紐로, 두 자는 첩운疊韻과 방뉴旁紐관계이다.

「漅(물이 부딪치고 돌 걸, jié)」자와 「竭(다할 갈, jié)」자는 쌍성첩운雙聲疊韻관계로 서로 통한다. 「竭」은 '다하다'의 뜻이다. ≪예기禮記・대전大傳≫ 「人道竭矣.」³³³⁾ 구절에 대히여 정현鄭玄은 "'竭'자는 '다하다'의 뜻이다."³³⁴⁾라 하였다. 산이 무너지고 물이 마르면, 옛 사람은 중대한 사변의 징조라고 생각했다. ≪국어國語・주어상周語上≫은 "나라는 반드시 산을 의지하고 물 가까이에 있다. 산이 무너지고 물이 마르면 멸망하는 징조이다."³³⁵⁾라 하였다.

---

332) ≪說文解字・土部≫: 「堋, 喪葬下土也, 從土, 朋聲.」
333) "사람의 도리를 다하다."
334) 「竭, 盡也.」
335) ≪國語・周語上≫: 「大國必依山川. 山崩川竭, 亡之徵也.」

【譯註】

‘傑(뛰어날 걸, jié)’자를 ≪곽점초간郭店楚簡·존덕의尊德義≫는 ‘□’·‘□’로, ≪상박초간上博楚簡·용성씨容成氏≫는 ‘□’·‘□’·‘□’로 쓴다.336) 자부 ‘桀’은 ‘□’의 오른쪽 부분과 같다. 소전小篆은 ‘□’로 쓴다. 제 20간은 ‘□(傑)’로 쓴다.

② ‘差’

「差」자는 「左(왼 좌, zuǒ)」자와 같은 자이고, ‘보좌하다’의 뜻이다.

【譯註】

정리본은 ‘民’자는 윗 구절에 해당되는 자로 보고 있으나, ‘民亡不又怰’로 읽어야 할 것 같다. 陳劍은 “‘民’자를 윗 구절에 속하는 자로 보고 있으나 이는 잘못된 것 같다. 이 구절은 앞에서 언급한 ‘有過赦罪’와 관련이 있다. 즉 산천과 일월성신日月星辰이 모두 잘못되는 경우가 있다는 예를 들어 백성도 과실이 있으니 정치를 하는 자는 백성에게 ‘과실은 용서하고 죄과는 사면해 주어야한다’는 것이다.”337)라 하였다(부록 참고).338)

정리본은 「差」자를 ‘보좌하다’의 「左」로 읽고 있는데, 문맥상 맞지 않다.339) 차라리 원 문자의 뜻으로 해석하는 것이 옳을 것 같다.

본 죽간의 마지막 ‘□’자는 일반적인 ‘者’자와 약간 다르다. 아랫부분에 중문부호 혹은 합문부호인 ‘=’가 있다. 제 11간은 ‘者’자를 ‘□’로 쓴다. 본 죽간은 ‘□’자는 아랫부분인 자부 ‘×’가 있는 것으로 보아 아마도 합문부호로 쓰인 것 같으나, 하지만 확실치 않다. 양정梁靜(2013)은 문장의 내용을 고려하여 ‘者著’로 읽어야 한다고 하였다. 참고할 만하다.

> 문장 내용으로 보아 ‘賢者著刑政不緩, 德教不倦’으로 읽어야 옳다. ‘著(분명할 저, zhù)’는 ‘명백하게 규정하다’는 뜻이다. ≪예기禮記·악기樂記≫에 ‘故先王著其教焉.’340)라는 구절이 있다. 죽간은 현자賢者는 명확하게 규정하여, 나라를 다스릴 때 형정刑政을 늦추거나 덕교德教를 게을리 해서는 안 된다는 뜻이다.341)

---

336) ≪楚系簡帛文字編(增訂本)≫, 湖北教育出版社, 742 쪽.
337) 「‘民’字原屬上爲讀, 恐非是. 此處簡文跟上文所論‘有過赦罪’有關, 係以山川日月星辰皆有過, 來說明民亦必有過, 故爲政者對民要‘有過赦罪’.」
338) 陳劍, 〈上博竹書≪仲弓≫篇新編釋文〉, 簡帛研究, 2004.4.18.
339) 楊懷源, 〈讀上博簡仲弓札記四則〉, 簡帛研究, 2004.8.7. “差不必改讀, ‘佐助’之‘左’. ……‘差’是失當, 差錯之意.”
340) “그래서 선왕들은 그 가르침을 명확히 규정하였다.”
341) 梁靜, 〈上博楚簡≪仲弓≫研究〉, 31 쪽. 「根據文意當讀作‘賢者著刑政不緩, 德教不倦’. ‘著’有明白規定的意思, ≪禮記·樂記≫有‘故先王著其教焉’. 簡文是說賢者明確規定, 爲政要不緩刑政·不倦德教.」

第20簡

丌咎中弓曰含之君=孚㤪戎析懟㠯內諫孔=曰含之君子所溙丌青懼丌新者=害近與矣

第 20 簡

丌咎.」中(仲)弓曰:「舍(今)之羣=(君子), 孚㐱(過)戈析^①, 難(難)㠯內(納)諫^②.」孔=(孔子)曰:「舍(今)之君子所滐(竭)丌青(情), 㦂(盡)丌訢(愼)者^③, 三害^④近與矣.」

【釋文】

☒其咎.” 仲弓曰: “今之君子, 孚(愎)過攺析, 難以納諫.” 孔子曰: “今之君☒【20A】子所竭其情, 盡其訢(質)者, 三害近戡矣【20B】.

【해석】

그 잘못이다.” 중궁은 말하였다. “지금의 군주는 자신의 과실을 고집하고, 과실을 지적하면 싫어하여 간언을 드리기 어렵습니다.” 공자가 말하였다. “지금의 군자가

군자가 이른바 신중을 다하면 세 가지를 근심 걱정하는 것에 가깝다.

【上博簡原注】

본간은 길이가 43.5cm 이고, 세 개의 죽간을 한데 모아 엮은 완전한 형태의 죽간이다. 문자는 37자가 있고 그 중에 합문合文은 2자가 있다.

① '孚㐱戈析'
본 구절의 의미에 대해서 잘 모르겠다. 좀 더 연구할 필요가 있다.

【譯註】

'孚㐱戈析' 중 '孚㐱'은 일반적으로 '꽉과愎過'로 읽고 '堅持過失.(과실을 고집하다)'의 뜻으로 이해하지만,[342) '戈析'에 대해서는 의견이 분분하다.

[1] '함석咸析'-'皆所'意.[343)

---

342) 陳劍, 〈上博竹書《仲弓》篇新編釋文〉, 簡帛研究, 2004-04-19.
343) 黃人二, 〈上博竹書《仲弓》篇新編釋文〉, 2004-04-23.

[2] '간석攷析'-'捍析'.344)

[3] '한석扞(捍)析'-'扞婞'-'排斥剛直之臣'.345)

[4] '간석攷析'-'捍責'-'抵拒責備'之意.346)

'팍과復過'는 '과실을 고집하다'는 뜻으로 부정적인 의미이며, 동사+목적어구조이다. '攷析' 역시 부정적인 의미이면서 동목구조인 것으로 보인다. 후내봉侯乃鋒(2004)은 '析(가를 석, xī)' 을 "터무니없는 언사를 가리킨다."347)라고 하였는데, 왜 '析'이 의미인지에 대한 설명이 부족하 다. 사걸붕史傑鵬(2005)은 '析'자를 '責(꾸짖을 책, zé)'의 통가자로 보고, '責'자의 상고음上古音 은 '장莊'모母'석錫'부部이고, '析'자는 '심心'모母'석錫'부部로 성모聲母와 운부韻部가 모두 근 접하여 통가자通假字이다. ……'復過捍責'의 구조는 연합구로, 의미가 같은 '팍과復過'와 '한책 捍責'은 모두 병렬구조이다."348)라 하였다. 전체적인 문맥으로 보아 '남이 과실을 지적하여 책망 하여도 귀담아 듣지 않는다'라는 뜻이 옳은 것 같다(부록 참고).

② '內諫'

'內諫'는 「납간納諫」으로, 신하의 충언과 권유를 받아들이다.

③ '肂丌訢者'

「肂」은 「聿」자이다. ≪說文解字≫에서는 「聿」자에 대하여 "'聿'자는 '붓으로 장식하다'의 뜻. '聿'과 '彡'로 이루어진 회의자이다."349)라 하였다. 「盡(다될 진, jìn,jǐn)」의 가차자로 쓰인다. 「聿」과 「盡」은 쌍성첩운雙聲疊韻 관계이다. 이 자는 ≪곽점초간郭店楚簡≫에도 자주 보인다.
「訢」자는 즉 「誓(맹세할 서, shì)」자이고, 「愼(삼갈 신, shèn)」의 가차자로 쓰인다. 「誓」자의 고음은 「선禪」뉴紐 「월月」부部이고, 「愼」자는 「선禪」뉴紐 「진眞」부部로 성모聲母는 쌍성雙聲 관계이고, 운모韻母는 방대전旁對轉 관계이다. ≪易經·坤≫「愼, 不害也」350) 구절에 대하여,

---

344) 侯乃鋒, 〈≪仲弓≫篇"攷析"試解〉, 2004-05-03. "過指行爲上之過失, 析指言辭上的荒謬."
345) 楊懷源, 〈讀上博三≪仲弓≫札記四則〉, 簡帛硏究, 2004-08-07.
346) 史傑鵬, 〈上博竹簡(三)註釋補正〉, 簡帛硏究, 2005-07-16.
347) 「指言辭上的荒謬.」
348) 「上古音責是莊母錫部字, 析爲心母錫部字, 聲母韻部俱近, 可以通假. ……復過捍責是, 一個聯合詞組, 復過和 捍責兩者是竝列關係, 意思相同.」
349) ≪說文解字·聿部≫:「聿飾也, 從聿從彡.」
350) "신중하면 상해를 입지 않는다."

공영달孔穎達은 "신중하고 다른 사람과 경쟁하지 않았으므로 상해를 입지 않았다."351)라 하였다. 「盡丌愼者」하면 즉 「三害近與」하는 것이다.352)

④ '三害'

'삼해三害' 즉 「삼환三患」인 것 같다. 「害」의 고음 「갑匣」뉴紐 「월月」부部이고, 「患」자는 「갑匣」뉴紐 「원元」부部로 쌍성대전雙聲對轉 관계이다. 따라서 「害」자와 「患」자는 서로 통한다. ≪예기禮記·잡기하雜記下≫는 「君子有三患: 未之聞, 患弗得聞也; 既聞之, 患弗得學也; 既學之, 患弗能行也」353)라 하였다.

【譯註】

정리본은 '삼해三害'의 '害'를 '患'의 의미라 하였으나, 앞의 내용이 '환난'이나 '근심'에 관한 내용이 아니기 때문에 '曷(어찌 갈, hé)'로 읽고 '蓋'의 의미로 해석해야 옳은 것 같다(부록 참고).354)

본 죽간은 세 개를 병합한 것이다. 그러나 내용상, 두 번째와 세 번째의 부분이 서로 맞지 않기 때문에, 진검陳劍 등은 본 죽간을 【20A】와 【20B】로 나누었다.355) 하지만 趙炳淸은 하나의 완전한 내용으로 보고, "본 20간은 A와 B 두 개를 병합한 완전한 형태이다. 전체적으로 '이런 잘못이 있다. 仲弓이 말하였다. 지금의 통치자들은 완고하여 자신의 과실을 고집하고, 근거없는 유언비어에 빠져 정확한 견해를 받아들이기가 쉽지 않습니다. 공자가 말하였다. 현재의 통치자들은 제사祭祀·상장喪葬과 일을 집행할 때, 자기 마음 내키는 대로 함부로 행하기 때문에 마치 눈이 멀어 있는 것과 같다'의 뜻이다."라 하였다.356) '사자三者'가 '제사祭祀'·'상장喪葬'과 '행사行事'를 가리키는 것은 옳은 것 같으나, '㳖丌青, 㦰丌訢者, 三害近欼矣'를 군주의 잘못된

---

351) 「曰其謹愼, 不與物競, 故不被害也.」
352) 정리본의 "「盡丌愼者」", 則「三害近與」"는 '신중을 다하면 세 가지를 근심 걱정하는 것에 가깝다'는 뜻으로 이해하는 것 같다.
353) "군자에게는 3가지 걱정이 있다. 듣지 않은 지식을 들을 수 없을지 걱정하고, 이미 들었는데 배울 수 없는지 걱정하며, 이미 배웠는데 행할 수 없는지 걱정한다."
354) '曷'은 '蓋'의 의미로 '何不(어찌 ……하지 않은가?'라는 뜻으로 쓰인다.
355) 陳劍, 〈上博竹書≪仲弓≫篇新編釋文〉, 簡帛硏究, 2004-04-19. "簡20原由兩段殘簡遙綴而成, 連讀文意並不通順. 我們將其拆分開, 上段編爲20A, 下段編爲20B. 簡20B見篇末."
356) 趙炳淸, 〈上博簡三≪仲弓≫的編聯及講釋〉, 簡帛硏究, 2005-04-10. 「簡20是由A·B兩部分綴合成的一支完簡. 大意爲'那些過錯. 仲弓說: '現在的統治者, 頑固地堅持過錯·沉溺于流言令辭, 難以采納正確的意見.' 孔子答道: '現在的統治者, 在祭祀·喪葬·行事方面, 肆意放縱自己的情欲, 隨便馬虎辦事, 大概接近于瞎了眼睛.」

행동거지의 내용으로 보고 있는데 이는 문자의 형태나 전체 내용으로 보아 옳지 않은 것 같다.

황인이黃人二 역시 본 죽간의 완전한 형태로 보았다. 또한 '三'자는 앞 구절에 해당되는 자로 보고, '害'자는 '曷'로 읽고 '瞍'자를 '譽'자로 읽어, 전체적으로 "본 구절은 '盡其愼者三, 害(曷, 蓋)近與(譽)矣'로 읽을 수 있다. 전체적인 내용은 仲弓이 지금의 군주들은 자신의 과실을 은폐하고 꾸며대고 간언하기 어렵다고 개탄하자, 공자는 지금의 군주들은 나라를 다스릴 때 이 세 가지를 신중하여야 한다고 한 것이다. 만약에 이 세 가지가 잘 처리하면 지금의 군주들은 명예를 얻을 것이다."라 하였다.357) 황인이黃人二는 조병청趙炳淸과는 달리 신중히 정성을 다하여 일을 처리해야 하는 주체자를 군주로 보았다. 답건충禢健聰은 죽간의 순서를 27＋15＋20B＋6＋23B＋23A＋24＋25로 보고, '瞍'자는 자부 '矛'와 '攴'으로 이루어진 '敄(힘쓸 무, wù)'자로 예정하며, 본 구절은 '민무民懋'에 관한 내용으로 보았다. "공자가 이른바 좋은 점을 칭찬하는 내용이다. 그래서 '군자가 온갖 정성을 다하고 매우 신중을 다해야 한다.'358) 그러나 제 15간의 백성의 의무에 관한 내용이고, 또한 '瞍'자는 '敄'자와 형태상 차이가 많다.359)

【20A】와 【20B】를 연결되는 내용으로 본다면 전체적인 문맥연결이 매끄럽지 않다. 진검陳劍의 주장처럼 【20B】를 본 ≪仲弓≫의 가장 마지막 부분에 해당되는 내용으로 보았다. 그러나 이러한 주장은 '三'이 무엇을 가리키는지 확실하지 않다.

제 6간은 제 23B간과 제 23A와 연결되어, '祭祀'·'喪葬'과 '行事' 등 세 가지에 대하여 언급하고 있다. ≪仲弓≫에서 '三'자를 써서 세 가지를 언급함을 두 차례 보인다. 하나는 제 17간이고 하나는 제 20B간이다. 제 17간에서 세 가지는 '노노자유老老慈幼'를 제외한 '선유사先有司'·'거현재擧賢才'와 '사과거죄赦過擧罪' 등이고, 제 20B간의 세 가지는 제 6, 23, 24간에서 언급하고 있는 '祭'·'喪'과 '行'이다. 따라서 제 6간은 제 20간과 연계되는 내용이다.(제 15간 【역주】 참고)

'瞍'자는 윗부분이 '與(줄 여, yǔ,yú,yù)'로, '與'자의 번체繁體가 아닌가 하며, 본 구절에서는 조사助詞로 쓰이는 것으로 보인다. 본 구절은 '盡其愼者三, 害(曷, 蓋)近歟'로 읽을 수 있다.

---

357) 黃人二, 〈上博藏簡第三冊仲弓試探〉, 簡帛硏究, 2004-04-23. 「盡其愼者三, 害(曷, 蓋)近與(譽)矣'. ……結合上下文義, 仲弓感嘆今之君子隱過飾非, 難以納諫, 故孔子提出今之君子欲行治道之三愼主張, 若成, 則今之君子有譽矣.」

358) 禢健聰, 〈上博簡(三)小札〉, 簡帛硏究, 2005-05-12. 「爲孔子所稱善者, 所以君子'竭其情, 盡其愼.」

359) 趙炳淸(簡帛硏究, 2005-04-10)은 "'瞍', 疑爲'瞍', 說文: '瞍, 無目也.' 卽瞎了眼睛.('瞍'은 '수瞍'자가 아닌가 한다. ≪說文解字≫에서는 '수瞍, 눈이 멀다의 뜻'이라 하였다. 즉 눈이 멀다는 의미이다)"라 하였다. 그러나 이렇게 해석하면 전후 문맥이 맞지 않는다.

혹은 '近歟' 다음에 '仁'과 같은 자가 있었으나 누락되었는지도 모르나 확실치 않다. ≪論語·子路≫는 "子曰: "剛·毅·木·訥近仁."360)이라 하였다. 혹은 '與'가 동사로 쓰여 '합치되다'·'꾀하다'의 의미로 쓰일 수 있으나 현재로는 알 수가 없다.

---

360) "공자가 말하였다. 강직하고 의연하고 질박하고 어눌한 것은 인에 가깝다."

第21簡

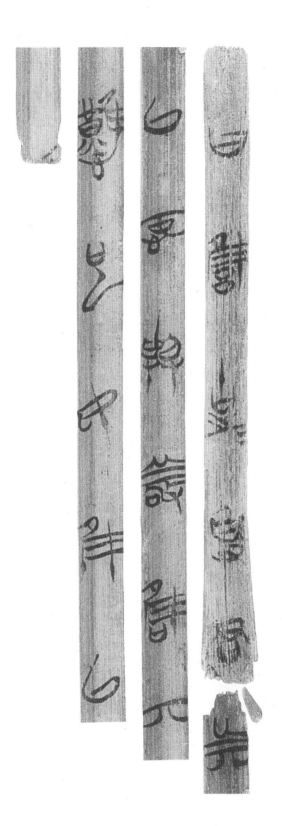

曰讐亥三叟君者呂忠與敬唯丌難也女隹呂

第 21 簡

曰：「雀(雍)，亢=(古之)叓(事)君者，弖忠與敬^①，唯丌戁(難)^②也，女(汝)隹(惟)弖

【釋文】

曰："雍，古之事君者以忠與敬，雖其難也，汝唯以☒【21】

【해석】

말하였다. "옹雍아! 고대에 군주는 모실 때, 충성과 공경으로 일을 처리했다. 비록 어렵겠지만 너는 반드시

【上博簡原注】

본간은 길이가 24.5cm 이고, 상단과 중단을 한데 모아 엮은 것이다. 문자는 18자가 있고, 그 중에 合文은 한 자가 있다.

① '忠與敬'

≪설문해자說文解字≫는 「忠(충성 충, zhōng)」자에 대하여 "'忠'은 '존중하다'의 뜻으로 진심을 다하는 것을 '忠'이라 한다."[361]라 하였다. ≪옥편玉篇≫은 「敬(공경할 경, jìng)」자에 대하여 "'敬'은 '삼가다'의 뜻이다."[362]라 하였다. ≪논어論語·자로子路≫「居處恭, 執事敬, 與人忠.」[363] 구절에 대하여, 형병邢昺은 "평상 집에서 단정하고 예의가 바르고, 일을 처리할 때는 근엄하고 진지하며, 진실 된 마음으로써 사람을 대하다."[364]라 하였다.

② '戁'

「戁(두려워할 난, nǎn,rǎn)」자는 「難(어려울 난, nán,nàn,nuó)」자와 통하고, '쉽지 않다'의 뜻이다. ≪옥편玉篇≫은 "'難'은 '쉽지 않다'는 뜻이다."[365]라 하였다. ≪서경書經·고요모皋陶謨≫

---

361) ≪說文解字·心部≫：「忠, 敬也. 盡心曰忠.」
362) ≪玉篇·苟部≫：「敬, 愼也.」
363) "평상 집에서 단정하고 예의가 바르고, 일을 처리할 때는 근엄하고 진지하며, 사람은 진심으로 대해야 한다."
364) 「居處恭謹, 執事敬愼, 忠以與人也.」

의 「惟帝其難之.」[366) 구절에 대하여 공안국孔安國은 "요임금도 또한 사람을 아는 것과 백성을 편안하게 하는 것이 어렵다고 생각했다는 말이다."[367)라 하였다. 「唯丌難(難)也」으로 읽을 수 있다.

【譯註】

제 12간이 '從政'하기가 '어렵다(難)'는 내용이기 때문에 진검陳劍 등은 제12간과 제 21간은 서로 연결되는 내용으로 보았다.[368) 그러나 황인이黃人二 등은 제 27간의 마지막 부분에 '[問事君. 孔子]'라는 구절이 잔실된 것으로 보고, 제 21간이 제 27간과 연결되는 내용으로 보고 있다.[369)

제 12간은 "폐지되고, 실효를 거두지 못하게 되었을 때, 단독적으로 독행을 하고 다른 사람의 의견을 듣지 않는다면, 정도를 따라 다스리기 어렵게 된다"라 하여 군주의 태도에 대한 내용이기 때문에 '사군事君'에 관한 본 구절과는 관련이 있다.(제 12간 【역주】 참고) 잔실된 부분이 '[問事君. 孔子]' 구절일 가능성이 있지만, 현재로서는 확신 할 수 없다.

365) ≪玉篇·隹部≫: 「難, 不易之稱.」
366) "요임금과 순임금같은 군주도 이루기 어렵다."
367) 「言帝堯亦以知人安民爲難.」
368) 陳劍, 〈上博竹書≪仲弓≫篇新編釋文(稿)〉, 簡帛研究, 2004-04-19.
369) 黃人二·林志鵬, 〈上博藏簡第三册仲弓試探〉, 簡帛研究, 2004-04-23.

第22簡

夫=相復㠯忠則民懽丞孚害□者不

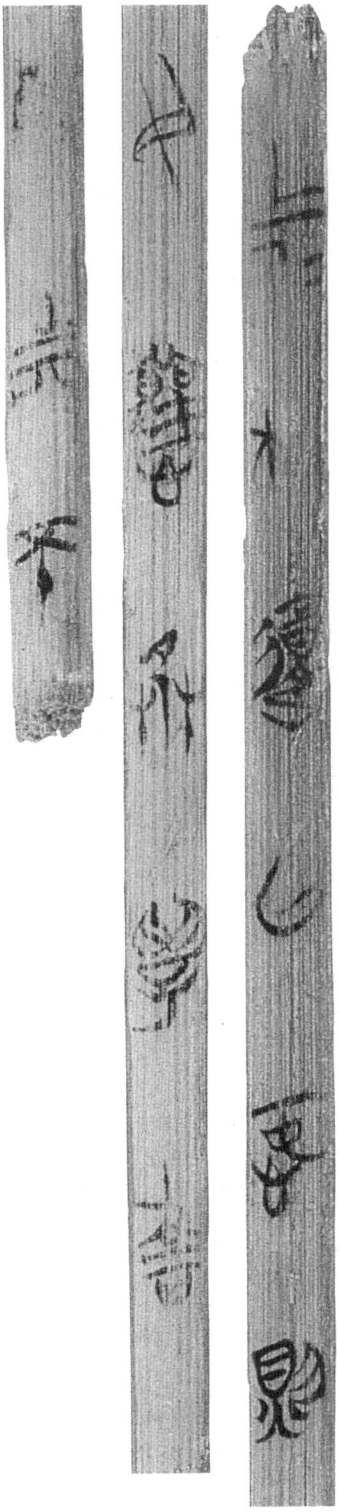

第 22 簡

夫＝(上人)相逿(復)㠯忠①, 則民懽(歡)丞(承)學(學)②, 害□者不

【釋文】

☑上下相復以忠, 則民歡承教, 害□者不☑【22】

【해석】

윗사람이 충성스러운 마음으로 실행을 하면, 백성은 교화를 즐겁게 받아들인다. 이렇게 된다면 해로운 것이 없게 된다.

【上博簡原注】

본간은 길이가 19.8cm 이고, 상단과 하단이 모두 파손되었다. 문자는 15자가 있고, 그 중에 합문合文이 한 자이다.

① '夫＝相逿㠯忠'

「夫＝」는 합문合文 「상인上人」이다. 「民(백성 민, mín)」과 상대적 개념이다. 군주 아래에 해당되나 직위가 높은 사람을 가리킨다. ≪마왕퇴한묘백서馬王堆漢墓帛書 · 십육경十六經 · 정난正亂≫은 「上人正一, 下人靜之.」370)라 하였다.

「상相」자는 '선택하다'의 의미이다. ≪考工記 · 矢人≫ 「凡相笴, 欲生而搏」371) 구절에 대하여, 정현鄭玄은 "'相'자는 '하나만 선택하다'의 뜻이다."372)라 하였다.

「逿」자와 「復(돌아올 복, fù)」자는 서로 통한다. ≪산반散盤≫은 「復」자를 「𧗣」으로 쓴다. ≪論語 · 學而≫ 「信近於義, 言可復也.」373) 구절에 대하여 朱熹 ≪集注≫는 "'復'자는 '언약을 이행하다'의 뜻."374)이라 하였다. ≪포산초간包山楚簡≫의 「逿逿」(二 · 238)은 즉 「천복踐復(이행하다.)」

---

370)"윗사람이 마음을 바르게 가지면, 아랫사람의 마음은 맑아진다."
371)"이른바 화살대를 고를 때는, 색채가 없고 벌레 먹은 구멍이 없으며 또 둥근 것이 좋다."
372)「相, 獨擇也.」
373)"믿음이 의롭다면, 말은 실행될 수 있을 것이다."
374)朱熹 ≪集注≫: 「復, 踐言也.」

의 뜻이다.

② '則民懽丞孝'

「懽(기뻐할 환, huān)」자는 「歡(기뻐할 환, huān)」자와 같고, '기쁘다'의 뜻이다. ≪說文解字≫는 "'懽'은 '즐거워하다'의 의미이다."375)라 하고, 단옥재段玉裁는 "'款'자에 대하여 '추구하고 싶은 생각을 가지다'라는 하였다. ≪흠부欠部≫에서는 『'歡'은 '기쁘고 즐겁다'의 뜻.』이라 하였다. '懽'자와 '歡'자의 음과 의미는 비슷하다."376)라 하였다. 「민환民懽」은 ≪郭店楚簡·緇衣≫「民有懽(歡)心.」377)의 뜻과 같다. ≪존덕의尊德義≫는 「不時則亡懽(歡)也.」378)라 하였다.

「丞(도울 승, chéng)」자와 「承(받들 승, chéng)」자는 서로 통한다. ≪예기禮記·문왕세자文王世子≫는 「有疑丞」379)이라 하였는데, 공영달孔穎達 ≪정의正義≫는 ≪서경書經·익직益稷≫에서 「丞」자를 「承」자로 쓴다. ≪說文解字≫는 "'丞'은 ……'받들어 모시다'의 뜻이다."380)라 하였다.

「孝」자는 「學(배울 학, xué)」자와 같은 자이고, 「教(본받을 교, jiào,jiāo)」로 읽는다. 고문자에서는 「教」자와 「學」자는 원래 같은 자이고, 서로 통용된다. ≪노자老子≫「吾將以爲教父.」381) (제42장) 구절 중의 '教'자를 마왕퇴백서馬王堆帛書 ≪노자갑본老子·甲本≫은 「學父」로 쓴다. 가르침을 받고, 교범教範을 받아들인다는 뜻이다. ≪전국책戰國策·조책이趙策二≫는 「承教而動, 循法無私, 民之職也.」382)라 하였다.

【譯註】

정리본은 '相(서로 상, xiāng,xiàng)'자를 '선택하다'는 의미로 해석하여, 전체적으로 '윗사람이 충성된 마음으로 실행하게 된다면 백성들은 교화되기를 좋아한다'로 보고 있다.

'📛'자를 정리본은 합문 '上人'으로 보고 있으나, 진검陳劍 등은 '上下'의 합문으로 보고 있다. 형태로 보아 '上下'의 합문일 가능성은 높다. 혹은 '先='을 잘못 쓴 것이 아닌가 한다. '先='은

---

375) ≪說文解字·心部≫:「懽, 喜歎也.」
376) 「款者, 意有所欲也. ≪欠部≫曰:『歡者, 喜樂也.』懽與歡音義皆略同.」
377) "백성이 기쁜 마음을 가지다."
378) "백성이 때를 놓치게 되면 민중은 기뻐하지 않는다."
379) "의疑와 승丞이 있다."
380) ≪說文解字·收部≫:「丞, ……奉承之義.」
381) "나는 이 말을 가르침의 종지로 삼으려 한다."
382) "정령을 받으면 즉각 행동을 취하고, 법제를 준수하고 개인의 사념을 버리는 것은 백성의 천직이다."

초죽서에서 '先人'이나 '先之'의 의미로 쓰인다. ≪上博楚簡·從政≫(제17간)은 '＜image＞(先=)'은 '先之'의 뜻으로 쓰인다.383) 본 구절에서는 '先人'로 읽을 수 있고 '선현先賢'이라는 뜻으로 쓰인 것으로 보인다. 그러나 문자의 형태로 보아 또한 '卡='가 옳은 것 같다.

제 21간에서 '＜image＞(亯=)' 즉 '古之'의 합문과 비교해 볼 때 아랫부분은 확실히 '＜image＞'자의 아랫부분은 '之'가 아닌 것 같다. 조병청趙炳淸(2005)은 '＜image＞'자를 '上下'로 보고, '孚'자는 '學'의 의미가 아니라 '敎'의 의미라 하였다.

> 그런고로 제 22간과 제 8간은 연결된다. '上下'를 정리본은 '上人'으로 보고 있고, 진검陳劍은 '上下'로 보고 있는데, 도판으로 볼 때 '上下'의 합문이 옳다. '敎'자를 정리본은 '學'으로 읽고 있는데 이는 잘못된 것이다. '敎'로 읽어야 옳다. '害'자를 '曷'로 읽거나 '蓋'로 읽지만 사실상 '害'로 읽어도 될 것 같다.384)

문자의 형태로 보아 '＜image＞'자는 '卡='로 '上下'의 합문이다. 본문은 '孚'자는 '敎'로 읽고, '害'자는 '曷(어찌 갈, hé)'로 읽기로 한다(부록 참고).

---

383) ≪楚系簡帛文字編≫, 1265 쪽.
384) 趙炳淸, 〈上博簡三≪仲弓≫的編联及講釋〉, 簡帛硏究, 2005-04-10. 「故簡22可與簡8連接. '上下', 整理者釋爲 '上人', 陳劍先生釋爲'上下', 從圖板上看, 應是'上下'二字的合文. '敎', 整理者讀爲'學', 非是, 應讀爲'敎'. '害', 有學者讀爲'曷'. 有學者讀爲'蓋', 其實, 此處讀爲'害'也可.」

第23簡

至㤚之衺也所㠯城死也不可不斲也夫行巽華孚杏也所㠯立生也不可不斲也夫冕

第 23 簡

至炁(愛)之衰(卒)也①, 所弖城(成)②死也, 不可不斳(愼)也; 夫行, 巽華孛(學)

查(本)也③, 所弖立生也④, 不可不斳(愼)也, 夫冕(死)

【釋文】

本也, 所以立生也, 不可不愼也; 夫喪【23B】至愛之卒也, 所以成死也, 不可不愼也; 夫行, 巽求
(?)學【23A】

【해석】

(상례喪禮) 가장 사랑하는 자의 최후이고, 죽은 자를 위하여 모든 일을 해 주어야하므로 신중하지 않을 수 없다. 이른바 행위는 공손하고 근면성실하게 열심히 배워야 하며,(23A)

(제사祭祀) 존경을 표현하는 근본이고, 그래야만이 편안하게 마음을 의탁하고 생활할 수 있기 때문에 신중하지 않을 수 없다.(23B)

【上博簡原注】

본간은 길이가 47.4cm 이고, 두 개의 죽간을 한데 모아 엮은 완전한 형태이다. 문자는 34자가 있다.

① '至炁之衰也'

「至(이를지, zhì)」자는 '최고에 달하다'의 뜻이다. ≪맹자孟子・이루상離婁上≫에서 「規矩, 方員之至也.」385)라 하고, 조기趙岐는 "'至'자는 '極'의 뜻이다."386)라 하였다.

「炁」자는 「愛(사랑 애, ài)」자와 같은 자이다. ≪설문해자說文解字≫에서는 '愛'자에 대하여 "'愛'는 '걸어가는 모양'의 뜻이고 자부 '夂'와 소리부 '炁'로 이루어진 글자이다."라고 하고, '炁'자에 대해서는 "'炁'는 '사랑하다'의 뜻이고, 자부 '心'과 소리부 '旡'로 이루어진 형성자이다."라 하였다.387) ≪옥편玉篇≫에서는 "'炁'자는 지금 '愛'자로 쓴다."388)라 하였다. 이 자는 ≪郭店楚

---

385) "그림쇠와 곱자는 사각형과 원형의 최고의 표준이다."
386) 「至, 極也.」

簡≫에도 자주 쓰인다.

「裝」자는 字部「爪」와 「衣」로 이루어진 자이고, 전국戰國시대에는 「衣」자와 「卒」자는 구분하지 않았다. ≪설문해자說文解字≫에서 「卒, 隷人給事者爲卒.」389)라 하였는데, 주준성朱駿聲은 ≪설문통훈정성說文通訓定聲≫에서 "본래는 '衣(옷)'로 설명을 해야 한다. 왜냐하면 이 옷을 입도록 명령을 하는 사람이 '卒'이기 때문이다."390)라 하였다. 그래서 자부「爪」와 「衣」로 이루어진 글자와 「爪」와 「卒」로 이루어진 글자는 같다. 초간楚簡에서 「卒」자는 혹 「𢼄」로 쓰고, '끝나다'·'다하다'의 뜻이다.

【譯註】

초간에서 '卒'자는 혹은 '裝'로 쓴다. ≪上博楚簡 從政甲≫은 '𠂔'로, ≪容成氏≫는 '𡥈'로 쓴다.391) 하림의何琳儀는 '卒'자는 '衣'자에서 파생된 자로 보았다.392)

② '城'

「成」으로 읽는다. ≪설문해자說文解字≫에서 "'成'은 '나아가다'의 의미."393)라 하였다. '앞으로 나아가다(趨向)'의 뜻이다. 「성사成死」와 아래 문장의 「입생立生」은 댓구가 되는 구절이다.

③ '夫行, 巽華孚査也'

「行(갈 행, xíng)」자는 '행위', '덕행'의 뜻이다. ≪주례周禮·지관地官·사씨師氏≫에서 「敏德以爲行本.」394)라 하였다.

「巽(손괘 손, xùn)」자는 '구비하다'의 뜻이다. ≪설문해자說文解字≫에서 「巽, 具也.」395)라 하고, 서개徐鍇는 ≪繫傳≫에서 "'具'는 '갖추어서 가까워짐을 말한다."396)라 하였다.

---

387) ≪說文解字·夊部≫: 「㤅, 行皃也, 從夊, 炁聲.」≪說文·心部≫: 「炁, 惠也, 從心, 旡聲.」
388) ≪玉篇·心部≫: 「炁, 今作愛.」
389) "'노예에게 공급해 주는 옷'을 '졸卒'이라 한다."
390) 「本訓當爲衣名, 因即命著此衣之人爲卒也.」
391) ≪楚系簡帛文字編≫, 772 쪽.
392) 何琳儀, ≪戰國文字字典≫, 1171 쪽. "卒, 由衣分化."
393) ≪說文解字·戊部≫: 「成, 就也.」
394) "덕에 힘쓰는 것을 행위의 근본으로 삼는다."
395) "'손巽'은 '구비하다'의 뜻이다."
396) ≪繫傳≫: 「具, 謂僎具而近之也.」

「孚」자는 자부字部「子」와 소리부「臼」로 이루어진 형성자이고,「學(배울 학, xué)」으로 읽는다.「화학華學」의 뜻은 좀 더 연구가 필요하다.

「查」자는 字部「本」과「臼」로 이루어진 자이고, ≪곽점초간郭店楚簡·성지문지成之聞之≫에서는 모두「本」의 의미로 쓰인다.

【譯註】

' (孚)'까지가 본 죽간의 상단 부분이고(【23A】), ' (查)'자부터가 하단 부분(【23B】)이다.

본 죽간은 대부분의 학자들이 모두 제 6간과 연계되는 내용으로 보며, 또한 제 23간은 그 순서가 【23B】→【23A】라고 보고 있다. 제 6간에서는 공자가 먼저 '제사祭祀'를 정성껏 지내야 한다고 중궁에게 가르키는 내용이기 때문에, 제 23간과 연결되는 내용이다. 제 6간은 제사에 관한 내용이고, 【23B】의 내용 또한 '(제사를 정성껏 지내야) 편안하게 마음을 의탁할 수 있다'는 내용이기 때문에 【23B】와 연결되는 내용으로 보아야 옳다. 또한 【23B】의 마지막 자가 죽음에 관한 '喪'은 '死'이기 때문에, 이와 관련된 내용인 【23A】가 연결되어야 옳다.

'巽'자에 대하여 ≪說文解字≫에서는 "'巺'은 '갖추다'의 뜻. 字部 '丌'와 소리부 '叺'으로 이루어진 형성자이다. '巽'자의 고문은 ''로 쓰고, 전문篆文은 '巽'으로 쓴다."397)라 하였다. ''자는 ''의 형태와 같다.

'巽華孚'에 대하여 정리본은 "義不詳, 待考.(뜻을 잘 모르겠고 좀 더 연구해야 하겠다.)"라 하였다. 이예李銳는 "이전에는 이 세자를 '踐仁孝'로 해석하고 있으나 옳지 않다. '遵'자를 원 죽간은 '巽'으로 쓴다. 이 두 자는 고문에서 서로 통한다."398)라 하며 '遵仁學'으로 해석하였다.399) 그러나 조병청趙炳淸은 "일을 행하도록 하는 것은 응당히 성년이 되고 난 다음을 선택하여 교도를 해야만 되는 것이다. ……'巽'은 '선택하다(選)'와 통한다. '年'자를 정리본은 '華'자로 예정하고 있지만, 학자들은 이 자를 '求'자로 보기도 한다. 하지만 형태로 보아 이 사는 '牟'사의 변형이다. 따라서 이 자는 '年'자로 예정할 수 있다. ≪說文解字≫에서는 '年은 곡식이 성숙할 때'라 하였다. 이 의미는 또한 사람이 성숙할 때를 말할 수 있다. '敎'자를 정리본은 '學'으로 읽고 있으나, 이는 잘못된 것이다. 응당히 '敎'로 읽어야 한다."라 하였다.400) 진위陳偉는 "(이

---

397) ≪說文解字≫:「巺, 具也. 从丌, 叺聲. , 古文巺. , 篆文巺.」
398) 「舊釋爲'踐仁孝', 不當. '遵', 原作'巽', 二字古通.」
399) 李銳, ≪仲弓新釋≫, 簡帛硏究, 2004-04-22. 李銳는 〈仲弓補釋〉(簡帛硏究, 2004.4.18.)에서 본 구절을 원래 '夫行踐仁孝, 本也'로 읽었으나, 이 중 '踐仁孝'를 '遵仁學'으로 수정한 것이다.

자는 잠시 '逑'자를 근거하여 '求(?)'로 풀이하여 쓰기로 한다."라 하며, 신중한 태도를 취하고 있다.401)

　　본 죽간과 연결되는 제24간과 제25간은 '학습'인 (昷)에 관한 내용이기 때문에 '學'으로 이해하여도 무방할 것 같다.

　　''자에 대하여 정리본은 '華'로 예정하고, '華學'에 대하여 "義不詳, 待考.(어떤 의미인지 확실치 않다. 연구가 좀 더 필요하다)"라 하였고, ''자를 이예李銳와 조병청趙炳淸은 '年'으로 예정하고, 답건총褚健聰은 '求'로 예정하는 등 의견이 분분하다.402) 진검陳劍은 〈상박(삼)《중궁》 승의《上博(三)·仲弓》賸義〉에서 '年'으로 예정하고 "죽간의 '巽年' 구절은 '一日'과 댓구를 이루고 '巽年'은 그 시간이 길다는 뜻을 나타내고, '一日'은 시간이 짧음을 의미한다. 이를 고려할 때, '巽'은 응당히 '旬(열흘 순, xún)'으로 읽어야 한다."라 하였다.403) 그러나 만약에 '旬'으로 읽는다면, 문맥이 매끄럽게 연결되지 않는다. 【23A】는 '행동'양식에 관한 언급으로, 공손하고 근면성실하게 열심히 배워야 한다는 내용이다. 따라서 '巽'은 '겸손하다'인 遜(겸손할 손, xùn)의 의미로 쓰인다.

　　《청화간淸華簡·尹至》는 「我逨越今旬=」404) 중의 「逨(올 래(수고로울 뢰), zuì)」자를 「(逨)」로, 《기야耆夜》는 「」로, 《제공祭公》은 「」로 쓴다.405) 자부 「辵」과 소리부 「來」로 이루어진 형성자이다. 「徠(돌아오다.)」의 뜻으로 쓰인다. ''자는 「(逨)」자 중의 자부 '來'와 같다. 금문 《래반逨盤》 중 「」자는 자부가 「辵」이고 「來」聲인 형성자로 《청화간淸華簡》의 「(逨)」자와 같은 자가 아닌가 한다. 《래반逨盤》에서는 인명으로 쓰인다. 「」자를 이학근李學勤 등은 「逤」자로 예정하고, 음은 「佐」라 하였다.406) 이 자를 일반적으로 「逨」자로 예정隸定하나, 음과 의미에 대해서는 아직도 의견이 분분하다.407) 《小雅·正月》 "執我仇仇"408) 중의

400) 趙炳淸, 〈上博簡三仲弓的編聯及講釋〉, 簡帛研究, 2005-04-10. 「行事, 應選擇成年時進行教導. ……巽, 通選. 年, 整理者隷定爲華, 有學者疑爲'求'. 案: 從字形來看, 或爲年的譌變, 可定爲年, 《說文》: '年, 穀熟也.', 可指代人成年. 敎, 整理者讀爲學, 非是. 應讀爲敎.」

401) 褚健聰〈上博簡(三)小札〉은 '求'자로 예정하고 '柔'로 해석하여 "行巽柔, 卽行巽順柔克之政"이라 하였다.(簡帛研究, 2004-05-03.) 「今暫據逑字釋寫爲求(?).」

402) 甄陳(2006), 〈上海博物館藏戰國楚竹書(三)《仲弓》集釋〉, 64-65 쪽.

403) 陳劍, 〈《上博(三)·仲弓》賸義〉, 《簡帛》第三輯(2008), 88 쪽. 「簡文'巽年'與'一日'相對, '巽年'强調其時間之長, '一日'强調其時間之短, 循此考慮, '巽'應讀爲'旬'.」

404) "我來越今旬日"로 '제가 온 지 이미 십여 일이 지났습니다'의 뜻이다.

405) 李學勤 主編,(2010) 《淸華簡(壹)》, 208 쪽 참고.

406) 李學勤, 〈眉縣楊家村新出靑銅器硏究〉, 《文物》, 2003年第6期, 66 쪽.

407) 李潤乾 著, 《楊家村五大考古發現考釋》(陝西人民出版社, 2006年), 74 쪽.

「구구仇仇」를 ≪곽점초간郭店楚簡·치의緇衣≫(제 19간)는 「▨」로, ≪上博楚簡·紟衣≫(제 10간)는 「▨(敆)」로 쓴다.

≪郭店楚簡·緇衣≫는 「▨」자를 「欨」나 혹은 「㦵」로 예정하는데,409) 이령李零은 이 자를 「仇」로 예정하고, "「仇」자는 「戈」와 「來」로 이루어진 자이다. 자부 「來」를 「求」로 혼동하여 쓴 것이다. ≪곽점초간·노자을老子乙≫ 제 13간의 '終身不來'를 왕필본王弼本은 '終身不救'로 쓰는 예와 같다."라 했다.410) ≪郭店楚簡·老子乙≫(제13간)의 「▨(逨)」자를 백서본帛書本≪老子乙≫은 「棘」자로 쓰고, 왕필본王弼本은 「救」로 쓴다. 「救」는 「逑」의 가차자이다. ≪說文解字≫는 「▨(逑)」자에 대하여 "'거두어 모으다'의 의미이다."411)라 하였다. 白於藍은 〈郭店楚簡〈老子〉矛·賽·柒校釋〉에서 "「棘」·「救」와 「來」자는 음이 통하고 의미가 같다는 것을 확실하게 알 수 있다. '다하다(窮盡)'·'끝나다(終止)'의 의미이다. 따라서 '終身不救(혹은 「棘」나 「來」로 쓴다)'는 '평생 동안 다하지 않다'나 '일생 동안 그치지 않다'의 의미이다."라 하였다.412) 「▨」자의 오른쪽 윗부분은 ≪청화간淸華簡≫의 「▨」자의 오른쪽 윗부분과 「▨」자의 윗부분과 매우 비슷하다. 「▨」자는 「彳」을 생략하고 쓴 형태이다. 따라서 「▨」자는 「▨」·「▨」와 같이 「逨」로 예정할 수 있다. 음은 「仇」·「來」나 「棘」 등으로 읽을 수 있으며, '오다'라는 의미에서는 「來」의 음으로 읽을 수 있다.

≪散氏盤≫은 「▨」·「▨」으로 쓴다. 容庚은 ≪商周彝器通考≫에서는 「逨」으로 예정하나, ≪金文編≫에서는 「0260 逨」에 수록하고 있다.413) ≪金文編≫은 또한 ≪逨觶≫의 「▨」자 대해서 "≪三字石經·僖公≫은 「來」자의 고문을 「▨」로 쓴다."라 하며 「來」의 이체자로 보았다.414) 「▨」·「▨」자와 「▨」자는 모두 「逨」의 이체자이다.415) 따라서 「▨」자는 「▨」자의 변형으로 「逨」로 예정할 수 있다. 「逨」는 '來'와 통하고, '勑'의 가차자로 쓰인다. ≪소아小雅·대동大東≫

---

408) "나를 원수 대하듯 하다."
409) 崔南圭 역주, ≪上博楚簡·紟衣≫, 148-149 쪽 참고.
410) 李零 著, ≪郭店楚墓竹簡校讀記≫(增訂本), 中國人民大學出版社, 2007年, 82 쪽. 「仇, 原從戈從來, 乃混來爲求. ≪老子乙組≫簡13『終身不來』, 王弼本作'終身不救', 爲類似的例字.」
411) 「聚斂也.」
412) ≪古籍整理研究學刊≫, 2000, 60-61 쪽 참고. 「確知「棘」·「救」·「來」三字音通義同, 都包含有窮盡, 終止之意. 故本段最後一句'終身不救(或棘·或來)'. 意卽終身不會窮盡·不會終止.」
413) 容庚, 같은 책, 「0260 逨」, 109 쪽 참고. 최남규, ≪중국 고대 금문의 이해(Ⅱ)≫, 529 쪽 참고.
414) 容庚, 같은 책, '0893 ▨', 383 쪽 참고. 「三字石經僖公來字古文作▨.」
415) 최남규, ≪중국 전국시기의 초나라 문자의 이해≫, 285 쪽 참고.

"東人之子, 職勞不來."416) 구절에 대하여 ≪모전毛傳≫은 "'來'는 '근면하다'의 뜻이다."417)라 하고, 주희朱熹 ≪집전集傳≫은 "'來'는 '위로하다'의 뜻이다."418)라 하였다.419)

'夫行, 巽速學(學)'은 '夫行, 遜來學'으로 읽을 수 있고, '행위는 공손하고 근면성실하게 열심히 배워야 한다'는 뜻이다.

④ '所吕立生也'

「立」자는 '확정하다', '세우다'의 뜻이다. ≪광운廣韻≫은 「生」자에 대하여 "'生'자는 '생장하다'의 뜻이다."420)라 하였다. ≪순자荀子·예론禮論≫에서 「天地者, 生之本也.」421)라 하였다. 「입생立生」은 '편안하게 근심없이 살다(안생입명安生立命)'의 뜻이다.

【譯註】

제 23간의 제일 마지막 '⬛'자를 정리본은 '冕'으로 예정하고 '死'로 읽었다.422) ≪郭店楚簡·老子丙≫「喪事上右.」(제8간)423) 중의 '喪'자를 '⬛'으로 쓴다. 왕필본王弼本은 이 자를 '凶'자로 쓴다. ≪說文解字≫는 '⬛ (喪)'자에 대하여 "'喪'은 '사망하다(亡)'의 의미이다. '哭'과 '亡'으로 이루어진 회의자이다. '亡'은 또한 소리부(성부聲符)이기도 하다."424)라 하였다. '亡'과 '死'는 같은 동의어이기 때문에 서로 호환하여 사용된다. '喪'자를 ≪곽점초간郭店楚簡·어총일語叢一≫은 자부字部 '亡'인 '⬛'으로 쓰고, ≪상박초간上博楚簡·민지부모民之父母≫는 '⬛'·'⬛'으로 쓴다.425) 본 죽간은 '⬛'자는 '⬛'자와 유사한 형태로 윗부분이 생략되었다. 따라서 '⬛'자는 '喪'자로 예정할 수 있다(부록 참고).

---

416) "동쪽 땅 사람들은 수고만 하지 성실하지 못하네."
417) 「來, 勤也.」
418) 朱熹≪集傳≫:「來, 慰撫也.」
419) '夫行, 巽來學'은 '이른바 행동은 공손하게 성실하게 학습해야 한다'의 뜻이다. '來'를 실질적인 의미를 지니는 것이 아니라 동사 '巽'과 '學'을 연결해주는 허사적인 용법으로 보아도 무방하다.
420) ≪廣韻·庚韻≫:「生, 生長也.」
421) "천지는 생명의 근원이다."
422) 陳劍(2004)는 "喪, 指喪禮. 原釋爲冕"라 하여 '喪'자로 해석하였다.
423) "흉한 일에 있어서는 오른 쪽을 숭상하게 된다."
424) ≪說文解字≫:「⬛(喪), 亡也. 从哭, 从亡, 會意, 亡亦聲.」
425) ≪楚系簡帛文字編≫, 126 쪽 참고.

第24簡

之曰=㠯善立所學皆終日=㠯不善立

第 24 簡

之. 百=(一日)㠯善^①立, 斈(學)皆終^②; 百=(一日)㠯不善立,

【釋文】

☑之. 一日以善立, 所學皆終; 一日以不善立,【24】

【해석】

(나라를 다스리는 자가)매일매일 선한 마음으로 임하게 된다면, 그 배움은 좋은 결과가 있을
것이다. 그러나 매일 선함을 세우지 않는다면,

【上博簡原注】

본간은 길이가 19.2cm 이고, 상단이 파손되었다. 문자는 16자가 있고 그 중에 합문合文은
두 자이다.

① '善'
≪서경書經·이훈伊訓≫에서 「作善, 降之百祥; 作不善, 降之百殃.」⁴²⁶⁾라 하였다.

② '終'
'終(끝날 종, zhōng)'은 '극치에 달하다'·'다하다'의 뜻이다. ≪장자莊子·천도天道≫에서 「夫
道, 於大不終, 於小不遺, 故萬物備.」⁴²⁷⁾라 하였는데, 성현영成玄英은 "'終'은 '극에 달하다'의
뜻이다."⁴²⁸⁾라 하였다. 비록 유교儒敎와 도교道敎에서 뜻하는 의미가 다르다고 할지라도 「終」의
궁극적인 의미는 같다.

【譯註】

진검陳劍(2004)과⁴²⁹⁾ 이예李銳⁴³⁰⁾ 등은 '斈'자를 '學(배울 학, xué)'으로 읽고 있으나, 조병청

---

426) "평소에 선행을 하면 하늘이 상서로운 일을 내린다. 행악을 하면 하늘이 재난을 내린다."
427) "큰 방면에서 말하면 도는 끝이 없고, 작은 방면에서 말하면 도는 결원이 없다. 그래서 만물이 구비한다."
428) 「終, 窮也.」

趙炳淸431)과 연덕영連德榮432) 등은 '敎(가르침 교, jiào,jiāo)'로 읽고 있다. 본 죽간은 6 →23B→ 23A→24→25의 순서로 연결되기 때문에 군이 정리본의 해석을 따르지 않고 '敎'로 해석할 필요 가 없을 것 같다.

429) 〈上博竹書≪仲弓≫篇新編釋文(稿)〉, 簡帛硏究, 2004-04-19
430) 李銳, 〈仲弓新編〉, confucius2000, 2004-04-22.
431) 趙炳淸, 〈上博簡三≪仲弓≫的編联及講釋〉, 簡帛硏究, 2005-04-10
432) 連德榮 撰寫(季旭昇 訂改), ≪上海博物館藏戰國楚竹書(三)·仲弓譯釋≫, 萬卷樓, 2005.

第25簡

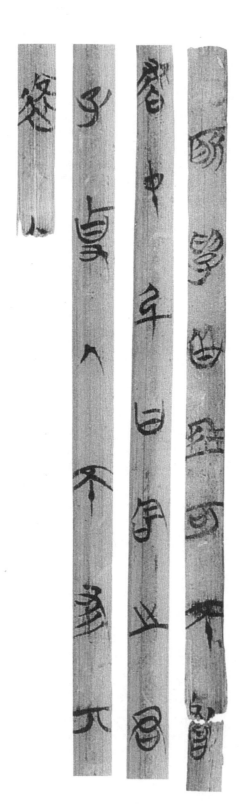

所學皆亞可不新虐中弓日含之君子夏人不妻丌逃

第 25 簡

所學(學)皆亞(惡)①, 可不斬(愼)唐(乎)？」中(仲)弓曰：「含(今)之君子貞(使)人, 不聿(盡)丌逆②

【釋文】

所學皆崩, 可不愼乎？" 仲弓曰: "今之君子, 使人不盡其逆(?)【25】

【해석】

이렇게 되면 배움이 모두 잘못되고 마는데, 설마하니 신중하지 않을 수 있겠는가?"라고 말했다. 중궁은 "지금의 군주들은 백성을 기쁘게 하는데 온 힘을 다하지 않겠는가.

【上博簡原注】

본간은 길이가 27.3cm 이고, 상단과 중단을 병합한 것이고, 위의 제 24간과 연결되는 내용이다. 문자는 21자가 있다.

① '亞'

「亞」자는 「惡(악할 악(오), è,ě,wū,wù)」자와 통한다. ≪노자老子≫ 「天之所惡.」[433](제73장) 중의 「亞」자를 馬王堆帛書≪老子乙本≫은 「惡」자로 쓴다.

【譯註】

'㙅'자를 정리본은 '亞'자로 예정하고 '惡'으로 읽고 있다. 이 자는 제 19간의 '㙅(堋)'자와 같은 자이다. 본 죽간의 '㙅'자는 '堋(광중 붕, péng,pèng)'으로 예정할 수 있고, '崩(무너질 붕, bēng)'으로 읽을 수 있다. 금문 중 ≪남강정南疆鉦≫은 '㐁'으로 쓰고,[434] 초죽서 중 ≪곽점초간郭店楚簡·어총語叢≫은 '㙅'으로, ≪상박초간上博楚簡≫ 중 ≪용성씨容成氏≫는 '㙅'으로 ≪치의紂衣≫는 '㙅'으로, ≪포산초간包山楚簡≫은 '㙅'·'㙅'으로 쓰고, '朋'이나 '崩'의 의미로 쓰인다.[435]

---

433) "하늘의 혐오함."
434) ≪金文編≫, 887 쪽.

② '逌'

「逌」자는 「兌」자와 같다. ≪郭店楚簡·老子甲≫「閉其逌, 塞其門.」구절을 ≪郭店楚簡·老子乙≫은 「閉其門, 塞其逌」[436]로, 현행본 ≪老子≫는 「塞其兌, 閉其門」(제52장)으로 쓴다. 본 簡文에서 「逌(兌)」은 「희열喜悅(기쁘다.)」의 뜻이다. ≪석명釋名·석천釋天≫에서 "'兌'자는 '기쁘다'의 뜻이다. 물건이 충분하게 구비되어 있으니, 모두가 기쁘다."[437]라 하였다.

【譯註】

'逌'자를 정리본은 '열悅(기쁘다)'의 의미로 해석하였지만, 이해가 쉽지 않다.

조병청趙炳淸은 "使人不盡其逌"의 구절을 제 21간 "也, 定不及其成"과 연결되는 내용으로 보고, "사람으로 하여금 기분이 좋게 할 수 없고, 결정된 정책이 성공적으로 실행되어지는 것을 바라지 못하다."라고 해석하였다.[438]

제 20간은 '간언諫言'에 관한 내용이 있다. ≪맹자孟子≫ 중에 '사인使人'과 '간언諫言'의 내용을 함께 언급하는 내용이 ≪맹자孟子·이루하離婁下≫에 보인다.

맹자께서 제齊나라 선왕宣王에게 이렇게 일러주셨다. "임금이 신하 보기를 자기의 손발같이 여기면 신하는 임금 보기를 자기의 배와 염통같이 여기고, 임금이 신하 보기를 개나 말같이 여기면 신하는 임금 보기를 일반 국민같이 여기고, 임금이 신하 보기를 토개土芥(흙과 쓰레기)같이 여기면 신하는 임금 보기를 원수같이 여깁니다." 왕이 "예禮에는, 전에 섬긴 임금을 위해 복服을 입는다고 하였는데, 어떻게 하여야 복을 입어주게 됩니까?" "간諫한 것이 행하여지고 말이 받아들여져서 혜택이 백성들에게 내려가게 되다가, 일이 생겨 떠나가게 되면 임금이 사람을 시켜 그를 인도하여 국경을 내보내주고, 그가 가는 곳에 그가 가기 전에 먼저 그를 잘 말해주고, 떠나가서 3년이 되어도 돌아오지 않은 후에야 그에게 주었던 토지와 거처를 회수합니다. 이것을 삼유예三有禮라고 합니다. 이렇게 하면 그 임금을 위해 복服을 입습니다. 지금은 신하가 되어서 간諫하면 그것이 행하여지지 않고, 말을 하면 그것이 받아들여지지 않아서 혜택이 백성들에게 내려가지 않고, 일이 생겨 떠나가게 되면 임금은 그 식구를 때리고 잡아놓고, 또 그가 가는 곳에서 극도로 고통을 받게 하고, 떠나가는 날에 그에게 주었던 토지와 거처를 회수해 버립니다. 이것을 원수라 하는 것입니다. 원수에게 무슨 복服이 있겠습니까?"[439]

---

435) ≪楚系簡帛文字編≫, 1140 쪽.
436) "욕망의 근원을 막고, 향락의 문을 닫아야한다."
437) 「兌, 說也, 物得備足, 皆喜說也.」
438) 趙炳淸, 〈上博簡三≪仲弓≫的編聯及講釋〉, 簡帛研究, 2005-04-10.「使人心情不能暢快, 決策等不到成功實施.」

물론 공자와 맹자는 시대적 차이가 있으나, 맹자는 공자의 사상을 계승발전하였고, 초죽서가 또한 맹자가 활동하던 전국戰國 시기의 문헌자료이기 때문에 관련성은 충분히 있다. 따라서 본 구절 "使人不盡其逳"은 "君使人導之出疆"의 구절과 관계가 있으며, '逳'자는 '道'로 읽는 것이 아닌가 한다. '導'자를 초간에서는 '道'로 쓰기도 한다. 즉 '인도하여 송별하다'는 뜻이다. 두 자는 모두 자부字部 '辵'은 쓰고, 성모가 같고, 운모는 방대전旁對轉 관계이다(부록 참고).

道 dəw 幽部　　　　　　　　　兌 dwar 祭部

---

439) 「孟子·告齊宣王曰: 君之視臣如手足, 則臣視君如腹心; 君之視臣如犬馬, 則臣視君如國人; 君之視臣如土芥, 則臣視君如寇讎. 王曰: 禮爲舊君有腹, 何如斯可爲服矣? 曰: 諫行言聽, 膏澤下于民; 有故而去, 則君使人導之出疆, 又先于其所往; 去三年不反, 然後收其田里; 此之位三有禮焉; 如此則爲之服矣. 今也爲臣, 諫則不行, 言則不聽, 膏澤不下于民; 有故而去, 則君搏執之, 又極之于其所往; 去之日, 遂收其田里: 此之謂寇讎, 寇讎何服之有.」

第26簡

愚 忑 怠 虐 子 懸 元 因 虐 子 而 匀 孔 三 曰 魯

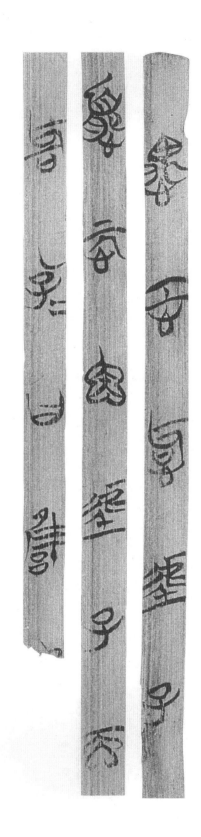

第 26 簡

愚悪(恐)怠虘(吾)子題(憂)^①, 悪(願)因(因)虘(吾)子而治(治)^②.」孔=(孔子)曰: 售(雍)

【釋文】

愚, 恐眙吾子羞, 願因吾子而治.」孔子曰: "雍, 汝【26】

【해석】

우둔하고 나태하기 때문에 선생님에게 걱정을 끼칠까하여, 삼가 선생님의 가르침에 따라 다스리고자 합니다."라 말했다. 공자는 "옹雍아, 너……

【上博簡原注】

본간은 길이가 23.4cm 이고, 아랫부분이 파손되었다. 문자는 16자가 있고, 그 중에 합문合文은 1자가 있다.

① '愚悪怠虘子題'

「愚(어리석을 우, yú)」자는 겸손한 표현으로, 자기 자신을 가리킨다.

「悪」자는 「恐(두려울 공, kǒng)」자와 같다. ≪설문해자說文解字≫에서 "'恐'자는 '겁내다'의 뜻이고, 자부 '心'과 소리부 '巩'으로 이루어진 형성자. 고문은 '悪'으로 쓴다."[440]라 하였다. 금문金文 ≪중산왕석정中山王䎭鼎≫은 「恐」자를 「悪」으로 쓴다.

「題」자는 「惪」 혹은 「憂(근심할 우, yōu)」자와 같다. ≪설문해자說文解字≫에서 "'惪'는 '근심하다'의 뜻. '心'과 '頁'로 이루어진 자."[441]이다라 하였다. 서개徐鍇는 ≪계전繫傳≫에서 "생각이 얼굴에 나타나기 때문에 자부 '頁'을 쓴다."[442]라 하였다. ≪정자통正字通≫은 "'惪'자는 본래 '憂'자로 쓴다."[443]라 하였다. ≪中山王䎭鼎≫에 「惪勞邦家.」[444]라 하고, ≪곽점초간郭店楚簡

---

440) ≪說文解字·心部≫: 「恐, 懼也. 從心巩聲. 悪, 古文.」
441) ≪說文解字·心部≫: 「惪, 愁也. 從心·頁.」
442) ≪繫傳≫: 「心形於顔面, 故從頁.」
443) ≪正字通≫: 「惪, 憂本字.」
444) "나라를 위하여 걱정하고 힘쓰다."

·노자을老子乙≫「絶學亡愿」[445] 구절을 현행본 ≪老子≫는 「絶學亡憂」(제20장)로 쓴다. 따라서 「愿」와 「憂」자는 서로 통함을 알 수 있다.

【譯註】
≪中山王䕣鼎≫은 「忑(恐)」자를 '〔그림〕'(≪集成≫2840)으로 쓰고, 「愿(憂)」자를 '〔그림〕'으로 쓴다.

② '忑因虐子而訇'

「忑」자는 「元」자와 「心」자로 이루어진 자이고, 「愿」자와 같다. 이 두 자는 모두 字部가 「心」이고, 「元」자와 「原」자는 서로 통한다. ≪史記·司馬相如列傳≫「非常之原, 黎民懼焉.(범상치 않는 일을 시작할 때, 백성은 무서워할 것이다.)」 구절 중의 「原」자는 ≪漢書·司馬相如傳≫에서는 「元」자로 쓴다. ≪中山王䕣壺≫에는 「其有忑(愿).(이러한 바람이 있다.)」라는 구절이 있다.

갑골문에 자부 「矢」를 쓰는 「因」자가 있는데, 이 자는 「인因」자와 같은 자이다. '뒤따르다(順隨)'나 '의존하다(依靠)'의 뜻이다.

【譯註】
≪中山王䕣壺≫(≪集成≫9735)는 「忑」자를 '〔그림〕(忨)'자로 쓴다.[446] 정리본은 '〔그림〕(訇)'자를 '治'의 의미로 읽고 있는데, 진위陳偉〈上博楚竹書≪仲弓≫'季桓子章'集釋〉[447]은 ≪論語·雍也≫의 "季氏使閔子騫爲費宰. 閔子騫曰: '善爲我辭焉! 如有復我者, 則吾必在汶上矣.'"[448]등의 구절을 참고하여 '사양하다'의 '사辭'자로 읽고 있다. 그러나 제 4간에 "雍也從於宰夫之後"라는 문장이 있는 것으로 보아 중궁이 이미 재부宰夫가 되기로 결정한 후 공자의 가르침을 듣고자 하는 것으로 보인다. 따라서 정리본의 '치治'의 주장이 옳은 듯하다.[449]

'虐子'자는 '오자吾子'로, 공자의 제자들이 공자를 지칭하는 '나의 스승'이라는 뜻이다.

본 26간을 일반적으로 제 4간과 연계되는 순서로 보고 있다.

---

445) "배움을 근절하면 걱정이 없어진다."
446) ≪金文編≫, 1745', 720 쪽. "義皆如愿.(뜻은 모두 '愿'과 같다.)"
447) 陳偉, 〈上博楚竹書≪仲弓≫'季桓子章'集釋〉, 簡帛硏究, 2005-12-10
448) "季氏가 閔子騫을 費宰의 邑宰로 삼으려 하자, 閔子騫은 '나를 위해 잘 좀 사양해 주십시오. 만약에 나에게 다시 말하면 나는 반드시 汶水 가에 있을 것이오."
449) 林志鵬, 〈仲弓任季氏宰小考〉: "仲弓接任季桓子宰的時間可能在孔子離魯前, 是以能當面問政於夫子, 而〈仲弓〉所謂「從於宰夫之後」可能正指接任子路家宰之主政位置, 「宰夫」所指爲子路.", 簡帛硏究, 2004-06-06.

이 제 4간과 26간은 당연히 서로 연결되는 죽간이다. 이예李銳는 ≪荀子·成相≫의 「愚以重愚, 闇以重闇, 成爲桀」[450] 구절을 참고하여 '중우重愚'로 읽어야 된다고 생각하고, 이학근李學勤 역시 제 4간과 26간은 서로 연결되는 죽간이고 '동우童愚'로 읽었다.[451]

제 4간과 26간은 상호 연결되는 죽간으로 볼 수 있다. '憧'은 '重'으로 읽고, '重愚'는 ≪荀子·成相≫"愚以重愚, 闇以重闇, 成爲桀" 구절 중에 보인다. '怠'는 '殆(위태할 태, dài)'로 읽을 수 있다.(혹은 '乃'로 읽을 수 있다). 서로 연결하여 읽으면 "使雍也從於宰夫之後. 雍也憧(重)愚, 恐怠(殆)吾子憂. 愿因吾子而治. 孔子曰: 雍, [女(汝)?]……"이다. 제 26간의 제일 마지막 자는 남은 필획의 흔적으로 보아 '女'자일 가능성이 있다, 이 자는 '汝'로 읽는다. 제 4간 앞은 제 1간 "季桓子使仲弓爲宰, 仲弓以告孔子曰: 季氏" 구절이 위치하는 것이 아닌가 한다. 다만 일부의 내용이 보이지 않는다.[452]

진검陳劍 역시 이예李銳의 견해에 따라 죽간의 순서를 1→4→26로 보고 있다. 진검陳劍은 또한 '怡'자는 '이貽'자와 통하고 '愳'자는 '수羞'자와 통한다하며, 문장을 "☐使雍也從於宰夫之後. 雍也童【4】愚, 恐怡(貽)吾子愳(羞). 願因吾子而治. 孔子曰: 雍, 汝【26】"로 인식하고 있다.

'怡'자와 '貽(끼칠 이, yí)'자, '愳'자와 '羞(바칠 수, xiū)'자는 모두 음이 가깝고 서로 통한다. ≪예기禮記·내칙內則≫은 "장차 선하지 못한 일을 하려고 할 때에는 부모에게 부끄러움과 욕됨이 돌아갈 것을 생각하다"라 하고, ≪일주서逸周書·서序≫는 "목왕穆王은 왕위를 보위하는 것이 쉽지 않고, 세상에 부끄러움을 남겨놓을까 걱정하고, 스스로 경계하고 각성을 하고자 역사 기록을 하게 하였다."라 하였다.[453]

맹봉생孟蓬生은 〈上博竹書(三)字詞考釋〉에서 진검陳劍이 '愳'자를 '羞(바칠 수, xiū)'자로 읽는 것을 찬성하며, '愳'자는 '우憂'자가 아니고, '수치羞恥'의 '羞'자라 하였다.

450) "어리석고 또 어리석으며 아둔하고 또 아둔하다 보면 임금은 걸왕이 되리라."
451) 李銳≪淸華大學簡帛講讀班第三十二次硏討會綜述≫, confucius2000, 2004-04015.「此篇簡4與簡26當相連, 李銳認爲斷处據≪荀子·成相≫"愚以重愚, 闇以重闇, 成爲桀", 可讀爲'重愚', 李學勤先生指出當連讀爲'童愚'.」
452) 李銳, 〈≪仲弓≫補釋〉, confucius2000, 2004-04-18.「簡4與簡26可以相連, '憧', 讀爲'重', '重愚', ≪荀子·成相≫: "愚以重愚, 闇以重闇, 成爲桀." '怠', 可以讀爲'殆'(或可讀爲'乃'). 連讀即是"使雍也從於宰夫之後. 雍也憧(重)愚, 恐怠(殆)吾子憂. 愿因吾子而治. 孔子曰: 雍, [女(汝)?]……"簡26最後一字殘劃可能是'女', 讀爲'汝'. 簡4之前可能就是簡1"季桓子使仲弓爲宰, 仲弓以告孔子曰: 季氏", 但是當有缺文.」
453) 陳劍, 〈上博竹書≪仲弓≫篇新編釋文(稿)〉, 簡帛研究, 2004-04-18.「'怡'與'貽'·'愳'與'羞'皆音近可通. ≪禮記·內則≫: "將爲不善, 思貽父母羞辱." ≪逸周書·序≫: "穆王思保位惟難, 恐貽世羞, 欲自警悟, 作史記."」

이 '愳'자를 진검陳劍은 '羞(바칠 수, xiū)'자로 읽고 있는데, 이는 옳다. 이 자는 '憂(근심할 우, yōu)'자가 아니다. 이 자는 자부 '心'과 소리부 '䏌'로 이루어진 형성자이다. ≪포산초간≫ 제 180간에 '䏌'자가 있으나, 인식하지 못하는 자였다. ≪초계간백문자편≫와 ≪포산초간문자편≫ 모두 이 자를 수록하고 있으나 ≪설문해자≫에는 없는 자라 하였다. 실질적으로 '䏌'자는 '朒(안색이 부드러울 유, yōu)'자의 다른 형태이다. ≪說文解字≫는 "'朒'자는 '안색이 부드럽다'는 의미. 자부 '頁'와 '肉'으로 이루어진 자이며, '柔'의 음으로 읽는다."라 하였다. ≪광운≫은 '䏌'은 '안색이 온화하다'의 뜻"이라 하고, ≪집운≫은 "'䏌'자는 '朒'자와 같다. ≪說文解字≫는 '안색이 부드럽다의 의미'라 하였고, 이 자는 또한 자부 '頁'을 쓰기도 한다."라 하였다. 또한 ≪집운≫은 "脵, 朒은 안색이 화기애애하고 부드러운 모양. 혹은 자부 '頁'을 쓰기도 한다."라 하였다. 고음 중 '柔'음과 '丑'음이 서로 통하기 때문에 '愳'자와 '羞'자는 서로 통한다. ≪집운≫은 "糅(섞을 유, róu)는 粈(잡곡밥 뉴, niù,rǒu)이다. 잡곡밥이다. 혹은 '粈(잡곡밥 뉴, niù,rǒu)'자로 쓰기도 한다."라 하였고, ≪의예儀禮·대사의大射儀≫"公新揉之" 구절에 대하여 정현은 "고문은 '揉(주무를 유, róu,rǒu)'자를 '紐(끈 뉴(유), niǔ)'로 쓴다."라 하였다. ≪의예儀禮·향사예鄕射禮≫ "則以白羽与朱羽糅" 구절에 대하여 정현鄭玄은 "지금은 '糅'자를 '縮(줄일 축, suō,sù)'으로 쓴다."라 하였다. ≪의례·향사례≫ "乃宿尸" 구절에 대하여 정현鄭玄은 "고문은 '宿(묵을 숙, sù,xiǔ,xiù)'자를 모두 '羞(바칠 수, xiū)'자로 쓴다."라 하였다. ≪說文解字≫는 '羞'자에 대하여 "'바치다'의 의미. 자부 '羊'과 '丑'으로 이루어진 자이다. '羊'은 이른바 바치는 것이다. '丑'은 역성亦聲이다"라 하였다. 즉 '羞'자는 본래의 뜻은 '수치스럽다(수치羞恥)'의 '羞'의 의미와 관련이 없음을 알 수 있다. '愳'자는 자부 '心'과 소리부 '䏌'로 이루어진 자이고 '羞恥'의 '羞'자이다.454)

맹봉생孟蓬生의 '愳'와 '수羞'자와의 음성적 관계는 설명할 수 있으나, '羞'자의 본자本字라는 근거는 충분치 않다.

'朒(안색이 부드러울 유, yōu)'자를 ≪구점초간九店楚簡≫은 '𩑩'로, ≪포산초간包山楚簡≫은 '𩓣'로 쓴다.455) '羞(바칠 수, xiū)'자를 갑골문은 '𦫵'·'𦫳'로456), 금문은 '𦫵'·'𦬻'·'𦫳'·'𦫷'

---

454) 孟蓬生,〈上博竹書(三)字詞考釋〉, 簡帛研究. 2004-04-23.「當從陳劍先生說讀爲'羞', 但需要指出的是, 此字並不是憂字. 此字構形當分析从心, 䏌聲. 包山楚簡第180簡有䏌字, 字不識. ≪楚系簡帛文字編≫·≪包山楚簡文字編≫均予收錄, 亦以爲≪說文解字≫所無. 實際上䏌即朒字之異構. ≪說文解字·肉部≫:"朒, 面柔也. 从頁, 从肉, 讀若柔." ≪廣韻·尤韻≫:"䏌, 面和." ≪集韻·尤韻≫:"䏌朒, ≪說文解字≫面和也. 或从頁." 又≪集韻·有韻≫:"脵朒, 面色和柔兒. 或从頁." 古音柔聲·丑聲相通, 故愳羞可以相通. ≪集韻·有韻≫:"糅粈, 雜飯也. 或作粈." ≪儀禮·大射禮≫:"公新揉之." 鄭注:"古文揉爲紐." ≪儀禮·鄕射禮≫:"則以白羽与朱羽糅." 鄭注:"今文糅爲縮." ≪儀禮·鄕射禮≫:"乃宿尸." 鄭注:"古文宿皆作羞." ≪說文解字·羊部≫:"羞, 進獻也. 从羊丑. 羊, 所進也. 丑亦聲." 可知羞字本義與'羞恥'之'羞'無關. 然則愳字从心, 䏌聲, 當爲'羞恥'之'羞'的本字.」

455) ≪楚系簡帛文字編(增訂本)≫, 湖北教育出版社, 800 쪽.
456) ≪甲骨文編≫, 中華書局, 559 쪽.

로[457], ≪수호지진간睡虎地秦簡≫은 '羑'로 쓴다.[458) 아랫부분 자부 '廾'은 소전小篆 '羑'에서 '丑'으로 와전되었다. '朏'와 '羞'자는 성모聲母는 모두 설음舌音이고, 가부歌部와 유부幽部는 방대전旁對轉관계이다.

朏	njəw	幽部
羞	djiwa	歌部
粗(糅)	njəw	幽部
丑	tʰiəw	幽部
宿	sjəw	幽部

따라서 '愚忎怠虞子愳'은 '愚, 恐眙吾子羞'로 읽을 수 있고, '선생님을 부끄럽게 하는 누를 끼칠까봐 걱정이 되다'의 의미이다(부록 참고).

457) ≪金文編≫, 991 쪽.
458) ≪睡虎地秦簡文字編(文物出版社), 220 쪽.

第27簡

中
弓
曰
敢

第 27 簡

中(仲)弓曰: 敢

【釋文】

☑仲弓曰: "敢【27】

【해석】

……중궁仲弓이 말하였다. "감히

【上博簡原注】

본간은 길이가 4.2cm 이고, 잔간(殘簡)이다. 문자는 4자가 있다.

【譯註】

진검陳劍과 이예李銳는 제 27간을 제 15간과 연결되는 간으로 보고 있으나, 황인이黃人二는 본편의 가장 앞에 놓고 제 21간과 연결되는 것으로 보이고 있다.

본 27간이 15간이나 21간의 앞 어느 부분에 위치해도 전체 내용에 크게 영향을 주지 않기 때문에 별 문제는 없으나, 정리본처럼 뒷부분에 놓는 것은 고려할 필요가 있다.

第28簡

中
尼

第 28 簡

中(仲)尼

【釋文】

仲尼

【해석】 공자

【上博簡原注】

본간은 길이가 2.1cm 이고, 잔간殘簡이다. 문자는 2자가 있다.

【譯註】

본 죽간은 '중니仲尼' 두 자만 있기 때문에, 중궁의 물음에 공자가 대답하는 내용과 연결되는 부분이면 어느 곳에 위치해도 된다. 진검陳劍과 황인이黃人二는 제 19간 앞에 위치하는 것으로 보고, 이예李銳는 제 7간 앞에 놓고 있다. 모두 가능하다. 그러나 정리본처럼 단독적으로 가장 뒷부분에 놓는 것은 옳지 않다.

附簡

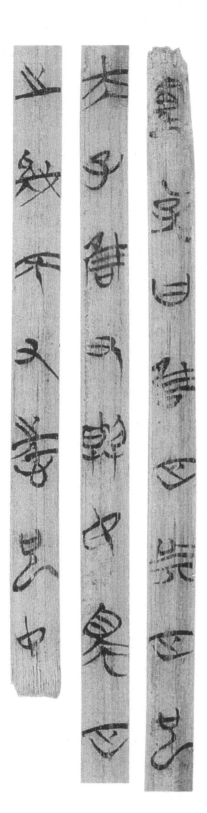

餁孔〓曰唯正者正也夫子唯又與女蜀正之幾不又悝也中

附簡

　　飪.」孔＝(孔子)曰：「唯正(政)者^①, 正也. 夫子唯又(有)與(擧)^②, 女(汝)蜀(獨)正之^③, 幾(豈)不又(有)悸^④也.」中(仲)

【釋文】

　　☑□. 孔子曰："唯政者, 正也. 夫子雖有擧, 汝獨正之, 豈不有悸也？" 仲☑【附簡】

【해석】

　　□. 공자가 말하였다. "정치란 바르게 하는 '正'이다. 계환자가 비록 현명하고 재질이 있는 관리를 추천하겠지만, 너만 혼자 이를 바로 잡으려 한다면, 이는 또한 바르지 못한 시정이 아니고 무엇이겠는가? 중仲……

【上博簡原注】

　　본간은 길이가 22.2cm 이고, 윗부분과 아랫부분이 모두 파손되었다. 문자는 16자가 있고, 그 중에 合文은 1자 있다.

　　이 간문簡文의 내용은 ≪중궁仲弓≫과 비슷하고, 글씨체 또한 거의 비슷하다. 그런데 문자와 문자 사이의 간격은 본 ≪중궁≫의 다른 죽간보다 약간 더 밀접하고, 죽간의 색깔 또한 다르다. 상해박물관의 초죽서 중에는 상당히 많은 중본重本(다중의 판본)이 있는 것을 고려하여, 본 부간附簡을 여기에 두어 참고하기로 한다.

　　① '唯正者正也'
　　≪大戴禮記·哀公問於孔子≫는 「政者正也, 君爲正, 百姓從政矣.」⁴⁵⁹⁾라 하였다. 「正」은 '정중(正中)하다'·'반듯하다(平正)'·'한 쪽으로 치우치지 않다'의 의미이다.
　　≪설문해자說文解字≫는 "'正'은 '옳다'의 뜻이다."⁴⁶⁰⁾라 하였다.

---

459) "'정政'이란 바로 '正'이다. 군주가 바르면 백성이 그의 정령에 따른다."
460) ≪說文解字·正部≫: 「正, 是也.」

【譯註】

'![glyph]'자를 정리본은 '𦧒(익힐 임, rèn)'으로 예정하고 있다. 진검陳劍은 이 자는 '𦧒'자가 아니고, 자부 '今'과 '聖'으로 이루어진 자라 하였다.461) 그러나 여전히 어떤 의미인지 알 수가 없다.

≪논어論語≫에 계강자季康子가 공자에게 자문하는 내용이 있다. 계강자에 관한 기록은 ≪춘추春秋≫와 ≪좌전左傳≫에 보인다. 계손사季孫斯(환자桓子)가 애공哀公 삼년三年 가을 칠월에 죽고, 계손비季孫肥(강자康子)가 계승하였다. ≪논어≫의 계강자季康子가 공자에게 자문을 구한 것은 노魯나라 애공哀公 삼년三年 칠월 이후의 일이다.462) '從政'에 내용은 아래와 같다.

季康子問: "使民敬·忠以勸, 如之何?" 子曰: "臨之以莊, 則敬. 孝慈, 則忠. 舉善而教不能, 則勸."(≪爲政≫)

계강자가 물었다. 백성들로 하여금 경건하고 충성스럽고 부지런하게 하려면 어떻게 권해야합니까? 공자가 말하였다. 장중한 태도로 그들을 대하면 그들은 경건해지고, 효성스럽고 자애로운 태도로 그들을 대하면 그들은 충성스러워진다. 훌륭한 사람을 기용하고 무능한 사람을 가르쳐주면 그들이 부지런해집니다.

季康子問: "仲由可使從政也與?" 子曰: "由也果, 於從政乎何有?" 曰: "賜也可使從政也與?" 曰: "賜也達, 於從政乎何有?" 曰: "求也可使從政也與?" 曰: "求也藝, 於從政乎何有?"

계강자가 물었다. 중유仲由(자로子路)는 정치에 종사해도 되겠습니까?

공자가 말하였다. 중유는 과단성이 있으니 정치를 하는데 무슨 문제가 있겠습니까?

계강자가 물었다. 사賜(단목사端木賜, 자공子貢)은 정치를 해도 되겠습니까?

공자가 말하였다. 사賜는 사리에 통달하니 정치에 종사하는데 무슨 문제가 있겠습니까?

계강자가 물었다. 구求(염구冉求, 자유子有)는 정치에 종사해도 되겠습니까?

공자가 말하였다. 구는 재주가 있으니 정치를 하는데 무슨 문제가 있겠습니까?

季康子問政於孔子. 孔子對曰: "政者, 正也. 子帥以正, 孰敢不正?"(≪顏淵≫)

계강자가 공자에게 정치에 대하여 물었다. 공자가 대답하였다. '政'이란 바로잡는 '正'이다. 당신이 바름으로써 본을 보인다면 누가 감히 바르지 않겠는가?"라 하였다.

季康子患盜, 問於孔子. 孔子對曰: "苟子之不欲, 雖賞之不竊."(≪顏淵≫)

계강자가 도둑을 걱정하여 공자에게 물었다. 공자가 말하였다. 진실로 선생이 욕심을 내지 않는다면 사람들에게 상을 준다고 해도 훔치지 않을 것이다.

季康子問政於孔子曰: "如殺無道, 以就有道何如?" 孔子對曰: "子爲政, 焉用殺? 子欲善而民善矣. 君子之德風, 小人之德草. 草上之風, 必偃."(≪顏淵≫)

---

461) 陳劍, 〈上博竹書仲弓篇新編釋文〉, 簡帛硏究, 2004-04-19.
462) 楊伯峻, ≪論語譯註≫, 中華書局, 129 쪽.

계강자가 정치에 대하여 공자에게 물었다. 만약에 무도한 자를 죽임으로써 도가 있는 사회를 이룬다면 어떻겠습니까? 공자가 말하였다. 당신이 정치를 하는데 만약에 왜 하필 죽이는 방법을 씁니까? 당신이 스스로 선량해지려고 노력하면 백성들은 곧 선량해질 것입니다. 군자의 덕은 바람이고, 소인의 덕은 풀입니다. 풀은 그 위에 바람이 불면 바람에 따라 쓰러지는 법입니다.

본 ≪仲弓≫편은 공자가 '從政'에 관하여 대답한 내용으로, 위의 ≪論語≫ 내용과 관련이 있다. 위의 내용 중, 문장 끝에 쓰이는 '偃(쓰러질 언, yǎn)'자는 소리부분은 '壬' 혹은 '今'과 '堙'인 ''자와 관련이 있지 않을까 한다. 성모는 방뉴旁紐관계이고, 운모韻母는 방전旁轉 혹은 대전對轉관계로 서로 통한다. ≪說文解字≫는 '(偃)'자에 대하여 "'쓰러지다'의 의미. 자부 '人'과 소리부 '匽'으로 이루어진 형성자이다."463)라 하였다. ≪수호지진묘죽간睡虎地秦墓竹簡≫은 ''으로 쓴다.

偃	ʔjan	元部
堙	ʔjien	眞部
壬	njiəm	侵部
今	kjəm	侵部

≪상해박물관장전국초죽서(팔)上海博物館藏戰國楚竹書(八)·난부蘭賦≫는 '堙'자를 자부 '攵'을 써서 '(敳)'으로 쓴다.464) 금문은 ''으로 쓴다.465) '堙(막을 인, yīn)'자에 대하여 ≪설문해자說文解字≫는 "'堙'은 '막히다'의 의미. ≪尚書≫는 '鯀이 洪水를 막다'라 하였다. 자부 '土'와 소리부 '西'로 이루어진 형성자. 고문은 '壡'으로 쓴다."466)라 하였다. '堙'자는 '陻'자와 같은 자이며, 경전에서 일반적으로 '묻다'·'매몰하다'인 '堙(막을 인, yīn)'이나 '湮(잠길 인, yān,yīn)'자로 쓴다. ≪국어國語·주어하周語下≫ "亡其氏姓, 踣斃不振, 絶後無主, 堙替隷圉."467) 구절에 대하여 韋昭는 "堙, 沒也.('堙'은 '몰락하다'의 의미.)"라 하고, ≪사기史記·백이열전伯夷列傳≫은 "巖穴之士, 趨舍有時, 若此類名湮滅而不稱, 悲夫. 閭巷之人, 欲砥行立名者, 非附靑雲之士,

---

463) ≪說文解字≫:「偃也. 从人, 匽聲.」

464) ≪上海博物館藏戰國楚竹書(八)≫, 曹錦炎 整理註解, 266 쪽.

465) ≪金文編≫, 886 쪽.

466) ≪說文解字≫:「, 塞也. ≪尚書≫曰: '鯀堙洪水.' 从土, 西聲. , 古文堙.」

467) "그들의 후대는 자신들의 성씨를 멸망시키고, 한번 뒤집힌 뒤 다시 일어서지 못하고 심지어 후대가 끊겨 제사지내는 사람마저 없게 되자 일부 후손은 노복으로 전락하게 되었다."

惡能施于後世哉！"468)라 하였다.

따라서 '偃'자와 '堙(湮)'자는 음과 의미가 통한다. 앞으로 좀 더 많은 연구가 필요하겠으나, 잠시 '堙(막을 인, yīn)'으로 예정하고 '偃(쓰러질 언, yǎn)'의 의미로 해석하기로 한다(부록 참고).

② '與'

'현명한 인재를 추천하는 것(擧賢才)'의 「擧(들 거, jǔ)」이다.

③ '女蜀正之'

《방언方言》은 「蜀(나라 이름 촉, shǔ)」자에 대하여 "'蜀'은 '하나'의 뜻이다. 초楚나라의 남쪽 지방은 '독獨'이라고 한다."469)라 하였고, 곽박郭璞은 "'蜀'자는 '獨'자와 같다."470)라 하였다. 「正」자는 '교정하고 바로잡다'의 뜻이다. 《논어論語·학이學而》는 「就有道而正焉」471)라 하였다.

【譯註】

《논어論語·안연顏淵》은 "季康子問政於孔子. 孔子對曰：'政者, 正也. 子帥以正, 孰敢不正？"472)이라 하였다.

《논어·안연》의 내용을 본 죽간의 내용을 연계해서 볼 수도 있다. 만약에 이러한 가설이 옳다고 한다면, 전체적으로 "'政'이란 바로 잡는 '正'이다. 당신이 인물을 등용하여, 네가 반드시 이를 바로 잡고자 한다면, 어찌 바로잡지 못하는 일이 있겠는가？"로 해석할 수 있다.

'惟'자는 '바로잡다'는 '匡(바룰 광, kuāng)'자와 통한다.

---

468) "그런 심사유곡에 묻혀 은둔하여 사는 선비들은 그들이 관직에 나서거나 혹은 물러나 은신할 때는, 그 원칙을 중시하여야 하고, 시기를 적절하게 선택을 하여야 한다. 그렇지 않으면 그들의 명성은 없어져 사라지게 되어 아무도 알지 못하게 되니, 이는 어찌 비극적인 일이 아닐 수 있겠는가? 평범한 일반 사람들은 만약에 자신의 품성을 닦고 일가견을 갖추고 일가를 이루고자 한다면, 덕망이 높은 현인에 의지하지 않고서는 어떻게 자신의 명성을 후세에 남길 수 있겠는가？"

469) 《方言》：「蜀, 一也, 南楚謂之獨.」

470) 「蜀, 猶獨耳.」

471) "선량한 성품이 있는 사람을 가까이하고 자신을 교정한다."

472) "계강자季康子가 공자에게 정치에 대하여 물었다. 공자가 대답하였다. '政'이란 바로잡는 '正'이다. 당신이 바름으로써 본을 보인다면 누가 감히 바르지 않겠는가？"

④ '怪'

「怪」자는 「枉(굽을 왕, wǎng)」으로 읽어야 할 것 같다. 「枉」은 '바르지 못하다', '잘못된 것을 바로 잡으려다가 정도를 지나치다'는 뜻이다. 전체적인 의미는 '현명한 인재에게 무리하게 완전 무결하기를 요구할 수 없다'이다.

【譯註】

정리본은 '與'자를 '추천하다'의 '擧'로, '怪'자를 '枉'의 의미로 해석하였다. 그렇다면 전체적으로 "계환자가 비록 현명하고 재질이 있는 관리를 추천하겠지만, 너만 혼자 이를 바로 잡으려한다면, 이는 또한 바르지 못한 시정이 아니고 무엇이겠는가?"이다.

≪論語·顔淵≫은 "子曰, 擧直錯諸枉, 能使枉者直."473)라 하였다.

───────────

473) "곧은 것을 들어서 굽은 것에 놓으면 굽은 것을 곧게 할 수 있다."

≪仲弓≫ 主要參考文獻

程樹德, ≪論語集釋≫, 中華書局, 1990年.

劉寶楠, ≪論語正義≫, 中華書局, 1990年.

楊伯峻, ≪論語譯註≫, 中華書局, 1980年.

錢穆, ≪論語新解≫, 三聯書店, 2002年.

朱熹 著, 成百曉 譯註, ≪論語集註≫, 傳統文化研究會, 2000年.

오규 소라이 지음, 이기동 등 옮김, ≪논어징≫, 소명출판, 2010年.

季旭昇 主編, ≪上海博物館藏戰國楚竹書(三)讀本≫, 臺灣萬卷樓, 2005年.

許世瑛, ≪論語二十篇句法研究≫, 臺灣開明書店, 1994年.

유종목, ≪논어의 문법적 이해≫, 문학과지성사, 2000年.

이민수 옮김, ≪공자가어≫, 을유문화사, 2003年.○

平岡武夫, ≪全譯漢文大系·論語≫, 日 集英社, 1984年.

馬承源主編, 李朝遠 整理, ≪上海博物館藏戰國楚竹書(三)·中弓≫, 古籍出版社, 2003年.

汪中文, 〈≪仲弓≫「雍也憧(恚)愚」解〉, 簡帛研究, 2005-12-17

陳偉, 〈竹書≪仲弓≫詞句試解(三則)〉, 簡帛研究, 2005-08-15

許子濱, 〈上博簡≪仲弓≫「害近 矣」解〉, 簡帛研究, 2005-06-21

程鵬萬, 〈≪仲弓≫的‘ ’字考釋〉, 簡帛研究, 2005-06-06

趙炳清, 〈上博簡三≪仲弓≫的編聯及講釋〉, 簡帛研究, 2005-04-10

鄭玉姍, 〈由≪上博三.仲弓≫的「 」·「 」等字討論上博簡與郭店簡〉, 簡帛研究, 2005-02-20

申紅義, 〈上海博物館藏戰國楚竹書≫(三)≪仲弓≫雜記〉, 簡帛研究, 2004-06-30

林志鵬, 〈仲弓任季氏宰小考〉, 簡帛研究, 2004-06-06

晁福林, 〈上博三≪仲弓≫篇簡序調整之一例〉, 簡帛研究, 2004-06-06

朱淵清, 〈仲弓的年齡及其身份〉, 簡帛研究, 2004-05-12

何有祖, 〈上博三≪仲弓≫小札〉, 簡帛研究, 2004-05-12

侯乃鋒, 〈≪仲弓≫篇"攼析"試解〉, 簡帛研究, 2004-05-03

李銳, ≪清華大學簡帛講讀班第三十二次研討會綜述≫, confucius2000, 2004-04-15

李銳, ≪〈仲弓〉新編≫, confucius2000, 2004-04-22

李銳, ≪〈仲弓〉續釋≫, confucius2000, 2004-04-24

李銳, ≪〈仲弓〉補釋≫, confucius2000, 2004-04-18

黃人二·林志鵬, 〈上博藏簡第三册仲弓試探〉, 簡帛研究, 2004-04-23

季旭升, 〈≪上博三.仲弓≫篇零釋三則〉, 簡帛研究, 2004-04-23

陳釗, 〈上博竹書≪仲弓≫篇新編釋文(稿)〉, 簡帛研究, 2004-04-19

蘇建洲, 〈《上博三.中弓》簡20「攼析」試論〉, 簡帛研究, 2010-01-02

楊懷源, 〈讀上博簡(三)《中弓》札記四則補〉, 簡帛研究, 2004-10-27

楊懷源, 〈讀上博簡(三)《中弓》札記四則〉, 簡帛研究, 2004-08-07

廖名春, 〈楚簡《仲弓》篇與《論語·子路》篇仲弓章對讀劄記〉, confucius2000, 2005-04-04

禤健聰, 〈上博簡(三)小札〉, 簡帛研究, 2005-05-12.

陳勤寧, 〈"有司"不是"官吏的通稱"〉, 《渤海學報》, 1996年第3·4期

晁福林, 《上博三〈仲弓〉篇簡序調整之一例》, 簡帛研究사이트, 2004-06-6

晁福林, 《上博簡〈仲弓〉疏證》, 《孔子研究》, 2005年第2期.

晁福林, 《從上博簡〈仲弓〉篇看孔子的'爲政'思想》, 《齊魯學刊》, 2004年第6期(總183期).

劉冬潁, 〈上博簡《中弓》與早期儒學傳承的再評價〉, 社會科學戰線, 2005年第3期, 博士論壇

梁靜, 〈上博楚簡《仲弓》篇研究〉, 中國典籍與文化, 2013(總第8期).

甄眞, 〈上博楚書(三)《中(仲)弓》集釋〉, 吉林大學碩士學位論文, 2006年4月

黃人二 林志鵬, 〈上海博物館藏楚簡《仲弓》試探〉, 文物, 2006年第1期.

甄眞, 〈關于上博簡《中(仲)弓》的綴合〉, 北京文學學術論壇, 2012年5月刊

倪壽明, 〈從孔子的"先有司"談起〉, 人民司法, 2010.

晁福林, 〈從上博簡《仲弓》篇看孔子的"爲政"思想〉, 齊魯學刊, 2004年第6期總第183期

王化平, 簡帛文獻中的孔子言論研究, 四川大學博士學位論文, 2006年4月10日

常佩雨, 上博簡孔子言論研究, 鄭州大學博士學位論文, 2012年5月

陳桐生, 從出土文獻看七十子後學在先秦散文史上的地位, 文學遺產, 2005年第6期

陳桐生, 七十子後學散文的文獻依据, 湖北大學學報(哲學社會科學版), 第35卷第2期, 2008年3月

秦飛, 出土文獻與古書反思——從上博簡《中弓》之刑政思想說起, 濟南大學學報(社會科學版), 第24卷
　　第1期, 2014年.

中國社會科學院簡帛研究中心, 《簡帛研究》第三輯, 廣西教育出版社, 1998年12月

連德榮 撰寫(季旭昇 訂改), 《上海博物館藏戰國楚竹書(三)·仲弓譯釋》, 萬卷樓, 2005年 10月.

孟蓬生, 〈上博竹書(三)字詞考釋〉, 簡帛研究, 2004 04 23.

| 역주자 소개 |

최남규崔南圭
대만동해대학 박사(지도교수 周法高, 중국고대언어학, 1994)
중국남경대학 박사(지도교수 莫礪鋒, 중국고대시학, 2000)
중국예술대학 박사(지도교수 黃惇, 중국 서예학, 2005)
현 전북대학교 중어중문학과 교수

주요저서
戰國시대 楚簡과 서예(서예문인화, 2008), 중국고대 金文의 이해 I (서울신아사, 2009)
중국고대 金文의 이해II(서울신아사, 2010)
상해박물관장전국초죽서·공자시론, 치의, 성정론(소명출판, 2012)
중국 戰國시기 楚나라 문자의 이해(학고방, 2012)
중국 고문자연구(학고방, 2015), 곽점초묘죽간(학고방, 2016)

상해박물관장전국초죽서
공자어록문편孔子語錄文篇(上)

초판 인쇄   2019년   2월   16일
초판 발행   2019년   2월   23일

주   편 | 마승원馬承源
역   주 | 최남규崔南圭
펴 낸 이 | 하운근
펴 낸 곳 | 學古房

주   소 | 경기도 고양시 덕양구 통일로 140 삼송테크노밸리 A동 B224
전   화 | (02)353-9908 편집부(02)356-9903
팩   스 | (02)6959-8234
홈페이지 | http://hakgobang.co.kr/
전자우편 | hakgobang@naver.com, hakgobang@chol.com
등록번호 | 제311-1994-000001호

ISBN   978-89-6071-868-5 94700
            978-89-6071-867-8 (세트)

값 : 46,000원

이 도서의 국립중앙도서관 출판예정도서목록(CIP)은 서지정보유통지원시스템 홈페이지 (http://seoji.nl.go.kr)와 국가자료공동목록시스템(http://www.nl.go.kr/kolisnet)에서 이용하실 수 있습니다.(CIP제어번호: CIP2019006744)

■ 파본은 교환해 드립니다.